אגרות-קודש

כרך ח

תש"ד – תש"ה

Igrois Koidesh

Volume VIII
Copyright © 1984
Second Printing—1987
Third Printing—2016
by
Kehot Publication Society
770 Eastern Parkway / Brooklyn, New York 11213
(718) 774-4000 / FAX (718) 774-2718
editor@kehot.com

Orders Department
291 Kingston Avenue / Brooklyn, New York 11213
(718) 778-0226 / FAX (718) 778-4148
www.kehot.com

All rights reserved, including the right to reproduce this book or portions thereof, in any form, without prior permission, in writing, from the publisher, except by a reviewer who wishes to quote brief passages.

The Kehot logo is a trademark of Merkos L'Inyonei Chinuch.

•

Library of Congress Cataloging-in-Publication Data
Schneersohn, Joseph Isaac, 1880-1950
Igrot-kodesh.
(Kovets Shalshelet ha-or ; hekhal 8., sha'ar 2.)
(Sifry. Otsar ha-Hasidim, Lyubavitsh)
Title on verso t.p.: Igrois Koidesh.
Includes bibliographical references and indexes.
1. Habad. 2. Schneersohn, Joseph Isaac, 1880-1950—Correspondence.
3. Rabbis—Correspondence. I. Title. II. Title: Igrois Koidesh.
III. Series: Kovets Shalshelet ha-or; hekhal 8., sha'ar 2. IV. Series: Sifriyat Otsar ha-Hasidim, Lyubavitsh.
BM198.S3158   1987   296.8'33   82-82374

ISBN 978-0-8266-5430-4 (Set)
978-0-8266-5438-0 (vol. VIII)

Printed in Israel

ספרי' — אוצר החסידים — ליובאוויטש

קובץ
שלשלת האור

היכל שמיני | שער שני

אגרות-קודש

מאת

כ"ק אדמו"ר מוהריי"צ נ"ע

מליובאוויטש

כרך ח

תש"ד – תש"ה

הוצאה שלישית עם תיקונים

יוצא לאור על ידי מערכת
„אוצר החסידים"

770 איסטערן פּאַרקוויי
ברוקלין, נ.י.

שנת חמשת אלפים שבע מאות שבעים ושבע לבריאה

מפתח כללי

פתח דבר	3
מבוא	5
צילומי כתי״ק	17
מפתח האגרות	21
אגרות־קודש	א
מפתח ענינים	תרסז
מפתח שמות אנשים ומקומות	תרעז

ב"ה.

פתח דבר

על פי הוראת כ"ק אדמו"ר שליט"א מדפיסים אנו בזה כרך שמיני מסדרת אגרות־קודש כ"ק אדמו"ר מוהריי"צ נ"ע*, הכולל האגרות שנכתבו במשך השנים תש"ד־ה.

בראש הספר באים:

א) מבוא.

ב) צילום כתי"ק של כמה מהאגרות.

ג) מפתח האגרות.

ובסופו:

ד) מפתח ענינים.

ה) מפתח שמות אנשים ומקומות.

כן נוספו, ציונים והערות בשוה"ג.

כל הנ"ל נערך ע"י הרה"ת ר' שלום דובער שי' לוין.

מערכת „אוצר החסידים"

ב' ניסן, ה'תשד"מ. ברוקלין, נ.י.

---

*) אגרות־קודש כ"ק אדמו"ר הזקן, כ"ק אדמו"ר האמצעי וכ"ק אדמו"ר ה„צמח צדק", נדפסו (בכרך אחד) בשנת ה'תש"מ. אגרות־קודש כ"ק אדמו"ר מוהר"ש נ"ע, ומילואים לכרך הנ"ל — בשנת ה'תשמ"א. אגרות־קודש כ"ק אדמו"ר מוהרש"ב נ"ע (בשני כרכים) בשנת תשמ"ב. אגרות־קודש כ"ק אדמו"ר מוהריי"צ נ"ע, כרכים א־ה — בשנת תשמ"ג. כרכים ו־ז בשנה זו.

— רק חלק מהנ"ל הי' ברשותנו, ובפרט דכ"ק אדמו"ר מהר"ש נ"ע. ובבקשה לכל אלה שיש תח"י אגרות רבותינו, שישלחו לנו צילומם ע"מ לפרסמם, וזכות הרבים תלוי בם.

מבוא

הכרך השמיני שלפנינו באות בו אגרות־הקודש[1] שנכתבו ע״י כ״ק אדמו״ר מוהריי״צ נ״ע במשך השנים תש״ד־ה.

בשנת תש״ד התרחבה מאד עבודתו של רבנו, שבע ישיבות חדשות נוספו במשך שנה זו, ברחבי ארה״ב, ושתי ישיבות בשנת תש״ה. בנוסף להרחבת וביסוס הישיבות שכבר נוסדו, במשך השנים תש״ב־תש״ג[2].

הישיבה בבופולו

ביסודן והרחבתן של ישיבות אלו דן חלק גדול של אגרות תש״ד־ה. ונסקור אותן כאן בקצרה, מתחיל מהישיבה בבופולו, שנוסדה עוד באלול תש״ג, כנזכר בשתי אגרות שבסוף הכרך השביעי[3], אך אז היתה רק ההתחלה, ועיקר בנינה הי׳ במשך שנת תש״ד, שבמ״ח קנו בנין מיוחד לישיבה[4].

הנהלת הישיבה נמסרה להר״ר יהודה צבי שי׳ פאגלמאן, שהתעסק גם בשאר עניני הפצת היהדות שבעיר, אך עיקר התעסקותו היתה בעניני הישיבה, כפי שכותב לו רבנו בי׳ מ״ח תש״ד[5]:

במענה על מכתבו, שמחתי במאד מאשר דיבר ברבים והצעתו

---

1) 627 אגרות (ב׳קנג־ב׳תשסג, ועוד 16 אגרות המסומנות בתוספת כוכבים), מתוך קרוב ל־13 אלפי אגרות שנכתבו ע״י רבנו במשך שנתיים אלה, כנראה ממיספור האגרות (שנעתק, בד״כ, בהערות שבשוה״ג), שעולה עד ו׳קמ בשנת תש״ד ועד ה׳שצ; 676 בשנת תש״ה, בנוסף לאגרות מנ״א תש״ה – כמבואר בהערה לאגרת ב׳תשלו.

אגרות שנים אלה הן בד״כ קצרות יותר, ולכן, לראשונה, נכנס כאן מספר גדול כ״כ של אגרות לתוך כרך אחד.

2) ראה אודותן מבוא לכרך הששי ע׳ 14 ואילך, ועליהן דן גם באגרות מרובות שבכרך זה:
א) מונטריאל, באגרות ב׳רט. ב׳ריג. ב׳ריט. ב׳ערב. ב׳רעג. ב׳רפא. ב׳שיג. ב׳שיד. ב׳תג. ב׳תרא. ב׳תרד־ה.
ב) פיטסבורג, באגרות ב׳קעז. ב׳ריח. ב׳רכ. ב׳רל. ב׳רמא. ב׳רפו. ב׳תקעד. ב׳תרסו.
ג) נוארק, באגרות ב׳תג. ב׳תקעא. ב׳תרנד. ב׳תשלד־ה.
ד) וואוסטער, באגרת ב׳שכט. ב׳תרמח. ב׳תשלז.

3) ב׳קיד. ב׳קלו.

4) ראה אגרות ב׳קנט. ב׳קצא. וראה גם אגרת ב׳תד. עוד ע״ד הישיבה ראה אגרות ב׳שה. ב׳שכ. ב׳שמו־ז. ב׳שצו. ב׳תקכו. ב׳תקלז. ב׳תרטז. ב׳תרסא.

5) אגרת ב׳קעב. וע״ד עבודה זו, שמחוץ למסגרת הישיבה, כותב לו רבנו גם באגרות ב׳קצח. ב׳רטו. ב׳רפט. ב׳שצו. ב׳תד. ב׳תקלז. כל הנ״ל הי׳ רב מדאי עבוד אדם אחד, והוצרך הרב פאגלמאן לעזר, שרבנו כותב לו בזה, וכן אל העסקנים והרבנים שבעיר, באגרות ב׳רנח. ב׳רפה. ב׳רפט.

בדבר חיזוק היהדות בכללו׳ אבל עיקר התעסקותו לבד מעניני הישיבה (כפי אשר דברנו ראשו ורובו צ״ל מסור ונתון להישיבה[6] א) ללמוד ולחנך את תלמידיו יחיו ולהשפיע עליהם בעניני הטבת המדות בכלל ובעניני כבוד או״א ודרך ארץ בפרט. ב) להשיג עוד תלמידים. ג) בדבר הבית דירה והכנסה) הוא להתענין בעניני חינוך כמו מסבות שבת ולעורר לי[סד] בית ספר לילדות ע״י שייסד תחלה ווינטער קלאס ולדבר לפניהן אשר יבחרו בקאמיטא לזה, והסדר בזה הוא אשר יעורר את הועד של הישיבה לייסד לעידיס אוקזילערי עבור הישיבה ובשעת האספות לעורר ע״ד התיסדות בית רבקה או בית שרה והעיקר להתחיל מהאחיות של התלמידים, והשי״ת יצליח לו.

עליו לשים לב ודעת איך לקרב את הצעירים, לדבר לפניהם באנגלית לקרבם לעניני יהדות ולקבוע להזדמן ולהתועד ביום א׳ וכן בכל יום חופש מעבודה.

הישיבה בראטשעסטער

מיד לאחר תשרי תש״ד נוסדה ישיבה נוספת בראטשעסטער[7], והנהלתה נמסרה להר״ר צבי שי׳ שוסטערמאן, שנשואיו היו בימים אלה; ועד שיתאפשר לו לנסוע לראטשעסטער, נשלח הר״ר יצחק דוד שי׳ גרונר לנהל את הישיבה[8].

בתחלה נמצאה הישיבה בביהכ״נ תפארת ישראל שבראטשעסטער[9], ובקיץ תש״ה קנו בנין מיוחד עבור הישיבה, שגרם שמחה רבה לרבנו, שהשתתף בגמ״ח פרטי של אלף שקל[10].

בנוסף להנהלת הישיבה התעסק גם בשאר עניני החינוך שבעיר, ויסד גם בית הספר לבנות „בית שרה", שע״כ כותב רבנו בכמה אגרות[11].

הישיבה בבאסטאן

בחודש טבת הותחל הדיון ע״ד פתיחת ישיבה בבאסטאן. באותה שעה הגיע

---

6) וכך כותב לו גם באגרת ב׳רטו. הוראות דומות קיבלו גם שאר מנהלי הישיבות אחי תמימים שבשאר העיירות.

7) ראה אגרות ב׳קע. ב׳קעא. ב׳קעו. ב׳רכה. ב׳שדמ.

8) ראה אגרת ב׳קעא.

9) קונ׳ תת״ל (ח״י אלול תש״ד) ע׳ 18.

10) ראה אגרות ב׳תשיד. ב׳תשכד. ב׳תשכה.

11) ב׳רכה. ב׳רכו. ב׳שדמ. וראה לעיל הערה 6.

מכתב מאת הרה"ג ר' מרדכי שי' סאוויצקי והר"ר יוסף מאיר דזייקאבסאן, בהצעה לקחת את הישיבה שלהם בבאסטאן תחת הנהלת תומכי תמימים. רבנו התעניין במצבה הרוחני של הישיבה[12], ובט"ו בשבט נוסדה הישיבה באזור דארטשעסטער שבבאסטאן[13], בהנהלת הר"ר אברהם דוב שי' העכט.

בחורף תש"ה כבר היו בישיבה שמונים תלמידים, אך רבנו איננו מסתפק בזה וכותב להרא"ד שי'[14] „לפי ערך התעמולה מעט הוא, והשי"ת יעזר כי יתרבו תלמידים".

מלבד הנהלת הישיבה התעסק גם בשאר עניני העיר, טהרת המשפחה ובנית מקואות[15], נאומים לפני הנשים ויסוד בית רבקה לבנות[16].

הישיבה בפילדלפיה

גם מכאן באה הצעת הרב שלום צבי שניידערמאן, לקחת את ישיבתו „אהל משה" תחת הנהלת תומכי תמימים[17]. ההצעה נתקבלה, בד בבד עם פתיחת ישיבה נוספת בפילדלפיה, בהנהלת הר"ר יוסף מנחם מענדל שי' טננבוים והר"ר יצחק דוד שי' גרונר.

ישיבה זו האחרונה נוסדה בב' אייר תש"ד בביהכ"נ תפארת ישראל, ורבנו כותב להם מספר אגרות[18], בין בקשר לישיבה זו ובין בקשר לסדרי הלימוד שבישיבת „אהל משה — אחי תמימים" הנ"ל.

הישיבה בניו־הייווען

בר"ח תמוז נוסדה הישיבה בניו־הייווען[19], בהנהלת הר"ר מרדכי דוב שי' אלטיין[20] ושני עוזריו הר"ר זאב שי' שילדקרויט והר"ר דובער שי' ליווי.

הישיבה בברידזשפארט

בי"ד תמוז נפתחה הישיבה בברידשזפארט[21], בהנהלת הר"ר דוד שי'

---

12) ראה אגרות ב'רמד. ב'רמה. ב'רנב.
13) ראה אגרת ב'רסב, ובהערות שם.
14) אגרת ב'תקסב. עוד ע"ד הישיבה — באגרות ב'תרנט. ב'תרס.
15) אגרת ב'שפא.
16) אגרת ב'תרנט.
17) ראה אגרת ב'תקז, ובהערות שם. וראה גם אגרות ב'תקלב־ג.
18) ב'שצג. ב'תמט. ב'תקו. ב'תקלא. ב'תקלג. ב'תקצו. ב'תשלג.
19) ראה אגרת ב'תכו.
20) שניהל עד כאן את הישיבה בפיטסבורג, יחד עם הר"ר שלום שי' פויזנער.
21) ראה אגרת ב'תכח.

אידלמאן. בסוף הקיץ הצטרף אליו הר״ר אהרן ע״ה פאפאק[22], ובקיץ תש״ה קנו בנין מיוחד עבור הישיבה[*22].

הישיבה בשיקגו

הדיון על פתיחת הישיבה בשיקגו התחיל כבר באייר תש״ג[23], אך הדבר נמשך עד קיץ תש״ד, שאז הוחלט על פתיחתה לפועל[24] בהנהלת הר״ר יוסף שי׳ וויינבערג[25] והר״ר אברהם מרדכי שי׳ הערשבערג[26].

במשך החורף התחילה ההתעסקות בקשר לקניית בנין מיוחד עבור הישיבה, אך קשיים מרובים נערמו בדרך, נוסף להתנגדות על עצם קיומה של ישיבה חב״דית בשיקגו, וכך נמשך הדבר עד סוף הקיץ, שבמשך זמן זה נכתבו אגרות מרובות בנידון[27].

הישיבה בספרינגפילד

כבר בשלהי חורף תש״ד כתב הצעה זאת הר״ר אלעזר פנחס וויילער, מי שהי׳ נוסע בעיירות[28] לברר האפשרויות ליסד בהן ישיבות „אחי־תמימים״ ולסדר שיעורי תורה, והשיבו רבנו[29]: „ובדבר ספרינגפיעלד, הנה בנסיעתו לפה על חג הפסח בודאי נכון הדבר אשר יתעכב שם לידע פרטי הענינים וכשיבא לפה צלחה נדבר בזה״.

הישיבה נוסדה בחורף תש״ה[30], בהנהלת הר״ר שלום דובער שי׳ גורדון[31]. ובתחלת הקיץ קנו בנין מיוחד עבור הישיבה[32].

---

22) שניהל עד אז את ה„של״ה״ בנ.י. — יחד עם הר״ר יצחק שי׳ פלדמן. וגם לאחר שעבר לברידזשפארט הורה לו רבינו להמשיך להתעסק ב„של״ה״ (ראה אגרות ב׳תקלד. ב׳תקסה).

*22) ראה אגרות ב׳תקצ. ב׳תשכו. עוד ע״ד הישיבה — אגרת ב׳תרכז.

23) ראה ח״ז אגרות ב׳כח־ב׳לה.

24) ראה אגרות ב׳תלב־ג. ב׳תצח. ב׳תקיח־כד.

25) ראה אגרות ב׳תקטז*. ב׳תרצז.

26) ראה אגרת ב׳תרפז.

27) ראה אגרות ב׳תקמט. ב׳תקנ. ב׳תרלב. ב׳תרפז. ב׳תרצב. ב׳תשכט. ב׳תשל. עוד ע״ד הישיבה — באגרות ב׳תקטו. ב׳תקיח־כד. ב׳תקנא.

28) ראה אגרת ב׳קעא, ובהנסמן בהערות שם.

29) אגרת ב׳שנא.

30) ראה אגרות ב׳תרנא. ב׳תרנו־ח.

31) שניהל לפנ״ז את הישיבה בנוארק.

32) אגרת ב׳תרפט.

מבוא

הישיבה בבראנקס

בנר השמיני של חנוכה תש"ה כותב רבנו[33] להר"ר מרדכי דוב שי' אלטעין[34]:

יציע לחתני הרש"ג שליט"א איך אפשר לסדר ישיבת אחי תמימים או חדרי תורה במחוז בראנקס שהוא מכיר שיהי' תחת הנהלתו.

כשבועיים לאחר מכן נוסדה הישיבה, ורבנו כותב לו בזה[35]:

במענה על מכתבו אודות התייסדות ישיבת אחי תמימים ליובאוויטש במחוז בראנקס, יעזרהו השי"ת להשיג תלמידים בעלי כשרונות ומקבלי עול מלכות שמים ויצליח בעבודתו בגשמיות וברוחניות.

בית רבקה; בית שרה

בסקירה קצרה על עבודתו של ה"מרכז לעניני חינוך", הנדפס בסוף "היום יום" (חורף תש"ג), נאמר בין השאר:

יסוד בתי ספר לנערות, לחנך בנות ישראל ברוח התורה והמצוה. בתי ספר כאלה בשם "בית רבקה" או "בית שרה" כבר נוסדו בניו-יארק ומחוצה לה, ועומדים תחת הנהלת המל"ח; עוד רבים הולכים ומתיסדים.

כך גם באגרת שכתב רבנו באדר"ח אד"ש תש"ג[36]:

מרכז לעניני חנוך מיסד חדרים לנערות וכבר סדרו בעזה"י הרבה חדרים בהצלחה גדולה. היו מקרים אשר הילדות תלמידות בית רבקה או בית שרה – כך הם שמות המוסדות – שיסד המרכז לעניני חנוך הכריחו את הוריהם לשמור את השבת, לשבר את הכלים של טריפה ולקנות בשר כשר.

כאן וכאן לא נתפרש מתי, לראשונה, נוסדו בתי ספר אלו לבנות. עכ"פ לא נקראו בשם "בית שרה", עד י"ג שבט תש"ב, שאז נפטרה הרבנית שטערנא שרה

---

(33) אגרת ב'תקסא.
(34) מי שהי' לפנ"ז מנהל הישיבות בפיטסבורג ובניו-הייווען.
(35) אגרת ב'תקצד.
(36) ח"ז א'תתקסב.

– אם רבנו, שעל שמה נקראו בשם „בית שרה". גם „בית רבקה" (שנקראו ע"ש הרבנית רבקה – זקנתו של רבנו, שנפטרה בשנת עדר"ת), עכ"פ לא נוסדו לפני חורף תש"ב, שרק אז נוסד ה„מרכז לעניני חינוך"[37], שתחת הנהלתו נוסדו בתי הספר לבנות.

באופן מפורט יותר נתפרש הדבר ברשימת „מרכז לעניני חנוך טהעטיגקייט" שב„הקריאה והקדושה" (כסלו תש"ג):

דער מרכז לעניני חנוך האט זיך שטארק פאראינטערעסירט מיט דער אידישער טעכטער דערציאונג און האט ארייגענומען אין זיין ארבייטס־פראגראם דעם אויפבוי פון א ריי סקוהלס פאר מיידלאך וואו זיי זאלען דערצויגן ווערען אין עכט אידישען גייסט.

צוויי אזוינע סקוהלס זיינען בע"ה שוין געעפענט געווארען פאריגען יאהר, און ס'זיינען געמאכט געווארען די פארבארייטונגען צו דער עפענונג פון נאך א ריי סקוהלס.

אין דער צייט ווען דער באריכט ווערט געשריבען, זיינען שוין ערעפענט נאך דריי סקוהלס און די ערעפענונג פו נאך 2 סקוהלס ווערט ערווארט דעם חדש אי"ה.

אך עדיין רפויות הן ידיעותינו על רשת זו של בתי הספר „בית שרה" ו„בית רבקה", באותן שתי שנים תש"ב־ג, היכן היו, כמה ובהנהלת מי.

עכ"פ ידוע לנו, שבקיץ תש"ב הי' דיון על יסוד „בית שרה" בנוארק, ומעורר על כך רבנו באגרת כ"א אלול[38]: „חפצי לדעת . . . אם יצא לפועל מה שחשבו ליסד בית שרה לילדות, או הדבר נשאר רק במחשבה טובה".

כך גם הגיעו לידינו שתי אגרות[39] מחורף תש"ג על פתיחת „בית שרה", ואגרת אחת מכ"ב מנ"א תש"ג[40] – ע"ד יסוד „בית רבקה" בפיטסבורג.

ידיעות מפורטות יותר יש לנו מבתי הספר שנוסדו בשנים תש"ד־ה, בניו־יארק[41], מונטריאל[42], ראטשעסטער[43] ובופולו[44], גם יש דיון על יסוד בה"ס

37) ראה מבוא לח"ו ע' 12 והערה *24.
38) ח"ו א'תתנט. אבל ראה גם לקמן אגרת ב'תקכה.
39) ח"ז א'תתעד. א'תתקיח.
40) ח"ז ב'קיט. וראה גם לקמן אגרות ב'ריח. ב'רל.
41) ראה אגרות ב'שלג. ב'שמה. ב'שסא. ב'תצה.
42) ראה אגרות ב'ריג. ב'ריט.
43) ראה אגרות ב'רכה־ו. ב'שדמ.
44) ראה אגרות ב'קעב. ב'רפט. ב'תקלז.

באה"ק, וואוסטער, באסטאן ופילדלפיה*[44]; כ"ז לאחר תנופה מחודשת בהתוועדות שמח"ת תש"ד, כשרבנו דרש מכ"א לקבל על עצמו להתעסק במס"נ בהרבצת התורה[45], ובהמשך לזה כותב רבנו[46] לא' מהשו"בים:

בזה הנני מבקשו להכניס עצמו ברשימת השו"בים אשר קבלו עליהם בל"נ בשמחת תורה העבר להשתתף עמדי בעבודת החינוך ע"פ הוראת ה„מרכז לעניני חנוך" להתענין בחינוך הבנות לייסד בתי ספר לילדות.

העבודה של חבר הועד מייסדי בתי ספר לבנות, צריכה להיות להשיג שנים שלשה חברים לייסד ועד פרטי בשביל יסוד בית ספר לבנות בשכונתם ע"פ תכנית לימודים של המרכז לעניני חינוך תחת הנהלת מורה מאושרת מאת המרכז לעניני חינוך.

המרכז לעניני חינוך שולח ציר מיוחד אל הועד הפרטי המסדר בית ספר לבנות, לסדר ולנהל תעמולה רחבה בהשגת תלמידות לבית הספר ולסדר לעידיס אוקזילערי מאמות הבנות ומחברות טובות המסייעות במפעל הקדוש.

ובג' כסלו מבשר רבנו[47]:

בעזה"י הנה כבר עלה בידי ליסד תשע בתי ספר לתלמידות קטנות בשם בית רבקה – על שם כבוד אמי זקנתי הרבנית אם הוד כ"ק אאמו"ר הרה"ק זצוקללה"ה נבג"ם זי"ע ובשם בית שרה על שם כבוד אמי מורתי הרבנית נ"ע זי"ע.

מספר זה נמשך, כנראה, לנ.י. בלבד, שכן כותב רבנו באגרת מאוחרת יותר, בי"ג ניסן תש"ד[48]: „המוסד „מרכז לעניני חינוך" אשר יסדתי . . . כחמשה עשר בתי ספר לילדות בעיר נויארק במחוזות שונים".

רשת בתי ספר זו בנ.י. התנהלה ע"י הרב ישראל דזייקאבסאן וזוגתו הרבנית, שרבנו מרבה בשבחם בזה באגרת ב' ניסן תש"ד[49]:

---

*44) ראה אגרות ב'תקצו. ב'תרמג. ב'תרמח. ב'תרמט. ב'תרנט. ב'תשמג.

45) ראה ס' השיחות תש"ד ע' 36.

46) אגרת ב'קעג.

47) אגרת ב'ר.

48) אגרת ב'שסא. ובאגרות ב'תרב; ב'תריא מסופר על 23-20 בתי ספר שכבר נוסדו עד חורף תש"ה.

49) ב'שמה. וראה גם אגרת ב'תצה.

ידידי עוז, הרה״ג הנודע לשם תהלה ותפארת בתוככי מרביצי תורה ביראת שמים ובעל פעולות כבירות בחנוך הכשר, בעל מדות טובות אוהב את הבריות ומקרבן לשלחן התורה ועבודת הצדקה וו״ח אי״א מוה״ר ישראל שי׳ דזייקאבסאן, האט מיך דערפרייט מיט דער בשורה אז די פיהרער פון דיא „בית־רבקה״ שולן אין איסט נויארק און בראנזוויל, מיט הרבנית מרת דזייקאבסאן תחי׳, ארגאניזירן א חגיגה, וואס עס פרייט מיך זייער צו זעהען וואס עס ווערט ב״ה אויפגעטאן אויף דעם חנוך הכשר געביט...

פון טיפען הארצן שיק איך אייך אלע פיהרער און פיהרערינס פון די „בית־רבקה״ שולן, און בראשם ידידי עוז הרה״ג דזייקאבסאן, די ברכה, וואס משה רבינו האט געבענטשט די אידן ווען עס איז אויפגעשטעלט געווארן דער משכן, יהי רצון שתשרה שכינה במעשה ידיכם.

חדרי תורה תמימה ליובאוויטש

בי״ב תמוז תש״ג פונה רבנו במכתב כללי[50]:

אל ידידינו אנ״ש ומחבבי תורה די בכל אתר ואתר
ה׳ עליהם יחיו

שלום וברכה!

אחרי נסיונות רבים אשר עשינו במקומות שונים בעיר לקבץ את הנוער הלומד בבתי הספר ולהושיבם על איזה שעות ביום בחדרי תורה תחת הוראת מורים יראי אלקים ברוח ישראל סבא השורר בישיבות תת״ל, וראינו בעזה״י בזה הצלחה גדולה בתוצאות טובות, באתי בעזה״י לידי החלטה ליסד מפעל בשם „הסתדרות חדרי תורה תמימה ליובאוויטש״ – החתת״ל – ולהכריז קרן מיוחד בשם „קרן חדרי תורה תמימה ליובאוויטש״ עם ועד מיוחד תחת הנהלת חתני הרב ר״ש שליט״א גוראריי׳ מנהל מרכז ישיבות תת״ל.

ובזה הנני פונה לידידינו אנ״ש ומחבבי תורה ביראת שמים בקריאה של חיבה לבא לעזרתנו להחזיק ולהרחיב חוג פעולת המפעל הקדוש „הסתדרות חדרי תורה תמימה ליובאוויטש״ בגשם וברוח, ופועל ידם ירצה השי״ת, ובגלל זאת יתברכו העושים והמעשים בשפעת חיים וברכה מרובה בגשמיות וברוחניות.

---

50) ח״ז ב׳פז. וראה גם שם אגרת ב׳עו.

עיקר התרחבותו של מוסד זה והתפשטותו ב־13 סניפים ברחבי נ.י.[51] היה במשך שנת תש״ד.

במשך החורף מונה המנהל*[51] הר״ר יעקב יהודה שי׳ העכט, והמפקח הכללי – ע״פ התנאים וההתחייבויות שפרט רבנו באגרת י״ב אדר[52].

בסוף החורף נערכה חגיגת מצוה לילדים ולהוריהם, שרבנו פונה אליהם באגרת מיוחדת[53]:

במענה על בשורתו של ידידי עוז, תלמידי הנעלה הרב הצעיר הנודע לשם תהלה בתוככי מרביצי תורה ביראת שמים ובעל פעולות כבירות בחנוך הכשר בעל מדות טובות וו״ח אי״א מוה״ר יעקב יהודה שי׳ העכט מנהל ור״מ דחדר תורה תמימה ליובאוויטש ברחוב לעפערטס, שעורכים חגיגת מצוה לכבוד התורה ולומדי׳, הנני בזה לברך את הועידה הכבודה מחבבי תורה ומצוה כי יברכם השי״ת ברוב טוב גשמי ורוחני.

ואליכם הורי התלמידים יחיו הנני פונה בברכתי, ברכת מזל טוב כפולה, על אשר נתתם את בניכם להתחנך בחנוך כשר ועל אשר זכיתם כי בניכם ילמדו ויתחנכו בחדרי תורה תמימה ליובאוויטש, ויתן השי״ת ותגדלום לתורה חופה ומעשים טובים ולרגלם תתברכו בבריאות הנכונה ובפרנסה טובה.

ואליכם התלמידים היקרים הנני פונה, הגבירו את ההנהגה ביראת שמים, את השקידה בלימוד, במילוי פקודות מורכם ורבכם וחנוכו ובכבוד הוריכם. דעו כי אתם תלמידי חדרי תורה תמימה ליובאוויטש ועליכם להתחזק בדגלה ב[ג]און יעקב והשי״ת יחזק את בריאותכם ותשקדו ותצליחו בלימוד ובהנהגה דיראת שמים ותהיו יהודים נאמנים שומרי תורה ומצות.

ואתה ידידי עוז תלמידי הנעלה הרב יעקב יהודה שי׳ צלח ורכב על במתי ההצלחה בכל עניניך הפרטים ועבודתך הכללית ויעזור לך השי״ת להעמיד תלמידים בעלי כשרון ובעלי מדות טובות שוקדים בלימוד ובהנהגה דיראת שמים, וברכות מאליפות, בגשם וברוח, יחולו

---

51) כן הוא בקונ׳ תות״ל (ח״י אלול תש״ד) ע׳ 25 „עס פונקציאנירען שוין און מיט גרויס ערפאלג דרייצעהן חדרי תורה אפטיילונגען (די אדרעסען פאלגען) אין פארשידענע געגענדען פון גרייטער ניו־יארק״; אך ברשימה שבאה לאח״ז שם – רק 12 כתובות.

*51) בתחלה – מנהל החדר בקראון הייטס, ולאח״ז – מנהל הכללי.

52) ב׳שיט.

53) ב׳שמ.

על ראשך ועל ראש חבריך בני גילך העוסקים בחנוך הכשר והכי נעלה בחדרי תורה תמימה ליובאוויטש.

גם בסוף חורף תש״ה נערכה חגיגה דומה, שרבנו כותב אליהם[54]**:**

בזה הנני לברך את ידידי עוז, תלמידי יקירי וחביבי, העסקן החרוץ ובעל פעולות כבירות בעבודת החינוך הכשר, וו״ח אי״א הרב מוה״ר יעקב יהודה שי׳ העכט, מנהל חדר תורה תמימה ליובאוויטש בשכונת קראון הייטס, ואת המורים ואת התלמידים והוריהם יחיו ואת כל המשתתפים בהועידה, כי יתעוררו בהתעוררות הראוי׳ להרחיב את חוג חדר תורה תמימה ליובאוויטש בשכונתם ולהוסיף אומץ בעבודת הקדש להכניס תלמידים ולאסוף הסכומים הדרושים לכלכלת המוסד, ופועל ידם ירצה השי״ת, ויתברכו בברכות מאליפות בגשמיות וברוחניות.

ביקור חולים

מלבד כל מוסדות החינוך הנזכרים, יסד רבנו גם מוסדות עזרה, אחד מהם הוא המוסד „ביקור חולים״ שע״י „מחנה ישראל״.

בי״א מנ״א תש״ד פונה רבנו[55] **אל „מחנה ישראל״:**

בזה הנני להציע לסדר על יד „מחנה ישראל״ מערכה מיוחדת בשם „בקור חולים״ במטרה לבקר את החולים ר״ל חברי אגו״ח חב״ד ואנ״ש יחיו, ופלוגה מיוחדת מצעירים – המדברים בשפת המדינה – לבקר את הפצועים והחולים בין אנשי הצבא ולהמציא להם מאמרים לקריאה ולעודדם ואלו שאינם מקומיים לעזור להם להתדבר עם קרוביהם, ובזה הנני מבקש את הרב המנהל של „מחנה ישראל״ להרציא לי בכתב תכנית עבודה עם תקציב הדרוש ושם המתאים למוסד כזה.

עברו כעשרה ימים, נתקבלה ההרצאה בכתב, ורבנו מאשרה[56]**:**

במענה על הצעתם אדות מחלקת בקור חולים על יד „מחנה ישראל״, הנני מאשר את התקנות ואת התקציב וישתדלו לסדר הדבר מהכח אל הפועל הטוב.

---

54) באגרת ב׳תרסט.

55) באגרת ב׳תמח.

56) באגרת ב׳תעא.

ליושב ראש המוסד נתמנה הר״ר יוחנן גורדון, שרבנו כותב לו[57]:

אינני יודע את תקנות חברת ביקור חולים אשר יסדו לטובה ולברכה, ובודאי כי ביקור פרטי טוב הוא אבל אין זה מספיק מה שמבקרים פעם א׳, ודעתי אשר החברים, חברי בקור חולים, הדרים בקירוב מקום להחולה צריכים לבקר לעתים קרובות, וישנם זמנים אשר כשמבקרים ושוהים כשעה מעודדים בזה את רוח החולה.

מוסד בקו״ח צריך לעשות תעמולה להרבות חברים שיכנסו בחברה זו, וההנהלה צריכה לסדר את דבר הבקורים שיהיו בסדר מסודר.

ניח״ח – ניגוני חסידי חב״ד

מקום חשוב תופסת הנגינה בחסידות חב״ד. באחת מאגרותיו[58] של רבנו להנהלת הישיבה, י״ח אייר תש״ד, מורה להם סדר בחינוך התלמידים בזה:

לסדר חבורת תלמידים מנגנים.

לבחון ע״פ יודע נגן את כל התלמידים שי׳ הקטנים והגדולים ביחס אל הנגינה הראוים להכנס בחבורת התלמידים המנגנים.

לקבוע שלש פעמים בשבוע שעה של לימוד נגינה, ביחוד ניגוני חב״ד ע״פ הוראת יודע נגן ע״פ תוי הנגינה.

חבורת תלמידים מנגנים ינגנו בסעודת שבת ובשעה קבועה בש״ק בין מנחה למעריב קודם חזרת דא״ח ואחרי כן.

כעבור זמן קצר פונה רבנו למנגן המפורסם הר״ר שמואל זלמנוב, י״א תמוז תש״ד[59]:

בזה הנני ממלא את ידו לסדר חברת נגוני יהודי חסידי חב״ד – ניחח – במטרה לאסוף את ניגוני חב״ד הישנים, לנקותם מהשגיאות בעזרת תלמידי התמימים הקשישים שלמדו בליובאוויטש ולכותבם בתוי נגינה על ידי מומחה לדבר ע״פ ועד מבקר ולסדרם לדפוס. כן לסדר מתוך תלמידי התמימים ואחי תמימים מחלקה של מנגנים בסדר מסודר.

---

57) באגרת ב׳תקכח. וראה גם אגרת ב׳תרחצ.

58) ב׳שצז. וראה גם אגרת ב׳תשלח.

59) באגרת ב׳תלא. וראה גם אגרות ב׳תלט. ב׳תצט.

16 מבוא

הר"ר שמואל זלמנוב התחיל מיד בעריכת ספר הניגונים – ניגוני חסידי חב"ד, ולפני רשימת התוים כתב מבוא ארוך על חשיבות הנגינה בחב"ד, שרבנו כותב לו ע"ז בח' שבט תש"ה[60]:

בהנוגע לרשימת חשיבת הנגינה באהלי חב"ד הנה חוץ מה שנמצא מפוזר בכמה שיחות – גם הראשונות – שצריכים ללקטם ולאספם את הראוי לסדור, ישנם עוד שתי רשימות בהיומן שלי. א) ספור המשכיל המסתתר שמעון ליליענטהאל אדות ניגוני חב"ד, ב) רשימת ניסן ת"ש, ושתי הרשימות יוכל לראות – על איזה שעות – אצל חתני הרה"ג הרממ"ש שליט"א.

בזה לא הסתפק רבנו, ובט' אדר כותב לו שוב[61]:

לדעתי נכון הי' לעשות איזה ניגונים על טבלאות – פלאסטינקעס – ובבקשה להתיישב באיזה ניגונים לבחור להתחלה, ולדעתי אשר הניגונים יהיו במקהלה – כאר – בבקשה לברר הדבר איך לסדר זאת ואיך להבטיח בתור „קאאפערייט" וכמה יעלה כל ניגון, וגם כנ"ל איזה ניגונים לבחור.

בכ"א אלול תש"ה כותב הר"ש זלמנוב לרבנו „אשר אוסף ניגוני חב"ד לספר ה„ניחח" כבר נגמר ונרשמו בתוי נגינה מאה שבעים וחמשה ניגונים"; אך הדפסת הספר התעכבה עד שנת תש"ט.

עדינו

בט"ו טבת תש"ה פונה רבנו במכתב־כללי[62] אל:

כבוד ידידי עוז, אהובי נפשי, האברכים המצוינים
ותלמידי הישיבות העוסקים ועמלים בתורה,
ה' עליהם יחיו

שלום וברכה!

בזה הנני להודיע ברבים לכל האברכים ותלמידי הישיבות העוסקים בתורה במסירה ונתינה, אשר הנני מייסד, בעזה"י, חברה בשם „עדינו" – מו"ק דט"ז ע"ב – במטרה מיוחדת בשביל אברכים

---

60) אגרת ב'תרכ.

61) באגרת ב'תרמה.

62) ב'תקצא.

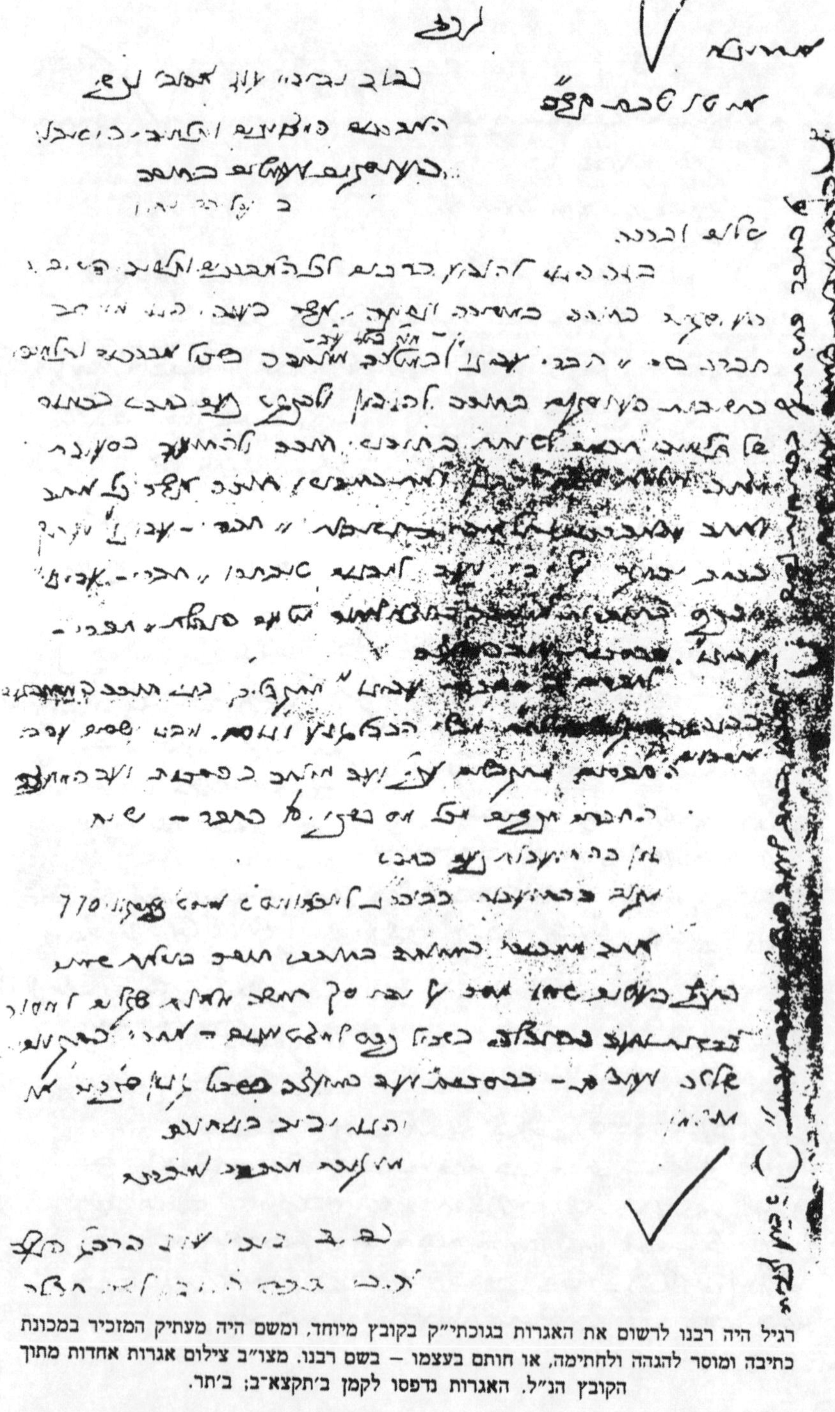

רגיל היה רבנו לרשום את האגרות בגוכתי"ק בקובץ מיוחד, ומשם היה מעתיק המזכיר במכונת כתיבה ומוסר להגהה ולחתימה, או חותם בעצמו – בשם רבנו. מצו"ב צילום אגרות אחדות מתוך הקובץ הנ"ל. האגרות נדפסו לקמן ב'תקצא־ב; ב'תר.

ותלמידי הישיבות העוסקים בתורה, להזדמן ולהפגש מזמן לזמן, בכינוס של תלמידי חכמים, לשוחח בחדושי תורה ולהתועד בסעודת מצוה ויומא טבא לרבנן.

את חדושי התורה, אשר כל אחד ואחד מהמשתתפים בהפגישה והשיחות יעריך בכתב, יבקר ועד למדנים אשר תבחר הנהלת חברת „עדינו״, ויודפסו בחוברות מיוחדות שיצאו לאור מטעם הנהלת חברת „עדינו״ . . .

אחד ממכרי המיוחד בחובבי תורה ביראת שמים והחפץ בעלום שמו, מסר על ידי סך חמש מאות שקל למסור לרשות ועד הנהלת חברת „עדינו״ בכדי לחלק פרסים – לקניית ספרים או במזומן – למצטיינים, אחרי שיתקיימו שלש ועידות.

ליושב ראש ועד הנהלת חברת „עדינו״ נבחר הר״ר מרדכי שי׳ מענטליק, שרבנו כותב לו[63] באותו יום:

בזה הנני להודיעו כי בו בחרתי להיות יושב ראש ועד הנהלת חברת „עדינו״ אשר יסדתי בעזה״י בשעה טובה ומוצלחת בגשמיות וברוחניות, לטובת הרמת קרן התורה וקרנם של בני תורה, כאמור במכתבי הכללי, והנני בזה למלאות את ידי ידידי עוז להזמין את הרב מאיר שי׳ גרינבערג, את הרב מנחם מענדל שי׳ הכהן פעלדמאן ואת הרב שניאור זלמן שי׳ גורארי׳ בתור סגנים, את הרב שמואל שי׳ זלמנוב בתור סדרן, את הרב משה פנחס שי׳ כץ לגזבר, את הרב יצחק דובער שי׳ אושפאל למזכיר.

ולחברי מועצת התורה נבחרו הרבנים הגאונים מוה״ר ניסן טעלושקין, מוה״ר אליעזר סילווער ומוה״ר ישראל דושאוויץ, שרבנו כותב להם בזה בכ״ב טבת[64].

כינוס התורה הראשון הועד לז׳ אדר, אך מסיבות נדחה לקיץ[65], שבו התקיימו שני כינוסים, הא׳ ביו״ד סיון והשני בי״ד תמוז[66].

להשלמת התמונה יועתק בזה קטע מדו״ח הועידה השני׳ שהתקיימה בי״ד תמוז:

---

63) באגרת ב׳תקצב. וראה גם אגרות ב׳תקפו. ב׳תקפט. ב׳תרט.

64) אגרת ב׳תר.

65) ראה אגרת ב׳תרמב, ובהערות שם.

66) ראה אגרת ב׳תשיא, ובהנסמן בהערות שם.

הועידה השני׳ של עדינו שהתקיימנה ביום ב׳ שבוע זה עברה ת״ל בכי טוב. מהרבנים האורחים היו, לבד רבני אנ״ש, הרב יאלעס מפילאדעלפיא, הרב פינק, ר״מ בישיבת תו״ד, הרב אמסעל, הרב גפן ועוד איזה רבנים מהעיר. מתלמידי הישיבות באה קבוצת תלמידים מישיבת תפארת ירושלים, וגם מתלמידי תו״ד, רי״א ואיזה אברכים בני תורה ובעלי כשרון.

אעפ״י שבכמות היתה הועידה השני׳ קטנה לפי״ע מהראשונה (גם מצד החום הגדול ששרר אז לא באו הרבה אנשים), אבל באיכות, כלומר בטובת עצם הענין הביאה לפי״ד פעולה גדולה יותר, מפני שהי׳ הזדמנות להאברכים הבני תורה לשוחח ולהתוכח בחידושי תורה.

את הרב פיינשטיין כיבדנו לפי הראוי ושלחנו אליו שני צירים להביאו. בשעה 4.30 אחה״צ פתח הרב פעלדמאן את הועידה, ביאר תוכן מטרת ה„עדינו״ ומסר הנהלת הועידה להרב מענטליק בתור יו״ר.

הרב מענטליק הציג את הרב פיינשטיין והלה אמר שיעור בהלכה בעיון בערך שעה וחצי. אח״כ הי׳ הפסקה קטנה בניגון ומגדנות ואח״ז אמרו חידושי תורה: הרב אושפאל, הרב תאומים (ר״מ בישיבת אחי תמימים בבראנקס) והרב ווייס.

מפתח

תש״ד

ב׳קנג	ה׳ תשרי		מניעת ש״ץ מחלל שבת	א
ב׳קנג*	י״ג תשרי		לימוד משניות בע״פ	ב
ב׳קנד	י״ג תשרי		חב״ד דורשת עבודה בפועל	ב
ב׳קנה	י״ג תשרי		קביעות עתים לתורה	ד
ב׳קנו	י״ג תשרי		הקריאה והקדושה. קב״ע לתורה. נסיון עשירות	ה
ב׳קנז	הוש״ר	ועד הרבנים מונטריאל	קו״ק בענין הילדים הפליטים	ח
ב׳קנח	הוש״ר	מוהרא״ל קרעמער	בענין הנ״ל	ט
ב׳קנט	כ״ה תשרי	מוהרי״צ פאגלמאן	קנין בית עבור הישיבה בבופולו	י
ב׳קס	כ״ה תשרי		שקידה בלימוד כלי להצלחה	יא
ב׳קסא	כ״ז תשרי	ר״י פלדמן ור״א פאפאק	דו״ח משיעורי לימודי הדת	יא
ב׳קסב	כ״ז תשרי	מו״ה שלמה היימאן	ברכה	יב
ב׳קסג	כ״ט תשרי	מוהרח״י וילה	חיזוק היהדות בארגנטינה. מל״ח ומחנה ישראל	יג
ב׳קסד	כ״ט תשרי	מוהרז״צ קליין	דרישת רב בבאליוויען	טו
ב׳קסה	כ״ט תשרי	משרד תו״ת	רשימת התלמידים והרמי״ם	טז
ב׳קסו	כ״ט תשרי	מו״ה ירחמיאל בנימינסון	אור הבעש״ט מתגלה מדור לדור. ד׳ אופני אתעדל״ע, במרע״ה ובבעש״ט	יז
ב׳קסז	ה׳ מ״ח	רבנים פליטי רוסיא	תרומה לקרן ועד העזרה	כ
ב׳קסח	ה׳מ״ח	ר״פ לנדא והמשפחה	אין ידיעות מהמשפחה בפולין. מכירת הנחלה בחברון	כא
ב׳קסט	ה׳ מ״ח	מוהרי״ל סלאנים	מנהגים שב„היום יום"	כב
ב׳קע	ו׳ מ״ח	מו״ה צבי שוסטרמאן	שמחת נשואיו. הנהלת הישיבה בראטשעסטער	כב
ב׳קעא	ו׳ מ״ח	מוהרא״פ ווילער	התייסדות הישיבה הנ״ל	כג
ב׳קעב	י׳ מ״ח	מוהרי״צ פאגלמאן	התעסקות בישיבה ועניני חינוך בבופולו	כה
ב׳קעג	י׳ מ״ח	מוהר״י הלל דזייקאבסאן	יסוד בית ספר לבנות	כו
ב׳קעד	י׳ מ״ח	כ״ק אדמו״ר שליט״א ומוהרחמ״א חדקוב	יסוד מחלקת „מחזיקי ומרחיבי הת״ת הכשרות" ע״י המל״ח	כז
ב׳קעה	י׳ מ״ח	כללי לאנ״ש	תמיכת חנוך הכשר במחלקה הנ״ל	כח
ב׳קעו	י׳ מ״ח	מו״ה צבי שוסטרמאן	הנהלת הישיבה בראטשעסטער	כט
ב׳קעז	י״ב מ״ח	לעידיס אוקזילערי	תמיכת הישיבה בפיטסבורג	ל
ב׳קעח	י״ב מ״ח	מו״ה יעקב כ״ץ	ימים ריקים מחיזוק היהדות — ימי חשך. חשך מצרים — בריאה. ג׳ סוגי חשך	לא

מפתח

ב'קעט	י"ב מ"ח	בהכ"נ בני ראובן שיקגו	תנחומין לפטירת הרח"צ רובינשטיין. בחירת רב מהחסידים	מ
ב'קפ	י"ג מ"ח	משפחת רובינשטיין	תנחומין להנ"ל	מא
ב'קפא	י"ג מ"ח	ועד למען השבת שיקגו	סדר בעבודה וברכה	מב
ב'קפב	י"ד מ"ח	מו"ה אהרן לעוויט	השיעור בספרו והדפסתו	מג
ב'קפג	ט"ז מ"ח		התפעלות יתירה מקללת	מד
ב'קפד	ט"ז מ"ח	מוהרא"פ ווייליער	התייסדות הישיבה בראטשעסטער	מו
ב'קפה	ט"ז מ"ח	התלמיד אברהם מאנהייט	מה' מצעדי גבר כוננו	מז
ב'קפו	י"ח מ"ח	מו"ה אלחנן קאוועז	שליחות נשמתו הצלת נשמה. נרנח"י ניזונים זמ"ז	מח
ב'קפז	י"ט מ"ח	הערבערט עסקין	מזון רוחני בצבא	נד
ב'קפח	כ' מ"ח	מוהרי"ז שפירא	כתיבת ס"ת אצל המגיד ממעזריטש	נה
ב'קפט	כ' מ"ח	מו"ה שלמה צוקער	פירוש איכה תרעה ואיכה תרביץ בצהרים	נה
ב'קצ	כ"ד מ"ח	כללי	מגבית הצלה עבור תומכי תמימים	נו
ב'קצא	כ"ד מ"ח	מוהרי"צ פאגלמאן	קנין בית עבור הישיבה בבופולו	נח
ב'קצב	כ"ד מ"ח		על גמ"ח מברכים תזכו למצות	נט
ב'קצג	כ"ז מ"ח	מו"ה ניסן מינדל	השיעור הנ"ל — ב'קפב. חקירת רבנו אצל הטשעקא בתר"פ	נט
ב'קצד	כ"ז מ"ח	מו"ה פנחס ריסמאן	הרבנות בביהכ"נ בני ראובן	סד
ב'קצה	כ"ז מ"ח	מוהרח"ש פלמר	בענין הנ"ל	סה
ב'קצו	כ"ז מ"ח	מו"ה משה שאיעוויטש	בענין הנ"ל	סו
ב'קצז	כ"ח מ"ח		תפילין — שמירה מעולה	סז
ב'קצח	כ"ח מ"ח	מוהרי"צ פאגלמאן	הוראות בעבודתו בבופולו	סח
ב'קצט	כ"ח מ"ח	מוהרי"ל הורוויץ	תרומה לילדי הפליטים	סט
ב'ר	ג' כסלו	מו"ה אשר סיגל	הצלחת המוסדות. יסוד ישיבה וביה"ס בהבנה	סט
ב'רא	ג' כסלו	ישיבת קאמעניץ	הזכרה להג"ר ברוך דובער ליבוביץ	עא
ב'רב	ג' כסלו	מו"ה אהרן לעוויט	השיעור בספרו והדפסתו	עא
ב'רג	ד' כסלו	מו"ה ניסן מינדל	הוראות בסידור שיעור הנ"ל	עב
ב'רד	ה' כסלו	מוהרש"ז העכט	הוראות בעבודתו בשיקגו	עג
ב'רה	ו' כסלו		החדרים לבנות שוים בחשיבותם לישיבות	עד
ב'רו	ח' כסלו	הנהלת הישיבה	להודיע ע"ד התחלת אמירת טל ומטר	עו
ב'רז	י"א כסלו	מוהרי"א הרצוג	התרומה לילדים הפליטים	עו
ב'רח	י"ב כסלו	אדמו"ר מוהרי"א פערלאוו	ברכתו ותרומתו לבנין הישיבה	עז
ב'רט	י"ב כסלו	כללי למונטריאל	חנוכת בנין הישיבה	עח
ב'רי	ט"ו כסלו	מו"ה אלחנן גלאזער	השתתפותו בהדפסת ספרי הצמח צדק	עט
ב'ריא	ט"ו כסלו		עשירות בכ"ק ולא בממון	פ
ב'ריב	ט"ו כסלו	מוהרמ"ז גרינגלס	הוראות בעבודתו במונטריאל	פא
ב'ריג	ט"ו כסלו	לתלמידים במונטריאל	הרחבת הישיבה. מסיבות שבת וביה"ס לבנות	פב

מפתח

ב׳ריד	ט״ז כסלו	מוהרא״א אקסלרוד	אגרות כ״ק אדמו״ר שליט״א אליהם — בקשר להנ״ל	פה
ב׳רטו	ט״ז כסלו	מוהרי״צ פאגלמאן	ורפא — ע״פ הרפואה, ירפא — הרופא האמיתי	פז
ב׳רטז	ט״ז כסלו	משרד תו״ת	הוראות בעבודתו בבופולו	פח
ב׳ריז	י״ח כסלו	מו״ה אלחנן קאוואן	לכל הר״מים — מזמינם לבא אלי	פט
ב׳ריח	כ״ד כסלו	מו״ה שלום פויזנער	שיעור והדפסת ספר הנ״ל — ב׳רב	פט
ב׳רט	נר החמישי	מו״ה שמואל לויטין	ההעתקה והתפתחות הישיבה בפיטסבורג	צ
ב׳רכ	ג׳ טבת	מו״ה שלום פויזנער	הוראות לנסיעתו למונטריאל	צא
ב׳רכא	ג׳ טבת		קבלת פנים בישיבה בפיטסבורג לנשואי ראש הישיבה הר״מ אלטעין	צב
ב׳רכב	ו׳ טבת		הדפסת שיחת י״ט כסלו	צג
ב׳רכג	ו׳ טבת	מוהרנ״ד דענבערג	חובת הלימוד בכ״י	צד
ב׳רכד	ו׳ טבת	מוהרש״ז העכט	מניעת התפלה בבהכ״נ רפורמי	צד
ב׳רכה	ו׳ טבת	מו״ה צבי שוסטרמאן	שיעורי הנאומים באנגלית	צה
ב׳רכו	ו׳ טבת	מל״ח	הוראות בעבודתו בראטשעסטער	צו
ב׳רכז	ז׳ טבת	מו״ה אלחנן קאוואן	התייסדות „בית שרה" בראטשעסטער	צח
ב׳רכח	י״ג טבת	מו״ה יעקב קסטנבוים	הצלת נשמות	צט
ב׳רכט	י״ג טבת	מו״ה זלמן גאף	תמיכת הישיבות	קג
ב׳רל	י״ד טבת	מרת הינדא ווינטער	זקנו ר׳ נחום חוזר	קד
ב׳רלא	ט״ז טבת	מוהרמ״פ כ״ץ	סידור מסיבות שבת. תמיכת הישיבה מדור „שלום אחים"	קה
ב׳רלב	ט״ז טבת		חובת קביעות עתים לתורה	קו
ב׳רלג	י״ז טבת	כללי	תמיכת הישיבות	קז
ב׳רלד	כ׳ טבת	מוהרמ״מ קופרשטאך	קטע מרשימת תרנ״ח — רבותינו	קט
ב׳רלה	כ׳ טבת	ביהכ״נ קהל חסידים ת״א	עסוקים בהטבת מצב אנ״ש קביעות עתים לתורה ואמירת תהלים	קיד
ב׳רלו	כ׳ טבת	חברת תו״ע וגמ״ח	תרומה וברכה	קטו
ב׳רלז	כ׳ טבת	מו״ה אברהם גולדברג	שיעורי לימוד ברבים	קטז
ב׳רלח	כ׳ טבת	מו״ה דוד גולדברג	בענין הנ״ל	קטז
ב׳רלט	כ׳ טבת	מו״ה משה גוראריי׳	עזרה לאנ״ש ברוסיא	קיז
ב׳רלח	כ״ב טבת	כללי לאנ״ש	קירוב גזע אנ״ש שנתרחק	קיח
ב׳רלט	כ״ב טבת	אנ״ש — שיקגו	השתתפות בתעמולה לחינוך הכשר	קכב
ב׳רמ	כ״ג טבת	קה״ת	$1500 להדפסת צמח צדק	קכג
ב׳רמא	כ״ג טבת		תמיכת הישיבה בפיטסבורג. קיום תומ״צ גם באמריקה	קכד
ב׳רמב	כ״ג טבת	מו״ה אלחנן קאוואן	הפצת הס׳ הנ״ל — ב׳ריז	קכו
ב׳רמג	כ״ג טבת	מוהרש״ז העכט	ספר הנ״ל	קכז
ב׳רמד	כ״ד טבת	ר״מ סאוויצקי	העברת הישיבה בבאסטאן תחת הנהלת תו״ת	קכח
ב׳רמה	כ״ד טבת	ורי״מ דזייקאבסאן מוהרי״ל הורוויץ	בענין הנ״ל	קכט

23

מפתח

ב׳רמו	כ״ז טבת	מו״ה יעקב כ״ץ	השתתפות בהדפסת ס׳ הצ״צ. בעל הס׳ מעורר רחמים	קכט
ב׳רמז	כ״ז טבת		חובת השו״ב — קב״ע לתורה ועבודה	קלא
ב׳רמח	כ״ז טבת	מוהרח״י וויינגרטן	ישיבת תורת חיים באנגליה. פליטי ווין	קלד
ב׳רמט	כ״ח טבת	אגודת שומרי שבת	התועדות הר״ח ליברמן בזה עם כ״ק אדמו״ר שליט״א והרב חדקוב	קלו
			אגרות כ״ק אדמו״ר שליט״א אליו — בהמשך לביקור	קלו
ב׳רנ	כ״ט טבת	מו״ה דוד פרענקל	ברכה	קלח
ב׳רנא	ר״ח שבט	מוהרח״ה האוולין	קבלת תלמידים בתו״א. הצלת הקרובים	קלח
ב׳רנב	ה׳ שבט	מוהרי״ל הורוויץ	הסתדרות הישיבה בבאסטאן	קלט
ב׳רנג	ה׳ שבט	יו״א	שמירת השבת במוסד	קמ
ב׳רנד	ז׳ שבט	ועד ההדפסה	הדפסת התניא בת״א	קמד
ב׳רנה	ז׳ שבט	מוהרא״ח נאה	ספרו שיעורי תורה	קמה
ב׳רנו	ז׳ שבט	מוהרא״מ ולקובסקי	חבורו על הש״ס. ספריית רבנו	קמו
ב׳רנז	ז׳ שבט	מוהרמ״ז רייכמאן	תורת חיים. ספור מאדמו״ר מוהר״ש	קמז
ב׳רנח	י׳ שבט	מו״ה דובער צוקערמאן	הישיבה בבופולו	קנא
ב׳רנט	י״ד שבט		התפילין — שמירה לחיילים	קנב
ב׳רס	י״ד שבט	מו״ה בנציון ש״ס	בשורת הצלתו	קנג
ב׳רסא	ט״ז שבט	חברת גמ״ח שומרי שבת	חגיגת השלשים וארבע	קנג
ב׳רסב	י״ז שבט	מוהרא״ד העכט	יסוד הישיבה בבאסטאן	קנד
ב׳רסג	י״ט שבט	מוהרמ״ג גערליצקי	סידור המעמד. התקשרות	קנה
ב׳רסד	י״ט שבט	אנ״ש בקנדה	בענין הנ״ל	קנו
ב׳רסה	כ״א שבט		עבודת הקודש א״צ להפריע סדרי החיים	קנז
ב׳רסו	כ״א שבט		הרחקת ההתאוננות	קנז
ב׳רסז	כ״א שבט	מוהרא״ש שטיין	שיעורי תורה ברבים	קנח
ב׳רסח	כ״א שבט	מוהרי״מ טננבוים	הנסיעה לטורונטו לעורר את אנ״ש. זכרון ימי קדם	קנט
ב׳רסט	כ״א שבט	הנ״ל ורמ״ז גרינגלאס	הסתדרות מסבות שבת	קס
ב׳ער	כ״ב שבט	מוהרמ״ז גרינגלאס	מעמדות כולל חב״ד	קסא
ב׳רעא	כ״ב שבט	אנ״ש בקנדה	בענין הנ״ל	קסב
ב׳רעב	כ״ב שבט	מוהרמ״ז גרינגלאס	חילוק העבודה בעניני הישיבה	קסד
ב׳רעג	כ״ב שבט	התלמידים במונטריאל	חיוב לימוד דא״ח	קסה
ב׳עדר	כ״ב שבט	תלמיד	מניעת ההטעה בעצמו	קסו
ב׳ערה	כ״ב שבט	מו״ה חיים העלער	ספריו	קסח
ב׳רעו	כ״ג שבט	מוהרש״ז גוראריי	ספרי לימוד שאינם כשרים	קסט
ב׳רעז	כ״ז שבט		קיום הברכה תלוי בקיום המצות	קסט
ב׳רעח	כ״ט שבט	משרד תו״ת	אם החוק מרשה לתלמיד קנדה ללמוד בארה״ב	קע
ב׳רעט	אדר״ח אדר	מו״ה ניסן טלושקין	שמירת השבת במוסד ייוו״א	קעא
ב׳רפ	אדר״ח אדר	מוהרד״ל מעקלער	בענין הנ״ל	קעב
ב׳רפא	אדר״ח אדר	מתפללי דאון טאון מונטריאל	לימוד תשב״ר בביהכ״נ	קעג

מפתח

ב׳רפב	אדר״ח אדר	מוהר״א ווּעקסלער	תמיכת הישיבה והתעניינות בבריאות רבנו	קעו
ב׳רפג	ר״ח אדר	כללי לאנ״ש	חגיגה בפסח שני לתמיכת הישיבות	קעו
ב׳רפד	ר״ח אדר	מו״ה צבי שוסטערמאן	סיבוב הכלה בחופה ונתינת הטבעת	קעח
ב׳רפה	ג׳ אדר	ועד הישיבה בופולו	עוזר למנהל	קעט
ב׳רפו	ג׳ אדר	מו״ה יעקב סיגאל	תמיכת הישיבה בפיטסבורג	קפ
ב׳רפז	ג׳ אדר	מוהרי״ע דובראוו	המלמדים והספרים בישיבה קטנה בוואשינגטון	קפא
ב׳רפח	ג׳ אדר	מו״ה שלום פויגנער	סידור קבלת פנים לר״מ אלטעין	קפב
ב׳רפט	ג׳ אדר	מוהרי״צ פאגלמאן	הוראות בעבודתו בבופולו	קפב
ב׳רצ	ג׳ אדר	מוהרי״ל הורוויץ	תמיכת הישיבה בבאסטאן	קפד
ב׳רצא	ה׳ אדר	מוהרח״ש פלמר	מע״ח לאחב״י ברוסיא. ועד הישיבות וקרן רובינשטיין	קפה
ב׳רצב	ה׳ אדר	מוהר״נ סלאן	צדקה וגמ״ח	קפו
ב׳רצג	ו׳ אדר	אדמו״ר ר״א רוקח מבעלז	בשורת הצלתו	קפז
ב׳רצג*	ו׳ אדר	מוהרש״ד זיסלין	ביקור אצל האדמו״ר מבעלז	קפח
ב׳רצג**	ו׳ אדר	מו״ה משה גוראריו	ההתעניינות במצב האדמו״ר מבעלז	קפט
ב׳רצד	ו׳ אדר	אחי תמימים תל אביב	אישור ועד הלימוד	קפט
ב׳רצה	ו׳ אדר	הנ״ל	אישור ועד הכספי	קצ
ב׳רצה*	ו׳ אדר	מו״ה אליעזר קרסיק	בעניין הנ״ל	קצא
ב׳רצו	ו׳ אדר	הנ״ל	אישורו בתור מנהל ישיבה הנ״ל	קצב
ב׳רצז	ו׳ אדר	מו״ה שאול ברוק	הדרכת התלמידים. למנוע הצעירים מאריכות בתפלה	קצג
ב׳רחצ	ו׳ אדר	תלמידים בת״א	הגברת השקידה והמשמעת	קצו
ב׳רצט	ו׳ אדר	מוהרר״נ כהן	כוונות פרטיות בברכת כהנים	קצז
ש״ב	ו׳ אדר	מו״ה ברוך פריז	התבוננות פרטית ג׳ אופני התבוננות	קצח
ב׳שא	ו׳ אדר		תכלית הסיפור — מוסר השכל	רא
ב׳שב	ח׳ אדר	מו״ה יוסף וויינבערג	תעמולה לתמיכת הישיבות	רב
ב׳שג	ח׳ אדר	יוליוס סטולמאן	תמיכת המוסדות. הזמנה לביקור	רג
ב׳דש	י׳ אדר	ועד מגיני החנוך הכשר	הוראות בעבודתם	רד
ב׳שה	י׳ אדר	מוהרא״י בלאך	הישיבה בבופולו	רו
ב׳שו	י אדר	מוהרש״ז גוראריו׳	ביעור ספרי הכופרים מביה״ס	רז
ב׳שז	י׳ אדר	מוהרש״ז העכט	הצלה ממסיון. מענה רציני לשואל שלא מדעת	רט
ב׳שח	י׳ אדר		תשובה להורג נפש בשגגה	ריא
ב׳שט	י״א אדר	מוהרח״ש פלמר	העזרה מועד הישיבות	ריב
ב׳שי	י״א אדר	מו״ה אפרים עפשטיין	בעניין הנ״ל	ריג
ב׳שיא	י״א אדר	מו״ה יוסף פלייער	עבודת הכלל של רבנו במס״נ במשך יובל שנים	ריד
ב׳שיב	י״א אדר	ישראל הצעיר מונטריאל	שיעורי לימוד והתועדות	רטו
ב׳שיג	י״א אדר	אחי תמימים מונטריאל	הוראות בעבודתם	רטז
ב׳שיד	י״ב אדר	תו״ת מונטריאל	הוראות בעבודתם	ריח

מפתח

ב'שטו	י"ב אדר	מוהרמ"ז גרינגלאס	עבודתו למען כולל חב"ד	רכ
ב'שטז	י"ב אדר	תלמידים	יסוד דרך החסידות. התקשרות	רכא
ב'שיז	י"ב אדר	לעידיס אוקזילרי	תמיכת הישיבות	רכג
ב'שיח	י"ב אדר	מוהרצ"ז פייגלשטאק	יסוד בית יעקב באורוגוואי	רכד
ב'שיט	י"ב אדר	הרש"ג שליט"א	תפקידו של מפקח חדרי תורה תמימה ליובאוויטש	רכד
ב'שכ	י"ג אדר	מו"ה דוד פרענקל	צילום כת"י. עזרתו ליסד הישיבה בבופולו	רכז
ב'שכא	י"ג אדר	מו"ה צבי שוסטרמאן	לא להתערב בעניני מפלגה	רכח
ב'שכב	י"ג אדר	מוהר"מ ש"ס-טווערסקי	לכתוב זכרונותיו מאבותיו הק'	רכט
ב'שכג	י"ז אדר	מו"ה משה שוואב	הקשיים ליסד ישיבה בלאס אנג'לעס	רל
ב'שכד	י"ז אדר	מוהרח"ש פלמר	עזרה מועד הישיבות	רלא
ב'שכה	י"ז אדר	מוהרי"ד סולבייצ'יק	שמירת השבת במוסד ייוו"א	רלב
ב'שכו	י"ח אדר	בהכ"נ אנשי ליובאוויטש	תמיכת כולל חב"ד	רלג
ב'שכז	י"ט אדר	מוהרש"נ פרדס	הזמנת ירחון הפרדס	רלד
ב'שכח	כ' אדר	מוהרח"י האלמאן	ניצול ימי המנוחה לתמיכת הישיבות	רלד
ב'שכט	כ' אדר	מו"ה משה העכט	הוראות בעבודתו בוואוסטער	רלה
ב'של	כ"א אדר	מוהרי"א הרצוג	סמינר רבני מאושר ברוסיא	רלז
ב'שלא	כ"א אדר	מוהרש"י זוין	בענין הנ"ל	רלז
ב'שלב	כ"ב אדר	מרכז תות"ל	תעמולה בחה"פ ע"י התלמידים	רלח
ב'שלג	כ"ב אדר	מל"ח	ברכה ל"בית שרה"	רלח
ב'שלד	כ"ד אדר	מו"ה אהרן וייס	תמיכת הישיבות והמוסדות	רלט
ב'שלה	כ"ד אדר	מו"ה יוסף ווינבערג	התעמולה בענין הנ"ל	רמ
ב'שלו	כ"ד אדר	יוליוס סטולמאן	הזמנה לביקור	רמא
ב'שלז	כ"ד אדר	מו"ה אלכסנדר כהן	הזמנה לביקור	רמב
ב'שלח	כ"ו אדר		מעלת אמירת תהלים	רמב
ב'שלט	כ"ח אדר	שו"בים	לימוד הל' שו"ב בחברותא	רמג
ב'שמ	כ"ט אדר	חדר תורה תמימה	ברכה לחגיגה	רמד
ב'שמא	כ"ט אדר	מו"ה אברהם אייכנשטיין	רבנות הרא"מ ש"י הערשבערג	רמה
ב'שמב	כ"ט אדר		פתגם הבעש"ט: א נשמה קומט אראפ כו'	רמו
ב'שמג	ב' ניסן	מו"ה מרדכי מענטליק	חגיגת סיום מס' גיטין בישיבה	רמו
ב'שדמ	ב' ניסן	מו"ה צבי שוסטרמאן	בית שרה והישיבה בראטשעסטער	רמז
ב'שמה	ב' ניסן	חגיגת בית רבקה	תמיכת המוסד	רמח
ב'שמו	ג' ניסן	מל"ח	יסוד חברת של"ה שע"י מל"ח	רנ
ב'שמז	ג' ניסן	מוהרא"י בלאך	הישיבה בבופולו	רנא
ב'שמח	ד' ניסן	מוהרי"צ פאגלמאן	הישיבה בבופולו ותמיכת מרכז הישיבות	רנב
ב'שמט	ו' ניסן	מו"ה צבי כהן	שמירת פקודת הרופאים	רנג
ב'שנ	ו' ניסן	מוהרח"ש פלמר	הזמנה לחה"פ	רנד
ב'שנא	ז' ניסן	מוהרא"פ ווייליר	יסוד ישיבות בעיירות. ישיבה בספרינגפילד	רנד

מפתח

ב'שנב	ט' ניסן	מוהרי"מ פלדמאן	אישור קבלת ספרו	רנה
ב'שנג	ט' ניסן	מו"ה יוסף בורשטיין	ישיבת זקני ת"ח	רנו
ב'שנד	י' ניסן	מו"ה חיים העלער	שיבושים בהעתקות התנ"ך לשפות שונות	רנז
ב'שנה	י' ניסן	מוהרש"ז העכט	הוראות בעבודתו בשיקגו	רנח
ב'שנו	י"א ניסן	ועד ההורים תות"ל	תמיכת הישיבה	רנט
ב'שנז	י"א ניסן	מו"ה ישראל ראזנצוויג	תמיכה למוסדות רבנו	רסא
ב'שנח	י"א ניסן	מוהרשיל"א	משלוח לכולל חב"ד תו"א וחברת תהלים	רסב
ב'שנט	י"א ניסן	מוהרי"מ הרצוג	סמינר רבני מאושר ברוסיא	רסב
ב'שס	י"ג ניסן	קובץ ליובאוויטש	מעלתו	רסג
ב'שסא	י"ג ניסן	מוהרח"י וילה	פעולות המל"ח. ליסד מל"ח בארגנטינה	רסג
ב'שסב	י"ג ניסן	מוהרא"צ איינבינדער	תעמולת שמירת השבת	רסה
ב'שסג	כ"ג ניסן	מו"ה מרדכי מענטליק	לימוד התחלת מס' כתובות לצעירים	רסו
ב'שסד	כ"ד ניסן	מוהרשיל"א	קשיי התמיכה בכולל חב"ד. מצב הצעירים הרוחני	רסו
ב'שסה	כ"ו ניסן	שמולאוויטץ	תפילין לחייל. לימוד טייסות	רסח
ב'שסו	כ"ז ניסן	ר"ד בוימגארטן ור"י גרונר	פטור משרות הצבא. הבחינות בשבת	רסט
ב'שסז	ג' אייר	מוהרח"ה האוולין	מכירת הנחלה בחברון תרגום מאנגלית לה"ק	רסט
ב'שסח	ד' אייר	הנ"ל	בענין הנ"ל	ער
ב'שסט*	ד' אייר	משפחת לנדא	בענין הנ"ל	ערא
ב'שסט	ד' אייר	מוהרח"י רוזנבלום	בענין הנ"ל	ערג
ב'ש	ד' אייר	מו"ה יעקב כ"ץ	הוצאות עבודת הקדש — לוו עלי ואני פורע	עדר
ב'שסא	ז' אייר	הרבנית אייכנשטיין	רבנות הרא"מ ש"י הערשבערג	ערה
ב'שסב	ז' אייר		בענין הנ"ל	רעו
ב'שסג	ז' אייר	מוהרי"א הרצוג	בהמ"ד לרבנים ברוסיא. משלחת לרוסיא	רעז
ב'שסד	ז' אייר	רבנים פליטי רוסיא	ברכה לועד העזרה	רעח
ב'שסה	ז' אייר	מוהרש"י זוין	בהמ"ד לרבנים ומשלחת לרוסיא	רעט
ב'שסו	ז' אייר	מוהרמ"מ הורוויץ	הדפסת ספר חסידות	רפא
ב'שסז	ח' אייר	קה"ת	הדפסת לקו"ת תורת שמואל	רפב
ב'שסח	ח' אייר	מוהרש"ז גוראריו'	ביעור ס' לימוד שאינם כשרים מהישיבות	רפב
ב'שסט	ט' אייר	מו"ה שלמה תומארקין	שמירת הגוף. סיפור החסיד ר' פנחס ליב	רפג
ב'שפ	ט' אייר	מו"ה אלחנן כהן	חינוך הנוער האמריקני. ספרות כשרה לנוער	רפה
ב'שפא	ט' אייר	מוהרא"ד העכט	הוראות בעבודתו בבאסטאן	רפז
ב'שפב	ט' אייר	מוהרמ"י חייקין	הישיבה בפאטשעף	רפז
ב'שפג	י' אייר	אגוח"ח בארה"ק	סידורה מחדש וסדר העבודה	רפח

מפתח

ב'שפד	י' אייר	אנ"ש בארה"ק	בענין הנ"ל	רצ
ב'שפד•	י' אייר	מו"ה משה גוראראי'	בענין הנ"ל	רצב
ב'שפה	י' אייר	מוהרש"ד זיסלין	מינויו בתור יו"ר אגוח"ח בארה"ק	רצג
ב'שפו	י' אייר	גזע חב"ד בארה"ק	גליון שאלות בקשר להנ"ל	רצג
ב'שפז	י' אייר	אגוח"ח בארה"ק	בענין הנ"ל. החזקת ביהכ"נ חב"ד בעיר העתיקה	רצד
ב'שפח	י"א אייר	מו"ה מרדכי מענטליק	חגיגת סיום מס' גיטין בישיבה	רצה
ב'שפט	י"א אייר	מוהרא"א אקסלרוד	עשרה תיבות ספרים לספריית רבנו	רצו
ב'צ	י"ב אייר	מו"ה אלחנן כהן	הזמנה לחגיגת י"ד אייר לתמיכת הישיבה	רצו
ב'שצ•	ט"ו אייר		מניעת ההגזמה במעלות וחסרונות עצמו	רצו
ב'שצא	ט"ו אייר		חלישות כח הזכרון. מעלת אמירת ברכה	רחצ
ב'שצב	ט"ו אייר	מו"ה דוד הלמן	תעמולה לחיזוק קיום המצות והאמונה	רצט
ב'שצג	ט"ז אייר	מוהרי"י טננבוים	התיסדות הישיבה בפילדלפיה	ש
ב'שצד	ט"ז אייר	מו"ה שלמה סאדאוסקי	החסיד ר' יעקב מקאוועל	שא
ב'שצה	י"ז אייר	הרש"ג שליט"א	ההשתדלות בדבר המשלחת לרוסיא	שב
ב'שצו	י"ז אייר	מוהרי"צ פאגלמאן	הוראות בעבודתו בבופולו	שב
ב'שצז	י"ח אייר	מרכז תת"ל	לימוד התנ"ך, קצור שו"ע וניגונים	שג
ב'שצח	כ"א אייר	מו"ה יקותיאל קרעמער	נאומו בחגיגת תת"ל. שיעורי לימוד	שה
ב'שצט	כ"ד אייר	מוהרשיל"א	הביקור אצל האדמו"ר מבעלז. מצב בנות אנ"ש	שו
ב'ת	עחה"ש	תלמידי התמימים	התעוררות לחה"ש	שז
ב'תא	ה' סיון	מוהרמ"מ הויזמאן	ההכנה לחה"ש. הנהלת ישיבת רח"ב	שח
ב'תב	ה' סיון		מילוי הברכה שניתנה בוויען. הלימוד בתו"י	שט
ב'תג	י"ד סיון	הישיבה בנוארק	ברכה לועד הבנין	שי
ב'תד	י"ד סיון	מו"ה צבי שוסטרמאן	עניני הישיבה בראטשעסטער	שיא
ב'תה	י"ד סיון	מו"ה יוסף ראדאל	תמונות התלמידים במונטריאל	שיב
ב'תו	י"ד סיון	הרש"ג שליט"א	אסיפת ראשי הישיבות בערי השדה	שיב
ב'תז	ט"ו סיון	הנ"ל	אמירת מזמורי תהלים היום קודם מנחה	שיג
ב'תח	ט"ו סיון	כללי	תמיכת הישיבות — חברים מיסדים	שיד
ב'תט	ט"ו סיון	מו"ה יקותיאל קרעמער	פינוי הבנין שקנו לישיבה	שטז
ב'תי	כ' סיון		חשבון נפש — רק בזמנים קבועים	שיח
ב'תיא	כ"א סיון		שמירת השבת	שיט
ב'תיב	כ"ב סיון	משרד תת"ל	תכנית אספת ראשי הישיבות	שכ
ב'תיג	כ"ג סיון	אדמו"ר ר"א רוקח מבעלז	מצב החינוך בארה"ק	שכב
ב'תיד	כ"ג סיון	מחנה ישראל	מכתב המכיר תודה	שכב
ב'תיד•	כ"ג סיון	מו"ה צבי סילבר	קדושת האותיות והנקודות	שכג
ב'תטו	כ"ג סיון	מו"ה משה ימיני	גימטריאות — רק ציון	שכג
ב'תטז	כ"ד סיון	רי"ב ווייליגער ורש"י פסקס	החובה להיות ממזכי הרבים	שכד

מפתח

ב"תיז	כ"ה סיון		מה' מצעדי גבר כוננו	שכה
ב"תיח	כ"ז סיון		שמירת השבת	שכו
ב"תיט	כ"ט סיון	מו"ה משה פרידמאן	תמיכת המוסדות	שכז
ב"תכ	כ"ט סיון	מו"ה יואל שפירא	פעולת המוסדות	שכח
ב"תכא	כ"ט סיון		מגבית בשיקגו למרכז הישיבות	שכט
ב"תכב	כ"ט סיון	מו"ה משה שאיעוויטש	כנ"ל	של
ב"תכג	כ"ט סיון	מו"ה ברך פעווזנער	כנ"ל	שלא
ב"תכד	כ"ט סיון	מו"ה יעקב ריסמאן	כנ"ל	שלב
ב"תכה	ד' תמוז	מו"ה משה פרידמאן	זכרון העיר זעמבין	שלג
ב"תכו	ו' תמוז	מו"ה זאב שלידקרויט	יסוד הישיבה בניוהייוון	שלד
ב"תכז	ז' תמוז	מו"ה יעקב כ"ץ	תמיכת המוסדות	שלה
ב"תכח	ז' תמוז	מוהרא"פ ווילער	יסוד הישיבה בברידזשפארט. בית רבקה	שלו
ב"תכט	ז' תמוז		הלימוד בתו"ת	שלו
ב"תל	י"א תמוז	מו"ה יוסף	שם שנשתקע	שלז
ב"תלא	י"א תמוז	מו"ה שמואל זלמנוב	יסוד חברת ניח"ח	שלח
ב"תלב	י"א תמוז	מוהרח"ש פלמר	המגבית הנ"ל בשיקגו. יסוד ישיבה בשיקגו	שלט
ב"תלג	י"א תמוז	מו"ה יחזקאל ליסנער	בענין הנ"ל. תולדות זקנו — חסיד אדה"ז	שם
ב"תלד	י"ב תמוז	ביהמ"ד תו"ת	הדרן	שמג
ב"תלה	י"ג תמוז	ל. אולמאן	הרב ש"ס מפאריז. משפחת אולמאן	שמו
ב"תלו	ט"ז תמוז		צרות חסידים. חיוב ההתעסקות בהרבצת התורה	שמז
ב"תלז	ט"ז תמוז	מחזיקי בית הרב דמונקאטש	מגבית	שמח
ב"תלח	י"ט תמוז		בענין הנ"ל	שמח
ב"תלט	כ"א תמוז	מו"ה שמואל זלמנוב	ניח"ח	שמט
ב"תמ	כ"ב תמוז	הרבנים הרצוג והערץ	החלפת עצירי ברגן-בלזן. עצירי וויטאל	שמט
ב"תמא	כ"ז תמוז	מוהרש"ז העבט	תרגום מאנגלית ללה"ק	שנ
ב"תמב	כ"ח תמוז	מרכז תת"ל	הוספת שם לחולה	שנ
ב"תמג	כ"ט תמוז		חומר המאורעות לקובץ ליבאוויטש	שנא
ב"תמד	ג' מנ"א		שם כלה וחמותה שוין	שנא
ב"תמה	ח' מנ"א	מוהרא"ח ווילער	נסיונות הספקות באמונה	שנב
ב"תמו	י"א מנ"א	מרת קאניקאוו	השתדלות בדבר השבת בדרכי נועם	שנג
ב"תמז	י"א מנ"א	יוליוס סטולמאן	חינוך הכשר. מסיבות שבת	שנד
ב"תמח	י"א מנ"א	מחנה ישראל	קרן סטולמאן. העיקר הוא ההתקרבות	שנה
ב"תמט	י"א מנ"א	מוהרי"מ טננבוים	סדור ביקור חולים שע"י מחנה ישראל	שנו
ב"תמט	י"ב מנ"א	הנהלת תו"ת מונטריאל	יסוד הישיבה בפילדלפיה	שנז
ב"תנ	י"ב מנ"א		הוראות בסדרי הישיבה	שנז
ב"תנא	י"ג מנ"א	כ"ק אדמו"ר שליט"א	חברת תהלים	שנח
ב"תנב	י"ד מנ"א	כמה מאנ"ש בירושלים	יסוד חדר	שנט

מפתח 30

שס	יסוד מחלקה בשם "תומכי תמימים"	אחי תמימים ת"א	י"ד מנ"א	ב'תנג
שסא	יסוד ספריות חב"ד בבתי הכנסת	אגוח"ח באה"ק	י"ד מנ"א	ב'תנד
שסג	צילום מכתי"ק אדמו"ר נ"ע	מוהרשי"ל"א	י"ז מנ"א	ב'תנה
שסד	העברת ישיבת תו"א לביהכ"נ חב"ד	הנ"ל	י"ז מנ"א	ב'תנו
שסה	בענין הנ"ל	ביהכ"נ חב"ד מאה שערים	י"ז מנ"א	ב'תנז
שסו	קשיי התמיכה. עניני הכולל	כולל חב"ד	י"ז מנ"א	ב'תנח
שסז	חגיגת חה"ש	חברת תהלים העולמית	י"ז מנ"א	ב'תנט
שסח	משלחת רבנים לרוסיא	מוהרי"י הרצוג	י"ז מנ"א	ב'תס
שסט	ס' בית הבחירה עמ"ס אבות	מו"ה שמואל וואקסמאן	י"ז מנ"א	ב'תסא
שסט	הזכרתו על מקומות הקדושים	מו"ה מרדכי גינזבורג	י"ט מנ"א	ב'תסב
שע	רשימת הר"מים כו' והתלמידים	תורת אמת	י"ט מנ"א	ב'תסג
שעא	מצב הכלכלי של אנ"ש באה"ק. מלאכת קוסטאר	מו"ה משה גוראריי	י"ט מנ"א	ב'תסד
שעב	אגוח"ח בארה"ק	כולל חב"ד	י"ט מנ"א	ב'תסה
שעג	לימוד וחינוך תשב"ר	מו"ה ברוך פריז	י"ט מנ"א	ב'תסו
שעד	עריכת מברקים למחנה פליטים באסוועגא	כ"ק אדמו"ר שליט"א	כ"א מנ"א	ב'תסז
שעה	אגרת כ"ק אדמו"ר שליט"א בקשר להנ"ל			
שעו	אגרת המזכירות בקשר להנ"ל			
שעז	ביקור נציגי מוסדות רבנו במחנה	ה. סמארט — נשיא המחנה	כ"א מנ"א	ב'תסח
שעח	סידור מוסדות חינוך במחנה	רמ"י צעכוואל — רב המחנה	כ"א מנ"א	ב'תסט
שעט	ציר תות"ל למחנה		כ"ב מנ"א	ב'תע
שעט	אישור מחלקת ביקור חולים	מחנה ישראל	כ"ג מנ"א	ב'תעא
שפ	אמונה ג"ע וגיהנום		כ"ד מנ"א	ב'תעב
שפא	אישור קבלת ספרו	מו"ה אברהם שטרן	כ"ד מנ"א	ב'תעג
שפב	ר' משה מפוזנא ור' משה חלפן	מו"ה מיכאל ווילנסקי	כ"ה מנ"א	ב'תעד
שפג	קבלת חוב' תפילין וקובץ ליובאוויטש	מחנה ישראל	כ"ט מנ"א	ב'תעה
שפד	ברכה	לאנ"ש ברוסיא	[שלהי מנ"א]	ב'תעו
שפד	איננו מהנותנים הסכמות		בדר"ח אלול	ב'תעז
שפה	זכרונות זעמבין	מו"ה משה פרידמן	בדר"ח אלול	ב'תעח
שפו	רבנות דעמאיין	מו"ה שלמה באגין	בדר"ח אלול	ב'תעט
שפו	חינוך התלמידים והגדלת הישיבות		בדר"ח אלול	ב'תפ
שפז	חוב' תפילין. המלצה לתמיכה	מו"ה אלחנן כהן	בדר"ח אלול	ב'תפא
שפח	הביקור בשיקגו כו' מונטריאל לעורר אנ"ש	מוהרא"א אקסלרוד	בדר"ח אלול	ב'תפב
שפט	בענין הנ"ל	מו"ה שמואל לויטין	בדר"ח אלול	ב'תפג
שצ	בהמשך להנ"ל — ב'תסט	מוהרמ"י צעכוואל	בדר"ח אלול	ב'תפד
שצב	ברכה — אי לאו דעביד נייחא כו'		בדר"ח אלול	ב'תפה
שצב	שמירת בריאות הגוף	מו"ה דוד גולדבערג	ג' אלול	ב'תפו
שצג	סידור ג' מערכות: תו"ת, א"ת וחדר בני תמימים	הישיבה בת"א	ג' אלול	ב'תפז
שצד				

31 מפתח

ב׳תפח	ה׳ אלול		התמסרות לחינוך התל׳	שצה
ב׳תפט	ה׳ אלול	מוהרא״א אקסלרוד	בענין הנ״ל — ב׳תפב	שצז
ב׳תצ	ה׳ אלול	מו״ה יצחק הענדל	משלוח ספרים ישנים לרבנו	שצז
ב׳תצא	י״ג אלול	מרת רוזוועלט	משלחת רבנים לרוסיא ולשטחים המשוחררים	שצח
ב׳תצב	ט״ו אלול	תלמיד	בחירת ישיבה. לימוד דא״ח	שצח
ב׳תצג	ט״ו אלול	מוהרש״ז העכט	במוריסטאון חפצתי להנפש	שצט
ב׳תצד	ט״ז אלול		ההתעסקות בחדרי תורה	שצט
ב׳תצה	ט״ז אלול	מו״ה ישראל דזייקאבסאן	הנהלת בית רבקה	תא
ב׳תצו	ט״ז אלול	מו״ה מיכאל ווילנסקי	הפרעות בפוזנא ור׳ משה	תא
ב׳תצז	י״ז אלול		סדר בלימוד	תב
ב׳תצח	י״ח אלול	מוהרא״ל גראס	נסיעה לישיבה שנפתחה בשיקגו	תג
ב׳תצט	י״ט אלול	מו״ה שמואל זלמנוב	ניח״ח	תג
ב׳תק	כ״ג אלול		הלימוד בתו״ת	תד
ב׳תקא	כ״ג אלול		הוצאת שם רע על הישיבה	תה
ב׳תקב	כ״ד אלול	מוהרש״י זוין	חבילות לרוסיא	תה
ב׳תקג	כ״ה אלול	מוהרשיל״א	המשלוח לכולל חב״ד. האתרוג נתקבל	תו
ב׳תקד	כ״ו אלול	מוהרח״ה האוולין	מינוי הר״ד גולדברג למשפיע בתו״א	תו
ב׳תקה	כ״ו אלול		ספרי מוסר ואמונה — במדה מוגבלת	תז
ב׳תקו	כ״ז אלול	מוהריי״מ טננבוים	הישיבה בפילדלפיה	תח
ב׳תקז	כ״ז אלול	מוהרש״צ שניידרמאן	ישיבת אהל משה — אחי תמימים בפילדלפיה	תח
ב׳תקח	כ״ז אלול	מחלקת המלחמה, וואשינגטאן	בקשה לשלוח אתרוגים מקלבריה	תט
			תרגום מאנגלית ללה״ק	תיא
ב׳תקט	ערב ר״ה	מחזיקי מרכז הישיבות	ברכה	תיב
ב׳תקי			ברכת שנה טובה	תיג

תש״ה

ב׳תקיא	ח׳ תשרי		בטחון החולה לאריכות ימים	תיג
ב׳תקיב	י״א תשרי		חינוך הילדים בעת השחוק	תיד
ב׳תקיג	כ״ח תשרי		סדר הלימוד	תטו
ב׳תקיד	כ״ח תשרי	יוליוס סטולמאן	הזמנה לביקור	תטז
ב׳תקטו	כ״ח תשרי	מו״ה אלכסנדר כהן	הועידה בח״י אלול. חדש תשרי. הזמנה לביקור	תיז
ב׳תקטז	אדר״ח מ״ח	מו״ה זאב קזיניץ	רשימת מ״מ למאמרים	תיט
ב׳תקטז*	ר״ח מ״ח	מו״ה יוסף וויינבערג	מינויו למנהל הישיבה בשיקגו	תכ
ב׳תקיז	ד׳ מ״ח		פתגם אדנ״ע על ויהי ערב ויהי בקר יום אחד	תכא
ב׳תקיח	ה׳ מ״ח	מוהרש״ז העכט	מגבית תת״ל ופתיחת הישיבה בשיקגו	תכב
ב׳תקיט	ה׳ מ״ח	מו״ה יעקב כ״ץ	כנ״ל	תכג
ב׳תקכ	ה׳ מ״ח	מו״ה בנימין דיסין	כנ״ל	תכד
ב׳תקכא	ה׳ מ״ח	מו״ה יעקב ריסמן	כנ״ל	תכה

מ פ ת ח

ב'תקכב	ה' מ"ח	מוהרנ"ה באלאטין	כנ"ל	תכו
ב'תקכג	ה' מ"ח	מו"ה יוסף ראבינסאן	כנ"ל	תכז
ב'תקכד	ה' מ"ח	מוהרג"ר קפלן	כנ"ל	תכח
ב'תקכה	י"ד מ"ח	מרת מינדל כ"ץ	פתיחת "בית שרה" בנוארק	תכט
ב'תקכו	י"ד מ"ח	מוהרי"צ פאגלמאן	הוראות בעבודתו בבאפאלא	תכט
ב'תקכז	י"ד מ"ח	מוהרי"ד אושפל	רשימת מ"מ למאמרים	תל
ב'תקכח	י"ד מ"ח	מו"ה יוחנן גורדון	עבודת חברת ביקור חולים	תלא
ב'תקכט	ט"ז מ"ח	ועד לימוד חסידות	ברכה. מזכיר בעל מרץ	תלב
ב'תקל	י"ט מ"ח		פתגם חסיד ע"ד הקושי להיות מודה על האמת	
ב'תקלא	כ' מ"ח	מוהרי"ד גרונר	עבודתו בישיבה בפילדלפיה	תלג
ב'תקלב	כ' מ"ח	מוהרש"צ שניידרמן	סדר הישיבה בפילדלפיה,"אהל משה — אחי תמימים"	תלג
ב'תקלג	כ' מ"ח	מוהרי"מ טננבוים	הוראות בענין הנ"ל	תלה
ב'תקלד	כ' מ"ח	מו"ה אהרן פאפאק	הישיבה ושל"ה בברידשפארט	תלז
ב'תקלה	כ"א מ"ח		ע"פ הוראת הרופאים עלי לנוח	תלח
ב'תקלו	כ"ד מ"ח	מו"ה אלי' סימפסון	השתתפות בועד המסדר לימוד החסידות	תלט
ב'תקלז	כ"ד מ"ח	מוהרי"צ פאגלמאן	הישיבה, ביה"ס ומסיבות שבת בבופולו	תלט
ב'תקלח	כ"ו מ"ח	מוהרא"א וויינבערגער	צדקה רוחנית — חינוך הכשר	תמ
ב'תקלט	כ"ו מ"ח	ועד כו' חינוך הכשר	מעלת העבודה הקדושה ב"של"ה"	תמא
ב'תקמ	כ"ו מ"ח	מל"ח	ע"ד מכתב הנ"ל	תמב
ב'תקמא	כ"ו מ"ח	ועד לימוד החסידות	התועדות י"ט כסלו	תמג
ב'תקמב	י"ט כסלו	כללי	ברכה לי"ט כסלו	תמד
ב'תקמג	י"ט כסלו	מוהרמ"מ פלדמן	קירוב גזע אנ"ש	תמד
ב'תקמד	י"ט כסלו	מוהרא"א הלדרמן	ברכת כהן לרפואת רבנו	תמה
ב'תקמד*	י"ט כסלו	יוליוס סטולמן	התאחדות ההרגש	תמו
ב'תקמה	י"ט כסלו		קיום שליחות הנשמה באופן קשה	תמז
ב'תקמו	י"ט כסלו	מו"ה אלכסנדר כהן	הודאה על ברכותיו לרפואת רבנו	תמח
ב'תקמז	כ"ד כסלו	מל"ח	פגישת רנ"ק עם ב"כ המדינות	תמט
ב'תקמח	כ"ד כסלו	כללי לאנ"ש	בימי חליי קראתי אל ה' — הרחבת מרכז תת"ל	תנ
ב'תקמט	א' דחנוכה	אנ"ש שיקגו	מגבית תת"ל. בנין עבור הישיבה בשיקגו	תנב
ב'תקנ	א' דחנוכה	כנ"ל	כנ"ל באידיש	תנג
ב'תקנא	א' דחנוכה	מו"ה יוסף וויינבערג	ע"ד הנ"ל	תנה
ב'תקנב	ב' דחנוכה	ועד כו' הכשר	ברכה לועידה ועידוד לעבודה	תנה
ב'תקנג	ב' דחנוכה	אנ"ש נוארק	ברכת רפו"ש לרבנו בהתוועדות י"ט כסלו	תנח
ב'תקנד	כ"ו כסלו	מוהרנ"צ אייכנשטיין	מגבית תת"ל	תנט
ב'תקנה	כ"ו כסלו	מוהרי"ב רבינוביץ	כנ"ל	תס
ב'תקנו	ג' דחנוכה		פתגם אדהאמ"צ על התרגשות	תסא

ב׳תקנז	אדר״ח טבת	הרח״ה האוולין	מכירת הנחלה בחברון	תסב
			תרגום מאנגלית ללה״ק	תסב
ב׳תקנח	נר שביעי	הרש״ג שליט״א	מועצה מאנ״ש להחזקת תת״ל	תסג
ב׳תקנט	נר שביעי	מו״ה שמואל לויטין	בענין הנ״ל	תסג
ב׳תקס	נר שביעי	ועד כו׳ הכשר	ע״ד אגרת ב׳תקנב הנ״ל	תסה
ב׳תקסא	נר שמיני	מוהרמ״ד אלטיין	יסוד ישיבה בבראנקס	תסה
ב׳תקסב	נר שמיני	מוהרא״ד העכט	הרחבת הישיבה בבאסאן. סידור	תסו
ב׳תקסג	נר שמיני		מעלת פעולות כולל חב״ד	תסז
ב׳תקסד	נר שמיני	מוהרמ״פ כ״ץ	בימה באמצע ביהכ״נ ומחיצה	תסז
ב׳תקסה	ד׳ טבת	מו״ה אהרן פאפאק	הישיבה ושל״ה בברידזשפארט	תסח
ב׳תקסו	ד׳ טבת	מוהרמ״י צעכוואל	הסתדרות הפליטים במחנה	תסט
ב׳תקסז	ד׳ טבת	מוהרמ״מ פלדמן	הצעות אופני עבודה — אשל התורה	תע
ב׳תקסח	ד׳ טבת	מו״ה ניסן מינדל	תרגום הזכרונות לאנגלית	תעב
ב׳תקסט	ד׳ טבת		חובת קב״ע לתורה	תעג
ב׳תקע	ה׳ טבת	מייסדי בית יעקב	על מוסד המל״ח	תעד
ב׳תקעא	ו׳ טבת	מוהרי״ב תרשיש	מינויו למנהל הישיבה בנוארק	תעה
ב׳תקעב	ח׳ טבת		יחס חסידות חב״ד לחזנים ונגינה	תעה
ב׳תקעג	ח׳ טבת	ד״ר מ״מ גסטר	הודאה להשגחתו על בריאות רבנו	תעז
ב׳תקעד	ח׳ טבת	מוהרי״ל גוטליב	הרחבת הישיבה בפיטסבורג	תעז
ב׳תקעה	ח׳ טבת	מו״ה שמואל לויטין	פרסום אגרות ב׳תקמח; ב׳תקנט — דלעיל	תעח
ב׳תקעו	ח׳ טבת	ועד לימוד חסידות	סידור שיעורי לימוד. ספריות חב״ד. גזע חב״ד	תעט
ב׳תקעז	ט׳ טבת	חברת תהלים בוסטון	ברכה לגבאים	תפ
ב׳תקעח	ט׳ טבת	מוהרש״ז בעזפאלאוו	בריאות רבנו. קבלתו לראיון	תפא
ב׳תקעט	ט׳ טבת	מל״ח	ברכה למתעסקי ועד מגיני ומרחיבי החנוך הכשר	תפב
ב׳תקפ	ט׳ טבת	ועד כו׳ הכשר	כנ״ל	תפג
ב׳תקפ*	ט׳ טבת	האחיות ביסטריצקי	כנ״ל	תפד
ב׳תקפא	ט׳ טבת	מוהרח״מ וועקסלער	מגבית תת״ל	תפד
ב׳תקפב	ט׳ טבת	ועד הרבנים בולטימור	כנ״ל	תפו
ב׳תקפג	ט׳ טבת	מוהרש״ז קאטצאוו	כנ״ל	תפז
ב׳תקפד	ט׳ טבת	הורוויץ, טארעץ עניס	מעמד. החזקת תת״ל	תפט
ב׳תקפה	י׳ טבת	מו״ה אלחנן כהן	הזמנה לראיון	תצ
ב׳תקפו	י״א טבת	מו״ה מרדכי מענטליק	התייעצות בקשר ליסוד „עדינו״	תצ
ב׳תקפז	י״ב טבת	מו״ה שמואל לויטין	סיפור ע״ד אבידה שנמצאה	תצא
ב׳תקפז*	י״ג טבת	מו״ה פנחס האפמאן	הכתרת הרא״מ הרשברג לרב בבהכ״נ חב״ד שיקגו	תצה
ב׳תקפז**	י״ג טבת	מוהרא״מ הרשברג	כנ״ל	תצו
ב׳תקפז***	י״ג טבת	מוהרמ״ל רוטשטיין	להיות בא כחי בחגיגת ההכתרה	תצז
ב׳תקפח	ט״ו טבת	הרמי״ם ותלמידי תת״ל	אחריות וזכות המתעסקים בחינוך	תצז
ב׳תקפט	ט״ו טבת	מו״ה מרדכי מענטליק	כנ״ל — ב׳תקפו	תקו

מפתח

ב'תקצ	ט"ו טבת	מו"ה אהרן פאפאק	בנין עבור הישיבה בברידזשפארט	תקז
ב'תקצא	ט"ו טבת	אברכים ותל' הישיבות	יסוד חברת "עדינו"	תקז
ב'תקצב	ט"ו טבת	מו"ה מרדכי מענטליק	בחירתו ליו"ר חברת "עדינו"	תקט
ב'תקצג	ט"ו טבת	מוהרש"ז גוררארי'	הפצת ספרי קה"ת	תקט
ב'תקצד	ט"ז טבת	מוהרמ"ד אלטיין	התיסדות הישיבה בבראנקס	תקי
ב'תקצה	י"ח טבת		מעלת הצדקה	תקיא
ב'תקצו	י"ח טבת	מוהרי"מ טננבוים	הוראות בסדר הישיבה בפילדלפיה	תקיב
ב'תקצז	י"ח טבת	מו"ה אלחנן גלאזער	תרומתו להדפסת הס' צמח צדק	תקיג
			ר"ד שדברו לגלאזער	תקיג
ב'תקצח	י"ט טבת	מוהרי"ב סולובייצ'יק	מעלת ישיבת תת"ל וקונ' עה"ח	תקטו
ב'תקצט	כ"ב טבת		מניעת השפלת עצמו	תקיט
ב'תר	כ"ב טבת	מו"ה ניסן טלושקין	יסוד חברת "עדינו"	תקכ
ב'תרא	כ"ב טבת	מוהרמ"ז גרינגלאס	הוראות בעבודתו במונטריאל	תקכא
ב'תרב	כ"ה טבת	מו"ה אלכסנדר כהן	מעות — זבל שמעורר כח הצמיחה	תקכב
ב'תרג	כ"ה טבת	מו"ה שמואל לויטין	פ"נ כללי לכ"ד טבת	תקכד
ב'תרד	כ"ה טבת	אנ"ש מונטריאל	החזקת הישיבה במונטריאל	תקכה
ב'תרה	כ"ה טבת		כנ"ל. העיר שצעדרין	תקכו
ב'תרו	כ"ה טבת		הנחת תפילין לחיילים	תקכז
ב'תרז	כ"ו טבת		חברת אירגון הדת במדינת הכבוש	תקכז
ב'תרח	כ"ז טבת	בהכ"נ צ"צ ברוקלין	רבנות הרח"צ קאניקאוו	תקכח
ב'תרט	כ"ט טבת	מו"ה מרדכי מענטליק	סדר ועידת "עדינו"	תקכט
ב'תרי	כ"ט טבת	מוהרמ"מ פלדמן	קירוב תלמידי הישיבה	תקלא
ב'תריא	כ"ט טבת		צדקה ומעמד. מעות — זבל שמעורר כח הצמיחה	תקלא
ב'תריב	ר"ח שבט		תספורת בל"ג בעומר	תקלד
ב'תריג	ר"ח שבט	מוהרמ"מ קופרשטאך	אגוח"ח באה"ק	תקלד
ב'תריד	ר"ח שבט	האדמו"ר מבעלז	ברכה	תקלה
ב'תרטו	ר"ח שבט	אחיו מו"ה מרדכי	ברכה	תקלו
ב'תרטז	ר"ח שבט	מוהרי"צ פאגלמאן	הישיבה בבופולו	תקלו
ב'תריז	ד' שבט	מו"ה יעקב מעסקין	אישור קבלת ספרו "אבן יעקב"	תקלז
ב'תריח	ד' שבט	מוהרז"וו לייטער	אישור קבלת ספרו "בית דוד"	תקלח
ב'תריט	ז' שבט		הנחת תפילין לחיילים	תקלח
ב'תרכ	ח' שבט	הנהלת ניח"ח	ס' ניגונים. חשיבות הנגינה באהלי חב"ד	תקלט
ב'תרכא	ט' שבט	מוהרא"א יאלעס	תמיכת הישיבה בפילדלפיה	תקמ
ב'תרכב	י' שבט		הליקוי במקצוע החז(ו)ות בארה"ב	תקמא
ב'תרכג	י"ד שבט	מוהר"מ שפירא	בריאות רבנו	תקמב
ב'תרכד	ח"י שבט		התמסרות הרמי"ם בתת"ל לעבודתם	תקמב
ב'תרכה	ח"י שבט		השקידה תלוי ברצון ע"פ השכל	תקמג
ב'תרכו	י"ח שבט	חברת גמ"ח שו"ש	ברכה ותרומה	תקמד
ב'תרכז	י"ח שבט	מו"ה אהרן פאפק	הנהלת הישיבה בברידזשפארט	תקמה
ב'תרכח	י"ט שבט	בכה"נ צ"צ בולטמור	קביעות שיעורי לימוד	תקמו

מפתח

ב'תרכט	כ"א שבט	מוהרמ"י צעכוואל	הת"ת במחנה הפליטים	תקמז
ב'תרל	כ"ג שבט		ירושת הנהגת חסידים מהאב המנוח	תקמח
ב'תרלא	כ"ה שבט	מו"ה יוחנן גורדון	בענין הנ"ל	תקמט
ב'תרלב	כ"ו שבט		גזילת בנין הישיבה בשיקגו	תקמט
ב'תרלג	כ"ח שבט		בטחון החולה בחסדי ה'	תקנ
ב'תרלד	ר"ח אדר	רבנים פליטי רוסיא	רשימת שמות הרבנים	תקנא
ב'תרלה	ר"ח אדר	החזקת רבנים	כנ"ל	תקנב
ב'תרלו	ר"ח אדר	כולל חב"ד	בריאות רבנו. הטבת מצב הכולל	תקנג
ב'תרלז	ר"ח אדר	הישיבות בת"א	בנין עבור הישיבה	תקנד
ב'תרלח	ר"ח אדר	מוהרי"א אורינשטיין	שמות הלומדים בישיבת מדרש שמואל	תקנה
ב'תרלט	בדר"ח אדר	הרש"ג שליט"א	מחאה בדבר ילדי טהרן	תקנה
ב'תרמ	בדר"ח אדר	מל"ח	ספרי לימוד כשרים	תקנו
ב'תרמא	בדר"ח אדר	מו"ה יצחק לוין	השתתפות במחאה הנ"ל	תקנו
ב'תרמב	ג' אדר	מו"ה מרדכי מענטליק	דחית ועידת „עדינו" לאחר חה"פ	תקנז
ב'תרמג	ז' אדר	מוהרד"נ לעסער	התספורת — התחלת החינוך	תקנח
ב'תרמד	ז' אדר	מוהרש"צ שניידרמן	ביה"ס לנערות בפילדלפיה	תקנח
ב'תרמה	ט' אדר	ניח"ח	תקליטים	תקנט
ב'תרמו	ט' אדר	מוהרחמ"א חדקוב	ספרי קריאה כשרים	תקס
ב'תרמז	י"ב אדר	מוהרי"ש עדינברג	עידוד הכלואים בבתי הסוהר לשמירת היהדות	תקס
ב'תרמח	י"ב אדר	מוהרמ"י העכט	ביה"ס לילדות בוואוסטער	תקסא
ב'תרמט	י"ב אדר	מרת ח.ד. גולדשמיד	ביה"ס לילדות באה"ק	תקסב
ב'תרנ	י"ב אדר		נשואי תערוב?	תקסג
ב'תרנא	י"ב אדר	מוהרש"ד גורדון	התייסדות ישיבה בספרינגפילד	תקסג
ב'תרנב	ט"ז אדר	מוהרמ"י צעכוואל	צרכי הפסח למחנה הפליטים	תקסד
ב'תרנג	י"ט אדר	מוהרש"ז העכט	בריאות רבנו. נסיעת הרש"ל לשיקגו	תקסה
ב'תרנד	י"ט אדר	הישיבה בנוארק	ברכה לחנוכת הבית	תקסה
ב'תרנה	כ' אדר	מו"ה יעקב קסטנבוים	תמיכת הישיבה והמל"ח	תקסו
ב'תרנו	כ"ב אדר	מוהרש"ד גורדון	התחלת הלימוד בישיבה בספרינגפי8ד	תקסז
ב'תרנז	כ"ב אדר	מו"ה צדוק רזניק	כנ"ל	תקסח
ב'תרנח	כ"ב אדר	כללי — ספרינגפילד	כנ"ל	תקסח
ב'תרנט	כ"ג אדר	מוהרא"ד העכט	נאומים, בית רבקה והישיבה בבאסטאן	תקסט
ב'תרס	כ"ג אדר	מוהרי"ל הורוויץ	התמסרות לישיבה בבאסטאן	תקע
ב'תרסא	כ"ג אדר	בופולו	עבודת פרחי מחנה ישראל	תקעא
ב'תרסב	כ"ו אדר	תת"ל	ברכה למשתתפים בחגיגה	תקעב
ב'תרסג	כ"ח אדר	מו"ה אלכסנדר כהן	ע"ד האגרת שלאח"ז	תקעג
ב'תרסד	כ"ח אדר	יוליוס סטולמן	להיות חדור בעבודת רבנו	תקעד
ב'תרסה	כ"ט אדר	כללי לאנ"ש	חדש המעשר להצלת אחינו	תקעו
ב'תרסו	ר"ח ניסן	מו"ה שלום פויזנער	ביקור מר דאן	תקעו
ב'תרסז	ר"ח ניסן	מו"ה שמחה טננבוים	לימוד ואמירת תהלים על משברנו הגדול	תקעז
ב'תרסח	ר"ח ניסן	מוהרש"ד גורדון	הוראות בעבודתו בספרינגפילד	תקעח

מפתח

תקעח	ברכה למשתתפים בועידה	חתת"ל	ד' ניסן	ב'תרסט
תקעט	מאמרו אודות "מורה שיעור"	מו"ה שמואל זלמנוב	ד' ניסן	ב'עתר
תקפ	הדפסת דרשותיו	מו"ה שמואל אלטער	ה' ניסן	ב'תרעא
תקפ	יו"ר ועד הבנין — תת"ל	מו"ה יעקב קסטנבוים	ו' ניסן	ב'תערב
תקפא	יו"ר ועד החגיגה — תת"ל	מו"ה אליעזר יודל	ו' ניסן	ב'תרעג
תקפב	יו"ר הזשרנאל — תת"ל	מו"ה ישראל רוזנצווייג	ו' ניסן	ב'עדרת
תקפג	מעלת ההתועדות		ט' ניסן	ב'תרעה
תקפד	פ"נ. שיעורי לימוד בכל יום		י"א ניסן	ב'תרעו
תקפד	משרתו בבהכ"נ. קב"ע לתורה ברבים	מו"ה משה שאיעוויטש	י"א ניסן	ב'תרעז
תקפה	מה' מצעדי גבר כוננו — לפעול על זולתו		כ"ה ניסן	ב'תרעח
תקפו	שליחות מיוחדת ע"י הרש"א קזרנובסקי	מו"ה יעקב כ"ץ	כ"ה ניסן	ב'תרעט
תקפו	קרן גמ"ח לטובת תת"ל	כללי	כ"ז ניסן	ב'תרפ
תקפז	שליחות הנ"ל — ב'תרעט	מו"ה אלחנן גלאזער	אדר"ח אייר	ב'תרפא
תקפח	המפעל לילדי ישראל. שלום חותנו — האדמו"ר מגור	מוהרי"מ לוין	ר"ח אייר	ב'תרבב
תקפט	תמיכת הכולל וחברת תהלים	מוהרשי"ל"א	ר"ח אייר	ב'תרבג
תקצ	שגיאות בסידורי תפלה	מוהרי"ד ווערלין	ג' אייר	ב'תרפד
תקצ	מה' מצעדי גבר כוננו	מוהר"ש האלצער	י' אייר	ב'תרפה
תקצא	אימוץ תינוק פליט		י"ב אייר	ב'תרפו
תקצב	הצלחת המוסדות. גזילת בנין הישיבה בשיקגו	מוהרד"א לעוונטאל	י"ג אייר	ב'תרפז
תקצד	עונג קריאת מכתבו פעל כמו תרופה	מו"ה אלחנן גלאזער	י"ד אייר	ב'תרפח
תקצה	קנין בנין עבור הישיבה בספרינגפילד	מוהרש"ד גורדון	ט"ז אייר	ב'תרפט
תקצו	ביקור הרש"ג וההתועדות	אנ"ש שיקגו	ט"ז אייר	ב'תרצ
תקצז	אשל התורה	מוהרמ"מ פלדמן	ט"ז אייר	ב'תרצא
תקצח	גזילת בנין הישיבה בשיקגו	מו"ה פנחס ריסמן	ט"ז אייר	ב'תרצב
תקצט	פקידי תת"ל ברשות הרש"ג שליט"א		י"ז אייר	ב'תרצג
תקצט	צילום כתבי יד	מו"ה דוד פרנקל	י"ז אייר	ב'תרצד
תר	עבודתו עם הצעירים	מוהרש"ז העכט	י"ז אייר	ב'תרצה
תרא	שקידת תלמידי הישיבה בשיקגו	מו"ה יוסף ווייגנברג	י"ז אייר	ב'תרצו
תרב	ישיבת מדרש שמואל	מוהרא"ס יודאסין	י"ז אייר	ב'תרצז
תרג	עבודת "ביקור חולים"	מו"ה יוחנן גורדון	י"ז אייר	ב'תרחצ
תרד	בריאות רבנו. חידוש הישוב בחברון	מוהרפ"ל לנדא	י"ט אייר	ב'תרצט
תרה	חבת אחים בעדת החסידים. העתק מהיומן. רבנות ת"א	מוהרש"י זוין	י"ט אייר	ב'תש
תרח	רצון ועונג לעזור לעבודת רבנו	מו"ה אלחנן גלאזער	י"ט אייר	ב'תשא
תרט	לא למכור הנחלה בחברון	הרב הבלין	כ"ג אייר	ב'תשב
תרט	תרגום מאנגלית להה"ק		כ"ג אייר	
תרט	רשימת חיי היהודים במזרח אפריקה. חברת יהדות	מו"ה חנוך קרוז'ניק	כ"ג אייר	ב'תשג
תרי	ברכה	האדמו"ר מבעלז	כ"ג אייר	ב'תשד

מפתח

ב'תשה	ר"ח סיון	האדמו"ר מקופיטשניץ	מניעת סיגופים	תריא
ב'תשו	ערב חה"ש	מוהרמ"ז גרינגלאס	החסידים ברוך שמעון ובנו משה בנימין המלמד	תריב
ב'תשז	ערב חה"ש	מוהרמ"ה מייטין	המלמד ר' יקותיאל	תריג
ב'תשח	ערב חה"ש	יוליוס סטולמן	עזרתו לעבודת רבנו	תריג
ב'תשט	ח' סיון	הנהלת עדינו	מצרף המחאה ת"ק שקלים	תריד
ב'תשי	אסרו חה"ש	חברת משניות בע"פ	ברכה לועידה. מעלת החזרה בע"פ	תרטו
ב'תשיא	י' סיון	עדינו	ברכה לועידה	תרטז
ב'תשיב	ט"ו סיון	מוהריי"ד סולובייצ'יק	„אשל-התורה"	תריז
ב'תשיג	ט"ו סיון	האדמו"ר מקופיטשניץ	שמירת בריאות הגוף	תריח
ב'תשיד	י"ז סיון	מוהרצ"ה שוסטרמן	קנין בנין עבור הישיבה בראטשעסטער	תריח
ב'תשטו	ח"י סיון	ועד כו' הכשר	ברכה להתועדות	תריט
ב'תשטז	כ"ב סיון	מו"ה יוסף ראבינסון	דחיית ביקורו אצל רבנו	תרכא
ב'תשיז	כ"ב סיון	ליידיס אוקזילרי פיטסבורג	תמיכתן את הישיבה	תרכב
ב'תשיח	כ"ה סיון	ר"א ננס	מצב אנ"ש ברוסיא	תרכב
ב'תשיט	כ"ה סיון		שמירת בריאות הגוף	תרכד
ב'תשכ	כ"ז סיון	יוליוס סטולמן	תמיכת איט"א	תרכה
ב'תשכא	כ"ז סיון	מו"ה אלכסנדר כהן	בענין הנ"ל	תרכו
ב'תשכב	כ"ז סיון	מו"ה יעקב לנדוי	בענין הנ"ל	תרכז
ב'תשכג	אדר"ח תמוז	מו"ה יצחק שלום	הטבת מצב חינוך הספרדים	תרכח
ב'תשכד	אדר"ח תמוז	הישיבה בראטשעסטער	השתתפות בגמ"ח לועד הבנין	תרכט
ב'תשכה	אדר"ח תמוז	מו"ה צבי שוסטרמן	כנ"ל	תרל
ב'תשכו	אדר"ח תמוז	מו"ה אהרן פאפאק	קנין בנין עבור הישיבה בברידשזפארט	תרל
ב'תשכז	ר"ח תמוז		שאיפת תלמידי תת"ל	תרלא
ב'תשכח	ר"ח תמוז	ארגון טהרה ובריאות	הקמת בתי טבילה במושבות אה"ק. הפניה לנשיא ארה"ב	תרלב
ב'תשכט	ר"ח תמוז	מו"ה פנחס ריסמן	הצלת הבנין עבור הישיבה בשיקגו	תרלב
ב'תשל	ר"ח תמוז	הישיבה בשיקגו	כנ"ל	תרלג
ב'תשלא	ז' תמוז	מו"ה אברהם וויינגארטן	הצלת חבריו. יסוד ישיבות במקומם	תרלה
ב'תשלב	ז' תמוז	מו"ה יוסף ראבינסון	רצון ומרץ להרבצת תורה ביר"ש	תרלו
ב'תשלג	כ"ד תמוז	מוהרי"מ טננבוים	התמסרות לעבודת הישיבה	תרלז
ב'תשלד	כ"ד תמוז	מו"ה קדיש רומנוב	מינויו למנהל הישיבה בנוארק	תרלח
ב'תשלה	כ"ד תמוז	הנ"ל	התמסרות לעבודת הישיבה	תרלט
ב'תשלו	כ"ד תמוז	מוהרא"ל קרעמער	משלוח ויזות לתלמידים בשאנגהאי	תרמ
ב'תשלז	י"ד מנ"א	מוהרמ"י העכט	קנין בנין עבור הישיבה בוואוסטער	תרמא
ב'תשלח	כ"ז מנ"א	הנהלת ניח"ח	להרגיל התלמידים לנגן	תרמב
ב'תשלט	כ"ח מנ"א	מו"ה אהרן טויב	תעמולה לחלב כשר ובשר בלא סרכות	תרמב
ב'תשמ	כ"ט מנ"א	מו"ה משה שאיעוויטש	ברכת כהן	תרמג
ב'תשמא	כ"ט מנ"א		זעקת שבר השואה. לימוד החסידות ברבים	תרמג
ב'תשמב	ר"ח אלול		נסיעת תלמידי א"ת ת"א לפה ללמוד	תרמה
ב'תשמג	ר"ח אלול	מרת דבורה גולדשמיד	יסוד ביה"ס לנערות באה"ק	תרמו

מפתח

ב/תשדמ	ר"ח אלול	מו"ה מאיר שצרנסקי	ספרו תולדות החסידות ותורתה	תרמז
ב/תשמה	א' אלול		מגבית מאה דולרים לתת"ל	תרמח
ב/תשמו	ד' אלול	מו"ה אליעזר סילווער	קרן שומרי שביעית באה"ק	תרמט
ב/תשמז	ה' אלול		הנחת תפילין לחיילים	תרנ
ב/תשמח	ו' אלול	עמק הבכא האירופי	דברי חיזוק. תמיכת צרכיהם הדתיים	תרנא
ב/תשמט	י"א אלול	מו"ה מרדכי מענטליק	כאשר שמח לבבי מהנהגת תלמידי הישיבה	תרנב
ב/תשנ	י"ב אלול	כללי — ארה"ב וקנדה	אמריקה צ"ל מרכז תורה. מילוי חסרון חורבן אירופא	תרנג
ב/תשנא	י"ב אלול	ועד כו' הכשר	תמיכת של"ה	תרנד
ב/תשנב	י"ב אלול		הרחקת מרה שחורה	תרנו
ב/תשנג	י"ד אלול	רבנים עסקנים באירופה	שליחות הר"נ מינדל לאירופה	תרנז
ב/תשנד	י"ד אלול	אנ"ש אנגליה	כנ"ל	תרנט
ב/תשנה	ט"ו אלול		כנ"ל	תרס
ב/תשנו	ט"ו אלול	מוהרש"ז שניאורסאהן	כנ"ל	תרס
ב/תשנז	כ"א אלול	ד"ר א. ווינטרויב	החובה המוטלת עלינו עם תום המלחמה	תרסא
ב/תשנח	כ"ד אלול		ברכה לי"ב תמוז מעודדת. השתתפות בעבודתי	תרסב
ב/תשנט	כ"ד אלול		כנ"ל — אידיש	תרסג
ב/תשס	כ"ה אלול	מוהרמ"ד גנזבורג	תניא — כת"י	תרסג
ב/תשסא	כ"ה אלול		הרחקת מרה שחורה	תרסד
ב/תשסב	כ"ה אלול		זמן מסירת עצמנו לו ית'	תרסה
ב/תשסג	כ"ה אלול		דרכי החסידות מביאים ישועה נפשית	תרסו

אגרות־קודש
אדמו״ר מוהריי״צ נ״ע
– כרך שמיני –

ב׳קנג

ב״ה ה׳ תשרי, תש״ד
ברוקלין

אל הנכבד אי״א מו״ה ... שי׳

שלום וברכה!

ענטפער אויף אייער שרייבן איר זייט זייער גערעכט, און מען מוז פראטעסטירען קעגען אזעלכע הנהגות אז א מחלל שבת זאל זיין א שליח ציבור בכלל און אין די ימים נוראים בפרט, זעלבסט פארשטענדליך אז די מחאה בעדארף זיין ווי על פי תורה אן מחלוקת, און דברי אמת היוצאים באמת ווערען דערהערט און ווירקען. איר בעדארפט זעהען ווירקען והשי״ת יחזק את בריאותו ויתן לו פרנסה טובה, והנני מברכו בברכת חתימה וגמר חתימה טובה.

הסך עשרה שקלים נתקבל

בשם כ״ק אדמו״ר שליט״א
מזכיר.

ב׳קנג

נעתקה מהעתק המזכירות [עג — במספר אגרות שנת תש״ד].

ב׳קנג*

ב״ה י״ג תשרי תש״ד
ברוקלין

אל התלמיד מר ... שי׳

שלום וברכה!

במענה על מכתבו; יתלמד בעל פה בכל יום ויום משנה אחת מסדר טהרות בתחלתו; וביום שיקבל מכתבי זה יתחיל ממשנה ראשונה וישתדל להתלמד במשך שבוע או עשרה ימים מספר משניות שיעלה במכוון מיום א׳ דר״ה עד אותו היום שיעלו מספר המשניות למספר הימים, ומאז והלאה יתלמד רק משנה אחת ליום, והעיקר שהלימוד יהי׳ בדיוק האותיות ויחזור עליהם שיהיו שנונים אצלו בדקדוק אותיותיהם ויחזור עליהם – עד שיתלמד שלשה פרקים – ארבעה פעמים ביום, ג״פ אחר הג׳ תפלות ופעם הרביעי לפני השינה קודם ברכת המפיל וישקוד בלימודו ובעבודתו ויהי׳ ירא״ש חסיד ולמדן, והשי״ת יתן לו שנה טובה ומתוקה בגשמיות וברוחניות ואריכות ימים ושנים.

בשם כ״ק אדמו״ר שליט״א
מזכיר.

ב׳קנד

ב״ה י״ג תשרי תש״ד
ברוקלין

ידידי עוז הרה״ג גזע תרשישים וו״ח אי״א מוה״ר ...

שלום וברכה!

במענה על מכתבו הכתוב ברגש נעלה במאד, חסידות של מחשבה,

ב׳קנג*

נעתקה מהעתק המזכירות [ה׳קלב — במספר אגרות שנת תש״ג].

ב׳קנד

נעתקה מהעתק המזכירות [ה׳רנ].

שירות ותשבחות ברעיונות נלהבים אף כי טובה היא במאד מאד, אבל לא זוהי דרך חב״ד, תורת החב״ד דורשת עבודה בפועל, במקום אשר שיטת החסידות הכללית עושה מאיש חיל פשוט שר אלף – גענעראל – כי גם האיש הפשוט כשהוא מקושר אל הרבי ומתלהב בזמירות באמת לאמיתו הנה הוא בוקע רקיעים ועושה נחת רוח למעלה, הנה תמורת זה שיטת החב״ד עושה משר אלף איש חיל פשוט, הלכה פסוקה היא בתורת החב״ד אשר מכל הבנה והשגה בענין אלקי אף מן הענינים היותר גבוהים הנה בהכרח שיהי׳ מזה בכן בעבודה בפועל ממש, לא רק במדות אהבה ויראה רוחני׳ כ״א בעבודה בהחזקת התורה, באהבת ישראל בפועל ממש, ואם השגתו בגדלות הוי׳ או בשאר ענייני השגה שעוסק בהם לא הביאה דבר בפעולה ממש הנה כל השגתו והבנתו שאינה שוה מאומה.

זה לי ב״ה שלש וחצי שנה שהביאני הקב״ה למדינה זו, ומיום הראשון התחלתי, בעזרתו ית׳, להתעסק בעבודת הקדש להציל את התלמידים שי׳ ויראי אלקים ע״י פד״ש, ות״ל נוסדה ישיבה מרכזית תת״ל וסניפים ישיבות אחי־תמימים, נוסד מרכז לעניני חינוך, נדפסו כמה ספרים חוברות וקונטרסים, הוצאתי ירחון במשך שלש שנה כו׳ וכו׳ ובמשך כל הזמן הזה לא עזר ולא התענין ידידי בשום דבר במחנם הט׳, וכמה מן הבושה אשר ידידי הנלהב בהתקשרותו וביכלתו לפעול גדולות בעזרה ממשית לכל המוסדות במדינה זו ובשארי מדינות, ואף סכום פעוט לא בא אל הקרנות של מוסדותי על ידו ועל ידי התעוררותו וכדכתיב נשיאים ורוח וגשם אין וא״כ איפה מהו כל ענין הידידות וההתקשרות.

יהא השי״ת בעזר ידידי וימלא משאלות לבבו לטובה ולברכה בגשמיות וברוחניות.

בברכת גמר חתימה טובה

ידידו הדו״ש ומברכו.

ב׳קנה

ב״ה י״ג תשרי תש״ד
ברוקלין

ידידי וו״ח אי״א מו״ה ... שי׳

שלום וברכה!

ענטפער אויף אייער שרייבען, עס פרייט מיך צו הערען אז איר און אייער זון שי׳ זייט צופרידען פון דעם וואס איך האב מיט אייך גערעט. איך וועל זיין זייער צופרידען צו הערען פון אייך און פון אייער זון שי׳ אז מיינע רייד האבען געבראכט דעם ריכטיגען רעזולטאט, אז אייער זון שי׳ האט אויסגעפאלגט מיין ראט און בקשה אז ער זאל זיך צוזאמענריידען מיט נאך עטלעכע יונגע לייט. איך האב אויך גערעט מיט אייער ברודערס זון שי׳ ווען ער איז בא מיר געווען, וועגען לערנען א פאר מאל אין דער וואך. עס איז זייער נויטיג.

אייער טשעק אויף $200 האב איך ערהאלטען, דאס וואס איר שרייבט אז דאס איז פאר מיר פערזענליך מאכט איר א טעות, דאס איז ניט פאר מיר פערזענליך, די געלט איז אויף צדקה, איך האב אייך געשריבען און געבעטען א נדבה $200 און האב געשריבען אז דאס איז ניט פאר מיר און ניט פאר דער ישיבה נאר אויף א וויכטיגער צדקה. אויך אייער ברודער, ידידי ר׳ ... שי׳, האט מיר אפגעשיקט די $200, בסך הכל פון אייך ביידען $500 אויף צדקה, השי״ת זאל אייך בעגליקען.

השי״ת זאל שטארקען אייער געזונט, דעם געזונט פון אייער פרוי און אייערע קינדער, אייער איידעם שנור און אייניקלאך יחיו און זאל אייך אלעמען געבען פרנסה בהרחבה.

השי״ת זאל שיצען אייער זון מר ... שי׳ וואו ער וועט זיין און זאל אים ברייינגען א געזונטען צו זיין היים.

בברכת גמר חתימה טובה

הדו״ש ומברכו.

ב׳קנה

נעתקה מהעתק המזכירות [ה׳רנב]. לתוכנה ראה גם אגרת שלאח״ז — לאחיו. בהמשך אלי׳ — לקמן ב׳רכב.

בסך הכל . . $500: ראה אגרת שלאח״ז.

ב'קנו

ב"ה י"ג תשרי תש"ד
ברוקלין

ידידי וו"ח אי"א מוה"ר ... שי'

שלום וברכה!

במענה על מכתבו בצירוף הסך 200 דאללאר לצדקה, נוסף על הסך הקודם 100 דאללאר לצדקה, ובס"ה $300 לצדקה, יחזק השי"ת את בריאותו ואת בריאות בני ביתו יחיו והנני מברכם בגמר חתימה טובה בגשמיות וברוחניות.

איך האב – מיט א צייט צוריק – געזעהען אייערען א בריעף וועלכען איר האט געשריבען – דאכט זיך צו דער רעדאקציע פון הקריאה והקדושה – אז איר האט קיין צייט ניט צו לייענען.

ווען איך זאל וויסן אז לייענען דעם הקריאה והקדושה האט איר קיין צייט ניט אבער לערנען אלע טאג די פרשה חומש מיט רש"י, א פרק משניות, א עמוד גמרא, און צוויי דריי מאל א וואך א פרק תניא אדער איין אנדער חסידישען ספר אויף דעם האט איר יע צייט וואלט איך אזוי שארף ניט רעאגירט אויף דעם וואס איר האט געשריבען אז איר האט ניט קיין צייט צו לייענען דעם הקריאה והקדושה.

איך שרייב אז איך וואלט ניט אזוי שטארק רעאגירט אויף דעם, דאס הייסט אז איך וואלט רעאגירט נאר ניט אזוי שטארק, אבער רעאגירען דארף מען.

דער הקריאה והקדושה איז א געוויסער עמוד האור וואס בעלייכט די פינסטערע פיהרונג פון די פארהארעוועטע בעלי עסקים וועלכע לעבען אין דעם הו-הא פון דער שטורעמדיגער מארק גאס און נעמען אריין אין זיך דעם גאנצען שמוץ פון דברים בטלים און ליצנות – דאס איז שוין אין בעסטען פאל – און אפט קומט מען צו רכילות און לשון הרע, שקר קנאה ושנאה.

ר' אבא גינזבורג ז"ל – דעם זיידענס, דעם רבי מהר"ש זצוקללה"ה

ב'קנו

נעתקה מהעתק המזכירות [ה'שסח]. לתוכנה ראה אגרת שלפנ"ז — לאחיו. בהמשך אלי' — לקמן ב'רלב.

נבג״ם ז״ע א חסיד – א איד א גרויסער בעל עסקים אין מינסק, אשטארקער גביר, האט זיך געקלאגט פאר דעם זיידען אויף יחידות אז ער האט ניט קיין צייט צו נעמען א ספר אין האנט און די קאפ איז אזוי פארנומען אז מען בענעמט ניט א תורה ווארט, מען איז צופרידען אז מען דאווענט אפ תפלה בציבור.

האט אים דער זיידע געזאגט,

אבא דו ביזט דאך א בר דעת, זאג אליין, אזוי באדאנקט מען השי״ת פאר דעם וואס ער ב״ה מאכט דעם נסיון פון דאגות עשירות ווי קריגט מען אריין נאך א ביסעל געלט אנשטאט דעם נסיון פון דאגת עניות; וואו נעמט מען אויף א ככר לחם.

ר׳ אבא איז ארויס פון יחידות א צובראכענער, כחרס הנשבר, א דערשלאגענער פון דער טיעף אויפטרייסלענדיגער איבערלעבונג אין די יחידות מינוטען וואס ער איז געשטאנען אין די ד׳ אמות פון קדש הקדשים און האט געהערט די אמת׳ע הייליגע ווערטער „צי מיט אזא פירונג פון ניט לערנען און ניט דאווענען במתינות ווי מען דארף, מיט דעם דאנקט מען אפ דעם בורא עולם ב״ה וואס גיט דאגת עשירות אנשטאט דאגת עניות״, ער – אבא גינסבורג – דער גרויסער מינסקער סוחר, דער באזיצער פון א גרויסער באנק הויז, פיעל הייזער אין מינסק און אין ווארשא, פיעל וועלדער און פאבריקען – איז געווארען בא זיך נידעריקער ווי נידעריק.

דער רבי מיט זיין אור האמת האט אים די אויגען געעפענט, דער רבי האט אים געמאכט בעגרייפען זיין גייסטיגען צושטאנד ווי ארעם ער איז, און וואס פאר א שטראף אים שטייט פאר צו באקומען פאר זיין א כפוי טובה, אז פאר דעם אלעם גוטען וואס השי״ת גיט אים האט ער – דער שטיקל בשר ודם וואס היום כאן ומחר בקבר – קיין צייט ניט צו דאנקען דעם בורא עולם ב״ה און לערנען זיין הייליגע תורה.

עטלעכע טעג האט ר׳ אבא גינזבורג געטראכט און האט בא זיך בעשלאסען אז ער זאל אויפגעבען זיינע עסקים און נעמען א מלמד און ווערען א יושב אהל, און בכדי אויסצולייזען דעם ניט גוטען עבר מיט זיין ביז איצטיגער הנהגה האט ער בעשלאסען אז א העלפט פון דעם וואס ער פארמאגט זאל ער אוועק געבען אויף עולמות צדקה. מיט אט דעם בעשלוס איז ער אריין א צווייטען מאל צום זיידען אויף יחידות.

דער זיידע האט אים אויסגעהערט און געזאגט אז עס איז זייער גוט

וואס ער וויל נעמען א מלמד און לערנען אלע טאג און דאס וואס ער וועט אפגעבען א העלפט פון זיין פארמעגען אויף צדקה וועט געוויס זיין א טייל פון דעם תיקון אויף דעם עבר, ווייל ניט נאר מיט צדקה געלט אליין איז מען מתקן דעם עבר, מען בעדארף אויך תשובה טאן, נאר דאס וואס ער – ר' אבא גינזבורג – רעכענט געבען די געלט אויף עולמות דאס הייסט נאך זיין פטירה, דאס איז ניט גלייך, ער זאל זיין פון די וואס עולמך תראה בחייך, אוועק געבען דעם חלק – א העלפט פון זיין פארמעגען – אויך צדקה בחייו, און דאב וואס ער רעכענט אויפגעבען זיינע עסקים איז ער – דער רבי – ניט מסכים.

ר' אבא האט געזאגט אז ער וועט ווייטער זיין טרוד ומוטרד און וועט ניט האבען קיין צייט צו דאווענען במתינות און לערנען יעדן טאג מיטן מלמד.

אויף דעם האט אים דער רבי געענטפערט, דו קאנסט האבן צייט די צייט פון דברים בטלים, וואס מען רעט זאכען וואס געהערן ניט צו דעם עצם עסק המסחר, אט די צייט זאלסטו אוועקגעבען אויף דאווענען און לערנען.

ר' אבא איז אוועקגעפארען א היים, האט געמאכט דעם רעכנונג פון זיין פארמעגען, גענומען א מלמד און אנגעהויבען זיך פירען ווי דער רבי האט אים געהייסען ער זאל זיך היטען פון מסחר דברים בטלים און באמת איז בא אים געווארען מער פרייע צייט און ער האט געהאט א פאר פרייע שעה יעדן טאג אויף לערנען.

אין א פאר חדשים ארום איז ר' אבא גינזבורג געקומען צום זיידען קיין ליובאוויטש און מיט געבראכט זיין רעכנונג און האט צוטיילט דעם חלק צדקה אויף פארשידענע זאכען.

פון דעם סיפור המעשה איז פיעל צו לערנען און פיעל צו פארשטיין, וואס בעזאנדער די אידישע גבירים וועלכע זיינען אזוי דורשטיג נאך עשירות און יעדער סענט איז בא זיי אזוי טייער ווי בא דעם מארק איד וועלכער האט געצויגען אין דער אלטער היים זיין חיונה פון א אלמעריל.

יע, די גבירים זיינען פארנומען, האבען קיין צייט ניט, מען דארף

עולמך . . צדקה בחייו: **ראה גם לקמן אגרת ב'שלה.**

קלייבען געלט, פאר די געלט צאלט מען א טייערן פרייז, מען צאלט מיט א תפלה חטופה און מיט ניט לערנען.

ר׳...! מאכט זיך צייט אויף צו דאוונען ניט געאיילט, אויף לערנען די פרשה חומש מיט רש״י יעדן טאג, לערנען א פרק משניות, א עמוד גמרא, נעמען א מלמד און לערנען יעדן טאג א פאר שעה און שבת מער, טוט דאס באלד, לייגט ניט אפ און השי״ת זאל אייך געבען די אמת׳ע דעה ישרה אז איר זאלט אזוי טאן. השי״ת זאל אייך בעגליקען.

ווען אייער זון שי׳ איז בא מיר געווען האב איך מיט אים גערעט אז ער זאל גיין יעדן טאג דאוונען תפילה בצבור און זאל נעמען א רבי׳ן און לערנען א שעה, ער האט מיר געזאגט אז ער וועט טרייען טאן, גיט אים איבער מיין גרוס און ברכה און זאגט אים ער זאל מיר שרייבען אויב ער טוט אזוי ווי איך האב אים געזאגט.

הנני מברך את כולם בברכת גמר חתימה טובה בגשמיות וברוחניות.

הדו״ש ומברכו.

ב׳קנז

ב״ה הוש״ר תש״ד
ברוקלין

אל ועד הרבנים בעי״ת מאנטרעאל יע״א ונשיאו וסגניו
הרבנים הגאונים בראשו,
ה׳ עליהם יחיו!

שלום וברכה!

בעתו קבלתי את הפרטי־כל מהאספה הכבודה של הרבנים הגאונים בדבר הילדים הפליטים, ובזה הנני מסגיר נוסח קול־קורא,

---

ב׳קנז

נעתקה מהעתק המזכירות [קצא]. טופס דומה „אל מרכז הרבנים בעי״ת שיקאגו יע״א״ [קפט]. לתוכנה ראה לעיל ח״ז אגרת א׳תתקפז, ובהנסמן בהערות שם. לקמן אגרות ב׳קנח. ב׳קצט. ב׳רז. ב׳שעג.

אספה הכבודה: כבקשת רבנו לעיל ח״ז אגרת ב׳קלח.

נוסח קול־קורא: לא הגיע לידינו.

מעובד מאתי ומאת ועד האדמורי״ם והרבנים הגאונים שליט״א אשר נבחר באספת ז׳ אלול העבר, העוסק בעבודת הקדש להציל את ילדי ישראל מידי המעבירים אותם על דת ישראל ותורתו הק׳, בבקשה לחתום את הקו״ק המצורף בזה ולהחזירו בהקדם האפשרי.

ידידם עוז הדו״ש מכבדם ומברכם.

ב׳ קנח

ב״ה הוש״ר תש״ד
ברוקלין

אל התלמיד החשוב הרב מוה״ר לייבל שי׳

שלום וברכה!

הנני מסגיר בזה מכתב לועד הרבנים בצירוף קו״ק, ישתדל אשר יחתמוהו (ולא ישנו את הנוסח, כי נערך בדיוק גדול) וימהר להחזירנו לי.

בשם כ״ק אדמו״ר שליט״א
מזכיר.

ב׳ קנח

נעתקה מהעתק המזכירות [קצב].
מוה״ר לייבל: קרעמער. אגרות נוספות אליו — לעיל ח״ז א׳תתקסט. לקמן ב׳תשלו.
מכתב לועד הרבנים: היא האגרת שלפנ״ז.

י אגרות־קודש (ב׳קנט)

ב׳קנט

ב״ה כ״ה תשרי תש״ד
ברוקלין

אל התלמיד החשוב הרב מו״ה יהודה צבי שי׳

שלום וברכה!

במענה על מכתבו,

שמחתי לשמוע מההתעוררות הטובה בדבר קנין בית דירה עבור הישיבה במקום המוכשר לזה, ויוסיף לעורר את הועד הנכבד להזדרז בזה והשי״ת יצליח להם.

יצליח לו השי״ת בעבודתו הק׳ וימלא משאלות לבבו לטובה ולברכה בגשמיות וברוחניות.

בשם כ״ק אדמו״ר שליט״א
מזכיר.

ב׳קנט

נעתקה מהעתק המזכירות [קפח].

מו״ה יהודה צבי: פאגלמאן. אגרות נוספות אליו — לעיל ח״ז א׳תתעו. ב׳קלו. לקמן ב׳קעב. ב׳קצא. ב׳קצח. ב׳רטו. ב׳שמח. ב׳שצו. ב׳תד. ב׳תצא. ב׳תקכו. ב׳תקלז. ב׳תרטז.

עבור הישיבה: בבאפאלא. ראה בזה לעיל ח״ז אגרות ב׳קיד. ב׳קלו. לקמן בהנסמן לעיל, ובאגרות ב׳רנח. ב׳רפה. ב׳שה. ב׳שכ. ב׳שמז.

בחוברת תות״ל (ח״י אלול תש״ד) ע׳ 19, מסופר על פתיחת הישיבה:

די ליובאוויטשער ישיבה אחי תמימים אין באפאלא איז געגרינדעט געווארן אין הערבסט פון 1943, און האט זיך שנעל אנטוויקעלט. די ישיבה געפינט זיך אין איהר אייגענער היים אויף 42 באטלער עוו.. וועלכע איז געשאנקען געווארען צו דער ישיבה פון מרס. ראוז גרינבערג, איינע פון די אקטיווסטע און פראמינענטסטע טוהערינס לטובת דער ישיבה.

דער פרינציפאל פון דער ישיבה אין באפאלא איז הרב צבי ה. פאגעלמאן, א מוסמך פון דער צענטראלער ליובאוויטשער ישיבה אין ברוקלין. דער אסיסטענט פרינסיפאל איז דער חשוב״ער באפאלער רב, הרב דר. מ. ליפשיץ.

ב׳קס

ב״ה כ״ה תשרי תש״ד
ברוקלין

אל התלמיד מר ... שי׳

שלום וברכה!

במענה על מכתבו, סיבת הדבר מה שעד עתה לא הצליח בלימודו, בטח החסרון הוא בו ולא כמו שחושב שהחסרון הוא בהישיבה ומשום זה רוצה להחליפה. השקידה ושמירת הזמן הם הכלים האמיתים להצלחה בלימוד, והשי״ת יעזר לו כי ישקוד בלימוד וביר״ש ויהי׳ יר״ש חסיד ולמדן והוריו יחיו יגדלוהו עם אחיו ואחותו יחיו לתורה חופה ומעש״ט מתוך הרחבה בגשמיות וברוחניות.

בשם כ״ק אדמו״ר שליט״א
מזכיר.

ב׳קסא

ב״ה כ״ז תשרי תש״ד
ברוקלין

אל ידידי התלמידים החשובים מו״ה יצחק שי׳ פעלדמאן
הכהן ומו״ה אהרן שי׳ פאפאק

שלום וברכה!

בבקשה להודיעני דין וחשבון קצר מהלימודים ביום הרביעי – די

ב׳קס

נדפסה בס׳ התולדות ח״ד ע׳ 252, והוגהה ע״פ העתק המזכירות [קצח].

ב׳קסא

נעתקה מהעתק המזכירות [שסח].

ידידי התלמידים: מנהלי ועד החינוך הכשר, שבו מחלקת „שיעורי לימודי הדת״ (של״ה) — „די רעליגיע שטונדע״. ראה לקמן אגרת ב׳דש, ובהנסמן בהערות שם.

מו״ה יצחק שי׳ פעלדמאן: אגרת נוספת אליו — לעיל ח״ו א׳תשעא.

מו״ה אהרן שי׳ פאפאק: אגרות נוספות אליו — לעיל ח״ו א׳תקפז. לקמן ב׳תקלד. ב׳תקסה. ב׳תקצ. ב׳תרכז. ב׳תשכו.

רעליגיע שטונדע – מסוף הקיץ, איך סדרו את העבודה ומכמה סקולס לקחו ילדים וכמה מור[ים] ומורות וכו', ובטח תתחיל מחר העבודה מחדש ויעוררו את המורים והמורות לעשות את עבודתם זו במרץ ובחיבת הקדש, והשי"ת יעזר להם בגשם וברוח.

בשם כ"ק אדמו"ר שליט"א
מזכיר.

ב'קסב

ב"ה כ"ז תשרי תשי"ד
ברוקלין

כבוד ידידי הרה"ג הנודע לשם תהלה בתוככי גאוני יעקב, בעל פעולות כבירות בהרבצת תורה, משכיל על דבר טוב, אי"א מוה"ר שלמה שליט"א

שלום וברכה!

...סיפר לי אשר לפעמים מרגיש כבודו איזה חלישות בבריאותו ונסע להתבקר מרופאים מומחים בראטשעסטער ואשר יתנו לו סדר רפואות אשר בעזה"י יוטב מצב בריאותו. ישלח לו השי"ת רפואה ויאמצהו אשר יוכל להמשיך את עבודתו הק' בהרבצת תורה מתוך בריאות הנכונה, ויחזק השי"ת את בריאות זוגתו הרבנית תחי'.

מצורף לזה הנני שולח המחאה ע"ס מאה שקל לצרכי כבודו הפרטים.

ידידו הדו"ש מכבדו ומברכו.

ב'קסב

נעתקה מהעתק המזכירות [שסט].

מוה"ר שלמה: היימאן, ראש ישיבת תורה ודעת.

ב׳קסג

ב״ה כ״ט תשרי תש״ד
ברוקלין

כבוד הגביר הנכבד והכי נעלה, גזע היחס עסקן חרוץ לטובת הכלל וביחוד בהנוגע לבבת עין ישראל ומחמדו, התורה והיהדות משכיל על דבר טוב, אי״א מוה״ר חיים יעקב שי׳

שלום וברכה!

מכתב ידידי מער״ח אלול העבר נתקבל י״ז באלול, והנהוג אצלי בל״נ אשר מח״י אלול עד אחר חג הסוכות הנני מונע מלהשיב על המכתבים המתקבלים – חוץ מענינים תכופים ובהנוגע לבריאות – וברכתי את ידידי וביתו ובני ביתם יחיו בברכת שנה טובה ומתוקה בגשמיות וברוחניות ואשר ימלא השי״ת את משאלות לבבו לטובה ולברכה.

מכתב ידידי מר״ח ניסן תש״ג לא קבלתי ויפה עשה שהואיל לשלוח לי את העתקתו.

הרבה, הרבה מאד אפשר לעשות בעזה״י בתקון בתי הספר, ולכל לראש צריכים לדחות את היאוש שרגילים לומר אשר בזמן הזה ובמקום הזה אי אפשר לפעול מה שצריכים לפעול, כי דבר זה הוא שקר בעיקרו כי הנסיון היום־יומי של העוסקים במסירה ונתינה בהטבת החנוך מטפח על פני המתרשלים והמתיאשים ובעלי הצטדקות, וראשית העבודה היא אשר החרדים לדבר ה׳ צריכים להכנס בועד ההנהלה של בתי הספר ולהתענין בקיומם, בתנאי קודם לתמיכה; א) אשר המורים והמורות יהיו שומרי מצוה. ב) אשר הלימוד יהי׳ על פי ספרי חינוך כשרים, ואין לך דבר העומד בפני התעמולה.

ב׳קסג

נעתקה מהעתק המזכירות [שם].

מוה״ר חיים יעקב: **וילה, מארגנטינה. אגרות נוספות אליו — לעיל ח״ז א׳תתקסב. לקמן ב׳שסא.**

מכתב . . לא קבלתי: **ולכן שואל רבנו לעיל ח״ז אגרת ב׳צב ,,אתפלא על אשר לא קבלתי מענה . . וילה״.**

בדבר רשימת תלמידים הנה מסרתי למשרד הישיבה לסדר דבר זה והשי״ת יעזור כי יבא מהכח אל הפועל.

הסך חמשה ועשרים שקלים שקבלתי מידידי ע״י מר לבסקי שי׳ מסרתי לקרן „מחנה ישראל״ העובד בחריצות גדולה בעניני החזקת הדת ומצב הקרן דחוק מאד.

הסך שתי מאות שקלים קבלתי במועדו וקיימתי כאמור במכתבו וחמשים השקלים אשר העמיד ברשותי מסרתי חמשה ועשרים לקרן „מרכז לעניני חנוך״ וחמשה ועשרים לקרן „מחנה ישראל״.

שני המוסדות האלו מאז יסדתים הצליחו ת״ל ומצליחים בעבודתם הכבירה והפורי׳, החדר לבנות – ילדות ונערות –, המסבות שבת הפרחי מחנה ישראל, השיחות – באידיש ובאנגלית, הלוח – באנגלית – פעלו לטובה, בחסדו הגדול ית׳, בהרבה מאות משפחות, ות״ל השפעתם ניכרת ברחוב היהודים, הילדות והנערות דורשות מהוריהם לשמור את השבת לקדשו, במקרים הרבה פעלו אשר יסגרו את החנויות בשבת, שלא לבשל בשבת, לשבור את הכלים של טריפה ולאכול רק כשר, ות״ל ישנן פעולות טובות מבהילי הרעיון, משפחות אשר זה כמה שנים לא בא כשר לפיהם אכלו נבילות ובשר החזיר ר״ל, ובמשך זמן קצר ע״י השפעת ילדיהם נהפכו ת״ל לשומרי שבת ואוכלי כשר.

החק כאן מרשה לילדים הלומדים בבתי הספר של הממשלה ללמוד שעה אחת עניני דת ושעה זו נחשבת בין שעות הלימוד אלא שצריכה להיות [ב]מקום אחר לא בבתי הספר גופא, ויסדר ה„מרכז לעניני חינוך״ מקומות לימוד עבור אלו ות״ל מצליחים בזה.

אשר כל זה מראה לדעת אשר אפשר בעזה״י לפעול אלא שצריכים מסירה ונתינה לזה וגם צריכים לאסוף את הסכומים הדרושים לזה.

ובזה הנני לברכם בברכת מז״ט עבור המגרש שקנו להצלחה, יתן השי״ת אשר מחשבתם הטובה, בשביל התורה ועבודה, תבא מהכח אל הפועל בהצלחה בגשם וברוח.

המפעל הטוב אשר עשה ידידי ביסוד הוצאת ספרים ברוח התורה

רשימת התלמידים: **ראה לעיל ח״ז אגרות א׳תתקסב, הצעת רבנו להציל מאה תלמידים מפולין לארגנטינה.**

החק כאן מרשה: **ראה לקמן אגרת ב׳דש, ובהנסמן בהערות שם.**

והמסורה, עבור הנוער, הוא מפעל נשגב במאד, וברכות מאליפות יחולו על ראש ידידי וב״ב יחיו, כי זהו דבר של פקוח נפשות רוחני הגדול יותר מפקוח נפשות גשמי, וכבר עלה בדעתי להציע לידידי אשר יואיל להדפיס את תוכן השיחות שהנני מדפיס באידיש ובאנגלית במדינה זו להדפיסם בשפת מדינתם בתור הוצאת מרכז לעניני חינוך.

כשתוגמר בעזה״י הדפסת ספר עטרת יקותיאל של כבוד אביו הרה״ג והרה״ח נ״ע בטח יכבדני בתשורתו הכי נעימה לי.

החוברות קבלתי, וכן החבילה של ספרים, תודה על העבר ובקשה על להבא.

ספר השנה ועוד איזה ספרים ישלחו לו אי״ה ימים אלו.

והנני ידידו הדו״ש מכבדו ומברכו.

ב׳קסד

ב״ה כ״ט תשרי תש״ד
ברוקלין

כבוד הרה״ג הנכבד והכי נעלה, הנודע לשם תהלה בתוככי גאוני יעקב בכביר פעולותיו לטובת החזקת היהדות והרבצת תורה אי״א מוה״ר זאב צבי הכהן שליט״א

שלום וברכה!

מכתב כבודו קבלתי באיחור זמן שלא כדרך הרגיל ונתאחרה גם תשובתי עליו.

בימי הרחמים ברכתי את כבודו ואת ב״ב יחיו בברכת שנה טובה

תוכן השיחות: לנוער, בספרדית, התחיל להופיע בשנת תשכ״א. וראה גם לקמן אגרת ב׳שסא.

ב׳קסד

נעתקה מהעתק המזכירות [שסז].

מוה״ר זאב צבי: **קליין. אגרות נוספות אליו — לעיל ח״ז א׳תתקעא. ב׳צב.**

ומתוקה ואשר ימלא השי"ת את משאלות לבב כבודו לטובה ולברכה בגשמיות וברוחניות.

בדבר דרישת הקהלה בבאליוויען לשלוח להם רב הגון, הנה אפשר הדבר שימצא מי שירצה לנסוע להתם, אבל צריכים לדעת תחלה פרטי המצב שם בכלל ופרנסת הרב ורשיון הנסיעה והוצאות הנסיעה בפרט, ואז הנה בעזה"י אשתדל בזה.

יחזק השי"ת את בריאות כבודו ויאמצהו אשר יוכל להמשיך את עבודתו הק' מתוך בריאות הנכונה ומתוך הרחבת הדעת בגשם וברוח.

ידידו הדו"ש ומברכו.

ב'קסה

ב"ה כ"ט תשרי תש"ד
ברוקלין

אל משרד ישיבת תו"ת

שלום וברכה!

בטח כבר נסתדרו הלימודים בכל המערכות, בבקשה לשלוח לי העתק רשימת התלמידים בכל מערכה ושם הרמי"ם בכל מערכה זמני התפלה והלימודים.

בשם כ"ק אדמו"ר שליט"א
מזכיר.

ב'קסה

נעתקה מהעתק המזכירות [תמד].

ב'קסו

ב"ה כ"ט תשרי תש"ד
ברוקלין

ידידי הרה"ג וו"ח אי"א מוה"ר ירחמיאל שי'

שלום וברכה!

התלגרם שלו במועדה קבלתי וברכתי אותו ואת זוגתו תחי' ואת בנם שי' בברכת שנה טובה ומתוקה ואשר ימלא השי"ת את משאלות לבבו לטובה ולברכה בגשם וברוח.

במענה על מכתבו, ת"ל אשר פעל ועשה לטובת החזקת היהדות והשי"ת יעזר לו בגשמיות וברוחניות, ובודאי שצריך להתחשב עם מצב בריאותו ולעשות ככל האפשר, בעזרתו ית', להטיב בריאותו, והשי"ת ישלח לו רפואה ויחזקהו ויאמצהו בגשם וברוח שיוכל להמשיך עבודתו הקדושה להאיר באור אמת, היא תורת החסידות, אשר הנחילנו אבותינו רבותינו הק' בתורתם והדרכתם, נוסף על אצילות אור המאיר מורנו הבעש"ט נ"ע אשר מדור לדור ונשיא לנשיא נתגלה אור בהיר מקדש הקדשים.

וביאור הענין, הנה כל הגילוים המתגלים מלמעלה ונקראים בשם אתערותא והגילוים הם בשני אופנים, אם מצד עצמם או שבאים על ידי עבודה ופועל וכללות הגילוים דאתעדל"ע מתחלקים לארבע דרגות.

א) אתערותא דלעילא לעורר אתערותא דלתתא, בענין העולמות הוא מה שהתהוות העולמות ותחלת קיומם הוא מצד כי חפץ חסד הוא, ובענין הנשמות הוא שמעוררים מלמעלה כמבואר בענין ונוזלים מן לבנון בענין הרהורי תשובה שנופלים בלי שום הכנה.

ב) אתערותא דלעילא הבאה ע"י אתערותא דלתתא בתומ"צ ובעבודה שבלב. והענין אינו דורש ביאור כי ידוע ומפורסם הוא באר היטב בכמה וכמה מאמרים כמבואר בענין רוח אייתי רוח ואמשיך רוח.

ב'קסו

נדפסה בבטאון חב"ד גליון 41 ע' 14, והושלמה והוגהה ע"פ העתק המזכירות [תמה].

מוה"ר ירחמיאל: בנימינסון. אגרות נוספות אליו — לעיל ח"ו א'תשצו, ובהנסמן בהערות שם.

ג) אתערותא דלעילא בדרך מתנה ואינה באה ע"י העבודה דאתערותא דלתתא כי אינה מסוג זה שתוכל לעורר האתערותא דלעילא ורק בשלימות התעדל"ת דבזה עביד נייחא דרוחא כבי' למע' הנה אז נותנים לו אתעדל"ע שהוא גילוי אור נפלא ונשגב במאד בדרך מתנה.

ד) אתעדל"ע בדרך מציאות חן. והענין הוא דהנה ענין המתנה הרי עכ"פ יש לה שייכות אל האתעדל"ת, ועם היות שאינה באופן ב' כנ"ל אבל בכל זה ה"ה באה רק באופן מתנה, דהנה המתנה היא אי לאו דעביד לי' נייחא לא הוה יהיב לי', ולכן הנה יש עוד מדרי' באתעדל"ע שהיא באה רק מצד השלמות בעצם מהותו, ער איז ווי מען בעדארף זיין, באמת לאמיתו, ונותנים לו מלמע' אתערותא, גילוי אור נשגב ומאד נעלה בדרך מציאת חן.

והנה ארבע דרגות אלו בענין הגילוים שלמעלה הן נגד הכחות שבמדרי' רוח נשמה חי' יחידה שבנפש, כי מדרי' נפש שבנשמה היא הכלי המקבלת השפעת וגילוי הכחות של המדרי' רוח נשמה חי' ויחידה שלמעלה ממנה ומתגלות בה. וביאור הענין דהגילוי דאתעדל"ע לעורר האת[ע]דל"ת הוא מבחי' רוח דנשמה והיינו שההתגלות באה במדרי' רוח והוא סוד רוח ממרום דהגילוי ממרום מתגלה במדרי' רוח ולכן הנה פעולתה מה שמגביה את רוחו, והאתעדל"ע הבאה בהעבודה דאתעדל"ת היא ההתגלות במדרי' נשמה, הגילוים דאתעדל"ע בדרך מתנה מתגלים במדרי' חי' שבנשמה דמדרי' חי' היא ממדרי' המקיפים, דמעלת המקיף על הפנימי, שהפנימי מחי' והמקיף מחי' ושומר, והגילוי דאתעדל"ע בדרך מציאות חן מתגלה במדרי' יחידה שבנשמה שהוא התאחדותה ביחידו של עולם יתברך.

והנה ארבעה אופני אלו בסוגי האתעדל"ע מצינו בהגילוים עליונים שנתגלו למרע"ה, דגילוי הראשון הי' באתעדל"ע מצ"ע שלא ע"י עבודת משה כמ"ש וירא מלאך ה' אליו וגו' שהיא האתעדל"ע לעורר האתעדל"ת, והגילוי השני כדכתיב ויקרא אליו וגו' משה משה וגו' בא ע"י עבודת משה כמ"ש אסורה נא ואראה וגו' ופרש"י אסורה מכאן להתקרב שם שהיא עבודה ע"פ טו"ד אשר בכל יום ויום נתעלה בעבודתו ובאתעדל"ת אתעדל"ע, והגילוי השלישי בהגילוים העליונים באתעדל"ע בדרך מתנה הי' במ"ת וכמבואר בענין ישמח משה במתנת

ארבעה אופני. . למרע"ה: **ראה ד"ה ועתה אם נא מצאתי כו' תרע"ח (ע' ריא ואילך). ודשנת תש"ה (ע' 50 ואילך). בפרטיות בדבר מדרי' משה — ראה לקוטי שיחות ח"ו ע' 244.**

אדמו״ר מוהריי״צ נ״ע יט

חלקו כמ״ש בסידור השל״ה בשם האריז״ל דעם היותו מתנה בכ״ז שייך עכ״פ לעבודתו השלמה, והגילוים דאתעדל״ע בדרך מציאת חן מתגלים במדרי׳ יחידה שבנשמה כמבואר בענין קרני ההוד.

מורנו הבעש״ט נ״ע הוא בחי׳ ומדרי׳ משה ראש נשיאי ישראל במשך כל הדורות עד הזמן הבהיר דהתגלות משיח צדקנו בקרוב ממש, והגילוי׳ העליונים שנתגלו למורנו הבעש״ט בסוגי אתעדל״ע הם ג״כ בארבעה אופנים א) אתעדל״ע לעורר האתעדל״ת להתגלות. ב) הגילוים באתעדל״ע בתורה ובאותות ומופתים ע״י העבודה באתעדל״ת. ג) הגילוים באתעדל״ע בדרך מתנה בתלמידיו החבריא קדישא לתת להם כח ועוז להנחיל את אור התורה והעבודה לדורותיהם ד) הגילוים דאתעדל״ע בדרך מציאת חן להנחיל את כל ישראל את הכח דמס״נ על מדות חסידות.

והנה אתפשטותא דמשה בכל דרא ודרא, בכל דור ודור עד ביאת משיח צדקנו הוא אתפשטותא כחו של מורנו הבעש״ט נ״ע, וההתגלות בכל דור הוא גילוי אור עליון תקיף יותר והוא לפי אופן סדר העילוים מעילוי אחר עילוי בנשמתו הקדושה של מורנו הבעש״ט נ״ע, כי בהיותו בעלמא דין הי׳ גילוי בחי׳ נר״נ ואחר הסתלקותו מעלמא דין בסוד גדולים צדיקים כו׳ והגילוים בתלמידי תלמידיו ובדורות האחרונים הם הגילוים המתגלים ע״י מדריגת חי׳ יחידה של נשמת מורנו הבעש״ט נ״ע עד כי בעזרת נשמות הוד כ״ק אבותינו רבותינו הק׳ הנה המקושר אליהם וההולך בעקבותיהם, גם החלוש בכחות הגלוים בידיעת תורת החסידות יאמר גבור אני בעבודה בפועל ממש בהחזקת היהדות ובהרבצת תורה בכלל ובהנהגה בדרכי החסידות בפרט.

בדבר שאלתו בענין הישיבה אם מצב בריאותו מתאים צריך לקבל זאת כי הוא דבר גדול ומאד נעלה והשי״ת ישלח לו רפואה ויחזקהו ויאמצהו בגשם וברוח, שיוכל להמשיך עבודתו הק׳ בהחזקת היהדות והרבצת תורה ויראת שמים מתוך בריאת הנכונה מתוך פרנסה בהרחבה ומתוך התחזקות בדרכי החסידות...

יפרוש גיני בשלום ידידנו אנ״ש שי׳ ויגיד להם את ברכתי כי ישפיע להם השי״ת שפעת חיים וברכה מרובה בגשמיות וברוחניות ואתענין לדעת בפרטיות מהנעשה אתם.

ידידו הדו״ש ומברכו.

בענין הישיבה: **ראה לקמן אגרת ב׳רמה.**

ב׳קסז

ב״ה ה׳ מרחשון תש״ד
ברוקלין

כבוד ידידי הרבנים הגאונים נשיאי ומנהלי ועד העזרה התאחדות הרבנים פליטי רוסיא ושאר ארצות, בעיה״ק ירושלים תובב״א,
ה׳ עליהם יחיו

שלום וברכה!

כהיום הגיעני מכתבם (הנדפס) מחדש תמוז תש״ג בברכת השנה בשנה טובה ומתוקה בגשמיות וברוחניות, וכל המברך יתברך ברוב טוב זמני ונצחי, והנני פורש בשלום הרבנים הגאונים שליט״א, וש[ול]ח להם את ברכתי כי ישפיע להם השי״ת שפעת חיים וברכה מרובה בכל מילי דמיטב מנפש ועד בשר.

הנני שולח את מתנתי הפרטית לקרן ועד העזרה התאחדות הרבנים פליטי רוסיא ושאר ארצות בסך חמשה ועשרים שקלים והנני מאחל להם כל טוב, ויזכנו השי״ת להתראות בקרוב ממש בשובע שמחות באה״ק ת״ו עם משיח צדקנו, אכי״ר.

ידידם הדו״ש מכבדם ומברכם.

ב׳קסז

נעתקה מהעתק המזכירות [תקג]. אגרות בתוכן דומה, לועדים ואגודות שונים, הגיעו לידינו, ונדפסה אחת מהן בתור דוגמה.

ועד . . רוסיא: אגרת נוספת אליהם — לקמן ב׳תרלד.

ב׳קסח

ב״ה ה׳ מרחשון תש״ד
ברוקלין

כבוד ידידי ח״ד וו״ח אי״א מו״ה פנחס שי׳ וכבוד ב״ד הכבודה מרת רחל תחי׳ ובנם הנעלה מר דוד שי׳

שלום וברכה!

בנועם קראתי את מכתבם בברכת שנה טובה ומתוקה ומקרב לבי ברכתי אותו ואת רעיתו הכבודה תחי׳ ואת בנם היקר שי׳ בברכת שנה טובה ומתוקה בגשמיות וברוחניות...

זה משך זמן רב אשר אין לנו שום ידיעות מבני משפחתינו והנני מסגיר בזה כתבת להרב באטשקא שי׳ ולחתנו שי׳ ובבקשה לבא עמהם בכתובים בדבר בני משפחתינו, והשי״ת יזכנו להתבשר בשורות טובות ולהתראות בשובע שמחות.

זה איזה חדשים אשר קבלתי מכתב מהרב רח״ה שי׳ הבלין כי ישנו קונה על הנחלה שלי בחברון ת״ו בסכום של איזה אלפים לי״ש, ואני הי׳ בדעתי למכור נחלתי זאת ובכסף הפדיום לקנות נחלה בירושת״ו, הנני בזה לבקש את ידידי שי׳ להתענין בזה אם יש חשבון למכור הנחלה בחברון ת״ו או להחליפה על נחלה בירושת״ו.

והנני ידידם מחות׳ ב״ד וב״ד הדו״ש מכבדם.

ב׳קסח

נעתקה מהעתק המזכירות [תקי].

כבוד . . פנחס . . רחל . . דוד: **לנדא. אגרות נוספות אליהם — לעיל ח״ו א׳תקפ. לקמן ב׳שסח*. ב׳תרצט.**

מבני משפחתינו: **הארנשטיין, בת חתן ומחותני רבנו, אם אחי וגיסת מרת רחל לנדא שלפנינו, שבאותה שעה עדיין לא נודע אשר הובלו לכבשונות בתחלת תש״ג. ראה גם לקמן אגרות ב׳קצג. ב׳רנא. ב׳שסח*. לעיל מבוא לח״ה ע׳ 26־27. שם אגרת א׳קמד, ובהנסמן בהערות שם.**

למכור נחלתי: **ראה לקמן אגרות ב׳שסז־ט. ב׳תקנז. ב׳תרצט. ב׳תשב.**

ב׳קסט

ב״ה ה׳ מרחשון תש״ד
ברוקלין

ידידי ש״ב וו״ח אי״א מוה״ר יהודה ליב שי׳ סלונים

שלום וברכה!

כתבו בהזכרת שמו ושמות ב״ב יחיו במועדו קבלתי וברכתי אותם ואת ב״ב יחיו בברכת שנה טובה ומתוקה ואשר ימלא השי״ת את משאלות לבבו לטובה ולברכה בגשמיות וברוחניות. ובדבר שאלתו אודות המנהגים שבקובץ „היום יום״ בטח בבתי כנסיות של אנ״ש יחיו צריכים להתנהג כאמור שם.

ש״ב הדו״ש ומברכו.

ב׳קע

ב״ה ו׳ מרחשון תש״ד
ברוקלין

אל התלמיד החשוב הרב וו״ח אי״א מוה״ר צבי שי׳

שלום וברכה!

במענה על מכתבו, נהניתי לשמוע כי ת״ל הכל עלה בטוב ואשר ידידיי תלמידי התמימים שי׳ חבריו נטלו חלק בראש שמחתו כדרכי אנ״ש באהבת ריעים, וברכות יחולו על ראשם בגשמיות וברוחניות.

ב׳קסט

נעתקה מהעתק המזכירות.

ב׳קע

נעתקה מהעתק המזכירות [תקל].

מוה״ר צבי: **שוסטרמאן. אגרות נוספות אליו — לקמן ב׳קעו. ב׳רכה. ב׳רפד. ב׳שכא. ב׳שדמ. ב׳תשיד. ב׳תשכה.**

בראש שמחתו: **נשואיו בשעטומו״צ.**

טובתם האמיתית היא אשר בעזה״י יסתדרו בעיר ראטשעסטער וינהל את הישיבה אחי תמימים אשר נוסדה ימים אלו שם ע״י ידידי עוז עסקן חרוץ בהרבצת תורה ויראת שמים וו״ח אי״א רא״פ שי׳ וויילער ויזדרזו בזה והשי״ת יצליח להם בגשמיות וברוחניות.

בשם כ״ק אדמו״ר שליט״א
מזכיר.

ב׳קעא

ב״ה ו׳ מרחשון תש״ד
ברוקלין

כבוד ידידי עוז הרב הנכבד, עסקן חרוץ בחיזוק היהדות והרבצת תורה ביראת שמים וו״ח אי״א מוה״ר אלעזר פנחס שי׳

שלום וברכה!

מכתבו המפורט אדות התיסדות הישיבה אחי תמימים בעי״ת ראטשעסטער יע״א ואשר עד אשר יבא השלוח מאת המרכז ללמוד

ראטשעסטער . . נוסדה ימים אלו: **ראה לקמן אגרות ב׳קעא. ב׳קעו.**

בחוברת תות״ל (ח״י אלול תש״ד) ע׳ 18, מספר על פתיחת הישיבה:

די ליובאוויטשער ישיבה אין ראטשעסטער איז איינע פון די ערשט ניט־לאנג געעפנטע אפטיילונגען. די ישיבה איז געגרינדעט געווארען אין נאוועמבער, 1943, אנפאנגענדיג מיט בלויז פופצעהן תלמידים. די צאל תלמידים איז פיעל־פאך געשטיגען און די ישיבה אנטוויקעלט זיך אויף א זעהר צופרידענשטעלענדען אופן.

די ישיבה איז איינגעטיילט אין פיר מחלקות און פיעלע תלמידים לערנען שוין משנה און גמרא. די תלמידים צייגען ארויס גרויס פלייס אין זייער לערנען.

הרב צבי שוסטערמאן, א מוסמך פון דער ישיבה ומתיבתא המרכזית תומכי־תמימים פון ברוקלין, איז דער מנהל. די ישיבה געפינט זיך אין דער תפארת ישראל שוהל, אין שעהנע און לופטיגע צימערען. מר. דוד גאלדמאן, פרעזידענט פון שוהל, איז איינער פון די טיכטיגסטע עסקנים לטובת דער ישיבה.

רא״פ שי׳ וויילער: **ראה אגרת שלאח״ז אליו.**

ב׳קעא

נעתקה מהעתק המזכירות [תקלא]. לתוכנה ראה אגרת שלפנ״ז.

מוה״ר אלעזר פנחס: **וויילער. אגרות נוספות אליו — לקמן ב׳קפד. ב׳שנא. ב׳תכח. ב׳תמה. ושם ע״ד התיסדות ישיבות, בעיירות נוספות — על ידו. וראה גם בהערות לאגרת ב׳תכו.**

ולנהל את הישיבה קבל ידידי על עצמו את העול דתלמוד תורה ללמוד עם הילדים ולחנכם בארחות חיי תורה ומצות, גרם לי קורת רוח כפול ומשולש. יודע הוא ידידי עד כמה החינוך הכשר והלימוד עם תשב״ר במסורת אבות קדושים נוגע בנפשי ממש ומסרתי והנני מוסר נפשי על זה מבלי התחשב עם כל מאומה, כן יודע הוא עד כמה חביב ויקר לי העוסק בהרבצת תורה ביראת שמים, הנני אומר לו יישר כח בעד מפעלו הטוב והנני מברכו כי יצליח לו השי״ת בכל הדרוש לו בגשמיות וברוחניות.

נהניתי לשמע מהתענינותם הטובה של הבעלי בתים הנכבדים יחיו ולכל לראש מפעולתו הטובה של הפרעזידענט העסקן החרוץ ובעל פעולות טובות אי״א מו״ה דוב שי׳ גאלדמאן, יגיד להם את ברכתי כי יהי׳ השי״ת בעזרם בהדרוש להם ולב״ב יחיו בחיזוק הבריאות ובפרנסה בהרחבה.

בבקשה להתעכב בראטשעסטער עד אשר בעזה״י תסתדר הישיבה בסדר טוב, ולעת עתה שלח כבוד חתני הרב רש״ג שליט״א מנהל פועל מרכז ישיבות תת״ל, את ידידי תלמידי היקר הרב המופלג והמצויין במעלת כשרונותיו הכי נעלים בעל מזג טוב וו״ח אי״א מוה״ר יצחק שי׳ גראנער שהי׳ מיועד לנסוע למקום אחר, אבל לנחיצות הענין שלחוהו לשעה עד אשר ידידי התלמיד היקר והכי נעלה במעלות כשרונותיו המצויינים והעסקן החרוץ בהרבצת תורה ביראת שמים בעל מדות תרומיות וו״ח אי״א מו״ה צבי שי׳ שוסטערמאן יוכל לנסוע לראטשעסטער צלחה בגשם וברוח.

הדוחק בהישיבה גדול מאד ויודע הוא את גודל ההוצאה, וההכנסה לא הרבה היא, לכן ישתדל לגבות את החובות מהמנדבים ויעשה מגבית בזריזות ובחריצות, והשי״ת יעזר לכל העוזרים על ידו וישפיע להם שפעת חיים וברכה מרובה בגשמיות וברוחניות.

ידידו הדו״ש ומברכו.

ב׳קעב

ב״ה י׳ מרחשון תש״ד
ברוקלין

אל התלמיד החשוב הרב מוה״ר יהודה צבי שי׳

שלום וברכה!

במענה על מכתבו, שמחתי במאד מאשר דיבר ברבים והצעתו בדבר חיזוק היהדות בכללו׳ אבל עיקר התעסקותו לבד מענייני הישיבה (כפי אשר דברנו אשר ראשו ורובו צ״ל מסור ונתון להישיבה א) ללמוד ולחנך את תלמידיו יחיו ולהשפיע עליהם בעניני הטבת המדות בכלל ובעניני כבוד או״א ודרך ארץ בפרט. ב) להשיג עוד תלמידים. ג) בדבר הבית דירה והכנסה) הוא להתענין בעניני חינוך כמו מסבות שבת ולעורר לייס[ד] בית ספר לילדות ע״י שייסד תחלה ווינטער קלאס ולדבר לפניהן אשר יבחרו בקאמיטא לזה, והסדר בזה הוא אשר יעורר את הועד של הישיבה לייסד לעידיס אוקזילערי עבור הישיבה ובשעת האספות לעורר ע״ד התיסדות בית רבקה או בית שרה והעיקר להתחיל מהאחיות של התלמידים, והשי״ת יצליח לו.

עליו לשים לב ודעת איך לקרב את הצעירים, לדבר לפניהם באנגלית לקרבם לעניני יהדות ולקבוע להזדמן ולהתועד ביום א׳ וכן בכל יום חופש מעבודה.

בדבר הבית דירה צריכים בעזה״י לקנות בית גדול כי בעזה״י יתרבו התלמידים ובמשך הזמן תהי׳ בעזה״י כתה לומדי גמרא ויש לחשוב שיהי׳ גם מקום עבור בית רבקה או בית שרה ושיהי׳ בכניסה מיוחדת וגם שיהי׳ חדר גדול לאספות והתועדות בהנוגע להישיבה, ולכן צריכים בית גדול ומרווח וחצר גדול למשחק התלמידים לכשיהי׳ פאראקעיל סקול והאי סקול, וצריך לעורר להשתדל אשר ימצאו ויקנו בית גדול עם חצר ושיהי׳ במקום מוכשר ולא להתפעל אם יעלו עוד איזה אלפים כי מרת גרינבערג תחי׳ מסכמת לתת איזה אלפים וכן

ב׳קעב

נעתקה מצילום האגרת [תקסג].

מוה״ר יהודה צבי: **פאגלמאן. אגרות נוספות אליו — לעיל ב׳קנט, ובהנסמן בהערות שם.**

הישיבה: **בבופולו.**

לקרב את הצעירים: **ראה לקמן אגרת ב׳קצח.**

אחי׳ שי׳ יתן עד ג׳ אלפים והשאר יאספו בעזה״י וצריך לעורר ולהשתדל בחריצות והשי״ת יעזר להם בגשמיות וברוחניות.

בשם כ״ק אדמו״ר שליט״א
מזכיר

ח. ליבערמאן

ב׳קעג

ב״ה י׳ מרחשון תש״ד
ברוקלין

ידידי וו״ח אי״א מוה״ר יוסף הלל שי׳ שו״ב

שלום וברכה!

בזה הנני מבקשו להכניס עצמו ברשימת השובי״ם אשר קבלו עליהם בל״נ בשמחת תורה העבר להשתתף עמדי בעבודת החינוך ע״פ הוראת ה„מרכז לעניני חנוך״ להתענין בחינוך הבנות לייסד בתי ספר לילדות.

העבודה של חבר הועד מייסדי בתי ספר לבנות, צריכה להיות להשיג שנים שלשה חברים לייסד ועד פרטי בשביל יסוד בית ספר לבנות בשכונתם ע״פ תכנית לימודים של המרכז לעניני חינוך תחת הנהלת מורה מאושרת מאת המרכז לעניני חינוך.

המרכז לעניני חינוך שולח ציר מיוחד אל הועד הפרטי המסדר בית ספר לבנות, לסדר ולנהל תעמולה רחבה בהשגת תלמידות לבית הספר ולסדר לעידיס אוקזילערי מאמות הבנות ומחברות טובות המסייעות במפעל הקדוש.

המרכז לעניני חינוך יתדבר אתו עמו בזה, ותקותי תאמצני אשר ימלא את בקשתי האמורה להשתתף אתי בעבודת החנוך ובגלל זאת ישפיע לו השי״ת שפעת חיים וברכה מרובה בגשמיות וברוחניות.

הדו״ש ומברכו.

ב׳קעג

נעתקה מהעתק המזכירות [תר].

מוה״ר יוסף הלל: **דזייקאבסאן. אגרת נוספת אליו — לקמן ב׳רמד.**

ב׳קעד

ב״ה י׳ מרחשון תש״ד
ברוקלין

כבוד ש״ב ידידי חתני הרה״ג מוה״ר מנחם מענדיל שליט״א שניאורסאהן, יו״ר מרכז לעניני חנוך, וכבוד ידידי עוז הרב המופלא במעלת מדות טובות וו״ח אי״א מוהרחמ״א שליט״א חודאקוב, מנהל מרכז לעניני חנוך

שלום וברכה!

בזה הנני לבקשם ולמלאות ידם ליסד מחלקה מיוחדת על יד מרכז לעניני חנוך בשם „מחזיקי ומרחיבי הת״ת הכשרות״ בארצות הברית וקנדה.

מטרת מחלקה זו: א) לחזק מצב הת״ת הכשרות 1) לענין בעלי בתים חשובים להכנס בתור חברים בהת״ת, 2) להתענין בהטבת מצבם הכספי. 3) להתענין בהטבת מצב המורים והמורות. 4) להרחיב חוג פעולת הת״ת בתלמידים. ב) לסייע למנהלי הת״ת לבסס את מצב הרוחני והמוסרי של הת״ת. ג) לסייע להמורים והמורות בספרות כשרה ומועילה ובהוראות שונות בעניני חנוך. ד) לפרסם שמות הת״ת הכשרות במרחב גדול.

חותנו וידידם עוז המוקיר את עבודתם החרוצה.

ב׳קעד

נעתקה מהעתק המזכירות — מוגה בכתי״ק.

כבוד . . שניאורסאהן: **— כ״ק אדמו״ר שליט״א. אגרות נוספות אליו — לעיל ח״ז א׳תתצ, ובהנסמן בהערות שם. לקמן ב׳תנא. ב׳תסז.**

מוהרחמ״א שליט״א חודאקוב: **אגרות נוספות אליו — לעיל ח״ג תתלג. ח״ד תתעד. לקמן ב׳תרמו.**

מחזיקי ומרחיבי הת״ת הכשרות: **ראה לקמן אגרת שלאח״ז, וראה גם לקמן אגרת ב׳דש, ובהנסמן בהערות שם.**

ב׳קעה

ב״ה י׳ מרחשון תשי״ד
ברוקלין

אל ידידינו אנ״ש ומחבבי תורה בארצות הברית
וקאנאדא,
ה׳ עליהם יחיו

שלום וברכה!

חוב קדוש הוא על כל אחד מידידינו אנ״ש ועל כל יראי אלקים ומחבבי תורה ומצוה להתענין בדבר חנוך כשר בכלל ובפרט.

בפרט הכוונה לשלוח את בניו ונכדיו להישיבות הקטנות והגדולות המתנהלות תחת השגחה מעולה ביראת שמים, ואם מוכרחים ללמוד בהת״ת אזי ישלחו את בניהם ובנותיהם, נכדיהם ונכדותיהם, אך ורק לתלמוד־תורה כשרה, אשר המנהלים והמורים והמורות הם שומרים תורה ומצות ומלמדים את התלמידים והתלמידות מתוך ספרים כשרים.

ובכלל הכוונה אשר כל אחד מידידינו אנ״ש ויראי אלקים ומחבבי תורה ומצות מחוייב להתעניין על דבר מצב החנוך הכשר בשכונה ומחוז שהוא גר שם, להיות בעזרתם של מנהלי הת״ת הכשרות – בין אם המנהלים הם כבוד הרבנים ובין אם הם בעלי בתים – לחזקם ולתמוך בידם, להרבות חברים טובים – מעמבערס – לעוררם אשר יכניסו את ילדיהם, הבנים והבנות, הנכדים והנכדות וילדי משפחותיהם אך ורק לת״ת כשרות.

והדברים קל וחומר, ומה אם בשר כשר קונה כל החי בישראל אך ורק בחנות כשרה, על אחת כמה וכמה בחינוך שהוא יסוד היהדות והאמונה בה׳ ובתורתו שצריך כל אחד מישראל למסור את ילדיו וצאצאיו לחנכם וללמדם אך ורק בת״ת כשרה.

בשכונה ומחוז שאין בה ת״ת כשרה, חוב קדוש על כבוד הרבנים וגבאי בתי הכנסיות וכל ישראל הגרים בשכונה ומחוז ההוא להתכנס

ב׳קעה

נעתקה מהעתק המזכירות [תרב]. לתוכנה ראה לעיל אגרת שלפנ״ז.

לאספה רבה ולבחור ועד מיוחד להביא את ברכת ה׳, ת״ת כשרה, אל השכונה והמחוז ההוא ולסדר תעמולה רחבה בין הדרים בשכונה ומחוז ההוא להביא את ילדיהם א[ל] הת״ת הכשרה.

מלאתי את ידי חתני הרה״ג מוה״ר מנחם מענדיל שליט״א שניאורסאהן, יו״ר מרכז לעניני חנוך וידידי עוז הפדגוג המופלא מוה״ר חיים מרדכי אייזיק שליט״א חדקוב, מנהל מרכז לעניני חנוך לסדר מחלקה מיוחדת על יד מרכז לעניני חנוך בשם מחזיקי ומרחיבי הת״ת הכשרות במטרה לנהל תעמולה רחבה להתענין בהטבת וחזוק מצב הת״ת הכשרות בגשם וברוח.

אנא ידידינו אנ״ש ויראי אלקים ומחבבי תורה ומצות, מלאו את חובתכם הקדושה בתור יהודים נאמנים לדתם ולתורתם והכניסו עצמכם בהעבודה הקדושה לחזק ולהרחיב את חוג פעולת הת״ת הכשרות בכלל ולתמוך בחנוך הכשר בפרט, ובגלל הדבר הזה ישפיע השי״ת לכם ולבני ביתכם שפעת חיים וברכה מרובה בכל מילי דמיטב מנפש ועד בשר.

והנני ידידם עוז הדו״ש טובם והצלחתם בגשמיות וברוחניות ומברכם.

ב׳קעו

ב״ה י׳ מרחשון תש״ד
ברוקלין

אל התלמיד החשוב הרב וו״ח אי״א מוה״ר צבי שי׳

שלום וברכה!

במענה על מכתבו אודות מקום הסתדרותו, עליו לנסוע לראטשעסטער לנהל ישיבת אחי תמימים, ויכתוב למרכז ישיבת תו״ת

ב׳קעו

נעתקה מהעתק המזכירות [תרט].

מוה״ר צבי: **שוסטרמאן. אגרות נוספות אליו — לעיל ב׳קע, ובהנסמן בהערות שם.**

לנסוע לראטשעסטער: **ראה לעיל שם.**

ל אגרות־קודש (ב׳קעו)

לשאול לאיזה יום יסע לשם להצלחה, ובהנוגע לבאסטאן הנה בעזה״י יסודר הכל לטובה ולברכה בגשמיות וברוחניות, והשי״ת יצליח את נסיעתו עם זוגתו תחי׳ לעיר ראטשעסטער יע״א ויסדר את הישיבה להצלחה בגשמיות וברוחניות.

בשם כ״ק אדמו״ר שליט״א
מזכיר.

ב׳קעז

ב״ה י״ב מרחשון תש״ד
ברוקלין

צו דער לעידיס אוקזילערי ביי דער ישיבה „אחי תמימים ליובאוויטש״ אין פיטטסבורג יע״א,
ה׳ עליהן יחיו

שלום וברכה!

מיט תורה פרייד האב איך געהערט פון דער הייליגער ארבעט וואס די שוועסטער חברות פון דער הייליגער ישיבה אחי־תמימים ליובאוויטש אין פיטסבורג טוען, עס איז ווירקליך א גרויסער זכות צו נעמען אנטייל אין דער אונטערשטיצונג פון דער הייליגער ישיבה אחי תמימים ליובאוויטש אין פיטסבורג עס מוז מער געטאן ווערן פאר דער ישיבה, ברייננגען מער קינדער צום לערנען און זאמלען גרעסערע סוממען. די לעידיס אוקזילערי בעדארף שטארק טאן אין דעם, איך שיק אייך מיין ברכה פאר אייך און פאר אייערע מענער און קינדער יחיו, פאר געזונט און פרנסה בהרחבה.

טוט אייער פליכט פאר דער ישיבה און השי״ת זאל אייך בעגליקן בגשמיות וברוחניות.

המברכן

יוסף יצחק

ב׳קעז

נעתקה מצילום האגרת [תרכ].

ב׳קעה

ב״ה י״ב מרחשון תש״ד
ברוקלין

ידידי וו״ח אי״א מוה״ר יעקב שי׳

שלום וברכה!

אייער שרייבן האב איך ערהאלטן און איך האב געהאט גרויס פערגעניגן צו לייענען דעם בריעף, אבער די עטליכע טעג האב איך זיך ניט גוט געפילט – אויך יעצט פיל איך נאך ניט גוט, השי״ת זאל מיך שטארקען איך זאל קענען הארעווען בעבודת השי״ת בחיזוק היהדות והרבצת תורה ויראת שמים באמת – דערפאר איז מיר שווער צו שרייבען באריכות ווי געהעריג איז, ווייל אזעלכע בריעף וואס זיינען מעורר אויף עבודת השי״ת זיינען מיין חיות ממש.

דער דאקטער זאגט אז מיין שוואכקייט איז פון צופיעל עגמת נפש און צופיעל ארבעטען איך בין זייער אויסגעמאטערט און מוז מער אויס רוהען, אבער ווי קען מען רוהען אז יעדע שעה, יעדע מינוט, וואס מען קען בעזה״י עפעס אויפטאן אין חיזוק היהדות און הרבצת תורה ביראת שמים איז דאך זייער טייער, וואס באמת איז דאך דאס – אויפטאן בחיזוק היהדות והרבצת תורה ביראת שמים – די גאנצע כוונה פון ירידת הנשמה בגוף.

צוליעב דעם – מחזק זיין יהדות און מחזק זיין הרבצת תורה ביראת שמים – איז דער גאנצער ענין פון דעם מענשענס לעבן אויף דער וועלט, איז ווי קען מען פארנאכלעסיקן די גליקליכע שעות און מינוטן וואס מען לעבט אויף דער ערדישער וועלט, וואס היום לעשותם, נאר אויף דער וועלט ווען דער מענש לעבט אין א קערפערליכן לעבן.

יעדער איד דארף האבן א דיעה ישרה אויף צו פארשטיין צוליב

ב׳קעה

נדפסה בס׳ התולדות ח״ד ע׳ 252, והושלמה והוגהה ע״פ העתקה.

מוה״ר יעקב שי׳: כ״ץ. אגרות נוספות אליו — לעיל ח״ז ב׳פה, ובהנסמן בהערות שם. לקמן ב׳רמו. ב׳שע. ב׳תכז. ב׳תקיט. ב׳תרעט.

וואס מען לעבט און השי"ת זאל געבן געזונט אז מען זאל קענען טאן אין דער הייליגער עבודה ווי מען בעדארף טאן.

הוד כ"ק אאמו"ר הרה"ק זצוקללה"ה נבג"ם זי"ע האט געזאגט אז א טאג אין וועלכען מען טוט ניט אויף, טאן א אידן א טובה ברוחניות, מקרב זיין צו לימוד התורה, נגלה אדער חסידות, מעורר זיין צו קיום המצוה מיט א געשמאק, מעורר זיין אויף אהבת ריעים, מקרב זיין את הלבבות אדער טאן א טובה א אידן אין גשמיות בתמיכה ובגמילת חסד, איז יענער טאג א פוסטער, אפילו ווען מען דאוועט ווי מען בעדארף און מען לערנט מיט א געשמאק אבער מען האט ניט זוכה געווען צו טאן א אידן א טובה ברוחניות אדער בגשמיות איז יענער טאג א טונקעלער טאג און מען בעדארף זאגן א געשמאקען קאפיטל תהלים אז השי"ת זאל מזכה זיין מיט ליכטיגע עבודה טעג אז מען זאל אויפטאן.

אך און ווי וויפיעל טונקעלע טעג עס זיינען פאראן אין אונזער וואכעדיקן טאג-טעגליכן לעבן, עס איז שווער צו זאגן אבער עס איז ביטער צו שווייגען, ווי מילד מיר זאלען ניט זיין צו זיך און קוקן אויף זיך מיט גלעזערנע אויגן מיט דער גרעסטער אהבת עצמו קענען מיר ניט און טארן ניט זיין אזוי פארבלענד און ליגנעריש צו זיך אליין און מיר מוזן זיך אליין זאגן דעם אמת אז די טעג זיינען ניט נאר טונקעלע נאר באמת פינסטערע און שטארק פינסטערע.

אין דעם חשך מצרים ר"ל איז געווען אזא פינסטערניש אז וימש חשך, דער חשך איז געווען אזא אז מען האט אים אנגעטאפט מיט די הענט און מיטן גאנצן קערפער, אז דער וואס איז געזעסען האט זיך ניט געקענט שטעלן און דער וואס איז געשטאנען האט זיך ניט געקענט זעצן.

אין דער בריאה פון חשך זיינען פאראן צוויי דעות. איין דיעה איז אז חשך איז ניט קיין בריאה נאר העדר האור, ווען עס איז ניט ליכטיג איז פינסטער. די צווייטע דיעה איז אז חשך איז ניט נאר דער העדר האור נאר טאקע א בריאה ממש, אט כשם ווי אור איז דאך א בריאה אזוי איז חשך אויך א בריאה. אור איז די בריאה פון ליכטיגייט און חשך איז די בריאה פון פינסטערניש, און השי"ת האט די צוויי נבראים פון אור וחשך איינגעטיילט אין די תחומים פון טאג און נאכט.

בריאה פון חשך . . צוויי דיעות: **ראה לקוטי שיחות ח"י ע' 180, ובהנסמן בהערות שם.**

אין בעשעפענישן זיינען פאראן פארשידענע ברואים, הגם אלע נבראים זיינען מורכבים פון ד׳ יסודות, אש רוח מים עפר, דאך זיינען פאראן נבראים וועלכע מען קאן מיט די הענט ניט אנטאפן נאר מיטן חוש הראי׳ אדער מיטן חוש השמיעה קען מען זיי פיהלען, ווייל די קערפערס פון די דאזיקע נבראים זיינען פון אזעלכע שטאפן וואס מען קען זיי מער ניט ווי פיהלען.

די ביידע דיעות אין חשך זיינען מסכים אז חשך איז פון די ברואים וואס זיינען קערפערליך ניט צו אנטאפען נאר צו פיהלען.

אבער דער חשך מצרים איז געווען א אנטאפבארער חשך, אז וימש חשך, עס איז געווען ר״ל אזא מין חשך אז מען האט אים געטאפט מיט די הענט, נאך מער, דער חשך איז געווען אזא גראבער אז ער האט פארנומען א פלאץ אין הויז, אזוי ווי א שטיק מעבל וואס פארנעמט א פלאץ, אז אויף דעם פלאץ וואו עס שטייט א טיש אדער א שטוהל קען מען קיין אנדער זאך ניט שטעלן ווייל דער פלאץ איז פארנומען מיט א חומר גשמי וואס פארנעמט א פלאץ.

נאך מער, דער חשך מצרים איז געווען א חשך א בעל כח, עס איז ניט נאר געווען א וימש חשך וואס מען טאפט אים ווי א חומר גשמי און האט פארנומען א פלאץ אין הויז ווי די אלע כלים הגשמים וואס זיינען אין הויז, נאך מער ווי דער חומר פון די כלים גשמים, די כלים הגשמים קען מען דאך איבערטראגען פון איין פלאץ אויפן צווייטען אבער דער חשך מצרים איז געווען א חשך א בעל כח וואס האט ארומגענומען ר״ל ווי אין אייזערנע צוואנגען, אז ניט נאר איז מען געווען אין דער פינסטערניש, נאר די פינסטערניש האט זיי געהאלטן אז זיי האבן זיך ניט געקאנט א קער טאן.

די דרייערליי פינסטערנישן זיינען ליידער פאראן אין לעבן און פיהרונג פון פיהל מענשן.

דער מיין פון אור וחשך – ליכטיקייט און פינסטערניש – אין דעם מענשס לעבן און אויפיהרונג איז די תורה ומצות אויפפאסונג – הנחות – און וועלטליכע אויפפאסונג – הנחות העולם –. די תורה ומצות אויפפאסונג איז דאס אור – ליכטיקייט – און די וועלטליכע אויפפאסונג איז חשך.

תורה ומצות זיינען אור, עס מאכט דעם מענשן איידעלער און לויטערער תורה מאכט דעם מענשן פאר א ליכטיקע פערזענליכקייט,

אויף דעם דארף מען ניט האבן קיינע ערקלערונגען, עס איז אויך איבע[ר]יג צו ערקלערן אז מצות מאכן דעם מענשן איידל, ווייל אלע ווייסן דאס און יעדער איינער פיהלט דאס אין זיך.

די וועלטלעכע מנהגים, אפילו די שיינע טהאטן פון דרך ארץ, אין פולען זיהן פוןווארט, זיינען רובא דרובא שקר און אחד בפה ואחד בלב, קלייגלעכע נארעריי, עס איז אין גאנצן געבויט אויף כזב גאוה גסות הרוח און פניות עצמו, וואס דאס אלץ איז חשך און עס מאכט דעם מענשן גראב און ליגנעריש.

די דרייערליי פינסטערנישן אין מענ[טש]ענס לעבן און אויפיהרונג זיינען;

א) דער חשך וואס איז מניעת האור, ער פארטונקלט די ליכטיקייט און צושטערט איר.

עס איז פאראן א טיפ מענשן וועלכע זיינען גאנץ פרום, תורה ומצות אידן, דאווענען און זיינען קובע עתים לתורה, אויך גאנץ פיינע בעלי צדקה – אפילו א ביסעל מיט א גלעקל, קיש קיש קריא, ווילן מען זאל וויסן אין שול און אין גאס, אז מען רעט פון זייערע צדקות מאכן זיי דאס אפילו אוועק מיטן האנט אבער הערן זיך איין מיט ביידע אויערן און קלייבן נחת, אבער דאך איז דאס נאך אויך גאנץ פיין – האבן ליעב א טובה טאן און טוען דאס גאנץ גערן, און נאך אלעם דעם איז זייער תורה ומצות צדקה און מדות טובות מאכן זיי ניט איידעלער, זיי זיינען זייער העפליכע מענשען, מיט גוטע באנעמונגען, אבער קיין ערענסטקייט און קיין איידלקייט איז רובא דרובא בא די דאזיקע מענשן ניט פאראן.

דאס איז א טיפ פון דורכשניטלעכע וואילע מענשן אבער בא זיי זיינען אור וחשך משמשים בערבוביא און דער חשך פארטונקעלט דעם אור, ווייל פון צייט צו צייט ווערט די התגברות החשך ביז ענדליך ווערט דער חשך אזוי שטארק אז ער צושטערט און פארטיליקט דער אור.

דער ביטערער חשך־מצב קומט ניט פלוצים, בא מאנכע קומט דער חשך צושטאנד לאנגזאמער, בא מאנכע שנעלער, עס ווענדט זיך אין דעם אויף וויפיעל שטארק איז בא זיי די השרשה פון דעם אור.

חינוך איז דער יסוד החיים המוסריים פון א אידן. די השרשה פון

דער ריכטיקן אידישן כשר'ן חינוך איז א דבר המעמיד פון דעם אידן, און אין דער שטארקייט פון דער השרשה איז תלוי די לאנגזאמקייט אדער די שנעלקייט פון דער חשך ווירקונג.

די וועלטלעכע הנחות מיט די וועלטלעכע אויפפאסונגען, די פשרות און היתרים ווירקן אויף זיי אז מזמן לזמן ווערן זיי קעלטער צו אידישקייט, פרעמדן זיך אפ פון זייער געבארענער אידישער – חסידישער – סביבה און שטרעבן צו דער וועלטלעכער עטהיק, וואס פארפיהרט זיי גאר אין איין אנדער סביבה וואו זיי ווערן פארשלונגען אין די כוואליעס פון דער וועלטלעכער נאה ויפה – שיין און גוט – וואס דאס איז די לעצטע לאפעטע ערד אויף דעם קבר פון זייער שיינער אמת'ר אידישער – חסידישער – סביבה.

בא דעם דאזיקן טיפ מענשן איז די שול אדער א קלויז און די היים צוויי באזונדערע וועלטן.

די שול וואו זיי דאונען איז א אידישע שלחן ערוך שול, מיט א אידישן רב א ירא שמים באמת וואס לערנט א שיעור גמרא און משניות הלכה ואגדה ברבים, זיינע דרשות זיינען תורה און התעוררות ליראת שמים, דאס רוב מתפללים זיינען אידישע און חסידישע אידן, דאווענען מיט א חיות מיט א טאטע זיסער, הארציקער רבונו של עולם אויסגעשריי, האבן ליעב צו הערן א חסידישן ווארט, א סיפור צדיקים, זינגען א הארציקן ווארעמען ניגון בא געוויסע שמחות זמנים גייט מען א אהבת רעים'דיקן האנט אין האנט געשלאסענעם טאנץ.

זייענדיג אין שול, הגם זיי – די אור וחשך'דיקע – זיינען שוין א ביסל אנדערש פון די אמת'ע אידישע און חסידישע מתפללים, זיי טראגן שוין א האלב זיידענעם טלית, א קמץ בארד אדער געסמטע, אבער דאך גלייכען זיי די שול אדער די קלויז און אין א געוויסן זין דערמאנט דאס אים זיינע קינדער יארן, זיין טאטענס און זיידענס חסידישע היים מיט די אלע חסידישע מנהגים וואס האבן בעלויכטן און בעצירט די אמת'ע אידישע און חסידישע היים.

ווען זיי קומען פון שול אדער פון קלויז, צו זיך אין זייער אייגענער היים, איז דאס גאר א אנדער וועלט, א היים וואס איז דורך און דורך געבויט אויף פשרות און היתרים, אלץ פון די אכילה ושתי' זאכן מוז מען, אלץ וואס האט א קערפערליכן געשמאק דארף מען, דער וועלטלעכער טוב ויפה נעמט ארום זיי מיט זייערע פאמיליעס ביז אז

ענדליך רייסט זיי – דער הנחות העולם׳דיקער חשך – אפ פון דער אמת אידישער און חסידישער סביבה, פון דער אמת אידישער און חסידישער שול אדער קלויז און ברייננגט זיי אריין אין דער צווייטער דרגא פון חשך.

ב) דער חשך וואס איז ניט נאר מניעת האור נאר טאקע חשך ממש. אין דער ערשטער דרגא פון חשך איז דאך פאראן אויך אור, עס איז אור וחשך משמשים בערבוביא, איז דאך פאראן די מציאות פון אור אויך עכ״פ, נאר דער חשך פארטונקלט דעם אור, אבער די צווייטע דרגא פון חשך דאס איז שוין טאקע חשך ממש.

דאס איז א טיפ מענשן פון רוח הזמן, זנב – עק – מענשן. פאראן מענשן בעלי דיעה חזקה, זיי שטייען אויף א יסוד מוסד, שינוי זמן און שינוי מקום פועלן אויף זיי ניט, וואוהין זיי קומען האבן זיי זייערע תורה ומצות אמת אידישע און חסידישע סביבה, און אויב אזא סביבה איז ניט געווען שאפען זיי די סביבה, דאס זיינען ראש מענשן וואס לאזן זיך ניט פירען פון אנדערע וואס זיינען ניט פון זייער סביבה, אבער די קלי הדעת מענשן, אדער די תולעת אוכלת בו מענשן – די ווערעמדיקע – וואס ווילן בייטן און אויסרייסן זייערע אמת׳ע אידישע און חסידישע גזע רגילות׳ן און איינגעבארענע געפיהלען, זיינען זנב מענשן, זיי שלעפען זיך נאך, נאך די הנחות העולם.

די דאזיקע מענשן זוכן צו מאדערניזירן זיך, זיי זופען אריין אין זיך די פולע מאס פון דער וועלטלעכער פאלשקייט און קאלטקייט וואס בין אדם לחבירו, און די פולע מאס פון מצות אנשים מלומדה אין די אלע ענינים וואס בין אדם למקום, ביז זיי פארטיליקן אין זיך יעדן אמת אידישן – און ווער רעט חסידישן – ווארעמען געפיהל. אלץ איז בא זיי מיט א קאלטער טרוקענער אויסרעכענונג און עס הויבט בא זיי אן צו וואקסען א שנאה צו זייערע אמת אידישע און חסידישע געבארענע און ערציהונגס געפיהלען, וואס דאס ווירקט ביטער שלעכט אויף זייערע פאמיליעס, און זייערע קינדער ווערן שוין אינגאנצן אפגעפרעמדט.

צווישן דעם דאזיקן טיפ מענשן זיינען פאר[א]ן גאנץ קלוגע אידן וואס וויסן זייער גוט אז דער גאנצער מאדערניזם איז די אמת׳ע פאלשקייט די אלע גוטע באנעמונגען, ניט נאר אין גאס און אין צוזאמענטרעף פלעצער, נאר אפילו אין די מאדערנע שולס מיט די מאדערנע רבנים זיינען ליגנערישע חניפות, אט דער אימפאזאנטער

שדים טאנץ, פון דעם אונטער שמש ביז דעם ברך נאץ ה׳ חזן און דעם קאמעדיאנטישן רב, פאר דעם ניי אנגעקומענעם גבירישן מעמבער אין שול, איז א נידערטרעכטיגער ליגן.

אבער די זנב־מענשן זיינען אזוי שטארק כבוד גייציג אז זיי נעמען אן דעם ביליגן ליגנערישן כבוד אין דער מאדערנער – אדער תערובות – שול מיט אפענע ארעמס און מיט שמחה און טיפע צופרידענקייט און לאזען גוט באצאלן די אלע שוישפילער פאר זייערי קאמעדיאנטישער ארבעט.

און אזוי ארום ווערט ארויסגעריסען א צווייג מיט פרוכט פון דער אמת׳ר אידישער און חסידישער סביבה און שטארבן אפ פאר זייער אמת׳ר אידישער און חסידישער אפשטאמונג און ווערן באגראבן אין דער מאדערנער מאראליש ליגנערישער פינסטערניש, און עס ברייגט זייערע קינדער און פאמיליעס צו נאך א גרעסערער דרגא פינסטערניש.

ג) דער חשך מצרים, וימש חשך, דער אנטאפענדער חשך, א חשך וואס נעמט ארום מיט אייזערנע צוואנגען, אט דער חשך לאזט ניט אפ.

די פארזייטע קערנער פון דעם מאדערנעם חשך אין דער היים און אין דער מאדערנער שול מיט די ווערמדיגע – מתולעים – רבנים מיט זייערע געווויסע דרשות, גיבן זייערע פרוכט אז די „גוט״ ערצויגענע אין די מאדערנע בתי ספר ווילן ניט באזוכן אפילו די מאדערנע תערובות שולן, זיי זיינען פאר זיי צופיעל אידיש, פאר זיי מוז מען מאכען תערובות שווים בעדער שולן.

די מאדערנע טאטע מאמע זעהען זייער ווייטאג, צו וואס פאר איין אפגרונט זיי האבן געבראכט זייערע קינדער מיט דעם וואס זיי אליין האבן זיך אויסגעריסן פון זייער אמת׳ר אידישער פון חסידישער סביבה, און טרייסטען זיך אליין מיט די חלשות טראפענס אז זייערע קינדער וועלן בלייבן אידן, נעמען אידישע מענער און אידישע פרויען, אבער ליידער פאסירט דאס אויך זעלטן.

אט דאס און אזוי איז דער שלאנג געשילדער פון די דרייערליי פינסטערנישן. דער קאלטבלוטיקער תורה פארנעם ברייגט צו א אור וחשך ערבוביא לעבן, דאס בריינגט צו א וועלטלעכען מאדערנם חשך לעבן וואס פון דעם וואקסט אויס דער מצרים וימש חשך לעבן.

די דרייערליי חשך לעבנס קען יעדער געפינען בא זיך אין פארשידענע פארבען און דרגות, ווייל דאס וואס איז דא איז געשריבען מערניט ווי א דורכשניטלעכער סעמפל וואס יעדער קען און דארף שטעלן זיין אייגענעם דיאגנאז און זעהען אז אין צייט זאל ער ראטעווען זיך און זיין פאמיליע פון דער חשך אפידעמיע.

די ריכטיגע זיכערע מיטלען געגען דער חשך מחלה זיינען די קביעות לתורה און פעסט אנהאלטן זיך אן דער אייגענער אמת׳ר אידישער און חסידישער סביבה און דער ריכטיגער פרומער שול מיטן ריכטיגן רב און די אויפריכטיקע אידישע מתפללים און מיטהעלפן די פארשטארקונג פון דער שול מיט אלע אירע תורה ועבודת הצדקה אינסטיטושאנס מיט דער גרעסטער איבערגעגעבנקייט מיט געלט טרחא און צייט.

אייער שרייבן וועגן ידידי עוז הרה״ג הנכבד והנעלה, עסקן חרוץ בהחזקת היהדות וו״ח אי״א מוה״ר [שלמה זלמן] שי׳ [העכט] האט מיך זייער געפרייט צו לייענען, אבער באמת האט ער געקענט בעזה״י פיעל מער אויפטאן ווען די בעלי בתים וואלטן אים העלפן אין דעם.

איך האב צו אייך ידידי ר׳ [יעקב] גערעדט אז איר דארפט און מוזט נעמ[ען] אויף זיך געוויסע ארבעט מיט וואס צו פארשטארקען און פארבעסערן די שול ארבעט, זעהען העלפן דעם רב שי׳ פארגרעסערן די תלמוד תורה, עס זאלן זיין מער קינדער, אויף צופאדערן די שול מעמבערס זיי זאלן העלפן דער רב שי׳ אויך מוז מען פארגרעסערן דעם בודזשעט אז מען זאל [ק]ענען קריגען גוטע לערער.

איר האט געדארפט האבן צו זיך נאך א פאר יונגע לייט ווי ידידי ר״י שי׳ ... אויף צו קריגן מער מעמבערס אין שול, זעהען זיך מיט די קינדער און אייניקלעך פון די זקנים פון שוהל און וועלכע האבן זיך איינגעארדענט אין אנדערע שולען, זיי זאלען זיין מעמבערס פון זייער אלטער ליובאוויטשער שול, אז לכל הפחות פון צייט צו צייט זאלן זיי קומען אין זייער אייגענער שול.

איר און נאר א פאר מענשן האבן געדארפט זעהען שטארק ארבעטן צווישן דער יוגנט פון די ארויסגעמופטע פון דער ליובאוויטשער שול זיי זאלן קומען ו מאל אין וואך הערן דעם רב וועט פאר זיי לערנען.

איר בעדארפט אויסנוצן אייער ווירקונג אויף דער פאראקיעל סקול אז מורם ורבם הרה״ג [מוהרש״ז] שי׳ זאל האבן א געוויסע דיעה

אין דער אנפיהרונג, וואס געוויס וועלן אייך ידידנו ר״י שי׳ ... און נאך אנדערע מיטהעלפן, אין דעם.

א רב איז די קאפ פון דער עדה און די בעלי בתים זיינען דער קערפער, דער קערפער מוז העלפען דער קאפ און דאן איז דאס א געזונטער קערפער, ווען איר בעלי בתים וועט העלפן דעם רב אין זיין הייליגער ארבעט לויט זיינע אנווייזונגען – הוראות – וועט אייער שוהל לייכטן בעזה״י באור התורה ועבודה און וועט בריינגען פיהל גוטעס אין די הייזער פון די מעמבערס.

ידידי ר׳ [יעקב] שי׳ טוט ווי איך שרייב אייך, נעמט דעם גליק בגשמיות וברוחניות, וואס איך גיב אייך און אייער פרוי און קינדער יחיו, און גיט זיך איבער צו דער עבודה הקדושה וועט השי״ת ערפילען אייער באגער לטובה ולברכה.

איר שרייבט אז ביום ג׳ לך איז א מיטינג אויף צו העכרן די שכירות פון דער רב שי׳, זיכער האט מען קובע געווען די בכבודיקע פאסיגע שכירות ער זאל האבן זיין פרנסה בהרחבה.

די לקוטי דבורים פון פסח איז ב״ה זייער שיין ארויס און ווערט נתקבל בחיבה בא אנ״ש שי׳, עס זיינען פאראן נאך שריפטען וואס זיינען זייער נויטיג צום דרוק[ן] אבער עס פעלן די געלט מיטלען צו דעם.

איך האב ערהאלטען אייער טשעק אויף ...$ און ווי איך פארשטיי פון אייער בריעף איז די סוממע אויף צדקה, האב איך א טייל געגעבן אויף דער ישיבה תו״ת, א טייל אויף פד״ש און א טייל אויף ארץ ישראל מוסדות, השי״ת זאל בעגליקען אייך מיט אייער פאמיליע בגשמיות וברוחניות, די ...$ אויף מעמד – פון מר ... האב איך מקבל געווען.

אויב די מכירה פון דער הוי[ז] איז א פעסטע להצלחה בעדארף מען זיין צופרידען און זוכען בעזה״י צו קויפען א גרעסער גוטע הויז און השי״ת זאל אייך מזמין זיין א גוטע מזלדיקע הויז.

פאריגען פרייטאג האט דער ריכטע[ר] געגעבן די נויטיגע ערלויבעניש אויף צו קויפן דעם בנין פון דער ישיבה – עס איז געקויפט

לקוטי דבורים פון פסח: **תש״ג, שנדפסה בתמיכתו של הר״י כ״ץ שלפנינו — כנ״ל ח״ז אגרת ב׳פה.**

דעם בנין פון דער ישיבה: **ראה גם לעיל ח״ו אגרת א׳תקסט, ובהנסמן בהערות שם. ח״ז ב׳נד. לקמן ב׳רח. ב׳שלה. ב׳תט. ב׳תערב.**

געווארען פון א באנק – עס איז ב״ה א בנין מפואר און היינטיגע וואך בעדארף מען איינצאלען 12 אדער [3]1 אלפים שקלים, זיכער וועט השי״ת העלפן אז מען וועט קריגן די נויטיגע סוממע, ויתן השי״ת שיהי׳ להצלחה בגשמיות וברוחניות.

השי״ת זאל שטארקן אייער געזונט און דעם געזונט פון אייער פרוי תחי׳ און זאל דערפרייען אייערע הערצער מיט א בן זכר און גוטע פרנסה, איר זאלט זיך איבערגעבן צו דער עבודה הקדושה ווי איך האב אייך געשריבען און השי״ת זאל אייך געבן א חיות אין לימוד התורה און אין תפלה.

ידידו הדו״ש ומברכו.

ב׳קעט

ב״ה י״ב מרחשון תש״ד
ברוקלין

אל ידידינו אנ״ש מתפללי בית הכנסת שערי תפלה „בני ראובן״ בעי״ת שיקאגא יע״א. וידידיי היו״ר וסגניו בראשם ד׳ עליהם יחיו

שלום וברכה!

נבהלתי לשמוע מהאסון אשר קר[ה] לידידינו אנ״ש מתפללי בית הכנסת שערי תפלה בני ראובן, בפטירת ידידי מורם ורבם הרה״ג ר׳ חיים צבי הלוי תנצב״ה. והנני משתתף בצערם והמקום ינחם את כל האבלים עליו בתוך אבלי ציון וירושלים.

ידידיי אנ״ש מתפללי בית הכנסת וידידי היו״ר וסגניו בראשם בטח יטכסו עצה על אודות משמרת כהונת הרבנות, ולבחור ברב מעדת החסידים, המוכשר ומתאים לשרת בקדש בבית הכנסת „שערי תפלה

ב׳קעט

מהעתקה. נדפס בהפרדס שנה יז חוב׳ ט ס״ע 23.

הרה״ג ר׳ חיים צבי: **רובינשטיין, אגרות נוספות אליו — לעיל ח״ז ב׳ה, ובהנסמן בהערות שם. וראה גם לקמן אגרת שלאח״ז.**

לבחור ברב מעדת החסידים: **ראה לקמן אגרות ב׳קצד־ו. ב׳שמא. ב׳שעא־ב.**

בני ראובן״ שיהי׳ לגאון ולתפארת. והשי״ת יזמין להם את המוכשר והראוי להם, ויתן להם דיעה ישרה ולב אחד לבחור בהראוי והטוב להם בגשמיות וברוחניות.

והנני ידידם עוז הדורש שלומם טובם והצלחתם בגשמיות וברוחניות.

ב׳קפ

ב״ה י״ג מרחשון תש״ד
ברוקלין

אל בני ובנות ידידי הרה״ג ר׳ חיים צבי הלוי,
ה׳ עליהם יחיו

נבהלתי לשמוע מהאסון אשר קרה להם בפטירת ידידי כבוד אביהם הרב הגאון תנצב״ה, והנני משתתף בצערם, המקום ינחם אותם בתוך אבלי ציון וירושלים.

יחזק השי״ת את בריאותם ואת בריאות ב״ב יחיו ויתן להם פרנסה בהרחבה, ובהנהגותיהם הטובות והישרות, כפי אשר הדריכם ידידי כבוד אביהם הרה״ג נ״ע יעשו קורת רוח לנשמתו וימליץ טוב בעדם להיות מאושרים בגשם וברוח.

הדו״ש ומברכם.

ב׳קפ

נעתקה מהעתק המזכירות [תרנג].

הרה״ג ר׳ חיים צבי: **רובינשטיין. ראה גם אגרת שלפנ״ז.**

ב׳קפא

ב״ה י״ג מרחשון תש״ד
ברוקלין

אל ה„ועד למען השבת״ בעי״ת שיקאגא יע״א, כבוד ידידי
הנשיא וסגניו והמנהל,
ה׳ עליהם יחיו

שלום וברכה!

בנועם מיוחד קראתי את מכתבם המבשר על אדות התיסדות „ועד למען השבת״, אשר בטח על ידי עבודת תעמולה רחבה, בעזרת כל מוסדות הקדש והצבור, בהנהלת מומחים באירגון מסודר אנשים בעלי מוח ורגש, ידידי הרבנים הנודעים לשם תהלה אי״א מוה״ר יצחק אייזיק שי׳ שמאל והמנהל פועל מוה״ר שלמה שי׳ באגין, יש לקוות בעזה״י לעבודה פורי׳, ולכל לראש צריכים לסדר אספות פומביות ולהזמין נואמים לוקחי לבבות השומעים, וברית כרותה לתעמולה מסודרת שאינה חוזרת ריקם, כי לב ישראל פתוח הוא לכל דופק באמת לעורר את האמונה הטהורה בה׳ בתורתו ובמצותיו הקבועה בלב כל איש ואשה בישראל והנני שולח את ברכתי לכל שומרי שבת תורה ומצות כי יפתח להם השי״ת את אוצרו הטוב ויצליחו בעסקיהם בפרנסה בהרחבה ובבריאות הנכונה, וכל העוסקים בהחזקת היהדות יתברכו ברוב טוב גשמי ורוחני.

יהי נועם השי״ת עליהם ופועל ידם ירצה ויצליחו בעבודתם הקדושה להביא ברכת ה׳ ואור השבת התורה והמצוה אל בתי בני ישראל אחינו לטוב להם לבתיהם לבניהם ולבנותיהם יחיו ב[ג]שם וברוח.

הדו״ש ומברכם.

ב׳קפא

נעתקה מהעתק המזכירות.

ב׳קפב

ב״ה י״ד מרחשון תש״ד
ברוקלין

ידידי וו״ח אי״א מוה״ר אהרן שי׳

שלום וברכה!

תמול ערב בקרני ידידי היקר מר קאוועו שי׳ ויספר לי על אדות השיעור שיש לו ללמוד את ספרו בכל יום רביעי בשבוע בשעה 8.30 מתאספים אנשים ונשים בעלי שאיפות שונות, רובם רופאים פרקליטים וסוחרים שנתרחקו מהיהדות לגמרי, מהם אלו שאוכלים חמץ בפסח ובשר החזיר, אינם באים לבית תפילה אפילו ביוהכ״פ, והוא מרציא לפניהם כשעה וחצי, הרצאותיו המה ביאור ארוך ומסודר על דברי ספרו אשר לומד אותו בעיון גדול אשר גם איזה שורות נותנות לו חומר רב להסבירן בכוונה האמורה, מה שעושה עליהם רושם גדול ועז, היחס של דרך ארץ אל התורה פעל בכלם, וכלם כאחד אומרים אשר לא ידעו כלל כי זוהי התורה ודת ישראל, ובהרבה מהם פעל גם ענינים של פועל ממש.

אחר הלימוד קבוע חצי שעה לשאלות וחצי שעה לשיחות – דיסקוסיעס – בין השומעים והשומעות, ונמשך עד השעה השתים עשרה לילה.

בין השומעים ישנו אחד הבא מאחת העיירות בנ. דזש. ונוסע שעה ומחצה עם מסלת פענסילוואניא ואחר השיעור הוא חוזר לביתו ונוסע שעה וחצי, שומר את הזמן, שומע בהקשבה מיוחדת וחוזר על השיעור בשקידה, הוא איש כבן ארבעים יליד אמעריקא ופרקליט מומחה, אינו יודע מהיהדות מאומה, התחנך בין הנכרים ויהודים חפשים אשר בזו לתורת ישראל ודתו, הוא אומר שלעולם לא ימחול לאביו אשר חנכו לחלל כל מועדי היהודים וגם את יוהכ״פ.

ב׳קפב

נעתקה מהעתק המזכירות [תרסג].

מוה״ר אהרן: **לעוויט. אגרות נוספות אליו — לעיל ח״ז ב׳קכ, ובהנסמן בהערות שם. לקמן ב׳רב.**

מר קאוועו: **אלחנן, דלקמן אגרת ב׳קפו, ובהנסמן בהערות שם.**

השיעור . . ספרו: **הנ״ל ח״ז אגרת ב׳קמח ובהנעתק בהערות שם. וראה גם לקמן אגרות ב׳קצג. ב׳רב־ד. ב׳ריז. ב׳רכד־ה. ב׳רכז. ב׳רמב־ג. ב׳שו.**

מד אגרות־קודש (ב׳קפב)

בין שומעי השיעור ישנו אחד אשר הציע כי צריכים להדפיס ספר זה על ניר טוב ובכריכה מהודרת ובמחיר רגיל, ורוצה לקנות את שני האלפים אכסמפלרים בעד . . . בכדי להפיצם – וחלק ידוע גם בחנם – וכל אשר יפדו בעד הספר יהי׳ שייך להמחבר, וכשיודע ברבים טיב הספר אז ישיג גם מו״ל מהמפורסמים שידפיס את הספר במספר גדול ויתן חלק בריוח להמחבר.

מר קאווען שי׳ אמר לי אשר אפשר יוסיף עוד . . . אבל אין יודע זה ברור ובקש אשר אתן לו מענה בהקדם האפשרי, כי רואה הוא בהצעה זו תועלת גדולה.

הנני מסגיר בזה את אשר הראה לי ידידי מר קאווען שי׳, למותר להגיד עד כמה גדלה שמחתי מכל אשר שמעתי מידידי הנ״ל אודות השיעורים והי׳ לי קורת רוח וברכתי את ידידי בברכת רפואה שלמה שיוכל להמשיך את עבודתו הק׳ להחזיר נשמות ישראל הפגרים מתים באשמת הספרות הטמאה, וטוב יהי׳ לו ולזוגתו ולבניהם וב״ב יחיו בגשמיות וברוחניות.

ידידו הדו״ש ומברכו.

ב׳קפג

ב״ה ט״ז מרחשון תש״ד
ברוקלין

ידידי וו״ח אי״א ... שי׳

שלום וברכה!

במענה על מכתבו המלא צער ורגשי התפעלות יתרה;

הנה ההתפעלות היתרה מקלקלת יותר מהעדר שימת לב, כאשר אחד מעיר את השני על איזה מדה לא טובה או הנהגה בלתי ישרה, או מעוררו על מדה והנהגה ישרה השומע אינו משים לבו לדברי האומר

להדפיס . . לקנות: ראה גם לקמן אגרות ב׳קפו (בסופה). ב׳רב. ב׳ריז.

ב׳קפג

נעתקה מהעתק המזכירות [תרסט].

והמעורר, הנה עד כמה שהעדר שימת לב אל דברי המעורר אל הטוב והמעיר על הלא טוב, הוא רע, בכל זה הרי יש תקוה כי יזכור על הערת והתעוררות החפץ בטובתו וסוף סוף יעמוד על דרך האמת לגרש את הרע ויבחור בטוב.

לא כן הוא בבעל התפעלות המתרגש בהתפעלות יתרה, שכשאומרים לו את חסרונו בהלא טוב שלו או כשמעוררים אותו הנה יתרגש ויתפעל ביותר ויבכה במר נפשו כי נוגע לו בלבו, עס רירט אים אן אין הארצען, הן הלא טוב או הרע שלו והן מה שהוא חסר אותה המדה טובה מה שעוררו אותו עליהם.

אבל רובא דרובא הנה התרגשות ההתפעלות הגדולה אינה מביאה תועלת כלל אל הפועל, להיות נדמה לו אשר בההתרגשות וההתפעלות כבר תיקן את מחסוריו ועקר את חסרונותיו והקנה בעצמו את המעלות הטובות.

אשר על כן הנה הרוצה בתקון מחסוריו, הן בסו״מ והן בועשה טוב צריך לשום אורחותיו ואל ידמה בנפשו אשר בהתרגשותו בהתפעלות כבר תיקן מה, אלא צריך לעבוד עם עצמו לעקור כל שרש פורה רוש ולענה במדות הרעות והרגילות הלא טובות או הרעות ולהקנות בעצמו מדות והרגילות טובות.

ואופן העבודה בכללות הוא שצריך להשגיח על עצמו ולהדריך את עצמו כמו שמשגיח ומדריך את זולתו, וכן צריך להוכיח את עצמו על כל דבר לא טוב, בין שיהי׳ דבר שבמעשה או בדיבור או במחשבה ולתבוע מעצמו בכל תוקף ענין התביעה ולקרא את עצמו – בינו לבין עצמו – בכל השמות של זלזול הראוים לו כמ״ש רבינו נ״ע בתניא עד שיהי׳ מאוס בעיני עצמו כל הציור כמו שהוא ויסדר לעצמו אופן תיקון מעשיו דבוריו ומחשבותיו, כמו שהוא עושה עם זולתו, וכן כאשר מטיב ענייניו צריך להלל את עצמו – בינו לבין עצמו – כמו שהי׳ עושה עם זולתו.

ואלה הם דברי קדש הקדשים אשר זכינו לשמוע מפי הוד כ״ק אאמו״ר הרה״ק זצוקללה״ה נבג״ם זי״ע בחגיגת חג החגים י״ט כסלו תרסג במעמד החבריא קדישא תלמידי ישיבת תו״ת ונוסף עליהם הרבנים המשגיחים המשפיעים וזקני אנ״ש, וכבר נזכרו הדברים כמה פעמים.

כמ״ש רבינו נ״ע בתניא: **פכ״ט.**

העובד את הוי׳ החפץ בתקון עצמו הנה כשם שמחוייב לדעת חסרונות עצמו הן ברגילותיו ולבושי נפשו במחדו״מ ובטבע מדותיו ומהלך נפשו בכשרונותיו כן הוא צריך לדעת מעלות עצמו, הן במזג ותכונת נפשו ברגילותו ובלבושי נפשו במחדו״מ ובט[ב]ע מדותיו וכשרונותיו.

כן הדבר הרוצה בתקון עניניו המוסרים צריך לדעת את מחסוריו ולהשתדל לתקנם במועצות חכמה ודעת, לקבוע לו עתים מיוחדים אך ורק בשביל עצמו ולעצור בעד ההתרגשות בהתפעלות יתרה, כ״א לעבוד ולעבוד ולתקן בתיקון אחר תיקון עד אשר ברוב יגיעה הנה בעזר השי״ת יעלה בעילוי אחר עילוי במעמדו ומצבו המוסרי.

ובכל האמור ימצא מרפא לצערו, והשי״ת יעזר לו לפעול ולעשות גם עם עצמו וישמח את לבבו בעבודה פורי׳.

יחזק השי״ת את בריאותו ואת בריאות זוגתו ואת בריאות ילדיהם יחיו ויגדלום לתורה חופה ומעשים טובים מתוך פרנסה בהרחבת הדעת בגשמיות וברוחניות.

יכתוב לי בפרטיות מכל הענינים הנעשים ומכל הענינים שצריכים בעזה״י לעשות לטובה ולברכה.

ידידו הדו״ש ומברכו.

ב׳קפד

ב״ה ט״ז מרחשון תש״ד
ברוקלין

ידידי וו״ח אי״א הרב מוה״ר אלעזר פנחס שי׳

שלום וברכה!

במענה על מכתבו הארוך, נהניתי לקרא את כל האמור בו, תודה על העבר ובקשה על להבא לכתוב בארוכה ובפרטיות.

כשם שמחוייב . . מעלות עצמו: **ראה גם לעיל ח״ז אגרת ב׳פב, ובהנסמן בהערות שם.**

ב׳קפד

נעתקה מהעתק המזכירות [תרעא].

מוה״ר אלעזר פנחס: **וויילער. אגרות נוספות אליו — לעיל ב׳קעא, ובהנסמן בהערות שם.**

אודות שאלתו בדבר המלמד הנה כללות השאלות הנוגעות אל התייסדות הישיבה וכלכלתה צריכים לשאול רק את כבוד חתני הרש״ג שליט״א, כי לו מסרתי את הנהלת מרכז ישיבות תת״ל עם כל הסניפים.

ובדבר שאלתו אודות המסך הנה כל ענין תקון בהחזקת היהדות ושמירת קיום מצות מעשיות צריכים לעשות במועצות חכמה ודעת ולא ברעש של מדות אשר על הרוב מקלקל ולא מתקן.

ועיקר התעמולה צריכה להיות לקרב את ישראל, האנשים והנשים, ולהסביר להם את כל מה שאפשר לבאר להם עד כי בעצמם ירחיקו את [ה]לא טוב ויבחרו בטוב אמיתי.

יחזק השי״ת את בריאותו ויצליח בעבודתו הקדושה בגשמיות וברוחניות.

בשם כ״ק אדמו״ר שליט״א
מזכיר.

ב׳קפה

ב״ה ט״ז מרחשון תש״ד
ברוקלין

אל התלמיד מר אברהם שי׳ מאנהייט

שלום וברכה!

במענה על מכתבך, שמחתי לשמוע משלומך, והשי״ת ישמור אותך בכל מקום שתהי׳ ויחזירך אלינו בריא ושלם.

מה׳ מצעדי גבר כוננו, ובכל מקום ומקום אשר הקב״ה מביא את האדם צריך לדעת כי הוא שליח מאת ההשגחה העליונה לפעול שם איזה דבר בעניני חיזוק היהדות ושמירת התורה ומצות, הן בעצמו

התייסדות הישיבה: בראטשעסטער, כנ״ל שם.

ב׳קפה

נעתקה מהעתק המזכירות [תרעג].

שהוא צריך להיות במקום ההוא ולהתפלל במקום ההוא ולברך על מאכלו ומשקהו, והן לפעול גם על הזולת לעורר אותו לשמירת המצות בכל כוחם, ונהניתי מאד מזה שאתה משתדל עם אחיך אנשי החיל היהודים שיניחו תפילין, עליך להסביר להם בהנוגע לשמירת שבת הנה אם עושים כל מה שמוכרחים על פי החוק וציווי הפקידים אזי אין זה נקרא חילול שבת כי אנוס הוא, אבל לעשות מלאכות לעצמו כגון לכתוב מכתבים או לעשן סיגארעטס וכדומה אזי הוא מחלל שבת.

תמסור את ברכתי לכל אחיך היהודים שומרי מצוה אנשי החיל כי ישמרם השי״ת בכל מקום שיהיו ויביא אותם השי״ת לבתיהם בריאים ושלמים.

בשם כ״ק אדמו״ר שליט״א
מזכיר.

ב׳קפו

ב״ה י״ח מרחשון תש״ד
ברוקלין

ידידי הנכבד אי״א מו״ה אלחנן שי׳

שלום וברכה!

אייער נעכטיקע דערציילונג, וועגן דעם צושטאנד פון אונזער פריינדס קינד שי׳ און וועגן דאס וואס עס איז פארגעקומען דעם פאריגן זונטאג האט מיך אין א געוויסער מאס בערוהיגט און עס האט מיך זייער געפרייט די פעסטע שטעלונג פון דעם קינד שי׳, השי״ת זאל אים שטארקען זיין אידישע הארץ און ער זאל ארויס א געזונטער פון דער גייסטיג-מערדערליכער געפאהר.

איך קען זיך בשום אופן ניט בערוהיגן אויף אן אמת ביז השי״ת

ב׳קפו

נעתקה מהעתק המזכירות [תשד].

מוה״ר אלחנן: **כהן, או קאוועז. אגרות נוספות אליו — לעיל ח״ז א׳תתקלז, ובהנסמן בהערות שם. לקמן ב׳ריז. ב׳רכז. ב׳רמב. ב׳שלז. ב׳שפ. ב׳שצ. ב׳תפא. ב׳תקטו. ב׳תקמו. ב׳תקפה. ב׳תרב. ב׳תרסג. ב׳תשכא.**

אונזער פריינדס קינד: **ראה בזה לקמן אגרת ב׳רכז.**

וועט בעגליקן אונזער אויפריכטיגען פריינד שי׳ ער זאל גלייך רעטען זיין טייערן ליעבן קינד שי׳ אין צייט, און טאקע באלד, יעדן טאג קען ח״ו קומען א אומגעריכטער צופאל, עס איז די העכסטע שטופע פון גייסטיגען געפאר.

מיר, די אויפריכטיגע פריינד פון אונזער טייערן מיסטער ... און זיין פאמיליע שי׳ טארן ניט רוהען קיין איין טאג, קיין איין שטונדע, און טאן אלעס מעגליכע מיט דעם גרעסטן טאקט און מיט די בעסטע בענעמונגען און מיט דער גרעסטער טיעף הארציגער ליעבשאפט צו רעטען דעם קלוגען גוטען קינד.

איר, ידידי היקר, קענט, בעזר השם יתברך, האבן א גרויסע השפעה אויף מיסטער ... און השי״ת זאל אייך בעגליקען מיט דעם אומשאצבארען גרויסען זכות צו ברייננגען די זאך אין דער פולער ארדנונג, וואס דאס איז דער גרעסטער גליק פון אונזער טייערן פריינד שי׳, טוט און השי״ת זאל אייך בעגליקען.

אייער הימלשע נשמה, ידידי היקר, ווארט אויף אייער אויסערגעוועהנליכען גוטען טהאט, וואס דאס – דער גוטער טהאט – וועט זיין פאר אייער הימלשער נשמה איינע פון די גרעסטע רוחניות׳דיקע פארדינסטען, – פראפיטען – און קרעדיטען.

די אידישע נשמה ווערט געטיילט אין פינף טיילען, וועלכע האבען פינף פערשידענע נעמען, נפש, רוח, נשמה, חי׳, יחידה, און האבען פינף פעשידענע פונקציעס און טעטיקייטן.

אין א קורצן שרייבן פאלט שווער די ערקלערונג פון די פינף נשמה טיילן און זייערע פערשידענע טעטיקייטן, דאס קען ערקלערט ווערן אין א ברייטן פארנעם אין א ספעציעלער לעקציע, אבער דאך וועל איך דאס קורץ ערקלערן.

השי״ת האט בעשאפן די ערדישע וועלט און זיין הייליגער רצון איז אז דער איד זאל די וועלט ניט נאר פארשטיין נאר אויך מאראליש איידעלער מאכען, דורך דעם אידענס אויפריכטיגע מאראלישע פיהרונגען און פערנופטיגען פארשטאנד.

צוליעב דעם, בכדי דער איד זאל האבען דעם ריכטיגען פערנונפטיגן פארשטאנד און זאל זיין אינערליך צוגעפאסט צו דער מאראלישער פירונג האט השי״ת געגעבן די אידן זיין הייליגע תורה ומצות. די תורה

גיט דעם אידן דעם אויפריכטיגען פערנונפטיגען פארשטאנד און ערמעגליכט אים צו בעגרייפן לאגיש דעם הויכען גייסטיגען רוהם, און די מצות איידלען אויס דעם אידען און לייטערן אים פון זיינע גראבע קערפערליכע תאוות און אזוי ארום ווערט דער מענש פייהיג צו א מאראלישער אויפיהרונג.

צוליב דעם, אז א ערדישער קערפער זאל זיך קענען דערהויבען צו אזא הויכען צושטאנד, בעגרייפען און דייטליך קלאר פארשטיין רוחניות בעגרייפען די נשמה פון וועלט און בעשעפענישן, בעגרייפן דעם הימלשן לעבען, דעם עולם הבא־לעבען, דעם אומשטערבליכען לעבען פון נשמות, זייער פארגעניגען – שכר – און זייער צער – עונש – און זייער באגער צו שטייגען אין דעם אומבאגרעניצטען רוהם – אין סוף – פון דער הייליגער געטליכקייט, האט השי״ת געגעבען די אידען די הייליגע נשמה וועלכע איז איינגעטיילט אין פינף טייל, פון וועלכע יעדער טייל האט א בעזונדער פונקציע.

די פינף פונקציעס פון דער נשמה זיינען; לעבען, מוט, פארשטאנד, ווילען און פארגעניגען. נפש איז לעבען, רוח איז מוט – זיטען – נשמה איז פארשטאנד, חי׳ איז ווילען, יחידה איז פארגעניגען. עס מיינט צו זאגען אז די פינף טיילען אין דער נשמה זיינען דער מקור פון די פינף אויסגערעכענטע ענינים, וואס א מקור מיינט אז דאס איז דער קוואל וואס פון דארט שפרודעלט דער ענין, הגם עס איז דארט דא אויך די איבעריגע פיר ענינים.

צו פארשטיין דאס דייטליכער. אין נפש זיינען פאראן אלע פינף פונקציעס, לעבען, מוט, פארשטנד, ווילען און פארגעניגען, אבער די הויפט פונקציע פון נפש איז לעבען, און די איבעריגע פיר פונקציעס איז וואס דער נפש קריגט זיין נעהרונג פון די פיר העכערע טיילען וואס זיינען אין דער נשמה.

דאס זעלבע איז מיט דעם טייל נשמה וואס ווערט גערופען רוח, רוח איז דער מקור פון מוט, אין רוח זיינען פאראן אלע איבעריגע פיר ענינים פון לעבען פארשטאנד ווילען און פארגעניגען אבער די הויפט זאך פון רוח איז מוט, און די איבעריגע ענינים איז די נאהרונג וואס רוח באקומט פון נפש וואס איז נידעריגער פון רוח און פון נשמה חי׳ יחידה וואס זיינען העכער פון רוח.

נשמה איז דער מקור פון פארשטאנד און דאס איז איר הויפט זאך

און איר פונקציע, אין דעם טייל וואס הייסט נשמה איז אויך פאראן לעבען מוט ווילען און פארגעניגען נאר דאס אלץ איז איר נאהרונג וואס זי באקומט פון נפש רוח וועלכע זיינען נידעריגער פון נשמה און פון חי' יחידה וועלכע זיינען העכער פון נשמה, אבער די הויפט זאך פון נשמה און איר פונקציע איז פארשטאנד.

דאס זעלבע איז אויך מיט דעם טייל נשמה וואס מען רופט חי', חי' איז דער מקור פון ווילען. אין חי' זיינען אויך פאראן לעבן און מוט, פארשטאנד און פערגעניגען, נאר די אלע פיר זאכן זיינען איר נאהרונג וואס חי' באקומט פון נפש רוח ונשמה וועלכע זיינען נידעריקער פאר חי' און פון יחידה וואס איז העכער פון חי', אבער דער הויפט זאך פון חי' און איר פונקציע איז דער ווילען.

יחידה איז דער העכסטער טייל פון דער נשמה, דער נאמען יחידה באדייט די פאראייניגונג פון דער נשמה מיט ג־ט ב"ה, ווי די פאראייניקייט פון א קינד מיטן מארך שטאף פון דעם פאטער, וואס דאס איז איין זאך, מער ניט דער פאטער־מארך וואס ענטהאלט אין זיך דאס קינד איז א טייל פון דעם פאטערס מארך וואס ווערט אויסערליך אפגעטיילט פון דעם פאטערס מארך, ווי א פונק פון א פאקעל וואס האט אין זיך די גאנצע אייגענשאפט פון דעם פאקעל.

יחידה איז איינגעשלאסן אין יחיד ב"ה און איז דער מקור פון פערגעניגען, יחידה האט אין זיך לעבן, מוט, פארשטנד און ווילען וואס דאס איז איר נאהרונג פון נפש רוח נשמה און חי', די פיר טייל פון דער נשמה וועלכע זיינען נידעריגער פון איר, אבער די הויפט זאך פון יחידה און איר פונקציע איז פערגעניגען.

די אלע פינף טיילען פון דער נשמה, נפש רוח נשמה חי' יחידה, האבן א אינערליכן אנשלוס איינער מיטן צווייטן, וואס יעדער פון די פינף טיילן נעמט א געוויסע נאהרונג פון די איבעריגע טיילן און אויך גיט זיי א געוויסע נאהרונג פון איר בעזיץ.

אין גשמיות זעהען מיר אז די פיר זאכן, דומם צומח חי מדבר, אין וועלכע אלע ערדישע באשעפענישן זיינען איינגעטיילט, בעדינען איינער דעם צווייטן. די ערד – דומם – בעדינט דעם צומח – געוויקסן – וואס אלע געוויקסן זיינען אויף דער ערד. צומח בעדינט דעם חי, וואס דער חי שפייזט זיך פון די געוויקסן, חי בעדינט דעם מדבר – מענש – מיט דעם וואס ער העלפט אים אין דער ארבעט און געוויסע מינים פון זיי זיינען מעגלעכע שפייז.

די פינף טיילן פון דער נשמה, איז דער נידעריגער טייל א בעדינונגס שפייז פאר דעם העכערן טייל פון דער נשמה, און דער העכערער טייל פון דער נשמה איז א איינפלוס שפייז פאר די נידעריגע טיילן.

די בעדינונג פון דער אונטערשטער טייל פון דער נ[שמ]ה צו דעם העכערן טייל און דער איינפלוס פון דעם העכערן טייל פון דער נשמה אויף דעם נידעריגערן טייל מיינט וואס די ווירקונג פון דעם נפש אויף דעם מענשען אז ער זאל זיין ניט נאר א קערפערליכער מענש נאר אויך א גייסטיג־פיינער מענש, איז די ווירקונג א שפייז פאר דעם טייל רוח פון דער נשמה.

די נפש׳דיקע גוטע ווירקונג אויף דעם מענשן אז ער זאל זיך אליין פארשטיין אז ער איז אנדערש פון די בהמות און חיות וועלכע זיינען נאר קערפערליכע בעשעפענישן, און במילא בעטראכט ער דעם זיהן און וועזן פון זיין לעבן אנדערש ווי דער זיהן און וועזן פון דעם בעלי חיים לעבן און אז ער בעדארף זיך אפגעבען מער צום גייסטלעכען לעבען, אז דאס זאל און מוז ווירקן אויף זיין קערפערליכן לעבנס־שטייגער איז דאס א געוויסע שפייז פאר דעם העכערן טייל פון דער נשמה וואס רופט זיך רוח.

יעדער שפייז, אויך א רוחניותדיקע, ווירקט א געוויסע געמיינשאפט פארשטארקונג, צו גלייך ווי דער גשמיותדיקער עסען און טרינקען ווירקט א געמיינזאמען פארבונד פארשטארקונג צווישן די גלידער פון קערפער און די לעבענס קרעפטן – כחות הנפש – פון דעם נפש, אזוי אויך ווירקט דער נפש שפייז א געמיינזאם רוחניותדיקן פארבונד פארשטארקייט צווישן די צוויי טיילן פון דער נשמה, נפש און רוח.

די רוחניותדיקע פארשטארקונגס פארב[ו]נד צווישן נפש ורוח איז טראץ דעם וואס עס ווירקט א געוויסע פארשטארקונג אין דעם טייל נשמה וואס הייסט רוח נאר עס ערוועקט א געוויסע בעוועגונג אין רוח וואס זיין הויפט זאך איז דאך מוט אז דער רוח גיט א השפעה – ווירקונג – אין נפש, וואס דורך דעם ווערט דער טייל מוט וואס איז פאראן אין נפש שטארקער.

די פארשטארקונג וואס ווערט אין רוח דורך דעם נפש ארבעט ווערט א געוויסע שפייז פאר נשמה, וואס די שפייז איז א פארשטארקונגס פארבונד צווישן רוח און נשמה, און ווייל דאס קומט דורך דעם נפש שפייז איז אויך דער נפש איינגעשלאסן אין דעם פארשטארקונגס פארבונד, די פארשטארקונגס פארבונד ערוועקט א

פארשטאנד השפעה פון נשמה און רוח און דורך רוח אויך אין דעם טייל פארשטנד וואס אין נפש אז דער נפש פארשטאנד ווערט געשטארקט מיט א נשמה פארשטאנד, און עס ווערט א נשמה שפייז פאר דעם טייל וואס ווערט גערופן חי׳.

דער זעלבער סדר ווי עס איז אין די דריי טיילן פון דער נשמה נפש רוח נשמה, וואס די געוויסע גוטע ווירקונג פון דעם נידעריגען טייל איז א פארשטארקונגס שפייז פאר דעם העכערן טייל פון דער נשמה, און עס ערוועקט א השפעה פון דעם העכערן צום נידעריקן, איז אויך אין נשמה און חי׳ אז די פארשטארקונג און ערוואכונג אין דער נשמה וואס קומט פון רוח און נפש ווירקט א פארשטארקונג אין דעם טייל נשמה וואס ווערט גערופן חי׳ און עס ערוואכט א ווילען השפעה אין נשמה וואס געוויסע טיילן פון דעם קומט אויך אין רוח און נפש, אז דער טייל פון ווילען וואס איז פאראן אין נפש ווערט געשטארקט מיט דעם גאר קרעפטיגען ווילן פון חי׳.

אויך דער טייל יחידה וואס אין דער נשמה, ווי הויך הייליג דער טייל איז, אז אפילו דער נאמען זיינער בעצוועקט זיין הייליגן וועזן אז דאס איז יחידה, פארבונדען מיט יחיד ב"ה, אבער דאך איז די מדריגה אין נשמה פאראן בא אלע אידען ווי פריי פון תורה און מצות זיי זאלען ניט זיין, און אין אלע צייטן ווי זינדיג און זאגאר ווידער־שפעניג דער איד זאל זיין פאר ג־ט ב"ה.

די פארשטארקונג און ערוואכונג אין דעם טייל פון דער נשמה וואס ווערט גערופן חי׳ דורך דער ווירקונג און גוטע אויפטואונגען אין נפש רוח נשמה דערגרייכט אויך אין דעם טייל יחידה און עס ערוואכט א פערגעניגען השפעה אין חי׳ נשמה רוח און נפש, אז דער טייל פערגעניגען וואס איז פאראן אין נפש ווערט פארשטארקט מיט דער פארגעניגען קראפט וואס קומט פון דעם געטלעכען פערגעניגען קראפט פון דער העכסטער אויבערשטער טייל פון דער נשמה וואס מען רופט יחידה.

אט אזוי איז דער רוחניותדיקער שפייז געשלידער וואס ווערט פון די מעשים טובים וואס א איד טוט אויף דער ערדישער וועלט, דער גוטער טהאט איז א שפייז פאר די אלע טיילען פון דער נשמה, וואס די געוויסע טיילן פון דער נשמה בלייבן אין הימעל און גארן זייער נאך דעם נפש׳דיקן גוטען שפייז.

און דאס אלעס איז א קורצע ערקלערונג אויף די עטלעכע ווערטער

וואס איך שרייב אייך אז אייער הימלשע נשמה ווארט אויף אייער אויסערגעוועהנליכען גוטען טהאט.

איך ווינש אייך, ידידי היקר, גרויס ערפאלג אין איייער הייליגער ארבעט, און ג־ט ב״ה זאל אייך מזכה זיין און ברייגגען א ישועה און א הצלחה צו דעם ליבען קלוגען קינד שי׳.

דעם טשעק פאר די ביכער בעדארף מען אויסשטעלן אויף דעם נאמען פון מר. מואוס.

ידידו הדו״ש ומברכו.

ב׳קפז

ב״ה י״ט מרחשון תש״ד
ברוקלין

אל הנכבד אי״א מר הערבערט שי׳ עסקין

שלום וברכה!

עס האט מיך געפרייט צו הערן א גרוס פון אייך אז איר פארנעמט אזא וויכטיגען פלאץ אין דער ארמיי אלעס טשעפלעין און איר ערפיהלט אייער פליכט אז די אידישע באיעס זאלען האבן זייער גייסטיגע שפייז תפילין, ציצית און דאוונען און איר ערמוטיגט זיי מיט אמונה ובטחון בהשם יתברך.

איך שיק אייך מיין ברכה אז השם יתברך זאל אייך בעגליקען אין אייער הייליגער ארבעט. איך בעט אייך איבער געבען מיין ברכה צו די אידישע זעלנער אז השי״ת זאל זיי און אייך און אלע וואס זיינען אין די ארמיי־מחנות בעגליקן מיט א ערפאלגרייכען נצחון אויף די שונאים און זאל אייך און זיי היטען און שיצען און ברייגגען געזונטע צו אייערע היימען.

הדו״ש ומברכם.

טשעק פאר די ביכער: **הנ״ל אגרת ב׳קפב.**

מר. מואוס: **מחבר ספר הנ״ל, שהוא שם פסידונים של מוה״ר אהרן לעוויט הנ״ל שם.**

ב׳קפז

נעתקה מהעתק המזכירות [תשטו].

ב'קפח

ב"ה כ' מרחשון תש"ד
ברוקלין

ידידי וו"ח אי"א הרב מוה"ר יהודה זרחי' שי' שפירא

שלום וברכה!

מכתבו בהזכרת שמו ושמות ב"ב [ב]מועדו קבלתי וברכתי אותו ואת הנזכרים בכתבו בברכת שנה טובה ומתוקה ואשר ימלא השי"ת את משאלות לבבם לטובה ולברכה בגשמיות וברוחניות.

ובדבר שאלתו בהנוגע לכתיבת הס"ת הנה מענין שהי' אצל הרב המגיד ממעזריטש נ"ע מה שרצה אשר בהס"ת שקראו אצלו יהי' הכל לפי עמקי ענייני תורת הקבלה א"ז שייך לכתיבת ס"ת שצריכים לכתוב בדיוק כמ"ש בספרי סת"ם.

בשם כ"ק אדמו"ר שליט"א
מזכיר.

ב'קפט

ב"ה כ' מרחשון תש"ד
ברוקלין

אל הנכבד אי"א מוה"ר שלמה שי' צוקער

שלום וברכה!

כתבו במועדו קבלתי וברכתיו בברכת שנה טובה ומתוקה בגשמיות וברוחניות.

ב'קפח

נעתקה מהעתק המזכירות.

ב'קפט

נעתקה מהעתק המזכירות.

פירוש איכה תרעה, האיכה – חורבן ר״ל – דשנת תרע״ה ואיכה תרביץ האיכה – חורבן ר״ל – דשנת תש״ב, בצהרים האט בעדארפט ליכטיג מאכען די אידישע מוחות וואס השי״ת מיינט מיט דעם תשובה הוא נכון, והשי״ת יאיר את מוחותינו ויעיר את לבותינו בתשובה אמיתית ונזכה לאלתר לגאולה בחסד וברחמים.

בשם כ״ק אדמו״ר שליט״א
מזכיר.

ב׳קצ

ב״ה כ״ד מרחשון תש״ד
ברוקלין

אל קהל עדת ישרון, כבוד הרבנים הגאונים גבאי בתי כנסיות ומדרשות וכל המכהנים במשמרת הקדש די בכל אתר ואתר,
ה׳ עליהם יחיו!

שלום וברכה!

שמשא אכולא עלמא שריא הוא פתגם המתאים לישיבת תומכי־תמימים ליובאוויטש, אשר בכל משך קיומה – יתן השי״ת עד ביאת הגואל צדק בב״א – הנה תלמידי׳ האירו פני המזרח של עולם הישיבות, ובכל מקום מושב אחינו בני ישראל במרחבי תבל ואיים רחוקים נטלו כבוד הרבנים ושומרי משמרת הקדש ובעלי העסקים תלמידי ישיבת תומכי תמימים ליובאוויטש חלק בראש כל עבודה צבורית במוסדות התורה והצדקה, במסירת נפשם לעמוד חזק בעד התורה והמצוה במסורת אבות, ובמדינות שונות הנה רק הודות לעבודתם הכבירה נשארו ישראל על מעמדם בשמירת התורה והמצות.

גם במדינה זו, הנה בחסדי השי״ת בזכות הוד כ״ק אבותי הק׳ נ״ע זי״ע זכיתי להעמיד מרכז ישיבות תומכי תמימים ליובאוויטש על תלו ברוחה האמיתי אשר יסדה נשיאה הגדול הוד כ״ק אאמו״ר הרה״ק נ״ע כארבעים ושש שנים מלפנים בליובאוויטש.

ב׳קצ

נעתקה מהעתק המזכירות [תשלז].

הכל יודעים את העזר האלקי והצלחתו ית׳ בהתיסדות מרכז ישיבות תומכי תמימים ליובאוויטש בברוקלין ותולדותי׳ ישיבות אחי תמימים בכמה ערים – כן ירבו – ומוסדות חדרי־תורה, והישיבה תומכי־תמימים בעי״ת מאנטרעאל וישיבות אחי תמימים החונים עלי׳, אשר כלם כאחד עם מאות תלמידיהן, ה׳ עליהם יחיו, מתנהלות ומתפרנסות ממרכז ישיבות תומכי תמימים ליובאוויטש.

הנהלת התלמידים וסדר לימודם הוא בארחות חיי הישיבות הכי גדולות בארץ מולדתינו, מקומות התורה והיראה. הישיבה מספקת להתלמידים כל הצטרכותם בגשם וברוח, והתלמידים שוקדים על לימודם בהתמדה גדולה וכל רואיהם יכירום כי הם זרע ברך ה׳.

אמנם בהתפתחות והתרחבות אהלי תורה של המוסדות הק׳ תומכי־תמימים הנה ההוצאה נתגדלה ביותר וכלכלת מאות התלמידים – כן ירבו – בכל צרכיהם במזון ולבוש ודירה עולה לנו בקושי גדול, וכהיום באנו לידי משבר כלכלי נורא, וכבר לוויתי כמה אלפים בתור גמ״ח וזמן הפרעון הולך וקרב, נוסף על ההוצאה היום יומית הדרושה לכלכלת התלמידים ולשכירת הרמי״ם שליט״א.

המצב הכלכלי של מרכז ישיבות תומכי תמימים ליובאוויטש נעשה חמור מיום ליום ומשבוע לשבוע, ועזרה ממשית נחוצה בהקדם האפשרי למען הצל את המוסד הק׳ מרכז ישיבות תומכי תמימים ליובאוויטש ואת כל מוסדות הקדש החונים עליו ממצבם הרעוע ולהעמידם בעזה״י על בסיס נכון.

ובזה הנני פונה בקריאה של חיבה לכל חובב תורה ונדיבי עם ישראל די בכל אתר ואתר בארצות הברית וקאנאדא, אנא הקשיבו נא לדברי אלה והביאו ברכת השי״ת לבתיכם בזה אשר תשתדלו בעושה ומעשה לנדב ולאסוף סכומים הגונים והרימו תרומה להוי׳ לחזק את מרכז ישיבות תומכי תמימים ליובאוויטש במצבו הרעוע בהוה.

שלחו את נדבותיכם אל ה„מארגען־זשורנאל״
עבור מגבית הצלה תומכי תמימים!

ובגלל הטוב והחסד אשר תעשו עם מרכז ישיבות תומכי תמימים ליובאוויטש יאר השי״ת פניו אליכם ועל נשיכם בניכם ובנותיכם יחיו וישמור את בניכם חתניכם וקרוביכם אשר במערכות המלחמה

וכבר לויתי: ראה לעיל ח״ז אגרות ב׳פח־ט. לקמן ב׳קצב.

ויחזירם לבתיכם בריאים ושלמים, והשי"ת ישפיע לכלכם שפעת חיים וברכה מרובה בכל מילי דמיטב מנפש ועד בשר.

דעו כי התורה מגינא ומצלי כאמור אני חומה, זו תורה, חזקו את חומת התורה במרכז ישיבות תומכי תמימים ליובאוויטש ואז הנה התורה תחזק אתכם ואת בני ביתכם יחיו בגשם וברוח.

והנני ידידכם עוז הדורש שלומכם טובכם והצלחתכם בגשמיות וברוחניות והמברככם.

ב'קצא

ב"ה כ"ד מרחשון תש"ד
ברוקלין

ידידי וו"ח אי"א הרב מו"ה יהודה צבי שי'

שלום וברכה!

במענה על מכתבו המבשר על דבר קנין הבית עבור ישיבת אחי תמימים למז"ט הנה כשיכתבו את הבית ע"ש מרכז הישיבות תו"ת ליובאוויטש אז אכתוב להם ברכת מז"ט. השי"ת יעזור לו אשר תתקיים בו הברכה אשר ישקוד ויצליח בעבודתו הקדושה ויתרבה גבולו בתלמידים טובים בעלי כשרון שיקבלו את הלימודים ויתנהגו בהנהגה טובה' ויצליחו בלימוד וביר"ש.

בשם כ"ק אדמו"ר שליט"א
מזכיר.

ב'קצא

נעתקה מהעתק המזכירות [תשמב].

מו"ה יהודה צבי: **פאגלמאן. אגרות נוספות אליו — לעיל ב'קנט, ובהנסמן בהערות שם.**

ישיבת אחי תמימים: **בבאפאלא. ראה לעיל שם.**

ב'קצב

ב"ה כ"ד מרחשון תש"ד
ברוקלין

ידידי וו"ח אי"א מו"ה ... שי'

שלום וברכה!

פאר א גמילות חסד בעדארף מען קיין דאנק ניט זאגען, אט אזוי ווי מען בעדארף קיין דאנק ניט זאגן דעם וואס לייגט א טלית ותפילין צום דאוונען אדער א לולב ואתרוג צום בענשען, נאר מען בעדארף בענשען דעם גומל חסד – הן א געלט גמילות חסד און הן איין אנדער גמילות חסד, ווי די אויבענדערמאנטע זאכען – מיט דער ברכה תזכו למצות.

אין אייער בעגלייט בריעף צו דעם טשעק אויף ...$ דעם גמילות חסד האט איר געשריבען אז איר לייט מיר ביז חדש מרחשון. דא איז בייגעלייגט מיינע א טשעק אויף ...$ וואס איך קער אייך אום דעם גמילות חסד מיט דער ברכה תזכו למצות.

ידידו הדו"ש ומברכו.

ב'קצג

ב"ה כ"ז מרחשון תש"ד
ברוקלין

ידידי עוז וו"ח אי"א מו"ה ניסן שי'

שלום וברכה!

במענה על מכתבו המבשר מהידיעה הטובה מאחיותיו יחיו הנני

ב'קצב

מהעתקה.

גמילות חסד: ראה לעיל אגרת ב'קצ, ובהנסמן בהערות שם.

ב'קצג

נעתקה מהעתק המזכירות [תשצא].

מו"ה ניסן: מינדעל. אגרות נוספות אליו — לקמן ב'רג. ב'תקסח.

מאחיותיו . . קרוביהם: שהיו ברוסיא באותה שעה.

לברכו בברכת מז״ט, ויתן השי״ת ויתבשר בקרוב בשורה טובה מהוריו יחיו ומאת קרוביהם יחיו ויקיים השי״ת את ברכתו, ברכת אוהב נפש, כי נתבשר גם אנחנו בבשורה טובה מבתנו וחתננו וקרובינו יחיו, ויזכנו השי״ת להתבשר בשו״ט מכל ידידינו אנ״ש וב״ב יחיו.

הרצאתו הקצרה אדות השיעור של ידידנו הנעלה והכי נכבד היקר באנשים מר אלחנן שי׳ קאווען גרמה לי נח״ר בשתים על אשר ידידי הי׳ נוכח ועל אשר מתענין בהטבת השיעור.

הצעתו שיערכו פרטי־כל, א) לרשום שמות הבאים אל הלימוד, ב) לרשום את השאלות והתשובות. ג) אשר הקריאה בספר תמשך רק כחצי שעה ויחד עם הרצאתו של מר קאוועו ימשך כשעה ולהניח זמן לדיסקוסיא.

שלש הצעות אלו יציע ידידי לידידי מר קאוועו שי׳ ואם אפשר לו הי׳ מהראוי והנכון כי גם ביום ד׳ הבע״ל יבקר את השיעור והי׳ אם יבא עוד קודם ההתחלה ידבר עם מר קאוועו שי׳ אדות הנ״ל ובאם לאו ידבר עמו אחר הלימוד.

נכון הי׳ אשר חוץ מהשתתפותו של ידידי שי׳ בהדיסקוסיא ינאם לפניהם איזה נאום קצר שיהי׳ בו – כמו בדרך אגב – דברים המעוררים אל הפועל ויהי׳ כמו בדרך סיפור.

והנני להעתיק בזה קטע מהרשום בזכרונותי מה שבדידי הוי עובדא בקיץ תר[״פ] בחדש תמוז שנקראתי לבא אל הטשעקא – השם ג.פ.א. עוד לא הי׳ אז – ברוסטוב ע״נ דון.

ההזמנה היתה כרגיל בארחות חיי הטשעקא, ומה גם שנמסר הדבר לידי היעווסקים צוררי דת ישראל, להביא רב בישראל למערת פריצים להתעולל בו.

ואני טרם גמרתי את תפלת שחרית – שהייתי אז עובר לפני התיבה בשנת האבילות על הוד כ״ק אאמו״ר הרה״ק זצוקללה״ה נבג״ם זי״ע והנה שלשה שלוחי חצר מות נכנסו אל חדר התפלה וקני רובים בידיהם מלובשים בבגדי שרד מיוחדים במראה שחור ואדום וחגורותיהם מלאים כדורים ושתי אקדוחים ושני סכיני קוקז תלוים

בתנו וחתננו: הארנשטיין. ראה לעיל אגרת ב׳קסח, ובהנסמן בהערות שם.

שיעור . . קאוועו: כנ״ל אגרת ב׳קפב, ובהנסמן בהערות שם.

בחגורותיהם וכובעיהם נחשת ופניהם בוערים ויגשו אלי לאמר הנך מוזמן ללכת עמנו תיכף אל הטשעקא.

שנים מהשלוחים היו מהיבסקציא ואחר נכרי. השנים חפצו להפשיט את הטו"ת וכשאמרתי להם שעלי לגמור את התפלה – עמדנו אז באמירת והוא רחום דשני – וללמוד משניות אחר התפלה ואז אלך עמהם, התחילו לקרא בקול המולה בביטוים של חירוף וגידוף – דרך אגב הנה אחד מהם הי' פליט מעיר שאוועל אשר בהזדמנות בא אלי ואנכי סדרתיו בבית מסחר של פאפירוסים ואח"כ לויתי לו סכום שיוכל לסחור בעצמו ובמשך כשלש שנים עד המהפכה התפרנס בכבוד – ויצעקו עלי להסיר את הטו"ת וללכת עמהם, ולולא חברם הנכרי היו מכריחים אותי להפסיק את התפלה.

כשגמרתי את הקדיש האחרון אחר לימוד המשניות פשטתי את הטו"ת והלכתי בלוית השומרים המזוינים, אחד מימין ואחד משמאל ואחד מאחורי כדרך שמוליכים את הנחשד למורד במשטר הממלכה.

כשבאתי לחצר מות הכניסוני לאולם גדול, כחמשה עשר אנשים ישבו מסביב לשלחן משני עבריו מימין ומשמאל ובראש השלחן ישבו שנים ואותי הושיבו בסוף השלחן מול השנים אשר בראשו ושלשת השומרים ישבו לאחורי מימין ומשמאל ומאמצע.

אחד מהיושבים בראש השלחן פנה אלי לאמר, אנחנו חברי „ועד מבקרי הדתות" אשר על יד הפארטיי ואנחנו עסוקים לבקר את דת ישראל, היו לנו שאלות שונות והזמינו את הרב בערמאן ואת הרב גאלדענבערג שאלנו מאתם מה ששאלנו והשיבו מה שהשיבו, וכעת הזמינו את הרב ש"ס לפתור לנו איזה שאלות מדת ישראל הקשורות עם הקבלה והחסידות.

כל זה אמר בלשון רוסיא.

אנכי השבתי באידיש, כבר הודעתי – בשתי הפעמים שהייתי קרוא אל הטשעקא מלפנים – כי לא אסור מן הפרינצופים שלי ועוד לא נולד ולא יולד אותו בן אדם או שד אשר יזיז אותי מהפרינציפים שלי אפילו זיז כל שהוא.

עוד טרם גמרתי את דברי הפסיקני אחד מן המסובים אל השלחן שישב מימין היושב בראש השלחן, ויגביה את האקדח שהי' מונח על השלחן מולי – כי חוץ מזה שהיו חגורים כלם בכלי זיין הי' גם אקדח

מונח על השלחן לפני כל אחד מהיושבים – ויאמר, צעצוע זה מסיר את הפרינציפים ואימתו פותח את הפה וגם אלם נעשה דברן.

טעות גמור – השבתי – צעצוע זה עושה רושם רק על הבלתי מאמינים נמוגי הלב שאין להם אלא עולם אחד והרבה אלים, איין וועלט און א סך געטער, כל בעל תאוה יש לו אלקיו, אבל אנחנו שיש לנו רק אל אחד ומאמינים בשני עולמות הנה צעצוע זה שאתם מראים לי לא לבד שאינו מבהיל אלא גם אינו עושה רושם.

לא קראנו אתכם – אמר היושב בראש השלחן – בשביל לקנתר או להכעיס אתכם ומה המה הפרינציפים שלכם, אולי נוכל להשתוות בזה.

הפרינציפ שלי שאיני חפץ לשמוע ולדבר רק בשפת יהודית גם במסיבה של נוצרים ומה גם במסיבה של בני אדם שממעי יהודה יצאו.

ומנין – שאל אחד מהם – שאנחנו יהודים.

אנכי, אפשר טעיתי בזה וכי לא כל המסובים הם יהודים. אבי זקני הי׳ מכיר את היהודי גם בהלכו ברחוב. פעם כשהי׳ בקיוב הלך ברחוב קרעשטשאטיק ופגש באחד הצעירים המתיהרים במלבושים מגוהצים וישאלהו אבי זקני – בשפת יהודית – אי׳ איפה הוא ביתו של פרופיסור מפורסם אז בקיוב ויכעס הצעיר ויאמר בקצף גדול מנין אתם יודעים שאני יהודי ויענה אבי זקני בשעת הברית דבק המוהל את אשר כרת בחוטמך, ומתוך כך הכיר בו שהוא יהודי, אנכי אינני מכיר באות זה אבל כמדומני שלא טעיתי.

השאלה הראשונה, אתם שומרים את הדת לכל פרטי׳, אתם יושבים בכיסוי הראש ויש לכם בגד עם ציצית וכן שאר פרטי הדת מה שאתם שומרים בדיוק, אם הוא אצליכם מצד ידיעה מוחלטת, איבערצייגונג, או הוא מצד אמונה ורגילות.

אנכי, מצד ידיעה מוחלטת.

הם, אם עניני הדת הם מצד ידיעה מוחלטת, וואס איר זייט איבערצייגט, איבערצייגט אונז אויך, והביאו גם אותנו לידי מצב מוסרי דתי כמוכם.

אנכי, הנני מוכן למלאות את משאלכם ובטח תתנו לי את היכולת לאפשר את דרישתכם, כמוני כמוכם יודו על האמת שאם יפגוש אדם

את חברו תלמיד בית ספר גבוה הלומד במחלקת חכמת חוזה בכוכבים, ובעודנו ברחוב יפנה אליו ויאמר באר לי את מהלך הכוכבים ונתיבותיהם, בודאי ישיב לו אשר פה ברחוב א״א לי לבאר לך מאומה ואם חפץ אתה לדעת אזי עלה עמי אל בית מגדל הצופים בכוכבים ושם אראך ובעינך תראה את הכוכבים ונתיבותיהם. אם אתם חפצים לבא לידי ידיעה מוחלטת – איבערצייגונג – בדת אלקים ותורתו בואו אתי אל בית אלקים והניחו תפילין, אכלו כשר ושמרו את השבת ויזדכך מוחכם ולבבכם שתוכלו להבין ענין מוסרי ולאט לאט תעלו בשליבות השכל עד אשר אביאכם לידי הכרה שכלית ואז תבאו לידיעה מוחלטת – איבערצייגונג – בדת אלקים ובתורתו.

הם, תחלה הסבר לנו במופתים שכלים ואז נקבל לשמור את דת ישראל ועד אשר לא תבאו אותנו לידי ידיעה מוחלטת לא נוכל לקבל את עניני הדת.

אנכי, בטח אתם יודעים נאמנה אשר המאכל שבני אדם אוכלים לא רק שהוא משביע אותם ומוסיף להם כח אלא עוד מדשן את האדם, כי המאכל נהפך לדמו ובשרו. בחכמת הרפואה מתבאר היטב אופן התהפכות הלחם והבשר או שארי מאכלים לדם ובשר האדם, והרופאים הלומדים איזה שנים כבר יודעים את הפרוצס הזה ומה תאמרו על אותו בן אדם שיאמר אשר עד שלא ידע איך המאכל נהפך לדמו ובשרו לא יאכל ולא ישתה מאומה.

כן הדבר, תחלה צריכים להאמין ולאכול ולשתות וללכת ללמוד חכמת הרפואה ואח״כ יעמוד על אותה הידיעה המוחלטת איך המאכל והמשקה נהפך לדם ובשר.

הדברים עשו עליהם רושם.

כפי שהנני שומע מידידי מר קאווען שי׳ וכפי שהנני קורא את הרצאתו הקצרה, ראוי הדבר להתענין בזה ונכון הי׳ לאחוז באמצעים טובים להרחיב את חוג שומעי השיעור, והייתי חפץ לשמוע הצעת ידידי בזה, ואפשר ראוי לתת להם שם של חברה או אגודה בשם מצלצל בשפה האנגלית.

ידידו הדו״ש ומברכו.

ב'קצד

ב"ה כ"ז מרחשון תשי"ד
ברוקלין

ידידי עוז הנכבד והכי נעלה וו"ח אי"א מוה"ר פנחס שי',
יו"ר אגודת חסידי חב"ד בעי"ת שיקאגא יע"א

שלום וברכה!

איך האב געבעטן ידידנו עוז הרה"ג וו"ח אי"א מוה"ר משה ליב שי' ראדשטיין ער זאל מיט אייך, ידידי שי', ריידען טעלעפאניש אז איך וואלט אייך זייער וועלען זעהען, איך הער אז איר פילט ניט גוט, דאס האט מיר פארשאפט עגמת־נפש, השי"ת זאל אייך צושיקען א רפואה, איר זאלט זיין פאלקאם געזונט און אנפירען מיט דער אגודת חסידי חב"ד מיט גרויס ערפאלג עס זאל זיין לכבוד ולתפארת ווי עס פאסט פאר אגודת חב"ד, השי"ת זאל צושיקען א רפואה אייער פרוי תחי' זי זאל זיין פאלקאם געזונט און איר ביידע זאלט האבען אריכות ימים ושנים און פיעל נחת פון די קינדער מיט זייערע פאמיליען יחיו.

וועגען דעם ענין הרבנות פון אייער בני ראובן שוהל, וועט איר ידידי היקר זוכען דעם חסידישן פאסענדען רב וואס זאל ווערט זיין צו פארנעמען דעם כסא הרבנות פון ידידנו הרה"ג הרח"צ נ"ע רובינשטיין, און ווי עס פאסט פאר אייער שוהל און פאר אייך אלעס יושב ראש פון אגודת חב"ד. איך בין זיכער אין אייער אויפריכטיגער איבערגעגעבענער פריינטשאפט צו מיר אין דער פיעל יאהריגער אייער גוטער ארבעט פאר דעם כבוד פון אגודת חב"ד וועט איר לייגען די גרעסטע מיהע בעזה"י צו ברייגנען א רב וואס זאל זיכער פאסען פאר אייך און פאר דער שוהל.

איר, ידידי היקר, זייט ב"ה זייער א קלוגער איד, טוט מיט חכמה, עס איז פאראן א גוטע מעגליכקייט איר זאלט בעזה"י האבן א חסידישן רב א למדן מופלג, א זעלטענער רעדנער, א קלוגער און א בעל מזג טוב, ער איז דער ריכטיגער פאסענדער רב פאר אייער בני ראובן

ב'קצד

נעתקה מהעתק המזכירות. לתוכנה ראה לעיל אגרת ב'קעט, ובהנסמן בהערות שם.

מוה"ר פנחס: ריסמאן. אגרות נוספות אליו — לעיל ח"ז ב'ז, ובהנסמן בהערות שם. לקמן ב'תשכט.

שוהל, ער וועט איבערשטייגען די אלע קאנדידאטען וועלכע קענען קומען אין בעטראכט. מיט דעם רב וועט איר בעזה״י קענען שטאלצירען אין אלע הינזיכטען בגשמיות וברוחניות.

איך שיק אייך, ידידי הנעלה און אלע מתפללים, מיין ברכה אז השי״ת זאל אייך אפהיטען פון א דורכפאל אין דעם ענין הרבנות, און זאל אייך בעגליקן מיט דעם אויבנדערמאנטן ריכטיקן פאסענדען רב פאר אייער בני ראובן שוהל וואס בעזה״י וועט ער זיין לחן ולתפארת און מיט זיינע אומשאצבארע מעלות און גוטע באנעמונגען וועט ער בעזה״י אוועקשטעלן די בני ראובן שוהל אויף דער העכסטער שטופע, איר ידידי היקר, אייערע סגנים און מתפללים וועלן באמת זיין דאנקבאר.

ידידו הדו״ש ומברכו.

ב׳קצה

ב״ה כ״ז מרחשון תש״ד
ברוקלין

ידידי וו״ח אי״א מו״ה חיים שלמה שי׳

שלום וברכה!

שמעתי מידידי עוז הרה״ג וו״ח אי״א מוה״ר משה ליב שי׳ ראדשטיין מנהל אגודת חסידי חב״ד בעי״ת שיקאגא והגליל, אשר ידידי שי׳ מרגיש עצמו שלא בטוב, בטח הוא מרוב עבודה ודאגה, ומהיושר אשר יקח לו איזה זמן להנפש, והשי״ת ישלח לו רפואה ויחזקהו ויאמצהו בגשם וברוח וימציא לו כל מה שדרוש לו בגשמיות וברוחניות אשר יוכל לעשות רק טוב וחסד כפי חפץ לבבו הכי טוב.

יש לי צער רב מענין הרבנות של ביהכנ״ס שערי תורה בני ראובן

ב׳קצה

נעתקה מהעתק המזכירות [תתג]. לתוכנה ראה לעיל אגרת ב׳קעט, ובהנסמן בהערות שם.

מו״ה חיים שלמה: פלמר. אגרות נוספות אליו — לעיל ח״ז ב׳ח, ובהנסמן בהערות שם. לקמן ב׳רצא. ב׳שט. ב׳שכד. ב׳שנ. ב׳תלב.

אשר ח״ו וח״ו לא יצא מכשול באשמת דברים קלי הערך, וכתבתי בארוכה לידידנו העקר והכי נעלה מוהר״פ שי׳ ריסמאן, יו״ר אגודת חב״ד, וידעתי נאמנה אשר חפץ הוא בטוב באמת ורק יש ענינים קלי הערך אשר ח״ו יכולים להפך הקערה על פי׳, והנני מבקש את ידידי היקר להכניס עצמו בזה, להיות בעזרתו של ידידנו עוז מוהר״פ שי׳ לבחור רק בהמוכשר ומתאים באמת ושלא למהר להחליט בזה עד אשר יתיישבו היטב, ובידעי את גודל אהבתו הפנימית והתקשרותו הנה בודאי יתחשבו עם דעתי בענין הרבנות ולא יחליטו בעצמם.

כתבתי לידידנו הכי נכבד ונעלה מוהר״פ שי׳ שיש בעזה״י רב מוכשר לפני ביהכנ״ס בני ראובן, בעל מעלות מופלגות, למדן יר״ש ונואם מצויין ובעל מזג טוב ואהוב לבריות אשר יהי׳ לחן ולתפארת ובעזה״י יתענגו עליו עונג רב, ותקותי חזקה אשר אם יעלה בידם לקחת את הרב הזה הנה בו ועל ידו יעמידו בעזה״י את בהכנ״ס בני ראובן על הגובה הכי נעלה ובזמן קצר ינחל בהכנ״ס בני ראובן את הכתר שם טוב.

ידידו הדו״ש ומברכו.

ב׳קצו

ב״ה כ״ז מרחשון תש״ד
ברוקלין

ידידי וו״ח אי״א מוה״ר משה שי׳ הכהן

שלום וברכה!

בענין הרבנות דבית הכנסת בני ראובן כתבתי בארוכה לידידיי עוז הנכבדים והכי נעלים מוהר״פ שי׳ ריסמאן ומוהרח״ש שי׳ פאלמער אשר בטח יהי׳ למראה עיני ידידי, ותכן הדברים מה שכתבתי הוא לדון

כתבתי . . ריסמאן: **היא האגרת שלפנ״ז.**

ב׳קצו

נעתקה מהעתק המזכירות. לתוכנה ראה לעיל אגרת ב׳קעט, ובהנסמן בהערות שם.

מוה״ר משה: **שאיעוויטש. אגרות נוספות אליו — לעיל ח״ז א׳תתקכח, ובהנסמן בהערות שם. לקמן ב׳תכב. ב׳תרעז. ב׳תשמ.**

טופס דומה למוהר״י פלייער.

כתבתי . . ריסמאן . . פאלמער: **לעיל שתי האגרות שלפנ״ז.**

בשאלה זו בכובד ראש ובעיון פנימי כפי דרישת חומר הדבר וגודל האחריות שבזה ואשר עליהם להתחשב עם כבודה של אגודת חב״ד נוסף על כבודו של בית הכנסת בני ראובן הראוי בעזה״י להכתר ברב אשר לרגלי עבודתו בקדש יכתיר את בית הכנסת בני ראובן בכתר שם טוב, ורב אשר בעזה״י מתאים לזה ימצא בין אנ״ש שי׳ אשר לרגלי גודל מעלותיו הכי מצוינות ברוחניות ובגשמיות הנה בעזה״י יתענגו עליו עונג רב ויהי׳ לגאון ולתפארת, ובזה הנני פונה לידידי אשר יכניס עצמו בזה לחוות את דעתו וגם להשפיע על מתפללי בהכנ״ס בני ראובן אשר יסכימו לדעתם של ידידינו עוז הנעלה והכי נכבד מו״ה פנחס שי׳ ריסמאן וסגניו ידידינו הנכבדים יחיו לבחור ברב מאנ״ש המוכשר לפניהם ואשר בודאי לא יעמידו על דעת עצמם ולא יחליטו בזה ויתחשבו עם דעתי במי לבחור לרב ולא אפונה אשר כלם כאחד יביעו חפצם לבחור בהרב בעל מעלות מצוינות האמור בזה והשי״ת יעזר להם בגשמיות וברוחניות.

ידידו הדו״ש ומברכו.

ב׳קצז

ב״ה כ״ח מרחשון תש״ד
ברוקלין

ידידי וו״ח אי״א מו״ה . . שי׳

שלום וברכה!

ידידי גיסו הנכבד והנעלה מו״ה . . שי׳ סיפר לי על אדות ענינו, הנה אל יפול לב האדם עליו, כי מלא כל הארץ כבודו כתיב, וכתיב כי הנה מלאכיו יצוה לך לשמרך בכל דרכיך. איתא בספרים דהנחת תפילין הנה מלבד שהיא מצוה דאורייתא היא שמירה מעולה, ישתדל לשמור להניח תפילין ולהתפלל בכל יום, והנני שולח לו מטבע אשר יתפרנה בהט״ק וישאנה, והשי״ת ישמרנו בכל מקום שיהי׳ ויחזירנו לביתו בריא ושלם. יחזק השי״ת את בריאות זוגתו ואת בריאות בנם יחיו ויגדלוהו לתורה חופה ומעש״ט.

הדו״ש ומברכו.

ב׳קצז

נעתקה מהעתק המזכירות [תתט]. לתוכנה ראה לעיל ח״ז אגרת א׳תתעג, ובהנסמן בהערות שם.

ב׳קצח

ב״ה כ״ח מרחשון תש״ד
ברוקלין

אל התלמיד החשוב וו״ח אי״א הרב מו״ה יהודה צבי שי׳

שלום וברכה!

בנועם קראתי את מכתבו על אדות האספה ובחירת הועד לטובת הישיבה ובטח ישתדלו בכל השייך לעניני הישיבה הן להשיג עוד תלמידים הן בהשגת האמצעים הדרושים להוצאות הישיבה וצדקו דברי האברכים שי׳ על אדות שומרי שבת וטוב עשה מה שענה בזה, כי זה שייך אל הרב המנהל חתני הרש״ג שי׳ אשר כל עניני הישיבות מתנהגים על ידו, ובהנוגע לפועל בטח יבחור רק בשומרי שבת וישתדל לקרב גם את הבלתי שומרים בכוונה טובה לעשותם בעזה״י לשומרי שבת, והשי״ת יהי׳ בעזרו.

כפי שכותב לי מעלותיהם של שני האברכים ביראת שמים הנה אפשר הדבר אשר בהם ועל ידם יעשה אגודת צעירים כפי אשר כתבתי לו במכתבי הארוך.

בשם כ״ק אדמו״ר שליט״א
מזכיר

ח. ליבערמאן

ב׳קצח

נעתקה מצילום האגרת [תתיא].

מו״ה יהודה צבי: **פאגלמאן. אגרות נוספות אליו — לעיל ב׳קנט, ובהנסמן בהערות שם.**

לטובת הישיבה: **בבאפאלא, הנ״ל שם.**

במכתבי הארוך: **דלעיל ב׳קעב.**

ב׳קצט

ב״ה כ״ח מרחשון תש״ד
ברוקלין

ידידי וו״ח אי״א מוה״ר יהודה ליב שי׳

שלום וברכה!

במענה על מכתבו בצירוף ההמחאה ע״ס $363.67 עבור הילדים הפליטים בארץ ישראל ת״ו, הנה שלחתי את הסכום ע״י קייבעל להרב הערצאג שי׳ לקרן הילדים הפליטים, ובמכתב באוירון הנני כותב ככל האמור במכתבו, וימסור את ברכתי לידידיי העושים והמעשים יחיו כי יהי׳ השי״ת בעזרם בגשמיות וברוחניות.

בשם כ״ק אדמו״ר שליט״א
מזכיר

ח. ליבערמאן

ב׳ר

ב״ה ג׳ כסלו תש״ד
ברוקלין

ידידי עוז הרב וו״ח אי״א מוה״ר אשר שי׳

שלום וברכה!

הנה ת״ל בעד חסדו הטוב האמיתי אשר בזכות הוד כ״ק אבותינו

ב׳קצט

נעתקה מהאגרת שבאוסף המכתבים.

מוה״ר יהודה ליב: **הורוויץ. אגרות נוספות אליו — לעיל ח״ז ב׳כג, ובהנסמן בהערות שם. לקמן ב׳רמה. ב׳רנב. ב׳רצ. ב׳תקפד. ב׳תרס.**

הילדים הפליטים: **ראה לעיל אגרת ב׳קנז, ובהנסמן בהערות שם.**

קייבעל להרב הערצאג . . ובמכתב: **ראה לקמן אגרת ב׳רז — אליו.**

ב׳ר

נעתקה מהעתק המזכירות [תתל].

מוה״ר אשר: **סיגל, הבנה. אגרת נוספת אליו — לעיל ח״ה א׳שכא.**

רבותינו הק' נבג"מ זי"ע עלה בידי בעזרתו ית' לייסד במדינה זו ובהסמוכה לה קאנאדא ישיבות גדולות, תומכי תמימים, וישיבות קטנות בשם אחי תמימים וחדרים – שלומדים איזה שעות ביום – בשם חדרי תורה תמימה, כל זה מתנהל מאת הישיבה המרכזית תומכי תמימים ליובאוויטש ע"י חתני הרב ר' שמרי' שליט"א גורארי', כן עזרני השי"ת להדפיס ספרי חינוך ולהוציא שיחות ושמועסען לקטנים באידיש ובאנגלית, וליסד מסיבות שבת שמקבצים ילדים וילדות ומספרים להם סיפורים מתוך אגדה ומדרש ונותנים להם ממתקים ומלמדים אותם לברך ברכות הנהנין, והן שתי מחנות מיוחדות, מחנה הילדים מתנהג ע"י המדריכים שהם תלמידי הישיבות ומחנה הילדות מתנהגות ע"י מדריכות שהן תלמידות מ„בית יעקב" ומבנות ידידינו אנ"ש, ובעזה"י הנה כבר עלה בידי ליסד תשע בתי ספר לתלמידות קטנות בשם בית רבקה – על שם כבוד אמי זקנתי הרבנית אם הוד כ"ק אאמו"ר הרה"ק זצוקללה"ה נבג"ם זי"ע ובשם בית שרה על שם כבוד אמי מורתי הרבנית נ"ע זי"ע, וגם יסדנו בעזה"י גן ילדים, וכל זה מתנהג ע"י חתני הרה"ג ר' מנחם מענדיל שליט"א שניאורסאהן וידידי עוז הרב וו"ח אי"א מוה"ר חיים מרדכי אייזיק שליט"א חאדאקאוו.

הארכתי בזה בכוונה מיוחדת להיות ידידי שי' שמה על אתר ואתו עמו ידידנו הכי נעלה ר' יעקב שלמה שי' שטיינפעלד הנודע לשם תהלה בכביר פעולותיו הטובות בחיזוק היהדות והרבצת תורה ביראת שמים, הנני מבקשם להתענין בזה לסדר בהבנה ישיבה בשם אחי תמימים ליובאוויטש לנערים או חדר תורה תמימה ליובאוויטש בעד ילדים מתחילים, כן בתי ספר לנערות בשם בית רבקה או בית שרה, כן לסדר מסיבות שבת, ובבקשה להזדרז במענה מפורטת כי כל יום ויום שאפשר להועיל בעזה"י בהטבת החינוך הכשר ובפרט להציל מהחינוך הרע עלינו למסור נפשינו בפו"מ על זה ועלינו לזכור תמיד למה ובשביל מה הביאנו השי"ת למדינות אלו ומה השי"ת דורש מאתנו שבעזרתו ית' לתקן ולעשות, והוא ית' יהי' בעזרתינו להשלים הכוונה העליונה מתוך הרחבת הדעת...

הדו"ש ומברכו.

ב׳רא

ב״ה ג׳ כסלו תש״ד
ברוקלין

אל הסתדרות תלמידי ישיבת קאמעניץ,
ה׳ עליהם יחיו!

שלום וברכה!

במענה על כרטיס ההזמנה לקחת חלק בהזכרת ידידי הגאון האדיר בעל מדות נעימות כש״ת מוה״ר ברוך דובער נ״ע, ביום היאצ״ט, הנני משתתף עם מוקירי שמו וזכרו, והנני מברכם כי יהי׳ נועם ה׳ עליהם ללכת בעקבי תורתו ונועם מדותיו הכי תרומיות וזכותו יגן עליהם ועל כל מחבבי גאוני ישראל וצדיקי יסוד עולם זי״ע.

בשם כ״ק אדמו״ר שליט״א
מזכיר.

ב׳רב

ב״ה ג׳ כסלו תש״ד
ברוקלין

ידידי וו״ח אי״ה מוה״ר אהרן שי׳

שלום וברכה!

תמול בקרוני מר קאווען, מר סטולמאן ומר שאו יחיו דבר השיעור שיש להם בספרו, מר סטולמאן נתן על ידי המחאה ע״ס . . . ובהסכמת ידידי אמרתי להם כי יתן להם א) תעודת רשות מכירת

ב׳רא

נעתקה מהעתק המזכירות [תתמ]. ראה גם לעיל ח״ה אגרת א׳תרכח.

מוה״ר ברוך דובער נ״ע: ליבוביץ, ראש ישיבת קמניץ.

ב׳רב

נעתקה מהעתק המזכירות.

מוה״ר אהרן: לעוויט. אגרות נוספות אליו — לעיל ב׳קפב, ובהנסמן בהערות שם.

השיעור . . מכירת הספרים: ראה לעיל שם.

הספרים ע״ש מר קאוועו ומר סטולמאן. ב) תעודת מכירת הספר להם, ע״ש מר קאוועו ומר סטולמאן, ותעודה זו תהי׳ אצלי בפקדון. הם נהנים מאד מהלימוד ובצאתם מאתי הזדמנו עם חתני רמ״ש שליט״א ועם מר מינדעל שי׳ ושוחחו כשתי שעות דבר לימודם, שאלו שאלות שונות והשיבו להם ונהנו מתשובותיו.

הנני מסגיר בזה המחאה ע״ס . . . (והם חלק מהסך . . .) בתור גמ״ח לצרכי ידידי הפרטים.

ידידו הדו״ש ומברכו.

ב׳רג

ב״ה ד׳ כסלו תשי״ד
ברוקלין

ידידי וו״ח אי״א מוה״ר ניסן שי׳

שלום וברכה!

בהנוגע להשיעורים של ידידי מר קאוועו שי׳ הנה בדברי עמו ביום ב׳ העבר הגדתי לו דרך אגב אשר לדעתי הנה הדיסקוסיא בין השומעים והשומעות [ה]וא דבר חשוב מאד וצריכים להגביל לזה יותר זמן והקריאה בספר והביאורים והסברים כחצי שעה ולכל היותר ג׳ רבעי שעה כמו בבתי הספר.

אינני יודע אם ידידי מר קאוועו שי׳ זוכר את דברי אלה, כי כרגיל הוא רושם לעצמו כל מה ששומע ובפעם הזה להיותו טרוד עם האורחים מר סטולמאן ומר שאו וגם מפני שדברתי רק בדרך אגב לא רשם מאומה.

והייתי מציע – אם רק אפשר – אשר ידידי יקדים את הילוכו

אצלי בפקדון: **כי שמו האמיתי נשאר בסוד — כנ״ל בהערות לאגרת ב׳קפו (בסופה).**

בתור גמ״ח: **כי מעות הדפסת הספר באו (לא ממעותיו של המחבר ר״א לעוויט, אלא) כמסופר באגרת ז׳ תשרי תש״ו: „לויתי סך שני אלפים שקלים מאחד ממכרי והלויתים להמחבר להדפיס את ספרו״.**

ב׳רג

נעתקה מהעתק המזכירות [תתמא].

מוה״ר ניסן: **מינדעל. אגרות נוספות אליו — לעיל ב׳קצג, ובהנסמן בהערות שם.**

השיעורים . . קאוועו: **כנ״ל שם.**

למקום הלימוד למען להפגש עם ידידנו מר קאוועו שי׳ קודם התחלת השיעור ולדבר עמו מזה – כמובן בדרך הצעה מעצמו שלא משמי – א) דבר הגבלת זמן הדיסקוסיות. ב) דבר מיעוט זמן הקריאה בספר והביאורים. ג) לסדר פרטי כל. 1) רשימת המשתתפים בהשיעור. 2) המשתתפים בדיסקוסיא. 3) תכן הדיסקוסיא. 4) רשימת השואלים. 5) תוכן השאלות. ד) אשר המענות על השאלות יהיו בשיעור הבא ולא על אתר.

נכון אשר בפעם הזה ירציאו מר סטולמאן ומר שאו שי׳ על אדות רושם הפגישה וההזדמנות עם חתני הרמ״ש שליט״א.

בשם כ״ק אדמו״ר שליט״א
מזכיר.

ב׳רד

ב״ה ה׳ כסלו תש״ד
ברוקלין

ידידי וו״ח אי״א מוה״ר שלמה זלמן שי׳

שלום וברכה!

במענה על מכתבו מכ״ח מרחשון העבר אדות ועד החנוך, הנה בעזה״י נדבר בזה בזמן התראותינו בקרוב בשמחה ובטוב לבב.

אדות המסבות שבת נהניתי במאד מאד ויחזיק בזה להגדיל ולהרחיב הדבר ויודיעני אם יש לו מקור על הוצאת קניית ממתקים להילדים והילדות.

יהי׳ בטוח בחסדו ית׳ אשר שום בן אדם לא יגע בו לרעה, וטוב יהי׳ לו בעזרתו ית׳ ברוחניות ובגשמיות, מסור עצמך על העבודה הק׳ בכל

הפגישה . . שליט״א: כנ״ל אגרת שלפנ״ז.

ב׳רד

נעתקה מהעתק המזכירות.

מוה״ר שלמה זלמן: העכט. אגרות נוספות אליו — לעיל ח״ז א׳תתקמג, ובהנסמן בהערות שם. לקמן ב׳רכד. ב׳רמג. ב׳שז. ב׳שנה. ב׳תמא. ב׳תצג. ב׳תקיח. ב׳תרנג. ב׳תרצ. ב׳תרצה.

אדות ועד החינוך: ראה לעיל ח״ז אגרת ב׳כה.

ענפי החיים הרוחני' לעורר לתורה וליר"ש והשי"ת יעזר לך ולב"ב יחיו בבריאות הנכונה ובפרנסה בהרחבה ובכבוד.

על אדות התעמולה אודות המקוה חדשה טוב הדבר במאד מאד, וצריכים התעוררות על דבר הטבילה הכשרה והשי"ת יעזר ויצליח להם בעבודתם הק'.

על דבר ההשתתפות בחגיגת הרב עפשטיין שליט"א בודאי אשר בהכנ"ס ליובאוויטש צריך להשתתף בדעלעגאציא והוא בתוכם, גם צריך לנאום, ותוכן נאומו יהי' לפאר את עבודתו הכבירה בדבר החזקת הישיבות וכו'.

במענה על מכתבו מג' לחדש זה:

אדות הנאומים באנגלית טוב הדבר והשי"ת יצליח לו, כן אדות הלימוד חומש, בטח ג"כ עם הצעירים דוברי אנגלית, והנני שולח לו חמשה ביכער, ואם יודרשו לו יותר יודיעני והשי"ת יעזר להם בגו"ר...

טוב עשה אשר מסר את ההמחאה שלי בשביל המכל"ב ויודיעני אם דרוש לו עוד איזה סכום.

מצורף בזה מכתב למר דזשאפ שי'.

בשם כ"ק אדמו"ר שליט"א
מזכיר.

ב'רה

ב"ה ו' כסלו תש"ד
ברוקלין

ידידי וו"ח אי"א מוה"ר ... שי'

שלום וברכה!

במענה על מכתבו מא' לחדש זה על אדות החמש מאות שקלים

חמשה ביכער: ראה לקמן אגרת ב'רכד.
המכל"ב: = הספקת מזון כשר לעובדים בצבא. וראה לעיל ח"ז אגרת א'תתקסג, ובהנסמן בהערות שם.

ב'רה

נעתקה מהעתק המזכירות.

אשר שלח לי כאמור במכתבו מיום ג׳ לסדר ברכה ובמכתב ההוא כתב לאמר: „מתה עלי זוגתי ... היום מתה ואבקש לעשות לה טובה בעולם האמת והריני מנדב עבורה חמש מאות דאללאר על ישיבות כ״ק ומובטחני שיעשה זאת בעזה״י ושולח אני טשעק על הסך הנ״ל, גם קבלתי מכ״ק הסך שני מאות״ עכ״ל במכתבו מיום ג׳ ברכה, ובכדי למלאות בקשתו זאת לעשות טובה לזוגתו ז״ל בעילוי נשמתה מצאתי לנכון לסדר אשר אחת מכתות הנערות אשר לומדות ומתחנכות על טהרת הקדש ילמדו לזכות עילוי נשמת זוגתו ז״ל ומסרתי את החמש מאות שקלים לקרן מרכז לעניני חינוך וסדרו את הכתה וכתבו טבלא לזכרון טוב – ואין טוב אלא תורה – על שם זוגתו ז״ל ולומדות שמה זה חדש השלישי וגם כתבתי לידידי כי לטובת עילוי נשמתה נכון אשר יכתוב את שמה בתור חברה נכבדה במרכז ישיבות תת״ל, בכולל חב״ד ובתורת אמת.

ועתה בקבלי את מכתבו מא׳ לחדש זה אשר דעתו היתה בשילוח החמש מאות דאללאר בשביל כולל חב״ד הנה הכנסתי את סך חמש מאות שקלים לקרן כולל חב״ד כפי שכותב ומצורפת בזה קבלה זמנית והודעתי לכולל חב״ד מזה וכשיקבלו את מכתבי אז ישלחו לו קבלה כנהוג.

מהעתק מכתבו הראשון רואה הוא אשר לא הזכיר כלל אדות כולל חב״ד והזכיר רק את הישיבות שלי, ואנכי מצאתי כי לזכות עילוי נשמתה טוב יותר לסדר כתה של נערות הלומדות תחת הנהלתי ע״י המרכז לעניני חינוך.

ידידי כותב בהתרגשות ותרעומות כאלו נתחלף בין צדקה לצדקה שלא כדעתו ולכן הארכתי להראות לו כי אין להתרגש ולהתרעם יען כי במכתבו לא הזכיר כלל אודות כולל חב״ד וכותב בפירוש ששולח בשביל הישיבות שלי, ואצלי הנה החדרים שיסדתי עבור הבנות שוים בחשיבותם כמו הישיבות שלי עבור הבנים, וכשם שהישיבות שלי עבור הבנים ת״ל מצטיינים בכל המעלות הנה כן הישיבות שלי עבור הבנות מצטיינות בהנהגתן, ולחנם פוגע בכבודן של הישיבות עבור בנות.

להנהלה של מרכז לעניני חינוך הודעתי ממכתבו כי אין חפצו בזה, הכתה אמנם תלמוד הלאה – לא על חשבונו (כי גם בעד הזמן שלמדו עד עתה אין מנכים מהסך חמש מאות) ולא לזכות זוגתו ז״ל ובשביל שלא לבייש את זכרון זוגתו ז״ל אמרתי שלא להסיר את הטבלא התלוי׳ בבית הספר על שם זוגתו ז״ל עד ט״ו כסלו הבע״ל.

יחזק השי״ת את בריאותו ויאריך ימיו ושנותיו בטוב ובנעימים בגשמיות וברוחניות.

בשם כ״ק אדמו״ר שליט״א
מזכיר.

ב׳רו

ב״ה ח׳ כסלו תשי״ד
ברוקלין

שלום וברכה!

למסור ע״י הרמים לכל המחלקות אשר יאמרו להתלמידים שי׳ שהיום ערב מתחילים לומר טל ומטר.

ב׳רז

ב״ה י״א כסלו תשי״ד
ברוקלין

כבוד ידידי עוז, הגאון האדיר, הנודע לשם תהלה ותפארת בתוככי גאוני יעקב, משכיל על דבר טוב עה״י פטה״ח, כש״ת מוה״ר יצחק אייזיק שליט״א

שלום וברכה!

קבלתי מעיר דארטשעסטער סך $363.67 בעד הילדים הפליטים באה״ק תובב״א, ושלחתים זה כשבוע לכת״ר שי׳ ע״י קעיבעל ע״י

ב׳רו

נעתקה מהעתק המזכירות.

ב׳רז

נעתקה מהעתק המזכירות.

מוה״ר יצחק אייזיק: הרצוג. אגרות נוספות אליו — לעיל ח״ז א׳תתקלג, ובהנסמן בהערות שם. לקמן ב׳של. ב׳שנט. ב׳שעג. ב׳תמ. ב׳תס.

קבלתי . . הפליטים: כנ״ל אגרת ב׳קצט. וראה גם לקמן אגרת ב׳שעג.

הנעשאנאל סיטי באנק בנויארק, בטח כבר נתקבל הסכום, ומטובו לצוות לעו״ר לשלוח קבלה על סך $333.67 על שם בית הכנסת נוסח האר״י אנשי ליובאוויטש בעיר דארטשעסטער, על ידי הפרעזידענט הנכבד ר׳ יצחק הכהן שי׳ סענטיס ומשנהו ר׳ שמואל שי׳ קליינער, וקבלה שני׳ על סך $30 על שם בית הכנסת „אחינו בני ישראל״ בעיר דארטשעסטער על ידי ר׳ יצחק שי׳ ליליענפעלד.

יעזור השי״ת לידידי כת״ר שי׳ בגשם וברוח.

ידידו הדו״ש מוקירו ומכבדו.

ב׳רח

ב״ה י״ב כסלו תש״ד
ברוקלין

כבוד ידידי הרה״צ הנכבד והכי נעלה, הנודע לשם תהלה משכיל על דבר טוב, גזע תרשישים וו״ח אי״א מוה״ר יהודה ארי׳ שליט״א

שלום וברכה!

במענה על מכתב ידידי ש״ב בנועם ברכותיו ובלוית תרומתו לטובת הבנין החדש עבור מרכז ישיבות תומכי תמימים ליובאוויטש נהניתי במאד ויקיים השי״ת את ברכותיו של ידידי ש״ב, ויהי נועם ה׳ על ידידי ש״ב ועל כל המקושרים לידידי ש״ב להתברך בכל מילי דמיטב מנפש ועד בשר.

ש״ב ידידו הדו״ש ומברכו.

לעו״ר: =**לעושי רצונו.**

ב׳רח

נעתקה מהעתק המזכירות [תתקמ].

מוה״ר יהודה ארי׳: **פערלאוו. האדמו״ר מוולדובה.**

הבנין החדש: **ראה לעיל אגרת ב׳קעה, ובהנסמן בהערות שם.**

ב׳רט

ב״ה י״ב כסלו תש״ד
ברוקלין

אל קהל עדת ישראל, אל כבוד הרבנים הגאונים, אל ידידינו אנ״ש, אל גבאי בתי הכנסיות וסגניהם, אל יקירי צמודי לבבי הרבנים תלמידי התמימים והנלוים עליהם תלמידי אוזי־תמימים בעי״ת מאנטרעאל יע״א,
ה׳ עליהם יחיו

שלום וברכה!

הנהלת ישיבת תומכי־תמימים ליובאוויטש אשר בעי״ת מאנטרעאל יע״א שמחה את לבבי בבשורתה, כי בעזה״י מתעתדים המה לחוג את חגיגת חנוכת הבית של בנין ישיבת תומכי־תמימים ליובאוויטש בעי״ת מאנטרעאל יע״א, ביום חמשה עשר לחדש זה, במעמד קהל עדת ישרון, ידידינו אנ״ש וכבוד הרבנים הגאונים וגבאי בתי הכנסיות וסגניהם בראשם.

הנני משתתף עמהם בשמחת התורה, והנני מברך את כל הקהל הקדוש – את אשר ישנו פה ואת אשר איננו פה – המחזיקים את ישיבת תומכי תמימים ליובאוויטש, הם נשיהם בניהם ובנותיהם, בברכת מזל טוב, מזל טוב!

קהל עדת ישראל בקאנאדא בכלל ובעי״ת מאנטרעאל יע״א בפרט, צריכים לשום לבם ודעתם להבין ולהשכיל את גודל החסד אשר עשה השי״ת עמהם לזכות אותם בהישיבה הקדושה תומכי־תמימים ליובאוויטש, אשר ממנה – בחסד אל עליון – תוצאות חיים בגשמיות וברוחניות לכל המחזיקים בה ומשתתפים להחזיקה בגשם וברוח, ועליהם – קהל עדת ישרון בקאנאדא בכלל ובעיר מאנט[רע]אל בפרט – להחזיק בכל מיני חיזוק ולהשתדל בכל מיני השתדלות להרים תרומה לבית ה׳, ישיבת תומכי תמימים ליובאוויטש. וללכת שלובי זרוע עם יקירי תלמידי התמימים יחיו המוסרים נפשם בעד הרבצת תורה וחיזוק היהדות.

ב׳רט

נעתקה מהעתק המזכירות [תתקעא].

ישראל עם קדש! תנו כבוד לתורה תמימה ולכבוד הרבנים הגאונים ולכבוד התלמידים התמימים נושאי דגל התורה, חזקו את התורה ותחזק התורה אתכם.

ואליכם ידידי עוז צמודי לבבי תלמידי הרבנים התמימים הנני פונה בתודתי עבור מסירת נפשיכם על העבודה הקדושה והכי נשגבה להאיר לבם של ילדי ישראל בתורה תמימה בישיבת אחי תמימים חזקו ואמצו לעמוד על משמרתכם משמרת הקדש להרחיב את חוג ישיבת תו״ת ליובאוויטש ולהוסיף סניפי׳, והנני שולח לכם את ברכתי כי יהי נועם ה׳ עליכם ותתברכו בהצלחה מופלגת בעבודתכם הק׳ להרביץ תורה ביר״ש במשבצות מדות טובות, ובגלל העבודה הק׳ הלזו ישפיע השי״ת לכם ולכל העוזרים תומכים ומשתתפים בהחזקת ישיבת תת״ל שפעת חיים וברכה מרובה בכל מילי דמיטב מנפש ועד בשר.

והנני ידידם עוז הדו״ש טובם והצלחתם בגשמיות וברוחניות ומברכם

יוסף יצחק

ב׳רי

ב״ה ט״ו כסלו תש״ד
ברוקלין

ידידי הנכבד והנעלה, אוהב מישרים בעל מדות טובות,
אי״א מוה״ר אלחנן שי׳

שלום וברכה!

אייער שרייבען האב איך ערהאלטען. עס איז געוויס שווער אויסצופאלגען וואס די דאקטוירים באטען אייך פינקטליך אבער אין א געוויסער מאס ווי ווייט מעגליך ניט אזויפיעל זיין פארנומען אין ביזנעס איז זייער וויכטיג, השי״ת זאל אייך צושיקען א רפואה און געבען אייך גרויס הצלחה און ברכה, איר זאלט קענען געבען און געבען גרויסע סומען אויף אידישע וויכטיגע זאכען.

ב׳רי

נעתקה מהעתק המזכירות [תתקפה].

מוה״ר אלחנן: גלאזער. אגרות נוספות אליו — לקמן ב׳תקצז. ב׳תרפא. ב׳תרפה. ב׳תשא.

איבער פינאנסיעלע שוועריקייטען ווערט מיין גרויסע ארבעט אויף די פערשידענע געביטען פון חינוך און הרבצת תורה ניט פארגעזעצט אין דער ריכטיגער מאס וואס עס האט געקענט געטאן ווערן מיט ג־טס ב״ה הילף.

בא מיר זיינען שוין פארבערייטעט די גרויסע ספרים וואס איך וויל דרוקען, ווען איר וואלט געקענט איצט געבען א טייל – בערך 1500 דאללאר – פון אייער מיט ג־טס ב״ה הילף צוזאג, וואלט איך געקענט איצטער געבען צום דרוק דעם ערשטן טייל פון דעם הייליגען ספר פון מיין גרויסען זיידען הגאון צמח צדק נ״ע זי״ע. אייער קאזין מר. גרינפעלד שי׳ קען די פרינטינג ארבעט ניט אנעמען, ווען איך וועל האבען די מעגליכקייט איבערגעבען צום דרוקען אין דעם חדש וועט דאס קאסטען ביליגער, קומענדיגען חדש ווערט פאפיער און ארבעט טייערער.

השי״ת זאל אייך באגליקען.

המברכו.

ב׳ריא

ב״ה ט״ו כסלו תש״ד
ברוקלין

ידידי הנכבד וו״ח אי״א מו״ה ... שי׳

שלום וברכה!

במענה על מכתבו, הנני שולח בזה המענה למכרו שי׳ אשר שמו נעלם ממני.

שמעתי אשר ידידי שי׳ מרבה בשבחי, [כ]י הנני ת״ל בעל הון ועושר

דרוקן . . צמח צדק: **ראה בזה לקמן אגרת ב׳רמ. ב׳רמו.**

סדרת שו״ת צ״צ נדפסה בשנת תש״ה, ובתחלת כל כרך „יעמוד על הברכה בן מכבד אביו ואמו הנדבן הנכבד והנעלה מר אלחנן שי׳ גלאזער, אשר בעזרתו יצא ספר זה לאור״.

ב׳ריא

נעתקה מהעתק המזכירות [תתקצט].

רב, הנה אמת הדבר אשר הנני ת״ל בעל הון ועושר רב מאין כמוני בכתבי קדש תורתם של הוד כ״ק אבותי רבותינו הקדושים זצוקללה״ה נבג״ם זי״ע, והשבח אינו לא מעלה ולא מוריד לא מועיל ולא מקלקל, אמנם ההילול והשבח של ידידי שהוא מהלל ומשבח את מרכז ישיבות תומכי תמימים ליובאוויטש שהיא עשירה במאד ומכנסת אלפי אלפים וכו׳ הנה בשבחו זה הוא מקלקל ומזיק לעניני הכנסת הישיבה אשר הוצאותי׳ מרובות והכנסותי׳ מועטות ולא זו בלבד שאין ביכלתנו ליסד עוד ישיבות במרחבי המדינה אלא שאין בידינו להחזיק את אשר כבר ת״ל יסדנו וכבר הננו בע״ח על כמה אלפים, ולרגלי גזעו הנני רוצה לקוות אשר מעתה לא יוסיף עוד להזיק להישיבה ואדרבא יכניס עצמו לטובת הכנסת הישיבה והשי״ת יעזור לו בגשמיות וברוחניות.

הדו״ש ומברכו.

ב׳ריב

ב״ה ט״ו כסלו תשד״ד
ברוקלין

ידידי עוז הרב וו״ח אי״א מוה״ר מנחם זאב שי׳

שלום וברכה!

במענה על מכתבו מא׳ לחדש זה, יעזר השי״ת אשר יקבל בקרוב רשיון הכניסה למדינה זו להצלחה בגשמיות וברוחניות.

נהניתי לשמוע מאשר עוסק הוא בעניני מרכז לעניני חינוך בשילוח הדברים הנדפסים וכן הנדפסים מהוצאת קה״ת, אבל עדיין אינה עבודה מסודרת כי עדיין לא נעשה מסיבות שבת אשר עבודה זו –

ב׳ריב

נעתקה מצילום האגרת [א׳כד].

מוה״ר מנחם זאב: גרינגלאס. אגרות נוספות אליו — לעיל ח״ז א׳תתקפ, ובהנסמן בהערות שם. לקמן ב׳רסט. ב׳ער. ב׳ערב. ב׳שטו. ב׳תרא. ב׳תשו.

רשיון הכניסה למדינה זו: ראה לקמן אגרת ב׳שטו. ובקובץ ליובאוויטש גליון 2 ע׳ 31 מסופר על נסיעתו אל רבנו לחה״פ, יחד עם הריי״מ טננבוים.

מסיבות שבת – צריכים לעשות בשיתוף עם כל הרמי״ם שי׳ בישיבת אחי תמימים כאשר הנני כותב עתה לכלם סדר מסודר בזה.

שמחתי לשמוע מהתעסקותו לטובת רמבעה״נ דכולל חב״ד והנני מבקשו במאד להוסיף אומץ בעבודה זו, וכמובן אשר מה שאפשר ע״י אחרים הן איזה בע״ב מגזע החסידים אשר יעזרו לו בעבודה בפועל והן אם דרוש לו איזה איש עוסק בזה בעד שכר קבוע צריך לעשות כן ואל יחוס על ההוצאה הקלה, ותודה וברכה מרובה לידידי התלמיד החשוב מר אהרן משה שי׳ קליין, יעזר לו השי״ת בגשמיות וברוחניות.

יעזר לך השי״ת בעניניך הפרטים בגשם וברוח ובעניני עבודתך בהרבצת תורה ביראת שמים ובעניני חינוך חיזוק היהדות וכולל חב״ד ותסתדר באהלה של תורה ועבודה במסירה ונתינה וטוב יהי׳ לך בגשמיות וברוחניות.

ידידו הדו״ש ומברכו

יוסף יצחק

ב׳ריג

ב״ה ט״ו כסלו תש״ד
ברוקלין

אל ידידי יקירי תלמידי צמודי לבבי הרבנים תלמידי התמימים בעי״ת מאנטרעאל יע״א,
ה׳ עליהם יחיו

שלום וברכה!

ידידי עוז הרה״ג וו״ח אי״א מוה״ר שלמה אהרן שי׳ קזרנובסקי סיפר לי על אדות הנהגת המערכות בישיבת אחי תמימים אשר על ידי

מסיבות שבת . . כותב עתה לכלם: **באגרת שלאח״ז. וראה גם לקמן אגרת ב׳רסט.**

התעסקותו . . כולל חב״ד: **ראה גם לקמן אגרות ב׳ריט. ב׳ער. ב׳רעא. ב׳שטו.**

ב׳ריג

נדפסה בס׳ התולדות ח״ד ע׳ 258, והשלמה והוגהה ע״פ העתק המזכירות [א׳כה].

ישיבת תומכי תמימים בעי״ת מאנטרעאל יע״א, נוסף על הידיעות המשמחות אשר מסר לי ידידי עוז הרה״ג יראת ה׳ אוצרו הרה״ח מוה״ר שמואל שליט״א הלוי ממצבם ועבודתם של הרבנים תלמידי התמימים מאטוואצק והנלוים עליהם לטובה ולברכה התלמידים התמימים שנתוספו במאנטרעאל יע״א מה שהנאני מאד, ומה שעוד דורש תקון, הן בכללות המצב הרוחני והן כל אחד בפרט הנה בטח יעזר השי״ת ויסתדר – כמובן ע״י עבודה.

והנה בהנוגע לעבודה בפועל בעניני חינוך, אף כי ת״ל ישיבת אחי תמימים מסודרת במערכות ובסידור קפ״ט – כ״י – תלמידים יחיו במחלקות המתאימות להם הנה באמת מעט הוא כי לפי ערך עבודתם והתאמצותם בעזה״י הי׳ צ״ל פי שלש ממש, כי הלא בכל הענינים הנה טוב יותר באחי תמימים מבהת״ת, והי׳ צ״ל מספר גדול ואם אינו כן הרי יש סיבה בדבר וצריכים למצא את הסיבה, ושאלת המקום שהגיד לי ידי״ע הרב קזרנובסקי שי׳ אינו ענין כלל שתהי׳ למניעה ח״ו.

אמנם כל זה בישיבת אחי תמימים אשר אם עדיין לא נעשה באותה המדה שהיו צריכים לעשות אבל מעט עכ״פ הרי נעשה בעזה״י אמנם בהנוגע לחינוך הבנות לא נעשה מאומה, ובא המועד לסדר בעזה״י בית ספר לילדות בשם בית רבקה או בית שרה, וראשי המתעסקות בזה צ״ל מרת ראדעל תחי׳ ומרת גלעניצקי תחי׳ לקרא אספה מאלו הראויות להשתתף במפעל כזה תחת הנהלת המרכז לעניני חינוך ולבחור באלו הראויות להיות מורות – בשכר – כפי הוראת המרכז לעניני חינוך.

בא מועד לסדר מסיבות שבת, את הסידור של מסיבות שבת צריכים למסור על יד התלמידים דאחי תמימים מהמחלקות הגדולות לעשות אותם למדריכים כפי הסדר וההוראה של המרכז לעניני חינוך וצריכים לייסד המסיבות בכל השכונות, ולהטיל חוב – כמובן בתעמולה גדולה בהתעוררות של אהבה וחיבה – אשר כל אחד מהתלמידים יביא את חבריו ומכריו אל המסיבות ומה שצריכים לפעול על אחיהם וקרוביהם – ואחיותיהם וקרובותיהם ישתתפו בפלוגת הילדות כמשי״ת.

במסיבות שבת צריכים לסדר שתי פלוגות א) פלוגת ילדים ב) פלוגת ילדות. בפלוגת הילדים המדריכים צ״ל תלמידי אחי תמימים ו[ב]פלוגת הילדות המדריכות צ״ל המורות ותלמידות בתי הספר בית רבקה ובית שרה.

ובזה הנני פונה אליכם ידידי התלמידים התמימים, ה' עליהם יחיו, ברוב טוב, ואין טוב אלא תורה ורוב טוב הנה הכוונה עבודה שבלב בגשמיות וברוחניות אשר תתישבו ביניכם בכובד ראש על אדות שלשה דברים האמורים בזה, א) להרחיב בעזה"י את חוג הישיבות אחי תמימים, הן מה שאפשר להוסיף תלמידים בהמחלקות הנמצאות, והן לעשות מקומות חדשים בעוד שכונות. ב) בדבר יסוד בתי ספר לבנות בית רבקה ובית שרה. ג) בדבר יסוד מסבת שבת בשתי פלוגות, ילדים וילדות, כאמור.

ואתם יקיריי תנו דעתכם ולבכם על אותן העבודות הקדושות אשר משמיא קא זכו לכם לטובה ולברכה, ממדינות שונות הביאה אתכם ההשגחה העליונה ית' להעמידכם בקרן עבודה של אורה זו תורה תמימה כאמרם ז"ל תורת ה' תמימה משיבת נפש לפי שהיא תמימה היא משיבת נפש ולפי שהיא משיבת נפש היא תמימה.

עלינו כלנו כאחד, וכל אחד ואחד מאתנו בפרט, לדעת אותה העבודה ואותה האחריות אשר הטילה עלינו כלנו – כל הפליטים והניצולים מגיהנם שאול ואבדון – ועל כל אחד ואחד בפרט להתעסק במס"נ בפועל ולא רק בכח – היינו בדבור של התרגשות והדומה – בהרבצת החינוך הכשר, בהרבצת תורה ביראת שמים בהחזקת היהדות במרחב גדול – מיט א גרויסען פארנעם.

עלינו לדעת את האמת הגמור אשר לא בצדקתינו ובמעשינו הטובים זכינו לאותה ההצלה אשר הציל השי"ת אותנו להעמידנו בחיים מן אותם עשרות ומאות אלפים מאחינו ואחיותינו הקדושים שנהרגו נשרפים ונטבחים על קדושת שמו ית', תנצב"ה, וכלנו יודעים אשר לא חכמתינו וחריצותינו עמדה לנו לבא למדינות הללו מבין אחינו יקירינו יחיו אשר לא זכו לזה, ואשר על כן עלינו למלאות את חובתינו בזריזות ובחריצות מבלי לבגוד במלאכות האמורה שניתנה על ידינו.

יקירי, הושלבו כולכם כאחד ואתכם עמכם כבוד הרבנים הגאונים שליט"א ובע"ב בני תורה ומחבבי מצוה יחיו ללכת שלובי זרוע להגדיל תורה ולהאדירה במוסדות חינוך הכשר והחזקת היהדות, וברוכים תהיו בגשמיות וברוחניות.

והנני ידידכם עוז הדו"ש טובכם והצלחתכם בגשמיות וברוחניות.

המברכם.

אדמו״ר מוהריי״צ נ״ע פה

[אגרות כ״ק אדמו״ר שליט״א אליהם – בקשר להנ״ל]

כ״ד טבת,
הלולא של כ״ק רבנו הזקן,
תשג״ה

כבוד ידידינו הרה״ג הרה״ח הנעלים והמצויינים, אנשי חיל
בחילה של תורה, התמימים יחיו,
מאנטרעאל, קנדה

שלום וברכה!

בטח ידוע לכם בפרטיות אודות עבודת ה„מרכז לעניני חינוך״ אשר יסד כ״ק מו״ח אדמו״ר שליט״א זה יותר מכשנה ודו״ח בקצרה נדפס ג״כ בהקריאה והקדושה תשרי־טבת תשג״ה.

והנה אחד מעקרי עבודתו הוא מקצוע חנוך **בנות** ישראל, אשר מכמה סבות רבה בו העזובה, ובפרט: יסוד בתי ספר בשבילן – בשם „בית רבקה״ או „בית שרה״ – ויסוד „מסבות שבת״ לילדות.

בהתאם להרצאת מנהל המרכז, הרב ח.מ.א. חדקוב שי׳ מבקורו במאנטרעאל, החליט המל״ח ע״ד יסוד כהנ״ל במחנם, ואח״ז, במדה האפשרית, במדינתם גם בעירות אחרות.

ובזה הננו פונים אליכם, שתקחו ע״ע – כלכם, או אחד ואחדים מכם המתאימים לזה ע״פ בחירתכם וחוות דעתכם – עבודה רבת ערך זו. וכלשון כ״ק מו״ח אדמו״ר שליט״א „ברית כרותה לתעמולה ועבודה שאינן חוזרות ריקם״. –

והנה פרטי תכנית העבודה בזה שונים בהתאם לתנאי כל מקום ומקום, אבל בכללות תחלק העבודה לשלשה מקצועות, והן:

א) יסוד בית ספר לילדות ונערות,

ב) יסוד „מסבות שבת״ לילדות,

ג) ארגון שעורים – בצורה של קורסען או שיחות ידידיות – שמטרתם לחנך במשך זמן קצר מדריכות בשביל ה„מסבות שבת״, נואמות ומנהלות תעמולה בין הילדות והנערות ובכלל – אלה שיוכלו לקחת חלק בהעבודה לכל מקצעותי׳ הנ״ל.

אגרות . . בקשר להנ״ל: — **מהשנה שלפנ״ז. הראשונה נעתקה מהעתק המזכירות, ושתים האחרות — מצילום האגרת.**

הנסיון פה הורה, אשר יש לקוות להשפעה בחוגים היותר רחבים ולהתנגדות יותר קטנה באם כהנ"ל נעשה מבלי כל תערובת, עוד איזה פני' וענין, ואפי' ענין של קדושה, או אפי' שם לווי, וכמו שגם כאן המל"ח הוא מוסד בפ"ע.

והנה התעוררות לעבודה במקצוע הנ"ל בוודאי אך למותר הוא בכגון להו ולכוותייהו. ואבוא רק באיזה הערות, והן:...

בברכת לאלתר לתשובה לאלתר לגאולה.

ב"ה יום א' יג ניסן תשג"ה

כבוד ידידנו האברך המצוין וו"ח אי"א וכו' הרב התמים מוהר"ר מנחם זאב שי'

שלום וברכה!

במענה על מכתביו:

א) ע"ד „בית רבקה", אמנם ידוע על כמה שטרודים אתם באלה הענינים הצבוריים שהנכם עוסקים בהם, ואשר עומדים ברומו של עולם ואי אפשר להרפות מהם חלילה אך במקצת.

אבל בשים לב, כי יסוד בתי ספר לנערות על טהרת הקדש הוא בזמן הזה ובמקומות אלה שאלה של הצלת נפשות בנות ישראל, וגם כי החנוך של הבנות משפיע במדה מרובה גם על החנוך של אחיהם, על הרוח של משפחתם, ועל טהרת האויר ברחוב היהודי בכלל, בשים לב לכל הנ"ל איני יודע אם הענין סובל דיחוי.

ומי מכם יודע כי אתם היחידים במדינתכם מהידועים לנו שאפשר לפנות אליהם בהצעה כזאת.

וכל זמן שלא עלה עדיין בידכם ליסד ב"ס לנערות, ראוי עכ"פ להשתדל בסידור מסבות שבת לנערות, שזה יותר קל, והנסיון הראה, כי מסבות האלו משפיעות אח"כ על חברותיהן ללכת ל„בית רבקה", ובכלל בשנוי הנהגתן לטובה...

באיזה הערות והן: **סיום האגרת — לקוטי שיחות ח"ב ע' 668.**

ב״ה יום ג׳ כ׳ אייר תשג״ה

כבוד ידידנו האברך המצוין אי״א וו״ח וכו׳ הרב התמים מהר״ר מנחם זאב שי׳ גרינגלאס

שלום וברכה!

במענה על מכתבו מכב ניסן וגליותו מכז ניסן ומכתבו מח׳ אייר:

א) משתתפי׳ם אנו בשמחתכם לרגלי קנין הבנין עבור הישיבה ושולחים לכם את ברכותינו מקרב לבב.

ב) נהנינו לקרוא במכתבו ע״ד פעולות הטובות שנעשו בע״ה במחנכם בכלל, ובפרט מה שנוספו תלמידים לישיבה, הרושם הטוב מהאספה הפומבית, ויסוד „מסבות שבת״ לנערים ולנערות.

ג) טוב מאד שהתחלתם כבר לדון ע״ד יסוד „בית רבקה״ והבה נקוה כי הרצון הטוב יצא בע״ה מן הכח אל הפועל בהקדם הכי אפשרי.

ד) ע״ד סדר ההנהגה במסיבות שבת יוכלו להודע מאלבום ששלחנו לו, ומהדו״ח ע״ד מסבות שבת אשר שלחו לו מכבר ומהאינסטרוקציות למדריכים ולמדריכות אשר שלחנו לכם.

ובאם יש לכם שאלות מפורטות הנה נא לכתוב לנו אדותן...

ב׳ריד

ב״ה ט״ו כסלו תש״ד
ברוקלין

ידידי עוז הרה״ג וו״ח אי״א מוה״ר אברהם אלי׳ שי׳

שלום וברכה!

שמעתי כי סובל הוא משיעול חזק ואינו שואל אצל רופא, וזה אינו

ב׳ריד

נעתקה מהעתק המזכירות [א׳מ].

מוה״ר אברהם אלי׳: אקסעלראד. אגרות נוספות אליו — לעיל ח״ז ב׳צג, ובהנסמן בהערות שם. לקמן ב׳שפט. ב׳תפב. ב׳תפט.

כמו שצריך להיות על פי התורה ורפא ירפא, ורפא ע״פ חכמת הרפואה ירפא הרופא האמיתי ית׳ ויתעלה, ובבקשה כי ישאל עצת רופא והשי״ת ישלח לו רפואה ויחזקהו ויאמצהו בגשמיות וברוחניות.

ידידו הדו״ש ומברכו.

ב׳רטו

ב״ה ט״ז כסלו תשי״ד
ברוקלין

אל התלמיד החשוב הרב מו״ה יהודה צבי שי׳

שלום וברכה!

במענה על מכתבו, נהניתי לשמוע על אדות עניני התלמידים שי׳ שמצליחים ת״ל בלימודם ובהנהגתם, ובודאי שמצוה עליהם בעניני דרך ארץ ונקיות בגדיהם ורחיצת פניהם שניהם וידיהם נטילת צפרנים וכיבוד הורים.

שמחה גדולה היתה לי מזה שהתלמידים שי׳ באו לבהכנ״ס וצריך להשתדל אשר כל הילדים שי׳ יבאו בש״ק לבהכנ״ס וצריך למצא עצות לאלו הדרים בריחוק מקום למצא מי שילך עמהם ואם לא ימצא מי מחברי הועד שיחפוץ לקבל על עצמו טורח זה – מה שמורנו הבעש״ט נ״ע בחר בעבודה זו להיות בעהעלפער, היינו עוזר למלמד, והרב המגיד ממעזריטש נ״ע התברך – האט זיך געוואונשן – לחבב את הס״ת ולנשקה מעומק הלב כמו שהבעש״ט נ״ע חבב תינוק של בית רבן ונשקו – הנה אפשר ימצא מי שיעשה זאת – להוליך את הילדים לבהכנ״ס ולהשגיח עליהם שיעמדו במקום אחד בדרך ארץ ויענו אמן איש״ר ברכו וקדושה וינשקו את הס״ת ויוליכם לבתיהם.

שמחתי לשמוע על אדות סדר המסבות שבת ויוסיף אומץ בעבודתו וכאשר אמרתי לו שצריכים לעשות הכל בהנוגע לחנוך,

---

ב׳רטו

נעתקה מהעתק המזכירות [א׳כב].

מו״ה יהודה צבי: פאגלמאן. אגרות נוספות אליו — לעיל ב׳קנט, ובהנסמן בהערות שם.

וכאשר אמרתי לו: ראה לעיל אגרת ב׳קעב.

החזקת היהדות, הרבצת שיעורי תורה ברבים אבל עיקר עבודתו היא הישיבה ובזה יניח כל עצמותו והשי״ת יצליח לו בגשם וברוח.

בדבר ענינו הפרטי טוב עשה והשי״ת יצליח לו בגשם וברוח.

בשם כ״ק אדמו״ר שליט״א
מזכיר.

ב׳רטז

ב״ה ט״ז כסלו תש״ד

אל משרד תו״ת

שלום וברכה!

להודיע, בשם הרב המנהל פועל של מרכז ישיבות תו״ת, לכל הרמי״ם של אחי תמימים והמורים בכל המחלקות של הפאראקעיל סקול והאי סקול, אשר אני מזמינם לבא אלי מחר ערב, יום ג׳, שעה שמינית, שהנני רוצה לדבר אתם על אדות חובת עבודתם.

ב׳ריז

ב״ה י״ח כסלו תש״ד
ברוקלין

ידידי הנכבד אי״א מו״ה אלחנן שי׳

שלום וברכה!

ברוך אתה בבואך. מר. ליבערמאן שי׳ האט מיר איבערגעגעבן

ב׳רטז

נעתקה מהעתק המזכירות [א׳מו].

ב׳ריז

נעתקה מהעתק המזכירות.

מו״ה אלחנן: קאוועז. אגרות נוספות אליו — לעיל ב׳קפו, ובהנסמן בהערות שם.

וועגען אייער צוריקעהר מיט גליק פון אייער רייזע, מיך וואונדערט וואס איך האב נאך ניט באקומען פון אונזער פריינד מר. סטולמאן שי׳ און מר. שא[ו] שי׳ דעם נוסח פון די צוויי דאקומענטען וואס מר. מוהוס שי׳ דארף אונטערשרייבען.

איך וואלט זייער וועלען וויסען די פלענער וואס איר, מיינע ליבע פריינד, האט בעשלאסען אויף צו פארברייטערען דעם קרייז פון דער ביבעל לעהר־שטונדע.

איך האף אז איהר וועט בעזרת השי״ת איצטער אויס ארבעטען די סיסטעם און דעם פלאן ווי צו פארשפרייטען דעם בוך אויף א ברייטען מאסשטאב.

מיט די בעסטע וואונשען.

ידידו הדו״ש ומברכו.

ב׳ריח

ב״ה כ״ד כסלו תש״ד
ברוקלין

ידידי וו״ח אי״א הרב מוה״ר שלום שי׳

שלום וברכה!

ת״ל עבור השגת דירה המוכשרת לפניו, יתן השי״ת שתהי׳ להצלחה לו ולב״ב יחיו בגשמיות וברוחניות. ובהנוגע להסכום הדרוש לו להוצ[א]ות ההעתקה בשעטומ״צ יכתוב לי כמה דרוש לו ואשלח לו בתור גמ״ח לפרוע קימעא קימעא מתוך הרחבה.

נוסח . . מוהוס: הנ״ל אגרת ב׳קפב, ובהנסמן בהערות שם.

ביבעל לעהר־שטונדע: הנ״ל שם.

ב׳ריח

נעתקה מצילום האגרת [א׳קמו].

מוה״ר שלום: פויזנער. אגרות נוספות אליו — לעיל ח״ז א׳תתצח, ובהנסמן בהערות שם. לקמן ב׳רכ. ב׳רפח. ב׳תרסו.

העתקה: משיקגו לפיטסבורג, ע״מ לנהל את הישיבה — כנ״ל ח״ז אגרות ב׳קט־י. ב׳קיט. וראה גם לקמן אגרת ב׳רכ.

אודות הישיבה עדיין לא קבלתי מאתו ידיעה נכונה ומפורטת, הן מהרוחניות והן מהגשמיות, וכפי ששמעתי הנה הוא וידי״ע התלמיד הרב אלטעין יחי׳ עובדים בחריצות גדולה ת״ל וא״כ מדוע עוד לא נתפתחה הישיבה במדריגה הראוי׳ לה, לא בתלמידים ולא בעניני הכספים, הלא פיטסבורג עיר גדולה ושמעתי אשר ת״ל נכבדי העיר מהחרדים וביחוד מר דאן שי׳ המהולל בפי כל בגודל השפעתו בעיר הנהו אחד מהעסקנים הכי גדולים מסור ונתון אל הישיבה, ומדוע ההכנסה מצומצמת, וצריכים לחפש אחרי הסיבות ולמצא עצות לתקן דבר זה אשר ההכנסה תתגדל בעזה״י ולא רק שתספיק להוצאות פיטסבורג לישיבת אחי תמימים, פאראקעיל סקול ובית רבקה ומסבות שבת אלא שתחזיק גם את המרכז בסכומים נכונים וכבר הי׳ בדעתי לכתוב איזה מכתבים בהנוגע להישיבה למר דאן שי׳ ולעוד מי שהוא – אשר יודיעני למי – בתודה על העבר ובבקשה על להבא, ובבקשה לכתוב לי למי לכתוב בנדון זה ובטח דרושים מכתבים גם להרבנים יחיו ויודיעני למי ובדיוק את שמותיהם.

בשם כ״ק אדמו״ר שליט״א
מזכיר

ח. ליבערמאן

ב׳ריט

ב״ה נר החמישי תש״ד
ברוקלין

ידידי עוז הרה״ג הרה״ח אי״א מוה״ר שמואל שי׳ הלוי

שלום וברכה!

בטח זוכר ידידי את כל הענינים אשר דברתי אתו עמו טרם נסיעתו צלחה, בהנוגע לסידור עניני הנהלת הישיבה תומכי־תמימים והנהגת ישיבת אחי תמימים אשר על יד ישיבת תומכי תמימים, בדבר התיסדות בית רבקה או בית שרה לחינוך הבנות ילדות וגם צעירות

ב׳ריט

נעתקה מהעתק המזכירות [א׳רנב].

מוה״ר שמואל: **לויטין. אגרות נוספות אליו — לעיל ח״ז א׳תתקסא, ובהנסמן בהערות שם. לקמן ב׳תפג. ב׳תקנט. ב׳תקעה. ב׳תקפז. ב׳תרג.**

התייסדות בית רבקה: **ראה לעיל אגרת ב׳ריג.**

ללמוד למורות, על אדות הסידור בהנוגע לכולל חב״ד ע״י ידידי הרב התלמיד הנעלה וו״ח אי״א מוה״ר מנחם זאב שי׳, כן לזרזו בהנוגע לההתעסקות בעניני מל״ח, לחפש אחרי הת״ת ולהכניס בהם אור ע״י ההדפסות של מל״ח ולפרסם הדפסות קה״ת, כן על אדות התמנותו של ידידי הרב התלמיד וו״ח אי״א מוה״ר משה אלי׳ שי׳ גערליצקי להתענין בענין המעמד, וכפי שבארתי לידידי כוונתי בזה לקרב אנ״ש ולהחיות בעזה״י הענפין מתפרדין בסיבה מסבות שונות. עשיתי לי קאנטא בבאנק במאנטרעאל בכדי שלא להטרידם בעניני השילוחים מהתם להכא ומעכשו יכניסו כל הסכומים השייכים אלי – לא כספי תו״ת – הן השייך למעמד והן השייך לצדקה על דעתי והן השייך לכולל חב״ד, על הקאנטא שלי בהבאנק כפי האדרעסא האמורה למטה, והנני מבקש את ידידי על אדות החשבון מעבר שיכתבו בההכנסה ממי והזמן וההוצאה, הן מה ששלחו ע״י המחאות מהבאנק והן מה ששלחו ע״י מי שהוא ומה ששלחו לאה״ק תובב״א הכל באר היטב בזמניהם וידידי יביא אתו עמו את החשבון המסודר.

יחזק השי״ת את בריאות ידידי ויצליח לו בגו״ר, ויפרוש גיני בשלום התלמידים שי׳ ואנ״ש ה׳ עליהם יחיו ויגיד להם את ברכתי כי יהי׳ השי״ת בעזרם בגו״ר.

ידידו הדו״ש מכבדו ומברכו.

ב׳רכ

ב״ה ג׳ טבת תש״ד
ברוקלין

ידידי וו״ח אי״א הרב מוה״ר שלום שי׳

שלום וברכה!

בזה הנני שולח לו המחאה ע״ס $400 (ארבע מאות שקלים) בתור

הסידור . . מנחם זאב: **גרינגלאס, ראה לעיל אגרת ב׳ריב.**

התמנותו . . גערליצקי: **ראה לקמן אגרות ב׳רסג־ד.**

ב׳רכ

נעתקה מהעתק המזכירות [א׳רעה]. לתוכנה ראה לעיל אגרת ב׳ריח — אליו.

מוה״ר שלום: **פויזנער. אגרות נוספות אליו — לעיל ב׳ריח, ובהנסמן בהערות שם.**

גמ"ח להוצאות העתקת ב"ב יחיו בשעטומ"צ ויסתדרו בסדר טוב באהלה של תורה בבריאות הנכונה להצלחה בגשמיות וברוחניות.

זמן התחלת הפרעון – קמעא קמעא – לא קודם מחדש אייר הבע"ל.

בנועם מצות אהבת ריעים הכפולה במצות אהבת ישראל, צריך לסדר אשר מטעם ועד הישיבה יסדרו בעזה"י קבלת פנים מיוחד לשמחת חגיגת נשואי הראש ישיבה ידידי עוז הרב ר"מ שי' אלטעין מייסד ישיבת אחי תמימים בעי"ת פיטסבורג, כמובן אשר סידור כזה דורש הכנה כשבועות שתים ואחר החגיגה – שיהי' להם – יתן השי"ת להצלחה – ביום א' הבע"ל יתחיל בהתחלת סידור הקבלת פנים ויקבעו ביום המוכשר ומסוגל לרבים שיבאו אל החגיגה, וזה כבוד החסידים והחסידות וכבוד הישיבה.

בשם כ"ק אדמו"ר שליט"א
מזכיר.

ב'רכא

ב"ה ג' טבת תש"ד
ברוקלין

שלום וברכה!

מצורף בזה קטע מהשיחה די"ט כסלו יוכל להדפיסה כמו שהיא ולשלחה לאנ"ש שי', ואם המארגן זשורנאל ירצה להדפיסה הנני מסכים אבל רק כמו שהיא ובתור שיחה די"ט כסלו ולא בתור מכתב.

נשואי . . אלטעין: שהתקיימה בכ"ב כסלו. תיאור החתונה בקובץ ליובאוויטש גליון 1 ע' 14.

ב'רכא

נעתקה מהעתק המזכירות.

השיחה די"ט כסלו: נדפסה בס' השיחות תש"ד ע' 47. שיחה נוספת נדפסה בקובץ ליובאוויטש גליון 1 ע' 3, וכאן, כנראה, הכוונה למ"ש בקובץ הנ"ל ע' 8: "ערשינען א חוברת מיטן נאמען "אשרי האיש" – אן אויסצוג פון דער שיחה, וואס כ"ק אדמו"ר שליט"א האט גערעדט י"ט כסלו ד.י. וועגן דער גרויסער חשיבות פון די ישיבות תומכי תמימים ליובאוויטש".

ב'רכב

ב"ה ו' טבת תשי"ד
ברוקלין

ידידי וו"ח אי"א מו"ה...

שלום וברכה!

ענטפער אויף אייער שרייבען, מיך וואונדערט זייער פאר וואס איך האב ניט געהאט קיין ענטפער פון אייך און אייער זון שי' אויף מיין פראגע וועגען לערנען א שעה צייט אייניגע מאל אין וואך. ווען מען בעט בא השי"ת אז ער זאל העלפען און געבען דאס וואס מען דארף פאר זיך און פאר דער פאמיליע דארף מען דעם בורא ב"ה אויך עפעס געבען, אויף אלע דברים בטלים און נארעשקייטן איז פאראן צייט נאר אויף צו לערנען די הייליגע תורה איז קיין צייט ניטא, דאס איז א זאך וואס מען מוז פארריכטן. ניט מיט דעם טרוקענעם דאווענען און די פאר גראשען צדקה מאכט מען גוט דעם גאנצען ענין פון דער נשמה שפייז, בעדיינקט זיך אליין אין וואס בא אייך זיינען אוועק די יארען און ערוועקט אייערע קינדער יחיו אז מען זאל מאכען א צייט לערנען אייניגע מאל אין וואך. השי"ת זאל בעגליקען אייך מיט דער פאמיליע יחיו אין געזונט און פרנסה.

בשם כ"ק אדמו"ר שליט"א.

ב'רכג

ב"ה ו' טבת תשי"ד
ברוקלין

ידידי וו"ח אי"א מו"ה נחום דוב שי'

שלום וברכה!

ענטפער אויך אייער שרייבען, אין א רעפארם שול טאר מען ניט

ב'רכב

נעתקה מהעתק המזכירות [א'שג]. וראה בהמשך לאגרת ב'קנה דלעיל.

ב'רכג

נדפסה בקובץ מכתבים תהלים, והושלמה והוגהה ע"פ העתק המזכירות [א'שלו].

מו"ה נחום דוב: דענבערג. אגרות נוספות אליו — לעיל ח"ו א'תקצה. ח"ז א'תתקיג.

דאוונען און מען טאר דארט ניט זאגען קיין ברכו וקדושה און ענטפערן אמן. דער אידישער איד וואס דאווענט אין א רעפארם שול ציט אויף זיך ארויף די טומאה און איז מוסיף חיות אין טומאה.

תפלה בצבור איז זייער הייליג איצטער אויף דער עלטער – השי״ת זאל אייך געבען געזונטע אריכות ימים – איז א ודאי זייער נויטיג – ווען מען קען – דאוונען בצבור. איר דארפט זיך לאזען קאסטען עטלעכע דאללאר א וואך, דינגען א צימער און מאכן א מנין וואו איר זאלט קענען דאוונען בצבור איר זאלט ניט זשאלעווען קיין געלט, דאס איז בעסער ווי דער גרעסטער פראפעסאר, אויך וועט איר מיט דעם זיין א מזכה הרבים.

השי״ת זאל אייך שטארקען דעם געזונט און זאל אייך געבען אריכות ימים ויחזק השי״ת את בריאות זוגתו תחי׳.

בשם כ״ק אדמו״ר שליט״א
מזכיר.

ב׳רכד

ב״ה ו׳ טבת תש״ד
ברוקלין

ידידי וו״ח אי״א הרב מוהר״ש זלמן שי׳

שלום וברכה!

במענה על מכתבו, טוב עשה שהעתיק מקום שיעורי הנאומים באנגלית להת״ת, וכמו שהגדתי לו שצריך לשום לב במועצות דעת ובתעמולה מסודרת להחזיר את גזע מתפללי בהכנ״ס ליובאוויטש אל צור מחצבתם וצריך לחקור ולדרוש אחריהם יום יום ולמצא עילות וסיבות איך לקנות את לבבם ולקרבם שיהיו חברי ביהכנ״ס ליובאוויטש אף כי מתיחסים המה לביהכנ״ס אחר.

ב׳רכד

נעתקה מהעתק המזכירות [א׳שלח].

מוהר״ש זלמן: העכט. אגרות נוספות אליו — לעיל ב׳רד, ובהנסמן בהערות שם.

בדבר הקריאה בספר הנה העיקר צריכים להרבות בביאורים והסברים ואם דרוש לו עוד ספרים אשלח לו – אם ירצה מי שהוא לקנות את הספר הנה מחירו $2.75.

יצליח לו השי"ת בעבודתו הק' ויחזק את בריאותו שיוכל להוסיף אומץ בתורה ועבודה מתוך הרחבת הדעת בגשמיות וברוחניות.

בשם כ"ק אדמו"ר שליט"א
מזכיר.

ב'רכה

ב"ה ו' טבת תשי"ד
ברוקלין

ידידי התלמיד החשוב וו"ח אי"א הרב מוה"ר צבי שי'

שלום וברכה!

מכתבו מי"ז כסלו העבר הגיעני במועדו ונהניתי במאד מכל הכתוב באופן התפתחות הישיבה, וכן בדבר התחלת התיסדות בית שרה – כן יקראו אותה ויעשה לה סַיין מיוחד ואשר היא תחת הנהלת מרכז לעניני חינוך – אמנם מסבות שונות לא יכולתי להשיב עליו תיכף כפי דרישת הענין אשר הכל יֵעָשה בעזה"י בזריזות הדרושה.

אודות התיסדות בי"ס לילדות ונערות מסרתי למרכז לעניני חינוך להתדבר עמהם גם לקבוע איזה תקציב – קטן לעת עתה – על איזה חדשים וביום השני – ל' כסלו – הרציאו לי מאת מרכז לעניני חינוך בדבר התיסדות הבי"ס לילדות ונערות בראטשעסטער תחת הנהלת המורה הרבנית שוסטערמאן תחי' ואשרתי את הדבר ובטח ימים אלו תקבל זוגתו הרבנית תחי' מכתב מפורט מאת מרכז לעניני חנוך,

---

קריאה בספר: **הנ"ל אגרת ב'קפב. וראה גם לעיל אגרת ב'רד. לקמן ב'רמג.**

ב'רכה

נעתקה מצילום האגרת [א'שלט].

מוה"ר צבי: **שוסטרמאן. אגרות נוספות אליו — לעיל ב'קע, ובהנסמן בהערות שם.**

הישיבה: **בראטשעסטער.**

מסרתי למרכז לעניני חינוך: **ראה אגרת שלאח"ז. לקמן אגרת ב'שדמ.**

והשי״ת יעזר לה ותצליח בעבודתה הקדושה ויתרבה גבולם בתלמידות טובות בגשמיות וברוחניות.

בדבר ההנהגה היסודית שלא לקחת שכר למוד, טוב ומוכרח הדבר הן בישיבת אחי תמימים והן בבית הספר בית שרה.

בדבר הילד שי׳ אשר אמו ממאנת לשמור את הכשרות, איני יודע איך הוא המצב בהוה, אבל הנני אומר לו אשר הוא צריך להניח כל הכחות – כמובן במועצות חכמה ובדברי קירוב – אשר הילד יהי׳ בהישיבה ולהשתדל בכל מיני השתדלות לסדר את הילד שיאכל כשר, ויכתוב לי בפרטות מה עשה בזה ומה אפשר לעשות בזה, ואם דרוש איזה הוצאה עבוד הילד שי׳ שיאכל כשר יודיעני ואמצא מקור על זה שלא מקופת הישיבה.

ודאי הדבר אשר רוח התורה ביראת שמים ידחה כל המניעות ועכובים על תורה ויראת שמים אבל לזה דרושה עבודה ופועל במסירות נפש, ניט אפשטעלן זיך, גיין טריט נאך טריט מיט א אמת׳ע איבערגעגעבענקייט, לערנען די קינדער, מחנך ומדריך זיין זיי צו דערוועקן אין זיי דעם אידישן שטאלץ אז בא זיי זאל ווערן זייער טייער תורה ומצות.

הנני חפץ לדעת איך הוא הסדר של תפלה בכלל ובש״ק בפרט צריכים להביאם לביהכנ״ס ולסדרם שיעמדו כלם במקום אחד, ואלו שיכולים להתפלל יתפללו כמה שאפשר והעיקר שיאמרו ברכו וקדושה ויענו אמן יהא שמי׳ רבא, וכל זמן התפלה וקריאת התורה יהיו בביהכנ״ס ויתנכום בדרך ארץ לאמר שבתא טבא להרב – מורם ורבם – ולהוריהם וקרוביהם ומתפללי ביהכנ״ס.

בדבר הנהגתו בנאומיו בביהכנ״ס טוב הדבר – בההתחלה – לדבר רק באנגלית, את תכן נאומיו אינו כותב ובטח בוחר בענינים שהם לפי ערך הבנתם וצריך לדבר בענין א) עמי הארצות אשר צעירי וצעירות בית ישראל עזבו את ידיעת התורה, ותמורת זה שמעולם הי׳ עם ישראל עם הספר בידיעת התורה שהיא מדע המדעים הנה החליפוה במדעים קלי הערך, ויעשה התעוררות גדולה לעשות קבוצות צעירים וצעירות להתוודע מה היא תורת ה׳, ואגב יודיע כי כל התרגומים אינם אמיתים ומהם אשר ההעתקה האנגלית היא משובשת בזדון – והנני שולח לו ספר אחד באנגלית אשר המחבר הוא איש מדעי ויר״ש ומראה

ספר אחד באנגלית: **הנ״ל אגרת ב׳קפב, ובהנסמן בהערות שם.**

לדעת על השבושים שהכניסו בזדון בהעתקת החומש –. ב) בענין העדר קיום מצות מעשיות בטהרת המשפחה ובכשרות.

ברוך יהי׳ הצעיר בנו של מר בעקער שי׳ על אשר לוקח על עצמו ללמוד את השיעור בקצור שו״ע – והעיקר לעורר על קיום מצות מעשיות – ולוקח על עצמו הטורח לקבץ עוד צעירים שי׳ ללמוד השיעור, והשי״ת יהי׳ בעזרם בגשמיות וברוחניות.

בדבר הצעות ידידנו העסקן החרוץ ובעל פעולות כבירות אי״א מוה״ר דוד שי׳ גאלדמאן הנה בודאי כי טוב וישר הוא למלאותם לטובת הישיבה ולטובת החזקת היהדות, אבל בכל זה צריכים להתיישב על כל דבר הצעה והצעה לעשותה בעתה ובזמנה ובמתינות, והשי״ת יצליח לו ולזוגתו הרבנית תחי׳ בעבודתם הק׳ וטוב יהי׳ להם בגשמיות וברוחניות.

בשם כ״ק אדמו״ר שליט״א
מזכיר
ח. ליבערמאן

ב׳רכו

ב״ה ו׳ טבת תשי״ד
ברוקלין

אל ה„מרכז לעניני חנוך"

שלום וברכה!

במענה על מכתבם אדות התיסדות בי״ס „בית־שרה" בעי״ת ראטשעסטער יע״א בהנהלת המורה הרבנית שוסטערמאן תחי׳ הנני מאשר הדבר ויבאו אתה בכתובים לסדר ככל האמור במכתבם זה וכן במה שנחוץ להוסיף על הכתוב במכתבם, אמנם בדבר התקציב צריכים –לדעתי – סכום של שלשים לחדש, והתשלומין יתחילו מזמן אשר כבר יהיו איזה מספר תלמידות והבית הספר יסתדר עם סדרי הלימודים ומסבות שבת.

בשם כ״ק אדמו״ר שליט״א
מזכיר.

ב׳רכו

נעתקה מהעתק המזכירות [א׳שמ]. לתוכנה ראה אגרת שלפנ״ז.

ב׳רכז

ב״ה ז׳ טבת תש״ד
ברוקלין

ידידי הנכבד אי״א מו״ה אלחנן שי׳

שלום וברכה!

איך בין זייער גליקלעך מיט דער בשורה טובה וואס איר, ידידי היקר, האט מיך דערפרייט, אז דער קינד פון אונזער טייערן פריינד ... איז גערעטעוועט געווארן פון דעם גייסטיגן אפגרונט, אבער מיין הארץ טוט מיר נאך וויי, ניט וויסנדיג אין וואס פאר א שוהל ער וועט גיין. מען מוז זיך מיט דעם זייער פאראינטערעסירן, עס איז א לעבנס פראגע, איך האב מיט אייך וועגן דעם ניט געקענט ריידן דאן ווען איר זייט בא מיר געוועזן, ווייל איך האב מיך דאן ניט גוט געפיהלט.

איר, ידידי היקר, מוזט אומבעדינגט בעזה״י דורכפירן פיר זאכן, וועלכע זיינען נוגע ביידע קינדער אין לעבן ממש: א) דער פאטער זאל יעדן וואכן־טאג לייגן תפילין. ב) די מוטער מוז איינפירן א כשר׳ה קיך, כשר פלייש, פליישיגס און מילכיגס באזונדער. ג) עס מוז ווערן א שבת־טיש מיט ליכט אויפן טיש. די עלטערן – ביידע, דער פאטער און די מוטער – מוזן ברייגנען דעם שווערן קרבן פון היטן שבת. עס העלפט ניט עס מוז אזוי זיין, און אנדערש קען ניט זיין. ד) דער קינד שי׳ מוז לערנען אין א אויפריכטיגער גוטער שוהל.

איך ווייס זייער גוט די שוועריקייטן פון דורכצופירן די פיר אויבענדערמאנטע זאכן, אבער איר, ידידי היקר, בעדארפט וויסן אז דאס איז אייער פליכט, איר מוזט דאס דורכפירן, ווי אזוי דאס דורכצופירן, דאס איז אייער זאך. געוויס מוז מען באנוצן די גרעסטע איידלסטע אמת אידיש תורה׳דיקע אינטעליגענץ, מיט די שענסטע קירוב׳דיגע באנעמונגען, אבער אויך בעדארף מען האבן אין אויג אז דער גרעסטער כירורג ווען ער זאל זיך רעכענען מיטן צייטווייליגן

ב׳רכז

נדפסה בסה״מ תש״ט ע׳ 44 (הב׳). והושלמה והוגהה ע״פ העתק המזכירות [א׳שמא].

מו״ה אלחנן: קאוועז. אגרות נוספות אליו — לעיל ב׳קפו, ובהנסמן בהערות שם.

קינד . . גערעטעוועט: ראה לעיל שם.

ווייטאג פון דעם פאציענט וואס מוז אפערירט ווערן, וועט ער שטעלן אין געפאר דעם פאציענטס לעבן און וועט טראגן די גרויסע פעראנטווארטליכקייט פאר דעם לעבן פון א מענטשן. די פליכט פון דעם כירורג־פראפעסאר איז אויסצוזוכן אלע מיטלען אויף צו בעזייטיגן די ווייטאגן – דורך געוויסע נאקאזן (אנווייזונגען) און בערוהיגונגס מיטלען – אבער די אפערייטשאן מוז ער מאכן און ראטעווען א מענטשנס לעבן.

אין אונזער פאל, איז דאס ראטעווען פיר מענטשן. און נאך מער, ראטעווען ליבע קינדער יחיו, וועלכע, האפענטליך, וועלן – מיט ג־טס הילף – אויב מען וועט זיי ריכטיג ערציהען, זיין אידן און ברייננגען אידישע קינדער אויף ג־טס ב״ה וועלט.

איך ווידערהאל וואס איך זאג, אז איר, ידידי היקר, דארפט נעמען אויף זיך די גרויסע שווערע ארבעט, גוט טיף אריינטראכטן אין דעם פלאן ווי אזוי צו ארבעטן. פון טיעפן ברידערליכן הארצן ווינטש איך אייך אז השי״ת זאל אייך מזכה זיין און מצליח זיין אין דער רעטונגס ארבעט.

פיעלע שלאפלאזע נעכט האב איך איבערגעלעבט פון דעם טאג וואס איר האט מיר דערציילט דעם טרויעריגן פאל פון איבערגעבן דעם טייערן קינד שי׳ – ניט איצט געדאכט – אין די קריסטליכע הענד. מיט דעם גרעסטן אומגעדולד האב איך געווארט אויף דעם טאג וואס ער וועט זיך אומקערן א איד, געלויבט השי״ת. איך וועל ניט רוען ביז איך וועל פועל זיין בא ג־ט ב״ה ער זאל געבן א ריכטיגע גוטע דיעה די עלטערן יחיו זיי זאלן אייך, ידידי יקירי, פאלגן. איר אליין מוזט זיכער וויסן אז די פיר זאכן זיינען די איינציגע רעטונגס מיטלען. דאס איז א רעליגיעזע און מאראלישע פראגע פון לעבן און טויט. מיטן גאנצן הארצן און נשמה וויל איך אז אונזער פריינד מיט זיין ווערטע פרוי און קינדערלעך יחיו זאלן לעבן און זיין בעגליקט אין אלעס.

* * *

אונזער גרויסער לערער – רבי – דער בעל שם טוב – זכותו יגן עלינו – זאגט, אז א בעגעגעניש צווישן מענטשן איז דאס על פי סדר ההשגחה העליונה, וואס דער מיין פון דער בעגעגעניש מוז אויסגענוצט ווערן אין א תורה ומצות זאך. דאס מיינט אז די בעגעגעניש פון מענטשן איז א געטליכער וואונק אז יעדער פון די צוויי מענטשן וואס

האבן זיך באגעגנט מוזן עפעס לערנען איינער פון צווייטן און מוזן ווירקן איינער אויפן צווייטן אויך אין א תורה ומצות ענין, ניט נאר אין צדקה וגמילות חסדים.

אט אזוי לערנט אונז אונזער ערשטער רבי, דער בעש״ט – נשמתו עדן – און אזוי לערנען אונז אלע איבעריגע רביים אין זייערע דברי חסידות, אז מיר דארפן און מוזן קוקן אויף אלע – אפילו וואס מענטשן רופן קליינליכע – פאסירונגען, אז זיי זיינען באמת א הוראה מן השמים – אנדייטונגען פון הימל – אויף געוויסע זאכן וואס די השגחה העליונה – השם יתברך – האט ארויף געלעגט אויף די אידן וועלכע באגעגענען זיך אז זיי דארפן דאס דורכפירן.

איר – מיט דער גזירה פון השגחה פרטית – האט צו מיר געבראכט מר י.ב. שי׳. בעקאנט צו ווערן.

אויבנאויף ווייזט אויס צו זיין די זאך זייער איינפאך. דריי מענטשן, איר, מר. י.ב. און איך זיינען צונויפגעקומען אויף א שעה צייט, איז אין פלוג איז דאס א געוועהנליכע פאסירונג וואס איז ניט ווערט אז מען זאל אויף דעם לייגן אכט און ווער רעדט שפענדן צייט צו טראכטן אין דעם און שרייבן וועגן דעם.

באמת איז אבער ניט אזוי.

מר י.ב. שי׳ גייט אוועק – ער איז שוין אוועק – אין דער ארמיי. אויף מיר האט ער געמאכט א שטארקן גוטן איינדרוק וועלכער איז אפט צו זעהן אויף די אמעריקאנער געבארענע, א טיעף איידעלן געפיהל צו א גייסטיקן לעבן. איך האב פון דער פארם ווי ער האט ארויסגעזאגט דאס וואס ער האט גערעדט, פיעל געלערנט, אויך וועגן דער ריינקייט פון זיינע מחשבות. איך בין זיכער אז ווען ער ווייס דעם אינערליכן יסוד פון מצות מעשיות ווי תפילין, שבת, טהרת המשפחה, כשרות וכו׳ וואלט ער מיט זיין איידעלער שטרעבונג צו גייסטיגן לעבן זיכער מקיים געווען די מצות מעשיות. ער איז א קרבן פון דער אומפאראנטווארטליכער ערציאונג.

די הייליגע תורה לייגט דעם גרעסטן אכט אויף אפצוהיטן א אידישן קערפער. ווי הייליג שבת און יום כפור זיינען, אז עס שטייט אין דער תורה מחללי׳ מות יומת, איז פונדעסטוועגן פיקוח נפש דוחה שבת און יום כפור, און דער וואס טוט ניט אזוי בעגייט די גרעסטע עבירה.

זעט, ידידי יקירי, ווי השם יתברך שיקט זיין ערנסטן שוץ מיטל קעגן זיכערע געפארן דורך א זאך וואס דורכשניטליכע מענטשן רופן דאס א נישט ווערטיקער צופאל, אבער באמת איז דאס גאר ניט קיין צופאל, עס איז דער אמת׳ר השגחה פרטית שליח צו ברייגען א שוץ מיטל קעגן א געפערליכע קערפערליכע געפאר פון א אידן.

עס שטייט אין ספרים אז תפילין זיינען א קמיע אין א געפערליכן פלאץ. אידישע זעלנער וואו זיי זאלן זיך ניט געפינען, אויפן וואסער אדער אין דער לופט צי אויפן יבשה בעדארפן יעדן וואכן־טאג לעגען תפילין. חוץ דעם וואס תפילין לעגען איז א מצוה איז דאס אויך א קמיע.

און דאס איז דער מיין פון דער השגחה פרטית וואס האט אונז אלעמען – אייך, מר. י.ב. און מיר – צוזאמענגעבראכט אויף א שעה צייט אז איך זאל האבן די גוטע ווירקונג וואס מר י.ב. האט אויף מיר געמאכט און אז איך זאל – דורך אייך – לאזן עם וויסן פון דעם ערנסטן שוץ־מיטל קעגן דער קערפערליכער געפאר, אז ער זאל דאס בענוצן און ווערן געשיצט.

איך בעט אייך, ידידי היקר, איבערגעבן מיין גרוס און וואונש צו מר. י.ב. אז השי״ת זאל אים בעגליקן און שיצן וואו ער וועט זיין און ברייגען אים א היים צו זיין פאמיליע יחיו א געזונטן.

איך לעג ביי א ביכעל, אזוי גוט זיין איבערגעבן מר ...

מיט די בעסטע וואונשן צו אייך און צו אייער ווערטע פרוי תחי׳.

הדו״ש ומברכו.

ביכעל: הנ״ל אגרת ב׳קפב, ובהנסמן בהערות שם.

ב׳רכח

ב״ה י״ג טבת תש״ד
ברוקלין

כבוד ידידי הנכבד והכי נעלה, משכיל על דבר טוב, בעל מדות נעימות וו״ח אי״א מו״ה יעקב שי׳

שלום וברכה!

מכתבו בצירוף שלוחו נכון הגיעני ותודה וברכה עבור זה, ואך למותר הוא, כי ענייני הפרטי מסודר ת״ל במדה ידועה, ועיקר התמיכה והעזרה בגשם וברוח דרושה לי בעבודתי הכי כבדה והאחראית בענייני הרבצת תורה ביראת שמים, לייסד ישיבות וחדרי תורה בכל מרחבי המדינה ולהשתדל בדבר החינוך הכשר בהתייסדות בתי ספר לבנות וההשתדלות להחזקת היהדות, אשר בגלל כל זה הביאני השי״ת למדינה זו, לא לאכול מפרי׳ ולא לשבוע מטובה הביאני השי״ת הנה כי אם בשביל לעבוד עבודת הקדש בהרבצת תורה ביראת שמים והחזקת היהדות כאמור.

עבודה קשה וכבדה במאד הועמסה עלי, ועלי בעזה״י לעשותה במסירת נפש בפועל, מבלי התחשב עם מנגדי תורה תמימה באשמת מושחתי המדות או באשמת כלבין חציפין מושחתי הדיעות, ותקותי חזקה בהשי״ת בזכות הוד כ״ק אבותינו רבותינו הק׳ זצוקללה״ה נבג״ם זי״ע אשר קרוב לבא אותו יום הבהיר ואור תורה תמימה ממרכז ישיבות תומכי תמימים ליובאוויטש יאיר במרחבי מדינה זו, אויבי תורה תמימה יעטו בושת וכלימה ואוהבי תורה תמימה ישמחו וינחלו כבוד רב.

ידעתי אשר ידידי ורעיתו הכבודה תחי׳ עוסקים חרוצים בעד התורה ומוסדות החסד והרבה עשו ועושים ת״ל גם בעד מרכז ישיבות תומכי תמימים ליובאוויטש, אבל מעט הוא לעומת דרישת המוסד הקדוש, ובכן הנני פונה אל ידידי ורעיתו הכבודה יחיו להכניס עצמם בהחזקת המוסד הקדוש לעורר את מכריהם ומיודעיהם בנדבותיהם בעצמם ובהתעוררות אצל מכריהם ומיודעיהם, להחזיק את המוסד

ב׳רכח

נעתקה מהעתק המזכירות [א׳שז].

מו״ה יעקב: קעסטענבוים. אגרות נוספות אליו — לקמן ב׳תרנה. ב׳תערב.

הקדוש מרכז ישיבות תומכי תמימים ליובאוויטש, וברכות מאליפות יחולו על ראשיהם.

יחזק השי"ת את בריאותו ואת בריאות רעיתו הכבודה ואת בריאות ילדיהם יחיו וישפיע להם השי"ת שפעת ברכה והצלחה בעסקיהם שיוכלו להמשיך את עבודתם הק' מתוך הרחבה.

פ"ש וברכה לידידי כבוד אחיו הנכבדים והנעלים וו"ח אי"א מו"ה ישראל שי' ומו"ה דוד שי', והנני מבקשם ככל האמור במכתבי זה והשי"ת יהי' בעזרם ויצליח להם בגשמיות וברוחניות.

הדו"ש ומברכו.

ב'רכט

ב"ה י"ג טבת תשי"ד
ברוקלין

ידידי וו"ח אי"א מו"ה זלמן שי'

שלום וברכה!

במענה על כתבו על ידי ידידי עוז הרה"ג וו"ח אי"א מוה"ר זרח שליט"א הורוויץ אודות חלישות בריאותו, צריך להתנהג כפי הוראת הרופא והשי"ת ירחם וישלח לו רפואה ויתן לו אריכות ימים ושנים. האם הכיר את זקנו הרב החסיד המפורסם ר' נחום חוזר נ"ע, הרבה שמעתי אודותו מזמן שהי' חוזר אצל הוד כ"ק אאזמו"ר הרה"ק בעל צמח צדק זצוקללה"ה נבג"ם זי"ע, אבל גזעו הפרטי לא אדע, באיזה עיר נולד ומי הי' אביו ומה הי' שם משפחתו, ואם ידוע לו ייטיב נא לכתוב לי, וכל מה שיודע בזה ייטיב למסור לידידי עוז תלמידי הרב וו"ח אי"א מוה"ר משה יצחק שי' העכט מנהל ישיבת אחי תמימים בעיר וואוסטער יע"א והוא יכתוב הכל וישלח אלי.

הסך 10 דאללאר נתקבל.

בשם כ"ק אדמו"ר שליט"א
מזכיר.

ב'רכט

נעתקה מהעתק המזכירות [א'תכ].
מו"ה זלמן: **גאף**.

ב׳רל

ב״ה י״ד טבת תש״ד
ברוקלין

אל מרת הינדא תחי׳ ווינטער

ברכה ושלום!

ענטפער אויף אייער שרייבען. איך בין זייער צופר[ידן] וואס אייער טאכטער מרת חנה תחי׳ האט געגרינדעט א מסיבות שבת. שרייבט איר אז זי זאל ווירקען אויף אירע חברתות אז זיי זאלען אויפזוכען אידישע מיידלעך פון זייערע שכנים און ברייינגען זיי צו די מסיבות שבת, און וואו עס איז נויטיג זאל מען גרינדען נייע מסיבות שבת.

איר מוזט זעהען באזארגען בעזה״י אז די מסבות שבת וואס אייער טאכטער תחי׳ האט געגרינדעט אין מאקיספארט זאל אנהאלטען און פארגרעסערען זיך.

איר בעדארפט נעמען דעם גרעסטען איינטייל אין דער ישיבה אחי תמימים און אין דער פאראקעיל סקול און איר בעדארפט העלפען הרבנית מרת אלטעין תחי׳ וועלכע איז בעזה״י זייער א פייהיגע פעדאגאגין און א זעלטען גוטע ארבעטארין אויף דעם חינוך געביט, צו גרינדען די בית רבקה שול מיט גליק. השי״ת זאל אייך און די אלע וואס טוען פאר דער ישיבה און פאר דער פאראקעיל סקול און בית רבקה בעגליקען מיט געזונט און נחת פון קינדער.

בשם כ״ק אדמו״ר שליט״א
מזכיר
ח. ליבערמאן

ב׳רל

נעתקה מצילום האגרת.
ישיבה אחי תמימים: פיטסבורג.

ב'רלא

ב"ה ט"ז טבת תשי"ד
ברוקלין

ידידי וו"ח אי"א הרב מוה"ר משה פנחס שי'

שלום וברכה!

במענה על כתבו אודות ידידנו ר'... נהניתי מהאמור אודותו ובטח השמיטו את גזעו ומקום חינוכו.

נרגש מאד המחסור בהתקשרות - בכתב עכ"פ - עם הרבה מתלמידי התמימים ומאנ"ש שי' בכל מרחבי המדינה וגם בחו"ל. הרבה מתלמידי התמימים ומאנ"ש שי' מתאוננים שאינם יודעים מאומה מהנעשה והנשמע ומה מאד נחוץ הי' לסדר מערכה מיוחדת „שלום אחים" בלי שום מטרה של מגבית איזה שתהי' כ"א להודיע מהנעשה אתנו פה ולהוודע מהנעשה אתם, ודבר כזה הי' מביא בעזה"י תועלת בלתי משוער והוא בכלל פקוח נפש מוסרי.

בשם כ"ק אדמו"ר שליט"א
מזכיר.

ב'רלב

ב"ה ט"ז טבת תשי"ד
ברוקלין

ידידי וו"ח אי"א מוה"ר ... שי'

שלום וברכה!

ווען אייער זון שי' איז בא מיר געווען, האב איך אים געזאגט אז ער

ב'רלא

נדפסה בקובץ ליובאוויטש גליון 1 ע' 2. והושלמה והוגהה ע"פ העתק המזכירות [א'תקלא].

מוה"ר משה פנחס: כ"ץ. אגרות נוספות אליו — לעיל ח"ו א'תרמב. א'תתנט.

מערכה מיוחדת „שלום אחים": בי"ט כסלו דיבר רבנו על נחיצות הו"ל קובץ „ליובאוויטש". בסוף החורף התחיל להופיע הקובץ (ראה לקמן אגרת ב'שס), שבסופו — המדור „שלום אחים".

ב'רלב

נעתקה מהעתק המזכירות [א'תקלה].

מוז מאכען א צייט צו לערנען א פאר מאל אין דער וואך, און איך האב אייך וועגען דעם געשריבען און געבעטען אייך אז איר אליין זאלט אויך מאכען א צייט צו לערנען א פאר מאל אין וואך און איך האב פון אייך קיין ענטפער ניט.

הערט זיך איין, ר׳... איר ווערט עלטער, אפשר רייכער אין געלט אבער ארעמער אין תורה ויראת שמים, אייער אויסבייט וואס איר גזל׳ט אייער נשמה און בערויבט זי פון די עטלעכע שעה אין וואך לערנען און פארבייט דאס אויף דעם הו־הא פון משא ומתן איז א רחמנות[דיגע]ר און א נארישער.

יעדער איד א מאמין בה׳ ווייס זייער גוט אז מזונותיו של אדם קצובים לו מראש השנה, און וויפיעל דער מענש זאל ניט טאן מיט אלע תחבולות שבעולם וועט ער קיין איין פרוטה ניט פארדינען מעהר ווי עס איז אים אנגעשריבען ראש השנה, במילא איז דאס פשוט א שענדליכע נארישקייט אז א איד א מאמין בה׳ ובתורתו זאל פארבייטען די לערען שעות אויף שטויסען וואסער.

איר מיט דעם ניט לערנען ברבים א שיעור קבוע פארלירט מער וויפיעל איר פארדינט מיט אייער איבעגעבען זיך ראשו ורובו אין משא ומתן. נעמט זיך אין די הענט און בעטראכט אייער מצב הרוחני, און זיכער וועט איר קומען צום ריכטיגען בעשלוס אז איר מוזט זיך מאכען צייט אויף לערנען א שיעור קבוע בכל יום, השי״ת זאל אייך געבען א דיעה ישרה אויף צו טאן זיך אליין א טובה און זאל אייך געבען אריכות ימים און איר זאלט האבען אמת׳ע אידישע הנאה פון לעבען.

ב׳רלג

ב״ה י״ז טבת תש״ד

אל קהל עדת ישרון ה׳ עליהם יחיו

שלום וברכה!

עס פרעהט מיך זייער צו זעהען דעם ב״ה ווארימען אפרוף פון

וועגען דעם געשריבען: לעיל אגרת ב׳קנו.

ב׳רלג

נעתקה מהעתק המזכירות [א׳תקסז].

פילע יחידים נדיבי עם ישראל און חשובע שוהלען און חברות אויף דעם קאמפעין וואס ווערט איצט אנגעפירט דורך דעם מארגען־זשורנאל לטובת מיינע ישיבות תומכי־תמימים ליובאוויטש דא אין לאנד. דאס אידישע תמימות־דיקע הארץ פאר תורה איז זייער טייער און איך גיב זיי מיין הארציגע ברכה.

אבער ליידער האבען זיך ביז איצט נאך ניט אפגערופען א גרויסער טייל פון חובבי תורה ונדיבי עם, ובפרט די עשירים בעלי היכולת פאר דיזען הרבצת תורה רוף, מיט דעם געהעריגען ברייטהארציגען אפרוף.

אלעמען איז גוט באקאנט וואס די ישיבות תומכי־תמימים שטעלן מיט זיך פאר. די ישיבות תומכי תמימים זיינען תורה אור, די באלייכטונג פון דער הייליגער תורה אין פולען זין פון ווארט, ניט נאר אין בית המדרש, נאר די תורה ליכטיגקייט זאל אריינשיינען אין די אידישע הייזער אז ולכל בני ישראל יהי' אור במושבותם.

איך ווענדע זיך צו אייך אלעמען מיט מיין רוף:

קומה ישראל! שטייט אויף און שליסט זיך אן אין די רייהען צו העלפען אונז אין אונזער הייליגער ארבעט אויף צו שטעלען ישיבות און חדרי תורה אין גייסט פון דער אלוועלטלעכער ישיבה תומכי תמימים ליובאוויטש דא אין לאנד.

איך ווענדע זיך צו אייך מיט מיין הערליכען אהבת ישראל רוף, אידן גבירים און בעלי יכולת! נעמט זיך דעם גרויסען זכות העלפען מיר צו דערפילען מיין שליחות צוליעב וואס השי"ת האט מיך אהער געבראכט! נעמט אנטהייל אין אונזער הרבצת תורה ארבעט, שיקט אייערע בעשטייערונגען פאר דעם קאמפעין מיט א ברייטער הארץ און ווארים אידיש הארץ!

ובגלל החזקת הרבצת תורה ישפיע השי"ת לכם ולב"ב יחיו שפעת חיים וברכה מרובה בגשמיות וברוחניות.

בברכה.

ב׳רלד

ב״ה כ׳ טבת תש״ד
ברוקלין

הרה״ג וו״ח אי״א מוה״ר מנחם מענדיל שי׳ קופערשטאך

שלום וברכה!

זה זמן רב שלא קבלתי מכתב מידידי שי׳ על אדות מצבה של אגודת חב״ד במחנם הט׳, אם מתועדים מזמן לזמן, ואם יש קביעות עתים מסודרות ללמוד דא״ח בפנים ולחזור בע״פ כנהוג, והנני מחכה להתבשר משלומו ושלום ב״ב יחיו ומשלום ידידי אנ״ש שי׳ בגשמיות וברוחניות.

לידידי הנכבד וו״ח אי״א מוה״ר ... יש בן אח בעי״ת חיפה יע״א והוא משופע ת״ל בפרנסה, אביו ע״ה, אחיו של ... שי׳ הי׳ איש תם וישר ובנו הוא כנראה מן המתקדמים וחפשים במקצת ורחוק מלהכיר ערכם של יראי שמים ותמימים גם אחי אביו הוא. מצבו של ידידי... איום הוא וסובל חרפת רעב. כתבתי לו אשר יכתבו לידידי שי׳ את שמו ואת הכתבת של בן אחיו שי׳ ובזה הנני לבקש את ידידי שי׳ אשר יזמין אליו את בן אחיו שי׳ ויקרבו בהתעוררות גזעו וצור מחצבתו מהחסידים ואנשי מעשה – אשר בזה גופא יעשה חסד אמיתי אתו עמו, ודבר י[דו]ע בנסיון היום יומי אשר כל תעמולה אמיתית ומסודרת קולעת אל המטרה ופועלת, ובפרט ידידי אשר השי״ת חוננהו בכשרונות מצוינים ובנשיאות חן, יעזור לו השי״ת גם על להבא, התקוה נותנת אשר דבריו יעשו רושם טוב – וישפיע עליו אשר יעזר לדודו... בתמיכה ממשית.

קטע מרשימתי כ״ה שבט תרנ״ח.

הוד כ״ק אאמו״ר הרה״ק עגום במאד לרגלי שני מכתבים אשר קבל, החסיד ר׳ ש.ב. מוויטעבסק כותב אשר כארבעה חדשים שלא הרויח מאומה – עסקו בקורת עצים לבנין – ולוה ואוכל, ולבו בל עמו בשעת למודו ותפלתו, והשני רא״ל הכהן מבאריסאוו מתאונן על רוע

ב׳רלד

נעתקה מהעתק המזכירות [א׳תלב].

ידידי . . קופערשטאך: אגרות נוספות אליו — לעיל ח״ג תשסח. לקמן ב׳רצג*. ב׳תריג.

מצבו כי מאז נשרפו ביתו וחנותו מתגורר בדירה רעועה בשכירות ולא הרויח מאומה ובקושי גדול שומר את קביעות השיעורים כי מוחו אטום מהדאגות ולבו נשבר על אשר איננו רואה מראה מקום לפרוע את חובותיו והנהו עוד לוה ואוכל.

אז א בן תורה – אומר לי הוד כ״ק אאמו״ר הרה״ק – אדער א חסידישער איד איז בצער ח״ו, אלע חסידישע אידן זיינען בני תורה. חסידים וואקסען פון תורה און בויען – בונים – די תורה, די פשוטע חסידישע שלאפער, די וואס ווערן איינגעשלאפן בשעת מען זאגט דברי חסידות, זיינען בני תורה, מיט זייער פשוט׳ן הדרת הכבוד פאר תורה ביראת שמים, מער ווי די מחדשי חדושי תורה און מתגאים בתורתם, אז א חסידישער איד בכלל און א חסידישער בן תורה בפרט איז זיך מצטער בהעדר הפרנסה אדער בהעדר הבריאות איז דאס נוגע אל הכלל, ווייל יעדער חסידישער איד האט דעם כח פון אונזערע אבות הקדושים זי״ע אויף אויפטאן אין חיזוק התורה והמצות אז זייער התעוררות אויף תורה ועבודה זאל פועל זיין. די זקני החסידים מיט זייער אמת׳ן מסירות נפש אויף תורה ודרכי החסידות האבן זוכה געווען מנחיל צו זיין די ברכת ההצלחה וואס דער אלטער רבי האט געבענטשט חסידים בירושה לבניהם אחריהם לדורתיהם אז זיי זאלן נתעורר ווערן לכל דבר טוב ומועיל ביראת שמים ובמדות טובות און יעדער בן ובת החסידים זאלן געבענטשט ווערן מיט דעם חוש אז זיי זאלן וועלן און קענען מעורר זיין על יראת שמים ומדות טובות און זאלן מצליח זיין.

דער אלטער רבי האט געזאגט אז דער אריז״ל האט זוכה געווען צו גילוי אליהו און רוח הקדש דורך שמחה של מצוה און דער זיידער – כוונתו הבעש״ט נ״ע – האט זוכה געווען צו גילוי אלי׳ און רוח הקודש דורך שמחת אהבת ישראל.

דער אלטער רבי האט דעם אויפריכטיגן בעל שם׳סקן אייגענשאפטליכען אהבת ישראל איינגעפלאנצט אין די חסידישע הערצער ניט נאר אהבת ישראל במחשבה ודבור נאר טאקע בפועל ממש אז דער אהבת ישראל זאל ניט זיין נאר ווי א עולמשע חניפה אדער ווי א וועלטישער ליגען, נאר עס זאל זיין אמת׳ע מדות חסידות׳ע אהבת ישראל טאן א טובה ממשית בגשם וברוח.

הוד כ״ק אאמו״ר הרה״ק אומר לי לכתוב לר׳ יעקב הורוויץ לריגא אשר הסחורה הדרושה לו לקנות על חוף נהר דווינא בגליל וויטעבסק

יקנה ע״י הסוחר רש״ב באופן אשר לא יקפח שכר הסרסרות הקבוע במסחרו, ולכתוב לר׳ יוסף כהנוביץ אשר ילוה כשלש מאות לרא״ל מבאריסאוו ויציע לו להעתיק מושבו למינסק ויתענין לסדרו בענין של פרנסה.

כשהבאתי את שני המכתבים כתובים להוד כ״ק אאמו״ר הרה״ק לקראם אם הם ערוכים בטוב כפי שנצטוויתי וכשסיים לקראם החזירם לי ויואיל לאמר אם ימלאו את בקשתי בהידור יצליחו בענייניהם הפרטים.

קטע מרשימתי ב׳ אדר תרנ״ח.

פני הוד כ״ק אאמו״ר הרה״ק מאירות לרגלי המכתבים שקבל מאת ר׳ יעקב הורוויץ אשר בקבלתו את המכתב בשם הוד כ״ק אאמו״ר על אדות לסדר את רש״ב בקנין הקורות בגליל וויטעבסק מילא את ידי משולחו ר׳ יוסף דוד לסדר את הכל ככתוב בהמכתב בשם כ״ק, ומכתב השני מר׳ ש.ב. כי ביום ב׳ העבר בא אליו ר׳ יוסף דוד משולחו של ר׳ יעקב הורוויץ מריגא להתדבר עמו על דבר קנין קורות בחוף נהר דווינא בגליל וויטעבסק ע״פ תנאים טובים, ועניתי לו כי אשאל את כ״ק ואז אענה לו.

הוד כ״ק אאמו״ר הרה״ק אומר לי להשיב לו כי יקבל את ההצעה.

א פשוט׳ער סעבעזשער איד – אומר הוד כ״ק אאמו״ר הרה״ק – יעקב הורוויץ אבער א חסידישער מחונך, געהאדעוועט זיך צווישן חסידים, אינגעלוויז געוואלגערט זיך אין חסידישן בית המדרש, געהערט א חסידישן סיפור, געזעהען א חסידישן דאוונער, געהערט א חסידישן קאפיטעל תהלים, דאס אלץ האט עושה רושם געווען אויף זיין מהלך רוח אז מען בעדארף האבן א חסידישן משמעת, דעם חסידישן פאלגען. דער אייגענער חסידישער משמעת האט געבראכט פיעל צעהנדליקער טויזענטער משפחות אמת׳ן גליק.

קטע מרשימת כ׳ אדר.

היום בא מר יוסף כהנוביץ ממינסק והחסיד ר׳ א.ל. מבאריסאוו אשר אודותו פקד עלי הוד כ״ק אאמו״ר הרה״ק [לכתוב] למר כהנוביץ ככתוב ברשימת כ״ה שבט העבר.

מר כהנוביץ סיפר לי אשר תיכף בקבלתו את מכתבי בשם הוד כ״ק אאמו״ר הרה״ק שלח את בן אחיו מר אהרן בן זאב וואלף לבאריסאוו

להתדבר עם ר׳ א.ל. על דבר העתקתו. כשתי שבועות היו הוא וב״ב חולים ולא יכלו לנסוע וכשהבריאו בא ר׳ א.ל. וב״ב והם יושבים בדירה טובה וגם עשה לו חנות מכולת והנה באו לשאול עצת כ״ק אדמו״ר כי הצעתי לר׳ א.ל. עסק יער בשותפות ובחנות יתעסקו בנותיו.

החסיד ר׳ א.ל. סיפר לי כי מר כהנאוויטש הלוה לו ארבע מאות רובל ומאה ושבעים רובל שלם שכר דירה עבור שני חדשים וצרכי בית המוכרחים ובחנות הניח סחורה על סכום אלף ושתי מאות רובל שנתן שטרותיו – וועקסלען – להסיטונים ות״ל נראה פרנסה טובה ועתה מציע לו מר כהנוביץ להשתתף עמו בהיער אשר קנה בסביבות עיר מאזיר ובחנות יתעסקו בנותיו.

החסיד ר׳ א.ל. מתמי׳ על מר כהנוביץ איך יד[ע] מצבו ומפני מה בא לעזרתו ברוח נדיבה ובעין יפה, מקוה הוא אשר ישלם למר כהנוביץ עד פרוטה אחרונה בתודה רבה אבל מתפלא על פועל כזה ממי שאינו קרובו רק מה שנזדמן עמו פעמים ושלש בליובאוויטש וסיפר כי החסיד ר׳ שמואל דובער משפיע – הרשד״מ – [אמר] טוב שכן קרוב מאח רחוק, עס איז בעסער א חסידישער שכן ווי א מתנגדישער ברודער. קרובי הגביר פ. ממינסק גם לא ענה לי על בקשתי להלוות לי איזה מאות רובל להסתדר בעסק של פרנסה ומר כהנוביץ שהוא רק שכן קרוב שנזדמן עמי פעמים ושלש בליובאוויטש עשה חסד עמדי בדרך כבוד והידור, יגמול לו השי״ת בכל טוב.

הוד כ״ק אאמו״ר הרה״ק הסכים לשניהם על ההשתתפות בעסק היער ויברכם.

יוסף כהנוביץ – אומר לי הוד כ״ק אאמו״ר הרה״ק – איז א חסידישער מודרך – א באברויסקער יונגערמאן, א וועלטישער יונגערמאן, א ערליכער, דאוועט, מאכט א ברכה, אבער א פארטרונקענער אין משא ומתן איבערן קאפ פון דעם ענין אז ברכת ה׳ היא תעשיר האט ער ניט געוואוסט, ער האט אנגענומען הענין כפשוטו און איז געווען אינגאנצען פארנומען אין דעם ברען פון משא ומתן.

דעם ערשטן מאל – מיט זעקס יאר פריער – ווען ער איז צו מיר געקומען צום ערשטן מאל פרעגן א עצה אין עסק האב איך אים געזאגט ווי בא מיר קומט אויס און האב אים שטארק אויסגערעט וואס ער היט ניט תפלה בצבור אין די וואכענטאג און פארוואס ער לערנט ניט א שעה בכל יום.

עס זיינען א דורך א דריי פיר יאר איז ער נשתנה געווארן, ער האט געדאווונט אין דער חסידישער שטיבל, אלע שבת געהערט דעם מאמר וואס מען האט געחזרט נאך מנחה, ק[וב]ע געווען א זמן צו לערנען, האט זיך צוגעטראגען צום עדת החסידים, פון צייט צו צייט פארבראכט מיט דעם משפיע פון שטיבל, מיט די זקני החסידים, און מזמן לזמן האט ער מער און מער אריינגענומען די חסידישע הדרכה ביז ער איז געווארן א כלי לקבלה דורכפירען א אמת׳ע חסידישע אהבת ישראל ארבעט.

סתם חסידים וואס מיינען אז חסידות איז נאר צו פארשטיין א השגה אלקית פון ואתה מחי׳ את כלם בדרך ממכ״ע וסוכ״ע עד״מ אדער א השגה אלקית אין דעם ענין פון ע״ס והדומה און מיט דער השגה דאווגען זיי בהתבוננות ארוכה ביז מען ווערט נתעורר בהתפעלות גדולה אויף דעם טוב טעם פון אור אלקי און דאס פועלט א חקיקה אין די מדות, אז די הנהגה בכל היום, הן בעצמו והן עם זולתו, והן אין דעם ענין פון לימוד התורה וקיום המצות, והן אין הנהגת הבית והנהגת העסק זאל זיין כפי ההשגה האלקית די דאזיקע חסידים האבן א טעות וואס חסידות איז.

חסידות איז לא זו בלבד אלא עוד זאת, דאס הייסט אז חסידות איז לא זו בלבד וואס פריער דערמאנט איז, אז חסידות איז אז דער אויספיהר פון דעם פארשטאנד און אפלייג פון דער השגה אלקית איז דער עבודה בפועל זאל זיין גוט אין אלע פרטי ענינים, אלא עוד זאת אז חסידות מאנט אז מען זאל זיך פארטיפן אין דעם ענין פון נשמה, און חסידות האט געשאפן די דרכי הבנה און השגה וואס מען קען פארשטיין דעם ענין הנשמה, וואס די התחלה ראשונה איז צו פארשטיין וואס א איד איז.

די געבארענע מדות טובות פון דעם אידישן יצר טוב און דער געטליכער באגריף און שטרעבונג פון דעם נפש האלקית זיינען דער מבוא צו דער הבנה און השגה אויף קענען איבערלייגען זיך – מתבונן זיין – אין דעם ענין פון נשמה און פארטיפן זיך אין דעם.

העתקתי איזה קטעים מרשימותי הנ״ל להראות במוחש עד כמה עסוקים – לא רק מתענינים בלבם כ״א עסוקים – הוד כ״ק אבותינו רבותינו הק׳ זי״ע בהטבת מצבם של אנ״ש הן בגשמיות והן ברוחניות, ובהתעסקותם הק׳ הלזו הניחו כחות נפשם הק׳ באופנים מאופנים שונים להסתכל בנפשותיהם ובנשמותיהם של אנ״ש ולהתבונן על כל

צעד של חנוך והדרכה וכל מגמת קדשם היתה להעמיד את אנ״ש על במתי העבודה בפועל טוב בגשם וברוח ולהעמידם על רום גבוה.

יחזק השי״ת את בריאותו ואת בריאות ב״ב יחיו ויגיד את ברכתי לידידי אנ״ש שי׳ בני עדתו כי יהי׳ השי״ת בעזרתם בגשמיות וברוחניות.

ידידו הדו״ש ומברכו.

ב׳רלה

ב״ה כ׳ טבת תש״ד
ברוקלין

אל ידידי מתפללי בית הכנסת קהל חסידים
בעי״ת תל אביב יע״א,
ה׳ עליהם יחיו

שלום וברכה!

ידידי הנכבד והנעלה איש תם וישר הולך וו״ח אי״א מוה״ר אלי׳ שי׳ פאר המשמש בבית הכנסת מבשרני מההתעוררות הטובה לקביעת עתים לתורה ברבים בלימוד אגדה ובקביעות עתים לשירות ותשבחות באמירת תהלים בצבור קודם התפלה, נהניתי מאד מאד, וכתיב אני חומה וארז״ל אני חומה זו תורה ומה גם תלמוד תורה ברבים שהיא חומה בטוחה נגד כל הפגעים רעים המתרגשים כו׳ וידוע דאמירת תהלים ברבים מעוררת רחמי שמים בגשמיות וברוחניות, ואשרי המשתתף עמהם, והנני שולח להם את ברכתי כי ישפיע השי״ת להם ולבני ביתם יחיו שפע ברכה בבריאות ובפרנסה בהרחבה.

הדו״ש ומברכם

יוסף יצחק

ב׳רלה

נעתקה מצילום האגרת [א׳תלח].

ב׳רלו

ב״ה כ׳ טבת תש״ד
ברוקלין

אל חברת תורה ועבודה וגמלות חסדים בעיה״ק ירושלים תובב״א וכבוד הגבאים הנכבדים והכי נעלים יראי אלקים מוה״ר שי׳ זילברמן ומוה״ר יוסף שי׳ שווארץ,
ה׳ עליהם יחיו

שלום וברכה!

במענה על מכתבם – שנתקבל באיחור זמן – אודות חברתם הכי נכבדה במטרה להלוות גמ״ח לבעלי מלאכה, ואשר הגבאים הנכבדים הנ״ע עשו עבודה פורי׳ לחזק את החברה ולהרחיב חוג עבודתה, והעולה על כולנה שקבעו שיעור למוד ברבים, כמו שכותב לי ידידי הרה״ג ר׳ אברהם שליט״א גולדברג הלומד לפניהם, הוא וידידי הכי נעלה תלמידנו הרה״ג ר׳ דוד שליט״א גולדברג נהניתי במאד מזה, והנני משתתף עמהם בעבודת הקדש והנני שולח את תשורתי הפרטית סך מאה שקלים לקרן הגמלות חסד.

יפרשו גיני בשלום החברים המשתתפים בלמוד וימסרו להם את ברכתי כי ישפיע השי״ת להם ולבני ביתם יחיו שפעת חיים וברכה מרובה בפרנסה בהרחבה ויקבלו נחת מילידיהם יחיו שילכו בדרך הישר בשמירת מצות מעשיות.

וברכה מיוחדת לידידי הרה״ג ר׳ אברהם שליט״א גולדברג וידידי הרה״ג ר׳ דוד שליט״א גולדברג וידידי הגבאים יחיו, כי יצליח להם השי״ת בעבודתם הקדושה ובגלל זאת יתברכו בעניניהם הפרטיים בגשמיות וברוחניות.

הדו״ש ומברכם.

ב׳רלו

נעתקה מהעתק המזכירות. לתוכנה ראה שתי האגרות שלאח״ז.
הנ״ע: הכי נעלים.

ב׳רלו*

ב״ה כ׳ טבת תש״ד
ברוקלין

ידידי הרה״ג וו״ח אי״א מוה״ר אברהם שי׳

שלום וברכה!

במענה על מכתבו אודות קביעות שיעור לימוד ברבים בחברת תורה ועבודה וגמילות חסדים נהניתי במאד מזה וצריכים לעורר להוסיף חברים אל שיעורי הלימוד והתעוררות פרטית אשר כל אחד מהחברים יביא את בניו אל הלימוד, ועל זה צריכים להניח כחות מרובים, והשי״ת יצליח לו בגשם וברוח, יכתוב לי בפרטיות מהנעשה בחברתם בהוה.

את הסך כ״ה יקבל בעזה״י כהבטחתי.

בשם כ״ק אדמו״ר שליט״א
מזכיר.

ב׳רלז

ב״ה כ׳ טבת תש״ד
ברוקלין

ידידי וו״ח אי״א מוה״ר דוד שי׳ גולדברג

שלום וברכה!

ידידי הרה״ג ר׳ אברהם שי׳ גולדברג כותב לי אשר ידידי מסייע לו בחברת תורה ועבודה וגמילות חסדים, נהניתי מזה והנני אומר לו יישר

ב׳רלו*

נעתקה מהעתק המזכירות [א׳תעג]. לתוכנה ראה אגרת שלפנ״ז ושלאח״ז.
מוה״ר אברהם: גולדבערג.

ב׳רלז

נעתקה מצילום האגרת [א׳תעד]. לתוכנה ראה שתי האגרות שלפנ״ז.
ידידי . . גולדברג: אגרות נוספות אליו — לעיל ח״ג תשפ״ט. ח״ו א׳תקפג. לקמן ב׳תנב. ב׳תפו.

כחו וכתבתי להנ״ל שצריכים לעשות תעמולה להוסיף חברים אל השיעורים ולעורר את החברים אשר יביאו אתם את בניהם אל השיעורים נוסף על מה שישתדלו להביא את מכריהם, והשי״ת יעזור לו בגשמיות וברוחניות.

בשם כ״ק אדמו״ר שליט״א
מזכיר

ח. ליבערמאן

ב׳רלז*

ב״ה כ׳ טבת תש״ד
ברוקלין

ידידי וו״ח אי״א מוה״ר משה שי׳ גורארי׳

שלום וברכה!

בזה הנני שולח מענות על מכתבי ידידי צמודי לבבי, ה׳ עליהם יחיו, ובבקשה להמציא להם את המענות ולכתוב להם כי יעוררו את כל קרובינו לכתוב משלומם ושלום בני ביתם יחיו וגם יכתבו האדרעסין שלהם למען יוכלו בעזה״י לשלוח להם חבילות וירבו באדרעסין מכל משפחה. ודמי המכתבים שיעלו דמי הדואר לתמן ולהכא יזקוף על חשבוני.

מצורף בזה מכתב לידידינו הנכבד ר׳ מרדכי שי׳ דובין וישלחנו מיד אליו, הכותבת שלחה עבורו 25$ וייטיב לשלוח על סכום זה חבילה אליו (אם אין אצלו מעות שלי ייטיב לקחת אצל הרח״ה שי׳ הבלין) שלחתי לה את הכתובת שלך ואם תקבל ממנה מכתבים תטיב להשיב לה...

בשם כ״ק אדמו״ר שליט״א
מזכיר.

ב׳רלז*

נעתקה מהעתק המזכירות [א׳תעז. א׳תק. א׳תקנ — ר״ל שהיא מענה על ג׳ אגרותיו לרבנו].

ידידי . . גוראריי: אגרות נוספות אליו — לעיל ח״ה א׳תפד, ובהנסמן בהערות שם. לקמן ב׳רצג**. ב׳שפד*. ב׳תסד.

כל קרובינו: אנ״ש ברוסיא, שרבנו הי׳ כותב להם ע״י אה״ק.

לשלוח להם חבילות: ראה לקמן אגרת ב׳רצא.

מכתב . . דובין: ראה לעיל ח״ז אגרת א׳תתקלג, ובהערות שם.

קיח אגרות־קודש (ב׳רלח)

ב׳רלח

ב״ה כ״ב טבת תש״ד
ברוקלין

אל ידידיי עוז, זקני אנ״ש ומחבבי תורה,
ה׳ עליהם יחיו!

שלום וברכה!

ישנם כמה ענינים שהם נוגעים בנפש ממש, ולסבות שונות, כדי שלא להכאיב ביותר, אי אפשר לדבר בהם בפרטיות כדרישת הענין ומוכרחים לדבר בזה רק בתכלית הקיצור וברמז.

אחד מהענינים הללו, המכאיבים במאד ואי אפשר לדבר מזה בארוכה בכל הפרטים רק בתכלית הקיצור, הוא מצב גזע אנ״ש שי׳ במדינה זו, אשר אבות אבותיהם היו חסידים נלהבים ומסרו נפשם – ממש – על דרכי החסידות ומנהגי החסידים, ומבני בניהם יש אינם מניחים תפילין, אינם שומרים את הטהרה, מחללים את השבת ומוסרים את ילדיהם בידי מורים ומורות כופרים, בת״ת הטריפות, ורובם ככולם מתנהגים כן בטענת הדיעה הכוזבת אשר „אמעריקא איז אנדערש״, אין אמעריקא קען מען ניט היטען קיין שבת וכו׳, לבי לבי על חללי ישראל, ישראל בכלל, וגזע אנ״ש שי׳ בפרט, והנני מצטער צער גדול על זה.

הנני רואה במוחש אשר בעזה״י ובזכות הוד כ״ק אבותינו רבותינו הק׳ אפשר להועיל בזה, להושיט יד עזרה לגזע אנ״ש לצאת מהבצה של טיט היון, ערות אמעריקא, אשר שמו הכופרים בה׳ ובתורתו בפי ילידי אמעריקא התמימים והישרים לטמאם ולהטמיעם באמרם אליהם אשר במדינה זו הכל מותר וא״א להתנהג כמו שנהגו אבותיהם בארצות מולדתם מעבר לים.

הכופרים המסיתים והמדיחים מרעילים את הצעירים בארסם להראות להם באצבע על הרבנים ומשרתי בקדש, ראשי הישיבות והמלמדים השובי״ם המוהלים והשמשים, אשר כל עסקם ופרנסתם

ב׳רלח

נעתקה מהעתק המזכירות.

בד׳ אמות של הלכה, והנה גם הם פשטו את עדים מארץ מולדתם, מגלחים את זקנם, שינו את בגדיהם ושמותיהם ויפרקו מעצמם את העול הקשה של ארחות חיי משרתי בקדש בארצות מולדתם מעבר לים ויבנו להם בתי כנסיות וחדרי לימוד לפי טעם דרישת הזמן.

אמנם היודע את תולדות ימי גבורי תלמידי נמרוד באמריקא מאז בא המסית ומדיח ליליענטהאל, ובפרט בעשרים שנה האחרונות אשר זקני הכופרים העמידו תלמידיהם למורים בבתי הספר ומהם שחדרו גם לבתי הת״ת והחדרים וירעילו את מוחות הילדים בארס הכפירה בה׳ ובתורתו וילעגו על מצות השי״ת ויבזו את מנהגי ישראל סבא ואשר כל מגמתם היתה להמאיס את עם ישראל בעיני הנוער והצעירים בכדי להגיע למטרתם הארורה לעקר מלבותיהם את נקודת היהדות בכמה מיני תעתועים, הנה מבלי התחשב עם האלפים ילדי בני ישראל שהביאו לידי שמד והתבוללות ישתומם על הפלא הגדול אשר עוד נשארו יהודים שומרי תורה ומצוה מדור העבר וההוה במדינה זו.

מקום חשוב ברשימותי ממלאות רשימות של הזדמנות, מאורעות, שיחות עם רבנים, ראשי ישיבות, עסקנים ומנהלי ישיבות, חדרים ות״ת, גבאי בתי כנסיות, מנהלי אגודות וחברות של הנוער והצעירים, במשך עשרת הירחים אשר שהיתי במדינה זו כשבקרתי אותה מאלול תרפ״ט עד תמוז תר״ץ, והרבה מאורעות והזדמנות כנ״ל רשומים ברשימותי במשך כשלש שנים ותשע חדשים שהנני גר במדינה זו, והנני בא לידי מסקנא מיוסדת על מופתים חיים, כי ילידי אמעריקא הם חומר טוב ומוכשר לקבל צורה נכבדה אלא שחנוכם הפרוע מנוול אותם.

החנוך במדינה זו בתשעים ויותר אחוזים מסור בידי אנשים בלתי ראוים להיות אחראים, כי רק מעט מהם מאמינים ב„רבונו של עולם״ ויודעים את תורתו, ורובם הם מהכופרים בה׳ ובתורתו ומתכוונים למרוד בהם.

בא מועד אשר יהודי אמעריקא יתעוררו מתרדמתם ויכירו את האמת הגמור אשר המורים והמורות הפוקרים הביאו את בניהם ובנותיהם לידי שמד וטמיעה בנשואי תערובות כו׳ וכו׳, ויעמדו כלם כאיש אחד להציל את בני בניהם מבתי השמד הטריפה ת״ת ולהכניס אותם לת״ת הכשרות.

העבודה בהוה, הנה לכל לראש צריכים לבאר ולהסביר להורים, האנשים והנשים, את המצב באשר הוא ולפקוח עיניהם על דרכי

החינוך וההדרכה הפרועים כמו שהוא בהוה ולהורות להם על אותן השגיאות שהיו במשך זמן חנוכם המה, ואשר בגלל זאת נשארו ערומים מידיעת התורה וקרים למצות מעשיות ומנהגי ישראל, ולהסביר להם דבר דבר על אופנו, ולבד זאת אשר בעזה״י יצילו את ילידיהם הנה עוד זאת ישפיע דבר זה לטובה ולברכה על כל ענפי החיים, הן בשמירת מצות מעשיות וחיבת התורה והן באהבת ישראל ונועם מנהגי ישראל שהן, באמת ובאמונה, תורה שלמה.

אמנם בכדי לאפשר דבר זה להתוודע עם הורי הילדים והצעירים בדור ההוה, צריכים לאחוז באמצעים מתאימים והוא ע״י צעירים וצעירות אשר קבלו חנוך כשר ובעלי כשרון בנאום והטפה ובעלי רגש, ואשר יוכלו לבטא את הגיון לבם בשפת המדינה, ואשר ידעו לקלוע אל המטרה בדרכי נועם ובאמרי חכמה להקסים את השומעים, בראותם את הנואם שהוא בן גילם יליד מדינתם תלמיד בית הספר כמותם ומדבר בלשון העם שיושבים בקרבם וכולו אומר כבוד והדר באמונה טהורה בה׳ ובתורתו ומהדר במצות ובלב חי באהבת ישראל.

בתחלת צווי השי״ת למשה על הפועל כתיב ואספת את זקני ישראל, כי הזקנים הם הראשונים ע״פ התורה בכל עבודה כללית וצבורית, ובפרט במה שנוגע אל הבעת דיעה ועבודה מסודרת בחנוך והדרכה בהחזקת היהדות והרבצת תורה ויראת שמים, והם – הזקנים – עליהם המצוה בחובת גברא לעמוד בראש עבודת התעמולה.

הדרכת עם ישראל ולהוליכו בארחות חייו ע״פ התורה והמצות העמיס הקב״ה על שכם כבוד הרבנים וזקני ישראל, הם – הזקנים והרבנים – הראשונים באשמת חלל – כמפורש בתורה בפרשת עגלה ערופה – והם הראשונים המתברכים מן השמים מעל בעד כל עבודה צבורית בהרבצת תורה ביראת שמים והחזקת היהדות בשמירת מצות מעשיות.

הנני מרגיש בצער ההורים אשר ילידיהם נפלו חללים באשמת החנוך הפרוע, ולבי יכאב במאד על כל חלל מוסרי בעדת ישראל, ועוד יגדל צערי ועגמת נפשי אל חללי גזע אנ״ש, ועל דא קא בכינא על האי שופרא של אבות אבותיהם החסידים שנסתחפו בזרם החופש מבלי דעת.

ידידי הזקנים! הביטו על בניכם ועל בנותיכם אשר ביניהם נמצאים כאלה שהתרחקו משמירת מצות מעשיות ומלימוד התורה, הסתכלו

ביו״ח, נכדיכם ונכדותיכם, אשר ביניהם נמצאים מתחנכים בחנוך פרוע ללא תורה וללא שמירת המצות, כי תשעים ויותר אחוזים מילדי ישראל נתונים ומסורים בידי צר הצוררים את היהדות המסורתית ומלמדים לבלע את הקדש קדושת ישראל, ההורים עסוקים בעניניהם והמורים והמורות הכופרים מוצצים את לשד היהדות הנטוע בלבות הילדים בתולדתם.

ידענו כלנו ידענו כי אין לך דבר העומד בפני התעמולה בעד התורה והמצוה, כי לב ישראל פתוח לכל דופק בו באמת לעורר את האמונה בה׳ והחיבה לתורתו הנטוע בלבותיהם של כל בני ובנות ישראל, ומה גם רגשי עדינת לבבם להוריהם הזקנים אשר ודאי הדבר כי דברי ההורים והתעוררותם ימצאו מסלות בלב הבנים והבנות וגם לב הנכדים והנכדות אשר באמת בפנימיות לבבם יתימרו בכבוד הוריהם ובהם יתיחסו בכל עת מצא.

ידידי יקירי! רחצו הזכו מאשמת חללי בני ובנות ישראל, אשר במדה ידועה גם עליכם רובצת, באו והשתתפו בתעמולה האמורה, בגשם וברוח, אשר בזה תמלאו את אשר החסרתם במשך השנים עד כה.

ידידיי זקני אנ״ש ומחבבי תורה, הוי׳ אלקינו בתורתו הקדושה מעמיס עליכם בחובת גברא להתענין בהדרכת הצעירים והצעירות ועליכם למלאות את חובתכם האמורה במסירות נפש בסדר מסודר כהוראת מומחים בעבודת התעמולה המסודרת בהחזקת היהדות, ובגלל זאת ישפיע לכם השי״ת שפעת חיים ארוכים בבריאות הנכונה וקבלת נחת רוח, בגשם וברוח, מיוצאי חלציכם יחיו.

והנני ידידם עוז הדורש שלומם טובם והצלחתם בזה ובבא,

המברכם.

ב׳רלט

ב״ה כ״ב טבת תשי״ד
ברוקלין

אל ידידי עוז, זקני אנ״ש מתפללי בית הכנסת אנשי ליובאוויטש בעי״ת שיקאגא יע״א,
ה׳ עליהם יחיו!

שלום וברכה!

הנה מלאתי את ידי בא כחי, ידידי עוז הנכבד והנעלה הרב וו״ח אי״א מוה״ר משה ליב שי׳ ראדשטיין, מנהל אגודת חסידי חב״ד בעי״ת שיקאגא והגליל, להתועד עמהם ולמסור להם את מכתבי זה ולקרא לפניהם את מכתבי הכללי המצורף בזה.

ידידיי זקני מתפללי בית הכנסת אנשי ליובאוויטש, בחסדי אל עליון זכיתם לרב ומנהיג רוחני, אחד מבחירי התלמידים שלי במדינה זו, בעל כשרונות מצוינים ומסור ונתון לעול הקדש באמת ובאמונה לטובת עדתו במסירת נפש מבלי התחשב עם כל מאומה, ות״ל הנה הרבה – בלי עין הרע – פעל ועשה בעניני החנוך וההדרכה בת״ת אשר על יד בית הכנסת אנשי ליובאוויטש העומדת בעזה״י על בסיס רוחני טוב והרבה הוטב המצב הרוחני של בית הכנסת בתורה ותפלה, ויגדל שם בית הכנסת אנשי ליובאוויטש לתפארת ולתהלה גם מחוץ למחנם הט׳ יע״א.

אבל מעט הוא, מעט לעומת זה מה שבעזה״י היו יכולים להגביה את מצב הת״ת ומצב ביהכנ״ס אנשי ליובאוויטש לרום נעלה, והכל תלוי בכם זקני מתפללי ביהכנ״ס ומנהיגיו, בכם ובילידיכם יוצאי חלציכם, ה׳ עליכם וחיו!

עליכם ידידי הזקנים להשתתף בהתעמולה דבר החנוך הכשר לעשות כל אשר ביכלתכם, בטרחא גדולה, לעזר לנשיא ביהכנ״ס ידידי הנעלה רנ״ה שי׳ באלאטין, להרבות תלמידים ותלמידות בהת״ת

ב׳רלט

נעתקה מהעתק המזכירות.

מכתבי הכללי: **שלפנ״ז.**

רב ומנהיג רוחני: **מוהרש״ז העכט. וראה לקמן אגרת ב׳רמג — אליו.**

להמציא האמצעים הדרושים ולעזור למנהלה הרוחני, ידידי תלמידי מורכם ורבכם הרב שליט״א בכל הדרוש לו לטובת הנהלת הת״ת ובהכנ״ס.

ה[ור]תי לידידי עוז תלמידי היקר, מורכם ורבכם הרב שליט״א, לקבוע זמני התועדות עם הצעירים, לשוחח עמהם בעניני תורה וסיפורי אגדה במשבצות דעת לבאר להם ולהסביר להם מעניני שמירת מצות מעשיות ועניני חנוך והדרכה, והנני פונה אליכם בבקשה נמרצה אנא חוסו על נפש יוצאי חלציכם יחיו והשתדלו בכל מיני השתדלות וקירוב להביאם אל קביעות ההתועדות אשר בעזה״י יסודרו, מתאים לפי תנאי המתועדים.

לא אפונה אשר כל אחד ואחד מכם מבין היטב אשר לא רק טובת בניכם ובנותיכם, נכדיכם ונכדותיכם בלבד הנני דורש כי אם גם את טובתכם אתם, ואיננה רק טובה של כבוד ונחת־רוח בלבד כי אם טובה נפשית, טובה של נשמה, אשר בהיום לעשותם, כדרשת רז״ל.

והשי״ת יחזק את כחכם ויאריך את ימיכם ושנותיכם בטוב ובנעימים ותראו רוב נחת בילדיכם, ה׳ עליכם יחיו, שומרים תורה ומצוה ומושפעים בפרנסה בהרחבה.

והנני ידידם עוז הדורש שלומם ומברכם.

ב׳רמ

ב״ה כ״ג טבת תש״ד
ברוקלין

אל הוצאת ספרים „קה״ת״

שלום וברכה!

הנני שולח בזה המחאה על סך אלף וחמש מאות שקלים להוצאות

כדרשת רז״ל: עירובין כב, א: היום לעשותם למחר לקבל שכרם.

ב׳רמ

נעתקה מהעתק המזכירות [א׳תרז]. לתוכנה ראה לעיל אגרת ב׳רי, ובהנסמן בהערות שם.

קכד אגרות־קודש (ב׳רמ)

הדפסת ספר צמח צדק על משניות ושו״ת או״ח כפי התנאים אשר יבאו במכתב מיוחד.

בשם כ״ק אדמו״ר שליט״א
מזכיר.

ב׳רמא

ב״ה כ״ג טבת תש״ד
ברוקלין

אל הנכבד והנעלה, עושה צדקה, אי״א מר ... שי׳

שלום וברכה!

ענטפער אויף אייער שרייבען, עס האט מיך געפרייט צו הערען די אלע גרויסע צדקות וואס ער גיט, איר האט ב״ה זייער א שיינעם נאמען פאר אייער גוט הארץ און שיינעם געפיהל צו העלפען מענשען און צדקה אנשטאלטען.

מיינע ראשי ישיבות, הרב פויזנער און הרב אלטעין שי׳, די פון מיר אנגעשטעלטע פיהרער פון מיין ישיבה אחי תמימים ליובאוויטש אין פיטסבורג, האבען מיר געשריבען ווי פיין איר האט אויפגענומען דעם זייער הויכגעשעצטען מר דאן שי׳ און הרב פויזנער שי׳ ווען זיי האבען אייך באזוכט וועגען א שטיצע פאר דער ישיבה אחי תמימים ליובאוויטש אין פיטסבורג, א דאנק און א ברכה פאר דעם עבר און איך בעט אייך אויך ווייטער צו שטיצען די ישיבה מיט אייערע בעשטייערונגען ווי אייער פיין אידעלע הארץ פארשטייט, איך וואלט אייך זיין זייער דאנקבאר ווען איר וואלט שאפען א רעכטע שטיצע בא אייערע גוטע בעקאנטע, פאר דער ישיבה אחי תמימים ליובאוויטש אין פיטסבורג.

השם יתברך זאל שטארקען אייער געזונט און זאל צושיקען א רפואה אייער פרוי תחי׳ אז זי זאל פיהלען גוט, אייער זון מיט זיין פאמיליע און אייערע טעכטער יחיו זאלען אלע זיין געזונט און האבען

ב׳רמא

נעתקה מהעתק המזכירות [א׳תרכה].

פרנסה בהרחבה, איר און אייער פרוי תחי׳ זאלט האבען פון זיי אלעמען פיעל נחת. השי״ת זאל אייך און אייער ברידער יחיו געבען שפע ברכה והצלחה.

אייער ווארעמער אפענהארציגער בריעף צו מיר האט מיך בעזונדער געפרייט, מיר וועט זיין זייער אנגענעם צו זעהען אייך, ווי איר שרייבט, אבער ביז דאן וואלט איך זיין זייער גליקליך ווען איר זאלט זיך פארטראכטען אין דעם אז א איד האט געוויסע פליכטען חוץ צדקה, ווי תפילין, כשרות, היטען שבת.

איך שרייב וועגען דעם וויל איך ווייס אז עס זיינען פאראן א טייל אידען מיט באמת פיינע גוטע הערצער און איבער פערשידענע סיבות ערפילען זיי ניט די אידישע מצות איבער דעם וואס מען דענקט אז אמעריקא איז אנדערש, אין אמעריקא קען מען ניט היטען קיין אידישקייט, אין אמעריקא מעג מען אט דאס וואס אין דער אלטער היים האט מען ניט געטארט.

אבער דער אמת איז אז דאס וואס מען טאר ניט אין דער אלטער היים טאר מען אין דער נייער היים – אין אמעריקא – אויך ניט, און אין אמעריקא בעדארף מען אויך לייגען תפילין, היטען שבת, עסען כשר א.ד.ג.

איך שרייב דאס אייך וויל עס איז מיין ברידערליכער חוב אויפמערקזאם צו מאכען אויף דעם ובפרט צו אזא מענשען וואס האט אזא שיינעם געפיהל פאר צדקה וועט ער געוויס פארשטיין אויף וויפיעל מיך אינטערעסירט א אידישער לעבען אז ער זאל זיין אין איינקלאנג מיט אונזער תורה.

זייט אלע געבענטשט און בעגליקט,

המברכם.

ב׳רמב

ב״ה כ״ג טבת תש״ד
ברוקלין

ידידי הנכבד אי״א מר אלחנן שי׳

שלום וברכה!

איך בעשטעטיג דעם רעכענונג אויף דער סוממע וואס עס איז אויסגעגעבען צוליעב דעם בוך און לייג ביי א טשעק אויף דער סוממע.

איך בעט אזוי גוט זיין שיקען 10 עקזעמפלארען לויט דער בייגעלעגטער אדרעססע, צוזאמען מיט א רעכענונג צו $2.75 איין עקזעמפלאר, און ווען זיי וועלען פארקויפט ווערען וועט מען אפשיקען די געלט פינקטליך.

מר. מוז איז ב״ה בעסער אבער ער מוז נאך זיין צו בעט און מעהרער רוהען השי״ת זאל אים שיקען א רפואה.

איך ווינש גרויס ערפאלג אין דער פארשפרייטונג פון דעם בוך וואס קען און דארף ווירקען אז מען זאל מקיים זיין מצות מעשיות.

ידידו הדו״ש ומברכו.

ב׳רמב

נעתקה מהעתק המזכירות [א׳תרכו].

מר אלחנן: **קאוועז. אגרות נוספות אליו — לעיל ב׳קפו, ובהנסמן בהערות שם.**

סוממע . . דעם בוך: **ראה לעיל אגרת ב׳קפב, ובהנסמן בהערות שם.**

איך בעט . . שיקען: **ראה אגרת שלאח״ז.**

מר. מוז: **הוא מו״ה אהרן לעוויט — דלעיל שם.**

ב'רמג

ב"ה כ"ג טבת תש"ד
ברוקלין

ידידי וו"ח אי"א הרב מוה"ר שלמה זלמן שי'

שלום וברכה!

במענה על מכתבו מט"ו לחד"ז; על אדות הספרים שמבקש מסרתי לידידי מר קאוועו שי' – מי שמתענין בהפצת הספר מצד ענינו הפנימי שלא ע"מ לקבל פרס. הוא סדר קבוצה של אנשים [ו]נשים מרוחקים מדת ישראל וקורא ומסביר לפניהם את הספר פעם בשבוע והביא בעזה"י תועלת מרובה – אשר ישלח לידידי שי' עשרה ספרים, ובטח ימלא.

בדבר ידידי הזקנים יחיו הנה ערכתי מכתב כללי ופרטי שהנני מקוה אשר יביא תועלת.

זוגתו הרבנית ובנם יחיו היו אצלי קודם נסיעתם וברכתים בנסיעה כשורה ואשר ידידי וזוגתו תחי' יגדלום לתורה חופה ומעש"ט מתוך פרנסה בהרחבה ומתוך הצלחה באהלה של תורה ועבודה בהרבצת תורה ביראת שמים והחזקת היהדות והתעסקות בדרכי החסידים והחסידות.

בשם כ"ק אדמו"ר שליט"א
מזכיר.

ב'רמג

נעתקה מהעתק המזכירות [א'תרכז].

מוה"ר שלמה זלמן: **העכט. אגרות נוספות אליו — לעיל ב'רד, ובהנסמן בהערות שם.**

הספרים שמבקש: **כהצעת רבנו לעיל אגרת ב'רכד.**

מסרתי . . קאוועו: **באגרת שלפנ"ז.**

מכתב כללי ופרטי: **לעיל ב'רלח־ט.**

ב׳רמד

ב״ה כ״ד טבת תש״ד
ברוקלין

כבוד הרה״ג הנודע לשם תהלה כו׳ וכו׳ אי״א מוה״ר
מרדכי שי׳ והרב כו׳ וכו׳ אי״א מוה״ר יוסף מאיר שי׳

שלום וברכה!

במענה על מכתבם בהצעה לקחת את הישיבה שלהם תחת הנהלת מרכז ישיבת תומכי תמימים ליובאוויטש, הנה כללות ההצעה, לקבל ישיבה או חדר תחת הנהלת מרכז ישיבות תומכי תמימים ליובאוויטש באופן אשר כל ההנהגה תהי׳ אך ורק ברוחו של מרכז ישיבות תומכי תמימים ליובאוויטש, מתקבלת אצלי ומבלי התחשב עם גודל העבודה – גם במקום שאין צריכים להוציא הוצאות בכסף מזומן.

עסוק הנני ימים אלו בדבר לסדר בעזה״י ישיבה אחי תמימים ליובאוויטש בעי״ת באסטאן. במכתבם לא הזכירו פרטי עניני הישיבה כמה מערכות (קלאסן) יש בה וכמה תלמידים וכמה בכל מערכה, כמה שעות לומדים ומהות המורים, ובבקשה להשיב במהיר.

בשם כ״ק אדמו״ר שליט״א
מזכיר.

ב׳רמד

נעתקה מהעתק המזכירות [א׳תרנד].

מוה״ר מרדכי: **סאוויצקי. אגרת נוספת אליו — לעיל ח״ה א׳תקכח.**

מוה״ר יוסף מאיר: **דזייקאבסאן. אגרת נוספת אליו — לעיל ב׳קעג.**

הישיבה שלהם תחת . . ליובאוויטש: **ראה לקמן אגרות ב׳רמה. ב׳רנב. ב׳רסב.**

ב׳רמה

ב״ה כ״ד טבת תש״ד
ברוקלין

ידידי וו״ח אי״א מוה״ר יהודה ליב שי׳ הלוי

שלום וברכה!

ימים אלו הנני עסוק בעזה״י לסדר דבר פתיחת ישיבה אחי תמימים בעי״ת באסטאן יע״א תחת הנהלת מרכז ישיבת תומכי תמימים ליובאוויטש, בינתים קבלתי מכתב כפי ההעתק המצורף בזה, בבקשה להשיב במהיר מהות וכמות הישיבה בתלמידים, ילדים וילדות, המורים והמורות ומהותם, אם יש להם בית דירה ואם היא במקום מוכשר, מהות המציעים והשפעתם בעיר.

בשם כ״ק אדמו״ר שליט״א
מזכיר.

ב׳רמו

ב״ה כ״ז טבת תש״ד
ברוקלין

ידידי וו״ח אי״א מוה״ר יעקב שי׳

שלום וברכה!

במענה על מכתבו עם הטשעק על סך אלף וחמש מאות דאללאר גמ״ח על משך שנה, ביחוד עבור קה״ת – קרני הוד תורה – להדפיס

ב׳רמה

נעתקה מהעתק המזכירות [א׳תרנה]. לתוכנה ראה אגרת שלפנ״ז.
מוה״ר יהודה ליב: **הורוויץ. אגרות נוספות אליו — לעיל ב׳קצט, ובהנסמן בהערות שם.**

ב׳רמו

נעתקה מהעתק המזכירות.
מוה״ר יעקב: **כ״ץ. אגרות נוספות אליו — לעיל ב׳קעח, ובהנסמן בהערות שם.**

ספרים, נכון קבלתי ונהניתי במאד פון דעם וואס איר האט א גוטען געפיהל צו טאן אמת׳ע גוטע זאכען.

די טעג בעזה״י וועל איך געבען דרוקן איין טייל פון דעם הייליגען ספר צמח צדק, עס זיינען פאראן 5 טייל, איך האף להשי״ת אז איך וועל קענען דעם גאנצען ספר דרוקען, עס וועט זיין א אמת׳ר זכות פאר די וואס וועלען נעמען אנטייל אין דרוקען דאס.

שטעלט אייך פאר ווען ווער עס איז וואלט זוכה געווען אז די נשמה פון דעם הייליגען רבי׳ן, דעם עלטער זיידען, דער רבי דער צמח צדק וואלט זיך אנטפלעקט צו איינעם און לערנען מיט אים וואלט אזא זכות געווען דער גרעסטער וואס א מענש קען האבען, דורך דעם וואס מען העלפט אפדרוקען אזא הייליגען ספר איז מען זוכה צו אצווייאיגען זכות אז שפתותיו הקדושות דובבות בקבר, און מען איז מזכה הרבים.

אין מיינע רשימות איז פאראן א פארצייכענונג, די שיחה הקדושה וואס מיין פאטער נ״ע האט גערעט אין דעם גרויסן חג החגים, י״ט כסלו תרנ״ד, אין א טייל פון דער שיחה הקדושה האט דער טאטע ערקלערט ווי איז דער סדר אין היכלות נשמות הצדיקים אין עולם האמת.

איך גיב דא – אין דעם בריעף – מער ניט ווי א פאר ווערטער פון יענער שיחה הקדושה.

ווען א איד לערענט די תורה, נגלה אדער חסידות, למשל, דעם רבינ׳ס שלחן ערוך אדער תניא, אפילו איין איד אין א דארף אין סאמערער גובערניע – דאס איז טיעף רוסלאנד וואו אידען האבען ניט געטארט וואוינען חוץ בעלי מלאכות און די וואס האבען געהאט אוניווערסיטעט דיפלאמען – און ער לערנט די תורה נגלה אדער חסידות איז א מלאך פון מחנה מיכאל׳ס מלאכים קומט אין דעם היכל פון דעם צדיק און איז אים מבשר די בשורה טובה, איך זאג – האט דער פאטער געזאגט – מבשר די בשורה טובה און ניט אז ער – דער מלאך – איז מודיע די ידיעה, ווייל מלאכים ווייסען יא וואס פאר א בשורה טובה דאס איז פאר נשמות הצדיקים אז פלוני בן פלוני לערנט זיין ספר, און דער צדיק בעל הספר איז מעורר רחמים אויף דעם לומד און אויף זיינע בני בית און בפרט ווען [ער] לערנט ברבים.

די טעג . . צמח צדק: **ראה לעיל אגרת ב׳רי, ובהנסמן בהערות שם.**

מיט אייער גמילות חסד האט איר א גרויסען זכות און איך ווינש איך אז השי״ת זאל ערפילען משאלות לבבכם לטובה ולברכה בגשמיות וברוחניות.

ומה שכותב אשר גם בשנה זו יתעסק בעריכת החשבונות ואשר יקבל בעד זה בטח ימסור לצדקה כמו שעשה בשנה העברה וכותב אז דעם יאהר האט ער די ארבעט ניט גערעכענט טאן, אתפלא על זה הלא הנהגה כזו להתעסק באיזה ענין של פרנסה והריוח למסור לצדקה היא אחת מן המעלות היותר משובחות בשמונה מעלות הצדקה כמבואר בשו״ע הלכות צדקה סי׳ רמ״ט ובפרט בשנה זו אשר היוקר יאמיר והפרנסה ת״ל מצוי׳ להסוחרים, יעזרם השי״ת, בטח תהי׳ בעזה״י ההכנסה פי שנים או יותר לעומת שנה העברה, צריך להתענג על זה אשר בעבודתו ובכח עסקו יוסיף בעניני הצדקה נוסף על זה שנותן מכיסו, וזה צריך לפעול רוממות הנפש, אויף צו האבען נאך מער געשמאק אין א פועל טוב פון הרבצת תורה ביראת שמים והחזקת היהדות...

ומה שכותב אשר המכרים שלו הם בעלי השגה קטנה בעניני צדקה, הנה עבודתו לעשותם בעזה״י לבעלי השגה גדולה, איר דארפט זיי געבען צו פארשטיין ווען זיי פארשטיין ובזה יזכה את הרבים וברכות יחולו על ראשו.

בשם כ״ק אדמו״ר שליט״א
מזכיר.

ב׳רמז

ב״ה כ״ז טבת תש״ד
ברוקלין

אל הנכבד אי״א מוה״ר... שי׳ שו״ב

שלום וברכה!

בטח כבר קבל את מכתבי במענה פרטית על מכתבו על ידי ידידי

ב׳רמז

נעתקה מהעתק המזכירות [א׳תרע].

קלב אגרות־קודש (ב׳רמז)

עוז הנכבד והנעלה, וו״ח אי״א, הרב מוה״ר משה ליב שי׳ ראדשטיין מנהל אגודת חסידי חב״ד בעי״ת שיקאגא והגליל, והשי״ת יקיים את דבר הברכות אשר ברכתים בגשמיות וברוחניות.

מההרצאה הפרטית אשר ידידי עוז משולחי הרב ראדשטיין שי׳ הנ״ל כותב לי על אדות מצב ידידינו אנ״ש שי׳ הרוחני במחנם הט׳, הנה נראה אשר בעזרתו ית׳ המקום מוכשר ומסוגל להגביה את מצב אנ״ש שי׳ הרוחני לרום יותר נעלה מכמו שהוא בהוה, והדבר תלוי ביחידים מסגולת אנ״ש ומחבבי תורה ומצוה, ה׳ עליהם יחיו.

כבר מלתי אמורה במרבית מכתביי אשר משרת שו״ב בעדת ישראל היא כהונת פאר במשרות הקדש, הרב הוא ראש העדה והשו״ב הוא לב העדה כי משרת השו״ב איננה רק איש ומאכלת בידו להספיק בשר כשר לעדתו כי אם עליו להתענין גם במצבה המוסרי של עדתו ולקבוע שיעורי לימוד ברבים, נוסף על הקביעות המסודרת בשיעורי לימוד כל השובי״ם בחברותא.

ובזה הנני פונה אליו בבקשתי אשר לכל לראש ישתדל נא לעורר את בני גילו השובי״ם יחיו לקבוע שיעור לימוד עיוני בהלכות שחיטה בזמן ובמקום קבוע שתי פעמים בשבוע בימי החול באופן אשר כל השובי״ם שי׳ יוכלו להשתתף בהלימוד.

ואוסיף לבקשו לעורר את ידידינו אנ״ש שי׳ לקבוע שיעור לימוד דא״ח חסידות בשבת קדש בזמן המתאים לרבים באחד מספרי הוד כ״ק אבותינו רבותינו הקדושים זצוקללה״ה נבג״ם זי״ע הנדפסים.

ידענו כלנו ידענו כי על כל דבר טוב ומועיל בכלל ועל דבר קביעות לימוד ברבים בנגלה ובדא״ח בפרט יש[נ]ם כמה וכמה מניעות ועיכובים שהם שלוחי הנפש הבהמית המתלבשים בלבושי נסיון להמציא כל מיני המצאות לבלבל ולהטריד, והחפץ באמת בטובת נפשו עליו להתאזר בכחות של נפש האלקית לדחות את כל המניעות והעיכובים ולזכות באור כי טוב, וארז״ל אין טוב אלא תורה, ותורת החסידות היא היא התורה אור היינו האור של הטוב.

הוד כ״ק אאזמו״ר מוה״ר שמואל זצוקללה״ה נבג״ם זי״ע אמר לאחד על יחידות, הקב״ה הטביע בהאדם להיות תאב למצב יותר

שיעור . . שחיטה: **ראה לעיל ח״ז אגרת ב׳קכז. לקמן ב׳שלט.**

נעלה, היינו מכמו שהוא נמצא, וטבע זו ישנה בהאדם בין בענינים הגשמי׳ ובין בענינים הרוחני׳, אלא שהכוסף לעניינים הגשמי׳ נרגש יותר מהכוסף לעניני׳ הרוחני׳, ולכן הנה גם העשיר הוא דאוג – פארזארגט – כמאמר מי שיש לו מנה רוצה מאתים.

והגם דטבע הדאגה היא בכל אדם מבלי הבדל בין עני בין עשיר ובינוני, בכל זה יש חילוק באופן פעולת הדאגות בין עשיר לבינוני ועני, שהעשיר צריך להתבונן הרבה עד שהוא מוצא מה שחסר לו ופעולת הדאגה אינה אלא אנחה בלבד, ער איז יוצא מיט א קרעכץ, כי העשירות שיש לו משכיחתו את דאגתו על מה שחסר לו עוד, והבינוני אף כי אין חסר לו לא מזונות ולא לבוש ולא בית אבל עם זה הנה התבוננותו במה שחסר לו תכווץ את לבבו ועיניו יזלו דמעות, והעני אינו צריך שום התבוננות כלל במצבו אלא תיכף כשנזכר על מצבו הקשה עניו ומרודו שהוא חסר לחם חקו ובגדיו קרועים ובלויים ומתגורר בקרן זוית בהקדש או בדירה סרוחה, הנה מיד ישבר לבו בקרבו ובכה יבכה במר נפשו באופן אשר לא יוכל להשקט כלל.

מפרטי עניני המשל מובן הנמשל, דצדיקים בינונים ועניים בדעת תורה ועבודה, אז מען דערמאנט זיך ווי ארים מען איז אין תורה, און אז במשך פון פיעל יארען האט מען איינגעשפאנט די נשמה אין א וואגען כשור לעול וכחמור למשא, גאר ניט צוליעב דעם צוליעב וואס די נשמה איז געקומען אויף דער וועלט, ווערט מען א לב נשבר ונדכה און מען גייט ארויף אויפן דרך הישר אין עבודה בפועל ממש.

דברי קדש הקדשים הללו הם הוראת דרך איך להזכיר את עצמו לאמר; וואס טוט זיך מיט מיר, וואו בין איך אין דער וועלט, הנה אחר ההתבוננות בינו לבין עצמו פעם שתים ושלש בכל מה שעבר עליו, התהו ובהו בתורה ועבודה שלו במשך שנים ואותה טרדת הדעת והריקות שגרמו כל עניני הטרדות בעסקיו, הנה אז יחם לבבו בהתעוררות גדולה על מצבו הפרוע לשמצה והמס ימס הקרח הנורא של קליפת עמלק אשר בקרבו וברשפי אש ישתוקק לשנות ארחות חייו לקבוע עתים לתורה ועבודה שבלב, ושב ורפא לו.

על אהובי ידידיי אנ״ש, ה׳ עליהם יחיו, לזכור ימי קדם בעמדם בהיכלי אור זיו שכינתו ית׳ בחדרי קדש הוד כ״ק אבותינו רבותינו הק׳ זי״ע איש איש מידידי אנ״ש כפי שרש נשמתו וכפי גזירת ההשגחה העליונה זכה להסתופף בחצרות קדש לחסות בכנפי קדושת מורו ורבו אשר אליו נשא את נפשו להתברך [ב]כל מכל כל בגשם וברוח ועל כל

אחד ואחד מידידי אנ״ש שי׳ לדעת נאמנה אשר דברי צדיקים וברכותיהם חיים וקיימים לעד.

זכרון אנ״ש שי׳ את הימים אשר זכו ליהנות משכינת עוזו ית׳ בעמדם בהיכלי קדש, וזכרון תורתם וברכותיהם הם המוציאים מהאפלה של בתי חומר לאור גדול ומגביהים מבצת טיט היון אל רום זך וטהור, ומעוררים כוסף תשוקה אל הטוב המעולה.

תקותי תאמצני אשר ימלאו את בקשותי האמורות בזה, והשי״ת יהי׳ בעזרו בגשמיות וברוחניות.

הדו״ש ומברכו.

ב׳רמח

ב״ה כ״ז טבת תשי״ד
ברוקלין

כבוד ידידי הרב הנכבד והכי נעלה, עוסק בהרבצת תורה ביראת שמים, גזע היחס מגדולי הצדיקים המפורסמים, וו״ח אי״א מוה״ר חיים יצחק שליט״א

שלום וברכה!

במענה על מכתבו מכ״ה לחדש כסלו שקבלתיו זה לא כבר, נהניתי לשמוע כי הצילו השי״ת, יחוס השי״ת וירחם וישמור את ב״ב יחיו בכל מקום שהם ויזמין להם את פרנסתם ויבאו אליו צלחה בגשם וברוח.

בדבר הישיבה תורת חיים כתב לי ידידי עוז הרה״ג הנודע לשם תהלה ותפארת בתוככי גאוני יעקב ומרביצי תורה ביראת שמים המצויין בהשפעתו הכי כבירה בחיבת התורה ונועם קיום המצות והנהגה במדות טובות בדברי חסידות חב״ד הרה״ח אי״א מוה״ר ירחמיאל שליט״א בנימינסאן, יחזקהו השי״ת ויאמצהו בבריאות

ב׳רמח

נעתקה מהעתק המזכירות [א׳תרצז].

מוה״ר חיים יצחק: **וויינגארטן.**

כתב לי . . בנימינסאן: **ראה לעיל אגרת ב׳קסו — אליו.**

הנכונה שיוכל להתעסק בתורה ובעבודה גם לזכות את הרבים בהשפעתו הכי טובה.

אודות התלמידים שי׳ מישיבת תורת חיים שנסעו לארצה״ב, הנה עדיין לא באו אלי תלמידים כאלו, גם אינו כותב את שמותיהם ושנותיהם ומהותם בידיעת התורה ובהנהגה ולאיזה מקום נסעו אם לארצה״ב או לקאנאדא אשר ת״ל גם שם יש לי ישיבה גדולה וישיבות קטנות באיזה מאות תלמידים ה׳ עליהם יחיו וירבו, נוסף על הישיבה המרכזית תומכי תמימים ליובאוויטש בפה וסניפי׳ כמה ישיבות בשם אחי תמימים ליובאוויטש בכמה ערים, וכן כמה חדרים ומלמדים בשם חדרי תורה תמימה ליובאוויטש, והשי״ת יהי׳ בעזרינו להגדיל תורה ולהאדירה.

כמה מהתלמידים שי׳ שבאו מלונדון מפליטי וויען שהיו אסורים בבתי ההסגר בקאנאדא, עלה בידינו בחסדי השי״ת להוציאם מן המיצר אל המרחב ונכנסו בשעטומ״צ בתור תלמידי ישיבת תו״ת ליובאוויטש בקאנאדא, ומהם שת״ל הסתדרו בתור מלמדים וראשי ישיבות ועסוקים גם בהחזקת היהדות, יהי השי״ת בעזרם ויצל[י]ח להם בגשמיות וברוחניות.

כתבו לי בהקדם האפשרי את שמותיהם של התלמידים שי׳ הנ״ל כן שנותיהם וכו׳ כנ״ל וכן אם יסעו עוד תלמידים בעלי כשרון ושוקדים בלימוד וביר״ש יודיעוני, ובעזה״י אם יתאימו לשאיפתה של ישיבת תומכי תמימים ליובאוויטש לשקוד בגפ״ת בהתמדה ובה[ה]נהגה של יר״ש וזמן קבוע ללמוד תורת חסידות חב״ד אקבלם לסדרם באחת הישיבות אשר תחת הנהלתי, ובעזה״י יסתדרו באהלה של תורה להיות ממזכי הרבים.

הנני פורש בשלום כבוד הרבנים הגאונים שליט״א מנהלי ישיבת תורת חיים ומברכם כי ישפיע להם השי״ת שפעת חיים וברכה מרובה בגשם וברוח בעד מפעלם הטוב להחזיק הרבצת תורה ביראת שמים, והנני שולח את ברכתי לאהובי נפשי התלמידים יחיו השוקדים בלימוד ובהנהגה דיראת שמים והנני אומר אליהם יקיריי התחזקו לשקוד בתורה ובהנהגה דיראת שמים וברוכים תהיו בגשם וברוח.

הדו״ש ומברכם.

פליטי וויען . . הסגר: **ראה לעיל ח״ז אגרת א׳תתקסא, ובהנסמן בהערות שם.**

ב׳רמט

ב״ה כ״ח טבת תש״ד
ברוקלין

אל אגודת שומרי שבת דאמעריקא

שלום וברכה!

במענה על מכתבם נהניתי לשמוע מהתעמולה הכבירה אשר עשו להחזקת שמירת שבת, והשי״ת יצליח להם בעבודתם הק׳ ונהניתי לשמוע על אדות הנכבד מר חיים שי׳ ליבערמאן, ונכון במאד אשר יבקר את חתני הרה״ג הרמ״מ שליט״א להתועד [ע]מו ועם ידידי הרב חדקוב שי׳ על אדות התעמולה בהנוגע לחינוך הכשר.

בשם כ״ק אדמו״ר שליט״א
מזכיר.

[אגרות כ״ק אדמו״ר שליט״א אליו – בהמשך לביקור הנ״ל]

יום ב׳ כ״ז שבט תש״ד

זייער געעהרטער מר. חיים שי׳ ליבערמאן

שלום וברכה!

איך ויל דא אויסדריקן מיין דאנק פאר אייער באזוך אין „מרכז לעניני חנוך״.

עס האט מיר זייער געפרייט אייך קענען צו לערנען און דורכצורעדן זיך וועגן די אקטועלע פראבלעמען פון דעם אידישן חנוך אין אמעריקא.

איך בין זיכער אז דער געשפרעך וועהרנד אייער באזוך בא מיין שוויגערפאטער כ״ק אדמו״ר שליט״א, וועט האבען בא אייך א פארזעצונג אין פראקטישער ארבעט לחנוך היהדות.

ב׳רמט

נעתקו (האגרת והנספחים) מהעתק המזכירות [א׳תשל].

אין מדרש פון דער היינטיגער סדרה ווערט געבראכט לא הי׳ העולם ראוי להשתמש בזהב, ולמה נברא – בשביל המשכן ובשביל ביהמ״ק.

דער מוסר השכל בא יעדער מענשען איז, אז דער טאלאנט מיט וועלכן דער אויבערשטער האט אים באשאנקען איז נברא בשביל המשכן ובשביל ביהמ״ק וואס בא יעדען אידן אין הארצן, און נאר בזכות זה איז ראוי להשתמש בו בעולם אויך.

האפענדיג שטייען מיט אייך אין קאנטאקט פון ענינים של עבודה בפועל.

אייער בברכת לאלתר לתשובה לאלתר לגאולה

הרב מנחם שניאורסאהן
יו״ר ועד הפועל

יום א׳ ט׳ ניסן
ברוקלין

זעהר געעהרטער מר. חיים ליבערמאן

שלום וברכה!

אין צוזאמנעהאנג מיט דעם פארשלאג וועגן א וואכנבלאט, וואלט איך אייך בעטן מיטצוטיילן אונז אויב מעגליך, צי וואלט איר געקענט צושטעלן אונז אין די נאענטסטע טעג אייער פראיעקט לויט ווי מען האט גערעט בשעת אייער באזוכען אונזער אפיס.

מיט דאנק פאראויס.

בברכת חג כשר ושמח לאלתר לתשובה לאלתר לגאולה

הרב מנחם שניאורסאהן
יו״ר ועד הפועל

ב׳רנ

ב״ה כ״ט טבת תש״ד
ברוקלין

כבוד ידידי הרה״ג הנודע לשם תהלה, משכיל על דבר טוב, וו״ח אי״א מוה״ר דוד שליט״א

שלום וברכה!

בשבח והודי׳ להשי״ת ובנועם קראתי את מכתב ידידי בנו הרב שי׳ אשר ת״ל הוטבה בריאותו ועוזב הוא את ביה״ח וחוזר לביתו בשעטומ״צ, יחזק השי״ת את בריאות ידידי שישוב לאיתנו הראשון ביתר שאת לשקוד בתו״ע ויפרסם תורתם של ראשונים זי״ע מתוך בריאות הנכונה ופרנסה בהרחבה.

ידידו הדו״ש ומברכו.

ב׳רנא

ב״ה ר״ח שבט תש״ד
ברוקלין

ידידי עוז הרב וו״ח אי״א מוה״ר חנוך הענדיל שי׳

שלום וברכה!

במענה על מכתבו מט׳ כסלו העבר בצרוף הדו״ח של הרב המשפיע והר״מ יחיו, הנני כותב אליהם במצורף לזה, ובדבר קבלת שני

ב׳רנ

נעתקה מהעתק המזכירות [א׳תשמא].

מוה״ר דוד: פרענקל. אגרות נוספות אליו — לעיל ח״ה א׳רנה, ובהנסמן בהערות שם. לקמן ב׳שכ. ב׳תרצה.

ב׳רנא

נעתקה מהעתק המזכירות.

מוה״ר חנוך הענדיל: האוולין. אגרות נוספות אליו — לעיל ח״ו א׳תרעא, ובהנסמן בהערות שם. לקמן ב׳שסז־ח. ב׳תנב. ב׳תקד. ב׳תקנז. ב׳תשב.

המשפיע . . הנני כותב: לקמן ב׳רנז.

התלמידים הטובים נהניתי במאד וצריך להשתדל להשיג עוד תלמידים בעלי כשרון ושקדנים, והשי״ת יעזר להם להצליח בלימוד וביראת שמים.

הנני שולח לו מברקה להוסיף השתדלות ע״ד בקשת מחות׳ מר לנדא שי׳ בהצלת הקרובים שי׳ אשר זה זמן רב לא קבלתי שום ידיעה מהם ואי אפשר לפרט את צערי הגדול, יחוס השי״ת וירחם ויצילם וישמרם בתוך כאחב״י שי׳ הצריכים הצלה ושמירה, ויזכני לראותם בקרוב בריאים ושלמים בגשמיות וברוחניות.

ישלח לו השי״ת רפואה ויחזק את בריאותו ואת בריאות זוגתו ואת בריאות ילידיהם יחיו ויגדלום לתורה חופה ומעשים טובים מתוך פרנסה בהרחבה.

ידידו הדו״ש ומברכו.

ב׳רנב

ב״ה ה׳ שבט תש״ד
ברוקלין

ידידי וו״ח אי״א מו״ה יהודה ליב שי׳ הלוי

שלום וברכה!

מכתבו במועדו קבלתי, ותודה עבור מה שכתב לי באריכות דבר דבר על אופנו, בטח ישתדל ידידי בכל כחו על אדות הסתדרות הישיבה אחי תמימים ליובאוויטש במחנס הט׳ ולעורר את כל ידידינו אנ״ש שי׳ להיות בעזר ידידנו עוז תלמידי הכי נעלה הרב העכט שי׳ לייסד את הישיבה ולסדרה ולנהלה בהצלחה בגשמיות וברוחניות, ולרגלי

מר לנדא . . הקרובים: **משפחת הארנשטיין שנשארו בפולין. ראה לעיל אגרת ב׳קסח, ובהנסמן בהערות שם.**

ב׳רנב

נעתקה מהעתק המזכירות [א׳תתיט].

מו״ה יהודה ליב: **הורוויץ. אגרות נוספות אליו — לעיל ב׳קצט, ובהנסמן בהערות שם.**

שכתב לי: **ע״פ בקשת רבנו לעיל אגרת ב׳רמה.**

לייסד את הישיבה: **ראה לעיל אגרת ב׳רמד. לקמן ב׳רסב, ובהנסמן בהערות שם.**

הישיבה והתעוררות אנ״ש שי׳ בקביעות עתים לתורה בדא״ח ובנגלה הנה אור יהי׳ במושבותם בבריאות הנכונה ובפרנסה טובה בגשמיות וברוחניות.

בשם כ״ק אדמו״ר שליט״א
מזכיר.

ב׳רנג

ב״ה ה׳ שבט תשי״ד
ברוקלין

צו די פירער פון דעם אידישן וויסנשאפטליכן אינסטיטוט

שלום וברכה!

דער טיפזיניקער חסידישער אהבת ישראל, וואס יעדער קידוש השם, כבוד הדת, כבוד התורה און כבוד ישראל דערפרייט די אידישע הארץ און יעדער חילול השם, בזיון הדת, בזיון התורה און בזיון ישראל צוברעכט די אידישע הארץ, דיקטירט מיר צו ריידן צו אייך, פירער פון אידישן וויסנשאפטליכן אינסטיטוט אין אמעריקא, און פרעגן אייך:

פארוואס זייט איר מחלל את השם, מבזה דעם דת ישראל ותורת השם און פארשוועכט דעם כבוד ישראל בפרהסיא? אז אייערע קאנפערענצן מאכט איר – ווי צו להכעיס – שבת, איז דען אומבאדינגט דורכאויס נויטיג געווען צו עפענען די קאנפערענץ פרייטאג אוונט און די אויסשטעלונג שבת בייטאג?.

איבערגענוג האט דער עם ישראל, אין גאר דער וועלט בכלל און דא אין דער לאנד בפרט, געליטען און ליידט פון די תלמידי נמרוד, די יום־כפור־חזיר עסער און די תשעה באב טענצער וועלכע זיינען כופרים בהשם און מבזי התורה והמצות און באשמוצן דעם כבוד ישראל מיט דער גרעסטער נידערטרעכטיגקייט.

ב׳רנג

נעתקה מהעתק המזכירות. לתוכנה ראה גם לקמן אגרות ב׳רעט. ב׳פ. ב׳שכה.

דאס טוען אויסגעשפראכענע להכעיס׳ניקעס וואס זוכן אויסצוראטן די אידישע תורה, די אידישע מצות, דעם אידישן מאראל און פארפלייצן די לאנד מיט נידערטרעכטיגער כפירה און אפשפאטונג פון מנהגי ישראל.

די זקני גבורי תלמידי נמרוד פירן דורך דעם מאמר רז״ל – הרשעים החצופים אפילו על פתחה של גיהנם אינם חוזרים בתשובה – מיט דער גרעסטער פינקטליכקייט אז אפילו בא דער טיפסטער עלטער איז זייער פינטעלע איד – נקודת היהדות – אין עמלק׳ס נעגל.

זיי זיינען מער מכוונים למרוד ווי זיי זיינען יודעים את רבונם. אפט זעט מען פון זיי פשוטע עמי הארצות בא אויסטייטשונגען פון פארשידענע פסוקים, מאמרי חז״ל און מנהגי ישראל, אבער זייער כפירה־גיפט און חוצפא כלפי שמיא און בזיון התורה ומצות וכבוד ישראל איז ערשטקלאסיק.

אבער איר, פירער פון דעם אידישן וויסנשאפטליכן אינסטיטוט, אייער אויפגאבע איז א גאנץ אנדערע, און זאגאר – אזוי בעדארף דאס זיין – א לעומת זה׳דיקע פון די מחללי השם תורתו ומצותיו וכבוד ישראל.

די אויפגאבע פון דעם אידישן וויסנשאפטליכן אינסטיטוט איז ארויסצובריינגען אין דער עפענטליכקייט צום ברייטן עולם די חכמת ישראל וואס אין תורה ומצות און די אויסערגעוויינליכע געבארענע כשרונות פון דעם עם ישראל אויף אלע בילדונגס געביטן, וואס ער – דער עם ישראל – האט געשאפן אויך אין דער גלות שפראך.

וואס אזעלכע גרויסע און בילדונגס ווערטפולע שאפונגען פון אזא פארפאלגטן, געפלאגטן און וואנדער־פאלק ווי דער עם ישראל זיינען דארפן געבן דער גרעסטן העכסטן רעספעקט פאר זייער־אידישער אמונה, תורה און חכמה.

דער חילול השם און בזיון כבוד ישראל והדרתו איז ניט נאר וואס הארמאנירט ניט מיט די אויפגאבן פון דעם אידישן וויסנשאפטליכן אינסטיטוט נאר עס בעשמוצט דעם אידישן וויסנשאפטליכן אינסטיטוט מיט דעם וואס מען איז מחלל דעם שבת, מיט דער שפתנו אתנו מי אדון לנו׳דיקער חוצפא, וועלכע פאסט זיך ניט פאר וויסנשאפטליכע מענשן.

איך ווייס גאנץ גוט וואס די פירער פון אידישן וויסנשאפטליכן אינסטיטוט וועלן מיר ענטפערן, אז זיי זיינען פרייגעזאנענע מענשן און האבן קיין שייכות ניט צו דער אידישער רעליגיע, זיי זיינען נאר פאראינטערעסירט אין דער אידישער גלות־שפראך.

דאס איז אבער מער ניט וואס מען קען ענטפערן, באמת אבער איז נאך אלעם דעם איז דאס א אידישער אינסטיטוט, ניט א מזרח פעלקערישער פארשונגס אינסטיטוט נאר א אידישער פארשונגס אינסטיטוט, אזא וויסנשאפטליכער אינסטיטוט מוז האבן א געוויסע עטיק.

די פירער פון אינסטיטוט האבן ניט דאס רעכט צו פירן דעם אינסטיטוט לויט זייערע פערזענליכע איבערצייגונגען – מיט אזא אויסשפראך בטעמ'ן זיי זייער אונבעגרינדעטע כפירה – און מיינונגען, זיי מוזן פירן דעם אינסטיטוט לויט דער אידישער עטיק און היטן דעם כבוד השם התורה וישראל.

די פירער פון דעם אידישן וויסנשאפטליכן אינסטיטוט טארן בשום אופן ניט מחלל זיין בזרוע אלעס וואס ביים עם ישראל איז הייליג און לייגן זייער האנט אויף ארויס רייסן די נשמה פון תורת ה' וואס באלעבט די חכמת ישראל.

דער חילול שבת ברבים פון דעם אידישן וויסנשאפטליכן אינסטיטוט איז די גרעסטע נידערטרעכטיגע מערדעריי אויף דער חכמת ישראל, עס איז א גוואלד טאט פון א שטיוול פאדקאווע אויף א שיינער שמעקעדיקער בלום.

מיין פאטער נ"ע איז געווען איינער פון די שטארקסטע געגנער אויף די מפיצי השכלה חדרים און האט געגרינדעט חדרים מסודרים לויט דער מסורת אבות. אין פיל שטעט אין רייסן וואו די מערהייט איז געווען ליובאוויטשער חסידים און בכלל ערלעכע אידן האבן די קהלות ניט צוגעלאזן די מפיצי השכלה צו גרינדן זייער טיפ חדרים.

די צענטראלע פון דער „מפיצי השכלה" אין פעטערבורג האט זיך געווענדעט מיט א קלאגע אין בילדונגס מיניסטעריום געגן מיין פאטער און געבעטן דעם מיניסטעריום אנצונעמען די געהעריגע מיטלען אויף צו בעזייטיגן די שטערונג וואס רבי שניאורסאן פון ליובאוויטש פירט קעגן דער טעטיקייט פון דער חברה „מפיצי השכלה".

דער בילדונגס מיניסטעריום האט – דורך איינעם פון זיינע געהילפן – געלאזט וויסן דעם ווילנער בילדונגס פאפעטשיטעל ער זאל שיקען א העכערען בעאמטן קיין ליובאוויטש צום רבין שניאורסאן דורכריידן זיך וועגן דער קלאגע קעגן אים פון דער חברה „מפיצי השכלה" און ווארענען אים אז אויב ער וועט ווייטער אנגיין מיט זיין שעדליכער ארבעט אין קעגנזאץ צו די מפיצי השכלה בתי ספר דראהט אים ארויסגעשיקט צו ווערן מיט זיין פאמיליע אין די אינערליכע גובערניעס.

אין א געוויסן מאמענט לאזט מען מיך וויסן פון דער ליובאוויטשער פאליציי איך זאל איבערגעבן מיין פאטער אז עס איז געקומען א געהילפס בעאמטער פון דעם ווילנער בילדונגס פאפעטשיטעל און בעט בעשטעלן אים א צייט אויף דורכצוריידן זיך וועגן א פארטרויליכן ענין וואס קומט פון בילדונגס מיניסטעריום.

דער בעאמטער האט בעקאנט געמאכט די אויפאדערונג וואס די ווילנער אפטיילונג האט בעקומען פון בילדונגס מיניסטעריום ווי אויבנגעזאגט.

דער פאטער האט אויסגעהערט אלעס וואס עס איז געווען אין די פאפירן, האט אויך אויסגעהערט די פילע ערקלערונגען פון דעם בעאמטן אז די חברה מפיצי השכלה איז הויכגעשעצט אין בילדונגס מיניסטעריום און אלע אירע פארשלאגן וועגן דער אידישער ערציהונג ווערן שטארק געשטיצט פון בילדונגס מיניסטעריום.

מיט גאר א בעזונדער ברייטער ערקלערונג האט דער בעאמטער ערקלערט די שטרענגקייט פון דער פאראָרדנונג אז אויב רבי שניאורסאן וועט ניט אפשטעלן זיין ארבעט וועט ער מיט דער פאמיליע ארויסגעשיקט ווערן אין די אינערליכע גובערניעס וואו קיין אידן זיינען ניט פאראן.

וואס איז אייער ענטפער? פרעגט דער בעאמטער מיין פאטער.

דער פאטער ענטפערט מיט א שמייכל, עס איז פאראן א שפריכווארט אז מיט א קולאק קען מען קיין סברא ניט אפשלאגן, א קולאק איז א פאליציי עטיק פאר פארברעכער, אבער איבערצייגן אין א געוויסער מיינונג קען מען מיט קיין קולאק ניט.

איך גיב מיין ענטפער מיט דער גרעסטער ענטשלאסענקייט אז

קמד אגרות־קודש (ב׳רנג)

בהנוגע אידישער ערציהונג איז יעדע צוואנגס־קראפט שוואך צו ווירקן אויף מיר, איך זאל בייטן מיין מיינונג און ארבעטס פלענער.

אט אזוי דייטליך קלאר האט גערעט און אזוי בעדארף ריידן דער בא וועמען דער עם ישראל תורתו וחכמתו איז טייער און הייליג.

יע, די וויסנשאפטליכע עטיק איז ניט קיין פאליציי־קולאק עטיק און אידישע וויסנשאפט מענשן מוזן זיך אונטערווארפן צו דער וויסנשאפטלעכער עטיק, ניט רעכענענדיג זיך מיט זייערע אייגענע מיינונגען און געפילן.

אין דעם נאמען פון תורה, אין נאמען פון כבוד ישראל, פאדער איך פון די פירער פון אידישן וויסנשאפטליכן אינסטיטוט צו פירן דעם אינסטיטוט אין די ראמען פון תורת ישראל, אפשאפן דעם חילול שבת אויף וועלכן אופן עס זאל ניט זיין, אין די לעזע־זאלן און ארבעטס צימערן זאל זיין שבת און קיינע קאנפערענצן זאלן ניט פארקומען שבת.

פירער פון אידישן וויסנשאפטליכן אינסטיטוט! פירט דעם אינסטיטוט מיט וויסענשאפטליכער עטיק! פארשוועכט ניט די נשמה פון תורת ישראל!

בברכת לאלתר לתשובה, לאלתר לגאולה.

ב׳רנד

ב״ה ז׳ שבט תש״ד
ברוקלין

אל ועד הדפסת התניא בעי״ת תל אביב יע״א

שלום וברכה!

בנועם קבלתי את הספר הקדוש, ספר לקוטי אמרים – תניא – פרי תעמולתם בהדפסה חדשה ומהודרת. דבר גדול וטוב מאד עשו, ותודה

ב׳רנד

צילום האגרת בס׳ „תורת חב״ד ביבליוגרפיות תניא" ע׳ 121. ראה שם ע״ד הוצאה זו, וראה גם לעיל ח״ו א׳תשיט. ח״ז א׳תתקצה.

וברכה לכל חברי הועד ידידי והעוזרים על ידם וביחוד לידידי עוז תלמיד התמימים משכיל על דבר טוב עסקן חרוץ בפעולות טובות בדרכי החסידות והחסידים וו״ח אי״א מוה״ר פנחס שי׳ בהחסיד ר׳ בנימין ז״ל אלטהויז אשר זכות דודו זקנו החסיד הידוע ר׳ אשר ב״ר מאיר נ״ע עמדה לו לעוררו להתענין במרץ בהדפסת ספר הקדוש, וברכות הוד כ״ק אדמו״ר וברכות הלומדים יחולו על ראשי חברי הועד וראשי ב״ב יחיו להוושע בגשמיות וברוחניות.

ידידם הדו״ש ומברכם

יוסף יצחק

ב׳רנה

ב״ה ז׳ שבט תש״ד
ברוקלין

ידידי מחותי הרה״ג הנודע לשם תהלה בתוככי גאוני יעקב גזע היחס וו״ח אי״א מוה״ר אברהם חיים שליט״א
נאה

שלום וברכה!

במענה על מכתבו מח׳ כסלו העבר, נהניתי לשמוע משלומו הטוב. ספרו שיעורי תורה קבלתי זה לא כבר ותודה רבה, ובטח אקבל בקרב הימים את קונטרס השיעורים, והשי״ת יחזק את בריאותו ויצליח לו בגשמיות וברוחניות.

מחותי ידידו הדו״ש ומברכו

יוסף יצחק

זכות דודו . . ר׳ אשר: **שו״ב גראסמאן, המו״ל מהדורת ווילנא תר״ס.**

ב׳רנה

נדפסה בריש ההקדמה השניה לס׳ שיעורי תורה, והוגהה ע״פ העתק המזכירות [א׳תשד].

ידידי . . נאה: **אגרות נוספות אליו — לעיל ח״ד א׳עב, ובהנסמן בהערות שם.**

ב׳רנו

ב״ה ז׳ שבט תש״ד
ברוקלין

כבוד ידידי הרה״ג הנודע לשם תהלה ותפארת אי״א
מוה״ר אלי׳ מרדכי שליט״א

שלום וברכה!

במענה על מכתבו מי״ח מרחשון העבר נהניתי לשמוע משלומו הטוב ואשר בעזה״י סיים את עבודתו הכבירה בחיבור הגמרא והשו״ע באופן מסודר, והשי״ת יצליח לו להוציא את מחשבתו מהכח אל הפועל הטוב בנקל.

לא כל הספרים שלי הצלתי מפולין ממאה ושבע עשרה – לערך – תיבות ספרים הגיעו לפה רק מאה תיבות ואין אצלי רק שלשה מסכתות אשר שלח לי הנה ובבקשה לשלוח לי כל מה שנדפס עד עתה ואת אשר ידפיס בעזה״י בשעה טובה ומוצלחת.

בדבר הדפסת הש״ס בפה, הנה לפי המודעות שהמדפיסים

ב׳רנו

נעְתקה מהעתק המזכירות [א׳תשז].

מוה״ר אלי׳ מרדכי: ולקובסקי, מח״ס מערכת התלמוד והפוסקים.

מכתבו מי״ח מרחשון: בו כותב בין השאר:

עוד בריגא שלחתי לכ״ק שני ספרים שהצאתי, לברכות ויבמות. ומאז כבר שלחתי גמרות אחדות בהוספות שלי. שהש״ע עם באור מקיף, מהגמרא, בלוית כל שיטות הראשונים המפורסמים, והכרעת האחרונים נ״כ הש״ע:

זו יצירה שלא היתה עד הנה, לאגד הש״ס עם הש״ע להגמרא והפוסקים בחטיבה אחת, ממש. כבר נדפסו עד היום שמנה מסכתות, ברכות, יבמות ועכשיו חולין, עד דף פח, ז. א. כל הלכות שחיטה וטרפות ועוד. כל אלה לחוד בלי הגמרא. כתובות, גיטין, קדושין, ביצה ובבא קמא, הגמרא והוספתי על הדף, היינו פנים הש״ע כדרכנו, בלי כל שינוי כאשר הוא בפנים, ומערכת השלחן למטה ועוד אני ממשיך בהדפסותי עוד גמרות: וב״ה שכבר עלה בידי, בעזרתו ית׳ לגמור בכתב על כל הש״ס...

אם נכון מה ששמעתי שמדפיסים באמעריקא ש״ס אפשר להתקשר אתם שידפיסו גם את שלי ויוסיפו זה להש״ס שלהם, אם אפשר על הדף ואם לאו לפחות בסוף המסכת כמו שנדפס הרא״ש או המהרש״א. כל זה אם כ״ק ימצא ענין בזה, יש אפְשרות גדולות...

בברכה ובכבוד הדרוש

אלי׳ מרדכי הלוי ולקובֿסקי

רק מאה תיבות: ראה לעיל מבוא לח״ה ע׳ 15 ואילך.

מפרסמים פה כבר יוגמר הש״ס בעוד איזה ירחים והוא ענין מסחרי – ולא ענין צבורי – ואין לי יחס לזה.

ימלא השי״ת את משאלות לבבו לטובה ולברכה לטובת ולזכות הרבים ויאריך ימים ושנים באהלה של תורה בבריאות הנכונה ובפרנסה במנוחה בגשם וברוח.

ידידו הדו״ש ומברכו.

ב'רנז

ב״ה ז׳ שבט תש״ד
ברוקלין

ידידי עוז הרה״ח אי״א מוהר״מ יהודה שי׳ רייכמאן

שלום וברכה!

במענה על ההרצאה המפורטת אדות התלמידים שי׳ הלומדים דא״ח בארבע מחלקות, כתה א׳ הלומדים בפ״ע, ט״ו תלמידים, כ״י, כתה ב׳ שלומד עמהם שני פעמים בשבוע, ט׳ תלמידים, כ״י, כתה ג׳ שלומד עמהם ש[נ]י פעמים בשבוע, ז׳ תלמידים, כ״י, כתה ד׳, ד׳ תלמידים, כ״י, נהניתי לקרא את אשר כותב אודותם.

והנה כללות ענין לימוד התורה אמרו גדול תלמוד שמביא לידי מעשה ולא המדרש הוא העיקר אלא המעשה בפועל וכתיב ותורה אור שהתורה צריכים להאיר במעשה המצות בפועל, אז מען זאל מקיים זיין א מצוה מיט א יראת שמים געשמאק ואז נקראת התורה תורת חיים.

קטע מרשימותי דשנת תרנ״ה.

באחד הפעמים שהי׳ הוד כ״ק אאזמו״ר הרה״ק מוה״ר שמואל זצוקללה״ה נבג״ם זי״ע בעיר פעטערבורג לרגלי ענייני הכלל הוכרח

ב'רנז

נדפסה בס׳ תומכי תמימים ע׳ קצח. והשלמה והוגהה ע״פ צילום האגרת [א׳תשט]. ע״ד האגרת — לעיל ב׳רנא.

ידידי . . רייכמאן: **חתן הרש״ז האוולין, משפיע בישיבת תורת אמת.**

להשאר יום ח׳ טבת – יום היאצ״ט של כבוד אמו הרבנית הצדקנית מרת חי׳ מושקא נ״ע זי״ע, והוד כ״ק אאזמו״ר הי׳ מדייק תמיד להיות ביום היאצ״ט בביתו בליובאוויטש, אבל אז הוכרח לטובת עניני הכלל להתעכב עוד איזה ימים בפטרבורג, האכסניא שלו היתה בהאטעל סעראפינסקי, וכדרכו בקדש התאכסן באיזה חדרים ולרגלי קיבוץ קהל גדול מנכבדי פטרבורג והסביבה וגם באו כמה אנשים ממרחק נוסף על החסידים שבפטרבורג שהשתוקקו לשמוע את תפלתו הקדושה, לכן סדר אולם גדול בהאטעל הנ״ל אשר שם התפלל את שלש התפלות לפני התיבה.

בין הבאים לשמוע את תפלת הקדש היו אנשים מסוגים שונים, בהם מזקני תושבי פטרבורג, הישיש ר׳ חיים אלי׳ מסלוצק שלמד פעם השמיני ש״ס מאז נהי׳ לפרוש והוא קרובו של הבאראן יוזל ע״ה גינצבורג, והישיש ר׳ זלמן מאיר מבריסק שהי׳ סמוך על שלחן בנו האדיר משה זיו, והלומדים המפורסמים מאיר שלום טייץ ושלמה יהודה קוסיצקי וברוך שמואל סימאוויטש שהיו מבחירי תלמידי וואלאזין, אף כי הנהגתם בשמירת מצות מעשיות היתה רפוי׳ אבל דבר לימוד גמרא לעיונא שמרו והתפארו בזה.

החסיד ר׳ אליעזר אליאנסקי מצארסקאיע סעלא שהי׳ נוכח באותו מעמד סיפר לי אשר כשהלך אז להאטעל סעראפינסקי פגש בו באחד הגענעראלים ממכריו – כי בעבר השני של הרחוב, לעומת האטעל סעראפינסקי הי׳ בית אולפנא לצעירי פקידי הצבא – קאדענסקי קארפוס על שמו של הקיסר ניקאלאי הראשון – וישאלהו לאן הוא הולך וגם אמר אשר בישבו בבית עבודתו בבית האולפנא ראה כי הרבה יהודים הולכים להאטעל סעראפי[נ]סקי ויתענין לדעת מה קרה שמה.

ר״א סיפר להגענעראל – פאוועל דעמידאוו שמו – כי הרבי שניאורסאן מליובאוויטש מתארח כעת בפטרבורג ומתאכסן בהאטעל הלזה ולרגלי תקופת השנה להסתלקות אם הרבי יעריך הרבי תפלה למנוחת נשמתה ומתאספים לשמוע את התפלה.

הגענעראל התפלא ויאמר העוד הרבי שניאורסאהן מליובאוויטש חי כי זוכר הוא אשר זה יותר משלשים שנה מלפנים והוא – הגענעראל – אז פקיד של מחלקת אנשי חיל בקראנשטאדט ספרו לו – הוא בעצמו הי׳ אז חולה ושכב בבית החולים – כי הרבי שניאורסאן מליובאוויטש בא לבקר את אנשי החיל היהודים ולברכם ואמרו עליו – על הרבי – אז שהוא זקן כבן ששים וחמש או עוד יותר.

ר״א אמר לו כי אין זה הרבי שניאורסאן שבקר את החיילים היהודים אלא בנו הרבי שניאורסאן מליובאוויטש הממלא מקום אביו.

ומה מאד נשתומם ר״א בשמעו את הגענעראל דעמידאוו מביע חפצו לשמוע את תפלת הרבי, ובאשר אין חפצו שירגישו בו הוא מבקש את ר״א לשכור עבורו חדר אצל האולם ששם יתפלל הרבי שיוכל לשמוע גם הוא את תפלתו, ויתן על ידו שטר בן עשר רובלים להוצאות שכירת החדר ומתנה להמשרת שלא יספר מאומה.

ר״א הכיר את הגענעראל דעמידאוו זה רבות בשנים שהוא אחד מפקידי הצבא הגבוהים ותופס מקום חשוב מאד בגלל הצטיינותו במערכות המלחמה ושני בניו אבדו את חייהם בקרב ומאז נתאלמן הוא דר יחידי במעונו ומסור לכהונת משמרתו בצבא.

ר״א מלא את בקשת הגענעראל ויסדר עבורו חדר הסמוך אל האולם אשר שם התפלל כ״ק אאזמו״ר, ויצו על משרת ההאטעל שלא יספר מאומה על דבר האיש שיגור בחדר ההוא.

עוד טרם נכנס כ״ק אאזמו״ר אל האולם להתפלל כבר הי׳ האולם מלא מפה לפה ובביאה – קארידאר – עמדו אנשים ונשים עד אפס מקום.

כשלשה רבעי שעה ארכה תפלת ערבית, קולו של כ״ק אאזמו״ר הי׳ חזק אף כי מחריד את הלב ומרעידו אבל עם זה מלפפהו בנעימה מיוחדה. רגעים אחדים עמד כ״ק אאזמו״ר סמוך על העמוד מנגן בינו לבין עצמו ניגון חרישי המביע געגועים לעבר נעים והוה מר.

באולם הושלך הס אשר גם עפיפת זבוב הי׳ נשמעת, כל העינים צופיות למקום אחד באזנים קשובות ולבבות רועדים ומתוך כך נשמע קולו של כ״ק אאזמו״ר כמנחם ומעודד והוא רחום יכפר עון ולא ישחית והרבה להשיב אפו ולא יעיר כל חמתו, כל מלה ומלה נכנסת אל הלב, וכרגע הנה כל הקהל עונים ואומרים בהתרגשות גדולה והוא רחום יכפר עון וגו׳, הלואי – אמר לי ר״א – הייתי זוכה להתעוררות כזו בתפלת נעילה בשנים האלו כאותה ההתעוררות שהיתה לי בתפלת ערבית ההיא.

אחר תפלת ערבית ישב כ״ק אאזמו״ר להנפש וכעבור איזה זמן הואיל לאמר אשר כבוד אמו הרבנית הצדקנית לקחה חלק בהצלת הקאנטאניסטים, וירבה לספר בשבחם של הקאנטאניסטים אשר הרבה

מהם מסרו נפשם על קידוש השם ורובם ככולם עמדו בנסיונותיהם ונשארו יהודים ויסיים אשר כ״ק אאמו״ר – הצמח צדק – אמר אשר הקאנטאניסטים יחזירו פקדונם – נשמותיהם – יהודים בעלי תשובה.

בחזרת הש״ץ של תפלת המנחה האריך כ״ק אאזמו״ר בהפסקא ברכנו אבינו כלנו כאחד באור פניך וכשאמר הפיסקא כי באור פניך נתת לנו ה׳ אלקינו תורת חיים הי׳ קולו צוהל מאד עד כי אור שמחה וחדוה האיר בחללו של האולם.

אחר תפלת המנחה כשישב כ״ק אאזמו״ר להנפש, נגשו אליו הישישים ר׳ חיים אלי׳ ור׳ זלמן מאיר ואמרו להיות כי ב״ה תורתם אומנתם הנה כדין אינם מדקדקים בתפלה ומפני ביטול תורה אינם שמים לב לפירושי המלות בתפלה אמנם היום בשמעם את תפלתו כשהאריך בהפיסקא ברכנו אבינו כלנו כאחד באור פניך כי באור פניך נתת לנו ה״א תורת חיים הוקשה להם מהו פי׳ הבקשה ברכנו אבינו כלנו כאחד ומהו תכן בקשת הברכה לברך באור פני עליון היתכן כי כל ישראל יהיו שוין לברכה, למשל, אנחנו אשר זה עשרות בשנים הננו שוקדים בתורה בהתמדה רבה ואברהם שלמה השמש יהיו שוין, ואיך בני אדם יכולים לזכות למאור פניו של אור פני המקום ב״ה ומה זה תורת חיים והאם שתי תורות המה ח״ו וח״ו אחת תורת חיים ואחת תורת מות.

כן הדבר, השיב להם כ״ק אאזמו״ר, כל ישראל שוים המה לברכה והאנשים הפשוטים שבישראל הנה בתמימותם הם במעלה עליונה יותר וחשובים יותר למקום ב״ה מבעלי מדריגה בעיני עצמם, ותכן הברכה בבקשת ברכנו וגו׳ באור פניך הוא ההבנה בהשגה אלקית המבואר במדרש ובאגדה ובזהר הקדוש והמוסבר בדברי חסידות ויסיים כ״ק אאזמו״ר תורת חיים איז תורה מיט יראת שמים פנימית, און דאס איז נאר ווען עס איז פאראן דער אור פניך, אן דעם אור פניך פון חסידות איז די תורה ניט קיין תורת חיים.

דברי קדש הוד כ״ק אאזמו״ר הרה״ק זצוקללה״ה נבג״ם זי״ע אינם דורשים ביאור ומקור חיים המה לבעלי תורה לסדר עצמם באהלה של תורה ביר״ש פנימית.

והנה כל זה גם בגליא שבתורה ובפרט בפנימי׳ התורה היא תורת החסידות הנה עיקר ענין הלימוד וההשגה הוא בשביל העבודה, הן עבודה שבלב להתעורר בהתבוננות טובה והן בעבודה בפועל בבירור

וזיכוך המדות – לא רק בשינוי מרע לטוב ומשקר לאמת אלא – בקנין מדות מעולות ומשובחות און ווערען איידעל באמת בכל הענינים.

ובזה – כלומר בעניני עבודה האמורים – נראה וניכר מהות הלימוד וענינו אם הוא אדעתא דנפשי׳, ואודות זה אינו כותב לי כלום, והנני מבקשו לכתוב בפרטיות אודות כל אחד ואחד מתלמידי שתי כתות הראשונות. והשי״ת יצליח להם בגשמיות וברוחניות.

יחזק השי״ת את בריאותו ואת בריאות ב״ב יחיו ויגדלום לתורה חופה ומעש״ט מתוך פרנסה בהרחבה ובמנוחה ויצליח בעבודתו הק׳ להעמיד תלמידים לומדי דא״ח ועוסקים בעבודה שבלב.

ידידו הדו״ש ומברכם

יוסף יצחק

ב׳רנח

ב״ה י׳ שבט תש״ד
ברוקלין

ידידי הרה״ג הנכבד, וו״ח אי״א מוה״ר דובער שי׳

שלום וברכה!

במענה על מכתבו אדות ישיבת אחי תמימים במחנם הטובה, נהניתי במאד, ועל אדות העוזר הדרוש לידיד נפשי התלמיד היקר הרב פאגעלמאן שי׳, צריכים לפנות לחתני הרש״ג שליט״א מנהל הישיבות, וצריכים לחפש על אתר ובהסמוך להם את המתאים לזה, והשי״ת יהי׳ בעזרם בגשם וברוח.

תודה וברכה לידידי על אשר הוא מקרב את ידידי עוז הרב פאגעלמאן שי׳ ובבקשה גם על להבא, והשי״ת יחזק את בריאותו ויצליח לו בגשמיות וברוחניות.

הדו״ש ומברכו.

ב׳רנח

נעתקה מהעתק המזכירות [א׳תתעו].

מוה״ר דובער: **צוקערמאן. אגרת נוספת אליו — לעיל ח״ו א׳תתגא.**

ישיבת . . במחנם: **באפאלא. ראה לעיל אגרת ב׳קנט, ובהנסמן בהערות שם.**

העוזר הדרוש: **ראה גם לקמן אגרות ב׳רפה. ב׳רפט.**

ב'רנט

ב"ה י"ד שבט תש"ד
ברוקלין

ידידי תלמידי מר ... שי'

שלום וברכה!

איך האב ערהאלטן דיין בריעף אז דו ביז[ט] ב"ה געקומען מיט גליק אויף דיין פלאץ, השי"ת זאל בעגליקן דיך און דיינע חברים אין אייער ארבעט און זאל אייך היטען און שיצען און צוריק בריינגען צו אייערע היימען געזונטע. יעדער טריט וואס א איד מאכט איז דאס צוליעב א געוויסע שליחות פון הימעל אז ער דארף דארטן עטוואס אויפטאן אין אידישקייט, מאכען א ברכה אדער טאן א אידען א טובה אין גשמיות ובפרט אין רוחניות אפהיטען אים פון איין עבירה אדער מעורר זיין צו טאן א מצוה.

עס איז פון דער גרעסטער וויכטיגקייט צו זאגן די אידישע זעלנער אז מען דארף לייגען תפילין יעדן וואכנטאג, ווייל תפילין איז א מצוה און אויך א שמירה, אויך בעדארף מען זיי ערקלערן אז אלע מלאכות וואס א זעלנער מוז טאן שבת לויטן באפעל איז דאס ניט פאר רעכענט פאר קיין חילול שבת אבער פרייוועט זאכן, ווי סמוקען, שרייבען אדער אנדערע ארבעט טאר מען ניט.

גריס דיינע חברים יחיו אין מיין נאמען און גיב זיי איבער מיין אויבענגעזאגטע ברכה. איך שיק דיר עטלעכע ביכלעך אויף צו טיילען דיינע חברים יחיו און שיק דיר א קאלענדאר אויף ענגליש, אויב ווער פון דיינע חברים שי' ווילען זאלען זיי שרייבען וועט מען זיי שיקען איך בעט דיך שרייב מיר פון צייט צו צייט.

זיי בעגלי[ק]ט

בשם כ"ק אדמו"ר שליט"א
מזכיר.

ב'רנט

נעתקה מהעתק המזכירות [א'תתקכו].

זעלנער . . תפילין: ראה גם לעיל ח"ז אגרת א'תתעג, ובהנסמן בהערות שם.

ב'רס

ב"ה י"ד שבט תש"ד
ברוקלין

צו מיין ליבען שוואגער מר בנציון שי'

שלום וברכה!

מיט גרו̇יס פרייד האב איך געהערט די גוטע בשורה אז דו און דיין ליעבע פרוי תחי' האבען זיך געראטעוועט פון גיהנם און איהר זייט געקומען אין א לאנד וואו אלע מענשען זיינען געהיט און געשיצט אן אונטערשייד, זיכער האט איר באקומען בעשעפטיגונג און איר פארדינט אייער ברויט, שרייבט וואס מאכט איר אין געזונט און זייט בעגליקט.

אייער שוואגער.

ב'רסא

ב"ה ט"ז שבט תש"ד
ברוקלין

אל חברת גמילות חסדים שומרי שבת בעי"ת נויארק יע"א

שלום וברכה!

בנועם קראתי את מכתבם הכללי על אדות ההתועדות לחגיגת שנת השלשים וארבע להתיסדות החברה גמ"ח שומרי שבת והנני מברך את ידידי נשיא החברה וסגניו וכל החברים, ה' עליהם יחיו, בברכת מז"ט יוסיפו אומץ בעבודתם הטובה ויתברכו הם וב"ב יחיו בברכות מאליפות בגשמיות וברוחניות.

הדו"ש ומברכם.

ב'רס

נעתקה מהעתק המזכירות [א'תתקצב].

מר בנציון: שניאורסאהן, אחי הרבנית נחמה דינה אשת רבנו.

ב'רסא

נעתקה מהעתק המזכירות [א'תתקצ]. ראה גם לקמן אגרת ב'תרכו.

ב׳רסב

ב״ה י״ז שבט תש״ד
ברוקלין

אל התלמיד החשוב הרב מו״ה אברהם דוב שי׳

שלום וברכה!

מכתבו במועדו קבלתי, ונהניתי לשמוע כי לומד הוא כדרוש בבהכנ״ס ליובאוויטש ואשר ת״ל עשו התחלה טובה להצלחה בכינוס תלמידים שי׳, יצליח לו השי״ת לקבץ תלמידים בעלי כשרונות ומקבלי הנהגה של יראת שמים, וצריך לעורר את הבע״ב בדברי קירוב ע״ד כינוס תלמידים ולעשות אספות הורים ולנאום לפניהם בדברי חיבה וקירוב הדעת ולעורר את אנ״ש שי׳ שיעזרו לו בזה, והשי״ת יהי׳ בעזרם בגשמיות וברוחניות.

בשם כ״ק אדמו״ר שליט״א
מזכיר.

ב׳רסב

נעתקה מהעתק המזכירות [ב׳ו־ז].

מו״ה אברהם דוב: העכט. אגרות נוספות אליו — לעיל ח״ו א׳תרכא. א׳תתכ. לקמן ב׳שפא. ב׳תקסב. ב׳תרנט.

לומד . . התחלה טובה: ליסוד הישיבה בבוסטון. ראה לעיל אגרות ב׳רמד־ה. ב׳רנב. לקמן ב׳רצ. ובחוברת תות״ל (ח״י אלול תש״ד) ע׳ 19:

די ליובאוויטשער ישיבה אחי תמימים אין באסטאן, איז געגרינדעט געווארען חמשה־עשר בשבט, תש״ד (דעם 9־טען פעברואר, 1944), און מיט איין מאנאט שפעטער, פורים צייט, האט שוין די ישיבה געציילט איבער פופציג תלמידים. די צאל תלמידים האלט אין איין וואקסען און די ישיבה ענטוויקעלט זיך זעהר שעהן.

הרב אברהם דוב העכט, א מוסמך פון דער צענטראלער ליובאוויטשער ישיבה פון ברוקלין, אנ׳ענערגישער און באגאבטער יונגערמאן, איז פרינציפאל.

ב׳רסג

ב״ה י״ט שבט תש״ד
ברוקלין

ידידי עוז הרב התלמיד הכי חשוב משכיל על דבר טוב
וו״ח אי״א מוה״ר משה אלי׳ שי׳ גערליצקי

שלום וברכה!

בזה הנני למלאות את ידו לסדר את המעמד הפרטי הנהוג בין ידידינו אנ״ש, ה׳ עליהם יחיו, מימים ימימה, להיות כל אחד ואחת מגזע היחס של חסידי חב״ד, אשר אבותיהם ואבות אבותיהם נ״ע היו מקושרים אל הוד כ״ק אבותיי רבותינו הקדושים זצוקללה״ה נבג״ם זי״ע ואת אשר במשך השנים נתוספו לברכה לעדת חסידי חב״ד, נוהגים להחזיק את נחלת אבות קדושים, כל אחד כפי יכלתו בתמיכה קבועה, חדשית וזמנית, נוסף על ההתקשרות הפנימית לבתי אבות קדושים בקביעות עתים לתורה ועבודה, בשמירת התקנות הידועות בהלימודים המבוארים בילקוט „היום יום״ – מורה שיעור – ובהתועדות ריעים אשר איש את רעהו יעורר בהתעוררות טובה באהבת ריעים בסוד אהבת ישראל.

יפרוש גיני בשלום ידידינו אנ״ש שי׳ ויבא עמהם בכתובים אודות הענינים האמורים בזה, וישלח אליהם העתק מכתבי הכללי המצורף בזה, והשי״ת יהי׳ בעזרו ויצליח בעבודתו זו, נוסף על עבודתו הקדושה בהרבצת תורה ביראת שמים, ויחזק השי״ת את בריאותו ואת בריאות זוגתו תחי׳ ויתן לו פרנסה בהרחבה ובמנוחה שיוכל לעבוד את עבודתו מתוך הרחבת הדעת בגשמיות וברוחניות.

ידידו הדו״ש ומברכו.

ב׳רסג

נעתקה מהעתק המזכירות [ב׳פה]. לתוכנה ראה גם לעיל אגרת ב׳ריט. לקמן אגרת שלאח״ז.

ידידי . . גערליצקי: אגרות נוספות אליו — לעיל ח״ה א׳קנא. ח״ו א׳תתכט.

מכתבי הכללי: **שלאח״ז.**

ב'רסד

ב"ה י"ט שבט תש"ד
ברוקלין

אל ידידינו אנ"ש אשר במדינת קאנאדא, ה' עליהם יחיו!

שלום וברכה!

בזה הנני להכיר לפניהם את ידידי עוז הרב הנכבד והכי נעלה מסגלת תלמידי התמימים, משכיל על דבר טוב, בעל מדות טובות וו"ח אי"א מוה"ר משה אלי' שי' גערליצקי, אשר מלאתי את ידו לבא בכתובים עם ידידינו אנ"ש בכל מרחבי מדינת קאנאדא, ה' עליהם יחיו, לסדר את דבר המעמד הפרטי הנהוג בין ידידינו אנ"ש שי' מימים ימימה, ולהיות כי מצד חקי המדינה יש כובד וטורח בשלוח כספים מהתם להכא, הנה מלאתי את ידו לקבל את כל הנשלח במזומן או בהמחאות ויכניסם אל הבאנק כמסודר מאתי, ובבקשה לשלוח הכל אל ידידי עוז תלמידי החשוב הרב גערליצקי שי' הנ"ל, והכל יהי' מסודר בעזה"י.

ובזה הנני לברך אותם ביתם וזרעם וזרע זרעם יחיו כי ישפיע להם השי"ת שפעת חיים וברכה מרובה בגשמיות וברוחניות.

ידידם עוז הדו"ש ומברכם

יוסף יצחק

ב'רסד

נעתקה מצילום האגרת. לתוכנה ראה אגרת שלפנ"ז.
הבאנק כמסודר מאתי: כנ"ל אגרת ב'ריט.

ב'רסה

ב"ה כ"א שבט תש"ד
ברוקלין

אל התלמיד החשוב וו"ח אי"א מו"ה...

שלום וברכה!

...כל ענייני עבודה בעבודת הקדש והחיכוי לישועת ה' ע"י גואל צדק בב"א אינם צריכים להפריע את דרכי וסדרי החיים ע"פ התורה בהסתדרות בעזה"י בחיי משפחה ובענייני פרנסה והשי"ת יעזר לו בגשמיות וברוחניות.

בשם כ"ק אדמו"ר שליט"א
מזכיר

ח. ליבערמאן

ב'רסו

ב"ה כ"א שבט תש"ד
ברוקלין

אל התלמיד החשוב מו"ה ... שי'

שלום וברכה!

במענה על מכתבו המתאונן על חוסר העמקה בלימוד הנגלה וחוסר החיות בלימוד דא"ח, העצה היעוצה היא כי יעזוב את ההתאוננות שהיא אחת מפתויי היצר ותמורתה יקח חוזק הדעת להתבונן – גוט איבערלייגען – בשכלו כל מה שהוא לומד הן בנגלה והן בדא"ח, ואל יכביד על עצמו יותר מדאי ואל ידרוש מעצמו מה

ב'רסה

נעתקה מצילום האגרת [ב'קלח].

ב'רסו

נעתקה מהעתק המזכירות [ב'קמד].

קנח **אגרות־קודש** (ב׳רסו)

שהוא יותר מכחותיו רק יסדר עצמו בסדר מסודר בלימוד ובעבודה שבלב והשי״ת יצליח לו בלימוד וביראת שמים.

בשם כ״ק אדמו״ר שליט״א
מזכיר.

ב׳רסז

ב״ה כ״א שבט תשי״ד
ברוקלין

ידידי עוז התלמיד החשוב, הרב הנכבד והנעלה בעל כשרונות מצוינים, בעל מדות טובות, מרביץ תורה ביראת שמים וו״ח אי״א מוה״ר אברהם שמואל שי׳

שלום וברכה!

במענה על מכתבו אשר תלמידי היקר לומד שיעור קבוע לרבים במסכת בבא קמא בכל ש״ק ואחרי כן מתועד עם הלומדים בסעודת מצוה סעודה שלישית בשיחות דברי תורה וספורי צדיקים וגאוני ישראל שרי התורה ויראת ה׳ נהניתי במאד מאד.

והנה ידוע ומבואר באר היטב בכל ספרי הקדש גודל הפלאת לימוד התורה ברבים כאמרם ז״ל עשרה שיושבים ועוסקים בתורה שכינה שרוי׳ ביניהם, שזוהי מעלת לימוד התורה במנין עשרה על מעלת התפלה וקיום המצות במנין עשרה, דבתפלה וקיום המצות במנין עשרה אמרו אכל בי עשרה שכינה שריא דענין ההשראה הוא רק מדרי׳ מקיף, אבל בלימוד התורה בעשרה הנה שכינה שרוי׳ ביניהם.

אשרי חלקו, והשי״ת יצליח לו בלימוד הנגלה ודא״ח ובעבודה שבלב ויסתדר באהלה של תורה בחיים מאושרים בגשמיות וברוחניות.

ידידי תלמידי היקר יודע עד כמה יקרים וחביבים עלי לומדי תורה בכלל ובפרט אלו הטרודים בכל ימות השבוע בעניניהם וקובעים שיעור

ב׳רסז

נדפסה בס׳ התולדות ח״ד ע׳ 260. והושלמה והוגהה ע״פ העתקה. לתוכנה ראה לקמן אגרת ב׳שיב.
מוה״ר אברהם שמואל: **שטיין**.

ברבים ביום השבת קדש יקרים הם במאד, והנני שולח להם את ברכתי אשר יואיל לקראה לפניהם.

והנני ידידו הדו״ש ומברכו.

ב׳רסח

ב״ה כ״א שבט תש״ד
ברוקלין

ידידי עוז תלמידי הכי נעלה הרב הנכבד וו״ח אי״א
[מו״ה יוסף מענדיל שי׳]

שלום וברכה!

במענה על מכתבו מחדש העבר – אשר לסיבות שונות לא השבתי במועדו – אודות נסיעתו עם ידידי עוז הרב הנודע לשם תהלה בפעולותיו הטובות בדרכי החסידים והחסידות, בעל מדות טובות וו״ח אי״א מוה״ר משה ליב שי׳ ראדשטיין, מנהל אגודת חסידי חב״ד בעי״ת שיקאגא והגליל לטאראנטא להתראות עם אנ״ש שי׳ ולעוררם על דרכי אנ״ש שי׳ ואשר ת״ל נתעוררו בהם זכרונות ימי קדם בהיותם בארץ מולדתם בזכרון טוב מחינוכם בבתי אבותיהם ואבות אבותיהם החסידים ז״ל, נהניתי במאד מזה והנני מחזיק לו טובה ואומר לו יישר חילך, כי התועדות כאלו הם צנורות אור עצמי לזכור את ימי האור בימי קדם מה שמביא לידי התעוררות גדולה להתבונן על המצב בהוה.

והנה בכל עבודה ופועל טוב ההתחלה היא בהתעוררות מסודרת בזכרון ימי החינוך וההדרכה, אשר על הרוב בבתי אנ״ש הי׳ מסודר בסביבה של אור המאיר גם למרחק רב, וכפי שאנו יודעים במוחש בכמה וכמה מגזע החסידים אשר לסבות מסבות שונות נתרחקו מדרכי החסידים ומהם גם אם ח״ו נפגעו הנה אור החינוך מפעם מזמן לזמן בקרבם ועומד הכן להתגלות ובפרט באלו אשר ח״ו לא נפגעו רק

ב׳רסח

נעתקה מצילום האגרת.

מו״ה יוסף מענדיל: טננבוים. אגרות נוספות אליו — לעיל ח״ז ב׳קלה, ובהנסמן בהערות שם. לקמן אגרות ב׳רסט. ב׳שצג. ב׳תמט. ב׳תקו. ב׳תקלג. ב׳תקצו. ב׳תשלג.

נתקררו הנה ההתעוררות בזכרון ימי קדם פועלת עליהם שבירת הקרח הנורא וקירוב כללי הנותן מקום לשוב אל מסילת דרכי החסידים והחסידות.

ההתעסקות בהתעוררות אנ״ש שי׳ היא אחת מדרכי העבודה אשר הוד כ״ק אבותי רבותינו הק׳ זצוקללה״ה נבג״ם זי״ע עשוה ליסוד מוסד בהדרכת החסידים ויברכו את המתעסקים בעבודה זו בהצלחה גדולה, נוסף על הברכות בהצלחת הלימוד ובעבודה שבלב.

יהי׳ השי״ת בעזרו להצליח בלימוד ובעבודה שבלב ולהסתדר באהלה של תורה בחיים מאושרים בגשמיות וברוחניות.

ידידו הדו״ש ומברכו

יוסף יצחק

ב׳רסט

ב״ה כ״א שבט תש״ד
ברוקלין

ידידיי עוז התלמידים הנעלים והכי נכבדים בעלי פעולות טובות בהרבצת התורה והחזקת החינוך הכשר, הרב וו״ח אי״א מוה״ר יוסף מענדיל שי׳ טענענבוים והרב וו״ח אי״א מוה״ר מנחם זאב שי׳ גרינגלאס

שלום וברכה!

במענה על מכתבם מיו״ד לחדש זה על אודות הסתדרות „מסבות־שבת״ בג׳ שכונות בעי״ת מאנטרעאל יע״א, נהניתי במאד והנני בזה לאמר להם יישר חילך על התחלת עבודתם בזה בתקוה טובה אשר ימשיכו את עבודת הקדש בתוספת אומץ.

ב׳רסט

נעתקה מצילום האגרת.

מוה״ר . . טענענבוים: **אגרות נוספות אליו — לעיל אגרת שלפנ״ז, ובהנסמן בהערות שם.**

מוה״ר . . גרינגלאס: **אגרות נוספות אליו — לעיל ב׳ריב, ובהנסמן בהערות שם.**

הסתדרות „מסיבות־שבת״: **כהוראת רבנו לעיל אגרת ב׳ריג.**

והנני בזה לתת את תודתי וברכתי אל התמימים החשובים והנכבדים, ידידי מר נתן שי׳ פעליג, מר יוסף שי׳ לאזאר ומר צבי שי׳ סגל עבור נועם השתתפותם בעבודה הקדושה הלזו לחזק ולהורות את המדריכים שי׳, עבודתם רצוי׳ וחשובה מאד למעלה, והשי״ת יהי׳ בעזרם בגשמיות וברוחניות.

וברכות מאליפות יחולו על ראשי התלמידים המדריכים מר אברהם שי׳ דאלפען, מר לייביל שי׳ פריש ומר שמואל שי׳ גאלדבערג עבור עבודתם במסיבות שבת. ואתם בנים יקרים! הוסיפו לעשות במועצות ודעת לעורר את הנוער להתכנס בימי השבת קדש ומועדים בבתי הכנסיות להתפלל לעניית אמן ואיש״ר ברכו וקדושה וקה״ת מתוך הסידור, ולקבצם יחד ביום הש״ק להרגילם בברכות הנהנין ולספר לפניהם ספורי התורה ולהודיע להם עניני המצות מעשיות, ובגלל זאת יצליחו בלימוד ובהנהגה ביר״ש והוריכם יחיו יגדלו אתכם לתורה חופה ומעשים טובים מתוך פרנסה בהרחבה ומתוך נחת רוח בגשמיות וברוחניות.

ידידם עוז הדו״ש ומברכם

יוסף יצחק

ב׳ער

ב״ה כ״ב שבט תש״ד
ברוקלין

ידידי עוז תלמידי היקר והנעלה הנכבד משכיל על דבר טוב וו״ח אי״א מוה״ר מנחם זאב שי׳

שלום וברכה!

בזה הנני למלאות את ידו לסדר את המעמדות בצדקת הרמבעה״נ כולל חב״ד במדינת קאנאדא, לקבוע שופרות בכל מושבות אנ״ש חסידי

ב׳ער

נעתקה מצילום האגרת. לתוכנה ראה אגרת שלאח״ז. לעיל אגרות ב׳ריב. ב׳ריט.
מוה״ר מנחם זאב: גרינגלאס. אגרות נוספות אליו — לעיל ב׳ריב, ובהנסמן בהערות שם.

חב״ד ובבתי מחבבי מצוה תומכי מוסדות הקדש של אנ״ש באהבת ישראל, ולסדר את דבר האוסף לצדקת רמבעה״נ כולל חב״ד במדינת קאנאדא, וזכות הוד כ״ק אבותי רבותינו הקדושים זצוקללה״ה נבג״ם זי״ע מייסדי כולל חב״ד יאהיל על ידידי עוז להצליח לו בזה ובכל אשר הוא עושה בעבודת הק׳ ויסתדר באהלה של תורה בחיים מאושרים בגשמיות וברוחניות.

ידידו הדו״ש ומברכו

יוסף יצחק

ב׳רעא

ב״ה כ״ב שבט תש״ד
ברוקלין

אל ידידינו אנ״ש ומחבבי מצוה במדינת קאנאדא, יע״א,
ה׳ עליהם יחיו!

שלום וברכה!

בזה הנני להכיר לפניהם את ידידי עוז, אחד מבחירי תלמידי ישיבת תומכי תמימים ליובאוויטש, הרב הנכבד והנעלה, בעל כשרונות מצוינים, משכיל על דבר טוב, עסקן חרוץ לקרב את הבריות בחיבת התורהָ ובנועם המצות וו״ח אי״א מוה״ר מנחם זאב שי׳ גרינגלאס, אשר בו בחרתי למלאות את ידו להקמת צדקת רמבעה״נ כולל חב״ד בירושלים עה״ק ושארי מקומות הקדש תובב״א, לחזק את הכולל ולתמכו ולהעמיד שופרות בכל בתי אנ״ש ומחבבי מצוה, ה׳ עליהם יחיו.

ידוע ומפורסם הדבר אשר כ״ק רבינו הגדול אדמו״ר זצוקללה״ה נ״ע יגע וטרח הרבה מאד לייסד צדקת אה״ק כולל חב״ד בכל מרחבי מושבות אנ״ש בכל מקום שהם, וממש מסר נפשו הקדושה והטהורה

ב׳רעא

נדפסה בשעתה בגליון בפ״ע, בצירוף תרגום לאידיש. לתוכנה ראה גם לעיל אגרת שלפנ״ז, ובהנסמן בהערות שם.

על זה עד אשר העמידה על כן ובסיס נאמן, ומפיו הקדוש אנו חיים בכמה אגרות הקדש במעלת הצדקה הזאת כי רבה היא למעלה ראש, והפליא והגדיל במעלתה יתר שאת ויתר עז על כל הצדקות, ותלה זכות ההצלה במצות הצדקה הזאת וכמו שרמז באגה״ק סי׳ ד׳ בסופו בלשונו הט׳ והיא שעמדה לנו לפדות חיי נפשנו מעצת החושבים כו׳.

והנה בשנים האחרונות נחלש הרבה מעשה הצדקה הזאת בכמה עיירות, ובע״ב הגבוהים אינם שמים לבם לזה כ״א איזה אחדים העוסקים להחזיק קיומה ומשנה לשנה מתמעטת ההכנסה יען כי הישוב החדש עם אלפי השליחים והצירים ומגביותיהם בלע את הקדש של ישוב הישן, וזקני ת״ח העוסקים בתורה ועבודה אשר הן המה הנרצים לה׳ אלקינו לשבת בארצנו הקדושה עד כי בא יבא דברי קדשו לגאלנו על ידי משיח צדקנו בב״א סובלים חרפת רעב ומחסור פשוטו כמשמעו ובפרט בעתים הללו אשר היוקר יאמיר וההכנסה מועטה וצנומה במאד מאד הנה בפועל ממש חייהם תלוים מנגד והמצב נורא ואיום.

חוב קדוש הוא על כל אחד ואחד מאנ״ש ומחבבי מצוה באמת ובאמונה לעשות חשבון צדק בנפשם ולהתבונן בינם לבין קונם כמה הכניס כ״ק רבינו זצוקללה״ה נ״ע עצם נפשו הקדושה במעשה הצדקה הלזו, וכתיב פעולת צדיק לחיים, אשר עבודת הצדיקים ופעולותיהם הקדושות נותנות חיים לכל ההולכים במסילה אשר סללו לנו, הלא תיקר נפש כל אחד ואחד מאנ״ש ומחבבי מצוה בעיניו להתאחד ולהתקשר בנפשו הקדושה ולהתכסות בטלית אחד היא מעשה הצדקה הזאת.

והנה כל אחד ואחד מאנ״ש ומחבבי תורה בשומו אל לבו אשר בתרומת נדבתו לצדקת רמבעה״נ כולל חב״ד בסדר מסודר כפי אשר קבע הוד כ״ק רבינו הגדול בקביעות טובה בכל עת לאנשים, וקודם הדלקת נר שבת ומועדים וזמנים קבועים לברכה לנשים, ולשמור את דבר התרומה כראוי, ימצא מקום להתקשר בפועל ובמעשה ולהיות במחיצתו של צדיקו של עולם קדוש ישראל, הנה יחרד לבו לדבר הזה ויחפוץ בכל לב ובכל נפש בהענין הגדול והנעלה הזה באמת לאמיתו.

כולנו כאחד מאמינים באמונה שלמה בדברי קדש הוד כ״ק רבינו הגדול, אשר בזכות החזקת מוסד הקדש בארצנו הקדושה יומשך עלינו כולנו כאחד אור פניו ית׳ בשפע אור וחיות בגשמיות וברוחניות ע״י ארץ החיים העליונה להחיות רוח שפלים, ותקותי חזקה אשר באוות

נפשם יחפצו המה ובני ביתם יחיו להביא את הברכה הזאת אל בתיהם ולשמור את דבר התרומה, ובזכות הצדקה הגדולה הלזו ישפיע השי"ת להם ולב"ב יחיו שפעת חיים וברכה מרובה בברכות מאליפות בבריאות הנכונה ובפרנסה טובה בהרחבה בגשמיות וברוחניות.

והנני ידידם עוז הדורש שלומם טובם והצלחתם בגשמיות וברוחניות,

המברכם

יוסף יצחק

ב'ערב

ב"ה כ"ב שבט תש"ד
ברוקלין

ידידי עוז תלמידי הכי נעלה הרב הנכבד משכיל על דבר טוב עסקן חרוץ וו"ח אי"א מוה"ר מנחם זאב שי'

שלום וברכה!

למראה עיניו יהי' מכתבי הכללי איך לחלק את העבודה בהנהלת ישיבת תומכי תמימים ליובאוויטש במאנטרעאל, ובטח ימלא ככל האמור שם בהנוגע להשתתפותו בזה, והשי"ת יהי' בעזרו בגשמיות וברוחניות.

ידידו הדו"ש ומברכו

יוסף יצחק

ב'ערב

נעתקה מצילום האגרת.
מוה"ר מנחם זאב: גרינגלאס. אגרות נוספות אליו — לעיל ב'ריב, ובהנסמן בהערות שם.

ב׳רעג

ב״ה כ״ב שבט תש״ד
ברוקלין

אל ידידי תלמידי ישיבת תומכי־תמימים ליובאוויטש
בעי״ת מאנטרעאל יע״א
ה׳ עליהם יחיו!

שלום וברכה!

לפני מונחת רשימת ההנהלה משבעה עשר – כ״י – תלמידי ישיבת תת״ל במאנטרעאל יע״א בצירוף דו״ח מפורט בהנוגע ללימוד חסידות, ומהם ששה תלמידים אשר אינם לומדים לסיבות א) טרדה ב) התעסקות בהחזקת היהדות ג) העדר הרצון.

הנה התלמידים הלומדים דא״ח אחדים מהם לומדים כדבעי יצליח להם השי״ת בנגלה ובדא״ח ובעבודה שבלב ואחדים מהם אשר עדיין לימודם חלוש צריכים אומץ בלימודם, והשי״ת יעזור להם לסדר עצמם בלימוד הנגלה והדא״ח, אמנם אלו התלמידים שיחי׳ המתרשלים בלימוד דא״ח לסיבת העדר הרצון או לסיבות אחרות – הנראות כטעמים מספיקים – אשר הבעל דבר משים בפיהם, ידעו נאמנה שהוא לסיבת פריקת עול מלכות שמים ואזלא לקרתא עבידת כנימוסאה הוא פסק הלכה גם בענינים הנוגעים לישובו של עולם ותיקון הגוף ובפרט בהנוגע לעבודת הבורא ב״ה ותיקון הנפש דאזלית לקרתא עבדית כנימוסאה.

הוד כ״ק אאמו״ר הרה״ק זצוקללה״ה נבג״ם זי״ע בקונטרס עץ החיים מבאר הכרח לימוד דא״ח פנימיות התורה בשביל ידיעת והבנת גליא שבתורה וכותב כי אלו התלמידים שאינם ממלאים חובתם – בלימוד דא״ח כפי הסדר וכפי הוראת ההנהלה הם נהנים מקופת תו״ת שלא כדין.

דברי קדש הקדשים שהתלמידים שאינם ממלאים חובתם בלימוד דא״ח כשיעור זמן התקנה נהנין מקופת תו״ת שלא כדין אין הכוונה

ב׳רעג

מהעתקה. וראה אגרת שלפנ״ז ואגרת שלאח״ז.

הנאה גשמית דאכו"ש ושאר צרכים שהתלמידים מקבלים מקופת הישיבה אלא נהנים שלא כדין מהארת אור קדושת הישיבה והיינו דכל ענין קדושת התורה וכו' ח"ו וח"ו נהפך ר"ל בקרבם לזרא ותכן הענין הוא כמאמר זכה נעשית לו סם החיים שמביאה רפואה לכל איבריו, לא זכה ח"ו נעשית לו סמא דמיתא.

ואליכם התלמידים שי' שאינם לומדים דא"ח בכוונה – גם טובה לפי דעתכם – הנני פונה בקריאה של חיבה באהבת ישראל, הטיבו דרכיכם כי בדרך עקלתון אתם הולכים והנכם מושפעים מהאומן הגדול הבא אל האדם להדיחו ר"ל באופנים מאומנים, הבו יד להינצל מהצר הצודה אתכם בנכליו, רחמו על עצמכם בעוד מועד והשליכו את שיקוצי פתוייו וסדרו עצמכם בקביעות לימוד דא"ח כפי אשר יסדרו ידידיי עוז צמודי לבבי התלמידים האהובים הרב גרינגלאס שי' והרב הענדיל שי' והשי"ת יהי' בעזרכם לפקוח עיניכם לראות את האור כי טוב וטוב יהי' לכם בתוך כל תלמידי התמימים בגשם וברוח...

בשם כ"ק אדמו"ר שליט"א.

ב'עדר

ב"ה כ"ב שבט תש"ד
ברוקלין

אל התלמיד החשוב וו"ח אי"א מוה"ר ... שי'

שלום וברכה!

במענה על מכתבו המתאונן על העדר החיות בלימוד הנגלה ודא"ח ובעיקר בעבודה שבלב שאין לו שום חיות בזה רק בדרך כפי' והכרח.

הנה כל הקרב לגשת אל הקדש להתעסק בעבודה, הן בלימוד התורה בנגלה ודא"ח והן בעבודת התפלה שהיא עבודה שבלב, כמבואר בדא"ח שהיא עבודה עם הלב ובתוך הלב, מיט דער הארץ און אין דער

ב'עדר

נעתקה מצילום האגרת.
עם הלב ובתוך הלב: ראה גם לעיל ח"ז אגרת א'תתקכא.

הארץ, הנה תחילת הכל צריכים להסיר את הדברים המעכבים את העבודה אשר ראשיתם היא ההטעה – נארען זיך – ודרישת הצמיחה טרם הזריעה והנטיעה, והעלי׳ בשליבה השני׳ טרם שהציג כף רגלו על השליבה הראשונה.

ההטעה – נארען זיך – בין שהיא בעניני הגבהה שמגביה את עצמו ובין שהיא במדת ההשפלה להשפיל את עצמו – בלי התבוננות מפורטת בהכרת מהות עצמו – היא מקור לחסרונות בלתי משוערים ולדרישת העמידה בשליבה השני׳ בסולם העלי׳ טרם שהציג כף רגלו על השליבה הראשונה.

תחלת הכל צריכה להיות הכרת מהות עצמו ולהתעסק בלימוד ובעבודה לפי מהות עצמו ולהיות שמח וטוב לב במה שיש לו, היינו במה שהשי״ת עזרהו והצליח בלימודו בנגלה ובדא״ח ובעבודה שבלב, כאמור לב חכם לימינו כמה שלמד ולהיות בשמחה גדולה על זה ולהודות לה׳ הטוב על חסדו הגדול להחיות רוח שפלים באור תורה תמימה נגלה ודא״ח ולזכותם ברוח טהרה והתעוררות להתבונן בענין השגה אלקית בתפלה ולהכיר את חסדו הגדול יתברך אשר מוחו הגשמי תופס מקיף ומוקף מהשגה אלקית. ודבר זה, מה שהאלקות שורה במוחו הגשמי – אז בא אים אין זיין קערפער[ל]יכען מוח רוהט געטליכקייט ממש וואס דאס איז חכמתו ית׳ ויתעלה, – הנה דבר זה עצמו צריך לפעול עליו התרגשות גדולה בעונג נפלא.

והוא הוא ענין החיות האלקי בתורה ותפלה, ובחירא מילתא אשר התבוננות כזו פועלת התרגשות אבל נצטוינו להיות זהירים בזה כי מי שעדיין אינו רגיל בעבודת ההתבוננות ולא נתנסה עדיין בה[ת]רגשות של השגה יכול לפעול בו עניני דמיון וחיצוניות כאלו רזי לי רזי לי והולך בדרך עקלתון, לכן עצה היעוצה כי כל עניני אופני העבודה יהי׳ על פי הוראת חבר טוב.

ואת זה צריכים לדעת בהכרה גמורה כי לב כסיל לשמאלו והוא שהכסיל, הוא היצר, אחד מפתויו הרגילים לצוד ברשתו – היל״ת – את הרוצה לגשת אל הקדש בעבודת ה׳ הוא לומר לו כמה אתה עמל ויגע ביגיעה עצומה ובעמל רב ועדיין אין לך מאומה, הבט וראה כמה יגיעות יגעת וכמה עוד עליך ליגע וכמה עמילות עליך לעמול עד אשר תשיג מאומה וגם אז הוא כמר מדלי, ובזה הוא משפיל את האדם ופועל ח״ו בו יאוש ועצלות בנמיכות רוח, וכל כוונתו הוא לבלבלו מעבודת השי״ת.

ואתה תשקוד בלימוד הנגלה ודא״ח בסדר מסודר כפי הוראת חבר טוב המורה לך דרך בחיי עבודה, ובעבודה שבלב בזמנים קבועים, ובכל דבר לימוד תתבונן בזה כראוי לכל עוסק במושכלות ולא תדרוש מעצמך שום דבר עילוי קודם זמנו, והשי״ת יצליח לך בלימוד בנגלה ובדא״ח ובעבודה שבלב ותסתדר באהלה של תורה בחיים מאושרים בגשמיות וברוחניות.

בשם כ״ק אדמו״ר שליט״א
מזכיר

ח. ליבערמאן

ב׳ערה

ב״ה כ״ב שבט תש״ד
ברוקלין

כבוד מחותני ידידי הנעלה והכי נכבד, הרב הגאון הנודע לשם תהלה ותפארת בתוככי גאוני יעקב וחכמי ישראל אי״א מוה״ר חיים שליט״א

שלום וברכה!

בנועם קבלתי את תשורתו ספרו „על תרגום השבעים״ ותודה וברכה בעדו, ומאד הי׳ חפצי להיות כל ספריו באוצר הספרים שלי אשר חנני השי״ת, כי חלק מאוצר הספרים שלי נשאר בווארשא.

אתענין לדעת משלום כבודו יחזק השי״ת את בריאותו ואת בריאות רעיתו הכבודה תחי׳ ואת בריאות ב״ב יחיו וימלא את משאלות לבבם לטובה ולברכה בגשם וברוח.

מחותנו ידידו הדו״ש מכבדו ומברכו.

ב׳ערה

נעתקה מהעתק המזכירות.

מוה״ר חיים: העלער. אגרת נוספת אליו — לקמן ב׳שנד.

ב'רעו

ב"ה כ"ג שבט תש"ד
ברוקלין

אל הרב מוהרש"ז שי' גורארי'

שלום וברכה!

מאז בערתי את טומאת ספרי ... מבית הספר לא שמעתי עד כה באיזה ספרים משתמשים ובקשתי אז אשר יודיעוני מזה ... כן בחפצי לדעת באיזה ספרים משתמשים התלמידים שי' דישיבת אחי תמימים הלומדים בהאי סקול דישיבת רח"ב.

בשם כ"ק אדמו"ר שליט"א
מזכיר
ח. ליבערמאן

ב'רעז

ב"ה כ"ז שבט תש"ד
ברוקלין

אל הנכבד מר ...

שלום וברכה!

במענה על מכתבו, אם את דברי אליו בדבר שמירת מצות מעשיות בהנחת תפילין בכל יום ולהתפלל, לאכול רק כשר ולשמור את השבת

ב'רעו

נעתקה מצילום האגרת.

מוהרש"ז שי' גורארי': אגרות נוספות אליו — לעיל ח"ז א'תתסט, ובהנסמן בהערות שם. לקמן ב'שו. ב'שעה. ב'תקצג.

ישיבת רח"ב: ישיבת ר' חיים ברלין. וראה בזה לקמן אגרות ב'שו. ב'שעה.

ב'רעז

נעתקה מהעתק המזכירות.

– ואם הוא נשוי לשמור את הטהרה – קבל על מנת לקיים בפועל, הנני מברכו אשר יצליח השי״ת את ענינו כפי חפץ לבבו ויתן לו פרנסה טובה בהרחבה בגשם וברוח.

וקיום הברכה הנה במדה ידועה תלוי בו בעצמו, כי הוא בא אלי ויספר את ענינו ויבקש את ברכתי בהאמינו באמונה שלמה – כמו כל יהודי כשר – בה׳ ובשומרי תורה ומצות אשר ברכתם יכולה לעורר רחמי שמים וחסדי השי״ת, הלא העיקר האמיתי היא האמונה בה׳ בתורתו ובמצותיו ואם כן צריכים לקיים את המצות וכמו שאמרתי לו אשר אבינו שבשמים אינו מתנהג כמנהג הסוחרים גמול לי ואני אגמול לך, כלומר הנני מנדב לצדקה חלק מהריוח הגדול אשר תתן לי עבור מילוי עניני יהדות. צריכים לתת צדקה אבל לא בזה בלבד אפשר לפטור עצמו מקיום מצות עשה ולעבור על מצות לא תעשה וצריכים לקיים המצות מעשיות בפועל ואז יש תקוה לברכת ה׳.

בשם כ״ק אדמו״ר שליט״א
מזכיר.

ב׳רעח

ב״ה כ״ט שבט תשי״ד
ברוקלין

אל משרד תו״ת

שלום וברכה!

בבקשה לשאול אצל הלאיער אם החוק מרשה לתלמיד יליד קאנאדא הלומד בישיבה בקאנאדא הפוטרת אותו מעבוה״צ כחוק להעתיק לימודו בישיבה במדינה זו, ואם החוק מרשה איך הוא הסדר בזה, ואם מר[כ]ז תת״ל יש לו הרשות לקבל תלמיד כזה.

בשם כ״ק אדמו״ר שליט״א
מזכיר.

ב׳רעח

נעתקה מהעתק המזכירות.

ב׳רעט

ב״ה אדר״ח אדר תש״ד
ברוקלין

ידידי עוז הרה״ג הנודע לשם תהלה ותפארת בתוככי גאוני יעקב, בעל מדות תרומיות וו״ח אי״א מוה״ר ניסן שליט״א

שלום וברכה!

הנני מסגיר בזה העתקת מכתבי אשר כתבתי אל ה„אידישן ויסנשאפטליכן אינסטיטוט״, ובידעי אשר מר ש. ניגער שי׳ מבקר מזמן לזמן את ידידי שי׳ הנני בזה לבקש את ידידי לעוררו על האמור במכתבי, כי באמת חילול השם נורא הוא ובזיון עצום מאד, והמתונים וברי הדעת בין אנשי המדע שבחברתם צריכים להשפיע על חבריהם ובני גילם להחליט: א) שלא לקבוע שום אספה והתועדות בשבתות ומועדים. ב) בכל האולמים, חדרי הקריאה של הביבליותיקה שלהם יהא השבת נשמר בכל תוקף שלא לעשן ושלא לכתוב – כלומר להודיע זאת להמבקרים –, וברכות יחולו על ראש ידידי בגשמיות וברוחניות.

ידידו הדו״ש מכבדו ומברכו.

ב׳רעט

נעתקה מהעתק המזכירות [ב׳קפט].

מוה״ר ניסן: טעלושקין. **אגרות נוספות אליו — לעיל ח״ו א׳תרלט, ובהנסמן בהערות שם. לקמן ב׳תר.**

מכתבי . . אינסטיטוט: **הנ״ל ב׳רנג.**

ב׳רפ

ב״ה אדר״ח אדר תש״ד
ברוקלין

ידידי החכם הנודע לשם תהלה ותפארת בתוככי גאוני הסופרים, בכביר כתביו המיוסדים על דעה ישרה ומלאים רגש נעלה, בעל כשרונות מצוינים, אי״א מר דוד ליב שי׳ מעקלער, עורך ה„מארגען־זשורנאל״

שלום וברכה!

מצורף לזה העתקת מכתבי שכתבתי אל ה„אידישען וויסענשאפטליכען אינסטיטוט״ ולא אפונה אשר ידידי וסגניו הסופרים יחיו יש להם השפעה מרובה על חברי ומנהלי ה„איווא״ ובעזה״י ביד ידידי ובני גילו לפעול הרבה להסיר את החילול הנורא והבזיון העצום, וצריכים לפעול אשר חברי ה„איווא״ ומנהליו המתונים וברי דעת שבהם יפעלו על חבריהם להחליט: א) שלא לקבוע שום אספה והתועדות בשבתות ומועדים. ב) בכל האולמים, וחדרי הקריאה של הביבליותיקה שלהם יהא השבת נשמר בכל תוקף שלא לעשן ושלא לכתוב – כלומר להודיע זאת להמבקרים –, וברכות יחולו על ראש ידידי בגשמיות וברוחניות.

ידידו הדו״ש ומברכו.

ב׳רפ

נעתקה מהעתק המזכירות [ב׳קצ].

ידידי . . מעקלער: **אגרות נוספות אליו — לעיל ח״ז ב׳כא***, ובהנסמן בהערות שם.**

מכתבי . . אינסטיטוט: **הנ״ל ב׳רנג.**

ב׳רפא

ב"ה אדר"ח אדר תש"ד
ברוקלין

אל מתפללי וגבאי בתי הכנסיות בשכונת דאון טאון
בעי"ת מאנטרעאל יע"א, וביחוד למתפללי וגבאי בית
הכנסת נוסח האר"י,
ה׳ עליהם יחיו!

שלום וברכה!

הורתי לתלמידיי האהובים היקרים, הרבנים המופלגים, בעלי פעולות כבירות בהרבצת תורה ויראת שמים, המוסרים נפשם ומאודם על החינוך הכשר, צמודי לבבי – יברך השי"ת בגשמיות וברוחניות אותם ואת בתיהם – וצוויתי אותם להרחיב את חוג הישיבות קטנות „אחי־תמימים" אשר על ידי ישיבת תומכי־תמימים במאנטרעאל, ולייסד בעזה"י סניפים בשכונות חדשות, ועם זה לסדר מסיבות שבת בכינוס הנוער לחנכם במצות ולעוררם על לימודי קדש וקיום מצות מעשיות.

ומה מאד נבהלתי לשמוע כי פוגעים הם מעצורים מצד מתפללי וגבאי בתי הכנסיות שאינם רוצים לתת את בתי הכנסיות בשביל הנערים.

אצטער במאד מאד על דבר סגירת בתי הכנסיות בעד אור תורה וחינוך כשר, מלבד ההנהגה הלזו המלעיבה את רוח ישראל סבא, ומלבד הצער והיגון הרב שהם גורמים לנשמות אבותיהם ואבות אבותיהם נ"ע אשר נתנו נפשם על בנין בתי הכנסיות לשם תפלה ותורה, הנה לבד זאת הנהגתם זו מראה לדעת על אי שימת לבבם למצב ילדיהם, הבנים והבנות יחיו, וקלות דעתם על חינוכם והדרכתם, ובמסתרים תבכה נפשי על מצבם המוסרי של בית ישראל במדינות אלו, וכאבי גדול במאד מאד בראותי אשר גם הנחשבים על דגל החרדים לדבר ה׳ מחבבי תורה ושומרי מצוה מעליבים את הקדש.

ב׳רפא

נעתקה מצילום האגרת [ב׳קצא]. טופס מתורגם לאידיש נדפס בעתונות ובגליון בפ"ע. ונזכרת לקמן אגרת ב׳שיג.

קעד אגרות־קודש (ב'רפא)

כמה מן העבירה, קלות הדעת ושטות ישנם בדעה והנהגה זו, לסגור בתי הכנסיות ובתי המדרשות בעד כינוס וקיבוץ הנוער ללמדם תורה ולחנכם ולהדריכם בנועם המצות, בשביל קלקול הרצפה או טיח הקירות.

גם איש ההמוני, אשר רק בילדותו שמע אגדה באחד הבתי כנסיות או בחדר שלמד, יודע כמה וכמה מאמרי רז"ל וספורים מלהיבים על אדות הלימוד והברכה בברכת המצות וברכות הנהנין של תינוקות של בית רבן, הילדים והילדות, פיות הטהורים אשר זכותם מגין על הוריהם ומדריכיהם – ויבולע המות לנצח – לעילוי נשמות אבותיהם ואבות אבותיהם.

הרבה עשרות מאמרים וספורים אומרים ומספרים רז"ל בגודל מצות תשב"ר ובשכר המחזיקים ברוח ובגשם בזה ובבא ולעומתם הרבה מאמרים וספורים אמרו וספרו רז"ל בדבר העבירה הגדולה של המונעים את תשב"ר ועונשם הקשה והמר ר"ל בזה ובבא.

האלקים הטביע וחלק את קיומו של החומר בכל ארבעת הסוגים של הנבראים הכוללים דומם צומח חי ומדבר, כל אחד מהם כפי רצונו יתברך, ובטבע זה הנה קיומם של הצומח והדומם מבלה את המדבר.

בשלשת האהבות, בכל לבבך בכל נפשך ובכל מאדך, שכל אחד ואחת בישראל צריכים לאהוב ואוהבים את הוי', כאמור ואהבת את הוי' אלקיך, וארז"ל (ברכות [סא, ב]) למה נאמר בכל נפשך ובכל מאדך, יש לך אדם שממונו חביב עליו מגופו, גופו האמור כאן הכוונה נפשו שהרי סומכים זה על האמור בכל נפשך ושיהי' חביבים עליהם הרצפה, הכסאות וטיח הכתלים של בתי הכנסת יותר מנפש ילדיהם, זוהי שטות פשוטו כמשמעו.

קהל עדת ישראל מתפללי בתי כנסיות ומדרשות, ומנהלי בתי הכנסיות ומדרשות וסגניהם בראשם כלם כאחד שמעו את אשר רבנן אמרי (מדרש שה"ש ב' י"ג ע"פ ודגלו עלי אהבה) התינוק מדלג על האזכרה (הם גליונות הספרים סידור, חומש ועוד שנזכרו בהם שמותיו הקדושים של הקב"ה והתינוק קופץ עליהם ברגליו וגם קורע אותם כטבע הפעוטות) כמה פעמים ואינו ניזוק ולא עוד אלא אמר הקב"ה ודילוגו (של התינוק הזה אשר אחר שקרא אותיות הסדור והחומש מדלג עליהם) עלי אהבה.

הטו אזנכם ושימו לבבכם אל המאמר הקדוש והנורא הלזה דאמרי

רבנן בגודל הנחת־רוח של הקב״ה כאשר תינוקות של בית רבן קורין את האותיות הקדושות של תורה ותפלה, ולא רק שהוא מוחל על כבוד קדשו אלא שדילוגו וריקודו של התינוק על האזכרות הקדושים, עליו ית׳ אהבה.

ואתם מתפללי בתי הכנסיות ומדרשות וגבאי בתי הכנסיות ומדרשות וסגניכם אינכם רוצים לוותר אף גם חשש קלקול טיח כותלי בתי הכנסיות ומדרשות וקלקול הרצפה והכסאות בשביל תשב״ר!

התבוננו.

החיים, בחיי יהודים כשרים, והמות, במובן המוסרי הקשה מן החומרי, של ילדיכם, הבנים והבנות יחיו בידכם הוא, אם תשמעו בקולי ולבקשת ידידיי צמודי לבבי התלמידים הרבנים הנכבדים, ה׳ עליהם יחיו, להחזיק את ידם לסעדם ולתמכם לסדר את הישיבות קטנות ומסבות שבת תתברכו בבנים ובבנות יהודים נאמנים לדתם ותחיו נפשות רבות, ובאם ח״ו וח״ו תתנהגו בהנהגה של שטות הנה נוסף על העבירה הכי גדולה אתם מעמידים את ילדיכם על מפתן האבדון ח״ו וח״ו.

והנני פונה אליכם מתפללי וגבאי בתי הכנסיות ומדרשות וסגניהם, פתחו את שערי בתי הכנסיות ומדרשות בעד תשב״ר וחינוך והדרכה כשרה, וברכות יחולו על ראשיכם בזכות הרבים, נוסף על השכר הנשגב להתברך בבנים ובבנות יהודים נאמנים שומרי תורה ומצות.

בתקוה טובה אשר דברי אלה ימצאו מסלות בלב קהל עדת ישרון בעי״ת מאנטרעאל יע״א ואשר ימלאו את דרישת כבוד הרבנים הגאונים ובקשתם והתעוררו[תם] של תלמידיי היקרים הרבנים הנכבדים, ה׳ עליהם יחיו, הנני לברך אותם, את ביתם ואת בניהם ובנותיהם כי ישפיע להם השי״ת שפעת חיים וברכה מרובה מנפש ועד בשר.

והנני ידידם עוז הדו״ש ומברכם

יוסף יצחק

ב'רפב

ב"ה אדר"ח אדר תש"ד
ברוקלין

ידידי הנכבד והכי נעלה אוהב מישרים, בעל מדות טובות
וו"ח אי"א מו"ה מ. שי' וועקסלער ורעיתו הכבודה תחי'

שלום וברכה!

בזה הנני לתת להם את תודתי וברכתי בעד עבודתם הכי נעלית לטובת המגבית בשביל מרכז ישיבות תומכי־תמימים ליובאוויטש, תודה על העבר ובקשה על להבא להחזיק את מרכז ישיבות תומכי תמימים ליובאוויטש, ובגלל הדבר הזה יחזק השי"ת את בריאותם ואת בריאות בני ביתם יחיו ויתן להם פרנסה טובה בהרחבה בגשמיות וברוחניות.

תודה עבור התענינותם במצב בריאותי ושואלים אם יש בדעתי לנסוע לקאליפארניא להטיב את בריאותו, הנה אין בדעתי לנסוע לשם והשי"ת ישלח לי רפואה בתוך שאר חולי בנ"י הצריכים רפואה, בביתי.

הדו"ש ומברכם.

ב'רפג

ב"ה ר"ח אדר תש"ד
ברוקלין

אל ידידינו אנ"ש ותלמידי התמימים
ה' עליהם יחיו!

שלום וברכה!

ידידינו אנ"ש! עיניכם הרואות בטוב הוי', ואין טוב אלא תורה,

ב'רפב

נעתקה מהעתק המזכירות [ב'רכט].

ידידי . . וועקסלער: אגרת נוספת אליו — לקמן ב'תקפא.

ב'רפג

צילום האגרת נדפס בשעתו בגליון בפ"ע, בצירוף תרגום לאידיש ולאנגלית.

אדמו״ר מוהריי״צ נ״ע קעז

אשר בזכות אבותינו רבותינו הק׳ הנה הישיבה הקדושה תומכי תמימים ליובאוויטש הולכת ומתרחבת, בשעה טובה ומוצלחת, בחסדי אל עליון בסניפים חדשים לטובה ולברכה, אחי תמימים ליובאוויטש, ובחדרי תורה תמימה ליובאוויטש, כה יתן הוי׳ וכה יוסיף צור עולמים להגדיל תורה ולהאדיר.

כל אחד ואחד מאנ״ש ותלמידי התמימים ומחבבי תורה ומצוה, הם נשיהם בניהם ובנותיהם, אשר עזרו תמכו וסעדו להרחבת והגדלת מרכז ישיבות תומכי תמימים ליובאוויטש, נכתבים בספר הזכות בהיכלי קדש הוד כ״ק אבותינו רבותינו הקדושים זצוקללה״ה נבג״ם זי״ע.

בזה הנני פונה אליכם, נשיכם בניכם ובנותיכם יחיו בדרישה נמרצה להכניס עצמכם בעבודת ההכנה אל ההתועדות – באנקעט – לטובת מרכז ישיבות תומכי תמימים העתידה להתקיים בעזה״י ביום הראשון ארבעה עשר לחדש אייר – פסח שני הבע״ל – כל אחד ואחת מכם יקח סכום נכון מכרטיסי הכניסה ויעורר את מיודעיו ומכיריו להשתתף בההתועדות.

עליכם לדעת ולהודיע למכריכם ומיודעיכם, כי כל העוזר למרכז ישיבות תומכי־תמימים בממונו ובטרחתו זוכה אשר הוד כ״ק אאמו״ר הרה״ק זצוקללה״ה נבג״ם זי״ע מייסד הישיבה ונשיאה הנצחי עד כי יבא שילה, נושא רינה ותפלה בעדו ובעד בני ביתו להשמר מכל צרה וצוקה, ובניכם העובדים בצבא ישמרם השי״ת ויצליחו בעבודתם ויחזרו לבתיהם בריאים ושלמים.

הנני כופל את דרישתי מכוללכם לעבוד במרץ ולזכות לברכה האמורה בלוית פרנסה טובה ובריאות הנכונה.

והנני ידידכם עוז הדורש שלומכם טובכם והצלחתכם בגשמיות וברוחניות.

המברכם

יוסף יצחק

ב׳רפד

ב״ה ר״ח אדר תש״ד
ברוקלין

אל התלמיד החשוב הרב וו״ח אי״א מוה״ר צבי שי׳

שלום וברכה!

במענה על מכתבו, נהניתי לשמוע משמחת הקבלת פנים שעשו לכבודם, והשי״ת יצליח להם בעבודתם הקדושה בגשמיות וברוחניות.

בדבר שאלתו אודות סיבוב הכלה תחת החופה ומה שהכלה נותנת טבעת להחתן צריך לעשות כמנהג המקום, רק קודם הנשואין יבאר להחתן והכלה והמחותנים שסיבוב הכלה תחת החופה הוא סגולה אויף א גוט לעבען ונתינת הטבעת מהכלה אל החתן טוב יותר בשעה שטועמים אחר החופה, ומי שיקבל יקבל, והשי״ת יצליח להם בגשמיות וברוחניות.

הסך $10 נתקבל.

בשם כ״ק אדמו״ר שליט״א
מזכיר

ח. ליבערמאן

ב׳רפד

נעתקה מהעתק המזכירות [ב׳רמה].

מוה״ר צבי: שוסטרמאן. אגרות נוספות אליו — לעיל ב׳קע, ובהנסמן בהערות שם.

ב'רפה

ב"ה ג' אדר תש"ד
ברוקלין

כבוד ידידיי הרבנים הגאונים וחברי ועד ישיבת אחי־
תמימים ליובאוויטש בעי"ת באפפאלא יע"א והנשיא
והגזבר וסגניהם בראשם,
ה' עליהם יחיו!

שלום וברכה!

במענה על מכתבם, נהניתי במאד מאד אשר בחסדי השי"ת ישיבת אחי תמימים במחנם הט' מתרחבת להצלחה ברוח ובגשם, תחת הנהלתו והשפעתו של ידידי תלמידי הכי יקר הרב הנכבד והנעלה בעל פעולות כבירות בהרבצת תורה ביראת שמים ועסקן חרוץ בחינוך הכשר וו"ח אי"א מוה"ר יהודה צבי שי' פאגעלמאן, וצדקו דבריהם כי לטובת הישיבה בהוה ומה גם לטובת התרחבותה דרוש לו להמנהל והר"מ הרי"צ שי' הנ"ל עוזר עוד אחד מתלמידינו שי', אבל לרגלי סיבות שונות יש כובד גדול בדבר, אמנם משתדלים אנחנו בזה ומקוים להשי"ת כי יעלה בידינו להשלים את המחסור, וישיבת אחי תמימים ליובאוויטש במחנם הט' תתרחב בעזה"י ותתגדל ברוחניות ובגשמיות.

ידידם הדו"ש ומברכם.

ב'רפה

נעתקה מהעתק המזכירות [ב'רפח].

ישיבת . . באפפאלא: **ראה בזה לעיל אגרת ב'קנט, ובהנסמן בהערות שם.**

עוזר עוד אחד מתלמידינו: **ראה גם לעיל אגרת ב'רנה. לקמן ב'רפט.**

ב'רפו

ב"ה ג' אדר תש"ד
ברוקלין

ידידי הנכבד והנעלה, אוהב מישרים בעל מדות טובות,
וו"ח אי"א מוה"ר יעקב שי'

שלום וברכה!

ידידי עוז הרה"ג הנודע לשם תהלה בכביר פעולותיו בהרבצת
תורה ביראת שמים ועסקן חרוץ בחינוך הכשר ובהחזקת היהדות וו"ח
אי"א מוה"ר שלום שי' פאזנער כותב לי אשר ביקר את ידידי שי' על
אודות ישיבת אחי תמימים ליובאוויטש בעי"ת פיטטסבורג יע"א
שנוסדה מטעם מרכז ישיבות תומכי תמימים ליובאוויטש אשר תחת
הנהלתי, וכותב לי אשר ענין הישיבה יקר לידידי וחפץ בכל לבו
בטובתה אמנם מצד מצב בריאותו כבד לו לקחת עליו עבודה
והתעסקות לטובתה.

הנה רז"ל הפליגו במעלת ההתעסקות בהחזקת לומדי תורה,
וכתיב תורת ה' תמימה משיבת נפש וארז"ל למה היא תמימה לפי
שהיא משיבת נפש ולמה היא משיבת נפש לפי שהיא תמימה וברור
הדבר כי תורה תמימה משיבת נפש, והנני מבקשו לעשות כל מה
שביכלתו לטובת הישיבה בתור עושה ומעשה, כי ת"ל יש לו השפעה
מרובה על הבע"ב הכי נכבדים, ה' עליהם יחיו.

הנני מקוה אשר בעזה"י ימלא את בקשתי האמורה והשי"ת יחזק
את בריאותו ואת בריאות ב"ב יחיו ויתן לו שפע ברכה בעסקיו
בגשמיות וברוחניות.

הדו"ש ומברכו.

ב'רפו

נעתקה מהעתק המזכירות [ב'רפט].
מוה"ר יעקב: סיגעל. ראה לקמן אגרת ב'רפח.

ב׳רפז

ב״ה ג׳ אדר תש״ד
ברוקלין

ידידי הרה״ג וו״ח אי״א מוה״ר יעקב עוזר שי׳

שלום וברכה!

במענה על מכתבו המבשר בשורה מהתיסדות ישיבה קטנה למז״ט, הנני בזה לברכם בברכת מז״ט, יתן השי״ת שתהי׳ בשעה טובה ומוצלחת. עיקרא ושרשא דכולא הוא אשר המלמדים והמורים יהיו יראי אלקים באמת ואשר הספרים שמהם לומדים יהיו כשרים באמת כי על דרך הרגיל הנה לומדים בספרים המלאים כפירה, מהם כפירה גלוי׳ ומהם נעלמה, ובשביל דבר זה הוכרח המרכז לעניני חינוך להדפיס ספרי לימוד שהם כשרים בתכלית ובטח כבר יש לו ספרים כאלו וכן העתון שהמרכז לעניני חינוך מוציא לאור מדי חדש בחדשו.

בשם כ״ק אדמו״ר שליט״א
מזכיר.

ב׳רפז

נעתקה מהעתק המזכירות [ב״ש].

מוה״ר יעקב עוזר: **דובראוו, וואשינגטון ד.ק. אגרות נוספות אליו — לעיל ח״ו א׳תריב, ובהנסמן בהערות שם.**

ב׳רפח

ב״ה ג׳ אדר תש״ד
ברוקלין

ידידי עוז הרב וו״ח אי״א מוה״ר שלום שי׳

שלום וברכה!

בדבר סידור הקבלת פנים עבוד ידידי יקירי הרב ר״מ שי׳ אלטעין הנני נותן לו עבור זה תודה וברכה.

מצורף בזה מכתב לר׳ יעקב שי׳ סיגעל.

בשם כ״ק אדמו״ר שליט״א
מזכיר.

ב׳רפט

ב״ה ג׳ אדר תש״ד
ברוקלין

ידידי התלמיד החשוב הרב וו״ח אי״א מוה״ר יהודה צבי שי׳

שלום וברכה!

א) צדקו דבריו במאד שנחוץ לו עוזר בעבודתו, אבל הלא יודע הוא

ב׳רפח

נעתקה מהעתק המזכירות [ב׳שב].

מוה״ר שלום: **פויזנער. אגרות נוספות אליו — לעיל ב׳דיח, ובהנסמן בהערות שם.**

סידור הקבלת פנים: **כבקשת רבנו לעיל אגרת ב׳רכ.**

מכתב . . סיגעל: **הנ״ל ב׳רפו.**

ב׳רפט

נעתקה מהעתק המזכירות [ב׳רפה־ז: ב׳שה (ר״ל שהיא מענה לארבע האגרות שנתקבלו ממנו ונסמנו במספרים אלה)].

מוה״ר יהודה צבי: **פאגעלמאן. אגרות נוספות אליו — לעיל ב׳קנט, ובהנסמן בהערות שם.**

עוזר בעבודתו: **ראה גם לעיל אגרות ב׳רנה. ב׳רפה.**

עד כמה כבד הדבר למצא מי מהתלמידים שי׳ שאפשר לו לנסוע מטעמים ידועים, וכפי שאמר לי חתני הרש״ג שליט״א חושב אשר יבא על יום אחד לפה להתיישב בזה, והשי״ת יהי׳ בעזרו בגשם וברוח.

ב) הצירקולאר קבלתי, אבל זה בלבד אינו מספיק, והרבנים הגאונים שליט״א צריכים לדבר בבתי הכנסיות, ובטח כבר סידר ועד ההורים של התלמידים יחיו שהם יעזרו בעבודת התעמולה, כי הבע״ב בכלל והאבות והאמהות בפרט ידם רב בעזה״י להביא תועלת מרובה.

ג) בדבר אגודת נוער למעלה מבר מצוה; המטרה – 1) לאחד ילדים שומרי תורה ומצוה באהבת ריעים. 2) לפעול על זולתם בדבר חיזוק היהדות, וכותב מהתוצאות בפועל טוב, ובטח מאז עד עתה נתוספו חברים ובודאי נתוספו גם הפעולות, ויכתוב לי איזה שם קראו לאגודה זו ואיזה תקנות יש להם ואימתי הם מתכנסים. אנכי הייתי מציע להוסיף עוד סעיף עבודה, 3) לבער את העמי ארצות מקרב הנוער, ולתת להם לקרא את השמועסן, ובקשתי כי ישלחו לו עבורם 2 סעט שמועסן ושני ילקוט יומי שיהי׳ להם למקרא, וכשהאחד יגמור לקרא יחזיר ויקרא השני והשלישי וחוזר חלילה, והשי״ת יצליח לו.

ד) בדבר בית ספר לבנות צריכים לחכות עד אשר תחלה יתחזקו בעזה״י ויסתדרו ענייני הישיבה.

ה) עונג רב הי׳ לי לקרא על אדות המסבות שבת לילדים יכתוב לי כמה המה במספר – כ״י – וצריכים להשתדל לסדרם בכמה שכונות שאפשר, וטוב מאד שיסד מסבות שבת עבור ילדות, ועונג מיוחד הי׳ לי מהמאורע הטוב עם הפעדלער שכותב. צויתי לשלוח ילקוט יומי בעבור אותו התלמיד שי׳ שהציע לו להתענין אודות הפעדלער, כי זה מראה לדעת כי נער בר דעת הוא והענין נוגע לו.

בשם כ״ק אדמו״ר שליט״א
מזכיר.

ב׳רצ

ב״ה ג׳ אדר תש״ד
ברוקלין

ידידי וו״ח אי״א מוה״ר יהודה ליב שי׳ הלוי

שלום וברכה!

נהניתי לשמוע מאת תלמידי היקר הרב הנכבד והכי נעלה, בעל פעולות כבידות בהרבצת תורה ביראת שמים וו״ח אי״א מוה״ר אברהם דוב שי׳, מנהל ור״מ דישיבת אחי תמימים ליובאוויטש בעי״ת באסטאן יע״א, מעבודתו הגדולה במסירה ונתינה נפשית בהנוגע להתייסדות הישיבה. יוסיף אומץ בעבודתו הקדושה הלזו, ובגלל זאת יעזור השי״ת לו ולב״ב יחיו בבריאות הנכונה ובפרנסה טובה בהרחבה בגשם וברוח ולקבל נחת מילידיהם יחיו.

יפרוש גיני בשלום ידידינו אנ״ש, ה׳ עליהם יחיו, ויעוררם להוסיף אומץ בעבודתם בהנוגע להתייסדות והרחבת חוג ישיבת אחי תמימים ליובאוויטש בעי״ת באסטאן יע״א ויתברכו ברוב טוב בגשמיות וברוחניות.

הדו״ש ומברכם

יוסף יצחק

ב׳רצ

נעתה מהאגרת שבאוסף המכתבים.

מוה״ר יהודה ליב: הורוויץ. אגרות נוספות אליו — לעיל ב׳קצט, ובהנסמן בהערות שם.

ישיבת . . באסטאן: ראה לעיל אגרת ב׳רסב, ובהנסמן בהערות שם.

ב׳רצא

ב״ה ה׳ אדר תש״ד
ברוקלין

ידידי עוז וו״ח אי״א מוהר״ח שלמה שי׳

שלום וברכה!

במענה על מכתבו בצרוף ההמחאה ע״ס חמש מאות שקלים לקרן מעות חטים, עבור אחב״י שברוסיא, אשר שלח מקופת מעו״ח שלהם, בעזה״י אנכי שלחתי שבוע העברה ע״י קעיבל לתל אביב לאחד מידידי סך אלף ושבע מאות שקלים – לעת עתה – כי בדעתי אשר בעזה״י יתוספו מנדבים – ובקשתי בקעיבל לשלוח תיכף ממקום האפשרי, בכדי שיגיע בהקדם יותר, חבלות של פסח לרוסיא, ותקותי חזקה אשר החבילות יגיעו במועדן.

מבהכנ״ס אנשי ליובאוויטש קבלתי לקרן המעות חטים סך מאה שקלים, ובטח הנה גם בהכנ״ס בני ראובן ירצו להשתתף בקרן מעות חטים הנ״ל, וזאת למודעי שאין אני עושה זאת בתור קאמפעין רק בתור אוסף עזרת אחים, א שטילע גוטברודערישע נדבה, וכל מי שיש לו לב מרגיש בטח ירצה להשתתף בזה.

אתפלא אשר לא קבלתי מידי״ע מענה על מכתבי בדבר ועד הישיבות אשר מלאתי את ידי ידי״ע ואתו עמו ידי״ע הרמ״ל שי׳ אשר לגודל שמחתי ידי״ע הפליג בשבחו כראוי לו, ומה נעשה בזה? הלא בניי יקיריי וחביביי תלמידיי החביבים צמודי לבבי רעבים ולבי עליהם דוי במאד מאד, ובכל לשון של בקשה הנני מבקשו לגמור הדבר בכי טוב, וטוב יהי׳ לו בגשמיות וברוחניות.

בבקשה להודיעני מה נעשה עם פאנד הרב רובינשטיין נ״ע בשביל המוסדות שבאה״ק ת״ו שבשעת ביקורו הנעים אצלי דברנו מזה וידי״ע

ב׳רצא

נעתקה מהעתק המזכירות [ב׳שפט]. לתוכנה ראה גם אגרת שלאח״ז.

מוהר״ח שלמה: **פלמר. אגרות נוספות אליו — לעיל ב׳קצה, ובהנסמן בהערות שם.**

מעות חטים . . שברוסיא . . לתל אביב: **ראה לעיל אגרת ב׳רלז. לקמן אגרת ב׳שעה.**

בדבר ועד הישיבות: **ראה לקמן אגרות ב׳שט־י. ב׳שכד.**

הרמ״ל: **הר״ר משה ליב רוטשטיין.**

הגיד לי אשר כשיבא צלחה יתענין בזה וישלח לי את רשימת המוסדות אשר להם יחולק הסכום הנאסף, ולא אפונה אשר המוסדות כולל חב״ד, ישיבת צמח צדק, ישיבת תורת אמת, ישיבת אחי תמימים בתל אביב אשר תחת הנהלתי ואשר הרב רובינשטיין נ״ע הי׳ מחזיקם בסכומים נכונים בכל שנה, העמידם ידי״ע ברשימה הנ״ל להעניקם בהחזקה ממשית.

תלמידי היקר הרב המצוין במעלות נשגבות הנואם הנפלא למדן מופלג ומזג טוב וו״ח אי״א מוה״ר יוסף שי׳ וויינבערג עדיין לא קבל את התעודות ואיני יודע מתי יקבלם. לדעתי צריך ידי״ע ועוד איזה חברים ומנהל אגודת חסידי חב״ד לבקש את הקאנגרעסמאן סאבאט שיפעול רשיון זמני לחדש אחד לביאתו של אחד הרבנים הלומדים בישיבת תומכי תמימים במאנטרעאל הרב יוסף וויינבערג לבא לשיקאגא והגליל לנאום בבתי הכנסיות של נוסח אר״י בענינים הנוגעים לאגודת חב״ד ובודאי הי׳ פועל זאת.

בתקוה כי יענה על כל האמור בזה הנני מברכו כי ימלא השי״ת את כל הברכות אשר ברכתיו בגשמיות וברוחניות.

והנני ידידו הדו״ש ומברכו.

ב׳רצב

ב״ה ה׳ אדר תש״ד
ברוקלין

כבוד הגביר הנודע לשם תהלה בכביר פעולותיו במעשה הצדקה והחסד, אוהב מישרים, בעל מדות טובות אי״א מוהר״נ שי׳ סלאן

שלום וברכה!

מעהרערע מאל האב איך געהערט פון מיין בעסטען פריינד מר פאלמער שי׳ וועגען די פיעל צדקה זאכען וואס איר, מר. סלאן, טוט, און בעזונדער די גרויסע גוטע ארבעט וואס איר מיט מיין פריינד מר.

ב׳רצב

נעתקה מהעתק המזכירות [ב׳שץ]. לתוכנה ראה אגרת שלפנ״ז. אודותה — לקמן ב׳שכד.

פאלמער שי׳ טוט אין דער הייליגער ארבעט פון קרן מעות חטים, השי״ת זאל אייך באגליקען.

צוויי פארשידענארטיקע זאכען זיינען פאראן אין צדקה. א) צדקה. ב) גמילות חסדים. עס איז שווער אין א קורצען שרייבען אויסצושרייבען דעם גרויסען זכות און דעם שכר טוב וואס די מצוה פון צדקה בריינגט דעם צדקה געבער. עס איז גענוג צו דערמאנען דעם מאמר פון אונזערע הייליגע חכמים ז״ל וואס זאגען אז דער ארעמאן גיט מער דעם בעל הבית – אין זכות און שכר טוב – ווי דער בעל הבית גיט דעם ארעמאן.

דאס איז דער זכות און שכר פון צדקה. עס איז פאראן דער זכות און שכר פון גמילות חסדים וועלכער איז זייער גרויס און מאנכעס מאל ווען דער גמילות חסד ערמעגליכט דעם ארעמאן צו מאכען א מקור לפרנסה איז גמילות חסד נאך העכער פון צדקה.

מיט די 500$ וואס איר מר סלאן און מיין פריינד מר פאלמער שי׳ האט געגעבן פון קרן מעות חטים פאר די רוסישע אידען האט איר געטאןביידע מצות, צדקה און גמילות חסדים, השי״ת זאל אייך מיט אייער פאמיליע יחיו און מיין פריינד מר. פאלמער שי׳ בעגליקען בבריאות הנכונה ובפרנסה רבה בהרחבה בעסקיו.

הדו״ש ומברכו.

ב׳רצג

ב״ה ו׳ אדר תש״ד
ברוקלין

כ״ק הרה״צ ש״ב ידיד עליון וידידי עוז, גזע תרשישים, יראת ה׳ אוצרו, בנשק״ע הרה״ג כקש״ת מוה״ר אהרן שליט״א

שלום וברכה!

ברוך שהחיינו וקיימנו לזמן הזה אשר בחסדי אל עליון זכינו

ב׳רצג

נעתקה מהעתק המזכירות.

מוה״ר אהרן: רוקח, האדמו״ר מבעלז. אגרות נוספות אליו — לקמן ב׳תיג. ב׳תריד. ב׳תשד.

קפח **אגרות־קודש** (ב׳רצג)

לשמוע אשר הציל ה׳ אלקינו את כ״ק ש״ב שליט״א, והננו מברכים את ה׳ אלקינו על חסדו ומתפללים אליו ית׳ אשר יחזק את בריאות כ״ק ש״ב שליט״א ואת בריאות ב״ב יחיו וימלא השי״ת את משאלות לבב כ״ק ש״ב שליט״א בגשמיות וברוחניות.

והנני ש״ב הדו״ש המברכו והמתברך מאתו.

ב׳רצג*

ב״ה ו׳ אדר תש״ד
ברוקלין

ידידי וו״ח אי״א הרה״ג מוהר״ש דוב שי׳ זיסלין

שלום וברכה!

בטח קבלו את התלגרמה שלי אשר בקשתי את ידידי ואת ידידי הרה״ג וו״ח אי״א מוהרמ״מ שי׳ קופערשטאך לבקר את כ״ק ש״ב האדמו״ר שליט״א מבעלז ולברכו בשמי בברכת ברוכים הבאים לטוב ולברכה בגשמיות וברוחניות ולכתוב לי בפרטי׳ ממצב בריאותו ובריאות ב״ב יחיו. תודה וברכה על אשר קימו את בקשתי.

ידידו הדו״ש ומברכו.

הציל ה׳ אלקינו את כ״ק: **על ההשתדלות בהצלתו ראה לעיל ח״ה אגרת א׳תטו, ובהנסמן בהערות שם. ח״ו אגרות א׳תקעב־ג. וראה גם לקמן אגרות ב׳רצג*. ב׳רצג**. ב׳שצט.**

ב׳רצג*

נעתקה מהעתק המזכירות [ב׳שלט]. לתוכנה ראה גם אגרת שלפנ״ז, ובהנסמן בהערות שם.

ידידי . . זיסלין: **אגרות נוספות אליו — לעיל ח״ו א׳תקסד, ובהנסמן בהערות שם. לקמן ב׳שפה. אגרת דומה למוהרמ״מ קופערשטאך.**

לבקר: **ראה גם לקמן אגרת ב׳שצט.**

ב׳רצג**

ב״ה ו׳ אדר תש״ד
ברוקלין

ידידי וו״ח אי״א מוה״ר משה שי׳ גורארי׳

שלום וברכה!

בזה הנני שולח את מכתבי לכ״ק ש״ב אדמו״ר שליט״א מבעלז והנני מבקשו להמציא את מכתבי זה לכ״ק שליט״א באופן בטוח שיגיע אליו. ובבקשה לכתוב לי האדרעס שלו כן לכתוב לי מי ומי הבאים אתו מב״ב יחיו ומי המה הגבאים ואיך הסתדר ואיך הוא מצבו הגשמי.

בשם כ״ק אדמו״ר שליט״א
מזכיר.

ב׳רצד

ב״ה ו׳ אדר תש״ד
ברוקלין

אל ידידיי עוז חברי ועד הלימוד וההנהגה דישיבת אחי תמימים בעי״ת תל אביב יע״א
ה׳ עליהם יחיו

שלום וברכה!

בזה הנני מאשר את חברי ועד הלימוד בנגלה ובדא״ח ובהנהגה

ב׳רצג**

נעתקה מהעתק המזכירות [ב׳שמ].

ידידי . . גורארי׳: **אגרות נוספות אליו — לעיל ב׳רלז, ובהנסמן בהערות שם.**

מכתבי . . מבעלז: **דלעיל ב׳רצג.**

ב׳רצד

נעתקה מהעתק המזכירות. וראה גם חמש האגרות שלאח״ז. לקמן ב׳תנג. ב׳תפז.

בדרכי החסידות והחסידים של ישיבת אחי תמימים וחדר בני תמימים בעי״ת תל אביב יע״א, ה״ה ידידי עוז תלמידי התמימים הרבנים הנודעים לשם תהלה בתוככי מרביצי תורה ביראת שמים וו״ח אי״א הרב מוה״ר שאול דוב שי׳ זיסלין, מוה״ר משה שי׳ גורארי׳, מוה״ר שמואל שי׳ שו״ב זלמנוב, הרב מוה״ר אלכסנדר סנדר שי׳ יודאסין, הרב מוה״ר משה שי׳ אקסעלראד והרב שברצמן שי׳, והנני ממלא את ידם להיות בעזר ידי״ע הרב הנודע לשם תהלה ותפארת בעד עבודתו הק׳ במסירה ונתינה בישיבת אחי תמימים וחדר בני תמימים מוה״ר אליעזר שי׳ קאראסיק, להתענין בכל סדרי הלימוד בנגלה ובדא״ח ולבחון את התלמידים יחיו בלימודם ולפקח בעניני חינוכם והדרכתם על ידי המלמדים, הר״מ והמשגיח ידידי עוז וו״ח אי״א הרב מוה״ר שאול שי׳ ברוק ולהשתדל להרבות תלמידים בעלי כשרונות ומקבלי הדרכה טובה, והשי״ת יצליח להם בעבודתם הק׳, ובגלל זה יתברכו המה וב״ב יחיו בכל מילי דמיטב מנפש ועד בשר.

והנני ידי״ע הדו״ש ומברכם.

ב׳רצה

ב״ה ו׳ אדר תש״ד
ברוקלין

אל ידידיי עוז חברי ועד הכספי של ישיבת אחי תמימים
בעי״ת [תל] אביב יע״א

שלום וברכה!

בזה הנני לאשר את חברי ועד הכספי של ישיבת אחי תמימים וחדר בני תמימים בעי״ת תל אביב יע״א, ה״ה ידידי עוז תלמידי התמימים וו״ח אי״א מוה״ר נפתלי שי׳ דוליצקי מוה״ר פנחס שי׳ אלטהויז, מוה״ר שמרי׳ שי׳ גורארי׳ ומוה״ר דוב שי׳ [ג]אנזבורג והנני ממלא את ידם לעשות כל הדרוש בשביל השגת אמצעים הדרושים לכלכלת המוסד הק׳ להרבות חברים מנדבים ותומכים ולעשות

ב׳רצה

נעתקה מהעתק המזכירות. וראה גם אגרת שלפנ״ז.

מגביות בבתי כנסיות ומדרשות, ולהרבות מעשים ו[ע]סקנים, והשי״ת יצליח להם בעבודתם הק׳ ובגלל זאת יתברכו המה וב״ב יחיו בכל מילי דמיטב מנפש ועד בשר.

והנני ידידם עוז הדו״ש ומברכם.

ב׳רצה*

ב״ה ו׳ אדר תש״ד
ברוקלין

אל ידידיי עוז הנהלת ישיבת אחי תמימים וביחוד לידידי עוז הרב וו״ח אי״א מוה״ר אליעזר שי׳, בעי״ת תל-אביב יע״א.

שלום וברכה!

במענה על מכתב ידי״ע הר״א שי׳ מכ״ו מר״ח העבר שנתקבל באיחור זמן;

נהניתי במאד מבחירת שני הועדים, הכספי והרוחני, אשר יעזרו לידידי עוז הר״א שי׳ בעבודתו בכל עניני הישיבה בגשם וברוח, והנני כותב אליהם ואל ידי״ע הרש״ב שי׳ ביחוד והנני מקוה אשר כולם יחדו ימלאו את הוראותי.

ובדבר התמיכה בגשמיות הנה טעות גדול טועים אנ״ש שי׳ החושבים כי הנני בעזה״י עושה חיל במדינה זו בהעניינים הכספיים בשביל כל המוסדות אשר תחת לנו, לא אדבר ממצבי הכספי הפרטי כי רחוק הוא מכמו שיוכלו לשער והעיקר מצב הכספי של המוסדות אשר עלי לכלכלם בעזה״י, מהם בעבודת התעוררות ומהם בפועל בהלואות סכומים גדולים, וכפי הרשום בספרי החשבון הנה גם חלק עשירי לא נכנס אלי מאותם הסכומים אשר שלחתי להם, והשלוח האחרון בסך

ב׳רצה*

נעתקה מהעתק המזכירות [ב׳שנב].

מוה״ר אליעזר: קרסיק. אגרות נוספות אליו — לעיל ח״ה א׳תצא, ובהנסמן בהערות שם. לקמן אגרת שלאח״ז.

הרש״ב: ה״ר שאול ברוק — דלקמן ב׳רצז.

שלש מאות שקלים ממאנטרעאל ע״י ידידי עוז התלמיד הרב קרעמער שי׳ הנה לוויתי סכום זה ושלחתי להם, ואין אני מתאונן ע״ז כ״א בחפצי להודיעם המצב כאשר הוא, ותקותי חזקה בזכות הוד כ״ק אבותיי רבותינו הק׳ זצוקללה״ה נבג״מ זי״ע אשר סוף כל סוף יפתח השי״ת את אוצרו הטוב לנו ויחזק את בריאותי וישפיע שפע ברכה מרובה שאפרע את כל חובותי המרובים וירבה גבולינו בתלמידים בעלי כשרון ושוקדים בתורה ובעבודה מרוב טוב בגשמיות וברוחניות.

אשתדל בעזה״י בעתיד הקרוב לשלוח להם איזה סכום, והשי״ת יהי׳ בעזרם ויצלח להם בכלכלת המוסד הק׳ בגשם וברוח.

מעכשו יכתבו לי בכל שבוע באוירון ממהלכי הישיבה בגשם וברוח וישלחו לי רשימת התלמידים שי׳, שנותיהם ושמותיהם ושמות כל המלמדים והר״מ וסדר היום שלהם מקימה עד שכיבה.

ידידם הדו״ש ומברכם.

ב׳רצו

ב״ה ו׳ אדר תש״ד
ברוקלין

ידי״ע הרב וו״ח אי״א מוה״ר אליעזר שי׳ קראסיק

שלום וברכה!

בזה הנני לתת לו את תודתי וברכתי בעד הנהלתו את ישיבת אחי תמימים וחדר בני־תמימים בעי״ת תל אביב יע״א, והנני ממלא את ידיו ונותן לו כח ועוז לנהל את הישיבה הק׳ בכל עניני׳ הרוחני׳ והגשמי׳, והשי״ת יצליח לו בעבודתו הקדושה הלזו, ובגלל זה יחזק השי״ת את בריאותו ואת בריאות זוגתו תחי׳ ואת בריאות בנותיהם יחיו ויגדלון לתורה חופה ומעש״ט מתוך פרנסה בהרחבה בגו״ר ומתוך התחזקות בדרכי החסידות.

ידידו הדו״ש ומברכו

יוסף יצחק

ב׳רצו

נעתקה מצילום האגרת. וראה גם שלוש האגרות שלפנ״ז.

ב׳רצז

ב״ה ו׳ אדר תש״ד
ברוקלין

ידידי עוז הרב וו״ח אי״א מוה״ר שאול שי׳ משגיח ומשפיע דישיבת אחי תמימים בעי״ת תל-אביב יע״א

שלום וברכה!

ידעתי את טיב פעולתו בעזה״י על התלמידים דישיבת אחי תמימים יחיו אמנם להעמיד על דעת עצמו בסדרי הלימוד בדא״ח והעיקר בהדרכת התלמידים שי׳ בעניני עבודה, לעוררם על עבודה שבלב והדומה בהדרכה שעוד אינם ראוים לזה.

בישיבת תומכי-תמימים בליובאוויטש היו נזהרים בזה במאד מאד שלא לתת לתלמיד לטפס על הכותל, קריכען אויף די גלייכע ווענט, והוד כ״ק אאמו״ר הרה״ק זצוקללה״ה נבג״ם זי״ע הי׳ מזהיר את המשפיעים ואת המשגיח שעל דא״ח לדייק היטב בההדרכה עם כל תלמיד ותלמיד לתת לו מזונו הרוחני הדרוש לו ולהשגיח על זה בעינא פקיחא.

באחת ההרצאות - בתור מנהל פועל - בשנת תרס״ב הרצאתי להוד כ״ק אאמו״ר הרה״ק מעניני ישיבת תומכי-תמימים. הוד כ״ק אאמו״ר הרה״ק התענין בסעיף מצב התלמידים בעבודה שבלב ודרש להמציא לו בכתב ובפרטיות אדות כל תלמיד ותלמיד א) גילו. ב) מצב כשרונותיו. ג) מצבו בשמירת הזמן. ד) מצבו בלימוד הנגלה. ה) בהנהגה בקיום המצות. ו) בטבעו. ז) ברגילותיו. ח) במצב לימודו בדא״ח.

כעבור שני ימים אחרי מילוי פקודת הוד כ״ק אאמו״ר הרה״ק כאמור, צוה לי להזמין את המשפיעים ואת המשגיח לדא״ח ליום הרביעי ערב - שאז לא הי׳ מקבל אנשים ליחידות.

כשנכנסו המשפיעים והמשגיח ואנכי דרש הוד כ״ק אאמו״ר

ב׳רצז

נדפסה בס׳ תומכי תמימים ע׳ שלט. ס׳ התולדות ח״ד ע׳ 261. והוגהה ע״פ העתק המזכירות. וראה גם ארבע האגרות שלפנ״ז. אגרת שלאח״ז.

מוה״ר שאול: ברוק.

קצד אגרות־קודש (כ׳רצז)

הרה״ק מאת המשפיעים והמשגיח על כל אחד מהתלמידים בעלי עבודה – כת העובדים – מי התיר להם להתעסק בעבודה שבלב, ומי מראה להם את הדרך אשר ילכו בה ולא יכשלו בדמיונות שוא.

המשפיעים והמשגיח השיבו על כל אחד ואחד ביחוד.

בחבורה ההיא היו ששה תלמידים צעירים שלפי מצבם לפי גילם וסדרי הלימוד בדא״ח לא היו ראוים עדיין לסדר עצמם בעבודה שבלב.

וישאל הוד כ״ק אאמו״ר הרה״ק ואלו השנעקעס שעדיין לא נפתחו עיניהם מי התיר להם להתעסק בעבודה שבלב ומי הורה להם את הדרך בענין אריכות בתפלה.

ויאמר אחד המשפיעים זיי לערנען זיך זיין חסידים בעלי עבודה.

ויאמר הוד כ״ק אאמו״ר הרה״ק פון אזא הדרכה קען מען קיין חסיד ניט ווערן און קיין בעל עבודה א ודאי ניט, פון אזא הדרכה ווערט מען א מוטעה און א חיצון, ויוכיח הוד כ״ק אאמו״ר הרה״ק את המשפיעים ואת המשגיח.

ואותי צוה לתת צו בכל תוקף עוז אשר ששה תלמידים אלו יבאו בסדר הקבוע ללימוד הנגלה ולהורות להמשגיח ללימוד הנגלה להכביד עליהם, וגם התלמידים הקטנים העוסקים בעבודה שבלב, לקרא אותם אחד אחד ולהזהירם על שמירת הזמן.

ומני אז נתן הוד כ״ק אאמו״ר הרה״ק פקודה חזקה לבלי תת להתלמידים לעסוק באריכות התפלה בלי רשיון מיוחד מאת המשפיעים והמשגיח ואנכי שנדין בכובד ראש על כל תלמיד ותלמיד ביחוד.

כן הי׳ הסדר בתו״ת בליובאוויטש וכן צריך להיות בכל הישיבות שלנו המתנהלות ברוחה של תו״ת.

לפני מונחים מכתבי תלמידיו יחיו ומהם המבקשים התעוררות רחמים על דברים שאינם שייכים אליהם ואינם בערכם כלל, כגון הנחה טובה בענין אלקי, פתיחת המוח בהשגה אלקית, פתיחת הלב בהתעוררות אהוי״ר, רעותא דליבא, להתענג על הוי׳, שיהי׳ המוח שליט על הלב, ומתאוננים על העצבות והעדר השגה אמיתית, הנני בא לידי יאוש מזה שאין לבבי מתפעל באמת מהדר גאונו ית׳.

אם הראשונים קראו אותם שנעקעס שלא נפתחו עיניהם הנה

אלה הצאן קדשים יחיו הם אפרוחים בעודם בשלחופיותיהם השואפים לחקות את התרנגולים הגדולים, ולא אפונה אף רגע כי תמימים המה ובתום לב כותבים מה שכותבים ואומרים מה שאומרים, כי נשמעים המה למדר[יכ]ם שי' מה שהנני נהנה מהמשמעת שלהם כי טובה היא ת"ל, ועלולים להיות תלמידים טובים בעזה"י.

ובזה הנני פונה אליו בדרישתי כי יתן וימסור עצמו לטובת התלמידים שי' שיצליחו בלימוד הנגלה, כי לכל לראש צריכים להיות לומדים גדולים בלימוד הנגלה, זיי דארפען און מוזען זיין גרויסע לומדים בלימוד הנגלה. ולימוד דא"ח צריך להיות בסדר מסודר ועניני עבודה בתקון המדות צריכים להיות אצלם בדרך קבלת עול, מען דארף מבער זיין די מדות רעות און מען דארף מקנה זיין אין זיך מדות טובות מיט קבלת עול, ווייל אזוי מוז זיין ואינם שייכים [ל]עבודת התפלה עדיין צריכים ללמוד עמהם המאמרים הרגילים בדרך מצותיך ולקו"ת ומאמרים בודדים שיהיו בקיאים בענינים ולא להלאותם בהמשכים ארוכים, ולמנוע אותם – לע"ע – מתפלה באריכות, ואת זה הנני אוסר עליהם עד אשר יכתבו לי בפרטיות אודות כל תלמיד ואודיע דעתי בזה ובלא רשותי לא יתעסקו באריכות התפלה כ"א בתפלה במתינות בצבור בימות החול ובש"ק, – ונוהגים בכל תפוצות חסידי חב"ד אשר התפלה בצבור בש"ק היא במתינות יותר מימות החול – וישמעו קרה"ת מתוך החומש דוקא ויזהרו בעניית אמן ואיש"ר, וראוי אשר כל אחד מהתלמידים שי' יקבע לו שיעור קבוע בלימוד שו"ע או"ח של רבינו נ"ע ולהיות בקי בהלכות הצריכות למעשה.

ובזה הנני מפקדו בכל תוקף עוז אשר בכל עניני וסדרי הלימוד והדרכה של התלמידים שי' יתיישב עם ידידי עוז הרב ר"א קאראסיק שי' מנהל הישיבה ועם ידידי עוז הרבנים חברי ועד הלימוד וההנהגה יחיו ולקבל את החלטותיהם והוראותיהם להביאם בפועל וישגיח בעינא פקיחא אשר התלמידים שי' ימלאו את חובותיהם בלימוד ובהנהגה בהידור והשי"ת יצליח לו בעבודתו הק' ברוח ובגשם.

ידידו הדו"ש ומברכו.

ב׳רחצ

ב״ה ו׳ אדר תש״ד
ברוקלין

אל תלמידי ישיבת אחי־תמימים בעי״ת תל־אביב יע״א,
ה׳ עליהם יחיו

שלום וברכה!

כתבתי בארוכה לידידי עוז הרב הנודע לשם תהלה בכביר פעולותיו בהרבצת תורה ביראת שמים וו״ח אי״א מוה״ר אליעזר שי׳ קאראסיק, מנהל פועל ישיבת אחי תמימים בעי״ת תל אביב יע״א, ואל ידידי עוז הרב הנודע לשם תהלה בכביר פעולותיו בהדרכת תלמידי אחי תמימים בדרכי החסידות וו״ח אי״א מוה״ר שאול שי׳ ברוק ואל ידידי עוז הרבנים המפורסמים בתורה ובחסידות, חברי ועד הלימוד וההנהגה של ישיבת אחי־תמימים בעי״ת תל־אביב יע״א, באר היטב אדותיכם, תלמידי ישיבת אחי תמימים, בסדרי הלימוד בנגלה ובדא״ח ובההנהגה וההדרכה אשר ינהיגו וידריכו אתכם, ואשר לכל לראש הנה כל אחד ואחד יתן את כל שקידתו בלימוד הנגלה ללמוד בהתמדה גדולה ולשמור את זמני הלימודים בנגלה ובדא״ח, ולהתפלל בצבור במתינות בחול ובש״ק ולקבוע שיעור בלימוד שו״ע רבינו בהלכות הנצרכות למעשה. ובזה הנני פונה לכל אחד ואחד מתלמידי אחי תמימים בפקודתי החזקה להגביר את המשמעת ולקיים בזריזות ובהידור את כל הוראות ההנהלה, והשי״ת יעזור להם לשקוד בלימוד הנגלה ודא״ח ויצליחו בלימודם ויהיו יראי אלקים לומדים גדולים וחסידים, ויחזק השי״ת את בריאותם ובגללם יתברכו הוריהם יחיו בבריאות הנכונה ובפרנסה בהרחבה בגשמיות וברוחניות.

הדו״ש ומברכם

יוסף יצחק

ב׳רחצ

נדפסה בס׳ תומכי תמימים ע׳ שלט. והוגהה ע״פ צילום האגרת.

כתבתי בארוכה: **לעיל אגרות ב׳רצד־ז.**

ב׳רצט

ב״ה ו׳ אדר תש״ד
ברוקלין

ידידי וו״ח אי״א מוה״ר רפאל נחמן שי׳ הכהן

שלום וברכה!

במענה על מכתבו מו׳ טבת העבר;

מה שאמר לו ידידי עוז דודו וו״ח אי״א ר״מ שי׳ דווארקין בענין הכוונה בברכת כהנים, הנה הסגנון „מועל בשליחות״ ח״ו אינו חל על אחת מהכוונות הפרטיות שמכוונים בשעת קיום מצוה כמבואר בדא״ח אשר שתי כוונות ישנן בכל מצוה ומצוה, כוונה כללית שהיא צווי הבורא ית׳ וכוונה פרטית שהיא בתפילין למשל המשכת ד׳ מוחין, וככה הוא גם במצות ברכת כהנים, הכוונה כללית היא לקיים מצות הקב״ה לברך את כל ישראל באהבה מתוך אהבה, ובאהבה היינו אהבת ישראל, והכוונה פרטית היא אשר ימלא השי״ת את כל מחסוריהם של ישראל בגשמיות בבריאות הנכונה ובפרנסה טובה ובזרעא חיא וקיימא וברוחניות בקיום מצות מעשיות בקביעות עתים לתורה בתקון המדות באהבת ישראל ובעבודה שבלב.

שתי הכוונות הללו בקיום המצות, הנה הכוונה כללית שהיא הכוונה היסודית בכל מצוה היא עובר לעשייתה שבשעה שמברכים על המצוה מכוונים כוונה זו, והכוונה פרטית היא בעת קיום המצוה, ובקיום מצות ברכת כהנים הנה הכוונה הכללית היא בעת ברכת המצוה והכוונה הפרטית היא בשעת אמירת הפסוקים יברכך יאר ישא ובודאי שצריכים לכוון על כל ישראל, והכוונה צ״ל כללית בכל הענינים ברוחניות ובגשמיות וצריכים לכוונה ג׳ פעמים היינו בכל פיסקא דיברכך יאר ישא, אמנם עם זה אם יש לו לכהן המברך מי שהוא קרוב אליו – בין קירוב גשמי ובין קירוב רוחני – שהוא – ל״ע ול״ע – בעל יסורים באחד הענינים בחולי, בעוני, במאסר וכו׳ וכו׳ הנה הוא צריך

ב׳רצט

נדפס בשמועות וספורים ח״א ע׳ קצט. יגדיל תורה (נ.י.) ח״ב ע׳ ח. והוגהה ע״פ העתק המזכירות.

מועל בשליחות: כי הכהנים הם שלוחים של כל הקהל, ורצה הנ״ל לומר שכשמכוין הכהן לאיש פרטי הרי הוא מועל בשליחות ח״ו.

ומחוייב להזכירו במחשבת כוונתו הפרטית בדרך פרט כמובן רק במחשבה ולא בדבור, ואחר אמירת התחנון רבש״ע עשינו וגו׳ חלב ודבש צריך להזכיר בפירוש ישלח רפואה או שאר דבר החסר לפלוני בן פלוני או פלונית בן פלונית, והשי״ת יקבל את תפלותינו בתוך תפלות עמב״י ואת ברכתו בתוך ברכת כל הכהנים בגשמיות וברוחניות.

נהניתי לשמוע על דבר סדר חגיגת חג החגים י״ט כסלו, כן על אדותו וב״ב יחיו והשי״ת יעזר לו ולב״ב יחיו בבריאות ובפרנסה טובה ויגדלו את ילידיהם יחיו לתורה חופה ומעש״ט מתוך שקידה ללכת בדרכי החסידות.

יפרוש גיני בשלום הבאים אל הלימוד, ידידי ר״ח פולנער שי׳ ר״א שי׳ ארינאוו, ר״ב שי׳ גרין ומר צבי שי׳ ור׳ אלטר שי׳ ויגיד להם את ברכתי כי יהא השי״ת בעזרם בגשם וברוח, ועונג מיוחד הי׳ לי לשמוע אודות ההתועדות דמוצש״ק בביתו של אחד התמימים שי׳ והשי״ת יהא בעזרם בגשמיות וברוחניות.

בשם כ״ק אדמו״ר שליט״א
מזכיר.

ב׳ש

ב״ה ו׳ אדר תש״ד
ברוקלין

ידידי התלמיד החשוב וו״ח אי״א מו״ה ברוך שי׳ פריז

שלום וברכה!

במענה על מכתבו מיום א׳ שבט העבר . . . נהניתי לשמוע כי שוקד הוא בלימוד ובטח לימודו הוא בעיון, מען בעדארף קענען גוט לערנען הגיונ׳דיק ולתת ולמסור עצמו על לימוד כזה ולהרגיל עצמו ללמוד

ב׳ש

נעתקה מצילום האגרת.

ידידי . . פריז: **אגרת נוספת אליו — לקמן ב׳תסו.**

בנעימה כמו שלומד ר״מ לפני תלמידיו, כן צריכים ללמוד גם לעצמו, להיות כל הסוגיא כולה מאירה לו בכל סברותי׳ בדיוק עם פרש״י והשקלא וטריא של התוס׳ עם חידושי הראשונים, ולבד זה ללמוד גמרא למיגרס עם פרש״י ז״ל ואיזה תוס׳ מלוקטים.

בדבר לימוד דא״ח טוב מה שלומד.

ומה ששואל בענין ההתבוננות פרטי׳ המבואר בקונטרס התפלה, הנה הדבר פשוט אשר את הענין שמתבונן בו יתבונן בכל פרטי ענייניו ולא בכללות הענין, דכל ענין וענין בהשגה אלקית בפנימי׳ התורה הוא כמו הסוגיא של לימוד בגליא שבתורה, לדוגמא:

בגליא שבתורה אנו לומדים הסוגיא דד׳ רשויות לשבת הנה כל אחד מהד׳ רשויות הוא ענין פרטי בהסוגיא הכללית דד׳ רשויות, ובכל ענין פרטי מהד׳ רשויות יש בו סברות כוללות היינו שישנם גם בשארי הענינים של הסוגיא ויש בו סברות פרטי׳ השייכות רק לענין זה ז׳רה״י או רה״ר או השאר.

כן הוא גם בפנימי׳ התורה דהסוגיא דד׳ רשויות דשבת הנה כל אחד ואחד מהד׳ רשויות הוא ענין פרטי בהסוגיא הכללית דד׳ רשויות, דרה״י אצילות ורה״ר עשי׳ ובכל ענין פרטי יש בו מה שאפשר להסבירו באחת מסברותיו בהסברות דענין פרטי אחר שבהסוגיא ההיא ואופן ההסבר מה שמסביר לעצמו לפעמים בא בדרך חיוב ולפעמים בדרך שלילה.

התבוננות ענינה הסתכלות החזקה ושלשה אופני התבוננות המה. א) ההתבוננות אחר הלימוד, והוא אחר שלמד את הסוגיא, הן שלמד רק ענין אחד מן הסוגיא – ענין ולא פרט – והן שלמד את הסוגיא כולה ה״ה צריך להתבונן במה שלמד והיא המחשבה באותיות ההרהור במה שלמד ואז – רק אז – נקלטת אצלו הסוגיא ההיא או ענין הסוגיא ההיא בקליטה טובה במוח שכלו אשר הענין ברור אצלו לכל סברותיו וזוהי הנחה טובה, א גוטער אפלייג, הנזכר כמה פעמים בדא״ח.

ב) ההתבוננות בהסוגיא כולה כמו שהיא במחשבת שכלו היינו שחושב במהות הסברות באופן העילוי של ההשכלה שבכל סברא וסברא, אין דעם געשמאק פון דעם מושכל וגורם לו נועם של התפעלות והתרגשות אבל ההתבוננות היא יותר כללית מכמו אופן הא׳.

ג) ההתבוננות פרטית בכל פרטי פרטי׳ שבכל ענין וענין שבהסוגיא

הכללית דהתבוננות זו עיקר ענינה הוא בהנוגע לפסק ההלכה, ועם היות דאחר ב׳ אופני ההתבוננות שקדמו לה הנה בהכרח שבעת ההתבוננות מתעורר אצלו הנועם שבההתבוננות הב׳ וההנחה טובה שבההתבוננות הא׳ ומתוך שניהם יוצא התרגשות גדולה אבל בכדי שיבאו אל התכלית צריך להשקיט את התרגשותו ולעצור בעד התפעלות לבו ולהביא את ההחלט בהלכה פסוקה.

שלשה אופני התבוננות אלו בתורת החסידות,

א) ההתבוננות אחר לימוד איזה ענין בדא״ח צריך לעבוד עם עצמו עבודה גדולה ביגיעה עצומה להתבונן בהענין האלקי שלמד להיות נקלט אצלו היטב ויונח אצלו בהנחה טובה, והוא ההתבוננות באותיות ההרהור עד אשר ההשגה ההיא מונחת במוחו בכל פרטי סברותי׳ בהנחה טובה.

ב) ההתבוננות שקודם התפלה והוא שמתבונן בהשגה ההיא, בין שעיקרה ענין של השכלה המתיחס יותר אל המוח מכמו אל הלב ובין שעיקרה ענין של עבודה המתיחס יותר אל הלב מכמו אל המוח, ולמותר להגיד כי בשניהם השכלה ועבודה הנה הם משלימים זה את זה דהשכלה בלא עבודה אינה השכלה ועבודה בלי השכלה אינה עבודה כמבואר פרטי הענין בכמה דרושים, הנה בהתבוננות זו הוא בכללות הנועם והעריבות שבהסוגיא ההיא שמתבונן בה במחשבת שכלו והתרגשות לבו והיא התבוננות כללית מכללות המושכל ההוא.

ג) ההתבוננות שבתפלה שעומד לפני ה׳ בדוגמת עמידתו של איש ישראל במקדש בשעת הקרבת קרבנו, דאדם כי יקריב – כמו שפי׳ רבנו נ״ע – דבכדי שהאדם כי יתקרב הנה מכם קרבן להוי׳ ועומד ומתפלל ומתבונן בההשגה האלקי׳ שהתבונן בה קודם התפלה הנה עם היות אשר בעת ההתבוננות מתעורר בו הנועם והעריבות ההתפעלות וההתרגשות שהיו לו בב׳ אופני ההתבוננות שקדמו הנה צריך לעצור בעדם להיות כי עיקר תוכן ענין התבוננות זו הוא החלטת הענינים בהלכה פסוקה בתקון מדותיו והתפתחות כשרונותיו והתגלות חושי נפשו שעבודה שבלב צריכה לפעול בו.

וכשיעמוד על המבואר בזה בהבנה טובה ימצא מענה ברורה על שאלתו איך היא ההתבוננות פרטי׳ המבואר בקונטרס התפלה.

שלשה אופני התבוננות: **ראה לעיל ח״ג אגרת תתלג.**

כמו שפי׳ רבנו נ״ע: **ראה לעיל ח״ז אגרת א׳תתקד, ובהנסמן בהערות שם.**

אדמו״ר מוהריי״צ נ״ע רא

בחול צריכים להתפלל בצבור במתינות הרגילה - ולא עם החוטפים ומבליעים תיבות בתפלתם - ובש״ק אפשר וראוי להתעסק בעבודה שבלב אבל אין לוותר אפילו על אמירת אמן אחד מהמנין שמתפללים בצבור ועל שמיעת קה״ת מתוך החומש דוקא.

יעזור לו השי״ת בגשמיות וברוחניות.

בשם כ״ק אדמו״ר שליט״א
מזכיר

ח. ליבערמאן

ב׳שא

ב״ה ו׳ אדר תש״ד
ברוקלין

אל בת מחותני ... תחי׳

ברכה ושלום!

במענה על מכתבך אשר הנך מתענינת בספורי תולדות כבוד קדושת רבותינו וספורי החסידים, טוב הדבר, אבל העיקר הוא אשר המוסר השכל מכל ספור יאיר לך לקבוע בך מדות טובות והנהגה טובה, שקדי בלימוד ובהנהגה טובה ושמעי בקול הוריך ומדריכך יחיו ויחזק השי״ת את בריאותך ותצליחי בלימודיך והוריך יחיו יגדלון לתורה חופה ומעשים טובים.

המברכך.

ב׳שא

נעתקה מהעתק המזכירות.

ב׳שב

ב״ה ח׳ אדר תש״ד
ברוקלין

ידידי התלמיד החשוב הרב וו״ח אי״א מוה״ר יוסף שי׳

שלום וברכה!

במענה על מכתבו, בטח עוסק הוא כעת בהנוגע אל המגבית, ישתדל בזה ויבאר ויסביר לכל כי ישיבת תומכי תמימים ליובאוויטש חוץ מזה שהיא כוס של ברכה כמו כל הישיבות הק׳ שלומדים בה תורה ביראת שמים, הנה יתרון לה על כל הישיבות של תורה מה שהיא מסורה ונתונה לטובת אנשי המדינה ליסד ישיבות אחי תמימים להציל את הנוער ולהעמידם בקרן אורה של תורה, ויתענין למצא כל מאמרי חז״ל המדברים בענין החזקת התורה שאינו ענין של צדקה בלבד כ״א גם פקוח נפשות אשר בזה מחוייבים, אויף החזקת התורה בעדארף מען גאר [ניט] בעטען, אלע בעדארפן אליין געבען אט אזוי ווי אין מלאכת המשכן, ווייל תורה ביראת שמים איז דער משכן ומקדש רוחני וואס יעדער איש ואשה בישראל דארף בויען, ועיקר הכל שיעורר בהתעוררות גדולה בדרך קירוב, אן רירען דאס פינטעלע איד, יניח עצמו על זה להכין את נאומו בסגנון המובן לקהל השומעים, והשי״ת יצליח לו בגשם וברוח.

בשם כ״ק אדמו״ר שליט״א
מזכיר.

ב׳שב

נעתקה מהעתק המזכירות [ב׳תמח].

מוה״ר יוסף: וויינבערג. אגרות נוספות אליו — לעיל ח״ז ב׳מא, ובהנסמן בהערות שם. לקמן ב׳שלה. ב׳תקטזי. ב׳תקנא. ב׳תרצו.

ב'שג

ב"ה ח' אדר תש"ד
ברוקלין

ידידי הנכבד והנעלה, בעל מדות טובות מר יוליוס שי' סטולמאן

שלום וברכה!

היינט, מר סטולמאן, איז דער לעצטער טאג פון דעם פערטן יאר זינט מיר האבן זיך פערזענליך געטראפן – ט' אדר ת"ש – און אונזערע גרונד געפיהלען האבן זיך צום ערשטן מאל צוזאמענגעשלאסען אין א גייסטיגען בונד און אין א נפש-פערשטענדניש וואס איז העכער פון ווערטער.

נאך זייענדיג אין אייראפא, האט מיר אונזער ליעבער בעסטער פריינד מר. קאוון געשריבען וועגען אייך מר סטולמאן, און ווי פון א פארבארגענעם גייסט דרוק האב איך געפיהלט אז איר זייט דער יעניגער וואס די השגחה העליונה – געטליכקייט – האט אייך בעשאנקען מיט א אינערליכען אונשאצבארער קראפט וואס איר קענט זיין בעגליקט צו בריינגען א גרויסע אונשטערבליכע אייביגע ליכט צו אונזער פאלק. קומענדיג ט' אדר אין אמעריקא און טרעפענדיג זיך מיט אייך מר סטולמאן צום ערשטען מאל איז מיט – צו מיין גרויסער הארציגער פרייד – קלאר געווארען אז מיין אינערליכער געפיהל האט מיך ריכטיג פארגעזאגט וועגן אייך, און איך בין געוועזן העכסט גליקליך צו טרעפן זיך מיט אייך מיט דער טיעף גייסטיגער האפנונג אז אונזער צוזאמענקומען וועט בריינגען די אייביגע ליכט צו אונזער פאלק.

אבער אזא גרויסארטיגע אונטערנעמונג מוז האבען א גרויסע פארבערייטונג, און] אז מיט ג-ט'ס הילף זאל די אונטערנעמונג זיין מיט דעם ריכטיגען ערפאלג. פיער יאר צייט האב איך שווער געהארעוועט אויף דער פארבערייטונג, מיט ג-ט'ס הילף איז דורך מיין ווירדיגען איידעם הרב שניאורסאהן, אונזער ליעבען פריינד מר.

ב'שג

נעתקה מהעתק המזכירות. לתוכנה ראה לקמן אגרות ב'שלו־ז.

ידידי . . סטולמאן: אגרות נוספות אליו — לקמן ב'שלו. ב'תמז. ב'תקיד. ב'תקמדי. ב'תרסד. ב'תשח. ב'תשכ.

קאווען, און מיינע בעסטע פריינד מר. חאדאקאוו און מר. מינדעל געשאפען געווארען דער אויפריכטיגער געזונטער באדען פאר דער גרויסער גייסטיגער ארבעט וואס איר מר. סטולמאן זייט אויסדערוועהלט פון דער השגחה עליונה צו ברייגנען אין לעבען מיט מיין אנטייל אין דער ארבעט מיט גרויס גליק.

היערמיט לאד איך אייך איין מר. סטולמאן אויף דאנערשטאג כ״ח אדר – [3]3/2 – צו מיר און מיר וועלן זיך אי״ה טרעפען מיט מיין איידים הרב שניאורסאהן און אונזער ליעבער פריינד מר. קאווען און אונזער מיטארבעטער מר. מינדעל צו קאנפערירען איבער דער וויכטיגער מיט ג־ט׳ס הילף אונטערנעמונג.

מיט די בעסטע גרוסען און וואונשען אייך און אייער פאמיליע,

המכבדו ומברכו.

ב׳דש

ב״ה י׳ אדר תש״ד
ברוקלין

אל ועד מגיני חנוך הכשר בעי״ת ברוקלין יע״א

שלום וברכה!

במענה על מכתבם מג׳ לחדש זה בצרוף קונטרס חומר והוראות להמורים והמורות בהנוגע לשעה של לימוד דת ישראל על הילדים

ב׳דש

נעתקה מהעתק המזכירות.

ועד מגיני חנוך הכשר: הוא „ועד התעמולה להרבות תלמידים בת״ת הכשרות״ — הנ״ל ח״ז אגרות א׳תתקכ. א׳תתקמח (שנוסד ע״פ התעוררות רבנו לעיל ח״ו אגרת א׳תקפז, והתנהל אז ע״י הר״א ע״ה פאפאק ויבדל״ח הר״י שי׳ פלדמן). לאח״ז הוסב שמו ל„וועד מגיני החנוך הכשר״ (לעיל ח״ז אגרת ב׳יד) ובאגרת שלפנינו מציע רבנו לקראו „ועד מגיני ומרחיבי החנוך הכשר״.

אחת מעבודות הועד הי׳ סידור „שיעורי לימודי הדת״ בבתי ספר העממיים (ראה ח״ז אגרת ב׳יד. לעיל ב׳קסא. ב׳קסג. ובאגרת שלפנינו). אך עפ״י הוראת רבנו לקמן אגרת ב׳שמו, נוסדה כחברה בפ״ע בשם „של״ה״ (שעה, או שיעורי, לימוד הדת), שע״י המרכז לעניני חינוך, ונכללת בעבודתה גם ה„תעמולה אשר ילדי ישראל יבקרו חדרים ות״ת דחנוך הכשר״, כך ש„ועד מגיני ומרחיבי החינוך הכשר״ נעשה לסניף של חברת „של״ה״ שע״י ה„מל״ח״: וכן הוא אמנם בחותמת חברת של״ה, שנכללת בה גם הכותרת „ועד מגיני ומרחיבי החנוך הכשר״. וראה גם לקמן אגרות ב׳תקלד. ב׳תקלט. ב׳תקנב. ב׳תקס. ב׳תקעט. ב׳תקפ. ב׳תשטו. ב׳תשנא.

קונטרס . . והמורות: ראה לקמן אגרת ב׳שפ.

המבקרים את בתי הספר הצבוריים, ואשר בעזה"י יש להם קרוב לשני אלפים – כ"י – ילדים וילדות המבקרים את השעה של לימוד הדת, ואשר הרבה תלמידי הישיבות מתעסקים בזה, נהניתי לשמוע.

טוב הדבר אשר ערכו והדפיסו – צריכים להשתדל שהאותיות יהיו בהירות יותר, כי בכמה מקומות הטשטוש מרובה על הכתב – קונטרס חומר והוראות בשביל המורים והמורות בשביל השעה של לימוד הדת למבקרי בתי הספר הצבוריים, אנכי לא אדע את הכתוב שמה כי אינני זקוק לשפת המדינה, אך בטח התיישבו עם הראוים לחוות דעה בענין הזה, ובטח שולחים המה את הקונטרסים להמורים והמורות איזה ימים קודם למען שיהיו בקיאים בהם.

הרשימות שהם עורכים, – 1) ההולכים לת"ת כשרות. 2) כמה תלמידים ותלמידות הביאה השעה לת"ת כשרות, 3) אותם הילדים והילדות שאין מבקרים כלל בת"ת, – נחוצות במאד וצריכים להזדרז בעריכתם.

את אשר לא ינעם הוא מה שהנני רואה ממכתבם כי חושבים המה אשר המספר קרוב לשני אלפים המבקרים את השעה הוא מספר גדול וטועים לחשוב כי עובדים המה במרץ, הנה לבד זאת שאין מספר שני אלפים אפילו אחוז אחד מילדי ישראל שהיו צריכים להתחנך בחינוך הכשר, הנה כללות הדיעה הלזו כי כבר עשיתם חיל מקלקלת היא, כהכלל הידוע בכל מוסד וחבורה המסתפקים ומה גם המתהללים במה שרכשו הנה – לא עליהם – הולכים אחורנית, והעומדים בראש איזה תנועה הנה לכל לראש צריכים תמיד לעורר בעצמם ובחבריהם את השאיפה ללכת קדימה ובמרץ ולא להסתפק בהנעשה כ"א לצעוד בצעדי ענק במעשיהם אלא שיהי' בסדר מסודר שהוא הצלחת כל פועל.

אתענין לדעת:

א) מספר המורים והמורות יחיו, שמותיהם ושנותיהם וענינם הפרטי – תלמידי הישיבות ואיזה, תלמידות בית ספר ואיזה. ב) בכמה מקומות לומדים ואיפה אם בבתי כנסיות או בשארי מקומות ואם בשכר וכמה. ג) מכמה בתי ספר משתתפים בהשעה ושמותיהם וכמה תלמידים ותלמידות לומדים שם בכלל וכמה ילידי היהודים. ד) כמה היא הוצאתם לשבוע ועל מה.

הנני מציע להם:

א) לקרא את שם המוסד שלהם תמורת „ועד מגיני החנוך הכשר"

„ועד מגיני ומרחיבי החנוך הכשר״. ב) להדפיס קונטרס קטן בעל ד׳ עמודים בגודל הילקוט יומי בחומר הדרוש לילדים וילדות ולחלקו חנם בזמן ה„שעה״. החומר יכלול מודה אני, ברכת המוציא, ברכת מזונות, שהכל, שמע ישראל, בשכמל״ו, תורה צוה, בידך אפקיד וגו׳, כיבוד הורים, שקידה בלימוד, כיבוד מורים, לעורר לבא אל ה„שעה״ ומסבות שבת. זה יהי׳ חוברת א׳, ולהדפיס בכל שתי שבועות חוברת כזו בחמשה אלפים אכסמפלרים. ג) לרשום את הילדים והילדות הלומדים בהת״ת הטריפה. ד) לאסוף את החומר הדרוש לרשימת ת״ת כשרות וטריפות.

הנני שולח להם את ברכתי ועל ידם את ברכתי להמורים והמורות יחיו כי יצליחו בעבודתם הקדושה ואשר ירחיב השי״ת את חוג פעולתם הכבירה, וברכות בגשם וברוח יחולו על ראשיהם ועל ראשי הוריהם ובני משפחותיהם יחיו.

מצורפת בזה המחאה על סך חמשים שקלים, זוהי נדבתי הפרטית להקופה שלהם.

ידידם הדו״ש ומברכם.

ב׳שה

ב״ה יו״ד אדר תש״ד
ברוקלין

אל הנכבד והכי נעלה, אוהב מישרים בעל מדות טובות,
אי״א מו״ה אברהם יחזקאל שי׳

שלום וברכה!

במענה על מכתבו, הנה ידעתי אשר כל מה שכתב הוא רק לשם שמים וכבוד התורה וחיזוק היהדות, כי הגם שאינני מכירו פנים אבל ידעתיו לאיש ירא אלקים באמת, כי ידידי עוז הרב הנכבד והכי נעלה

ב׳שה

נעתקה מהעתק המזכירות [ב׳תמב].

מו״ה אברהם יחזקאל: **בלאך, באפאלא. אגרת נוספת אליו — לקמן ב׳שמז.**

בעל פעולות כבירות בהרבצת תורה וחיזוק החינוך הכשר וו״ח אי״א מוה״ר צבי שי׳ פאגעלמאן, הר״מ והמנהל דישיבת אחי תמימים ליובאוויטש בעי״ת באפאלא יע״א הפליג בשבחו ביר״ש, והנני נותן לו את תודתי בעד מכתבו זה, והנני מודיעו אשר כל עניני הנהגת הישיבה אחי תמימים ליובאוויטש בעי״ת באפפאלא יע״א הם כמו שארי ישיבות אחי תמימים ליובאוויטש שהם סניפים למרכז ישיבות תומכי תמימים ליובאוויטש, והיא עומדת כולה ברשותי ותחת הנהלתי על ידי כבוד הרבנים תלמידיי היקרים שהם הרמי״ם והמנהלים בלי שום חות דעה ממי שהוא בעניני הלימוד וההנהגה וההדרכה הרוחנית, חוץ מן הרב הר״מ והמנהל שי׳, והנני מבקשו להתקרב אל המוסד הק׳ ישיבת אחי תמימים ליובאוויטש בבאפפאלא ולהשתדל בהחזקתו בגשם וברוח, הן בעצמו והן על ידי מכריו ומיודעיו ובגלל זאת יתברך בגשמיות וברוחניות.

בשם כ״ק אדמו״ר שליט״א
מזכיר.

ב׳שו

ב״ה י׳ אדר תש״ד
ברוקלין

ידידי וו״ח אי״א הרב מוהר״ש זלמן שי׳

שלום וברכה!

בדבר התלמיד מר . . . השי״ת ישלח לו רפואה ויחזקהו בגשמיות וברוחניות שיוכל לשקוד בתורה ביראת שמים.

נהניתי לשמוע כי הרה״ג הוטנר שליט״א ביער את הטומאה מבית הספר וזהו הוראה על יר״ש פנימית והשי״ת יצליח לו להעמיד

ישיבת . . באפפאלא: **דלעיל אגרת ב׳קנט, ובהנסמן בהערות שם.**

ב׳שו

נעתקה מצילום האגרת [ב׳תסב].

מוהר״ש זלמן: **גורארי׳. אגרות נוספות אליו — לעיל ב׳רעו, ובהנסמן בהערות שם.**

ביער את הטומאה מבית הספר: **ר׳ חיים ברלין, כבקשת רבנו לעיל אגרת ב׳רעו. וראה גם לקמן אגרת ב׳שעה.**

תלמידים יראי אלקים באמת, והשי"ת יזכנו להרים קרן ישראל ע"י תלמידי הישיבות שיצליחו בעבודתם הקדושה להאיר את בתי בני ישראל באור תורה ומצוה ולטהר את רחוב היהודים מכל שמץ טומאה אשר שרצו הכופרים המסיתים והמדיחים למיניהם – ירחם השי"ת על נשמותיהם ותתגלה בהם נקודת היהדות.

כידוע בשם הוד כ"ק רבינו הזקן נ"ע שאמר בלשונו הקדוש, מען בעדארף מקלל זיין את גופות הכופרים וואס זיינען געשטארקט פון די טריפה שפייז און די שכל ומדות זייערע וואס זיי דערלאזען ניט דעם גילוי נקודת היהדות וואס איז יחידה שבנפש וואס עס איז אויך פאראן בא אלע פושעים, הן בגופם והן בנשמתם וואס אויף דעם האט דער זיידע – מורנו הבעש"ט נ"ע – געזאגט דעם פירוש אויף דעם מאמר אע"פ שחטא ישראל הוא א איד האט זיך קיינמאל ניט געשמדט און א גוי האט זיך קיינמאל ניט מגייר געווען, דער וואס האט זיך געשמדט איז לכתחילה געווען א גוי ער האט ניט געהאט קיין יחידה, דער וואס האט זיך מגייר געווען איז לכתחילה געווען א איד, ער האט געהאט די יחידה שבנפש, השי"ת בעדארף נאר מסבב זיין עס זאל אראפגענומען ווערן די העלמות וואס פארדעקען אויף דער נקודה און די התגלות פון דער נקודת היהדות מאכט פון א רשע גמור א צדיק.

מה טוב יהי' בהגלות נגלות בהכופרים נקודת היהדות ויתעוררו בתשובה אמיתית ומה נהדר יהי' המחזה כשיתהפכו הרשעים לצדיקים, אמנם עד אשר הרוח ממרום יעורר את נקודת יהדותם צריכים לבער את כל כתביהם וספריהם מבתי הספר של היראים, ודבר טוב הי' עושה הרה"ג הוטנער להשפיע על בני גילו מנהלי הישיבות הכשרות לבער את ספרי הכופרים מגבולם.

בשם כ"ק אדמו"ר שליט"א
מזכיר

ח. ליבערמאן

ב׳שז

ב״ה י׳ אדר תש״ד
ברוקלין

ידידי הרב הנכבד וו״ח אי״א מוהר״ש זלמן שי׳

שלום וברכה!

במענה על מכתבו מכ״ה שבט;

בדבר ההצלה מהמיסיון הנה סידר בטוב כי עבודה זו צ״ל חשאית אבל עם זה מסודרת, והוא שידע בפרטי׳ מתוצאות התעמולה את מי הצילו בשמו ובעניניו והשי״ת יצליח להם בגו״ר.

בדרך אגב כותב אשר הנו מהתלמידים בהקלאס של הספר האנגלי, וכמדומה אשר טרם הודיעני מיסודו של קלאס הלומדים את הספר האנגלי ויכתוב לי בפרטיות.

בדבר השיעור הקבוע בביתו יתאמץ בכל תוקף ועוז להרחיבו ככל האפשרי, ובטח גם זוגתו הרבנית תחי׳ נוטלת חלק בשיעור זה שהיא נמצאת בשעת הלימוד והדבור שמדבר לפניהם, אין אני יודע איך הוא סדר הלימוד עמהם, אם הם מביני דבר ראוי ונכון אשר אחר הלימוד והדבור תהי׳ דעבאטע במה שלמדו ויהי׳ זה להם כמו בימה אשר כל אחד ואחד יוכל להביע דעתו, און וועט ארויס זאגען וואס אים דריקט, ואז ידעו ברור ומדויק יותר איזה סמי מרפא דרושים לרפואתם להביאם בעזרתו ית׳ לידי קיום מצות מעשיות, ולהציע להם כי כל מי שיש לו קושיא או שאלה שאל ישאל, ואת התירוצים ובירור הענינים יגיד להם בשיעור השני כי גם שאלת תם כשאלת רשע וחכם אין צריכים להשיב תיכף, והוא לטעמים שונים ומהם אשר השואל יראה שמתענינים בשאלתו ואז יש לו אימון יותר בהמענה. וגם אפילו בשאלה שלא מדעת ושטות צריכים לתת המענה באופן רציני אשר מגביה את השואל משפלותו ומעמידו במצב עילוי לפי ערכו שזה – העילוי – הוא התחלת רפואתו מבערותו.

ב׳שז

נעתקה מהעתק המזכירות [ב׳תסה־ו]. בהמשך אלי׳ — לקמן אגרת ב׳שנה.

מוהר״ש זלמן: העכט. אגרות נוספות אליו — לעיל ב׳רד, ובהנסמן בהערות שם.

ספר האנגלי: ראה לעיל אגרות ב׳רד, ב׳רכד, ב׳רמג — אליו.

ברשימותי – משנת תרנ״ד – כתוב בדבר ענין כזה אשר ראשית הכל צריכים לעשות את המחונך והמודרך לכלי קבלה והוא בזה שפועלים בו איזה עילוי להרימו משפלותו וגסותו, זוהי תוכן השיחה ההיא.

הרה״ח ר׳ אברהם דובער נ״ע תלמיד מובהק של הרה״צ הרה״ג ר׳ אייזיק נ״ע מהאמליא שהי׳ נוכח בעת השיחה הנה בהיותי אצלו – על האכסניא שלו שהייתי נוהג אז (ברשות הוד כ״ק אאמו״ר הרה״ק זצוקללה״ה נבג״ם זי״ע) לבקר את זקני החסידים הבאים לליובאוויטש לשמוע מהם סיפורים שונים מהוד כ״ק אבותינו רבותינו הקדושים זצוקללה״ה נבג״ם זי״ע ומאת אשר שמעו המה מזקני החסידים נ״ע – סיפר לי מהמאורע שהי׳ אצל מורו ומדריכו הרה״צ הרה״ג הר״א נ״ע.

פעם כשהי׳ הוא – הרא״ד – ועוד איזה אברכים בני גילו יושבים לפני מורם ומדריכם הר״א נכנס אליו יהודי עגלון והשוט בידו ויאמר, רבי, איך מאג נעמען א גרושה? וישאל אותו הר״א ברצינות, אויף וואס פאר א שליאך – העיר האמליא היא עיר מרכזית וסביבה כמה עירות גדולות וקטנות ובעלי העגלות הי׳ להם חזקה שלא יכנוס אחד בגבול חבירו ובעלי העגלות הנוסעים לעיר זו לא היו יכולים לנסוע לעיר אחרת והיו מנחילים חזקה זו לבניהם אחריהם, ומסילה נקראת בשפה המדוברת „שליאך״ – פארסטו ארום, ויענהו הבע״ג שנוסע הוא לישוב ביאלאפאליא כשלשים פרסאות מהאמליא. הר״א אמר לאחד האברכים לקחת את השו״ע אה״ע ואת הטור שניהם מכורכים בדפי עץ – בכְריכות הישנות – ויעיין בהם וישאל את הבע״ג אם יש לו עוזר – א שמייסער – ויען הבע״ג, כן, יש לו שמייסער הנוסע עמו תמיד, ויעיין הר״א בהספרים ואחר עיונו פנה אל העגלון ויאמר לו ברצינות גדולה, אין בויד, צו פארין קיין ביעלאפאליא אדער פון דארטען מאגסטו נעמען א גרושה.

הרבה יש ללמוד מסיפור זה וכאמור תן לחכם ויחכם עוד.

בדבר הלימוד לבנות צריכים עוד לחכות איזה זמן ועדיין לא יעשה לא הוא ולא זוגתו תחי׳ בזה מאומה.

בדבר עדת ישראל אם יסדרו בני . . . בדרך כבוד ראוי ונכון שיכנס לחבר למען לפעול תקונים הדרושים. כותב אשר מר . . . כמובן מתנגד לליובאוויטש בכל תוקף, אתענין לדעת מאי טעמו ומהו תוקף

התנגדותו, כי מאחר שהוא ירא וחרד צריכים לדעת אם ליובאוויטש צריכה לתקן את הנהגתו בעזה״י יקבל את האמת ויתקן...

בשם כ״ק אדמו״ר שליט״א
מזכיר.

ב׳שח

ב״ה י׳ אדר תש״ד
ברוקלין

אל הנכבד מר ... שי׳

שלום וברכה!

במענה על שאלתו על ידי ידידי עוז הרה״ג הנכבד והנעלה וו״ח אי״א מוהר״ש זלמן שי׳ העכט, הנה דין הורג נפש בשגגה מפורשת כפרתו בתשובת המשקל, לבד זה שיקח על עצמו בתור תשובה אשר משך שנה לא ינהג בעצמו שום אוטו רק כאשר עוד מי שהוא שיכול להנהיג את האוטו ישב עמו, יהי׳ זהיר בתפלת מנחה ומעריב וקריאת שמע קודם השינה, ילמוד – בכל שבת ושבת שתי משניות ממסכת אבות ובכל יום ויום במשך השבוע יחזור עליהם שידע ענינם, ובשבת השני׳ יוסיף ללמוד עוד שתי משנות ויחזור עליהם במשך השבוע, וככה יעשה במשך ששים ושלשה שבועות עד אשר יגמור כל מסכת אבות, וישתדל להרבות חברים לתפארת בחורים לבא אל הלימוד ואל התפלה, וכל אלה יחדו יהיו כפרה גמורה על חטאו בשוגג, והשי״ת יסלח ויכפר לו ויתן לו חיים מאושרים בגשם וברוח, ויעזר השי״ת להוריו וב״ב יחיו בבריאות ובפרנסה בהרחבה בגשמיות וברוחניות.

הסך $9 נתקבל.

בשם כ״ק אדמו״ר שליט״א
מזכיר.

ב׳שח

נעתקה מהעתק המזכירות [ב׳תסז].

ב'שט

ב"ה י"א אדר תשי"ד
ברוקלין

ידידי עוז הנכבד והנעלה, בעל פעולות כבירות בהחזקת מוסדות התורה והצדקה, עסקן חרוץ וו"ח אי"א מוהר"ח שלמה שי'

שלום וברכה!

ידידי עוז הרב הנכבד והנעלה, בעל פעולות כבירות בהרבצת תורה ביראת שמים, בעל מדות תרומיות, אוהב את הבריות ומקרבן לחיבת התורה וו"ח אי"א מוה"ר משה ליב שי' ראדשטיין מנהל אגודת חסידי חב"ד בעי"ת שיקאגא והגליל כותב לי אשר עדיין לא נתפשרו עם הרה"ג עפשטיין שליט"א על אדות הסכום מועד הישיבות בשביל ישיבות תו"ת שבחו"ל, ודרישתם בסך שני אלפים שקלים נכונה במאד והרבה דברתי עם הרה"ג הנ"ל כשהי' אצלי אשר בדבר העזרה לישיבותי צריך להיות יתרון להן על שאר הישיבות, כי החסידים מנדבים על כל הישיבות . . . ועכ"פ מועד הישיבות – אשר נשבע הרה"ג עפשטיין בנפשו כי לשם שמים לשם התורה ולשם האמת הוא עובד בזעת אפו במגבית זו וא"כ צריכים לתמוך בישיבותי בסכום נכון, וכאשר ההכנסה מבתי כנסיות של החסידים יהי' בערך י"ד או ט"ו מאות שקלים הנה דרישתם בסך שני אלפים שקלים צודקת במאד.

קבלתי מברקות משטאקהאלם אשר מצב התלמידים שי' הפליטים איום ונורא הוא ואשר אשלח להם תומ"י תמיכה נכונה להצילם מחרפת רעב וחולי ואני אין בידי לעזור כי יודע הוא ידידי עד כמה הנני רובץ תחת משא החובות בשביל עניני הכלל שהשתרגו עלי – במשך ארבע שנים אלו – יותר על עשרים אלפים שקלים והנני עוסק בהלוואות . . .

ב'שט

נעתקה מהעתק המזכירות [ב'תפ].

מוהר"ח שלמה: **פלמר. אגרות נוספות אליו — לעיל ב'קצה, ובהנסמן בהערות שם.**

הסכום מועד הישיבות: **ראה לעיל אגרת ב'רצא, ובהנסמן בהערות שם.**

משטאקהאלם אשר מצב התלמידים: **שבשאנגהאי, שנכבשה אז ע"י יפאן, שהיתה במצב מלחמה עם ארה"ב, ולא היה קשר ישיר בינם לארה"ב — רק דרך שטאקהאלם. ראה מבוא לח"ה ע' 41.**

ריג אדמו"ר מוהריי"צ נ"ע

בדבר החלוקה של הרב רובינשטיין נ"ע פאנד הנה הסכום 200 לכולל חב"ד ו200 לתורת אמת מעט הוא, ובזה הנני לבקשו לרשום את ישיבת צמח צדק – אשר על יד כולל חב"ד – בסך 100$ ולישיבת אחי תמימים בתל אביב בסך 200$ ובס"ה עם הנ"ל יהי' 700$ ויואילו לשלוח את הסך 700$ אלי ואשלחנו ע"י קעיבל לאה"ק ת"ו כי הדוחק גדול מאד וברכות יחולו על ראשו, והשי"ת יהי' בעזרו בגשמיות וברוחניות.

ידידו הדו"ש ומברכו.

ב'שי

ב"ה י"א אדר תש"ד
ברוקלין

כבוד ידידי הרב הגאון הנודע לשם תהלה ותפארת בתוככי גאוני יעקב ובתוככי מרביצי תורה, בעל מדות טובות, אי"א מוה"ר אפרים שליט"א

שלום וברכה!

ידידי עוז הרה"ג הרב ראדשטיין שליט"א כותב לי אשר ההכנסה לועד הישיבות מבתי הכנסיות של עדת החסידים, ה' עליהם יחיו, היא מארבע עשרה עד חמש עשרה מאות שקלים ואשר המה הציעו לכבודו שהתמיכה מועד הישיבות להישיבות שתחת הנהלתי בחו"ל תהי' בסך שני אלפים שקלים שהיא דרישה ישרה מתונה וצודקת, כי לפי הטעמים אשר בארתי לכבודו בשעת בקורו אצלי הי' צריך לתת פי שנים מאותו הסכום הנכנס מבתי הכנסיות של החסידים, וכשידידיי הרח"ש שי' פאלמער והרה"ג ראדשטיין שי' הציעו סכום של שני אלפים שקלים הוא באמת ויתור מצד החסידים הרגילים לוותר על הגשמיות בשביל הרוחניות.

חלוקה . . רובינשטיין: ראה לעיל אגרת ב'רצא.

ב'שי

נעתקה מהעתק המזכירות [ב'תפא]. לתוכנה ראה אגרת שלפנ"ז.

מוה"ר אפרים: עפשטיין. אגרת נוספת אליו — לעיל ח"ו א'תשלד.

מבריקים לי משטאקהאלם אשר תלמידיי הפליטים גועים ברעב ודורשים עזרה נחוצה להצילם ממות ממש ואין אני יכול לקחת על עצמי אחריות סכנת נפשם . . . התלמידים הפליטים שי׳ להצילם ממות.

הנני מקוה אשר כבודו ימנע עצמו מלגרום חלול השם וגם לא יקח על שכמו אחריות הסכנת נפשות בפועל של תלמידי חכמים אף כי מזרע החסידים המה וימלא דרישות באי כחי הנ״ל, והשי״ת יהי׳ בעזרו בגשמיות וברוחניות.

הדו״ש ומברכו.

ב׳שיא

ב״ה י״א אדר תש״ד
ברוקלין

ידידי וו״ח אי״א מוה״ר יוסף שי׳

שלום וברכה!

במענה על מכתבו אודות הגמ״ח, הנה בהוה אין דרוש לי יותר, והשי״ת יעזר לי לפרוע את חובותי הפרטים ואת חובותי בשביל ענייני הכלל מתוך הרחבה באמת, כי לא שערתי כלל אשר במדינה זו יחסרו לי האמצעים הכספיים הדרושים לעבודתי, הן לענייני הישיבות במדינה זו ובחו״ל והן לענייני החינוך והן לענייני הכלל, אמנם זה כמעט יובל שנים שהנני, בעזרתו ית׳, בענייני הכלל בגשם וברוח ובעזה״י הנה לעולם הרוח נצח את הגשם, רשימותי יספרון את הגדולות והנצורות אשר הגדיל לעשות הוד כ״ק אאמו״ר הרה״ק זצוקללה״ה נבג״ם זי״ע בגשמיות בעסקנות הכלל בהצלת ישראל בימי שלטון האכזרים, בית רומנוב, והעזר בהרחבת ענייני פרנסה וכלכלה, וברוחניות ביסוד

ב׳שיא

נעתקה מהעתק המזכירות [ב׳תפב].

מוה״ר יוסף: **פלייער. אגרות נוספות אליו — לעיל ח״ז א׳תתקל, ובהנסמן בהערות שם. לעיל ב׳קצו.**

הישיבות והלימודים בקרב חסידי חב"ד, אשר מאורם הרוחני נהנו גם אחרים והיו דרושים סכומים עצומים במאד, ובעמדו על מפתן חיי החיים בטרם עלותו השמימה צווני בפקודה נמרצה למסור נפשי בפועל ולא רק בכח בעד תורה תמימה ובעד חזוק היהדות, נוטלה עטרת ראשי ונמצאתי בכל רע – לא עתה – ופעמים רבות נאסרתי והיו דרושים לי סכומים להחזיק מעמד הישיבות, הרבנים ומגידי שיעורים, בתי הטבילה, שוב"ים מוהלים וסופרים, חדרים ומלמדים בכל מרחבי המדינה במשך שבע שנים, תרפ"א-תרפ"ז, עד אשר דנוני בדין חמור אשר בעזה"י ע"י סבות מסבות שונות החליפוהו בעונש גירושין ומני אז הנה הלכתי בגולה ממדינה למדינה עד בואי הנה, וגם פה הנני נמצא בכל רע מכל מנדינו שונאי גזע החסידים על כל צעד בפעולה טובה בתורה ועבודה, אמנם באותה האמונה בה' ובעבדיו הק' אשר בה חונכתי הנני בטוח בחסדי השי"ת אשר יצליחני למלאות את שליחותי אשר שולחה נשמתי לעלמא דין בהרבצת תורה ועבודת השי"ת.

בשם כ"ק אדמו"ר שליט"א
מזכיר.

ב'שיב

ב"ה י"א אדר תש"ד
ברוקלין

אל חברי "ישראל הצעיר" במחוז מאפלוואוד בעי"ת
מאנטרעאל יע"א
ה' עליהם יחיו!

שלום וברכה!

במענה על מכתבם אדות התייסדות לימוד שיעור גמרא ברבים והתועדות חברים טובים בסעודה שלישית בשיחות וספורי צדיקים, הנה כשקבלתי את מכתב ידידי היקר תלמידי הנחמד הרב המופלא ומופלג, אחד מתלמידי התמימים הכי נעלים בעל כשרונות מצוינים

ב'שיב
נעתקה מהעתק המזכירות [ב'תצד].

ובעל פעולות כבירות בהרבצת תורה ובמזגו הטוב מקרב את הבריות לשלחן התורה ובפיו המפיק מרגליות מעורים לחיבת התורה ולנועם המצות, וו״ח אי״א מוה״ר אברהם שמואל שליט״א שטיין, בהבשורה המנעימה האמורה הנה בשמחת לבב כתבתי את ברכתי אל החברים שי׳ המשתתפים בלימוד ובההתועדות, ועכשו שקבלתי מכתבם כי שמחים הם מהלימוד וההתועדות הנני מוסיף שנית לברכם אותם ואת ביתם ובני ביתם יחיו בברכות מאליפות בגשם וברוח.

התענגתי לשמוע מאשר יסדו את המסבות שבת בעד הנוער, עבודה זו קדושה היא ואין גומרין עלי׳ את ההלל ואשרי המשתתף בזה, כי בגלל זאת יתברכו ביחוד וכל אשר יוסיף להתענין בזה, האנשים בפלוגת הילדים והנשים בפלוגת הילדות יתברכו בבנים ובנות שומרי תורה ומצות.

וברכה מיוחדת לנשיא „ישראל הצעיר״ במחוז מאפלוואוד ידידי המשכיל על דבר טוב עסקן חרוץ וו״ח אי״א מוה״ר יעקב שי׳ פיללער וסגניו הנכבדים יחיו, התחזקו והתחזקו והשי״ת יצליח לכם להרחיב את חוג פעולותיכם הנשגבות וברוכים תהיו.

הדו״ש ומברכם.

ב׳שיג

ב״ה י״א אדר תש״ד
ברוקלין

אל הנהלת ישיבת תו״ת ליובאוויטש בעי״ת מאנטרעאל
יע״א מערכת אחי־תמימים

שלום וברכה!

במענה על מכתב ידידי הרב ראדאל שי׳ בשם הנהלת אחי־תמימים מכ׳ שבט העבר – אשר לשעה נאבד אצלי וכעת מצאתיו –;

כתבתי את ברכתי: לעיל אגרת ב׳רסז.

ב׳שיג

נעתקה מצילום האגרת. לתוכנה ראה גם אגרת שלאח״ז.

א) בדבר בחינת התלמידים יחיו בטח ישלחו לי העתקה מרשימת הבחינות בפרטיות.

ב) על אדות סדור לימוד המפטיר טוב ונכון הוא, אמנם החינוך וההדרכה דתת"ל המאירים באחי תמימים אשר על יד תת"ל צריכים להאיר גם בפרטי עניני הבר מצוה שיהי' מיוחד במינו לעומת שארי הבר מצות, והיינו שיוסיפו איזה דבר אשר הבר מצוה יתלמד שיהי' לתפארת להורים ולהמדריכים יחיו, יתיישבו ויכתבו לי מה שמציעים בענין זה.

ג) בדבר סידור בחינה כללית בימי יז־כד אדר נכון הוא וצריכים להכין היטב את התלמידים שי' ואי"ה אשלח אחד הרבנים שי' אל החגיגה.

ד) בדבר מסבות שבת צריכים תעמולה יותר רחבה, מיט א גרעסערען פארנעם הן בפלוגת הילדים והן בפלוגת הילדות.

ה) בדבר קעמפ עבור התלמידים לימי הקיץ הבע"ל, הנה שאלה זו בעיקרה שייכת אל ההנהלה הכללית של תת"ל במאנטרעאל – ולא אל ההנהלה הפרטית של אחי תמימים, והנני כותב מזה אל המנהל פועל, והנהלת אחי תמימים תציע עניני' וחו"ד בזה אל ההנהלה הכללית.

ו) אתענין לדעת את התוצאות ממכתבי הכללי אל בתי הכנסיות אם נתפרסם ונתפרש כראוי.

הנני מציע להנהלת אחי תמימים ליובאוויטש אל הפועל:

א) לעשות פוטוגרפיא ברורה מכל כתה וכתה, התלמידים והמורים יחיו בשעת הלימוד.

א) לשלוח לי פוטוגרפיא מכל תלמיד ותלמיד שי' ביחוד (כשהוא עומד שיהי' ניכר כל צלמו כמו שהוא).

בשם כ"ק אדמו"ר שליט"א

מזכיר

ח. ליבערמאן

מכתב הכללי אל בתי הכנסיות: **דלעיל ב'רפא.**

לעשות פוטוגרפיא: **ראה גם לקמן אגרות ב'שיד. ב'תה.**

ריח אגרות־קודש (ב׳שיד)

ב׳שיד

ב״ה י״ב אדר תש״ד
ברוקלין

אל הנהלת תומכי תמימים ליובאוויטש בעי״ת
מאנטרעאל יע״א

שלום וברכה!

מכתבם מא׳ לחד״ז באישור קבלת המכתבים הכללי והפרטיים ובסדרי הנהלת ישיבת תת״ל וסניפי׳ אתתת״ל, ואשר בו מביעים גודל שמחתם על הקירוב פנימי מהתענינותי בכל פרטי עניני הישיבה ועמידתה תחת הנהלת מרכז תת״ל ואשר פעמים בחדש ישלחו דו״ח אל המרכז, קבלתי.

בדבר המגבית שהכריזו טוב עשו, ובזה הנני כותב להם אשר יוסיפו על סכום התקציב שלהם סך עשרת אלפים שקלים, התקציב שלהם הוא כ״ה אלפים שקלים לשנה – ובעזה״י תתוסף ההוצאה ותתוסף ההכנסה – יעשו המגבית על סכום של שלשים וחמש אלפים, ועשרת אלפים אלו יהיו מיוחדים בשביל מרכז ישיבות תת״ל, אשר כל הסניפים של מרכז ישיבות תת״ל – בכל מקום שהם – מחוייבים לעשות תעמולה והכנסה בעד המרכז, ולהיות שזהו הפעם הראשון שיוצאים במגבית מיוחדת הטלתי עליהם רק עשרת אלפים ומן המרכז יהיו בעזרם ככל האפשרי, ובעזה״י יצליחו. על המנהל פועל וחברי ההנהלה יהי׳ לבאר ולהסביר להקאמיטא לידידינו האחים אלבערט יחיו וחבריהם יחיו את הכרחית הדבר ואשר זוהי טובתם האמיתית בגשם וברוח, כי במשך שלש שנים שעברו לא היתה למרכז תת״ל אותה ההכנסה שהיתה צריכה להיות ועליהם להבין רצינית הדבר – די ערנסקייט פון דער זאך – כי אי אפשר להיות באופן אחר, ובריבוי הטענות ומענות ודיחוים – כמו שהי׳ עד כה שהציעו כמה סברות באופן וזמן המגבית עבור מרכז תת״ל ולבסוף המשיכו מזמן לזמן עד שדחו ולא בא אל הפועל כ״א אותו הסכום שנקבץ ע״י התלמידים שי׳ מערי השדה, ועתה לא יועיל מאומה – ורק אשר יגרמו ח״ו ריחוק הלב

ב׳שיד

נעתקה מצילום האגרת. לתוכנה ראה גם אגרת שלפנ״ז.

ואי התענינות בכל עניני הישיבה וסניפי׳ במאנטרעאל והפסד בגו״ר יותר מאשר נדמה לכם כי מרויחים אתם בזה שאתם מונעים הכנסת מרכז תת״ל, וברור לי שאם הייתם מעמידים בתחלה את ההכנסה על בסיס האיחוד עם המרכז הייתם מצליחים יותר ויותר.

בדבר התלמיד הרב צבי שי׳ קאטליארסקי בתור מזכיר ישיבת תת״ל במאנטרעאל הנני מאשרו והנני כותב גם אליו מזה.

בדבר מר שמעון שי׳ גרובער שנתקבל לישיבת תת״ל בטח נכנס בהסדר ויסדרוהו גם בעבודה של פועל, והשי״ת יהי׳ בעזרו בגו״ר.

הכספים של מרכז תת״ל – כמדומה ט״ו מאות שקלים – אשר בקופת תת״ל במאנטרעאל ימסרו להרב גערליצקי שי׳ ויכניסם לבאנק על הקאנטא שלי.

הרב ראדאל שי׳ שואל על אדות קעמפ עבור התלמידים שי׳ בשנה זו, הנה ההנהלה תתיישב בזה ודעתי מסכמת שצריכים לעשות והשי״ת יהי׳ בעזרם בגו״ר.

בזה הנני לבקש את ההנהלה אשר יעשה פוטוגרפיות עבורי מאת תלמידי הישיבה; א) בשעה שיושבים ולומדים כלם יחד באולם הישיבה. ב) בשעה שיושבים בסעודה כלם יחדו. ג) מכל תלמיד ותלמיד שי׳ בין מתלמידי התמימים ובין מתלמידי הפליטים שי׳ (תמונות אלו יהיו בעמידה) ויזדרזו בזה, וההוצאות על זה הן על חשבוני.

התלמידים ידידי עוז הרב טענענבוים והרב גרינגלאס יחיו מתכוננים בעזה״י לנסוע לפה להצלחה בגו״ר, בטח יסדרו מי שימלאו את מקומם בעבודתם הק׳ ויודיעוני איך שסדרו את הכל, דבר דבר על מקומו בסדר הראוי.

בשם כ״ק אדמו״ר שליט״א

מזכיר

ח. ליבערמאן

ב׳שטו

ב״ה י״ב אדר תש״ד
ברוקלין

ידידי התלמיד החשוב הרב וו״ח אי״א מוה״ר מ[נחם ז]אב שי׳

שלום וברכה!

מצורפת בזה העתקה ממכתבי לידידי ר׳ חיים שי׳ שטיימאן מוויניפעג בצירוף המחאה שלו על סך $100 בשביל כולל חב״ד, יכניס את הסכום הזה בפנקסו וימסור את ההמחאה להרב גערליצקי שי׳ להכניסה להבאנק על הקאנטא שלי. כן אם קבל עוד איזה סכומים לכולל חב״ד ימסרם – אחר שיכניסם בפנקסו – להרב גערליצקי שי׳ כנ״ל, ואם דרושה לו איזה הוצאה ע״ח כולל חב״ד לא יקח מן הסכומים אלא יודיעני ואשלח לו המחאה על הסכום הדרוש לו.

נחוץ עתה לעורר ע״ד כולל חב״ד בכדי לשלוח על חג הפסח הבע״ל.

כשיקבל אי״ה את הויזה להצלחה בגו״ר בטח יסדר מי יהי׳ ממלא מקומו בכל הענינים שהוא עוסק בהם.

בשם כ״ק אדמו״ר שליט״א
מזכיר

ח. ליבערמאן

ב׳שטו

נעתקה מצילום האגרת.

מוה״ר מנחם זאב: **גרינגלאס. אגרות נוספות אליו — לעיל ב׳ריב, ובהנסמן בהערות שם.**

ב'שטז

ב"ה י"ב אדר תש"ד
ברוקלין

אל ידידיי התלמידים החשובים . . . שי'

שלום וברכה!

במענה על כתבם, זה הפעם הראשון במשך שנה אשר אתם כותבים אלי ובכל משך הזמן לא שמעתי מאתכם מאומה ולא הודעתם מסדר היום שלכם בלימוד ובהנהגה ומהסביבה שאתם נמצאים בה ומהרוח אשר מחנכים ומדריכים אתכם ומהות וסדר הלימוד שלכם, ואתם הלא ידעתם את חיבתי הגדולה לתלמידי ישיבות בני תורה ושומרי מצוה וחפצי לדעת ממצבם בגשם וברוח.

והנה גם עתה כתבכם הוא בנוסח ברכת הודאה ומי שברך.

מברכים אתם את הוי' אשר קירב אתכם והראה לכם במוחש דרך האמיתי של חסידות, אמנם במצב ההוה שלכם חוששני שמא היא ברכה לבטלה.

כי, אם היתה לכם הכרה מוחשית אשר דרך החסידות היא דרך האמיתי הלא הייתם הולכים בדרך זו ונהנים מאור החסידות אשר יסודה היא א) תקון המדות באהבת ישראל בכלל וחיבת בני תורה בפרט והנהגה ביר"ש – בלי שום בליטה – מפני איזה השגה בגדולת הבורא ב"ה אשר לית אתר פנוי מיני'. ב) בלימוד התורה לידע נאמנה אשר בשעה שלומד ומזכיר שמות התנאים ואמוראים ושמות המפרשים, רש"י, תוספות ושארי הגאונים זי"ע, הנה שפתותיהם דובבות וצריך להרגיש בעצמו בשעת הלימוד כיושב במתיבתא דרקיע ושומע איך התנאים והאמוראים יושבים ושכינה מדברת מתוך גרונם דבר הוי' ע"פ פירושי הגאונים זי"ע, המתבונן והמרגיש כן אפילו במחשבתו הנה בהכרח שמרגיש דרך ארץ מיוחד – א בעזונדער איידעלען אפשיי – מהסוגיא שלומד, ובדרך מקיף עכ"פ מרחף במוחו גדולת נותן התורה שהיא חכמתו ורצונו ית' ובלבבו נרגשת חיבת

———

ב'שטז

נעתקה מהעתק המזכירות.

קדושת התורה ואותיותי׳ ואהבה לבני תורה יראי אלקים, ונמאס אצלו לומדי תורה בגסות הרוח המענים והמאנסים את התורה ומבזים את דבר ה׳ בחידושיהם ופלפוליהם של הבל ורמות רוח. ג) בעבודה שבלב היא תפלה במתינות – לא באריכות אלא במתינות – כמדבר לפני חכם גדול ומה גם בעמדו לפני ממ״ה הקב״ה, בשמיעת פירוש המלות מהשבחים וזמירות והעיקר מהתחנות ובקשות שצריכות להיות בשימת לב עכ״פ מה שהוא מבקש, שהלא גם בגשמיות אם מי שהוא מבקש מאדם איזה בקשה באופן כמו שמתפלל אשר שפתותיו נעות בלי דעת מה הוא מדבר ואומר, הלא הי׳ זה שהוא מבקש ממנו משליכו החוצה.

מברכים אתם את הוי׳ על התקשרותכם אלי, נעים לי לשמוע כזאת אבל עליכם להתבונן האם כן הוא שקשורים אתם אלי או רק דמיון בעלמא הוא או פתגם ריקן, כי בהכרח הדבר אשר התקשרות צריכה להביא בעזה״י פועל דבר, ומהו הפועל דבר אשר הביאה התקשרותכם, הלא אתם ידעתם את אשר אני דורש – בצדק – מאת תלמידי הישיבות בכלל ומאת המקושרים לי בפרט להכניס אור תורה ומצוה בבתי בני ישראל על ידי תעמולה מסודרת לעזור לאחד המוסדות אשר יסדתי, חדרי תורה תמימה, מרכז לעניני חינוך, מחנה ישראל, ועד מגיני ומרחיבי חינוך הכשר, הפצת הקריאה והקדושה, השמועסען הילקוט יומי וכו׳ ולעשות סביבה של אור תורה ביראת שמים.

האם עשיתם אחת מהפעולות הללו? ואיזה? ובמה אתם מקושרים אלי, ועד אשר לא תשתתפו באחת הפעולות האמורות ולעשות סביבה של אור תורה בבני תורה אשר אתם נמצאים ביניהם להראות גם להם את הדרך האמיתי בתורה ויראת שמים אשר אתם כותבים כי אתם רואים אותה במוחש, הנה דבריכם אודות התקשרות הם רק פתגם ריק.

בדבר שאלתכם מה תלמדו בחסידות, תלמדו את המאמר ומעין הנדפס, שעה בכל יום, נוסף על השיעורים האמורים בהמורה שיעור, והשי״ת יחזק את לבבכם כי תשקדו ותצליחו בתורה וביראת שמים ותהיו יראי אלקים חסידים ולמדנים, והוריכם יחיו יגדלוכם לתורה חופה ומעשים טובים מתוך פרנסה בהרחבה בגשמיות וברוחניות.

בשם כ״ק אדמו״ר שליט״א
מזכיר.

ב׳שיז

ב״ה י״ב אדר תש״ד
ברוקלין

צו דער מלוה מלכה פון די בראנזווילער און איסט נויארקער לעידיס אוקזילערי פאר די ליובאוויטשער ישיבות

שלום וברכה!

די גרונד-לעהרע פון חסידות חב״ד איז געבען צו פארשטיין די גרויסע טיפע בעדייטונג פון טאן א מצוה מיט א אינערליכען געהפיהל און נשמה גייסטיגען געשמאק. די מצוה פון אהבת ישראל איז איינע פון די גרונד מצות וואס תורת החסידות חב״ד לייגט, אויף דעם אינערליכען געפיהל אין נשמה גייסט וואס אין דער מצוה פון אהבת ישראל, גרויס אכט.

אלע אונזערע רביים, הוד כ״ק אבותיי רבותינו הקדושים זצוקללה״ה נבג״ם זי״ע האבען געלייגט זייער מסירות נפשם הק׳ אויף איינצווואורצלען אין דער חסידים משפחה, מענער און פרויען, פון דעם שבט חסידי חב״ד, די בעסטע געפיהלען אין אהבת ישראל.

די חברות פון די בראנזווילער און איסט נויארקער ליידיס אוקזילערי פאר די ליובאוויטשער ישיבות האבען דערפרייט מיין הארץ מיט זייער איינארדענען א מלוה מלכה, א סעודת הודאה להשי״ת, וואס האט געשענקט דעם לעבען און האט געהיילט ידידי הנכבד והנעלה וו״ח אי״א מו״ה יעקב שי׳ אלשאנסקי, איינער פון די גרונד זיילען אין דער לעידיס אוקזילערי גוטע ארבעט, דאס איז זייער א שיינער אהבת ישראל טהאט פאר וועלכען איך גיב אייך אלעמען מיין ברכה, ברוכות תהיו אתן ובני ביתכן יחיו בגשמיות וברוחניות.

בשם כ״ק אדמו״ר שליט״א
מזכיר.

ב׳שיז

נעתקה מהעתק המזכירות.

ב׳שיח

ב״ה י״ב אדר תש״ד
ברוקלין

אל התלמיד החשוב מר צבי יהודה שי׳

שלום וברכה!

במענה על מכתבו מו׳ לחדש זה, נהניתי לשמוע כי עלה בידי אביו ובני גילו יחיו ליסד „בית יעקב״ להצלחה בגשם וברוח. יכתוב לו אשר יעמדו בקישור תמידי עם המרכז לעניני חנוך, בעזה״י ישלחו להם כל האפשרי מהנדפסים מטעם המרכז. אנכי לא קבלתי מאתם שום מכתב וטוב אשר ישלחו את המכתבים בטוחים – רעדזשיסטעד –

בשם כ״ק אדמו״ר שליט״א
מזכיר.

ב׳שיט

ב״ה י״ב אדר תש״ד
ברוקלין

אל חתני הרש״ג שליט״א

שלום וברכה!

בזה הנני שולח טופס שטר חוזה עם מפקח חדרי תורה תמימה ליובאוויטש (לטופס זה צריך להוסיף מצדו את התנאים המסחריים

ב׳שיח

נעתקה מהעתק המזכירות [ב׳תצ].

מר צבי יהודה: **פייגלשטאק. אגרות נוספות אליו — לעיל ח״ו א׳תקנח. ח״ז א׳תתקצב.**

אביו . . בית יעקב: **בארגוואי. על פעולותיו שם ראה קובץ ליובאוויטש גליון 5 ע׳ 91.**

ב׳שיט

נעתקה מהעתק המזכירות [ב׳תקז].

חתני הרש״ג שליט״א: **אגרות נוספות אליו — לעיל ח״ז ב׳סד, ובהנסמן בהערות שם. לקמן ב׳שצה. ב׳תר־ז. ב׳תקנח. ב׳תרלט.**

שבזה בהנוגע לשכירות ושעות העבודה וסדרי הדו"ח שצריך המפקח לתת בכתב למשרד תת"ל וכדומה בהצעות וידיעות שונות שהכל צ"ל בכתב וכן המענות מאת המשרד והפקודות צריכות להיות בכתב) ועל תנאים הללו יכול בעזה"י לגמור עם המורה הראשי ידידנו הר"מ שי' סלאווקין והשי"ת יעזור ויצליח בגשמיות וברוחניות.

בשם כ"ק אדמו"ר שליט"א
מזכיר.

ב"ה,

תפקידו של מפקח על חדרי תורה תמימה ליובאוויטש

א) על המפקח להאמין באמונה שלמה כי גם באמריקא אפשר בעה"י לחנך את הילד היהודי עד שיהי' ממנו ציור של איש ישראל כמקודם בפולין ובליטא, ואם אמנם על המפקח להכיר במחלות הרוחניות של המדינה אשר יש להשתמש בסממני רפואה מתאימים באופן זמני, אבל השאיפה צריכה להיות להגיע סוף כל סוף למצב שיוכלו להאכילם מאכל בריאים ושיהיו בריאים.

ב) על המפקח למסור ולתת עצמו לתפקידו הקשה והנעים, וצריך לרשום לעצמו מה עליו לעשות, הן בההוראות להמורים והן בתקוני הלימודים ובבחינת התלמידים והנהגתם וכן לרשום מה שעלה בידו לתקן ומה שנשאר עוד למלאות.

ג) המפקח צריך לדעת את המטרה הכללית של חדרי תורה תמימה ליובאוויטש, אשר היא:

1) ללמד תורה ולחנך על טהרת הקדש את אלה הנערים, אשר משום סבות שונות אינם מבקרים ישיבה.

2) למשך את לב התלמידים ללמוד התורה ולקיום המצות, ולהשתדל להשפיע על כל אחד התלמידים ללכת לישיבה ולהכשירו לזה.

3) לדעת באיזה בית ספר עממי התלמיד לומד ומי הוא המורה שלו שם ואיזה ציונים הוא מקבל שם.

4) לדעת בפרטיות מחיי התלמיד בביתו ומי המה חבריו ולהשתדל להשפיע, באופן ישר או ע"י התלמידים, על מהלך הרוחני של הוריהם.

ד) על המפקח להתבונן לעתים תכופות בינו לבין עצמו ולהתדבר עם חבריו המורים כדי לטכס עצות איך להביא בעה״י את השאיפות הנ״ל מ[ן] הכח אל הפועל.

ה) ההתייעצות צריכה להיות בין בנוגע לחנוך הכללי ב„חדרי תורה ליובאוויטש״ ובין בנוגע לכל תלמיד בפרט בהתאם למהותו הפרטי של התלמיד ותנאי חייו.

ו) להשגיח שכל אופני הלימוד, הן הספרים והן שארי דברים, יהיו על טהרת הקדש.

ז) להשגיח שהמורים ימלאו את תפקידם באמונה:

1) בשמירת זמני הלמוד;

2) בהכנת עצמם לשעורים;

3) בהתמסרותם ללמוד התלמידים וחנוכם;

4) בהשגחתם על הנהגת התלמידים בין בהיות התלמידים בחדר ובשעת למודם ובין שלא בשעת למודם במשך כל היום ובכל מקום היותם שם;

5) ביחסם הראוי אל התלמידים ואל הוריהם;

6) להשגיח ביחוד על מדות דרך ארץ של התלמידים.

ח) על המפקח לבקר את השעורים בזמני הלמוד ולשמוע איך היא הוראת המורים ואיך היא הקשבת התלמידים והנהגתם בשעת הלמוד.

ט) המפקח צריך להורות להמורים דרך בהוראה ובחנוך.

י) המפקח צריך להשתתף בבחינת התלמידים הרגילים, חוץ מן הבחינות שהוא בוחנם בעצמו.

יא) המפקח צריך לטכס עצות איך להגדיל את מספר התלמידים.

יב) המפקח צריך לשום לב שהמצב ההיגיעני של המוסדות ומראיהם החיצוני יתאימו לתנאים הדרושים.

יג) המפקח צריך להשתתף באספות ההורים, לנאום לפניהם בדו״ח מלמוד והנהגת בניהם ולעורים על חנוך והדרכת בניהם בביתם.

ב׳שכ

ב״ה י״ג אדר תש״ד
ברוקלין

כבוד ידידי הרה״ג הנודע לשם תהלה, משכיל על דבר טוב, וו״ח אי״א, מוה״ר דוד שליט״א

שלום וברכה!

בנועם קראתי את מכתב ידידי אשר ת״ל מצב בריאותו הולך וטוב. ישלח לו השי״ת רפואה ויחזקהו ויאמצהו בגשם וברוח שיוכל להמשיך את עבודתו הכי כבירה בעיטור ספרים ועלוי נשמות כבוד חז״ל מתוך בריאות הנכונה ופרנסה בהרחבה ובמנוחה.

ידידי הבטיח לי – בשעת התראותינו – ללקט עבורי כת״י שונים בכדי להעתיקם במכונת הצלום, ומאד אבקש את ידידי שי׳ להתענין בזה לבחור עבורי מן הכת״י הכי יקרים – בלי הבדל המקצוע – כמדומה לי שידידי שי׳ אמר לי שמחיר הצלום הוא שלשה סענט העמוד – ואולי במספר גדול של איזה אלפים עמודים יפחיתו את המחיר – הייתי חפץ להעתיק כעת עד עשרים אלף עמודים. הנני מקוה אשר ידידי שי׳ יואיל לסדר דבר זה באופן היותר טוב ומסודר, והשי״ת יהי׳ בעזרו.

אין הקב״ה מקפח שכר כל ברי׳ עבור כל פועל טוב, שכר טוב בגשם וברוח מגיע לידידי – שכר סרסרות – עבור התיסדות ישיבת אחי תמימים בעי״ת באפפאלא יע״א, אשר בטח ידידי הנעלה חתנו הרה״ג שליט״א הודיע לו מהנעשה שם לטובה ולברכה, יתן השי״ת ויקוימו בידי[די] כל הברכות בגשמיות וברוחניות האמורות במרביצי תורה ביראת שמים.

ידידי הבטיח לי לאסוף עבורי את כל הקאטלוגים שלו.

ידידו הדו״ש ומברכו.

ב׳שכ

נעתקה מהעתק המזכירות.

מוה״ר דוד: פרענקל. אגרות נוספות אליו — לעיל ב׳רנ, ובהנסמן בהערות שם.

ישיבת . . באפפאלא: דלעיל אגרת ב׳קנט, ובהנסמן בהערות שם.

ב׳שכא

ב״ה י״ג אדר תש״ד
ברוקלין

ידידי וו״ח אי״א הרב מוה״ר צבי שי׳

שלום וברכה!

במענה על מכתבו דבר יסוד קאמיטא מאיזה אנשים בע״ב נכבדים אוהבי תורה כמו בוואוסטער ופיטסבורג וכו׳ נחוץ הדבר במאד ויתן וימסור עצמו על זה ויעבוד במרץ, והנכבד והנעלה מר גאלדמאן שי׳ בודאי יעזור לו בזה, והשי״ת יצליח להם בגשם וברוח.

בדבר ההתועדות הי׳ צריך להיות נוכח שם לשעה קלה וצריך לבאר ולהסביר את האמת באשר הוא, כי מוסדות התורה אחי תמימים ליובאוויטש כל ענינם הוא בלימוד חינוך והדרכה אשר התלמידים שי׳ יהיו בעזה״י שומרי תורה ומצוה והרבנים, מנהלי וראשי המתיבתות בישיבות אחי תמימים מוזהרים מאתי לבלי להתערב בשום ענין של מפלגה ופארטיי מאיזה שאיפה שתהי׳ אם אגודת ישראל או מזרחי רשאים אנחנו להתועד עם אלו ועם אלו באיזה חגיגה שתהי׳ אבל מבלי קחת חלק בהנאומים והתעמולה או איזה מגבית, כי בכל אשר לנו אנו צריכים להיות מסורים ונתונים אל עבודתינו בישיבות אחי תמימים ליובאוויטש לגודל האחריות המוטלת עלינו במלאכת ה׳.

בשם כ״ק אדמו״ר שליט״א
מזכיר.

ב׳שכא

נעתקה מהעתק המזכירות.

מוה״ר צבי: **שוסטערמאן. אגרות נוספות אליו — לעיל ב׳קע, ובהנסמן בהערות שם.**

ב׳שכב

ב״ה י״ג אדר תש״ד
ברוקלין

כ״ק הרה״צ ש״ב ידידי הנכבד והנעלה, בעל מדות תרומיות, גזע תרשישים, בנשק״ע וו״ח אי״א מוה״ר משה שליט״א

שלום וברכה!

בנועם קראתי את מכתב ידידי ש״ב אשר ת״ל הוטבה בריאותו ובריאות רעיתו הרבנית תחי׳, יחזק השי״ת את בריאותם ואת בריאות ב״ב יחיו ויעזור לכולם בפרנסה טובה בהרחבה, ותודה רבה בעד הברכות אשר ברך ידידי ש״ב אותי ואת רעיתי הרבנית ואת כב״ב שליט״א, והשי״ת יקיים אותן במילואן בגשמיות וברוחניות.

מה טוב אם ידידי ש״ב הי׳ שומע להצעתי לכתוב עלי גליון את זכרונותיו אשר בעצמו ראה ושמע מאת כ״ק אבותיו הק׳ זצוקללה״ה נבג״ם זי״ע ואין צריך להכביד על עצמו ביותר כ״א לקבוע שעה של כתיבה בכל יום וקובץ על יד ירבה וכעבור חדש ושני חדשים הרי כבר יהי׳ בעזה״י חוברת פנינים מהני מילי מעלי[ו]תא והיתה תועלת כפולה ומשולשת, והשי״ת יהי׳ בעזר ידידי ש״ב בגשם וברוח.

ידידו ש״ב הדו״ש מכבדו ומברכו.

ב׳שכב

נעתקה מהעתק המזכירות [ב׳תקלד].

מוה״ר משה: **שניאורסאהן־טווערסקי. אגרת נוספת אליו — לעיל ח״ו א׳תשסו.**

ב׳שכג

ב״ה י״ז אדר תש״ד
ברוקלין

ידידי הרה״ג וו״ח אי״א מוה״ר משה שי׳ שוואב

שלום וברכה!

במענה על ברכתו, ע״י מרכז ישיבות תומכי תמימים ליובאוויטש, כל המברך יתברך ברוב טוב בגשמיות וברוחניות.

ומ״ש הוא מחכה ליום אשר בעה״י תפתח גם בלאס אנדזש[ע]לעס ישיבה של חב״ד, הנני מצפה בכליון עינים לאותם הימים הבהירים אשר בעזה״י שליחותי אשר שולחתי למדינה זו, בשביל הרבצת תורה ביראת שמים, תצליח ויתפשטו סניפי ישיבת תומכי תמימים ליובאוויטש במרחבי המדינה ומדינות הסמוכות, אמנם עתה הנני עדיין רובץ תחת משא ההוצאות הגדולות והשי״ת יחוס וירחם ויפקח את עיני היהודים במדינה זו אשר יכירו את האמת הגמור בהפעולות הכבירות אשר מרכז ישיבת תו״ת ומרכז לעניני חנוך ומחנה ישראל פעלו ת״ל ולהיות בעזרתי לכלכל את ההוצאות ולהרחיב את הפעולות לטובה ולברכה בגשם וברוח.

בשם כ״ק אדמו״ר שליט״א
מזכיר.

ב׳שכג

נעתקה מהעתק המזכירות.

ב׳שכד

ב״ה י״ז אדר תש״ד
ברוקלין

ידידי עוז הנכבד והכי נעלה וו״ח אי״א מוהר״ח שלמה שי׳

שלום וברכה!

במענה על מכתבו מי״ב לחדש זה בצרוף ההמחאה על סך אלף ושלש מאות שקלים מועד הישיבות דשיקאגא עבור הישיבות שתחת הנהלתי באה״ק ובחו״ל, הנה אודות הסכום לא אגיד מאומה, כי מלאתי את ידם לגמור כפי אשר ימצאו לנכון . . .

אתפלא על מה שכותב לשלוח מכתב למר סלאן שי׳ על אודות החמש מאות שקלים הלא באותו היום שכתבתי לידידי שי׳ כתבתי גם למר סלאן שי׳ ונשלח על האדרעס שכתב ידידי ואם לא קבל את המכתב יודיעני ואשלח העתקה ממנו.

ידידו הדו״ש ומברכו.

ב׳שכד

נעתקה מהעתק המזכירות [ב׳תקפד]. לתוכנה ראה לעיל ב׳שט.

מוהר״ח שלמה: פלמר. אגרות נוספות אליו — לעיל ב׳קצה, ובהנסמן בהערות שם.

מכתב למר סלאן: לעיל ב׳רצב.

ב׳שכה

ב״ה י״ז אדר תש״ד
ברוקלין

כבוד ידידי הרב הגאון האדיר, הנודע לשם תהלה ותפארת בתוככי גאוני יעקב ובקרב עסקני הכלל, גזע היחס, משכיל על דבר טוב אי״א מוה״ר יוסף דובער שליט״א הלוי

שלום וברכה!

...שמעתי כי מתכבד הוא לנאום ב„אידישען וויסענשאפטלעכען אינסטיטוט״, בלי ספק שתוצאות הנאום יהיו חיבת התורה, ונועם המצות מעשיות. להיות ששלחתי מכתב מפורט למנהלי האינסטיטוט – כפי ההעתקה המצורפת בזה – להוכיחם על החלול שבת ומועד אשר הם מחללים, ודרשתי אשר באינסטיטוט תשמר השבת כדת התורה, הן בהנוגע לזמני האספות והן באולמי הקריאה של האינסטיטוט הנני מבקשו מקרב לבי להדגיש בנאומו על אדות שמירת השבת בהאינסטיטוט, ובכחו הגאוני והעיקר בזכות כבוד אבותיו הק׳ זי״ע יזכה לסתום את החור אשר נקבו מנהלי האינסטיטוט בספינת היהודים להטביעה, וברכות יחולו על ראשו.

בברכה.

ב׳שכה

נעתקה מהעתק המזכירות [ב׳תרב].

מוה״ר יוסף דובער: סולובייצ׳יק. אגרות נוספות אליו — לעיל ח״ה א׳תיד, ובהנסמן בהערות שם. לקמן ב׳תקצה. ב׳תשיב.

שלחתי מכתב: — לעיל ב׳רנג.

ב׳שכו

ב״ה י״ח אדר תש״ד
ברוקלין

אל מתפללי בית הכנסת אנשי ליובאוויטש וידידיי הנעלים והכי נכבדים נשיאם וסגניו בראשם. ה׳ עליהם יחיו,

שלום וברכה!

בזה הנני לאשר קבלת הטשעק על סך מאה וחמשים שקלים בשביל כולל חב״ד, אבל מעט הוא במאד בזמן היוקר הזה אשר בני הכולל הזקנים ות״ח שהננו מחוייבים לפרנסם גועים ברעב, האם אפשר לפוטרם בפרוטות ממש. לדעתי צריכים לתת לכולל חב״ד עתה חמש מאות שקלים, ויפרסמו זאת בשמי לכל החברים וחברות בעזרת ישראל ובעזרת נשים, ה׳ עליהם יחיו, וכאשר ישמעו בקולי לתת לכולל חב״ד עתה חמש מאות שקלים ישמע השי״ת בקולי לקיים את הברכות שהנני מברכם בברכת הבריאות, שישמור השי״ת את בניהם חתניהם ובעליהן בכל מקום שהם במערכות המלחמה ויחזירם לבתיהם בריאים ושלמים ויתן לכולם פרנסה טובה בהרחבה.

ידידם הדו״ש ומברכם בגשמיות וברוחניות.

ב׳שכו

נעתקה מהעתק המזכירות [ב׳תרלז].

ב׳שכז

ב״ה י״ט אדר תש״ד
ברוקלין

כבוד ידידי הרה״ג הנודע לשם תהלה בתוככי גאוני יעקב
וו״ח אי״א מוה״ר שמואל אהרן שי׳

שלום וברכה!

בהיותו אצלי הבטיחני על אודות הירחון „הפרדס״ משנת הופעתו במדינה זו – ואם אפשר להשיג מתחלת הופעתו בפולין בודאי טוב – עד שנת ת״ש, כי משנת ת״ש והלאה יש באוצר הספרים שלי, ועדיין לא קבלתים. והנני מסגיר בזה המחאה ע״ס עשרים שקלים.

ידידו הדו״ש ומברכו.

ב׳שכח

ב״ה כ׳ אדר תש״ד
ברוקלין

ידידי וו״ח אי״א מו״ה חיים יעקב שי׳

שלום וברכה!

עס איז זייער גלייך וואס איר זייט געפארען אפרוהען, ארויסגיין חאטש אויף א קליינער ווילע פון דעם טאג טעגליכען ביזנעס טומעל. די עבודה פון א תורה ומצות אידען בכלל און א חסידישער איד בפרט איז צו מאכען פון א רשות א מצוה מקיים זיין מצות מעשיות און

ב׳שכז

נעתקה מהעתק המזכירות [ב׳תערב].

מוה״ר שמואל אהרן: **פרדס. אגרת נוספת אליו — לעיל ח״ג תשא.**

ב׳שכח

נעתקה מהעתק המזכירות.

מו״ה חיים יעקב: **האלמאן.**

לערנען תורה איז דאך א חוב אויף יעדען אידען. די עבודה אין תורה ומצות איז אז דער טאן זאל זיין ווי מען בעדארף, לערנען תורה מיט א דרהער אז עס איז תורת ה׳ און טאן א מצוה מיט א לעבעדיגקייט. דער ענין פון עבודה איז צו שאפען א נייס, דאס מיינט מאכען פון א רשות א מצוה. איר זייט איצט אויף אפרוה, איר קענט די רשות צייט אויס ניצען אויף מצוה. רעט מיט די וואס איר טרעפט זיך וועגען החזקת מרכז ישיבת תומכי תמימים ליובאוויטש, מאכט נייע חברים, זאמלט א גרעסערע סוממע און שיקט צו דער ישיבה. מיר זיינען זייער פאר איינגט, די הוצאה איז בערך חמשה אלפים יעדע וואך. ר׳ חיים יעקב ערפילט אייער אידישען חסידישען חוב און זעט שאפן א גרעסערע סוממע פאר דער ישיבה.

יחזק השי״ת את בריאותו ואת בריאות זוגתו תחי׳ ויאריך ימיהם ושנותיהם בטוב ובנעימים בגשמיות וברוחניות.

בשם כ״ק אדמו״ר שליט״א
מזכיר.

ב׳שכט

ב״ה כ׳ אדר תש״ד
ברוקלין

ידידי וו״ח אי״א הרב מוה״ר משה שי׳

שלום וברכה!

במענה על מכתבו, נהניתי לשמוע מהבאנקעט שנעשה, וההכנסה היתה צריכה להיות פי שנים מאשר נכנס, והנני חושב אשר לא היתה ההכנה כדבעי למהוי ועל להבא צריכים לדעת כי צריכים לעשות ההכנות בטוב יותר, וההכנה הלזו שייכה אליו כי הוא צריך להיות המפיח רוח חיים בכל חברי הועד לבאר להם ולהסביר להם כי נוסף על ההוצאה הדרושה להחזקת הישיבה בוואוסטער צריכים לתמוך גם

ב׳שכט

נעתקה מהעתק המזכירות [ב׳תרפה].

מוה״ר משה: הערכט. אגרות נוספות אליו — לעיל ח״ז א׳תתעו, ובהנסמן בהערות שם. לקמן ב׳תרמח. ב׳תשלז.

במרכז לכה״פ בחמשה ששה אלפים לשנה כי מאחר אשר כל הערים שיש להם סניפים מהמרכז לא יקחו על עצמם לתמוך בהמרכז בסכומים הגונים מאין יקח המרכז על הוצאותיו וצריך להסביר להם בניחותא עד אשר יונח אצלם הענין כראוי וצריכים לסדר את המגבית הרגילה בעד ישיבת אחי תמימים בהגדלה עס זאל ווערן גרעסער די הכנסה און טאן אין דעם במרץ גדול און וויפיעל מען וועט מאכען גלייך אפשיקען, ובעת הראשונה לא ידבר עם חברי הועד על אודות החזקת המרכז כ״א לעוררם לעשות להוסיף את התמיכה על שילוח להמרכז וכעבור כחדש ימים בערך או חמשה שבועות בהתמדת ההכנסה אז יתחיל לאט לאט להסביר להם כנ״ל ויכניס עצמו בזה כפי שהנני כותב לו והשי״ת יצליח לו בגשמיות וברוחניות.

אודות המלמדים הדרושים לו בטח יתענין המרכז בזה ויעשה כל האפשרי.

נהניתי לשמוע על דבר הנהגת התלמיד מר ... ביר״ש, אמנם בהנוגע לתפילין לא טוב עשו מה שלא לקח עמו התפילין ובטלוהו מהנחת תפילין שהיא דאורייתא, ומטעם הנקיון הנה חשש רחוק שישרפו את התפילין אלא ינקו אותם וספק אם ימחקו האותי׳ אם לאו ובכל אופן צריכים לתת לו תפילין כשרים, והשי״ת ישלח לו רפואה ויחזור לאיתנו וישקוד בלימוד וביר״ש ולרגליו יתברכו הוריו יחיו בבריאות הנכונה ובפרנסה טובה ויתן השי״ת בלבבם להתנהג בהנהגה בשמירת מצות מעשיות, והשי״ת יחזק את בריאות התלמידים שי׳ וישקדו ויצליחו בלימוד ובהנהגה דיר״ש.

בשם כ״ק אדמו״ר שליט״א
מזכיר.

ב׳של

[כ״א אדר תש״ד]

מארס 16, 1944

רב ראשי אייזיק הרצוג, ירושלים.

פרעסע באריכטען טיילען מיט אז די מאסקווער אידישער קהלה איז אפיציעל אנערקענט געווארען פון סאוויעטען רעגירונג און איז ערלויבט געווארען צו עפענען א רבנישען סעמינאר אין רוסלאנד. ביטע טעלגראפירט די ריכטיקייט דערפון און אנדערע אינפארמאציע וועגען דעם.

רבי יוסף שניאורסאהן

ב׳שלא

הרב זעווין, ירושלים

תלגרפתי להרב הכולל הרצוג. הנני מבקשו ואת הרב קלעמעס להתועד ולהתיישב מה ראוי ואפשר לעשות בזה ולכתוב לי תיכף.

רבי יוסף שניאורסאהן

ב׳של

מברק זה ושלאחריו נעתקו מהעתק המזכירות. והתאריך שבראשו נמשך לשניהם.

רב ראשי אייזיק הרצוג: אגרות נוספות אליו — לעיל ב׳רז, ובהנסמן בהערות שם.

רבנישן סעמינאר: ראה גם לקמן אגרות ב׳שלא. ב׳שנט. ב׳שעג. ב׳שעה. ב׳תס.

ב׳שלא

ראה הערה לאגרת שלפנ״ז.

הרב זעווין: אגרות נוספות אליו — לעיל ח״ו א׳תשיח, ובהנסמן בהערות שם. לקמן ב׳שעד־ה. ב׳תקב. ב׳תש.

ב׳שלב

ב״ה כ״ב אדר תש״ד
ברוקלין

אל הנהלת מרכז תת״ל

שלום וברכה!

מתקרבת העת אשר התלמידים שי׳ יסעו לבתיהם על חג הפסח. צריכים להכינם שיוכלו לנאום ברבים, איש איש מהם לפי ענינו ולתת להם סדר בזה, כן להזהירם על הנהגתם, ואין לך תעמולה יותר טובה מזה אשר התנהגות התלמידים ביראת שמים ובדרך ארץ יכולה לעשות שם טוב להישיבה. עם התלמידים הקטנים צריכים ללמוד הגדה של פסח ולאמר להם דיני פסח. בטח יודיעו לכל הסניפים דאחי תמימים וחדרי תורה את הסדר הנוגע להם בענין הזה.

בשם כ״ק אדמו״ר שליט״א
מזכיר.

ב׳שלג

ב״ה כ״ב אדר תש״ד
ברוקלין

אל „מרכז לעניני חנוך״

שלום וברכה!

הנני בזה לבקשם למסור את ברכתי להמורה מרת פעלדמאן תחי׳ ולהמורה מרת סימפסאן תחי׳ בבתי הספר „בית שרה״ ולתלמידותיהן יחיו המשתתפות בהחגיגה הערוכה לפניהן לבאר להן את מסירת

ב׳שלב

נעתקה מהעתק המזכירות [ב׳תשטו].

ב׳שלג

נעתקה מהעתק המזכירות [ב׳תשכו].

אדמו"ר מוהריי"צ נ"ע רלט

הנפש של הנוער בימי מרדכי ואסתר על לימוד התורה ושמירת המצות, אשר זה צריך להיות לנס אל הנוער בדורנו זה.

ואתן תלמידות בתי הספר „בית שרה" הוסיפו שקידה בלימוד והגבירו את המשמעת ותנו כבוד למורותיכן, וברוכות תהיו אתן והוריכן יחיו.

בשם כ"ק אדמו"ר שליט"א
מזכיר.

ב'שלד

ב"ה כ"ד אדר תש"ד
ברוקלין

ידידי הנכבד, אוהב בני תורה, בעל מדות טובות וו"ח אי"א מוה"ר אהרן שי'

שלום וברכה!

ידידי עוז הנכבד והכי נעלה, תלמידי החביב מסגולת תלמידי התמימים, משכיל על דבר טוב, וו"ח אי"א הרב מוה"ר יוסף שי' הלוי וויינבערג כותב לי אודותו, ונהניתי לשמוע משלומו ומשלום בנו הרב שי' בדעטראיט, כי זוכר הנני את אשר דברנו בעת פגשנו במאריענבאד. תודה וברכה לידידי על אשר התענין בטובת המגבית לישיבת תומכי תמימים ליובאוויטש במאנטרעאל שהיא אחת הישיבות הגדולות אשר חננו השי"ת לייסד ולכלכל עם הישיבות הקטנות אשר לה במדינות אלו, נוסף על הישיבה הגדולה בפה ברוקלין בשם מרכז ישיבות תומכי תמימים ליובאוויטש והסניפים אשר לה בשם אחי תמימים וחדרי תורה ונוסף על הישיבות מפליטי הישיבות דפולין וליטא ביאפאן והישיבות בירושלים ותל אביב, גם יסדתי ת"ל בתי ספר לנערות – על ידי המרכז לעניני חינוך שתחת הנהלתי –, המרכז הזה מוציא לאור גם ירחון חדשי באידיש ובאנגלית בשביל הנוער, אשר התקציב הכללי על

ב'שלד

נעתקה מהעתק המזכירות [ב'תשמה]. לתוכנה ראה אגרת שלאח'ז.

מוה"ר אהרן: **ווייס.**

כל הנ״ל הוא יותר על שתי מאות וחמשים אלף שקל לשנה והמצב דחוק מאד. תודה וברכה לידידי על העבר ובקשה על להבא לעשות לטובת הישיבות אשר לי ולבא בעזה״י בעזרתי בהשפעתו הכי טובה לענין את בעלי היכולת שירימו תרומות בסכומים גדולים כראוי לעבודה פורי׳ בעזה״י כזו וברכות מאליפות יחולו על ראשו וב״ב יחיו להתברך בגשמיות וברוחניות.

הדו״ש ומברכו.

ב׳שלה

ב״ה כ״ד אדר תש״ד
ברוקלין

ידידי התלמיד החשוב, הרב וו״ח אי״א מוה״ר יוסף שי׳
הלוי

שלום וברכה!

במענה על מכתבו מאטאווא, כתבתי להנכבד ר׳ יעקב שי׳ פרידמאן, כן כתבתי מכתב ארוך לר״א שי׳ ווייס, ואף כי ר״י שי׳ נתן להם פי עשרה מאשתקד אבל באמת בתעמולה טובה במועצות דעת הי׳ יכול בעזה״י לפעול עליו בסכומים גדולים של אלפים בהסברת לו את הענין דעולמך תראה בחייך, מען בעדארף מיט לעבעדיגע אויגען זעהען אט דאס וואס מען וויהל לאזען אויף עולמות נאך ק״כ שנה, ודברים כאלו כאשר מסבירים אותם באהבת ישראל ובקירוב הדעת באיזה פעמים אז יענעם זאל זיין געשמאק צו הערן והי׳ מספר מענין המרכז דתומכי תמימים ליובאוויטש וסניפיו והחדרי תורה והמרכז לעניני חינוך ועבודתו בעניני חינוך במסבות שבת, הישיבות באה״ק ת״ו בירושלים ובתל אביב החזקת התלמידים הפליטים מישיבות תו״ת דפולין ליטא ביאפאן, והבנין הגדול אשר נקנה בשביל ישיבת תת״ל,

---

ב׳שלה

נעתקה מהעתק המזכירות.

מוה״ר יוסף: **וויינבערג. אגרות נוספות אליו — לעיל ב׳שב, ובהנסמן בהערות שם.**

מכתב ארוך . . ווייס: **היא האגרת שלפנ״ז.**

עולמך תראה בחייך: **ראה גם לעיל אגרת ב׳קנו.**

הבנין הגדול . . תת״ל: **ראה לעיל אגרת ב׳קעה, ובהנסמן בהערות שם.**

הנה הספורים האלו יכולים בעזה״י לעשות רושם טוב און דער אמת פון דעם אלעם גיט א אנדער שטעל, ו[ה]שי״ת יהי׳ בעזרו בגשם וברות...

בשם כ״ק אדמו״ר שליט״א
מזכיר.

ב׳שלו

ב״ה כ״ד אדר תש״ד
ברוקלין

ידידי הנכבד והנעלה, בעל מדות טובות מר יוליוס שי׳ סטולמאן

שלום וברכה!

איך לאד אייך איין, ידידי מר. סטולמאן, אויף 7 אוהר אווענד, יום ה׳ כ״ח אדר – 3/23 – צו דער זיצונג אין וועלכער עס וועלען אנטייל נעמען אונזער ליבער פריינד מר. קאווען, מיין איידים הרב שניאורסאהן, אונזער מיטארבעטער, מיין פריינד מר. מינדעל און איך. איך האף צו השי״ת אז די בעשלוסען פון דער וויכטיגער בעראטונג וועלן מיט ג־ט׳ס הילף פארווירקליכען אין פאזיטיווע גוטע גייסטיגע ארבעט, אט דאס וואס איז געווען טיעף באהאלטען אין אונזערע נפשות איינשלוס, און מיט ג־ט׳ס הילף וועט די גוטע ארבעט בריינגען נאך א טיעפערן בונד אין אונזער גייסטיגען איינשלוס. השי״ת זאל אייך מיט אייער פאמיליע יחיו בעגליקען קערפערליך און גייסטיג.

מיט די בעסטע וואונשען צו אייך און אייער פאמיליע יחיו.
המברכו.

ב׳שלו

נעתקה מהעתק המזכירות [ב׳תשנה].

ידידי . . סטולמאן: **אגרות נוספות אליו — לעיל ב׳שג, ובהנסמן בהערות שם. וראה שם לתוכן האגרת שלפנינו.**

פריינד מר קאווען: **ראה אגרת שלאח״ז — אליו.**

ב׳שלז

ב״ה כ״ד אדר תש״ד
ברוקלין

ידידי הנכבד אי״א מו״ה אלכסנדר שי׳ כהן

שלום וברכה!

היערמיט לאד איך אייך איין, ידידי היקר, צו א זיצונג יום ה׳ כ״ח אדר, 3/23, אום 7 אוהר נאכמיטאג, צו בעראטען זיך וועגען געוויסע ערציהונגס פראגען.

אין דער זיצונג וועלן אנטייל נעמען מיין איידים הרב שניאורסאהן, אונזער ליעבער פריינד מר. סטולמאן און אונזער מיטארבעטער, מיין פריינט מר. מינדעל און איך.

ידידו הדו״ש ומברכו.

ב׳שלח

ב״ה כ״ו אדר תש״ד
ברוקלין

אל הנכבד אי״א מו״ה ... שי׳

שלום וברכה!

במענה על כתבו;

יחזק השי״ת את בריאותו שיוכל להמשיך את עבודתו הק׳ באמירת התהלים כולו בכל יום ויום, וזהו דבר נעלה ונשגב במאד מאד, כי מלבד זכותו הפרטי של האומר תהלים שמזכה את נפשו

ב׳שלז

נעתקה מהעתק המזכירות [ב׳תשנו].

ידידי . . כהן: אגרות נוספות אליו — לעיל ב׳קפו, ובהנסמן בהערות שם.

מר סטולמאן: ראה אגרת שלפנ״ז — אליו.

ב׳שלח

נעתקה מהעתק המזכירות.

אדמו״ר מוהריי״צ נ״ע רמג

בהאותיות והנקודות הקדושות ודוד המלך ע״ה מעורר עליו רחמי שמים, הנה הוא זכות והתעוררות רחמים לכל בני משפחתו וכמבואר בספרים אשר האומר את כל התהלים בכל יום בקול ניגון הרגיל בתחנוני הלב ובמתינות הנה הוא בכלל מזכי הרבים אשר זכות הרבים שמירתם וישועתם תלוי בו ויקר וחביב הוא לפני הקב״ה ומלאכי מעלה מגפפים ומנשקים את אותיות ונקודות התהלים שאומר ומגישים אותן לכסא קדשו ית׳ בשמחה גדולה ברתת ובאימה וממליצים טוב עליו, על משפחתו ועל שאר בני שכונתו, והשי״ת יאריך ימיו ושנותיו בטוב ובנעימים בגשמיות וברוחניות.

יכתוב לנכדיו יחיו שישתדלו לשמור להניח תפילין ולהתפלל והשי״ת ישמרם בכל מקום שיהיו ויחזירם לביתם בריאים ושלמים.

הסך 5 דאלאר נתקבל.

בשם כ״ק אדמו״ר שליט״א
מזכיר.

ב׳שלט

ב״ה כ״ח אדר תש״ד
ברוקלין

אל ידידיי הנכבדים והנעלים השובי״ם הלומדים בחברותא ה׳ עליהם יחיו.

שלום וברכה!

כשהי׳ פה ידידי הנכבד והכי נעלה ר׳ יונה שי׳ שו״ב שמחני בבשורתו כי ת״ל שומרים המה את דבר הלימוד בחברות[א] בהלכות שו״ב, וכעת קבלתי מכתב מאת ידידי הנכבד והכי נעלה וו״א אי״א . . . שי׳ שו״ב המודיע כי בעזה״י מתאספים מדי שבוע בשבוע אל שלחן התורה, והנני שולח להם את ברכתי כי יעזרם השי״ת להם ולבני ביתם יחיו בבריאות הנכונה ובפרנסה טובה בהרחבה,

בשם כ״ק אדמו״ר שליט״א.

ב׳שלט

מהעתקה.

הלימוד בחברותא בהלכות שו״ב: **ראה לעיל אגרת ב׳רמז.**

ב׳שמ

ב״ה כ״ט אדר תש״ד
ברוקלין

אל החגיגה דחדר תורה תמימה ליובאוויטש ברחוב לעפערטס ברוקלי[ן], נ.י.

שלום וברכה!

במענה על בשורתו של ידידי עוז, תלמידי הנעלה הרב הצעיר הנודע לשם תהלה בתוככי מרביצי תורה ביראת שמים ובעל פעולות כבירות בחנוך הכשר בעל מדות טובות וו״ח אי״א מוה״ר יעקב יהודה שי׳ העכט מנהל ור״מ דחדר תורה תמימה ליובאוויטש ברחוב לעפערטס, שעורכים חגיגת מצוה לכבוד התורה ולומדי׳, הנני בזה לברך את הועידה הכבודה מחבבי תורה ומצוה כי יברכם השי״ת ברוב טוב גשמי ורוחני.

ואליכם הורי התלמידים יחיו הנני פונה בברכתי, בברכת מזל טוב כפולה, על אשר נתתם את בניכם להתחנך בחנוך כשר ועל אשר זכיתם כי בניכם ילמדו ויתחנכו בחדרי תורה תמימה ליובאוויטש, ויתן השי״ת ותגדלום לתורה חופה ומעשים טובים ולרגלם תתברכו בבריאות הנכונה ובפרנסה טובה.

ואליכם התלמידים היקרים הנני פונה, הגבירו את ההנהגה ביראת שמים, את השקידה בלימוד, במילוי פקודות מורכם ורבכם וחנוכו ובכבוד הוריכם. דעו כי אתם תלמידי חדרי תורה תמימה ליובאוויטש ועליכם להתחזק בדגלה ב[ג]און יעקב והשי״ת יחזק את בריאותכם ותשקדו ותצליחו בלימוד ובהנהגה דיראת שמים ותהיו יהודים נאמנים שומרי תורה ומצות.

ואתה ידידי עוז תלמידי הנעלה הרב יעקב יהודה שי׳ צלח ורכב על במתי ההצלחה בכל ענייניך הפרטים ועבודתך הכללית ויעזר לך השי״ת להעמיד תלמידים בעלי כשרון ובעלי מדות טובות שוקדים בלימוד ובהנהגה דיראת שמים, וברכות מאליפות, בגשם וברוח, יחולו על ראשך

ב׳שמ

נעתקה מהעתק המזכירות [ב׳תתנו].

אדמו"ר מוהריי"צ נ"ע

ועל ראש חבריך בני גילך העוסקים בחנוך הכשר והכי נעלה בחדרי תורה תמימה ליובאוויטש.

הדורש שלומם ומברכם.

ב'שמא

ב"ה כ"ט אדר תש"ד
ברוקלין

כ"ק הרה"צ ש"ב ידידי הנכבד והכי נעלה, משכיל על דבר טוב, גזע תרשישים, בנשק"ע וו"ח אי"א מוה"ר [אברהם] שליט"א

שלום וברכה!

במענה על מכתבו אודות גיסו הרב שי', הנה כשהי' אצלי ידידי הר"פ שי' האפמאן הציע לי אשר גיסו הרב שי' יבא הנה לשתים ושלשה שבועות להכיר את דרכי והנהגת חסידי חב"ד והשבתי לו כי אנכי אינני מזמין אנשים אלי וכשבאים הנני מקבלם. אנכי אינני מזמין את הרב הערשבערג שי' ואיני יכול להבטיח מאומה, אבל אם יבא הנה כפי הצעתו בודאי ינעם לי להפגש עם בן תורה ועם שיש תקוה בו אשר ירביץ תורה ביראת שמים ויתענין בחינוך הכשר שהנני נותן נפשי על זה, והשי"ת יצליחנו בגשמיות וברוחניות. ועל שאלתו לאיזה זמן יכול גיסו הרב שי' לבא, הנה מצדי אף גם תחלת שבוע הבע"ל, והשי"ת יעזור לידידי ש"ב ולמקושריו יחיו בהמצטרך לו ולהם בגשם וברוח.

ש"ב הדו"ש ומברכו.

ב'שמא

נעתקה מהעתק המזכירות [ב'תתסב].
כ"ק אברהם: אייכנשטיין. אדמו"ר זידיטשוב בשיקגו.
גיסו הרב: הרב הערשבערג דלקמן, שהציע הר"פ האפמאן דלקמן למנותו לרבה של ביהכנ"ס בני ראובן בשיקגו, לאחר שרבנו יתהה על קנקנו ויסכים למינוי. הסכמת רבנו למינויו — לקמן אגרות ב'שעא-ב. וראה גם לעיל אגרת ב'קעט, ובהנסמן בהערות שם.

ב׳שמב

ב״ה כ״ט אדר תש״ד
ברוקלין

ידידי עוז תלמידי הכי נעלה הרב הנכבד משכיל על דבר טוב בעל מדות טובות וו״ח אי״א מוה״ר ... שי׳

שלום וברכה!

במענה על מכתבו מי״א לחד״ז אודות לימודו עם ידידי ... נהניתי במאד ותודה וברכה, בגשמיות וברוחניות, לידידי עבור זה, ומה שכותב מטוב הנהגתו בתפלה בצבור וכו׳ עשה לי נחת רוח, כי באמת הלא פעולה כזאת היא עיקרא ושרשא דכולא ותכלית הכל וכמאמר מורנו הבעש״ט נ״ע א נשמה קומט אראפ אויף דער וועלט און לעבט זיבעציג אכציג יאר טאן א טובה א אידן אין גשמיות ובפרט אין רוחניות.

ידידו הדו״ש ומברכו.

ב׳שמג

ב״ה ב׳ ניסן תש״ד
ברוקלין

ידידי וו״ח אי״א הרב מוה״ר מרדכי שי׳

שלום וברכה!

במענה על הצעתו: יציע זאת אל המנהל פועל חתני הרש״ג שליט״א ולחברי ההנהלה ויסדרו סדר מסודר בזה ויקבעו את יום

ב׳שמב

מהעתקה.

כמאמר מורנו הבעש״ט: **ראה גם לעיל ח״ז אגרת א׳תתפג, ובהנסמן בהערות שם.**

ב׳שמג

נעתקה מהעתק המזכירות [ב׳תתקכה].

מוה״ר מרדכי: **מענטליק. אגרות נוספות אליו — לעיל ח״ז א׳תתקט, ובהנסמן בהערות שם. לקמן ב׳שסג. ב׳שפח. ב׳תקפו. ב׳תקפט. ב׳תקצב. ב׳תרט. ב׳תרמב. ב׳תשמט.**

הסיום ליום ה׳ ו׳ ניסן, או ליום א׳ ט׳ ניסן, והתחלת החגיגה תהי׳ בשעה שתים עשרה בסעודת מצוה בהזמנת הרמי״ם ורבני אנ״ש וידברו בתורה בנגלה ובדא״ח, ויגדיל תורה ויאדיר.

בשם כ״ק אדמו״ר שליט״א
מזכיר.

ב׳שדמ

ב״ה ב׳ ניסן תש״ד
ברוקלין

ידידי עוז הרב הנכבד והכי נעלה, משכיל על דבר טוב וו״ח אי״א מוה״ר צבי שי׳ מנהל ור״מ דישיבת אחי תמימים ליובאוויטש בעיר ראטשעסטער יע״א

שלום וברכה!

במענה על מכתבו, נהניתי לשמוע מההתחלה הטובה אשר עשו בפתיחת בית ספר „בית־שרה״, ברוכים יהיו התלמידות והוריהן יחיו, ברוכים יהיו העוזרים והתומכים בזה וברוכים תהיו אתם אשר החילותם בזה, השי״ת יצליח לכם בגשם וברוח.

אודות הקאמיטא עבור ישיבת אחי תמימים ליובאוויטש בראטשעסטער טוב מאד ותקותי חזקה כי השי״ת יצליח להם בעבודתם הק׳, וימסור את תודתי וברכתי לחברי הקאמיט׳ כי פועל ידם ירצה השי״ת ויצליחו בעבודתם הק׳.

בשם כ״ק אדמו״ר שליט״א
מזכיר
ח. ליבערמאן

הסיום: מס׳ גיטין בישיבת תות״ל המרכזית. לפועל נדחתה לד׳ אייר. תיאור החגיגה בקובץ ליובאוויטש גליון 2 ע׳ 28.

הפלפולים שנאמרו בחגיגה זו נדפסו בקובץ מיוחד בשם „קובץ חדושי תורה״ (נ.י. תש״ד). וראה גם לקמן אגרות ב׳שפח. ב׳תלד.

ב׳שדמ

נעתקה מצילום האגרת [ב׳תתקלו].

מוה״ר צבי: שוסטרמאן. אגרות נוספות אליו — לעיל ב׳קע, ובהנסמן בהערות שם.

פתיחת בית הספר „בית שרה״: ראה לעיל אגרות ב׳רכה־ו.

ב׳שמה

ב״ה ב׳ ניסן תש״ד
ברוקלין

צו דער חגיגה פון די בתי־ספר „בית־רבקה״ אין איסט נויארק און בראנזוויל

שלום וברכה!

ידידי עוז, הרה״ג הנודע לשם תהלה ותפארת בתוככי מרביצי תורה ביראת שמים ובעל פעולות כבירות בחנוך הכשר, בעל מדות טובות אוהב את הבריות ומקרבן לשלחן התורה ועבודת הצדקה וו״ח אי״א מוה״ר ישראל שי׳ דזייקאבסאן, האט מיך דערפרייט מיט דער בשורה אז די פיהרער פון דיא „בית־רבקה״ שולן אין איסט נויארק און בראנזוויל, מיט הרבנית מרת דזייקאבסאן תחי׳, ארגאניזירן א חגיגה, וואס עס פרייט מיך זייער צו זעהען וואס עס ווערט ב״ה אויפגעטאן אויף דעם חנוך הכשר געביט.

אלע אידן, מענער און פרויען, ווייסן אז יעדער פלאץ וואו עס ווערט געלערנט תורה, און יעדער חדר וואו עס ווערן דערצויגן אידישע קינדער מיט א כשר׳ן חינוך, איז בא ג־ט ב״ה זייער טייער ווי דער משכן און בית המקדש. רש״י הקדוש טייטשט דעם פסוק ועשו לי מקדש, זיי – די אידן – זאלן מאכן א הייליגע הויז צו מיין נאמען. יעדער כשר׳ער חדר און יעדער כשר׳ער ערציהונגס אנשטאלט איז א הייליגע הויז צו ג־ט ב״ה׳ס הייליגען נאמען. דארט – אין די חדרים און ערציהונגס פלעצער – לערנען און ווערן דערצויגען קינדער וואס מיט ג־ט׳ס ב״ה הילף וועלן זיי גרינדען און פירן הייליגע כשר׳ע הייזער, הייזער מיט כשרות אין אלע הינזיכטן, הייזער מיט תורה און שענסטע אידישע מדות טובות באשיידענקייט, רחמנות און גמילות חסדים.

פון טיעפן הארצן שיק איך אייך אלע פיהרער און פיהרערינס פון די „בית־רבקה״ שולן, און בראשם ידידי עוז הרה״ג דזייקאבסאהן, די ברכה וואס משה רבינו האט געבענטשט די אידן ווען עס איז אויפגעשטעלט געווארן דער משכן, יהי רצון שתשרה שכינה במעשה ידיכם.

ב׳שמה

נעתקה מצילום האגרת [ב׳תתקמ].

און צו אייך, די עלטערן פון די תלמידות יחיו, שיק איך מיין אהבת ישראל ברכה בברכת מזל טוב, וואס איר האט, ברוך השם, זוכה געווען אז אייערע קינדער זאלן ערצויגן ווערן בחינוך הכשר. השי״ת זאל אייך בעגליקן מיט געזונט גוטע פרנסה און נחת פון קינדער.

תלמידות! ווי גוטע קלוגע קינדער, בעדארפט איר אויפריכטיג אפשאצן די גרויסע מיה וואס אייערע, זייער געשעצטע לעהרערינס און די הויכגעשעצטע פיהרער פון די „בית־רבקה״ שולן גיבן אוועק אויף דעם, און איר בעדארפט גוט לערנען, היטען די צייט און פינקטליך אויספאלגן אלעס וואס די געערטע לערערינס זאגן אייך, און מיט די גרעסטע אויפמערקזאמקייט דורכפירן מצות כיבוד אב ואם, זייט געבענטש בגשמיות וברוחניות.

געערטע פארזאמלונג!

עס איז גאנץ איבעריג אפעליערן צו אייך איר זאלט גוט מאטעריעל שטיצן די „בית רבקה״ שולן אין איסט נויארק און בראנזוויל ווייל איר זעט מיט אייערע אייגענע אויגן וואס עס איז ב״ה געשאפן געווארן. טוט אייער פליכט צו העלפן די „בית־רבקה״ שולן ברוח נדיבה, שטריינגט זיך אן און גיט גרעסערע נדבות, ווערט אליין מעמבערס און בריינגט אייערע חברים און חברות פאר מעמבערס אין די „בית־רבקה״ שולן. השי״ת זאל באגליקן אייך מיט אייערע פאמיליעס יחיו מיט געזונט און פרנסה בהרחבה.

איך קען זיך פארשטעלן אייער גוטע שטימונג זעהענדיג די שיינע אידישע מחזה, די גוט ערצויגענע אידישע קינדער, און אייער הארץ בענקעניש אז אייערע קינדער, אייניקלעך און אנדערע קינדער מיטגלידער פון אייערע פאמיליעס זאלן אזוי גוט אידיש ערצויגן ווערן. איר קענט דאס מיט ג־ט׳ס הילף אויך האבן אזא גוטע דערציהונגס שול.

איר אליין זעט אז עס איז פאלש דער פארפירערישער לאזונג אז „אין אמעריקע קען מען ניט זיין א איד ווי אין דער היים און געבען א אידישע דערציהונג״ עס איז לחלוטין שקר וכזב, עס איז א בייז ווייליגע מערדערישע פארפיהרונג, מען קען זיין א איד אין פולן זיהן פון דעם ווארט מען בעדארף נאר וועלן.

ברוכים תהיו, חג כשר ושמח,

המברכם

יוסף יצחק

ב'שמו

ב"ה ג' ניסן תש"ד
ברוקלין

אל "מרכז לעניני חנוך"

שלום וברכה!

בזה הנני להציע להם – אל הפועל – ליסד חברת של"ה – שעה למוד הדת – על יד ה"מרכז לעניני חנוך" במטרה ללמד את ילדי ישראל הלומדים בבתי הספר – פאבליק סקולס – דת ישראל ולעשות תעמולה אשר ילדי ישראל יבקרו חדרים ות"ת דחנוך הכשר.

חברת של"ה תהי' מוסד מיוחד לעצמו בחותם עגול ובניר ומעטפות בשם חברת של"ה על יד מל"ח בעברית ובאנגלית ויסדרו תכנית עבודה וספר תקנות עם תקציב ואיש מיוחד לנהל את חברת של"ה ע"פ הוראת הנהלת מל"ח.

בבקשה להמציא לי את הצעתם על אדות כל הנ"ל והצעת האיש המסוגל לעבודה זו.

בשם כ"ק אדמו"ר שליט"א
מזכיר.

ב'שמו

נעתקה מהעתק המזכירות [ב'תתקמא].
ליסד חברת של"ה: ראה לעיל אגרת ב'דש, ובהנסמן בהערות שם.

אדמו"ר מוהריי"צ נ"ע

ב'שמז

ב"ה ג' ניסן תש"ד
ברוקלין

אל הנכבד והכי נעלה, אוהב מישרים וו"ח אי"א
מוה"ר אברהם יחזקאל שי'

שלום וברכה!

במענה על מכתבו הארוך בהשנות הטענות אשר כולם הם על יסודות רעועים של שמא, שמא יחוו החברים – מעמבערס – איזה דיעה בהנהלת הישיבה, שמא יכניסו בין חברי הועד אלו שאינם שומרים שבת ועוד, ואני בריא לי כי אין מי מהחברים והמנהלים הרשאים לחוות דיעה בעניני הישיבה והנהלתה הרוחנית, כי כל הועד אינו אלא ועד העוזר להביא בעזה"י לפועל את הוראת המרכז ישיבות תת"ל על ידי בא כחו הרב המנהל שי' אשר רק לו לבד הדיעה העיקרית והמחלטת בכל עניני הישיבה.

והנה שמעתי עליו ועל משנהו אברך נכבד מר שולגאסער שי' אשר הנכם אברכים יראי אלקים בשמירת קיום מצות מעשיות בהידור, יעזר לכם השי"ת בהמצטרך לכם בגשמיות וברוחניות, הנה עליכם לתת עצמכם במסירה ונתינה לחזק את הישיבה אחי תמימים ליובאוויטש, להרבות חברים ולעזור לידידי עוז הר"מ הרב פאגעלמאן שי' בעבודתו הקדושה ועליהם הי' לאגד חבורת צעירים ללמוד פעמים בשבוע בחברותא ותדעו כי הרבה עושה הקירוב שמקרבים את מי שעדיין אינו כל כך זהיר בשמירת קיום מצות מעשיות וע"י הקירוב משפיעים עליו שנעשה טוב יותר ומזמן לזמן מתקרב עד אשר נעשה שומר מצוה.

הוסיפו אומץ בעבודת החזקת הישיבה וברוכים תהיו.

בשם כ"ק אדמו"ר שליט"א
מזכיר.

———

ב'שמז

נעתקה מהעתק המזכירות [ב'תתקפג]. לתוכנה ראה לעיל אגרת ב'שה.
מוה"ר אברהם יחזקאל: בלאך. אגרת נוספת אליו — לעיל ב'שה.
הישיבה: בבאפאלא.

אגרות־קודש (ב׳שמח)

ב׳שמח

ב"ה ד' ניסן תש"ד
ברוקלין

ידידי התלמיד החשוב הרב מוה"ר יהודה צבי שי'

שלום וברכה!

במענה על מכתבו, טוב עשה שהשתדל אשר הכספים יושלחו לפה, כי כל ההוצאות הולכות מהמרכז, וכבר עלה להמרכז הרבה הוצאות לסדר את ישיבת אחי תמימים בבאפאלא ולהחזיק אותה עד כה ולאט לאט יסביר להבע"ב ויבינם כי לא טוב עושים מה שרוצים להחזיק בידם סכומים של איזה מאות שקלים כמו שכותב במכתבו, ובמשך הזמן צריך להשפיע עליהם שישלחו הכל להמרכז. גם יהי' חזק ברוחו בהנוגע לעבודתו, יחקור וידע הסיבה מדוע עזב התלמיד את הישיבה ואל יתן אל לבו מזה והשי"ת יעזר לו ויצליח בעבודתו הק' ויתרחב גבולו בתלמידים בעלי כשרונות ומקבלי תורה והנהגה של יראת שמים.

בשם כ"ק אדמו"ר שליט"א
מזכיר
ח. ליבערמאן

ב׳שמח

נעתקה מצילום האגרת [ב/תתקסא].
מוה"ר יהודה צבי: פאגלמאן. אגרות נוספות אליו — לעיל ב'קנט, ובהנסמן בהערות שם.

ב׳שמט

ב"ה ו׳ ניסן תש"ד
ברוקלין

ידידי הרה"ג הנכבד והכי נעלה וו"ח אי"א מוה"ר צבי שי׳

שלום וברכה!

ידידי עוז הנכבד והכי נעלה מחזיק לומדי תורה ביראת שמים ועסקן חרוץ בהחזקת היהדות ובחינוך הכשר חתנו וו"ח אי"א מוה"ר יעקב שי׳ כץ כותב לי אשר ידידי חלוש בבריאותו, ותמול ביקר אותי ידידי הנכבד והנעלה אוהב מישרים אי"א מו"ה ברוך שי׳ מאייערס ואמר לי אשר דודו, ידידי שי׳, ממאן בביקורם של הרופאים ובהרפואות שנותנים, והנני מתפלא על ידידי בזה כי הלא ע"פ תורה צריכים להתבקר מרופאים ולקבל סמי רפואות כאמור ורפא ירפא שניתן רשות לרופא לרפאות והנני בזה לבקש את ידידי אשר ישמור לקיים את פקודת הרופאים בזריזות ובהידור והשי"ת ישלח לו רפואה ויחזקהו ויאמצהו בגשמיות וברוחניות.

ידידי עוז חתנו שי׳ שלח לי סך חמשה ועשרים שקלים לקרן הצדקה על דעתי, מה שידידי שי׳ שלח על ידו, והשי"ת ישלח לו רפואה ויחזק את בריאות ב"ב יחיו ויתן לו פרנסה טובה.

ידידו הדו"ש ומברכו ברפואה ובחג כשר ושמח.

ב׳שמט

נעתקה מהעתק המזכירות [ג׳מז].
מוה"ר צבי: כהן.

ב'שנ

ב"ה ו' ניסן תש"ד
ברוקלין

ידידי עוז וו"ח אי"א מוהר"ח שלמה שי'

שלום וברכה!

כשהי' ידידי שי' פה בחורף העבר הגיד אשר הי' רוצה שיעזור השי"ת שיוכל להיות חג הפסח אתנו יחד מה שהנאני במאד, ובזה הנני להזמין את ידידי לבא על חג הפסח הבע"ל ולהיות אתנו יחד, והשי"ת יזכנו בתוך כאחב"י שי' בחג כשר ושמח בגשמיות וברוחניות.

ידידו הדו"ש ומברכו.

ב'שנא

ב"ה ז' ניסן תש"ד
ברוקלין

ידידי וו"ח אי"א הרב מוה"ר אלעזר פנחס שי'

שלום וברכה!

במענה על מכתבו, בטח כתב לחתני הרש"ג שליט"א – שכל עניני הישיבות צריכים להפתר על ידו – ובודאי ידבר עמי בזה, ונהניתי לשמוע מפעולתו הטובה של ידידי הרב תרשיש שי' בקיבוץ נערים ונערות לשוחח עמהם בעניני יהדות, והנני חפץ לדעת בפרטי' יותר, ובדבר ספרינגפיעלד הנה בנסיעתו לפה על חג הפסח בודאי נכון הדבר

ב'שנ

נעתקה מהעתק המזכירות [ג'נה].

מוהר"ח שלמה: פלמר. אגרות נוספות אליו — לעיל ב'קצה, ובהנסמן בהערות שם.

ב'שנא

נעתקה מהעתק המזכירות [ג'קסד].

מוה"ר אלעזר פנחס: ווילער. אגרות נוספות אליו — לעיל ב'קעא, ובהנסמן בהערות שם. ספרינגפילד: הישיבה נוסדה שם בשנת תש"ה. ראה לקמן אגרות ב'תרנא, ב'תרנו-ח.

אשר יתעכב שם לידע פרטי הענינים וכשיבא לפה צלחה נדבר בזה, והשי"ת יעזור בגשמיות וברוחניות, כי לע"ע המצב דחוק מאד בגשמיות וצריכים לעורר בהתעוררות גדולה ביותר שיתקבץ סכום גדול, והשי"ת יחזק את בריאותו ויצליח לו בגשמיות וברוחניות.

בשם כ"ק אדמו"ר שליט"א
מזכיר.

ב'שנב

ב"ה ט' ניסן תש"ד
ברוקלין

כבוד ידידי הרה"ג הנודע לשם תהלה ותפארת, משכיל על דבר טוב ואין טוב אלא תורה ויראת שמים, בעל מדות תרומיות וכו' אי"א מוה"ר יעקב משה שי'

שלום וברכה!

במענה על מכתבו מכ"ז לחדש העבר, נכון הגיע לאוצר הספרים שלי ספרו „ארשת שפתנו", ותודה רבה, וימלא השי"ת את משאלות לבבו להוציא לאור גם את הכרך השני בעתיד הקרוב כחפצו הטוב.

יחזק השי"ת את בריאותו ואת בריאות ב"ב יחיו ויתן לו פרנסה טובה בהרחבה ויברך את קהל עדתו, קהלת בני ישרון, בגשמיות וברוחניות.

תודה רבה עבור ברכותיו אלי, וכל המברך יתברך ברוב טוב גשמי ורוחני.

ידידו הדו"ש ומברכו בחג כשר ושמח.

ב'שנב

נעתקה מהעתק המזכירות [ג'רח].
מוה"ר יעקה משה: **פעלדמאן**.

ב׳שנג

ב״ה ט׳ ניסן תשי״ד
ברוקלין

כבוד ידידי עוז הרה״ג הנודע לשם תהלה בתוככי גאוני
יעקב וו״ח אי״א מוה״ר יוסף שי׳

שלום וברכה!

הצעתו על אודות קביעות ישיבת זקני ת״ח במעון מסודר עבור הבנים ובני תורה היא הצעה טובה במאד, ובעזה״י חפצי להתענין בזה, וראוי הדבר אשר הצעתו יביא בפרטיות ובכתב מסודר, כן רשימת הרבנים ובני תורה אשר יקחו בעזה״י חלק בישיבה זו, יואיל לפנות לידידי עוז הרב זאלמאנאוו שי׳ למסור לו כל החומר האמור והרב זאלמאנאוו שי׳ יסדר הצעה מסודרת ומפורטת אשר אז נוכל בעזה״י להתבונן בזה, איך להביא בעזה״י הדבר מן הכח אל הפועל הטוב.

יחזק השי״ת את בריאותו ואת בריאות ב״ב יחיו ויתן לו אריכות ימים ושנים טובים ומאירים בגשמיות וברוחניות.

ידידו הדו״ש ומברכו בחג כשר ושמח.

ב׳שנג

נעתקה מהעתק המזכירות [ג׳רי].

מוה״ר יוסף: בורשטיין.

ב׳שנד

ב״ה י׳ ניסן תש״ד
ברוקלין

כבוד מחות׳ ידידי הנעלה והכי נכבד, הרב הגאון הנודע לשם תהלה ותפארת בתוככי גאוני יעקב וחכמי ישראל אי״א מוהר״ר חיים שליט״א

שלום וברכה!

בנועם קראתי את מכתב ידידי ובשמחה קבלתי את תשורתו הכי נכבדה הספרים אשר שלח, והנני מקוה כי בעתיד הקרוב אקבל גם שאר ספרי כבוד ידידי, והנני מביע לו את תודתי בעד זה.

אתענין לדעת חוות דעת כבוד ידידי בענין זה; זה רבות בשנים מעיק לי דבר אשר שמעתי כי העתקת התנ״ך לשפות שונות, וביחוד לשפת האנגלית, מלאה שיבושים אשר המעתיקים שבשו בכוונה בכדי לעוות ולקלקל, וביותר מעיק לי דבר זה מאז שבתי בגלות אמעריקא, זה ארבע שנים – יחיש השי״ת את גאולתינו ע״י משיח גואל צדק בקרוב ממש – ונזדמן לי לשמוע מפי הצעירים הלומדים וקוראים את התנ״ך בהעתקה אנגלית, והם מוטעים בטעותים של אפיקורסות ומינות, לא בזדון ח״ו כ״א בתום לב מצד עמי הארצות, אם יש אפשרות לתקן את השבושים, שתהי׳ העתקה אמיתית וכשרה, ובאיזה אופן הי׳ אפשר לסדר דבר זה אשר הי׳ מביא בעזה״י תועלת אמיתית שהצעירים הקוראים את התנ״ך בהעתקה אנגלית יקראו בהעתקה אמיתית וכשרה.

יחזק השי״ת את בריאות כבוד ידידי מחות׳ ואת בריאות רעיתו הכבודה תחי׳ ואת בריאות ב״ב יחיו ויעזר להם בגשם וברוח.

ידידו מחות׳ מוקירו ומכבדו ומברכו בחג כשר ושמח.

ב׳שנד

נעתקה מהעתק המזכירות.

מוהר״ר חיים: העלער. אגרת נוספת אליו — לעיל ב׳ערה.

רנח אגרות־קודש (ב׳שנה)

ב׳שנה

ב״ה י׳ ניסן תש״ד
ברוקלין

ידידי וו״ח אי״א הרב מוהר״ש זלמן שי׳

שלום וברכה!

במענה על מכתבו:

1) בדבר המיסיאן הנה היו צריכים לסדר מאמר בשביל הפארווערטס בתוכן המאמת את המכתבים ולבחור בשנים או אחד מהנערים בר דעת אשר ילך אל עורך הפארווערטס ויגיד לו כי הוא אחד מחברי האגודה של צעירים נסתרים במטרה לעבוד כנגד המיסיאן ולמסור לו את המאמר ולבקשו לקחת את דבריו – שזהו עבודת המיסיון – בחזרה, והמכתב יהי׳ בסגנון כזה אשר חבורת הצעירים מבקשים עזרתו המוסרית של הפארוו[ע]רטס ויזהירו את אשר ילך שלא יכנס בדברים עם הרעדאקטאר ואם ידרוש מאתו פרטים על אודות אגודת הצעירים ומי המה חברי׳ ישיב אשר חברי האגודה מושבעים ועומדים שלא לגלות מאומה ולפי חקי האגודה אין לו רשות לדבר זולת דבר השליחות שנמסרה לו להודיע ולשמוע מענה, וכן מהנכון לכתוב מכתב תודה להקוריער על אשר פרסם את מכתבם ולכלול בהמכתב איך כי ע״פ שגגת אחד הסופרים בעתון אשר המכתבים הנשלחים המה מעשה המיסיון לכן הננו מתכבדים לשלוח את אחד החברים מחבורת הצעירים הנסתרים העו[ב]דים נגד המיסיון.

2) יגיד בשמי למר . . . שי׳ אשר בעבודתו שעובד בחברה נגד המיסיון הנהו מתקן חטא בנו ומקיל את משפטו. ישקוד לעבוד בזה במרץ והשי״ת יחזק את בריאותו ואת בריאות זוגתו וילידיהם יחיו ויתן להם פרנסה טובה בגשמיות וברוחניות.

3) סדר הקלאס שלו טוב והנני נהנה מזה שכנראה מתעניינים המה והעיקר אם פועל עליהם פעולה בשמירת קיום מצות מעשיות וצריך

ב׳שנה

נעתקה מהעתק המזכירות [ג׳קסו]. לתוכנה ראה לעיל אגרת ב׳שז.

מוהר״ש זלמן: **העכט. אגרות נוספות אליו — לעיל ב׳רד, ובהנסמן בהערות שם.**

לעוררם אשר כל אחד ואחד יבא עם חבר או חברה אל הלימוד והשי״ת יהי׳ בעזרו בגו״ר.

4) אודות עדת [ישראל] צריך להתנהג כמו שכותב ובטח יודע הוא איך לבאר להרב ... שי׳ את טע[נ]יותיו בהנוגע לחסידים וחסידות ואם ירא״ש הוא הנה סוף דבר יהי׳ בעזה״י א׳ מהעסקנים במה שהחסידים והחסידות עסוקים באהבת ישראל והרמת קרן ישראל בגו״ר.

5) בדבר ידידי התלמיד ... שי׳ צריך לחזקו ולאמצו ולהורותו איך להחזיק את הקלאס שלו כי חלוש הוא בפעולותיו ונמוך רוח וצריכים לעודדו ולחזקו.

6) ההמחאה ע״ס $25 מעו״ח מתפארת בחורים נתקבלה ובקרוב ישלחו קבלות לכל המנדבים לקרן זה...

בברכת חג כשר ושמח.

בשם כ״ק אדמו״ר שליט״א
מזכיר.

ב׳שנו

ב״ה י״א ניסן תש״ד
ברוקלין

צו די מנהלות פון מוטערס קלאב פון ישיבת תומכי-תמימים ליובאוויטש מרת דוואשע תחי׳ נעלסאן פרעזידענטין, מרת מנוחה רחל תחי׳ גראנער טרעזשורין, מרת ראזע תחי׳ ליבערמאן סעקרעטערין

ברכה ושלום!

ענטפער אויף אייער שרייבען, די פיהרענדע און די חברות פון מוטערס קלאב וואס נעמען אנטייל אין די מיטינגען און ערפילען די

ב׳שנו

נדפסה בשעתה (מימיוגראף) בגליון בפ״ע [ג׳רלה].

פליכטען וואס די מיטינגען לייגען אויף זיי ארויף, טוען גוטע ארבעט און זיינען ווערט געלויבט צו ווערן פאר דער גוטער הייליגער ארבעט וואס זיי טוען. די חברות פון מוטערס קלאב וואס זיינען אפגעלאזען און ערפילען ניט זייער פליכט דארף מען גוט אויסריידען פאר זייער נאכלעסיקייט און פוילקייט אין דער הייליגער ארבעט צו העלפן דער ישיבה תומכי־תמימים.

די פרוי איז די עקרת הבית, דער יסוד פון דער פאמיליע. מיט איר גוטער פיהרונג אין אלע געביטען פון פאמיליען לעבן, טהרת המשפחה, שמירת הכשרות און חינוך, איז – מיט ג־ט־ס ב״ה הילף – שטעלט זי אוועק א פרומע געזונטע גליקליכע אידישע הויז, און די פרוי וועלכע איז נאכלעסיג אין אירע אידישע פאמיליע־פליכטען פארדארבט איר הויז. די פולע אחריות פאר דער הויז ליגט אויף דער פרוי.

לאזט וויסען אלע חברות פון מוטער קלאב אין מיין נאמען פאלגענדעס:

מוטערס! איר ווערט גערופן צו ערפילן אייער הייליגע הילף צו דער ישיבה תומכי תמימים ליובאוויטש, וואו אייערע קינדער ווערן דערצויגען מיט תורה און הנהגה פון יראת שמים.

איר און אייערע מענער יחיו דארפן וויסן אז די ישיבה תומכי תמימים ליובאוויטש איז דער קוואל פון גליק פאר אייערע פאמיליעס. פון דעם גליק־קוואל ישיבת תומכי תמימים ליובאוויטש וועט איר און אייערע מענער און קינדער בעגליקט ווערן מיט געזונד, פרנסה בהרחבה, שלום בית און אידיש־פרומע געזונטע קינדער.

איר אלע מוזט זיך בעטייליגן אין די מיטינגען און פינקטליך צייטיג ערפילן אלע פליכטן וואס די מיטינגען פאדערן פון אייך.

מוטערס! געדענקט אייער חוב צו אייערע פאמיליעס, ערפילט וואס איך ראט אייך – צוליעב אייער און אייערע פאמיליעס טובה – און נעמט די ברכות פון גליק־קוואל ישיבת תומכי תמימים ליובאוויטש.

זייט אלע מיט אייערע פאמיליעס בעגליקט בגשמיות וברוחניות.

המברכם בחג כשר ושמח.

יוסף יצחק

ב׳שנז

ב״ה י״א ניסן תש״ד
ברוקלין

ידידי הנכבד והכי נעלה, יקר רוח, אוהב תורה ומחזיק לומדי׳ ברוח נדיבה, אי״א מוה״ר ישראל שי׳ ראזענצווייג

שלום וברכה!

אייער שרייבען האב איך ערהאלטען און איך בין זייער צופרידען פון דעם שיינעם געפיהל פון אייער מתנה וואס איר שיקט מיר פערזענליך. איך וואלט זיין זייער צופרידען ווען אונזער בעקאנטשאפט זאל זיין נור פאר תורה ועבודת החזקת היהדות אהן קיין שום מאטעריעלע שטיצע פאר מיר פערזענליך.

איך בין טיעף געריהרט פון אייער ליעבליכע הארציגע ברכות פאר מיין געזונט און הצלחה א[י]ן הרבצת תורה ביראת שמים און חינוך הכשר און החזקת היהדות ארבעט, וואס דאס איז חלקי בחיים.

איך האב געארדענט אין דעם אפיס פון „מרכז לעניני חינוך״ „מחנה ישראל״ „קה״ת״, די פערשידענע שריפטען וואס ווערען געדרוקט פון חינוך הכשר און החזקת היהדות, צו שיקען אייך, וואס איך בין זיכער אז אייך וועט דאס אינטערעסירען.

איך ווינש אייך, אייער ליעבען ברודער היקר באנשים אי״א מוה״ר יוסף שי׳ און אייערע פאמיליעס יחיו אלעס בעסטע בגשמיות וברוחניות.

הדו״ש ומברכם בחג כשר ושמח.

ב׳שנז

נעתקה מהעתק המזכירות [ג׳רלח].

ידידי . . ראזנצווייג: **אגרת נוספת אליו — לקמן ב׳עדרת.**

ב׳שנח

[י״א ניסן תשי״ד]

רבי אליעזראוו,
רחובות הבוכארים
ירושלים

הברקתי שני אלפים כולל שני אלפים חמש מאות תורת אמת שתי מאות חברה תהלים.

ברכת החג

רבי שניאורסאן

ב׳שנט

הרב הערצאג

מחכה לידיעותיו אודות הרבנים סעמינאר ברוסיא.

ברכת החג

רבי שניאורסאן

ב׳שנח

מברק זה ושלאחריו נעתקו מהעתק המזכירות. התאריך שבראשו נעתק מהעתק האנגלית, ונמשך לשניהם.

רבי אליעזראוו: **אגרות נוספות אליו — לעיל ח״ז א׳תתפט, ובהנסמן בהערות שם. לקמן ב׳שסד. ב׳שצט. ב׳תנה־ו. ב׳תנח. ב׳תקג. ב׳תרפג.**

ב׳שנט

ראה הערה למברק שלפנ״ז. לתוכנו ראה לעיל סי׳ ב׳של, ובהנסמן בהערות שם.

הרב הערצאג: **אגרות נוספות אליו — לעיל ב׳רז, ובהנסמן בהערות שם.**

ב׳שס

ב״ה י״ג ניסן תש״ד
ברוקלין

אל מערכת „קובץ ליובאוויטש״

שלום וברכה!

ה„קובץ ליובאוויטש״ ערוך בסדר טוב שימלא את חפץ ידידינו אנ״ש ותלמידי התמימים ותורת אמת שיוכלו בעזה״י לבשר ולהתבשר בשורות מנעימות מחיי ידידינו אנ״ש ותלמידי התמימים ותורת אמת במקומות מושבותיהם בגשם וברוח, וחברי המערכת ראוים לתהלה ויתברכו בברכות מאליפות בגשמיות וברוחניות.

הנני פב״ש ידידינו אנ״ש ותלמידי התמימים ותורת אמת וב״ב יחיו ומברכם כי ימלא השי״ת את משאלות לבבם לטובה ולברכה.

ידידם עוז הדו״ש טובם והצלחתם ומברכם

יוסף יצחק

ב׳שסא

ב״ה י״ג ניסן תש״ד
ברוקלין

כבוד הגביר הנכבד והכי נעלה, גזע היחס עסקן חרוץ לטובת הכלל וביחוד בחיזוק התורה והיהדות, משכיל על דבר טוב, אי״א מוה״ר חיים יעקב שי׳

שלום וברכה!

במענה על שני מכתביו מיום כ״א שבט שקבלתים שניהם כאחד

ב׳שס

נדפסה בקובץ ליובאוויטש בתחלת הגליון השני. וראה לעיל אגרת ב׳רלא.

ב׳שסא

נעתקה מהעתק המזכירות [ג׳רכ].

מוה״ר חיים יעקב: וילה. אגרות נוספות אליו — לעיל ב׳קסג, ובהנסמן בהערות שם.

היום, ואף שהוא פ״ש ישן בכל זה נהניתי לשמוע משלום ידידי, והשי״ת יחזק את בריאותו ואת בריאות זוגתו תחי׳ ואת בריאות ילדיהם וב״ב יחיו ויתן להם פרנסה טובה בהרחבה גדולה בגשמיות וברוחניות.

וידידי שי׳ יראה רוב נחת בעבודתו הצבורית שעוסק באמונה לשם שמים וממלא חובת בן חכם וישר ע״פ תורתנו הק׳ במילואה בהדפסת חבוריו של כבוד אביו הרה״ג נ״ע לחלקם ביעקב ולהפיצם בישראל אשר בזה עושה טובה עם החיים להועיל להם בדברי תורה ודברי התעוררות ביראת שמים וטובה לעילוי נשמת כבוד אביו נ״ע כדרז״ל ע״פ אגורה באהלך עולמים, ובגלל זאת יתברך ידידי ורעיתו תחי׳ לראות נחת וגיל בגשמיות וברוחניות מילידיהם ובני ביתם יחיו כמיועד בדברי רז״ל במוקיר רבנן ורחים רבנן, ויהיו תורה ומעשים טובים בדרכי החסידות במקום אחד.

מאושר הייתי אם היתה האפשרות לייסד בעזה״י במדינתם ובעירם סניף מהמוסד „מרכז לעניני חינוך״ אשר יסדתי בעזה״י במדינה זו ובשעה טובה ומוצלחת הוא עושה גדולות ונצורות בעניני החינוך: א) בשיחות עבור הנוער שמו״ל באידיש ובאנגלית בכל חדש אשר בעזה״י הצילו אלפי נפשות של הנוער מלרדת שחת ר״ל. ב) סידור מסבות שבת לקבץ את הנוער במחנה ילדים ומחנה ילדות לשוחח עמהם בעניני יהדות ונותנים להם מטעמים ומלמדים אותם לברך ברכת הנהנין. ג) יסדו כחמשה עשר בתי ספר לילדות בע[יר] נויארק במחוזות שונים. ד) הו״ל ילקוט יומי באנגלית. ה) הו״ל ספרי לימוד. ו) יסדו ועד מגיני ומרחיבי חינוך הכשר. ותחלת העבודה הייתי מציע לסניף הארגנטיני להו״ל מחדש סיון הבע״ל שיחות להנוער באידיש ובשפה ההולכת במדינתם, וידידי שי׳ יהי׳ ראש הועד המתעסק בזה ומלאתי את ידי ידידי עוז הרב חאדאקוב שי׳ לבא עמהם בכתובים בנדון זה.

הספר עטרת יקותיאל ילקוט המועדים קבלתי ותודה על העבר ובקשה על להבא.

ידידו הדו״ש ומברכם בחג כשר ושמח.

כדרז״ל . . עולמים: יבמות צו, ב: אגורה באהלך עולמים . . כל ת״ח שאומרים דבר שמועה מפיו בעוה״ז שפתותיו דובבות בקבר.

שיחות להנוער . . במדינתם: — ארגנטינה. ראה לעיל אגרת ב׳קסג.

ב׳שסב

ב״ה י״ג ניסן תש״ד
ברוקלין

ידידי וו״ח אי״א מו״ה אלי׳ צבי שי׳

שלום וברכה!

במענה על כתבו, ימלא השי״ת את משאלות לבבו לטובה ולברכה בכל הענינים בגשמיות וברוחניות.

אודות עבודתם בחיזוק שמירת השבת הנה את הצירקולאר ע״דבר שמירת שבת שנכתב באנגלית איני יכול לקרא ומזכירי טרודים כעת במאד ובטח הוא ערוך בטוב, ולא הכתב עיקר אלא המעשה במרץ ובתעמולה רחבה עיקר, והשי״ת יהי׳ בעזרם ויצליח להם בגשמיות וברוחניות והנני מברכם בחג כשר ושמח.

הסך 5 דאלאר נתקבל.

בשם כ״ק אדמו״ר שליט״א
מזכיר
ח. ליבערמאן

ב׳שסב

נעתקה מצילום האגרת [ג׳שנו].

מו״ה אלי׳ צבי: איינבינדער. אגרות נוספות אליו — לעיל ח״ז א׳תתקי, ובהנסמן בהערות שם.

ב'שסג

ב"ה כ"ג ניסן תש"ד
ברוקלין

ידידי וו"ח אי"א הרב מוה"ר מרדכי שי'

שלום וברכה!

דעתי שצריכים ללמוד מסכת כתובות ומהתחלתה ועם התלמידים הקטנים ילמדו בסדר שימצאו לנכון, והשי"ת יצליח להרמי"ם והתלמידים יחיו בבריאות ובלימוד ובעבודה שבלב.

בשם כ"ק אדמו"ר שליט"א
מזכיר.

ב'שסד

ב"ה כ"ד ניסן תש"ד
ברוקלין

כבוד ידידי עוז ש"ב הרה"ג הנודע לשם תהלה ותפארת, גזע תרשישים, משכיל על דבר טוב, וו"ח אי"א מוהרשיל"א שליט"א

שלום וברכה!

את מכתביהם ואת התלגרמות בשעתם קבלתי ... הנני משתדל ועושה המגבית בשביל כולל חב"ד עד כמה שביכלתי, ואין לשכוח כי עלי ענייני ישיבות תת"ל בפה המדינה אשר הוצאתה כהיום לערך

ב'שסג

נעתקה מהעתק המזכירות [ג'תסב].

מוה"ר מרדכי: מענטליק. אגרות נוספות אליו — לעיל ב'שמג, ובהנסמן בהערות שם.

ללמוד מסכת כתובות: לאחר סיום מס' גיטין, כנ"ל שם.

ב'שסד

נעתקה מהעתק המזכירות.

מוהרשיל"א: אגרות נוספות אליו — לעיל ב'שנח, ובהנסמן בהערות שם.

שמונה עשר אלף שקל לחדש ועוסק בזה חתני הרש"ג שליט"א אבל גם אני עסוק בזה ויש לי עוד עניני עבודה כמו מרכז לעניני חינוך, מחנה ישראל והוצאת ספרים קה"ת אשר שלשה אלה מנהל חתני הרה"ג הרממ"ש שליט"א אבל גם אני עוסק בזה וגם בזה יש הוצאה גדולה, ועלי בעזה"י הישיבה תומכי תמימים ליובאוויטש מפליטי פולין, והנני רובץ תחת משא חובות בעשרות אלפים – וגם הוצאתי הפרטית עמוסה על אנ"ש שי' אף שלא באתי למדינה זו לאכול מפרי' ולשבוע מטובה הגשמי בכ"ז היא הוצאה גדולה בזמן היוקר וחלישות בריאותי, השי"ת יחזקני ויאמצני בגשמיות וברוחניות.

ובכל זה בעזה"י – אף שהנני עסוק בגמילות חסדים – הנה מכל אלו הענינים הנני ב"ה בשמחה גדולה והנני מכיר בחסד הגדול שעשה השי"ת עמדי בזכות הוד כ"ק אבותי רבותי הקדושים זצוקללה"ה נבג"ם זי"ע ועל כל ישראל אחינו בכל מרחבי עולם בגשמיות וברוחניות לזכני להיות כל השעות שיש לי עסוק בתורה ועבודת תורה ויר"ש וחיזוק היהדות ות"ל אין אני מרגיש כלל באויר הרע הרוחני השורר פה במדינה ואחת בקשתי מהשי"ת בהנוגע אלי בפרטיות כי יחזקני השי"ת בבריאותי שאוכל לתת ולמסור עצמי לעבודת הקדש בכל מה שהנני עוסק ויזכני בהצלחה מופלגת בגשמיות וברוחניות ויזמין לי את כל הדרוש לעבודתי, הן באנשים טובים ומועילים – כי בכאן יש מנגדים גדולים לכל מפעל טוב רק ת"ל אשר נותן לי דיעה ישרה ולב חזק לבלי לבלות אף רגע אחת מהזמן היקר אף גם לשמוע את פטפוטיהם שקריהם כזביהם ועלילותיהם – והן באמצעי כסף הדרושים לעבודת הקדש.

...כמובן אשר הזקנים וזקנות אין צריכים לא השגחה ולא התעוררות בקיום מצות מעשיות בזריזות והידור אבל בניהם ובנותיהם ובני ביתם, גזע יחס כולל חב"ד, צריכים התעוררות ובמדה ידועה גם התענינות פרטית.

אמת הדבר אשר לא בהחצי לא"י לחדש שנותנים לאביהם הזקן יכולים לדרוש מאת הבן והבת או הנכד והנכדית שישמרו ללכת בדרכי הוריהם אבל עם זה על הנהלת הכולל בהכרח לדאוג להמציא ענינים במה לקרב את גזע החסידים בני כולל חב"ד הבינונים והצעירים שלא ינתקו מעל דגל חב"ד ולגודל הענין ונחיצותו הי' מוכרח לסדר ועד מיוחד מאנשים היודעים את שאיפת הצעירים אשר יתענינו בענין זה להציע הצעות איך לקרבם ואיזה תעמולה צריכים לעשות בענין הזה.

הנני דורש לעשות את התקונים בהנהלת הכולל כאמור ואז יש תקוה בעזה״י כי יתוקן גם מצב ההכנסה.

יפרוס גיני בשלום ידידי כבוד הממונים וחברי המועצה וכל העוסקים בהנהלת הכולל ויגיד להם את ברכתי כי יהי׳ השי״ת בעזרם ובעזר ב״ב יחיו בכל המצטרך להם בגשמיות וברוחניות.

ידידו עוז ש״ב.

ב׳שסה

ב״ה כ״ו ניסן תש״ד
ברוקלין

אל הנכבד מר שמולאוויטץ שי׳

שלום וברכה!

ענטפער אויף אייער שרייבען עס האט מיך זייער געפרייט צו הערען אז איר היט אפ מצות תפילין, השי״ת זאל אייך היטען און שיצען וואו איר וועט זיין און זאל אייך בעגליקען אין אייער ארבעט מיט א גרויסן נצחון ערפאלג. וועגען אייער פראגע אויב איר זאלט זיך לערנען אלס פליער, דאס אנבעלאנגט אן אייערע פיזישע פייהיגקייטן און טאלאנט, אויב איר זייט פיזיש פייהיג און האט א טאלאנט צו אזא ארבעט בעדארפט איר דאס לערנען, אבער עס קען זיין אז וויכטיגער איז איר זאלט ווייטער טאן די ארבעט וואס איר האט געטאן ביז איצט. דער ליעבער ג־ט ב״ה זאל אייך בעגליקען.

בשם כ״ק אדמו״ר שליט״א
מזכיר.

ב׳שסה

נעתקה מהעתק המזכירות [ג׳תעג]. ונשלחה בצירוף תרגום לאנגלית.

ב'שסו

ב"ה כ"ז ניסן תש"ד
ברוקלין

אל ידידי התלמידים היקרים הרב מוה"ר דובער שי'
והרב מוה"ר יצחק שי'

שלום וברכה!

במענה על כתבם אודות שקוראים אותם לבחינת רופאים, הנה חוץ מזה שצריכים לעשות בזה רק ע"פ הוראת הלאיער וחו"ד חתני הרש"ג שליט"א, הנה בדבר הגבלת הזמן על ש"ק צריכים לעמוד בכל תוקף עוז ולערוך אפיעל אשר להיותם בעלי דת אינם יכולים ואינם רוצים לנגוע בקדושת השבת ומנוחתו ויבקשו – כמובן האפיעל צריך להיות ערוך בנועם ובדרך ארץ כראוי לבני תורה ויראי שמים – לקבוע את הבחינה או בקדימה או באיחור, והשי"ת יעזר להם בגשם וברוח.

בשם כ"ק אדמו"ר שליט"א
מזכיר.

ב'שסז

[ג' אייר תש"ד]

APRIL 26, 1944

RABBI HAVLIN
TORATH EMETH
POB 5024 JSM
AGREE IN PRINCIPLE SELLING PROPERTY HEBRON FOR PURCHASE ELSEWHERE. SEND AIRMAIL TEXT POWER ATTORNEY IN JOINT NAMES LANDAU HAVLIN ALSO INFORM CHANCES OF PURCHASE IN TEL AVIV

RABBI SCHNEERSOHN

ב'שסו

נעתקה מהעתק המזכירות.

מוה"ר דובער: **בוימגארטן. אגרת נוספת אליו — לעיל ח"ה א'שפג.**

מוה"ר יצחק: **גראנער. אגרות נוספות אליו — לקמן ב'תקלא. ב'תשלג.**

בחינת הרופאים: **לחיוב שירותם בצבא.**

ב'שסז

מהעתקה. לתוכנה ראה לעיל אגרת ב'קסח. שלש האגרות שלאח"ז.

ער אגרות־קודש (ב׳שסז)

[תרגום חפשי]

26 אפריל 1944

הרב הבלין, תורת אמת ירושלים

מסכים בעקרון למכור הנחלה בחברון כדי לקנות במקום אחר. לשלח בדואר אויר נוסח יפוי כח על שמותיהם של לנדא הבלין. גם להודיע אפשריות הקניה בתל־אביב.

רבי שניאורסאהן

ב׳שסח

ב״ה ד׳ אייר תש״ד
ברוקלין

ידידי וו״ח אי״א מוה״ר חנוך הענדיל שי׳

שלום וברכה!

במענה על מכתבו מכ׳ לחדש אדר שקבלתיו זה לא כבר אודות הנחלה בחברון ת״ו שיכולים למכרה בסך עשרת אלפים לא״י, ובטח יוסיפו איזה סכום עבור הנחלה הקטנה אשר על יד הנחלה הגדולה, השבתי בתלגרם אשר בכללות הנני מסכים על המכירה ולקנות נחלה אחרת באיזה מקום שיהי׳ וישלחו לי בדואר האוירון טופס נוסח יפוי כח – הרשאה – על שמותיהם של ידידי ח״ד מר לאנדא שי׳ ועל שמו, וכשאקבל את טופס ההרשאה אחתום ואשלח בחזרה.

והנני כותב להם את דעתי ורצוני בזה למכור את הנחלאות אשר לי בחברות״ו במחיר אשר יעלה בידם אחר עיון הטוב ועבודה מתונה ולקבל את התשלומים במזומן ולהניחם בבאנק על שמי כפי שאבאר להלן, ולקנות עבור סכום זה נחלה אחרת באחד המקומות בירושלים

הרב הבלין: **אגרות נוספות אליו — לעיל ב׳רנא, ובהנסמן בהערות שם.**

ב׳שסח

נדפסה בס׳ המשפיע ע׳ שיב. והוגהה ע״פ העתק המזכירות [ג׳תרלג]. לתוכנה ראה ס׳ שלפנ״ז, ובהנסמן בהערות שם.

או בתל אביב או במקום אחר והעיקר שיהי׳ בית חדש וחזק ובמקח השוה, ובדבר הסכום יתר על סכום המכירה אודיע אי״ה במועדו.

החלטת מחיר המכירה והצעת קני׳ חדשה תהי׳ ע״פ שלשה ידידי ח״ד מר לאנדא שי׳, ידידי מחותני ר׳ חיים יוסף שי׳ רוזנבלום וידידי, ובבקשה אשר בקבלת מכתבי זה יזדמנו יחד במותב תלתא להתיישב בענין זה ולכתוב לי את מה שיחליטו לעשות לחקור ולדרוש אחר בנינים הראוים לחשוב אודותם.

בדבר הבאנק הנה ימים אלו אשאל בבאנק שלי – נעשאנאל סיטי באנק אוו ניו יארק – אשר על ידו הנני שולח את הכספים לאה״ק תובב״א אם ביכלתי להפקיד איזה סכום בהבאנק באה״ק – שהם עומדים בקשור עמדו – על שמי ושיהי׳ נחשב כאילו הפקדתי אצלם פה, וכשיודרש לי הסכום אז אשלח מברקה על ידם שימסרו להם.

ישלח לו השי״ת רפואה ויחזק את בריאות ב״ב יחיו ויוכל להמשיך את עבודתו בקדש מתוך בריאות הנכונה והרחבת הדעת בגשמיות וברוחניות.

ידידו הדו״ש ומברכם.

ב׳שסח*

ב״ה ד׳ אייר תש״ד
ברוקלין

כבוד ידידי ח״ד וו״ח אי״א מו״ה פנחס שי׳ וכבוד ב״ד הכבודה מרת רחל תחי׳ ובנם הנעלה מר דוד שי׳

שלום וברכה!

ידידי עוז הרח״ה שי׳ הבלין כותב לי אדות אפשריות מכירת נחלתי אשר בחברות״ו שיכולים למכרה בסך כעשרת אלפים לא״י, ובטח יוסיפו עוד איזה סכום עבור הנחלה הקטנה אשר על ידי הנחלה

ב׳שסח*

נעתקה מהעתק המזכירות [ג׳תרלד]. לתוכנה ראה לעיל סי׳ ב׳שסז, ובהנסמן בהערות שם.

כבוד . . פנחס . . רחל . . דוד: **לנדא. אגרות נוספות אליהם — לעיל ב׳קסח, ובהנסמן בהערות שם.**

הגדולה. השבתי במברקה אשר בכללות הנני מסכים על המכירה ולקנות נחלה אחרת באיזה מקום שיהי׳ ואשר ישלחו לי טופס הרשאה על שם ידידי ח״ד שי׳ ועל שם ידידי הר[ח]״ה שי׳ הבלין. את טופס ההרשאה ישלחו בדאר האוירון ואחתמה ואשלחנו חזרה.

והנני כותב להם את דעתי ורצוני בזה למכור את הנחלאות שלי בחברות״ו במחיר אשר יעלה בידם אחרי העיון הטוב ועבודה מתונה ולקבל את התשלומים במזומן ולהניח הסכום [ב]באנק על שמי כפי שאבאר להלן, ולקנות עבור הסכום שיקבלו בעד הנחלה בחברות״ו נחלה אחרת בירושלים או בת״א או במקום אחר, והעיקר שיהי׳ בית חדש וחזק ובמקח השוה, ובדבר הסכום שיעלה הבית החדש יתר על סכום המכירה אודיע אי״ה במועדו.

החלטת מקח המכירה והצעת קני׳ חדשה תהי׳ ע״פ שלשה: ידידי ח״ד שי׳, ידידי הרח״ה שי׳ הבלין וידידי מחותני ר׳ חיים יוסף שי׳ רוזנבלום, ובבקשה אשר בקבלת מכתבי זה יזדמנו יחד במותב תלתא להתיישב בענין זה ולכתוב לי את מה שיחליטו לעשות לחקור ולדרוש אחרי בִנינים הראוים לחשוב אדותם.

בדבר הבאנק הנה ימים אלו אשאל בבאנק שלי – נעשאנאל סיטי באנק אוו נויארק – אשר על ידו הנני שולח את הכספים לאה״ק ת״ו, אם ביכלתי להפקיד איזה סכום בהבאנק באה״ק – שהם עומדים עמדו בקשור – על שמי [ב]אופן שיהי׳ נחשב כאלו הפקדתי אצלם פה, וכשיודרש לי הסכום אז אשלח מברקה על ידם שימסרו להם.

כל משך העת לא קבלתי מאתם שום ידיעה מאשר אתם לטובה, איך הוא מצב בריאות [ח]״ד ורעיתו הכבודה תחי׳ והנהגת בנם היקר מר דוד שי׳ בטח הוא מצליח בלמודו, ואם באו בכתובים עם הרב באטשקא וחתנו שי׳. יחזק השי״ת את בריאות ידידי ואת בריאות ב״ד רעיתו הכבודה תחי׳ ואת בריאות בנם היקר שי׳ ויגדלוהו לתורה חופה ומעש״ט מתוך פרנסה בהרחבה בגשמיות וברוחניות.

והנני ידידם מחות׳ ב״ד וב״ד הדו״ש ומברכם.

בכתובים . . באטשקא: להצלת בת וחתן רבנו — ראה לעיל אגרת ב׳קסח.

ב׳שסט

ב״ה ד׳ אייר תש״ד
ברוקלין

ידידי עוז מחות׳ וו״ח אי״א מוה״ר חיים יוסף שי׳

שלום וברכה!

ידי״ע הרח״ה שי׳ כותב לי אודות אפשריות מכירת הנחלה שלי בחברות״ו ולקבל עבורה כעשרת אלפים לא״י, ובטח יוסיפו איזה סכום בעד הנחלה הקטנה. והשבתי במברקה אשר בכללות הנני מסכים למכור ואשר ישלחו לי בדואר האוירון טופס הרשאה ויפוי כח למכירת הנחלה שבחברות״ו ולקנות אחרת תחתי׳ במקום אחר, אמנם בדבר מקח המכירה והצעת קנית נחלה אחרת במקום אחר בירושלת״ו או בת״א או במקום אחר הנני מוסר זה על דעת שלשה, ידידי ח״ד מר לאנדא שי׳, ידידי, וידידי רח״ה שי׳, אבל בגוף ההרשאה לא הזכרתי את שם ידידי בכדי שלא יהי׳ מוכרח לנסוע ביחוד בשביל זה בשעה שלא יהי׳ לו פנאי לנסוע, אבל הנני חפץ שידידי יכנס בענין זה הן בהנוגע להצעת המכירה והחלטת המקח והן בהנוגע להצעות קנית נחלה אחרת ומקחה, ודבר זה הוא לעיכובא, וכן כתבתי לידידי ח״ד מר לאנדא שי׳ ולידידי הרח״ה שי׳, והנני מבקש את ידידי שי׳ להתענין בזה.

כל משך החורף מלפני ר״ה העבר לא קבלתי מידידי שום ידיעות מהנעשה אתו עמו ועם ב״ב יחיו . . .

ידידו מחות׳ הדו״ש ומברכם.

ב׳שסט

נעתקה מהעתק המזכירות [ג׳תרלה]. לתוכנה ראה לעיל סי׳ ב׳שסז, ובהנסמן בהערות שם.

מוה״ר חיים יוסף: רוזנבלום. אגרות נוספות אליו — לעיל ח״ה א׳שנב. ח״ו א׳תרעה.

ב׳שע

ב״ה ד׳ אייר תש״ד
ברוקלין

ידידי וו״ח אי״א מוה״ר יעקב שי׳

שלום וברכה!

במענה על מכתבו מר״ח בצירוף הטשעק על סך $300 (שלש מאות) לצדקה, נהניתי במאד אשר ת״ל יש לי על כל פנים חלק רביעי ממה שדרוש לי בשבוע זו לשלם מקופת הצדקה, אין מיין צדקה קאססע איז זייער איינג.

אויף די הוצאות פון שבת זאגען די חז״ל אמר הקב״ה לוו עלי ואני פורע, אויף די בעדערפענישן פון חול – וואכענדיקע הוצאות – זאגען די חז״ל אז מען בעדארף לעבן מיט א רעכענונג נאר צוליעב דער פרוי און קינדער בעדארף מען זיך אנגשטרייינגען מער וויפיעל די מעגליכקייט איז.

שבת או חול אין דעם אידנס לעבן זיינען: אייגענע קערפערליכע בעדערפענישן זיינען חול, צדקה בעדערפענישן וואס דאס איז די נשמה שליחות בעדערפענישן זיינען שבת, און אויף די הוצאות זאגן די חז״ל אמר הקב״ה לוו עלי ואני פורע, וואס דאס בין אין מקיים בהידור, איך ליי און גיב אויס אויף החזקת היהדות בכלל און אויף חינוך הכשר בפרט מיט דער אמונה פשוטה אז השי״ת וועט מיר העלפן אפצאלן אלע צדקה חובות. איך זע ב״ה פיעל הצלחה – כה יתן השי״ת על להבא – אין מיין ארבעט, והשי״ת יברך את ידידי וב״ב יחיו בכל טוב בגשמיות וברוחניות.

ידידו הדו״ש ומברכם.

ב׳שע

נעתקה מהעתק המזכירות [ג׳תרלב].

מוה״ר יעקב: כ״ץ. אגרות נוספות אליו — לעיל ב׳קעה, ובהנסמן בהערות שם.

חז״ל . . פורע: ביצה טו, ב.

ב׳שעא

ב״ה ז׳ אייר תש״ד
ברוקלין

כבוד ש״ב הרבנית מרת ברכה גיטל תחי׳

ברכה ושלום!

במענה על מכתבה אודות כהונת הרבנות בביהכנ״ס שערי תפלה בני ראובן נוסח האריז״ל, הנה אחרי אשר הכרתי את מעלת חתנם הרב הגאון גזע תרשישים מוה״ר אברהם מרדכי שליט״א ואחרי אשר נוכחתי כי בעזה״י מוכשר ומסוגל הוא להנהיג ולהדריך עדה בישראל בתוקף עוז חיבת הקדש בהרבצת תורה ביראת שמים וחינוך הכשר באמת, השבתי למנהלי בהכנ״ס הנ״ל על שאלתם אותי בזה כי בו בחרתי לתת לו את כתר כהונת הרבנות בבהכנ״ס שערי תפלה נוסח האריז״ל להצלחה בגשם וברוח.

יחזק השי״ת את בריאותה ואת בריאות ילידי׳ וב״ב יחיו ותקבל רוב נחת מאתם בגשמיות וברוחניות.

ש״ב המברכה

יוסף יצחק

ב׳שעא

נעתקה מצילום האגרת.

מרת ברכה גיטל: **אייכנשטיין, אמו של הנ״ל — אגרת ב׳שמא, שאגרת זו נכתבה בהמשך אלי׳. וראה גם אגרת שלאח״ז.**

הרבנות בביהכנ״ס שערי תפלה: **ראה לעיל אגרת ב׳קעט, ובהנסמן בהערות שם. לקמן ב׳תקפז־ב׳תקפז***.**

ב׳שעב

ב״ה ז׳ אייר תש״ד
ברוקלין

ידידי וו״ח אי״א מוה״ר...

שלום וברכה!

היום שלחתי לידידי עוז הנכבד והכי נעלה מוה״ר פנחס שי׳ נשיא ביהכנ״ס שערי תפלה בני ראובן נוסח האריז״ל על שאלתם אודות כהונת הרבנות, אשר הנני [בוחר] בהרב הגאון גזע תרשישים הנודע לשם תהלה בתוככי המצוינים בכשרונות, בעל מדות טובות, וו״ח אי״א מוה״ר אברהם מרדכי שליט״א הערשבערג ובעזה״י יהי׳ לתפארת לבהכנ״ס, ולרגלי עבודתו החרוצה יתרומם בעזה״י מצב בהכנ״ס בגשם וברוח, ובטח יהי׳ ידידי שי׳ בעזרו לסדר את כל העניינים, והשי״ת יהי׳ בעזרו בגשמיות וברוחניות.

יחזק השי״ת את בריאותו וישלח רפואה לזוגתו תחי׳ ויתן לו פרנסה טובה בהרחבה בגשמיות וברוחניות שיוכל ללמוד בהרחבת הדעת ולהמשיך עבודתו בדרכי החסידים בגשם וברוח.

ידידו הדו״ש ומברכו.

ב׳שעב

מהעתקה. לתוכנה ראה לעיל אגרת שלפנ״ז, ובהנסמן בהערות שם.
מוה״ר פנחס: האפמאן, דלעיל אגרת ב׳שמא.

ב׳שעג

ב״ה ז׳ אייר תש״ד
ברוקלין

כבוד ידידי עוז, הגאון האדיר, הנודע לשם תהלה ותפארת בתוככי גאוני יעקב, עה״י פטה״ח, משכיל על דבר טוב, כש״ת מוה״ר יצחק אייזיק שליט״א הלוי

שלום וברכה!

היום קבלתי מכתב כת״ר מי״ד אדר העבר בלוית הקבלה ע״ס $363.67 בשביל הילדים הפליטים, ושמחתי לשמוע משלום כת״ר.

מאז קבלתי התלגרם של כבודו אודות סדור [בית] מדרש לרבנים ברוסיא הנני מחכה להתבשר מאת כת״ר מה שעלה בענין זה לטובה, ובטח ישתדל בזה כפי דרישת הענין.

ולדעתי נחוץ הדבר אשר כת״ר וידידנו הרב הכולל הר״י שליט״א הערץ מאנ[ג]ליא יפנו בבקשה לממשלת רוסיא לתת רשיון למלאכות מורכבת מאה״ק ת״ו ארה״ב ואנגליא לבא לרוסיא לתת תודת היהודים עבור הצלת כמה עשרות אלפים יהודים מתחת ידי שונא האנושיות וצורר היהודים ולחזק את לב אחינו המשתתפים בצבא השופכים דמם בעד האנושיות ולהכיר לפני מנהיגי הממשלה את חפץ היהודים להיות בעזרם של אחיהם תושבי רוסיא, להעמיד הריסות מוסדות הדת היהודית כמו שארי האמונות שהותרה קיומן.

ביום כ״ו ניסן העבר בקרה מלאכות בשם אגודת חסידי חב״ד – חתני הרב ר׳ שמרי׳ שליט״א גורארי׳, הרב יאלעס שליט״א והרב פרעדמעס[קי] שליט״א – את מרת רוזוועלט בענין השגת רשיון שלוח מלאכות לרוסיא, היא קבלה אותם בסבר פנים יפות והבטיחה עזרתה

ב׳שעג

נעתקה מהעתק המזכירות [ג׳תריג].

מוה״ר יצחק אייזיק: **הרצוג. אגרות נוספות אליו — לעיל ב׳רז, ובהנסמן בהערות שם.**

הקבלה . . הפליטים: **הנ״ל שם.**

סדור . . ברוסיא: **ראה לעיל סי׳ ב׳של, ובהנסמן בהערות שם.**

בקרה מלאכות: **ידיעה קצרה על הבקור — בקובץ ליובאוויטש גליון 3 ע׳ 40 (אבל שם נכתב בטעות שהבקור הי׳ בחדש מאי). וראה גם לקמן אגרות ב׳שעה. ב׳שצה. ב׳תס. ב׳תצב.**

בזה, ויעצה לכתוב לשר החיצון מר האלל ולשר המלחמה מר סטימסאן ולשלוח לה העתקת המכתבים.

ידידי עוז הרה״ג ר׳ יעקב שליט״א קלעמעס והרה״ג הר׳ שלמה יוסף שליט״א זוין יודעים את מהלך הענינים בעניני הדת ברוסיא מאז ומקדם וכמדומני אשר בהוה – מאז נפלה רוח היעווסעקציא הארורה – נשתנה המצב לטוב ועל כל פנים נטהרו האזנים לשמוע ולהקשיב רצון בעלי דת ובמדה ידועה גם למלאות את חפצם.

הנני מקוה לשמוע חו״ד כת״ר בזה ומאת אשר עשה בזה.

יחזק השי״ת את בריאות כת״ר ואת בריאות ב״ב יחיו שיוכל להמשיך את עבודתו הקדושה מתוך הרחבת הדעת ומרץ הדרוש ויצליח השי״ת לכת״ר בעבודתו הקדושה, ועינינו תחזינה בהרמת קרן התורה ביראת שמים וקרן ישראל בגשמיות וברוחניות.

והנני ידידו הדו״ש מוקירו מכבדו ומברכו.

ב׳שעד

ב״ה ז׳ אייר תש״ד
ברוקלין

אל מנהלי ועד העזרה התאחדות הרבנים פליטי רוסיא ושארי הארצות כבוד ידידי עוז הרבנים הגאונים הרה״ג מוה״ר יהושע שליט״א, הרה״ג מוה״ר מאיר שליט״א, הרה״ג מוה״ר שמואל שליט״א והרה״ג מוה״ר שלמה יוסף שליט״א

שלום וברכה!

בנועם מיוחד קבלתי את מכתב כבודם מיום י״א אדר שקבלתיו זה

ב׳שעד

נעתקה מהעתק המזכירות [ג׳תרנב].

מוה״ר יהושע: **צימבליסט. אגרות נוספות אליו — לעיל ח״ה א׳תכ. א׳תנט.**

מוה״ר מאיר: **סטלביץ.**

מוה״ר שמואל: **קיפניס. אגרות נוספות אליו — לעיל ח״ג תשטו. ח״ה א׳קפט.**

מוה״ר שלמה יוסף: **זוין. אגרות נוספות אליו — לעיל ב׳שלא, ובהנסמן בהערות שם.**

עתה להוודע משלומם הטוב, ותודה רבה עבור ברכותיהם אלו היקרות לי במאד, והנני בזה לברך אותם ואת בני ביתם ואת ידידי הרבנים הגאונים נשיאי ועד העזרה התאחדות הרבנים פליטי רוסיא ושארי ארצות ואת בני ביתם יחיו, ואת ידידי כבוד הרבנים הגאונים ובני ביתם חברי ועד העזרה התאחדות הרבנים פליטי רוסיא ושארי ארצות, אשר כלם יעמדו על הברכה בבריאות הנכונה ובפרנסה טובה בהרחבה שיוכלו למלאות את חפצם הטוב להתענג על קדושת לימוד התורה ועבודת השי״ת מתוך הרחבת הדעת בגשמיות וברוחניות.

אכפול את תודתי לכבודם עבור ברכותיהם בעבר וגודל בקשתי על להבא להזכירני עם ב״ב יחיו ועם ידידי שי׳ כשיהיו במקומות הקדושים אשר יעזרני השי״ת בתוך כלל אחב״י שי׳ בגשמיות וברחניות.

והנני ידידם עוז הדו״ש מוקירם ומברכם.

ב׳שעה

ב״ה ז׳ אייר תש״ד
ברוקלין

ידידי עוז הרה״ג הנכבד והכי נעלה, הנודע לשם תהלה,
משכיל על דבר טוב, וו״ח אי״א מוה״ר שלמה יוסף שי׳

שלום וברכה!

היום קבלתי את מכתבו מכ״ב אדר העבר, ועל אדות בית מדרש לרבנים ברוסיא הנה לדעתי השתדלות של מלאכות מורכבת מאה״ק ת״ו ארצה״ב ואנגליא היתה מביאה תועלת מרובה בכללות המצב, וכתבתי מזה לידי״ע הרה״ג הרי״א שליט״א הרצוג ובטח יתיישבו ביניהם בענין הזה והנה ידידי וידידי הרה״ג הר״י שליט״א קלעמעס עוד שמורה בלבם הרוח הרעה ששררה באשמת היעווס[ע]קציא, אבל עכשו, הנה, לדעתי, נשתנה המצב הרבה ובכל אופן השתדלות גדולה ומסודרת בסדר טוב היתה מביאה בעזה״י תועלת רבה.

ב׳שעה

נעתקה מצילום האגרת [ג׳תרנז]. לתוכנה ראה לעיל אגרת שעג.

מוה״ר שלמה יוסף: זוין. אגרות נוספות אליו — לעיל ב׳שלא, ובהנסמן בהערות שם.

בית מדרש לרבנים ברוסיא: ראה לעיל סי׳ ב׳של, ובהנסמן בהערות שם.

בתור נשיא א[ג]ודת חסידי חב״ד העולמית בקשתי ראיון מאת מרת רוזוועלט – אשת נשיא ארצה״ב – עבור מלאכות מאגודת חב״ד העולמית – חתני הרב ר״ש שליט״א גורארי׳, הרב יאלעס שליט״א והרב פרעדמעסקי שליט״א – והוגבל מועד הראיון על כ״ו ניסן, ותכן המבוקש הי׳ השגת רשיון שלוח מלאכות לרוסיא, היא קבלתם בספ״י והבטיחה את השתדלותה בזה ויעצה לכתוב לשר החיצון ולשר המלחמה ולשלוח לה העתקת המכתבים אליהם. וכן עשיתי.

בטח יודיעני ידידי מהתיישבותם בענין הזה ומהחלטותיהם והשי״ת יהי׳ בעזרנו בגשמיות וברוחניות.

את ספרו המועדים בהלכה טרם קבלתי.

את כתבת גיסתו תחי׳ מסרתי להדזשאינט והבטיחו לשלוח חבילות מזון ובגדים, ואם יש לידידי עוד קרובים וקרובות ישלח לי את כתבותיהם, כן אם ידועים לו כתובות מי שהוא מאנ״ש וממכרינו יחיו ובלתי מכרינו מאיזה מקום שהוא יואיל לשלוח לי, ובעזה״י אשת[דל] להמציא להן חבילות.

תודה וברכה לידידי עבור התענינותו בהשתדלות דבר שלוח החבילות להפליטים ברוסיא.

בדבר בהכנ״ס חב״ד בעיר העתיקה, תודה עבור התעוררותו בזה, והנני כותב מזה להכולל ותו״א ואגודת חב״ד לסדר דבר זה.

יחזק השי״ת את בריאות ידידי ואת בריאות ב״ב ואת בריאות ילידיהם יחיו ויתן לכלם פרנסה טובה בהרחבה.

ידידו הדו״ש ומברכם

יוסף יצחק

שילוח החבילות להפליטים ברוסיא: **ראה לעיל אגרת ב׳רצא.**

בהכנ״ס . . והנני כותב: **ראה לקמן אגרות ב׳שפד. ב׳שפז.**

אדמו"ר מוהריי"צ נ"ע

ב'שעו

ב"ה ז' אייר תש"ד
ברוקלין

ידידי וו"ח אי"א מוה"ר מנחם מענדיל שי'

שלום וברכה!

במעלת התורה כתיב עץ חיים היא למחזיקים בה ותומכי' מאושר, וכתיב דרכי' דרכי נועם וגו', הנה מאותו יום הבהיר אשר הקב"ה נתן לנו את תורתו הק' ע"י משה רבינו, הודיעו לו השי"ת בדרכי התורה אשר לא לבד הלומד תורה והמחזיק לומדי תורה זוכה לרוב טוב גשמי ורוחני אלא אף גם הסרסור העוסק בזה זוכה לרוב טוב גשמי ורוחני, כי כל פועל טוב בהחזקת לומדי תורה והרבצת תורה לזכות את הרבים יקר וחביב לפני הקב"ה במאד.

כתבתי לידידי וו"ח אי"א מוה"ר .. שי' אשר ידפיס על חשבונו איזה ספר של חסידות, יבאר ויסביר לו את הענין שזו היא טובתו האמיתית, ומסרתי לחברת קה"ת העוסקת בהדפסת ספרים לזכות את הרבים שיבאו אתם בכתובים בענין זה והשי"ת יהי' בעזרו בגשמיות וברוחניות.

בשם כ"ק אדמו"ר שליט"א
מזכיר.

ב'שעו

נעתקה מהעתק המזכירות [ג'תשיח].
מוה"ר מנחם מענדיל: הורוויץ.
מסרתי לחברת קה"ת: באגרת שלאח"ז.

ב׳שעז

ב״ה ח׳ אייר תש״ד
ברוקלין

אל „קה״ת״

שלום וברכה!

יקבלו בזה העתקת שני מכתבים ויבאו עמהם בכתובים על אודות הדפסת ספר לקוטי תורה, תורת שמואל, להוד כ״ק אאזמו״ר הרה״ק מוהר״ש זצוקללה״ה נבג״ם זי״ע (כוונתי על אחד המאמרים מצה זו או והחרים).

בשם כ״ק אדמו״ר שליט״א
מזכיר.

ב׳שעח

ב״ה ח׳ אייר תש״ד
ברוקלין

ידידי וו״ח אי״א הרב מוהרש״ז שי׳

שלום וברכה!

תודה בעד הידיעה, וידידי שי׳ הי׳ צריך לפעול על הרה״ג הוטנער שליט״א אשר מצד היראת שמים פנימית שלו לא הי׳ צריך לשקוט ולנוח עד אשר במועצות דעת וחכמה בתעמולה רבה בהתוקף דיראת שמים ובזכות ההתעסקות בתורה לפעול על הישיבות תו״ד תפארת

ב׳שעז

נעתקה מהעתק המזכירות [ג׳תשיט]. לתוכנה ראה אגרת שלפנ״ז.

ב׳שעח

נעתקה מהעתק המזכירות [ג׳תשמ]. לתוכנה ראה לעיל אגרות ב׳רעו. ב׳שו.

מוהרש״ז: גוראריי. אגרות נוספות אליו — לעיל ב׳רעו, ובהנסמן בהערות שם.

ירושלים ור״ש קלוגר להשליך את ספרי הלימוד של מינות וכפירה גלוי׳ וללמוד מספרים קדושים, והשי״ת יהי׳ בעזרו בגו״ר.

בשם כ״ק אדמו״ר שליט״א
מזכיר

ח. ליבערמאן

ב׳שעט

ב״ה ט׳ אייר תש״ד

אחד ממקושרי הוד כ״ק אאזמו״ר הרה״ק צמח צדק זצוקללה״ה נבג״ם זי״ע, ור׳ שאול שלום הכהן שמו מהאראדאק, – הי׳ ממחונכי כ״ק בעל פרי הארץ נ״ע ומחסידים הראשונים של הוד כ״ק אדמו״ר הזקן, ואח״כ ממקושרי וחסידי הוד כ״ק אדמו״ר האמצעי ואח״כ אצל הוד כ״ק אאזמו״ר הרה״ק צ״צ.

החסיד ר׳ שאול שלום הי׳ למדן גדול בנגלה ובדא״ח ועוסק בעבודה שבלב ופרנסתו היתה מצוי׳ לרוחה מעבודת הגנים – אגאראדניק – שהי׳ עובד בעצמו ובני ביתו עוזרים על ידו, ובזמן הנטיעה עידור וכינוס שהיתה עבודה מרובה הי׳ שוכר עוזרים חוץ מבני ביתו.

הוא – רש״ש – הי׳ בעל צדקה וגומל חסדים ואשתו היתה מפורסמת במדת הכנסת אורחים ובקור חולים עניים, ודרכו הי׳ שבכל שנה הי׳ הולך רגלי לליאזנא לאדי וליובאוויטש וכשנתמלאו לו שבעים שנה הי׳ הולך פעם בשתי שנים.

הוד כ״ק אאזמו״ר צ״צ הכיר את החסיד רש״ש עוד מימי ילדותו כשהי׳ בא לליאזנא, כי הוד כ״ק אאזמו״ר כשהי׳ קטן אהב מאד את השדה והדרת הטבע. החסיד הרש״ש היתה קביעת זמנו לעלות לרגל – כך היו קוראים החסידים הזקנים את הליכותיהם להוד כ״ק אבותינו רבותינו הק׳ – על חג השבועות והי׳ מתעכב שמה איזה שבועות,

---

ב׳שעט

נעתקה מהעתק המזכירות, בלי הפני׳ בראשה, ובראש הדף נרשם „שלמה תומארקין, תל אביב״.

ולהיותו רציני ביותר – א ערנסטער – אהב את הבדידות והי׳ יוצא השדה להרבה שעות ולומד שם ומתעמק במחשבותיו, ונזדמן אשר הוד כ״ק אאזמו״ר מצאהו יושב שם ומני אז הנה בכל שנה ושנה נפגש עם החסיד רש״ש והרבה ספורים ומאמרי תורה שמע ממנו.

בשנת תר״ח נתמלאו להחסיד רש״ש תשעים שנה, חסידי הארדאק ובראשם החסיד ר׳ פנחס ליב נ״ע המשפיע התאוננו לפני כ״ק דו״ז הרב״ש נ״ע על הישיש רש״ש אשר חוץ מזה שהוא טורח במאד ללכת רגלי מהארדאק ואינו מתחשב עם זקנותו הנה השתתף בריקודים והטריח עצמו לרקוד קאזאצקע כרגילותו בימי עלומיו עם בן גילו החסיד ר׳ שמואל מונקעס. כ״ק דו״ז סיפר את הדברים להוד כ״ק אביו אאזמו״ר צמח צדק.

וכשנכנס רש״ש ליחידות להוד כ״ק אאזמו״ר צ״צ אמר לו הוד כ״ק אאזמו״ר:

א אידישען גוף בעדארף מען היטען, וואס דער גוף ווערט עלטער בעדארף מען אלץ מער און מער דרך ארץ האבן פאר די מצות ציצית און תפילין וואס ער טראגט, איר בעדארפט היטן דעם גוף, א איד בעדארף היטן דעם גוף ווייל דער תכלית הכוונה איז שוב וואס דאס איז דער יתרון המעלה אין ר׳ עקיבא׳ס רצוא וואס ער איז צוגעקומען צום עומק פנימיות הרצוא ותכליתו דער שוב למטה ולעשות כלים צו אלקות דורך דעם גוף.

החסיד ר׳ חנוך הענדיל נ״א סיפר לי שהוא הי׳ נוכח באותו מעמד כשהחסיד רש״ש יצא מיחידות וסיפר להחסידים את אשר אמר לו הוד כ״ק אאזמו״ר ביחידות ואמר אחי ורעי כחי עתה ככחי אז ללכת קאזאצקע נפלאה אבל מכיון שכ״ק אדמו״ר אמר שצריכים לשמור את הגוף אין אני רשאי ללכת את קדש הקדשים ריקוד בעצמי, ולכן עשו האנד ביינקעלע, און סטארי יאק מאלי, ואשב על כסא ידכם ונקיים את קדש הקדשים ריקוד.

כרגע נגשו שני אברכים בעלי קומה ובעלי זרוע והשליבו ידיהם ונעשה כסא והחסיד ר׳ ש״ש ישב על כסא ידיהם ויצאו במחול בניגון ידוע מתאים למחול זה, עודם מנגנים בנעימה בהשתפכות הנפש והנה פתאום קפץ החסיד רש״ש מעל מושבו וידלג כאיל במהירות נפלאה

א אידישען גוף בעדארף מען היטען: **ראה גם לעיל ח״ד אגרות תתקפה־ו. לקמן ב׳תפו.**

ויעמוד על מקום מושבו – על כסא ידי האברכים מכה כף אל כף ומנגן בדבקות נפלאה.

לא רק מארחות חיי הוד כ"ק רבותינו הק' ומדריכיהם הקדושים לומדים החסידים הרבה אלא אף גם מדרכי החסידים וארחות חייהם לומדים החסידים הרבה.

התענגתי לשמוע ככל אשר ידידי שי' כותב מישיבת אחי תמימים לימודם בנגלה ודא"ח והנהגתם ביר"ש ובעבודה שבלב והשי"ת יהי' בעזרם בגשמיות וברוחניות.

ידידו הדו"ש ומברכו.

ב'שפ

ב"ה ט' אייר תש"ד
ברוקלין

ידידי הנכבד אי"א מר אלחנן שי' כהן

שלום וברכה!

צווישן די תלמידים פון דער ישיבה איז פאראן א געוויסע גרופפע, א קלענערער קלאס, וואס לערנט שוין גמרא, זיי ריידען גוט אידיש, אבער צווישן זיך ריידן זיי ענגליש, און ווי עס ווייזט זיך ארויס דענקען זיי אויך מער אין ענ[ג]ליש ווי אין אידיש.

מיט דער דאזיקער גרופפע לערנט מען ניט קיין חסידות נאר עס איז איינגעארדענט א מוסר שטונדע וואס הרב חאדאקאוו – דער פיהרער פון מרכז לענייני חינוך – לערנט פאר זיי איינמאל אין דער וואך דעם חובת הלבבות.

מיט איינינע טעג צוריק האב איך זיך דערוואוסט אז די קינדער האבן פארשריבן אויף ענגליש אייניגע זאכן וואס הרב חאדאקאוו האט

ב'שפ

נעתקה מהעתק המזכירות [ג'תשסד].

ידידי . . כהן: אגרות נוספות אליו — לעיל ב'קפו, ובהנסמן בהערות שם.

פאר זיי געזאגט, איך שיק דאס אייך צו אז איר, ידידי, זאלט דאס איבערלייענען. מיט דעם וויל איך באשטעטיקן מיינע רייד און ערפאהרונג אז די אמעריקאנער יוגנט האט ב״ה גוטע אויערן, זיי זיינען נייגעריג און זייער צופרידן צו הערן א אידישן ערקלערונגס ווארט.

נאר ליידער איז די אמת אידישע ליטעראטור זייער ארים און די פרייע אפיקורסישע ליטעראטור איז פול אין אלע שולן און תלמוד־תורה׳ס.

איך האב ערקלערט אויף אונזער בעשרענקטער זיצונג אז אונזער חוב איז: א) צו פארשפרייטן אונזער לעהרע ביכער און די קינדער און יוגנט שריפטן אין אידיש און אין ענגליש. ב) ארויס געבן מער לעזע ביכער אין אידיש און אין ענגליש. ג) גרינדען א ספעציעלע קינדער ביבליאטעק – אויף ענגליש, יעדע וואך א ביכעלע פון 8 זייטלעך אין דעם פארמאט פון דעם „סימני פסח״, פאר די ענגליש שפרעכענדיגע וועלכע [לערנען] איין מאל א וואך רעליגיע. ד) ארויסגעבן א מאנאט שריפט אויף ענגליש מיט אינסטרוקציעס פאר די לערער און לערערינס פון דער רעליגיע שטונדע און אויך פאר די לערער און לערערינס פון די תלמוד־תורה׳ס.

איך בין זייער צופרידן מודיע צו זיין אייך, ידידי, אז דער מרכז לעניני חינוך האט שוים אנגעצייכנט דעם מאטעריאל פאר 4 נומערן קינדער בלעטער און פאר 1 נומער לערער אינסטרוקציעס איך האף אז אין פארלויף פון א פאר וואכן וועט זיין אלעס אויפגעשריבען צום איבערגעבן אז מען זאל קארעגירן בעפאר מען וועט איבערגעבן צום דרוקן, וואס זיכער וועט ידידי נעמען אין דעם א וויכטיגן אנטייל.

ידידו הדו״ש ומברכו.

איך שיק דאס אייך: **ראה גם לקמן אגרת א׳שצ — אליו.**

קינדער בלעטער . . לערער אינסטרוקציעס: **ראה לעיל אגרת ב׳דש.**

ב׳שפא

ב״ה ט׳ אייר תש״ד
ברוקלין

ידידי התלמיד החשוב הרב מו״ה אברהם דוב שי׳

שלום וברכה!

במענה על מכתבו, טוב ונכון במאד ללמוד פי׳ המלות וימצא זמן על זה ואם מתאים ללמוד בבקר. את הסדר דחזרת דא״ח בסעודה שלישית אין לבטל, ובטח ינגנו ג״כ, וצריכים לסדר לנגן קודם החזרה ואחרי׳ ולנגן בסדר במתון ובנעימה ולא בצעקות.

בדבר ההשתתפות בועד טהרת המשפחה ובנין המקוה בודאי צריכים להשתתף בפועל טוב ולא בדבור בלבד והשי״ת יהי׳ בעזרם בגו״ר.

בשם כ״ק אדמו״ר שליט״א
מזכיר.

ב׳שפב

ב״ה ט׳ אייר תש״ד
ברוקלין

אל הנכבד אי״א מוה״ר משה יצחק שי׳

שלום וברכה!

ענטפער אויף אייער שרייבען, בדרך כלל בין איך זייער צופרידען צו הערן א גרוסס פון א היימישן אידן וואס פיהלט און שעצט די

ב׳שפא

נעתקה מהעתק המזכירות [ג׳תשפ].

מו״ה אברהם דוב: העכט. אגרות נוספות אליו — לעיל ב׳רסב, ובהנסמן בהערות שם.

ב׳שפב

נעתקה מהעתק המזכירות [ג׳תשפג].

מוה״ר משה יצחק: חייקין.

געבורטס היים און בפרט פון א אידן וואס האט געלערנט אין א ישיבה און געדענקט דעם אויפריכטיקן היימישן חסידישען תורה ומצות געשמאק איז מיר זייער טייער.

הרב החסיד ר׳ הערשל נטע נ״ע איז געווען איינער פון די גרעסטע און שענסטע חסידישע רבנים, וואס האט מיט דער גרעסטער איבערגעגעבענקייט געארבעט צענדליגער יארן אויף הרבצת תורה ביראת שמים.

זיין הייליגע ישיבה מיט דעם ברייט בעוואוסטען נאמען, די פאטשעפער ישיבה, איז געווען די גרעסטע תעודה – רעקאמענדאציע – פאר די תלמידים וואס האבן בא החסיד הרב ר׳ הערשל נטע געלערנט, און האט געעפענט אלע שערי תורה אפילו פון די בארימטע עולמשע ישיבות.

עס וועט מיך פרייען צו לייענען דאס וואס איר געדיינקט פון דעם לעבן אין זיין ישיבה.

זיכער האט אייער גוטער חינוך והדרכה געהאט א ווירקונג אויך אויף אייער פאמיליע יחיו וואס מיך אינטערעסירט צו וויסן.

הדו״ש ומברכו.

ב׳שפג

ב״ה י׳ אייר תש״ד
ברוקלין

אל ועד מיסד אגודת חסידי חב״ד בארצנו הקדושה
תובב״א

שלום וברכה!

לסבות מסבות שונות הנה אחרי אשר נוסדה אגודת חסידי חב״ד באה״ק תובב״א, זה כשלש שנים, נחלשה עבודתה ופעולתה.

ר׳ הערשל נטע: ר׳ יהושע נתן גנעסין (שהוסב שמו לר׳ הערשל נטע).

ב׳שפג

נדפסה בס׳ התולדות ח״ד ע׳ 263, והוגהה ע״פ העתק המזכירות [ג׳תרלז]. לתוכנה ראה גם לקמן אגרות ב׳שפד־ז. ב׳תנד. ב׳תסד־ה. ב׳תריג.

נוסדה . . כשלש שנים: ראה לעיל ח״ה אגרות א׳תפב־ד.

ובזה הנני בא לחדש את ועד מיסד אגודת חסידי חב״ד באה״ק ת״ו והנני בוחר לחברי הועד; הרב ר׳ שאול דוב שליט״א זיסלין יו״ר הועד, הרב ר׳ מנחם מענדיל שליט״א קופערשטאך והרב ר׳ יעקב שליט״א לאנדא סגנים, ר׳ משה שי׳ גורארי׳ גזבר, ר׳ חיים יוסף שי׳ רוזנבלום עורך הספרים ור׳ פנחס שי׳ אלטה[ו]יז מזכיר.

א. כל רבני אנ״ש, ראשי הישיבות שובי״ם ומלמדים נחשבים בתור חברי מועצת חסידי חב״ד.

ב. מקומו של ועד אגודת חסידי חב״ד באה״ק ת״ו הוא בעיר תל-אביב, בדירה אשר יבחרו חברי הועד, ובקביעת תיבת דואר בבית הדואר, והמפתח בידי המזכיר.

ג. ועד אגודת חסידי חב״ד יש לו חותם עגול ניר ומעטפה.

ד. ועד אגודת חסידי חב״ד באה״ק ת״ו צריך להתענין בכל הנוגע להנחשבים על דגל חסידי חב״ד וגזע חסידי חב״ד, הן בענינים הכללים והן בעניני מחי׳ וכלכלה – הטבת מצב הפרנסה – והן בעניינים המוסריים בעניני חנוך וסדר לימוד לצעירים וקבוצות לומדי דא״ח.

ה. ועד אגודת חסידי חב״ד באה״ק צריך לבא בכתובים עם כל הערים המושבות והקבוצים שנמצאים שם הנחשבים על דגל חסידי חב״ד ואלו אשר מוצאם מגזע חב״ד, לסדר שם אגודת חסידי חב״ד מקומית, לאסוף ולקבץ את החומר הדרוש למילוי האמור בסעיף ד.

ו. ועד אגודת חסידי חב״ד באה״ק ת״ו מתאסף פעם בשני שבועות ולא פחות מפעם בחדש.

ז. המזכיר צריך להכין את כל החומר שנתאסף במשך הזמן בין ועידה לועידה ולסדרו להרציא בועידת ההנהלה.

ח. חברי הועד צריכים לדון בועידתם על כל הענינים הנכנסים על הסדר ולהחליטם.

ט. בכל ועידה יעריכו פרטי כל מהענינים שעיינו בהם, המשא ומתן והדעת בעד וכנגד וההחלטה.

הפרטי כל יהי׳ חתום מאת היו״ר או אחד הסגנים והמזכיר.

י. על המזכיר להביא לפועל את הדברים שבכתב, כמו סידור הפרטי כל, העתקתו, כתיבת ושלוח מכתבים וכדומה.

יא. חברי ההנהלה מסדרים נסיעות לעירות מושבות וקבוצים בהנוגע להסתדרות אגודות חסידי חב״ד מקומיות.

יב. בחירת ועד אגודת חסידי חב״ד מקומי הוא ע״פ רצון יושבי המקום בהסכם ועד אגודת חסידי חב״ד הכללית.

יג. ועד אגודת חסידי חב״ד הכללית ביכלתו להקציב סכומי עזרה לועדי המקומיים כפי הבנתו.

יד. ועד אגודת חסידי חב״ד הכללית עושה מגבית כסף בכל עיר מושב וקבוץ לצרכי תקציב הועד הכללי או בשביל התקציבים של הועדים המקומיים.

טו. ועד אגודת חסידי חב״ד הכללית מסדר אספות פומביות מקומיות ובזמנים קבועים גם אספות כלליות.

טז. ועד אגודת חסידי חב״ד הכללית יכול לסדר ועד מועצה כן ועד תעמולה ועד עוזרים כפי דרישת המצב.

יז. ועד אגודת חסידי חב״ד הכללית שולח העתק הפרטי כל ודין וחשבון מפעולותיו אל אגודת חסידי חב״ד העולמית פעם בחדש, זולת הענינים התכופים הדורשים פתרון מהיר.

והנני ידידם עוז הדו״ש טובם והצלחתם בגשמיות וברוחניות.

ב׳שפד

ב״ה י׳ אייר תש״ד
ברוקלין

אל ידידי עוז צמודי לבבי, אנ״ש ותלמידי תומכי תמימים, ישיבת צמח צדק ותורת אמת יצ״ו, בכל אתר ואתר בארצנו הקדושה תובב״א

שלום וברכה!

בזה הנני להודיע ברבים את הסדר החדש אשר סדרתי בעזה״י את הועד המיסד אגודת חסידי חב״ד בארצנו הקדושה תובב״א.

ב׳שפד

נדפסה בס׳ התולדות ח״ד ע׳ 265, והוגהה ע״פ העתק המזכירות [ג׳תרלח]. לתוכנה ראה לעיל אגרת שלפנ״ז, ובהנסמן בהערות שם.

א. ועד מיסד אגודת חסידי חב״ד באה״ק ת״ו הוא המרכז היחידי הכללי לאגודת חסידי חב״ד באה״ק ת״ו ומקומו בעיר תל אביב יע״א.

ב. חברי הועד המה; הרב ר׳ שאול דובער שי׳ זיסלין נשיא, הרב ר׳ מנחם מענדיל שי׳ קופערשטאך והרב ר׳ יעקב שי׳ לאנדא סגנים, ר׳ משה שי׳ גורארי׳ גזבר, ר׳ חיים יוסף שי׳ רוזנבלום עורך הספרים ור׳ פנחס שי׳ אלטהויז מזכיר.

ג. כל רבני אנ״ש, ראשי הישיבות שובי״ם ומלמדים נחשבים בתור חברי מועצת אגודת חסידי חב״ד באה״ק ת״ו.

ד. ועד מיסד אגודת חסידי חב״ד הכללית באה״ק ת״ו צריך להתענין בכל הנוגע להנחשבים על דגל חסידי חב״ד וגזע חסידי חב״ד, הן בענינים הכללים והן בעניני מחי׳ וכלכלה – הטבת מצב הפרנסה – והן בענינים המוסרים בעניני חינוך וסדר לימוד לצעירים וקבוצות לומדי דא״ח.

ה. ועד אגודת חסידי חב״ד באה״ק ת״ו צריך לבא בכתובים עם כל הערים המושבות והקבוצים שנמצאים שם אלו הנחשבים על דגל חסידי חב״ד ואלו אשר מוצאם מגזע חב״ד, ולסדר שם אגודת חסידי חב״ד מקומית ולאסוף ולקבץ את החומר הדרוש למילוי האמור בסעיף ד.

ובזה הנני פונה אל ידידינו אנ״ש ותלמידי תומכי תמימים ישיבת צמח צדק ותורת אמת, ה׳ עליהם יחיו, בקריאה של חיבה להתעורר בהתעוררות הראוי׳ להיות בעזר ועד המיסד אגודת חסידי חב״ד באה״ק ת״ו ליסד סניפי אגודת חב״ד בכל עיר ועיר מושב וקיבוץ, להכנס בתור חברים באגודת חסידי חב״ד, כל אחד ואחד במקום מושבו, ולהיות חבר פועל טוב למלאות חוקי הסתדרות אגודת חסידי חב״ד ולקיים בפועל את הצעות חברי ועד מיסד אגודת חסידי חב״ד הכללית ופקודותיהם.

בתקוה טובה כי ימלאו את בקשתי והוראתי האמורה בזה לטובתם ולטובת בני ביתם יחיו בגשמיות וברוחניות הנני פורש בשלום כאו״א מידידינו אנ״ש, תלמידי תומכי תמימים ישיבת צמח צדק ותורת אמת ובני ביתם, ה׳ עליהם יחיו, ושולח להם את ברכתי שיהא השי״ת בעזרם בכל הדרוש להם בגשם וברוח, וישמור אותם בתוך כלל אחב״י שי׳ מכל צו״צ נו״מ וישפיע להם שפעת חיים וברכה מרובה בבני חיי ומזוני רויחא בגשמיות וברוחניות.

והנני ידידם עוז הדורש שלומם טובם והצלחתם ומברכם בגשמיות וברוחניות.

ב'שפד*

ב"ה י' אייר תשי"ד
ברוקלין

ידידי וו"ח אי"א מוה"ר משה שי'
גזבר אגודת חסידי חב"ד הכללית באה"ק ת"ו

שלום וברכה!

בסוף חדש זה, אשר הנני מקוה שיגיעו אז מכתבי אל ועד המיסד אגודת חסידי חב"ד באה"ק ת"ו אשלח בעזה"י שבע מאות שקלים בשביל ועד המיסד אגודת חסידי חב"ד באה"ק ת"ו, אשר מזה יפרע סך עשרים לא"י ע"ח החוב של ששים לא"י המגיע מעבר וסך עשרים לא"י לחדש מאז הודעתי להם את הסכמתי לתת הוצאות עשרים לא"י לחדש עבור הלימוד חסידות, והשאר על הוצאות הסתדרות הועד המיסד אגודת חסידי חב"ד באה"ק ת"ו.

בזה הנני להציע א) לשלם הוצאות הנסיעה להרב רמ"מ שי' קופערשטאך ולהרב ר"י שי' לאנדא בכל פעם שיבאו להשתתף באספה. ב) לקבוע שכר המזכיר ר"פ שי' אלטהויז עשרה לא"י לחדש. ג) לקבוע תקציב חדשי לבהכנ"ס נוסח האר"י בעיר העתיקה בירושת"ו כמו שכתבתי במכתבי אל אגודת חסידי חב"ד הכללית באה"ק ת"ו.

בשם כ"ק אדמו"ר שליט"א
מזכיר.

ב'שפד*

נעתקה מהעתק המזכירות [ג'תרלט]. לתוכנה ראה לעיל אגרת ב'שפג, ובהנסמן בהערות שם.

מוה"ר משה: **גוראריי. אגרות נוספות אליו — לעיל ב'רלז*, ובהנסמן בהערות שם.**

תקציב . . העתיקה: **ראה לעיל אגרת ב'שעה. לקמן ב'שפז.**

ב'שפה

ב"ה י' אייר תש"ד
ברוקלין

ידידי עוז הרה"ג הנכבד והכי נעלה וו"ח אי"א מוה"ר
שאול דובער שי'

שלום וברכה!

למראה עיני ידידי יהי' מכתבי הכללי לועד מיסד אגודת חסידי חב"ד באה"ק ת"ו והנני מבקש את ידידי לקבל את כהונת המשרה בתור יו"ר אגודת חסידי חב"ד הכללית באה"ק ת"ו וליתן ולמסור עצמו לעבודה הקדושה הלזו, והשי"ת יחזק את בריאותו ואת בריאות ב"ב ויו"ח יחיו ויתן לכולם פרנסה טובה בהרחבה בגשמיות וברוחניות.

ידידו הדו"ש ומברכם.

ב'שפו

ב"ה י' אייר תש"ד
ברוקלין

אל כל אחד ואחת מחסידי וגזע חסידי חב"ד בארצנו
הקדושה תובב"א

שלום וברכה!

פניתי לידידי מנהלי אגודת חסידי חב"ד הכללית באה"ק ת"ו לבא בכתובים עם ידידינו אנ"ש ותלמידי התמימים וישיבת צמח צדק ותורת אמת וגזע חסידי חב"ד בגליון שאלות מפורט אשר בו ועל ידו

ב'שפה

נעתקה מהעתק המזכירות [ג'תרמ].

מוה"ר שאול דובער: זיסלין. אגרות נוספות אליו — לעיל ב'רצג', ובהנסמן בהערות שם.

אגרות דומות נכתבו לכ"א מחברי הועד — דלעיל שתי האגרות שלפנ"ז.

ב'שפו

נעתקה מהעתק המזכירות [ג'תרפ]. לתוכנה ראה לעיל אגרת ב'שפג, ובהנסמן בהערות שם.

פניתי . . לבא בכתובים: באגרת שלאח"ז.

אוכל להוודע ממצבם הפרטי בפרנסה וממצבם המוסרי ומצב בני ביתם הן הנשואים והן הפנוים, ובזה הנני לבקשם, לטובתם בעזה״י בגשם וברוח, אשר כל אחד ואחת יואיל לענות בפרטיות, והשי״ת יהי׳ בעזרם בכל המצטרך להם בגשמיות וברוחניות.

והנני ידידם עוז הדו״ש ומברכם.

ב׳שפז

ב״ה י׳ אייר תש״ד
ברוקלין

אל אגודת חסידי חב״ד הכללית באה״ק תובב״א

שלום וברכה!

בזה הנני מצרף את מכתבי הכללי לאנ״ש ותלמידי ישיבת תו״ת וצ״צ ותורת אמת וגזע חסידי חב״ד ה׳ עליהם יחיו וידפיסוהו על נייר שלי כתבניתו בחתימתי, ומתאים לזה הנני מבקשם לסדר גליון שאלות מפורט אשר בו ועל ידו אדע פרטי מהות האיש במצבו המוסרי ומצב פרנסתו ועסקו ומצב ילידיו שנותיהם לימודם עבודתם והנהגתם, אם נשואים או פנוים, ושאיפותיהם ולמה המה מוכשרים וכתבותיהם.

גליון השאלות צריך להיות מפורט אבל לא יותר מדאי שלא להכביד על המשיב.

ביהכנ״ס חב״ד בעיר העתיקה בירושת״ו עומד להסגר, ובכדי לקיימו דרושה הוצאה ד׳ או ה׳ לירות לחדש לשכור איזה אנשים לבא להמנין הנה אגודת חסידי חב״ד צריכה להתענין בזה ויקציבו מקופת אגודת חסידי חב״ד הכללית לירא לחדש ויבקשו מכולל חב״ד לירא לחדש ומגחש״א שעל יד הכולל לירא לחדש ומתורת אמת לירא לחדש, והנני כותב מזה גם לכולל חב״ד ותורת אמת.

בשם כ״ק אדמו״ר שליט״א
מזכיר.

ב׳שפז

נעתקה מהעתק המזכירות [ג׳תרפא].

מכתבי . . חב״ד: **דלעיל ב׳שפד. ב׳שפו.**

ביהכנ״ס . . להסגר: **ראה לעיל אגרות ב׳שעה. ב׳שפד*.**

גחש״א: **גמילות חסד של אמת [חברא קדישא שע״י כולל חב״ד].**

ב'שפח

ב"ה י"א אייר תש"ד
ברוקלין

ידידי עוז וו"ח הרה"ג וו"ח אי"א מוה"ר מרדכי שי'

שלום וברכה!

במענה על מכתבו אדות חגיגת סיום מסכת גיטין בהתועדות הרמי"ם והתלמידים ובדברי תורה שנאמרו בסעודת מצוה זו, נהניתי במאד, ובטח יכתוב כל אחד בכתב את דרשתו אשר דרש בדברי תורה בשפה ברורה. מדוע לא השתתפו . . . יחיו ומדוע לא הזמינו את . . . יחיו, ידידי שי' יבחור ועד המסדר את הדברי תורה לדפוס וידפיס חוברת מיוחדת עם מבוא מפורט ברוחה של תו"ת ליובאוויטש.

יפרוש גיני בשלום כל הרמי"ם יחיו והתלמידים הנעלים מר אהרן שי' פאפאק ומר שלום שי' חאסקינד שהשתתפו באמירת דברי תורה, יגיד להם את ברכתי, כי יחזק השי"ת את בריאות ידידי ואת בריאותם ויצליח להם בעבודתם הק' להגדיל תורה תמימה ולהאדירה ויתרבה גבולנו בתלמידים יראי אלקים ובעלי כשרון המסורים ונתונים לתורה ביראת שמים.

ידידו הדו"ש ומברכם.

ב'שפח

נעתקה מהעתק המזכירות [ג'תשצג]. לתוכנה ראה לעיל אגרת ב'שמג, ובהערות שם.

מוה"ר מרדכי: מענטליק. אגרות נוספות אליו — לעיל ב'שמג, ובהנסמן בהערות שם.

חוברת מיוחדת: קובץ חדושי תורה (נ.י. תש"ד).

ב׳שפט

ב״ה י״א אייר תש״ד
ברוקלין

ידידי הרה״ג וו״ח אי״א מוהרא״א שי׳

שלום וברכה!

שלשום נתקבלו עשרה תיבות ספרים והיום נתקבלה תמונת הריאה. ותודה רבה.

ייטיב נא לכתוב חשבון ההוצאות שעלו לו, המשלוח והחבישה נסיעות ותיליפון, ואשלח לו את המגיע. . . .

שבוע הבע״ל אסדר אי״ה שילוח המכתבים אל הלאיער ולבתו של מר נייהויזען ע״ה.

בכבוד ובברכה.

ידידו.

ב׳שצ

ב״ה י״ב אייר תש״ד
ברוקלין

ידידי הנכבד והכי נעלה וו״ח אי״א מוה״ר אלחנן שי׳

שלום וברכה:

אייער שרייבן האב איך ערהאלטן. איך האב אייך געשיקט די

ב׳שפט

נעתקה מהעתק המזכירות.

מוהרא״א: **אקסילרוד. אגרות נוספות אליו — לעיל ב׳ריד, ובהנסמן בהערות שם.**

ב׳שצ

נעתקה מהעתק המזכירות.

מוה״ר אלחנן: **כהן. אגרות נוספות אליו — לעיל ב׳קפו, ובהנסמן בהערות שם.**

געשיקט . . פארצייכענונג: **כנ״ל אגרת ב׳שפ.**

קינדער׳ס שי׳ פארצייכנונג אלס באווייז אויף וויפיעל די קינדער זיינען דורשטיק הערן א אידישע רעליגעיזע ערקלערונג. אויב אייך אינטערעסירט וועל איך זעהן אז מ׳זאל אייך שיקען א קאפיע, וויסנדיק, אז יעדער גוטער ווארט וואס קומט צו אייך, ידידי היקר, ווערט ער פון אייך אויסגענוצט צו גונסטן לטובת הרבים.

איך דאנק אייך, ידידי היקר, פאר דעם גרוס פון אונזער ליבען פריינד, מר סטולמאן שי׳, און זייט אזוי גוט גיט אים איבער מיין שלום-עליכם-ברכה. זיכער וועל איך אים, מר סטולמאנ׳ען, און אייך מיט נאך אייערעביידנס שי׳ בעקאנטע זונטאג י״ד אייר אויף דער חגיגה צוזאמענקונפט פון מרכז הישיבות תומכי־תמימים ליובאוויטש, זעהן. איך וואלט זיין זייער צופרידן ווען איך הער אויסרופנדיק מר סטולמאנ׳סביישטייערונג פאר דער ישיבה לויט זיין גוטער הארץ מיט א סומע וואס זאל דינען אלס וועגווייזער פאר די מנדבים. עס איז זייער וויכטיג. השי״ת זאל אים מיט זיין פאמיליע יחיו באגליקען.

מיט די בעסטע וואונשן, א גוטן שבת און א גוטן תמיד,

ידידו הדו״ש ומברכו.

ב׳שצ*

ב״ה ט״ו אייר תש״ד
ברוקלין

ידידי וו״ח אי״א מוה״ר . . .

שלום וברכה!

. . . נצטערתי לקרא את מכתבו אדות מצבו הרוחני, שהדבור באופן כזה הוא מדרך החיצוניות. עס איז פאראן א פנימיות׳דיקע הנהגה און עס איז פאראן א חיצוניות׳דיקע הנהגה, וואס מען רעט אין דער וועלט אריין, לפעמים בהגזמה לצד הימני במעלות עצמו, ולפעמים בהגזמה לצד השמאלי בחסרונות עצמו ושניהם כאחד כזב ושקר.

ב׳שצ*

נעתקה מהעתק המזכירות [ג׳תרנ].

חצר אגרות־קודש (ב׳שצ*)

אחד האברכים שנתחנך במסיבת החסידים בעיר פאלאצק שלא בסדר מסודר ע״פ הוראת המשפיע החסיד ר׳ חיים אברהם נ״ע יאנאוויטשער אחד מחסידי הוד כ״ק אדמו״ר הזקן, אלא ע״פ הסדר שבחר בעצמו, הנה כשבא לכ״ק אדמו״ר צ״צ לליובאוויטש – בשנת תקצ״ג – כשנכנס על יחידות התאונן לפני הוד כ״ק אדמו״ר צ״צ שהוא ריק מתורה ותפלה ומושחת במדותיו ובעל הרהורים רעים והיצה״ר מושל עליו ואין לו שום רצון לטוב ונמשך אחרי התאוות.

אמר לו הוד כ״ק אדמו״ר צ״צ, א פלא און א העזה, א איד רעט אויף א אידישן גוף ונשמה אזעלכע חסרונות חטאים ועוונות אן א הרגש פון רחמנות, אט דאס איז א חיצון, יונגער מאן גיי אהיים פרעג ביים משפיע ר׳ חיים אברהם יאנאוויטשער, הויב אן פון אלף און השי״ת זאל דיך בענשען.

מהספור הזה מובן אשר די האמת כמו שהוא וההגזמה בחסרונות עצמו היא שקר כמו ההגזמה במעלות עצמו ושניהם כאחד מקלקלות.

בשם כ״ק אדמו״ר שליט״א
מזכיר.

ב׳שצא

ב״ה ט״ו אייר תש״ד
ברוקלין

ידידי עוז וו״ח אי״א מוה״ר . . .

שלום וברכה!

בנועם מיוחד קראתי את מכתבו מח׳ אדר העבר שקבלתי ימים אלו ושמעתי משלומו, לא יתאונן ידידי על חלישות כח הזכרון ועל אשר איננו יכול ללמוד, ת״ל בעד זה, יעדער ברכה וואס א איד מאכט און יעדער מאל דאווענען און יעדער מאל לייגן תפילין הוא יקר מכל

אחד האברכים: ראה כעין זה לקוטי שיחות ח״ז ע׳ 492.

ב׳שצא

נעתקה מהעתק המזכירות [ג׳תרסא].

יקר, והשי״ת יחזק את בריאותו ויאריך ימיו ושנותיו בטוב ובנעימים בגשמיות וברוחניות.

ידידו הדו״ש ומברכו.

ב׳שצב

ב״ה ט״ו אייר תש״ד
ברוקלין

ידידי וו״ח אי״א מו״ה דוד שי׳ הלמן

שלום וברכה!

במענה על מכתבו מער״ח שבט העבר שקבלתיו ימים אלו, נהניתי לשמוע משלומו . . .

נהניתי לשמ[ו]ע אשר דברי למר . . . פעלו ת״ל לטוב בהתחזקות באמונת השם, אבל לא זהו הכל, כי באמת ענין האמונה ישנה בכל אחד ואחד מישראל, אלא שהיא בהעלם מאד, ואין זה אלא שצריכים לגלותה ע״י העברת הכסוי העב מזרם החיים החולניים המכסה עלי׳, ולכן הנה ההתחזקות באמונת השם עד כמה שלא תהי׳ מעלה גדולה ונפלאה במאד, כדוגמת גילוי השמש המרפא בכנפי׳ לגבי יום המעונן וסגריר המביא מחלות שונות, הנה התחזקות זו אינה אלא גילוי ההעלם בלבד, והעיקר הוא קיום מצות מעשיות.

וזה – קיום מצות מעשיות – הוא הכל, ובפרט דברים שאם אין שומרים לעשותם במועדם אי אפשר לתקנם כמו מי שאינו שומר את הטהרה כדין התורה בבדיקה בזמנה וטבילה במקוה כשרה אשר הנולדים הם פגומים וא״א לתקן דבר זה גם בתשובה היותר גדולה.

גם ע״פ שורת השכל הבריא הנה דבר כזה – להוליד ולד פגום ע״פ התורה – הוא דבר נורא, דמי הוא זה שיוכל להשיב להנולד בדרשו במשפט השכל מאת הוריו באיזה רשות הביאוהו לעולם בתור ולד

ב׳שצב

נעתקה מהעתק המזכירות.

ידידי . . הלמן: אגרות נוספות אליו — לעיל ח״ו א׳תקעט, ובהנסמן בהערות שם.

פגום אך ורק בשביל זה שלא רצו – או שלא האמינו – במשפטי התורה.

הנה כל השם אורחותיו בצדק ובמשפט השכל ההגיוני ימצא כי צדקו דברי הנולד פגום בתביעותיו גם בעלמא דין, עלמא דשיקרא, ומה גם בתביעת נשמת הנולד פגום בעולם האמת.

ובאמת לאמתו הנה לאו דוקא בעניינים הרעים שאי אפשר לתקנם מלכלכים את הנשמה אלא גם העדר קיום מצות מעשיות והעברה על מצות לא תעשה מלכלכים את הנשמה וצריכים לתשובה גדולה.

נהניתי במאד מזה שנותן עצמו לעורר את מכריו ומיודעיו להתחזקות בקיום מצות ולחיזוק האמונה, וטוב הי' אם הי' מאסף איזה קבוצה ללמוד יחד פעם או פעמים בשבוע כשעה או יותר ואחר הלמוד לדבר עמהם איזה דברי התעוררות או שיחה ומאמר מ"הקריאה והקדושה" והנני מקוה אשר בעזה"י הי' מביא תועלת רבה, והשי"ת יהי' בעזרו בגשמיות וברוחניות.

ידידו הדו"ש ומברכו.

ב'שצג

ב"ה ט"ז אייר תש"ד
ברוקלין

ידידי עוז הרב התלמיד הנכבד והכי נעלה וו"ח אי"א
מוה"ר יוסף מנחם מענדיל שי'

שלום וברכה!

במענה על מכתבו אודות סדרי ישיבת אחי תמימים ליובאוויטש בפהילאדעלפיא, חתני הרב רש"ג שליט"א הרציא לי את פרטי הסדר

ב'שצג

נעתקה מהעתק המזכירות [ג/תתנז].

מוה"ר יוסף מנחם מענדיל: טננבוים. אגרות נוספות אליו — לעיל ב'רסח, ובהנסמן בהערות שם. סדרי . . בפהילאדעלפיא: נוסדה בב' אייר (חוברת תות"ל, ח"י אלול תש"ד, ע' 19). וראה גם לקמן אגרות ב'תמט. ב'תקו-ז. ב'תקלא-ג. ב'תקצו. ב'תרמד. ב'תשלג.

דבר דבר על אופנו והסדר טוב ונחוץ הוא וישתדל להביא בעזה"י את הדבר מהכח אל הפועל טוב, והשי"ת יהי' בעזרו בגשמיות וברוחניות.

בשם כ"ק אדמו"ר שליט"א
מזכיר.

ב'שצד

ב"ה ט"ז אייר תש"ד
ברוקלין

ידידי הרה"ג הנכבד והכי נעלה וו"ח אי"א מוה"ר שלמה שי'

שלום וברכה!

במענה על מכתבו, תודה עבור שני ספורי זכרונות אשר שלח לי. את החסיד ר' יעקב נ"ע מקאוועל הכרתי כי ראיתיו בילדותי בשנת תרמ"ד כי הי' מטיב לנגן בכנור, אמנם את שני הספורים שכתב לחתני הרב רש"ג שליט"א לא ידעתי.

יחזק השי"ת את בריאותו ואת בריאות זוגתו הרבנית ואת בריאות ילידיהם וב"ב יחיו ויתן לכולם פרנסה טובה בהרחבה.

הדו"ש ומברכו.

ב'שצד

נעתקה מהעתק המזכירות [ג'תתסד].
מוה"ר שלמה: סאדאווסקי. אגרות נוספות אליו — לעיל ח"ז ב'עא, ובהנסמן בהערות שם.
ספורי זכרונות: ראה בקשת רבנו ממנו — לעיל ח"ה אגרת א'תנ.

ב׳שצה

ב״ה י״ז אייר תש״ד
ברוקלין

חתני הרש״ג שליט״א

שלום וברכה!

1) צריכים לכתוב למרת רוזוועלט מתוכן המכתבים שנתקבלו ממר האל וממר סטימסאן.

2) לענות למר סטימסאן על מכתבו.

3) מאחר שעד עתה לא נתקבלה שום ידיעה ממר האל כהבטחתו במכתבו נכון להשתדל אודות ראיון.

4) לפי מכתב סטימסאן הענין שייך לשר הפנים ואליו לא כתבו כלל וגם מרת רוזוועלט לא הזכירה אודות זה.

ב׳שצו

ב״ה י״ז אייר תש״ד
ברוקלין

ידידי התלמיד החשוב הרב מו״ה יהודה צבי שי׳

שלום וברכה!

שמחתני בידיעותיך על אודות מצב הישיבה בגשם וברוח וצריכים השתדלות גדולה והרב ליפשיץ שי׳ יוסיף אומץ על אדות ההכנסה

ב׳שצה

נעתקה מהעתק המזכירות [ג׳תתקב]. לתוכנה ראה לעיל אגרת ב׳שעג.

חתני הרש״ג שליט״א: **אגרות נוספות אליו — לעיל ב׳שיט, ובהנסמן בהערות שם.**

ב׳שצו

נעתקה מצילום האגרת [ג׳תתקיב]. לתוכנה ראה לקמן אגרת ב׳תד.

מו״ה יהודה צבי: **פאגלמאן. אגרות נוספות אליו — לעיל ב׳קנט, ובהנסמן בהערות שם.**

הישיבה: **בבאפאלא.**

וירחיב חוג עבודתו ע"י קאמיטה מבע"ב נכבדים יחיו והשי"ת יעזר להם.

בדבר המנין של תפלה שתקן הוא דבר גדול במאד מאד, ויסדר אשר התפלה תהי' במתינות – לא באריכות יותר מדאי כ"א במתינות – וכל התלמידים יתפללו מתוך הסדור ובקול – לא בצעקה – ובעמידה – אם אפשר כל התפלה – כמבואר בשו"ע ולשמוע קרה"ת מתוך החומש.

על אדות הלימוד עם הכתה פעם בשבוע ואודות המאנטאג שעה יכתוב לי בפרטי' ובטח יקח בזה הוראות מהמרכז לעניני חנוך.

יחזק השי"ת את בריאותו ויצליח בעבודתו הק' בהצלחה מופלגת בגשמיות וברוחניות.

יכתוב לי בפרטיות אודות בהכנ"ס אהבת אחים.

בשם כ"ק אדמו"ר שליט"א
מזכיר

ח. ליבערמאן

ב'שצז

ב"ה י"ח אייר תש"ד
ברוקלין

אל הנהלת מרכז ישיבת תת"ל

שלום וברכה!

א. מה מצב לימוד התנ"ך בכל המערכות, מה המה הלמודים בכל מערכה ומערכה ומי הוא המורה.

ב. לסדר בוחן מיוחד – היודע עברי בלי שגיאות – לבחון את כל התלמידים שי' ממערכת הרב אושפאל שי' עד מערכת הרב קאסטעל שי' באמירת עברי בלא שגיאה.

ב'שצז

נעתקה מהעתק המזכירות [ג'תתצא].

לימוד התנ"ך: **כהוראת רבנו לעיל ח"ו אגרת א'תרסט. ח"ז אגרות א'תתקכה. א'תתקנ.**

ג. לסדר להתלמידים שי' לימוד קצור שו"ע – מאיזה מערכה שיחליטו להתחיל – ולהיות בקיאים בסימני קצור שו"ע כפי הליקוט אשר יסדר ועד ההחלטה.

ד. להטיל חובה על כל התלמידים שי' מי"ב שנה ומעלה עד תלמידי בהמד"ר לימוד וידיעת פירוש המלות בתפלת שחרית – מנחה נכללת בתפלת שחרית – וערבית, ברכת המזון וקשעהמ"ט, הפסוקים ללמוד עם פרש"י ומצו"ד והמשניות עם פי' הרע"ב ז"ל.

ה. לקבוע פעמים בשבוע לימוד הטעמים ע"פ הוראת בעל קריאה מומחה ולהרגיל לקרא בתורה – מאיזה מערכה להתחיל הוא ע"פ החלטת ועד ההנהלה.

ו. לקבוע אשר בכל שבת ושבת ילמדו התלמידים שי' איזה משניות פרקי אבות עם פי' הרע"ב ז"ל אשר במשך הקייץ ילמדו כל המסכת אבות.

ז. לסדר חבורת תלמידים חוזרי דא"ח בע"פ, מאמרים קצרים ע"פ הוראת ועד ההנהלה מי המה החוזרים ע"פ למודו והוראתו של הבקי בסגנון חזרת דא"ח בע"פ.

ח. לסדר חבורת תלמידים מנגנים.

לבחון ע"פ יודע נגן את כל התלמידים שי' הקטנים והגדולים ביחס אל הנגינה הראוים להכנס בחבורת התלמידים המנגנים.

לקבוע שלש פעמים בשבוע שעה של לימוד נגינה, ביחוד ניגוני חב"ד ע"פ הוראת יודע נגן ע"פ תוי הנגינה.

חבורת תלמידים מנגנים ינגנו בסעודת שבת ובשעה קבועה בש"ק בין מנחה למעריב קודם חזרת דא"ח ואחרי כן.

ט. להודיעני ממילוי הצעותי והוראותי בשמונה סעיפים הנזכרים.

בשם כ"ק אדמו"ר שליט"א
מזכיר.

חבורת תלמידים מנגנים: **ראה לקמן אגרת ב'תלא.**

ב׳שצח

ב״ה כ״א אייר תש״ד
ברוקלין

כבוד ידידי הנכבד והכי נעלה, משכיל על דבר טוב, בעל מדות תרומיות, עסקן חרוץ, וו״ח אי״א מו״ה יקותיאל שי׳ המכונה סעם קרעמער

שלום וברכה!

מען האט מיר איבערגעגעבן טיילוויז, אין דער אידישער שפראך, פון אייער רעדע בא דער חגיגה פון מרכז ישיבות תומכי־תמימים ליובאוויטש, וואס האט מיך זייער דערפרייט צו הערן אז איר האט שוין ב״ה דעם געפיהל און אנערקענונג פון עכטע אידישקייט אן וועלטלעכע צערעמאניע וויקעלעך, און אז די ריכטיגע אידישקייט מאכט צו די מיילער פון די שונאי ישראל.

איך דריק אייך אויס, ידידי הנכבד, מיין גרויס צופרידענקייט און מיין יישר כח און וויל אייך זאגן אז אייער ערוואכונגס רייכספולע רעדע איבער עכטע און חב״ד אידישקייט און אייער פאדערונג פאר דעם גרעסטן רעספעקט פאר אזא אידישקייט וועט ערוועקן און ערוואכן פיעל, פערשלאפענע און וועלט פארפרארענע און פארגליווערטע, אידישע פיינע פון געבורט הערצער.

פאר אייער, ידידי היקר, פיעל גוטע ארבעט אויפן תורה געביט און געזעלשאפטלעכע און בעזאנדערס חב״ד געביטן, וואס איר האט געטאן און טוט, האט השי״ת אייך בעגליקט מיט דער ריכטיקער הכרה – ערקענונג – אז נאר עכטע אידישקייט איז די אמת׳ע רפואה צו אלע אונזערע – עם ישראל – צרות, און נאר דורך דער אמת־אידישער דערציאונג און די כשר׳ה בתי ספר און יראת שמים און חסידות ישיבות וועלן מיר געהיילט און געשטארקט ווער[ן].

ווי גליקליך איך וואלט געווען ווען איר, ידידי היקר נעמט אן מיין

ב׳שצח

נעתקה מהעתק המזכירות.

כבוד . . קרעמער: אגרות נוספות אליו — לעיל ח״ז א׳תתקצד, ובהנסמן בהערות שם. לקמן ב׳תט.

חגיגה . . ליובאוויטש: בפסח שני, כנ״ל אגרת ב׳שצ.

רעקאמענדאציע איינצואָרדענען א תורה חברותא פון אייער קרייז צו לערנען א שעה אין וואך אמת׳ע תורה – אין אָריגינאל ניט אין איבערזעצונג – וואס דאן וואלט זיך פאר אייך און אייערע ווערטע חברים יחיו עפענען א נייער רייכפאלער תורה וויסענשאפטלעכער האריזאנט וואס זעטיגט און דערפרייט יעדע אידישע הארץ.

איך שטיי גרייט מיטן גרעסטן פארגעניגן רעקאמענדירן אייך פון מיינע בעסטע בעקאנטע ענגליש שפרעכענדע תלמידים יחיו וואס וועט פריי, אן קיין געצאלט, פאר אייך פארלערנען.

זייט געבענטשט מיט אייער ווערטער פאמיליע יחיו בגשמיות וברוחניות.

ידידו הדו״ש ומברכם.

ב׳שצט

ב״ה כ״ד אייר תש״ד
ברוקלין

כבוד ידידי עוז ש״ב הרה״ג הנודע לשם תהלה ותפארת, משכיל על דבר טוב, גזע תרשישים, וו״ח אי״א מוהרשיל״א שליט״א

שָלום וברכה!

מכתבם מכ׳ שבט אדות בקורם אצל ש״ב כ״ק הרבי מבעלז שליט״א קבלתי ונהניתי לשמוע מביקורם ושיחתם, יעזרהו השי״ת וימלא משאלות לבב קדשו לטובה ולברכה בגשמיות וברוחניות.

כן קבלתי רשימת הבנות של מקבלי חלוקה הלומדות או עובדות מה שמענין אותי במאד, והנני מבקש לסדר רשימה כזו גם מבניהם של מקבלי חלוקה הלומדים או עובדים ומצבם המוסרי.

ב׳שצט

נעתקה מהאגרת שבאוסף המכתבים.

מוהרשיל״א: אגרות נוספות אליו — לעיל ב׳שנח, ובהנסמן בהערות שם.

בקורם . . מבעלז: על ביקור זה מסופר ב„נשיאי חב״ד ובני דורם״ ע׳ 105. וראה לעיל אגרת ב׳רצג — ברכת רבנו לבואו לארה״ק. שם ב׳רצג* — בקשת רבנו שיבקרוהו ויברכוהו בשמו.

אדמו״ר מוהריי״צ נ״ע שז

אתענין לדעת סיבת הדבר מפני מה בנות אנ״ש יחיו מגיל למעלה מעשרים לא נשתדכו עדיין והנני כותב אל הורי הבנות יחיו ובבקשה לשלוח את המכתבים ע״י הדואר לכל אחד ואחד על כתבתו הפרטית ולא ע״י שליח, ואת המכתבים לא יקרא מי שהוא אחר חוץ מש״ב ידידי שי׳, כי הוא ענין פרטי שאין לממוני הכולל לדעת מזה, כן התשובות יתקבלו לידי ידידי שי׳ – ע״י הדואר או שיביאום בעצמם באופן פרטי – וידידי ש״ב שי׳ ישלחם אלי באוירון.

בטח נתקבל מכתבי העבר ויתקנו בעזה״י את כל האמור שם.

ישלח השי״ת רפואה לידידי ש״ב ויחזקו ויאמצו ויאריך ימים ושנותיו בטוב ובנעימים בגשמיות וברוחניות.

והנני ש״ב ידידו הדו״ש ומברכו

יוסף יצחק

ב׳ת

ב״ה ערב חג השבועות תש״ד
ברוקלין

אל ידידי עוז אהובי נפשי צמודי לבבי התלמידים התמימים ואחיהם התלמידים הנספחים על דגל תומכי תמימים לטובה ולברכה,
ה׳ עליהם יחיו

שלום וברכה.

הננו מתעתדים היום בהכנה רבה לקראת יום הקדוש והבהיר, חג מתן וקבלת תורתנו הקדושה, ולהיות כי ימי הקדש ומועדי השמחה נזכרים ונעשים כל מועד בזמנו, הנני בזה לברכם כי יתעוררו בהתעוררות אמיתית בהכנת הלב והמוח לקבל את התורה בפנימיות לעבדה ולשמרה בנתינה ומסירה אמיתית ללמוד וללמד ויצליחו

מכתבי העבר: **דלעיל ב׳שסד.**

ב׳ת

נעתקה מצילום האגרת [ד׳צט].

בלימודם בנגלה ובדא״ח, ויחזק השי״ת את בריאות כלם ויסתדרו בסדר חיים מאושרים באהלה של תורה בפרנסה טובה במנוחה ובהרחבת הדעת וברוחניות.

יגידו את ברכתי אל התלמידים אחי תמימים בכל המערכות, ה׳ עליהם יחיו, כי ישקדו ויצליחו בלימוד ובהנהגה דיראת שמים ולרגלם יתברכו הוריהם יחיו בבריאות הנכונה ובפרנסה טובה.

והנני ידידם עוז הדו״ש ומברכם

יוסף יצחק

ב׳תא

ב״ה ה׳ סיון תש״ד
ברוקלין

ידידי הנכבד והנעלה וו״ח אי״א מוה״ר מנחם מענדיל שי׳

שלום וברכה!

במענה על מכתבו, אין הזמן מרשה לי, מרוב העבודה קודם חג הקדוש ומתן וקבלת התורה, להאריך במכתבי זה כדרוש, ונהניתי לקרא את אשר כתב והלואי ירבו בעלי בתים, בעלי דעה ישרה ולומדי תורה, כמוהו, והיו בעזה״י מעמידים את אמעריקא על אותו הגובה בלימוד וידיעת התורה וקיום המצות כראוי לה.

אמנם כהיום מתעתדים אנחנו כלנו לחוג את חג הקדוש יום הבהיר יום מתן וקבלת תורתנו הקדושה, ועלינו כלנו כאחד, כל חד לפום דרגא דילי׳ ולפום דמשער בליבי׳ ובמוחו לעשות הכנה רבה, וידוע דגם מצות התלויות במוח ולב יש בהם ענין המעשה והוא הקבלה טובה שמקבל על עצמו להיות מסור ונתון לא רק לקבוע עתים לתורה ללמוד בעצמו אלא שמקבל על עצמו בקבלה בלב להיות

ב׳תא

נעתקה מהעתק המזכירות [ד׳קו].

מוה״ר מנחם מענדיל: **הויזמאן. אגרת נוספת אליו — לעיל ח״ז ב׳סא.**

ממרביצי תורה ביראת שמים לקבוע שיעורי לימוד ברבים ולהשתדל בזה בכל תוקף ולהיות ממחזיקי תורה בישיבות הכשרות המיוסדות על יסודות של יראת שמים.

נהניתי לשמוע אשר ידידי ובנו ר״נ שי׳ הם מחברי ההנהלה בישיבת רח״ב, ובטח הם מחזיקים בידי מנהלה הרוחני ידידי הכי נכבד ונעלה הרה״ג הוטנער שליט״א, אשר הנני מכבדו במאד, אשר נוסף על מעלותיו הכי נשגבות ביראת שמים אמיתית ובידיעת התורה הנני מייקרו בעד מסירתו ונתינתו להדריך את התלמידים שי׳ במעגלי יראת שמים וכל בן תורה צריך לכבדו במאד לתמכו ולהחזיקו כי הוא רוח החי׳ ברוח ישראל סבא בהישיבה.

יחזק השי״ת את בריאות ידידי ואת בריאות ב״ב יחיו וימלא משאלות לבבו לטובה ולברכה בגשמיות וברוחניות.

יגיד לידידי בנו שי׳, אז מען בעדארף יעדן טאג לערנען א שיעור גמרא ואיזה סעיפים שו״ע או״ח והשי״ת יהי׳ בעזרו בגשם וברוח.

ידידו הדו״ש ומברכם.

ב׳תב

ב״ה ה׳ סיון תש״ד
ברוקלין

כבוד ידידי הרב הנודע לשם תהלה ותפארת משכיל על דבר טוב, בעל מדות טובות, אי״א מוה״ר ... שי׳

שלום וברכה!

במענה על דבורו בתיליפון עם מזכירי מר ליבערמאן שי׳ אודות ידידי בניהם (כתיב, בני קרי) התלמידים היקרים ... שי׳, יואיל לעיין בפירוש רש״י ז״ל ע״פ ואת שבתתי תשמרו (ויקרא י״ט, ג׳).

רח״ב: ר׳ חיים ברלין.

ב׳תב

מהעתקה.

ובזה הנני להודיע לידידי אשר הנני תובע מאתו ומאת רעיתו הרבנית תחי׳ את חלקי המגיע לי ע״פ התורה, והוא כי מאז אשר הביאו את בניהם ... שי׳ אלי בהיותי אצל וויען לברכם וברכתים אשר ישקדו בלימוד ובהנהגה דיראת שמים ובמדה ידועה מילא השי״ת את ברכתי ות״ל הם שוקדים בלימוד ובהנהגה דיראת שמים והשי״ת חננם בדעה להכיר את האמת הגמור אשר ההצלחה האמיתית בלימוד וביראת שמים – בחסדי השי״ת ובזכות אבותינו רבותינו הק׳ זצוקללה״ה נבג״ם זי״ע – קונה התלמיד הלומד אך ורק בישיבה תומכי־תמימים, ובכל תוקף עוז דין תורתינו הקדושה – בעד ברכתי – הנני דורש אשר התלמידים צמודי לבבי מר ... שי׳ ילמדו מעתה בישיבה שלי „תומכי תמימים״, והנני מבקש את ידידי ואת רעיתו הרבנית תחי׳ אשר ילכו בדרך הישר ויתנו את ברכתם לבניהם יחיו, והשי״ת יחזק את בריאותם ויראו מהם ומבתם תחי׳ רוב נחת וענג ויגדלום לתורה חופה ומעש״ט מתוך פרנסה בהרחבה בכבוד ובמנוחה בגשמיות וברוחניות.

ידידו הדו״ש ומברכם.

ב׳תג

ב״ה י״ד סיון תש״ד
ברוקלין

אל הבילדינג קאמיטטא דישיבת אחי תמימים
ליובאוויטש בעי״ת נוארק,
ה׳ עליהם יחיו!

שלום וברכה!

בנועם שמעתי על אודות התיסדות ועד הבנין בשביל ישיבת אחי תמימים ליובאוויטש במחנם הטובה, ותקותי חזקה אשר חברי הועד ונשיאם הכי נעלה וסגניו הנכבדים יחיו בראשם יצליחו בעזה״י בעבודתם הקדושה להקים בית ה׳ באור תורה תמימה אשר בעזרתו

ב׳תג

נעתקה מהעתק המזכירות [ד׳רמה].

שיא אדמו״ר מוהריי״צ נ״ע

יתי התלמידים היקרים יחיו בלימודם ובהנהגתם הטובה ביראת שמים ובדרך ארץ ע״פ התורה וחינוך הכשר והישר באמת לאמיתו יהיו מאורי אור במושבות בני ישראל, ולרגלם יתברכו הוריהם וכל העוסקים בהחזקת ישיבת אחי תמימים ליובאוויטש, הן בטרחתם והן בממונם, בבריאות הנכונה ובפרנסה בהרחבה.

ואתם חברי ישיבת אחי תמימים ליובאוויטש בנוארק התעוררו בהתעוררות גדולה ואיש איש מכם ישים מגמתו להתעסק בעבודת הקדש במסירה ונתינה לבנות בית ה׳, ישיבת אחי תמימים ליובאוויטש בנוארק, ופועל ידכם ירצה השי״ת, והנני מברך אתכם ואת בני ביתכם יחיו בבריאות הנכונה ובפרנסה טובה בהרחבה בגשמיות וברוחניות.

והנני מתכבד להשתתף עם עושי חסד, והנני שולח רצוף בזה המחאה על סך חמש מאות שקלים גמילות חסד לועד הבנין.

והנני ידידם עוז הדו״ש טובם והצלחתם בגשמיות וברוחניות.

ב׳תד

ב״ה י״ד סיון תש״ד
ברוקלין

ידידי עוז תלמידי החשוב הרב וו״ח אי״א מוה״ר צבי שי׳

שלום וברכה!

במענה על מכתבו בדבר המנין עם התלמידים שי׳ והסדר דש״ק טוב הוא, אמנם מה שחסר עדיין בהמאנטאג שעה והשיעור לצעירים דורש תיקון, ויעזרהו השי״ת לתקן. ובהנוגע להצעה דבר חילוף הבנין של הישיבה טוב הדבר שכתב לחתני הרש״ג שליט״א כי כל עניני הישיבה שייכים אליו, והשי״ת יצליח לו וירחיב גבולו בתלמידים טובים ובעלי כשרון.

בשם כ״ק אדמו״ר שליט״א
מזכיר.

ב׳תד

נעתקה מהעתק המזכירות [ד׳רפג]. לתוכנה ראה לעיל אגרת ב׳שצו.

מוה״ר צבי: **פאגלמאן. אגרות נוספות אליו — לעיל ב׳קנט, ובהנסמן בהערות שם.**

ב׳תה

ב"ה י"ד סיון תש"ד
ברוקלין

ידידי עוז התלמיד החשוב הרב וו"ח אי"א מוה"ר יוסף
שי'

שלום וברכה!

במענה על מכתבו:

התמונות נתקבלו ובטח ישלחו גם את השאר ובהם יהיו גם תמונות ידי"ע התלמידים התמימים הקשישים יחיו וגם אלו שנתוספו עליהם, כל אחד לעצמו, ומעבר השני יהי' כתוב שם בעל התמונה.

בשם כ"ק אדמו"ר שליט"א
מזכיר.

ב׳תו

ב"ה י"ד סיון תש"ד
ברוקלין

אל חתני הרש"ג שליט"א

שלום וברכה!

במענה על ההצעה אודות אספת ראשי הישיבות מישיבות אחי תמימים בערי השדה, נכון הדבר במאד, והזמן מתאים על יום י"א י"ב

ב׳תה
נעתקה מהעתק המזכירות [ד׳רפד]. לתוכנה ראה לעיל אגרת ב׳שיג.
מוה"ר יוסף: ראדאל.

ב׳תו
נעתקה מהעתק המזכירות [ד׳שג]. לתוכנה ראה לקמן אגרת ב׳תיב. האספה התקיימה בימים ט"ז-י"ח אלול. תיאורה בקובץ ליובאוויטש גליון 5 ע' 81. לקמן ב׳תקטו.
חתני הרש"ג שליט"א: אגרות נוספות אליו — לעיל ב׳שיט, ובהנסמן בהערות שם.

תמוז הבע״ל, וצריכים לסדר בעזה״י סדר היום באיזה ענינים תתעסק האספה. סדר היום צריך כמובן להיות בעניני חינוך, אשר בזה ידברו הנאספים וצריכים להגביל כמה ועידות יהיו. לדעתי יכולים להיות ג׳ ועידות, ב׳ ועידות י״א תמוז ואחת י״ב תמוז, כל ועידה באיזה שעה תהי׳ ומה מעניני סדר היום ידיינו בועידה ההיא ואת סדר היום צריכים לשלוח לכל ראשי הישיבות למען אשר יכינו עצמם לזה.

אתענין לקרא את סדר היום שיכינו טרם אשר יפרסמוהו.

בשם כ״ק אדמו״ר שליט״א
מזכיר.

ב׳תז

ב״ה ט״ו סיון תש״ד
ברוקלין

אל חתני הרש״ג שליט״א

שלום וברכה!

להודיע להרמי״ם דביהמד״ר, מתיבתא ומכינות אחי תמימים וחדרי תורה, גם למסור ע״י הטעלעפאן לכל הסניפים בערי השדה, אשר היום קודם תפלת המנחה יאמרו מזמורי תהלים אלו; קאפיטל ה, כ, כז, לה, קט, ברבים וסדר האמירה יהי׳ אשר החזן הר״מ או מי שהוא יאמר פסוק ראשון ואחרון בכל קאפיטל בקול רם.

בשם כ״ק אדמו״ר שליט״א
מזכיר.

ב׳תז

נעתקה מהעתק המזכירות [ד׳שכד].

חתני הרש״ג שליט״א: **אגרות נוספות אליו — לעיל ב׳שיט, ובהנסמן בהערות שם.**

שיד אגרות־קודש (ב'תח)

ב'תח

ב"ה ט"ו סיון תש"ד

כבוד נדיבי עם ישרון, חובבי תורה ומצוה וביחוד ידידינו אנ"ש וו"ח אי"א וכו' די בכל מדינות ארצה"ב וקאנאדא. ה' עליהם יחיו!

שלום וברכה!

תהלה ושבח להשי"ת פאר דער גרויסער שנעלער ענטוויקלונג פון מרכז הישיבות תומכי תמימים ליובאוויטש, וואס האט אויפגעשטעלט במשך פון א קורצע צייט 17 מוסדות תורה, ישיבות תומכי תמימים, ישיבות אחי תמימים און חדרי תורה תמימה, אין פילע שטעט אין אמעריקע און קאנאדא, אין וועלכע עס לערנען און ווערן ערצויגן אין גייסט פון ישראל סבא הונדערטער און הונדערטער אמעריקאנער געבארענע אידישע קינדער און יונגע לייט.

דער בודזשעט פון מרכז הישיבות תומכי תמימים ליובאוויטש מיט די צווייגן אפטיילונגען פון ישיבות און חדרי תורה תמימה, בעטרעפט ביי היינטיגען טאג ארום צוויי הונדערט טויזנט דאללאר און מוז כסדר שטייגען אין איינקלאנג מיט דער פארגרעסערונג פון די מוסדות התורה און תלמידים כ"י, בכדי זיך צו פארזיכערען די עקסיסטענץ פון די דאזיקע מוסדות התורה פאדערט זיך צו שאפען קביעותדיגע מקורים פאר הכנסה און ניט זיין אנגעוויזען בלויז אויף צופעליגע זמניותדיגע בעשטייערונגען.

יעדער איינער פון אנ"ש, פריינד און עסקנים תומכים פון די ישיבות תומכי תמימים מוזן און וועלן זיכער אי"ה אויך ווייטער טאן מיט יעדע אנשטרענגונג צו שאפען געוויסע שטיצע פאר תומכי תמימים, אט די שטיצע קען און מוז געמאכט ווערן פאר א דבר קבוע, אויף וועלכן דער מרכז הישיבות תומכי תמימים זאל קענען בויען און שטיצען דעם ריזיגען בודזשעט.

ב'תח

נעתקה מצילום האגרת [ד'שכו].

17 מוסדות תורה: 2-1) תו"ת בנ.י. ומונטריאל. 9-3) אחי תמימים בפיטסבורג, וואוסטער, נוארק, ראטשעסטער, באפאלא, באסטאן, פילאדעלפיא. 17-10) חדרי תורה תמימה (בקונ' תות"ל ח"י אלול תש"ד ע' 25 מנויים 12 סניפים של חדרי תורה תמימה).

דעריבער האב איך בעפולמעכטיגט מיין איידים, הרב שמרי׳ שליט״א גוראריי, יושב ראש ועד הפועל פון מרכז הישיבות תומכי תמימים ליובאוויטש, צו ארגאניזירן די עסקנים און תומכים פון די ישיבות תומכי תמימים אין פיר דרגות;

א. עסקנים און תומכים, וועלכע אונטערנעמען זיך בעזה״י צו שאפן במשך פון יאר טויזנט דאללאר און מער.

ב. עסקנים און תומכים וועלכע אונטערנעמען זיך בעזה״י צו שאפן במשך פון יאר פינף הונדערט דאללאר.

ג. עסקנים און תומכים וועלכע נעמען זיך אונטער צו שאפן במשך פון יאר צוויי הונדערט און פופציג דאללאר.

ד. עסקנים וועלכע נעמען זיך אונטער צו שאפן במשך פון יאר לכל הפחות הונדערט דאללאר.

די דאזיקע עסקנים און תומכים וועלן פאררעכנט ווערן אלס די **חברים מיסדים** פון מרכז הישיבות תומכי תמימים ליובאוויטש – די עמודי התוך פון דעם מוסד הקדוש – און אלס מיינע מיטהעלפער און מיטארבייטער אין דער הייליגער ארבעט פון הרבצת תורה ביראת שמים דא אין לאנד. זיי וועלן פארשריבן ווערן אין ספר **הזכות** פון די היכלי הקדש פון כ״ק אבותינו רבותינו הק׳ זצוקללה״ה נבג״ם זי״ע.

נדיבי עם אלקי אברהם! עס איז א צייט ווען יעדער מאן אדער פרוי פון אידישן פאלק דארף זיך שאפען א זכות אויסגעהיט צו ווערן פון די שרעקליכע חבלי משיח און זוכה צו זיין צו דעם אור כי טוב לקבל פני משיח צדקנו במהרה. איר האט איצטער די געלעגענהייט צו פארשאפען זיך דעם גרויסן זכות דורך פארשרייבן זיך אלס חברים מיסדים אין די ישיבות תומכי תמימים.

ובגלל הדבר הזה ישפיע השי״ת לכם ולבני ביתכם שפעת חיים וברכה מרובה בכל מילי דמיטב מנפש ועד בשר.

והנני ידידם עוז הדו״ש ומברכם

יוסף יצחק

שטז אגרות־קודש (ב'תט)

ב'תט

ב"ה ט"ו סיון תש"ד
ברוקלין

כבוד ידידי הנכבד והכי נעלה, משכיל על דבר טוב, בעל מדות תרומיות, עסקן חרוץ וו"ח אי"א מוה"ר יקותיאל שי', המכונה סעם קרעמער

שלום וברכה!

איך ווענדע זיך צו אייך, ליעבער פריינד, מיט א גרויסער בקשה וואס רירט אן דעם עצם וואוילזיין פון מיינע ישיבות.

עס האנדעלט זיך וועגען דער נייער הויז וואס מיר האבען שוין אין דעם אריינגעלעגט ב"ה פיעל געלט און מיה, מיט דער האפנונג צו לייזען איין אנגעוועהטאגטע לעבענס־פראגע פאר דער צענטראלער ישיבה תומכי תמימים אין ברוקלין, נעמליך, דאס איינארדענען איר אין א פאסענדע באקוועמע היים.

ליידער איז די לאנג ערווארטעטע לייזונג פון דער דאזיקער פראבלעם נאך ניט דערגרייכט געווארן, צוליעב דעם וואס די פריערדיגע בעלי בתים פון דער הויז האבען ניט געהאלטן ווארט און ניט געקוקט אויף דעם געזעץ אז אנהויב מערטש האבן זיי בעדארפט בעפרייען די הויז, האבען זיי זיך נאך עד היום ניט ארויסגעקליבען פון דער הויז.

די לאגע אין דער צענטראלער ישיבה איז פשוט איין אונערטרעגליכע. יעדער טאג וואס גייט אוועק אין די איצטיגע אומשטענדען בריינגט אונז פיעל שאדען, גייסטיג, מאראליש און פינאנציעל.

עס זיינען אריבער דריי חדשים זינד זיי האבען געזעצליך בעדארפט

ב'תט

נעתקה מהעתק המזכירות [ד'שכז].

כבוד . . קרעמער: **אגרות נוספות אליו — לעיל ב'שצח, ובהנסמן בהערות שם.**

נייער הויז: **ראה בזה לעיל אגרת ב'קעח, ובהנסמן בהערות שם.**

באפרייען די הויז און זיי האבען זיך נאך עד היום ניט ארויס געקליבען פון דער הויז.

עס האט מיך שטארק געוואונדערט אויף אייך ידידי היקר, אלס איבערגעגעבענער פריינד צו די הייליגע ישיבות און אלס ערפארענער געזעלשאפטלעכער טוער און באוואוסטער לאיער, און איר האט די פארגאנגענע דריי חדשים ניט געטאן אין דעם אז די גרויסע תורה אינסטיטוציע זאל ניט בערויבט ווערן פון אירע געזעצליכע רעכט און אומגעזעצליך געשענדעט און איגנארירט ווערן.

אויף מיין פראגע אין א חודש ארום נאך דעם ווי געזעצליך האבן זיי שוין בעדארפט בעפרייען די הויז, פארוואס נעמט מען ניט קיין געזעצלעכע מיטלען? האט מען מיר געענטפערט אז מר. קרעמער זאגט אז מיט אזעלכע מענשן קען מען זיך אזוי ניט בעגיין.

יא, אזא תירוץ וואלט זיך אפשר געפאסט אין דער אמאליגער צארישער רוסלאנד, ניט אין דער פרייער אמעריקא, וואו דער געזעץ בעדארף גילטען פאר אלעמען גלייך, און בפרט גרעסערע מענשען בעדארפן ווייזן דעם ריכטיג ארענטלעכען ביישפיעל פון **אויספאלגען דעם געזעץ און ניט איגנארירען די געזעצן**.

מען האט מיר איבערגעגעבן אז דער לעצטער טערמין איז דער 10־טער דזשולאיי, דאן וועלן זיי אפליידיגען די הויז. איך פארשטיי ניט פארוואס מען האט מיך ניט געפרעגט, איך וואלט אויף דעם בשום אופן ניט בעשטאנען. יעצט אז איר ידידי מר. קרעמער האט אויף דעם איינגעשטימט בעט איך אייך זייער צו זעהען פארבערייטען אלע געזעצלעכע פארמאליטעטן אז אנפאנגס דזשולאי זאל מען קענען פארבערייטען אלעס וואס עס איז נויטיג צום רעמאנט, אז בעזה״י דעם 11־טן דזשולאי זאל מען קענען אנהויבן דעם רעמאנט להצלחה.

ידידו הדו״ש ומברכו.

שיח אגרות־קודש (כ׳תי)

ב׳תי

ב״ה כ׳ סיון תש״ד
ברוקלין

ידידי וו״ח אי״א הרב מוה״ר ... שי׳

שלום וברכה!

במענה על מכתבו המתאונן על מצבו הרוחני, הנה אין לך בעל עסק גרוע המטריד עצמו פעמים בכל יום לעשות חשבון עסקו ועסוק תמיד רק במחשבות מצב עסקו, אשר באמת הנה ריבוי המחשבות מבלבלות אותו מלעסוק בעסק כדרוש, וכן הוא בעבודה הרוחנית אשר לעניני החשבונות צריכים זמנים קבועים ולא להטריד עצמו מלהניח את כחות הנפש בעבודה בפועל.

בדבר החזקת המוסדות שלי בתורה במרכז ישיבות תת״ל ועבודת החינוך במרכז לעניני חינוך, הנה אשרי לו אם יחזיקם, כי כל העוזר בזה בממונו וביותר בטרחתו בתור מעשה בטח יעזרהו השי״ת בגשמיות וברוחניות, כי הן המה כוס רוי׳ לברכת שמים מעל בגשם וברוח.

בשם כ״ק אדמו״ר שליט״א
מזכיר.

ב׳תי

נעתקה מהעתק המזכירות [ד׳תז].

ב׳תיא

ב״ה כ״א סיון תש״ד
ברוקלין

אל הנכבד אי״א מו״ה ... שי׳

שלום וברכה!

במענה על כתבו על [ידי] ידידי עוז הרה״ג וו״ח אי״א מוה״ר ישראל שליט״א דזייקאבסאן, כתיב ששת ימים תעבוד ועשית כל מלאכתך. בששת ימי החול הקב״ה נותן לעם סגולתו את שפע פרנסתם, ומכיון שבא יום הששי והגיע מועד ההכנסה לשבת קדש אז צריך להיות כל מלאכתך עשוי׳ והכל נגמר.

היהודי המאמין בה׳ צריך להכיר את האמת הגמור אשר לא בכח עצמו יגבר איש, כי אם ברכת ה׳ היא תעשיר, ומזונותיו של אדם – חוץ הוצאות שבת ויו״ט והחזקת תורה בשכר לימוד בעד ילדיו וללמד גם את בן חברו – קצובות לו מראש השנה, וגם אם יעמול ביגיעה עצומה עשרים שעות במעת לעת ויעשה כל ההתחכמות ותחבולות שבעולם לא יוסיף להרויח אפילו פרוטה אחת יותר מאותו הסכום שהוקצב לו בראש השנה, וכן אם יהי׳ לו כמה קאנקורענטין ועסקו סגור ביום השבת ומועדים לא יגרע אפילו פרוטה אחת מאותו הסכום שהוקצב לו בראש השנה.

ונוסף על זה הנה השומר את השבת, השבת שומרת אותו ובני ביתו אשר הפרנסה שהוא מרויח תלך רק למקום הראוי, בבריאות הנכונה – לא ח״ו על רופאים ורפואות ולא על עונשים ופרקליטים. –

יחזק השי״ת את לבבו שיוכל להעמיד על עצמו ולשמור את השבת כהלכתו וטוב יהי׳ לו בגשמיות וברוחניות, ויתן לו השי״ת שפע ברכה בעסקו.

הסך 3 דאללאר נתקבל.

בשם כ״ק אדמו״ר שליט״א
מזכיר.

ב׳תיא

נעתקה מהעתק המזכירות [ד׳תלט].

ב'תיב

ב"ה כ"ב סיון תש"ד
ברוקלין

אל משרד תת"ל

שלום וברכה!

מצורף לזה הנני שולח את התכנית לאספת המנהלים וראשי הישיבות של ישיבות „אחי-תמימים" ליובאוויטש בארצה"ב שתתקיים בעזה"י בימי י"א וי"ב תמוז הבע"ל א) סדר היום. ב) הזמנה. ג) ראשי פרקים לנאום הפתיחה. ד) רשימת ענינים שצריכים לברר ולהכינם, ואם יהי' להם איזה ענינים או פרטים להוסיף יודיעוני בכתב.

בשם כ"ק אדמו"ר שליט"א
מזכיר.

א.
סדר היום

של אספת המנהלים וראשי הישיבות
של הישיבות „אחי-תמימים" בארצה"ב
ביום א', י"א תמוז, ה'תש"ד, ברוקלין, נ.י.

לאספה ג' ועידות:

ועידה א' מן 10 עד 2 בצהרים; ועידה ב' מן 4 עד 7 בערב; ועידה ג' מן 8 עד 11 לילה.

א. פתיחה.

ב. הרצאה כללית על מצב הישיבות „אחי-תמימים"

ג. הרצאות פרטיות:
1) מצב הלמודים ואיך לשפרו.

ב'תיב

נעתקה מהעתק המזכירות [ד'תסח]. לתוכנה ראה לעיל אגרת ב'תו, ובהנסמן בהערות שם.
י"א וי"ב תמוז: התקיימה לפועל בט"ז-ח"י אלול.

2) המשמעת (דיסציפלין) של התלמידים.

3) ההשפעה הרוחנית על התלמידים.

4) היחס בין הישיבות ובין הורי התלמידים.

5) היחס בין הישיבות וביו בני העיר. (רבנים, מוסדות צבור, בתי חנוך אחרים, סתם אנשים).

6) רכישַׁת תלמידים חדשים.

7) מצב הלימודים האנגליים בישיבות שיש בהן פאראקעיל סקוהל והתקונים הדרושים בזה.

8) בסוס המצב הכספי של הישיבות.

9) יסוד פאראקעיל סקוהלס בישיבות שאין להן זה עדיין.

10) הצעות שונות.

ד. וכוחים.

ה. החלטות.

ו. נעילת האספה.

ב
הזמנה

אל כל המנהלים וראשי הישיבות בישיבות
„אחי־תמימים" בארצות הברית

שלום וברכה!

כדי לדון יחד על המצב הרוחני והגשמי של הישיבות „אחי־תמימים" ולטכס עצות איך להטיבו, הננו מזמינים אתכם בזה לאספת המנהלים וראשי הישיבות של הישיבות „אחי־תמימים" אשר תתקיים אי"ה ביום א׳ י"א תמוז, ה׳תש"ד, בברוקלין, נ.י. (מקום האספה)

מצרפים אנו בזה את סדר היום של האספה ומבקשים אתכם:

ומבקשים אתכם: **ע"כ הגיע לידינו.**

ב׳תיג

ב״ה כ״ג סיון תש״ד
ברוקלין

כ״ק ש״ב הרה״צ ידיד עליון וידידי עוז, גזע תרשישים, יראת ה׳ אוצרו, בנשק״ע הרה״ג כקש״ת מוה״ר אהרן שליט״א

שלום וברכה!

בנועם קראתי מכתב כ״ק ש״ב מי״ב אייר העבר ועל כל ברכותיו של כת״ר הנני עונה אמן, כן יאמר ה׳, ומה מאד חפצתי לשמוע מפי כתבו של כ״ק ש״ב על אודות המצב הרוחני באה״ק ת״ו, מצב הבני תורה בכלל ובני הנעורים בפרט, ובמה אפשר להחזיק את החינוך הכשר והטוב באמת ע״פ התורה והמצוה של בני ובנות ישראל, ואיזה ממוסדות החינוך שם ראוים לתמכם.

והנני ש״ב ידידי עוז הדו״ש מברכו ומתברך מאת כ״ק.

ב׳תיד

ב״ה כ״ג סיון תש״ד
ברוקלין

אל „מחנה ישראל״

שלום וברכה!

נהניתי לקרא את מכתבו של היהודי הפשוט המכיר תודה בעד שמחזקים רוחו של נכדו הצעיר ביהדות, בטח יענו לו על מכתבו זה ויכתבו לו את הכתבת שלהם שלהבא יכתוב להם ישר, ומכתב זה ישמר בין השאר שהם חומר לפעולת מחנה ישראל.

ב׳תיג

נעתקה מהעתק המזכירות.

מוה״ר אהרן: רוקח, האדמו״ר מבעלז. אגרת נוספת אליו — לעיל ב׳רצג.

ב׳תיד

נעתקה מהעתק המזכירות [ד׳תק].

ב'תיד*

ב"ה כ"ג סיון תש"ד
ברוקלין

אל הנכבד וו"ח אי"א מו"ה צבי שי' סילבר

שלום וברכה!

במענה על מכתבו שנתאחר בדרך הילוכו שלא כדרך הרגיל, נהניתי לשמוע מהתעסקותו בחינוך ובלי תפונה הנהו לומד אך ורק על דרך הישן בקדושת האותיות והנקודות, קמץ א, קמץ ב' וכו' וספרי החנוך הטמאים בט[ח] לא יראו ולא ימצאו בחדרו וברכות יחולו על ראשו ויצליח בעבודתו הק' להעמיד תלמידים יראי אלקים.

יחוס השי"ת וירחם על כבוד אביו שי' ואמו ואחיו ואחיותיו וב"ב יחיו לשמרם להצילם ולהזמין להם את צרכיהם בגשמיות וברוחניות.

יתן לו השי"ת פרנסה טובה בהרחבה ... ויסתדר בסדר חיים מאושרים באהלו של חנוך הכשר בטוב בגשמיות וברוחניות.

בשם כ"ק אדמו"ר שליט"א
מזכיר.

ב'תטו

ב"ה כ"ג סיון תש"ד
ברוקלין

אל הנכבד וו"ח אי"א מוה"ר משה שי' ימיני

שלום וברכה!

במענה על מכתבו שהגיעני באיחור זמן שלא כדרך הרגיל,

ב'תיד*

נעתקה מהעתק המזכירות.

קדושת האותיות והנקודות: **ראה לעיל ח"ב אגרות תרטז. ח"ו א'תתקנח.**

ב'תטו

נעתקה מהעתק המזכירות.

שכד אגרות־קודש (ב׳תטו)

הגימטריאות הם מקצוע דאזנים לקופה בתורה לאלו שיודעים העניינים כאשר הם לאמיתתם והם מסבירים העניינים ומוסרים אותם ליחידי סגולה ברמיזה של גימטריא, זאת אומרת אשר הגימטריא הוא רק ציון וסימן שלא לטעות ובכדי לזכור, אבל לא אשר הגימטריא מגלה הדבר, כלומר אשר לפי שעולה מספר השוה למספר זה הוא הוראה אשר הענין הוא כך וכך. מורנו הגאון בעל הטורים לא אמר הרמזים והגימטריאות לפי המספר של העניינים, רק אמר העניינים לפי שכך גילו לו מן השמים ואח״כ עשה אזנים לקופה של תורה ברמזים של מסורה וגימטריאות.

ישלח השי״ת רפואה לזוגתו תחי׳ ויחזק את בריאותו ואת בריאות בתם תחי׳ ויגדלוה לתורה חופה ומעש״ט מתוך פרנסה טובה. ויקבל אי״ה ע״י הרב הבלין שי׳ מנהל ישיבת תורת אמת יצ״ו תשורתי הפרטית בסך עשרים שקלים.

בשם כ״ק אדמו״ר שליט״א
מזכיר.

ב׳תטז

ב״ה כ״ד סיון תש״ד
ברוקלין

ידידיי אי״א מו״ה יוסף בנימין שי׳ ווילינער ומו״ה שאול יחזקאל שי׳ פאסקעס

שלום וברכה!

קראתי את מכתבם המודיע כי נושעו במנוחה טובה, ות״ל עבור זה, וחפצי לדעת מה גמול שלמו להבורא ב״ה בעד חסדו הטוב, הלא אתם ידעתם כי כל אחד צריך להיות ממזכי הרבים, לעורר ללמוד בחברותא ולסדר לימוד עם קבוצות קטנים, ומה גם עם אלו אשר ההשגחה העליונה הביאתם למדינה זו אינה בשביל לאכול מפרי׳ ולשבוע מטובה כ״א בשביל להאיר באור תורה ביראת שמים, הנני חפץ לדעת

ב׳תטז

נדפסה בבטאון חב״ד חוב׳ יז ע׳ 10, והוגהה ע״פ צילום האגרת [ד׳תקטז].

שכה אדמו״ר מוהריי״צ נ״ע

אם ממלאים אתם את חובתם זו, ויודיעוני בפרטיות, והשי״ת יהי׳ בעזרם בגשמיות וברוחניות.

בשם כ״ק אדמו״ר שליט״א
מזכיר

ח. ליבערמאן

ב׳תיז

ב״ה כ״ה סיון תש״ד
ברוקלין

אל הנכבד מר ... שי׳

שלום וברכה!

במענה על מכתבו, נהניתי לשמוע משלומו הטוב ומסדר חייו והעיקר מהנהגתו בשמירת הדת, ובטח שומר הוא להניח תפילין ולהתפלל בכל יום. נהניתי לשמוע כי בכל ערב שבת ויום א׳ עורכים תפלה בצבור, ובלי תפונה אשר היו יכולים להשיג רשיון להתפלל בצבור גם בש״ק ולקרא בתורה פעמים בשחרית ובמנחה.

כל איש יהודי צריך לדעת כי בחייו על פני תבל יש לנשמתו שליחות מאת השי״ת מה שעליו לפעול בעולם שברא הקב״ה וכאמור מה׳ מצעדי גבר כוננו, בכל צעד וצעד שהיהודי עושה צריך לזכור את דבר השליחות שלו. אתה וחבריך בני גילך הנמצאים במחנות, עליכם לדעת ולזכור כי יהודים אתם ואלקי ישראל שומר וישמור אתכם ועליכם לשמור ולקיים כל עניני הדת כפי האפשר לכם.

יפרוש גיני בשלום בני גילו, ובזה הנני לברך אותו ואת בני גילו יחיו כי יצליח השי״ת את עבודתכם וישמרכם בכל מקום שתהיו ויחזירכם לבתיכם בריאים ושלמים בגשמיות וברוחניות.

בשם כ״ק אדמו״ר שליט״א
מזכיר.

ב׳תיז

נעתקה מהעתק המזכירות.

ב׳תיח

ב״ה כ״ז סיון תשי״ד
ברוקלין

אל מרת ... תחי׳

ברכה ושלום!

אייער מוטער תחי׳ שרייבט מיר וועגען אייך, ווי גוט איר האט ב״ה געענדיגט אייער בילדונג שטודיום, דער ליעבער ג־ט ב״ה האט אייך, אן [ע]ין הרע – בעשאנקען מיט גוטע פייהיגקייטן און די פירמע וואו איר ארבעט איז צופרידען פון אייער ארבעט און איר ארבעט פיעל.

דאס אלעס איז זייער גוט און איר בעדארפט דאנקען ג־ט ב״ה פאר אלעס גוטע, ג־ט ב״ה זאל אייך אויך ווייטער בעגליקן אין אלעס און מיט א גוטען פאסענדען שידוך פאר אייך, איר זאלט האבען א גוט גליקליכע היים און די עלטערן זאלן האבען פון אייך פיעל נחת.

אלס אידישע טאכטער האט איר בעדארפט האבען מעהר מוט און פעסטקייט צו היטען שבת, וואס חוץ דעם וואס א איד בעדארף היטען דעם הייליגען שבת, אן קיינע בענעפיטען, ווייל דער שבת אליין איז דער גרעסטער בענעפיט, איז מיטן אידישען שטאלץ און מוט אויף אפצוהיטען דעם הייליגען שבת וועט איר זיין בעגליקט מיט נשיאת חן.

אייער ענטפער אז עס איז שווער איז קיין ענטפער ניט. איך בין זיכער אז ווען איר וועט זיין פעסט אין אייער בעשלוס צו היטען דעם הייליגען שבת וועט מען אייך מעהר רעספעקטירען. איך ווייס פון יונגע מיידלעך וואס ארבעטען אין רעגירונגס מלחמה אפיסעס, זייער פאראנטווארטלעכע ארבעט און זיי ארבעטען ניט שבת זיי האבען פעסט ארויסגעזאגט זייער באשלוס אז זיי ארבעטען ניט פון פרייטאג 4 אוהר ביז שבת 10 אוהר אווענט, האט מען זיי אנגענומען און זיי ארבעטען פון מאנטאג ביז פרייטאג 4 אוהר און מען האט פאר זיי גרויס רעספעקט.

ב׳תיח

נעתקה מהעתק המזכירות.

השי״ת זאל אייך בעגליקען מיט א פעסטען באשלוס צו היטען דעם הייליגען שבת, דאן וועט איר זיין בעגליקט אין אלעס.

בשם כ״ק אדמו״ר שליט״א
מזכיר.

ב׳תיט

ב״ה כ״ט סיון תש״ד
ברוקלין

ידידי וו״ח אי״א מוה״ר משה שי׳
שלום וברכה!

במענה על מכתבו בלוית ההמחאה על סך חמשים שקלים מאת מר שוסטאק שי׳, תודה וברכה לו ולב״ב יחיו על אשר עוסק בטובת החזקת מרכז ישיבות תומכי תמימים ליובאוויטש, שזוהי חובתו של כל אוהב תורה ומחבב מצוה, וביחוד ידידינו אנ״ש שי׳, להיות בעזרי בעבודה הק׳ בהרבצת תורה ביראת שמים ובהחזקת החינוך הכשר אשר הנני מוסר כחותי על זה, ובטח ידוע לו העבודה הגדולה והמוצלחה הנעשית בעזה״י ע״י המוסדות מרכז לעניני חינוך ומחנה ישראל, תודה על העבר ובקשה על להבא להיות בעוזרי בהמוסדות הנ״ל ובגלל זאת יתברך הוא וב״ב יחיו בגשמיות וברוחניות.

אמנם נפלאת היא הלא הוא דיבר עם מר שוסטאק שי׳ אודות הישיבות תומכי תמימים ומר שוסטאק נתן לו המחאה ע״ס $50 עבור מעמד – כמו שכותב – ואפשר נפל בזה איזה טעות ייטיב נא להודיעני ברור. למר שוסטאק שי׳ השבתי כאמור במכתבו, אבל קבלה על ההמחאה הנני מחכה לשלוח לו עד אשר יודיעני ברור אם היא להישיבה או למעמד.

בשם כ״ק אדמו״ר שליט״א
מזכיר.

ב׳תיט

נעתקה מהעתק המזכירות [ד׳תקפא].

מוה״ר משה: פרידמן. אגרות נוספות אליו — לקמן ב׳תכה. ב׳תעה.

ב׳תכ

ב״ה כ״ט סיון תש״ד
ברוקלין

ידידי וו״ח אי״א מוה״ר יואל שי׳ שפירא

שלום וברכה!

במענה על מכתבו השואל לשלומי הנה ת״ל במשך הזמן נתגדלה ונתרחבה הרבצת התורה ביראת שמים ברוחה של תומכי תמימים כה יתן השי״ת על להבא שיגדיל תורה ויאדיר בעבודה שבלב זו עבודת התפלה, ולרגלם יתברכו כל העוזרים והתומכים בהחזקת מרכז ישיבת תומכי תמימים ליובאוויטש העובד בחריצות גדולה, וכן המוסד מרכז לעניני חינוך אשר יסדתי בעזה״י לחזק את החינוך הכשר ומוסד מחנה ישראל אשר בעזה״י יסדתי להתענין בחיזוק היהדות ועובדים בחריצות ומצליחים בעזה״י בעבודתם, והשי״ת יעזר להם בגשם וברוח.

יחזק השי״ת את בריאותו ואת בריאות בני ביתו יחיו ויתן להם פרנסה טובה בהרחבה בגשמיות וברוחניות.

בשם כ״ק אדמו״ר שליט״א
מזכיר.

ב׳תכ

נעתקה מהעתק המזכירות [ד׳תקפז].

ידידי . . שפירא: אגרת נוספת אליו — לעיל ח״ג תשנג.

ב׳תכא

ב״ה כ״ט סיון תש״ד
ברוקלין

ידידי עוז הנכבד והכי נעלה, וו״ח אי״א מוה״ר . . .

שלום וברכה!

כאשר כבר דברנו כשהי׳ ידידי פה אודות מצב אגודת חב״ד בשיקאגא והגליל ואודות סידור ההכנסה לשעה ומגבית בשביל מרכז ישיבות תומכי תמימים ליובאוויטש אשר מצבו בהוה כבד מאד ודורש הצלה. ההוצאה בהוה כחמשה אלפים לשבוע והמצב איום, וכבר כתבתי לכם ידידי ולכל ידידינו אנ״ש, ה׳ עליהם יחיו, אשר בזאת תבחן אהבתכם אלי וחיבתכם לשרש ישי, נוף אילנא דחייא, הוד כ״ק אבותינו רבותינו הק׳ זצוקללה״ה נבג״ם זי״ע, כמאמר הידוע, אז מען האט האלט דעם ארעמאן האט מען אויך האלט זיין פעקיל, ידידי! טוט אייער פליכט אלס מחזיק תורה, אלס מחזיק היהדות, אלס מיינער א פערזענליכער גוטער פריינד. עניני קיום מרכז ישיבות תומכי תמימים ליובאוויטש והרחבתו נוגעים לי בנפשי ממש, עס גייט מיר אין לעבען, כי בשביל הרבצת תורה ביראת שמים ברוחה של תומכי תמימים ליובאוויטש און מאכען אמעריקא פאר א מקום תורה אט דאס איז די שליחות וואס די השגחה עליונה האט אויף מיר ארויף געלעיגט און געגעבען די כחות אויף אויס צופירען די שליחות, העלפט מיר אין דעם וועט איר ממש שטארקען מיין געזונט, התמסרו להעבודה בכל לבו ונפשו ומאדו והשי״ת ישפיע לו שפעת חיים וברכה מרובה בכל מילי דמיטב מנפש ועד בשר.

ידידו הדו״ש ומברכו

יוסף יצחק

ב׳תכא

נעתקה מצילום האגרת [ד׳תקצ]. טופס דומה נשלח לכמה.

אגרת זו, ושלוש האגרות שלאחרי׳, נכתבו בקשר לנסיעת הרש״ג שליט״א, ביום זה, לשיקגו, כמסופר בקובץ ליובאוויטש גליון 3 ע׳ 42. שם מסופר גם, שבביקורו זה בשיקגו הוחלט ע״ד יסוד ישיבת אחי תמימים בעיר זו. וראה בזה לקמן אגרות ב׳תלב־ג. ב׳תצח.

של אגרות־קודש (ב׳תכב)

ב׳תכב

ב״ה כ״ט סיון תש״ד
ברוקלין

ידידי עוז הנכבד והנעלה וו״ח אי״א מוה״ר משה שי׳
הכהן שאיעוויטש

שלום וברכה!

בטח הוטבה ת״ל בריאותו, והשי״ת ישלח לו רפואה ויחזק את בריאות זוגתו תחי׳ ויתן לו פרנסה טובה בהרחבה.

כבוד חתני הרה״ח ר׳ שמרי׳ שליט״א גוראריʼ נוסע למחנם הט׳ על אודות חיזוק אגודת חב״ד בשיקאגא והגליל ואודות סידור ההכנסה לשעה ומגבית בשביל מרכז ישיבות תומכי תמימים ליובאוויטש שמצבם בהוה כבד מאד ודורש הצלה. ההוצאה בהוה כחמשה אלפים לשבוע והמצב איום, וכבר כתבתי לכם ידידי ולכל ידידינו אנ״ש, ה׳ עליהם יחיו, אשר בזאת תבחן אהבתכם אלי וחיבתכם לשרש ישי, נוף אילנא דחייא, הוד כ״ק אבותינו רבותינו הק׳ זצוקללה״ה נבג״ם זי״ע, כמאמר הידוע, אז מען האט האלט דעם ארעמאן האט מען אויך האלט זיין פעקיל, ידידי! טוט אייער פליכט אלס מחזיק תורה, אלס מחזיק היהדות, אלס מיינער א פערזענליכער גוטער פריינד. עניני קיום מרכז ישיבות תומכי תמימים ליובאוויטש והרחבתו נוגעים לי בנפשי ממש, עס גייט מיר אין לעבען, כי בשביל הרבצת תורה ביראת שמים ברוחה של תומכי תמימים ליובאוויטש און מאכען אמעריקא פאר א מקום תורה, אט דאס איז די שליחות וואס די השגחה עליונה האט אויף מיר ארויף געלעיגט און געגעבען די כחות אויף אויס צופירען די שליחות, העלפט מיר אין דעם וועט איר ממש שטארקען מיין געזונט, התמסרו להעבודה בכל לבו ונפשו ומאדו והשי״ת ישפיע לו שפעת חיים וברכה מרובה בכל מילי דמיטב מנפש ועד בשר.

ידידו הדו״ש ומברכו

יוסף יצחק

ב׳תכב

נעתקה מצילום האגרת [ד׳תקצב]. לתוכנה ראה אגרת שלפנ״ז, ובהנסמן בהערות שם.

ידידי . . שאיעוויטש: אגרות נוספות אליו — לעיל ב׳קצו, ובהנסמן בהערות שם.

ב׳תכג

ב״ה כ״ט סיון תש״ד
ברוקלין

ידידי הנכבד והנעלה, וו״ח אי״א מוה״ר ברך שי׳ פעוזנער

שלום וברכה!

דער פינאנסיעלער צושטאנד פון מיינע – תודה לאל – פארצווייגטע ישיבות, וואס זיינען געגרינדעט געווארן פון מרכז ישיבות תומכי תמימים ליובאוויטש, דורך חתני הרה״ח ר׳ שמרי׳ שליט״א גורארי׳ און וועלכע האבען זיך בעזרת השם יתברך צובליהט און ברייגען גוטע פרוכט, איז ליידער זייער שוואך, לויטן בודזשעט מוז מען האבען דרוכשניטליך יעדע וואך פינף טויזענט דאללאר.

כבוד חתני הרה״ח ר׳ שמרי׳ שליט״א גורארי׳ פארט איצט צו אייך אין שיקאגא, אין די אגודת חב״ד און די ישיבות אנגעלעגענהייטען, איינצואורדענען א ברייטע הצלה קאמפעין פאר דעם מרכז ישיבות תומכי תמימים ליובאוויטש.

דער עקזיסטענץ פון די ישיבות גייט מיר אין לעבען ממש, מיט דעם איז פארבונדען מיין געזונטס צושטאנד, ווייל דאס איז מיין שליחות פון דער השגחה העליונה אהער צו אייך אין אמעריקא, און אלע מיינע פריינד וועמען מיין לעבען און געזונטס צושטאנד איז טייער מוזען מיר העלפען אין מיין הייליגער שליחות.

איר ידידי מר ברך שי׳ קענט בעזה״י פיעל אויפטאן צווישען דעם ברייטען קרייז פון אייערע בעקענטע. פון טיעפן הארצען בעט איך אייך צו טאן אלעס מעגליכע אז דער הצלה קאמפעין זאל זיין ערפאלגרייך.

אייער גוטע ארבעט פאר דעם הצלה קאמפעין פון מיינע ישיבות וועט זיין דער גרעסטער קורת רוח פאר די נשמות פון אייערע עלטערען ע״ה, טוט זיי דעם גרויסן קורת רוח און השי״ת זאל אייך מיט אייער פאמיליע בעגליקען בגשמיות וברוחניות.

הדו״ש ומברכו.

ב׳תכג

נעתקה מהעתק המזכירות [ד׳תרג]. לתוכנה ראה לעיל אגרת ב׳תכא, ובהנסמן בהערות שם.

ידידי . . פעוזנער: אגרת נוספת אליו — לעיל ח״ז ב׳קלז.

ב׳תכד

ב״ה כ״ט סיון תש״ד
ברוקלין

כבוד ידידי הנכבד והנעלה, עסקן חרוץ בעניני הכלל, בעל מדות טובות, וו״ח אי״א מוה״ר יעקב ליב שי׳ ריסמאן ורעיתו הכבודה תחי׳

שלום וברכה!

מיין בעסטער פריינד, אייער ברודער ר׳ פנחס שי׳ פרעזידענט פון אגודת חב״ד אין שיקאגא, האט אייך זיכער איבערגעגעבן דאס וואס מיר האבן גערעט, ווען ידידי עוז אייער ברודער האט מיר פארשאפט דעם גרויסען פערגעניגען מיט זיין בעזוך בא מיר און מיר האבן ברייט ארום גערעט די אלע גרויסע ארבעטען וואס ווערן געטאן און וואס עס דארף געטאן ווערען.

דער צושטאנד פון מיינע – תודה לאל – פארצווייגטע ישיבות, וואס זיינען געגרינדעט געווארן פון מרכז ישיבות תומכי תמימים ליובאוויטש דורך כבוד חתני הרה״ח ר׳ שמרי׳ שליט״א גוראַרי׳ וועלכע האבן זיך בעזרת השם יתברך צובליהט און ברייננגען גוטע פרוכט, איז אבער, ליידער, דער פינאנסיעלער צושטאנד זייער שוואך, לויט דעם בודזשעט מוז מען דורכשניטליך האבן פינף טויזענט דאללאר יעדע וואך.

כבוד חתני הרה״ח ר׳ שמרי׳ שליט״א גוראַרי׳ פארט איצט צו אייך אין שיקאגא, אין די אגודת חב״ד און די ישיבות אנגעלעגענהייטען, איינצוארדענען א ברייטע הצלה קאמפעין פאר מרכז ישיבות תומכי תמימים ליובאוויטש.

איר ידידי מר יעקב ליב שי׳ און אייער ווערטע פרוי תחי׳ קענען פיעל שאפען פאר דעם הצלה קאמפעין, איך בעט אייך פון טיפען הארצען טאן אלעס מעגליכע אז עס זאל זיין מיט גרויס ערפאלג, איך בין זיכער אין אייער גוט הערציקייט פאר מיין געזונט, דער עקזיסטענץ

ב׳תכד

נעתקה מהעתק המזכירות [ד׳תרח]. לתוכנה ראה לעיל אגרת ב׳תכא, ובהנסמן בהערות שם.

פון די ישיבות גייט מיר אין לעבען ממש, מיט דעם איז פארבונדען מיין געזונטס צושטאנד, ווייל דאס איז מיין שליחות פון דער השגחה העליונה אהער צו אייך אין אמעריקא, און אלע מיינע פריינד וועמען מיין לעבען און געזונטס צושטאנד איז טייער מוזען מיר העלפען אין מיין הייליגער שליחות, און דער גרויסער זכות פון מיינע הייליגע עלטערען וועט אייך בעגילקען בגשמיות וברוחניות.

ידידי מר יעקב ליב, אייער גוטע ארבעט פאר דעם הצלה קאמפעין פון מיינע ישיבות וועט זיין דער גרעסטער קורת רוח פאר די נשמות פון אייערע עלטערען ע״ה, טוט זיי דעם גרויסן קורת רוח און איר מיט אייער ווערטער פרוי תחי׳ וועט זיין געבענטשט אין אלעס בגשמיות וברוחניות.

ידידו הדו״ש ומברכו.

ב׳תכה

ב״ה ד׳ תמוז תש״ד
ברוקלין

ידידי וו״ח אי״א מוה״ר משה שי׳

שלום וברכה!

במענה על מכתבו, חביבין לי כל ישראל וחיבה יתרה נודעת לי לידידינו אנ״ש המתיחסים במולדתם וזוכרים עוד את חיי החסידים אבותיהם ואבות אבותיהם וזה כבר פניתי ליחידי סגולה מאנ״ש אשר מהראוי כי יכתבו את זכרונותיהם את אשר ראו ושמעו בבתי אבותיהם החסידים ובבתי הרבנים והמשפיעים.

ולהיות העיר זעמבין, אחת הערים הנודעות לשם תהלה בקרב חסידי חב״ד ורואה הנני כי מלאכת הכתיבה, הן בסגנון והן במלאכת הכתב ת״ל בנקל עליו, הנני מבקשו לכתוב [מ]זכרונותיו מחסידי זעמבין הרבנים המשפיעים המלמדים ובעה״ב ויהי׳ יקר לי לקרא מחיי

ב׳תכה

נעתקה מהעתק המזכירות [ד׳תרמה].

מוה״ר משה: **פרידמן. אגרות נוספות אליו — לעיל ב׳תיט, ובהנסמן בהערות שם.**

לכתוב . . זעמבין: **ראה לקמן אגרת ב׳תעח.**

אנ״ש בארץ מולדתנו, והנני מתגעגע ומתברך אשר גם במדינה זו הנה אילנא דחיי, ישיבת תומכי תמימים ליובאוויטש תתן את פרי׳ בתלמידים בעלי כשרונות יראי אלקים וחסידים.

לר׳ שלמה יוסף שי׳ סילווערמאן עניתי.

בשם כ״ק אדמו״ר שליט״א
מזכיר.

ב׳תכו

ב״ה ו׳ תמוז תש״ד
ברוקלין

אל התלמיד החשוב מר זאב שי׳

שלום וברכה!

במענה על מכתבו על אודות התמנותו מטעם מרכז ישיבות תת״ל ליסד ישיבת אחי תמימים ליובאוויטש בניו־הייווען, יתן השי״ת שיהי׳ להצלחה. ישקוד ויצליח בעבודתו הק׳ וטוב יהי׳ לו בגשמיות וברוחניות.

בשם כ״ק אדמו״ר שליט״א
מזכיר.

ב׳תכו

נעתקה מהעתק המזכירות [ד׳תשמ].

מר זאב: **שילדקרויט.**

ישיבת . . בניוהייווען: **נוסדה בר״ח תמוז, ע״י מוה״ר אלעזר פנחס ווײלער [ראה לקמן אגרת ב׳תכח — אליו]. מלבד הר״ז שילדקרויט, נסע לניוהייוועו, לנהל את הלימודים בישיבה, גם הר״מ אלטיין (שהי׳ לפנ״ז ראש הישיבה בפיטסבורג) ור״ד ליווי.**

תיאור הישיבה ופתיחתה — בחוב׳ תות״ל (ח״י אלול תש״ד) ע׳ 20. קובץ ליובאוויטש גליון 3 ע׳ 41.

ב׳תכז

ב״ה ז׳ תמוז תש״ד
ברוקלין

ידידי וו״ח אי״א מו״ה יעקב שי׳

שלום וברכה!

במענה על מכתבו;

בטח קבל את מכתבי על אודות המגבית עבור מרכז ישיבות תת״ל, ועדיין אינני יודע מה עשה ידידי שי׳ בזה. ידידי ר׳ יעקב שי׳ מען דארף האבען א גרעסערע השגה פאר צדקה בכלל און פאר הרבצת תורה תמימה בפרט, איך ווינש אייך מיט עשירות, גיט דעם אויבערשטן ב״ה מיט א מסירת נפש וועט אייך השי״ת אפגעבען צען מאל אזויפיעל, והעיקר להיות מעשה, אלע טאג זאמלען גרעסערע סוממען אויף מיינע ענינים, דאס איז באמת די בעסטע ביזנעס...

בשם כ״ק אדמו״ר שליט״א
מזכיר.

ב׳תכז

נעתקה מהעתק המזכירות [ד׳תשעב].

מוה״ר יעקב: **כ״ץ. אגרות נוספות אליו — לעיל ב׳קעה, ובהנסמן בהערות שם.**

המגבית: **בשיקגו, כנ״ל אגרות ב׳תכא־ד.**

שלו אגרות־קודש (ב׳תכח)

ב׳תכח

ב״ה ז׳ תמוז תש״ד
ברוקלין

ידידי הרב וו״ח אי״א מוה״ר אלעזר פנחס שי׳

שלום וברכה!

במענה על מכתבו, התענגתי לשמוע כי ת״ל דבר התייסדות הישיבה הולך בטוב. בדבר התלמיד איידעלמאן שי׳ ישנה מניעה פרטית על איזה ימים ובאפשרות הראשונה יבא אי״ה צלחה, ועל אדות הבית רבקה יתדבר עם המרכז לעניני חנוך.

יחזק השי״ת את בריאותו ויצליח לו בעבודתו הק׳ בגשמיות וברוחניות.

בשם כ״ק אדמו״ר שליט״א
מזכיר.

ב׳תכט

ב״ה ז׳ תמוז תש״ד
ברוקלין

שלום וברכה!

במענה על מכתבו אודות בנו מר ... שי׳ צער גדול יש לי מזה, אשר תחת זה שהוא הי׳ צריך להשפיע על אחיו הגדול שילמוד בישיבת

ב׳תכח

נעתקה מהעתק המזכירות [ד׳תשצב].

מוה״ר אלעזר פנחס: **ווילער, שהי׳ נוסע בשליחות הישיבה ליסד סניפים בעיירות.**

אגרות נוספות אליו — לעיל ב׳קעא, ובהנסמן בהערות שם.

התייסדות הישיבה: **בברידזשפארט, בהנהלת מוה״ר דוד שי׳ איידעלמאן. נוסדה בי״ד תמוז. תיאור הישיבה ופתיחתה — בחוב׳ תות״ל (ח״י אלול תש״ד) ע׳ 21. קובץ ליובאוויטש גליון 4 ע׳ 55. וראה גם לקמן אגרות ב׳תקלד. ב׳תקסה.**

ב׳תכט

נדפסה בס׳ תומכי תמימים ע׳ שנד. והוגהה ע״פ העתקה.

אדמו"ר מוהריי"צ נ"ע

תו"ת, הנה אחיו הגדול השפיע עליו שיעזוב את ישיבת תו"ת, והנני דואג אשר הוא עוזב באר מים חיים אמיתיים בחיי תורה תמימה ועבודה של יראת שמים, ובמדה ידועה צריך להאשים את עצמו על קור רוחו והעדר שימת לבבו בזה, והשי"ת יחוס עליו שיתעורר בהתעוררות טובה בפנימיות, בעטען השי"ת שיתן דיעה טובה לבנו שישקוד בלימוד ביר"ש בישיבת תו"ת, א טאטענס א הארציקער קאפיטעל תהלים מיט יראת שמים טרערין העלפין א קינד. עשו כל אשר בידכם אשר בנכם שי' ישאר ללמוד בישיבת תו"ת, והשי"ת ירחם עליו ויהי' יר"ש חסיד ולמדן.

ב'תל

ב"ה י"א תמוז תש"ד
ברוקלין

ידידי התלמיד הנכבד וו"ח אי"א מוה"ר יוסף שי'

שלום וברכה!

כנהוג הנה מי שיש לו שני שמות קוראים להם רק בשם אחד שנקל להתבטא ושאר השמות בלתי נקראים ומשתכחים, וכן גם אותו קוראים יוסף, ונכון אשר גם בעלותו לתורה יקראהו בשם זה וכן בכל התעודות והשי"ת יהי' בעזרו בגשמיות וברוחניות.

בשם כ"ק אדמו"ר שליט"א
מזכיר.

———

ב'תל

נעתקה מהעתק המזכירות [ד'תתמג].

ב׳תלא

ב״ה י״א תמוז תש״ד
ברוקלין

ידידי עוז הרב הנכבד והכי נעלה וו״ח אי״א
מוה״ר שמואל שי׳

שלום וברכה!

בזה הנני ממלא את ידו לסדר חברת נגוני יהודי חסידי חב״ד – ניחח – במטרה לאסוף את ניגוני חב״ד הישנים, לנקותם מהשגיאות בעזרת תלמידי התמימים הקשישים שלמדו בליובאוויטש ולכותבם בתוי נגינה על ידי מומחה לדבר ע״פ ועד מבקר ולסדרם לדפוס. כן לסדר מתוך תלמידי התמימים ואחי תמימים מחלקה של מנגנים בסדר מסודר.

יואיל לסדר תכנית מפורטת בענין הזה.

ידידו הדו״ש ומברכו

יוסף יצחק

ב׳תלא

נדפסה בס׳ הניגונים ח״א ע׳ י, והושלמה והוגהה ע״פ העתק המזכירות [ד׳תתנא].

מוה״ר שמואל: זלמנוב. אגרות נוספות אליו — לעיל ח״ה א׳תמו. לקמן ב׳תלט. ב׳תצט. ב׳עתר.

חברת . . חב״ד: ראה גם לקמן אגרות ב׳תלט. ב׳תצט. ב׳תרכ. ב׳תרמה. ב׳תשלח.

מחלקה של מנגנים: ראה לעיל אגרת ב׳שצז. לקמן ב׳תלט.

ב'תלב

ב״ה י״א תמוז תש״ד
ברוקלין

ידידי עוז הנכבד והכי נעלה, עסקן חרוץ בעניני הכלל,
וו״ת אי״א מוהר״ח [שלמה] שי׳

שלום וברכה!

חתני הרב רש״ג שליט״א הגיד לי אשר הרגיש עצמו לא בטוב, בטח הנה ת״ל כבר הוטבה בריאותו, והשי״ת ישלח לו רפואה ויחזקהו בגשם וברוח.

בנועם שמעתי מאת חתני הרב רש״ג שליט״א את כל פרטי עניני העבודה שנעשה ת״ל בסדור אגודת חב״ד, והמגבית בעד מרכז ישיבות תומכי תמימים ליובאוויטש בקוואטא של חמשים אלף שקל, והחלטת יסוד ישיבת אחי תמימים ליובאוויטש אשר כל אחד מדברים אלו הוא דבר גדול ונשגב הנוגע לכלל ישראל, כי אגודת חב״ד מתענינת בעניני הכלל, וישיבת תומכי־תמימים ליובאוויטש, חוץ מהישיבות אשר יסדה ומייסדת, הנה תגביה רוח קרן התורה בכל הישיבות, וזכתה לשם עולם אב ואם של כל הישיבות, ועונג מיוחד הי׳ לי לשמוע מהשלום שנעשה ת״ל בין האחים בני ראובן ואנשי ליובאוויטש, וברכות יחולו על ראשם.

והנה ת״ל ההתחלה עלתה יפה, ועתה צריכים להמשיך את העבודה, ובזה הנני לבקשו להשתתף בכל כחו והשפעתו שבועידה הראשונה שתתקיים שבוע זו יתחילו מיד בהמגבית בסכומים נכונים, ולקבוע משרד ומנהל הקאמפעין אשר יעזור לידי״ע הרב ראדשטיין שי׳ מנהל אגודת חב״ד, והשי״ת יצליח לו בעבודתו הקדושה, ובגלל זאת יתברך בכל מילי דמיטב מנפש ועד בשר בגשמיות וברוחניות.

וכאשר בכל פעם התראותינו ידידי מדבר בשבחו של מר סלאן שי׳ ומזכירו לברכה, הנני מבקש את ידידי לפרוש גיני בשלומו ולהגיד לו

ב'תלב

נעתקה מצילום האגרת.

מוהר״ח שלמה: **פלמר. אגרות נוספות אליו — לעיל ב'קצה, ובהנסמן בהערות שם.**

שמעתי . . רש״ג: **ראה לעיל אגרת ב'תכא, ובהנסמן בהערות שם.**

מר סלאן: **דלעיל אגרות ב'רצב. ב'שכד.**

את ברכתי ואשר הנני מקוה כי יכניס עצמו בהקאמפעין בסכום נכון כראוי לו ולפי גודל השפעתו בחוג מכריו הנכבדים.

בטח משתדל ידידי לפעול סכום הגון מהסעם ריסמאן פונדיישאן ומשאר המקומות שאפשר, ואשר בהתחלה ראשונה יאסף לכה״פ חלק מהקוואטא בסך ט״ו אלף, כי יודע המצב היטב כי עלי היו כולנה. וכמו שהגדתי לו כשהי׳ פה ובקשני שאסע לנוח על איזה שבועות כי אי אפשר לי לנסוע עד אשר בעזה״י אסדר עניני תו״ת אשר בהוה היא במצוקה כספית נוראה, השי״ת ירחם.

ידידו הדו״ש ומברכו

יוסף יצחק

ב׳תלג

ב״ה י״א תמוז תש״ד
ברוקלין

ידידי הנכבד והכי נעלה, וו״ח אי״א מוה״ר יחזקאל שי׳
ליסנער, יושב ראש ישיבת אחי תמימים ליובאוויטש

שלום וברכה!

בנועם שמעתי מאת חתני הרב רש״ג שליט״א את כל פרטי עניני העבודה שנעשה ת״ל בסדור אגודת חב״ד, והמגבית בעד מרכז ישיבות תומכי תמימים ליובאוויטש בקוואטא של חמישים אלף דאלאר וההחלטה ליסד ישיבת אחי תמימים ליובאוויטש במחנם הט׳ אשר כל אחד מדברים אלו הוא דבר גדול ונשגב, הנוגע לכלל ישראל כי אגודת חב״ד מתענינת בעניני הכלל, וישיבת תומכי תמימים ליובאוויטש חוץ מהישיבות אשר יסדה ומיסדת, הנה תגביה את רוח קרן התורה בכל הישיבות, וזכתה לשם עולם אב ואם של כל הישיבות.

בקשני שאסע לנוח: **ראה גם לעיל ח״ז אגרות ב׳צז. ב׳קיז.**

ב׳תלג

נדפסה בסוף ס׳ השיחות תש״א (כפ״ח תשכ״ד). שמועות וספורים ב׳ ע׳ 24. קטע הראשון — גם באגרת שלפנ״ז.

בטח ספר לו ידידי כבוד אביו הרב החסיד נ״ע את פרטיות גזע משפחתם הכבודה וטעם כינוי משפחתו ליאזנער.

ידידי זקנו הרב החסיד ר׳ מענדיל יצחק נ״ע הי׳ יליד עיר סטאראדוב – פלך טשערניגוב – ולמד בישיבת הוד כ״ק אאזמו״ר הרה״ק צמח צדק בליובאוויטש, ובהוראתו למד אומנות הזביחה אצל הרה״ח ר׳ צבי הירש נ״ע שו״ב והושיבו הוא כ״ק אאזמו״ר על משרת שו״ב ראשי בעיר וויטעבסק וברכו באריכות ימים ובהצלחה. חמשים ושמונה שנה הי׳ זובח ואף פעם אחת לא נזדמנה לו טריפה מצד השחיטה.

הרב החסיד ר׳ מענדיל יצחק נ״ע סיפר לי אשר זקנו החסיד ר׳ יחזקאל יליד סטאראדוב הי׳ מחסידי הוד כ״ק אדמו״ר הזקן, ופעם בשתי שנים הי׳ הולך רגלי להוד כ״ק אדמו״ר הזקן לליאזנא, וכשיצא החוק שכל משפחה יהי׳ לה כינוי – פאמיליע נאמען – בחר ר׳ יחזקאל את הכינוי ליאזנאוו על שם העיר ליאזנא מקום משכן הוד כ״ק אדמו״ר הזקן זצוקללה״ה נבג״ם זי״ע.

עוד סיפר לי זקנו החסיד רמ״י נ״ע שו״ב.

כשהגיעה השמועה לסטאראדוב ממאסרו של הוד כ״ק אדמו״ר הזקן ואשר לקחוהו בעגלה שחורה – כמחוייבי מיתה – אסף וכנס את עדת החסידים וימסור מודעה ברבים אשר הוא מקבל עליו את כל היסורים עד יסורי מיתה בפועל וישב בתענית שלשה ימים ושלשה לילות רצופים וביום השלישי התפלל מנחה גדולה וקרא להחסידים והודיעם כי בעוד איזה שעות ימות, כי בשמים קבלו את בקשתו להיות חילוף וכפרת כ״ק אדמו״ר הזקן, וצוה להביא יי״ש ושתה לחיים ואמר אז ער וויל ניט קומען אויף יענער וועלט א וצדקתך׳דיגער מיט א הפסקה תענית וישביעם לאמר, אז עס וועט קומען די בשורה טובה אז דער רבי איז בעפרייט געווארן פון בית האסורים זאלן זיי קומען צו אים אויפן קבר מיט משקה זאגען לחיים און גיין א חסידישן טענצל, קרא את הוידוי וימת.

עוד סיפר לי זקנו החסיד רמ״י נ״ע שו״ב.

כאור בקר ביום השלישי י״ט כסלו כשבאו יחידי סגולה זקני החסידים בני גילו של החסיד ר׳ יחזקאל לבית הכנסת בהשכמה – שהיו נוהגין אז לסדר תקון חצות – הביטו איש בפני רעהו וכל אחד מהם חכה אשר חברו יספר ויגיד מה שהוא יודע, ולבסוף נודע כי

החסיד ר' יחזקאל בא לכל אחד מהם בחלום ויספר להם כי ביום זה יצא אדמו"ר מבית האסורים בכבוד גדול לעדת החסידים, כן הכריז בפלגות ליליא בעל ההילולא הרב המגיד ממעזריטש, וידרוש מאת בני גילו החסידים לקיים את השבועה אשר השביעם.

זקנו החסיד רמ"י נ"ע הי' מראשי העוסקים בחסידות חב"ד, ופעמים בשנה בחג השבועות ובחדש כסלו הי' בא לליובאוויטש, ועונג גדול הי' לי לשמוע מפי חתני הרש"ג שליט"א מהתקרבותו הטובה לעניני התיסדות ישיבה אחי תמימים ליובאוויטש בשיקאגא, המגבית עבור ישיבת תומכי תמימים ליובאוויטש וסידור אגודת חב"ד, וקבל על עצמו להיות היושב ראש של ישיבת אחי תמימים בשיקאגא, והנני לברכו בברכת מז"ט, יחזק השי"ת את בריאותו ואת בריאות זוגתו הכבודה תחי' ואת בריאות ילדיהם יחיו וישמרם השי"ת בכל מקום שיהיו ויחזירם אליהם בריאים ושלמים.

תודה וברכה עבור נדבתו הטובה, והנני לבקש כי ישתתף בהמגבית עבור ישיבת תומכי תמימים ליובאוויטש בהשפעתו הגדולה בין מכריו ומיודעיו אשר יתאסף עתה סכום נכון, חלק מהקוואטא של חמשים אלף, והשי"ת יהי' בעזרו בגשמיות וברוחניות.

ידידו הדו"ש ומברכו

יוסף יצחק

כן הכריז . . ממעזריטש: ברשימה אחרת מסופר דבר זה ביתר פרטים:

ביום השלישי אחר תפלת מנחה בא הבעש"ט להיכל המגיד ממעזריטש, ובאו כמה מתלמידי המגיד ואלפי נשמות להיכל המגיד ממעזריטש, והמגיד ממעזריטש אמר תורה על פסוק פדה בשלום נפשי, נפש דוד, משה ודוד הם חכמה ומלכות, אתפשטותא דמשה בכל דרא לקשר נשמות לאלקות ע"י תורה, ומדריגת דוד ללחום מלחמת מצוה לקרב את הנשמות לעבודת הבורא.

ב'תלד

ב״ה י״ב תמוז תשי״ד
ברוקלין

אל ידידי עוז צמודי לבבי הרבנים הכי נעלים, הרמי״ם
ותלמידי בית המדרש והמתיבתא של מרכז ישיבת
תומכי תמימים ליובאוויטש
ה׳ עליהם יחיו.

שלום וברכה!

נהניתי לראות את הדברי תורה אשר אמרו ידידיי עוז, הרמי״ם ואחדים מהתלמידים בשעת התוועדותם לדבר מצוה בחגיגת סיום מסכת גיטין שנתקיימה ביום ד׳ אייר שנה זו, והנני לברכם בברכה כפולה ומשולשת, כי יצליחו בלימודם בעיון הגמור והמסודר – כמבואר בקונטרס עץ החיים – להכנס בפנימיות הענינים דחכמתו ית׳, ואשר יתרבה ויתרחב גבולם בתלמידים בעלי כשרון שוקדים בלימוד ובהנהגה דיראת שמים, ויחזק השי״ת את בריאותם ואת בריאות בני ביתם ואת בריאות הוריהם ובני משפחתם, ה׳ עליהם יחיו.

והנני להשתתף עמהם בלימודם ובשמחתם כי עבדי יומא טבא למרנן ורבנן, והנני שולח את דברי אלה, לאמר:

בכל סיום נוהגין לאמר „הדרן עלך״, שיש בזה ארבעה פירושים.

א) לשון הדר, שהוא תוקף היופי.

ב) לשון הידור כמו מהדרין מן המהדרין (שבת כא, ב,) ולהידור מצוה עד שליש (ב״ק ט, ב).

ג) לשון סיבוב ועיגול, כמו סימני חי׳ הדורות (חולין נט, ב,) פרש״י עגולות.

ד) לשון סובב והולך, פירושו חזרה שחזר על לימודו, כמו מהדורא קמא ומהדורא בתרא דרב אשי (ב״ב קנז, ב).

ב'תלד

נדפסה בקובץ חדושי תורה נ.י. תש״ד. יגדיל תורה (ירושלים) גליון יב ע׳ 9. והוגהה ע״פ העתק המזכירות. והיא העתק אגרת דלעיל ח״ד א׳צט — בשינויים קלים.

הדברי תורה אשר אמרו: בחגיגת סיום מס׳ גיטין — ד׳ אייר. ראה לעיל אגרות ב׳שמג. ב׳שפח.

ובסיום מסכת וסיום הש״ס אומרים הדרן עלן, להיות כי בלימוד התורה ישנם כל הארבעה פירושים דהדר.

א. הדרן עלן הוא יופי, כי התורה הקדושה היא היופי השכלי והמדעי שהוא הרוחני האמיתי כאמור כי היא – התורה – חכמתכם ובינתכם לעיני העמים (דברים ד, ו) אשר סוף כל סוף הכל יודעים ומכירים את האמת הגמור כי עיקר היופי האנושי ומעלתו הוא השכל והמדע, ולכן הנה האדם – מין האנושי – אשר הבדילו הקב״ה מכל הנבראים שברא בעולמו וחוננו בחכמה בינה ודעת הוא בחיר כל הבריאה כולה ותכליתה, ומהאי טעמא נברא אחרון במעשה בראשית שיהי׳ לו הכל מן המוכן והכל הוא לצרכו, להיות שכלי ומדעי בעצם מהותו. והנה כל השכלים והמדעים מאפס נחשבו לעומת מדע ושכל תורתנו הקדושה, כי כל המדעים עם גדול השכלתם ועוצם תבונתם אינם אלא שכל אנושי אשר לעת מן העתים יוכל להכזב, אבל תורתנו הקדושה היא שכל אלקי הנצחי מקור החכמה והמדע המאירה לעד ולנצח נצחים.

ב. הדרן עלן לשון הדר. דענינו הוא לתת כבוד ויקר לזולתו בכלל ולתמידי חכמים ולומדי תורה בפרט, דענין לימוד התורה הוא בכדי לידע את המצות ולקיימן בהידור וכמאמר גדול תלמוד שמביא לידי מעשה, הרי כללות ענין הלימוד הוא בשביל המעשה, ובכלל זה הן מדות טובות הנוגעות למעשה בפועל כמו מצות ואהבת לרעך כמוך שהיא מצוה מחובת הלבבות אבל היא מצוה הנוגעת למעשה, דהיינו לבד זאת אשר משרשי מצוה זו הוא אשר יח[ס] לבבו בהרגש בשרי באהבת ישראל, הנה לבד זאת צריכה אהבתו זו לבא באיזה ענין של בפועל ממש, וכדאיתא בזהר עשי׳ לעילא, ולכן הנה מארי עובדין טבין הם למעלה במעלה ומדריגה ממארי דאורייתא, להיות כי עיקר ענין לימוד התורה הוא העשי׳ בקיום המצות וההנהגה במדות טובות בפועל, והלומד ואינו עושה אמרו רז״ל כי נוח לו שתהפך שלייתו על פניו, ומחלל ח״ו את התורה, כי העיקר הוא הפועל טוב במצות מעשיות ובמדות טובות, וזהו הדרן עלן אשר אומרים בסיום מסכת להזכיר את התוכן הפנימי של לימוד התורה.

ג. הדרן עלן לשון סיבוב ועיגול. דהנה ענין העיגול הוא שאין לו מעלה ומטה וראש וסוף, דזהו ההבדל בין המרובע שיש לו ארבע קצוות ומעלה ומטה, דהקצוות הם הפכים זה מזה, דלעולם לא יתחלפו, המזרח לא יהי׳ מערב והצפון לא יהי׳ דרום, וכן במעלה ומטה, לא כן

העיגול שאין בו ראש וסוף מעלה ומטה [אשר כן הוא בלימוד תורתנו הקדושה דאין בה ראש וסוף מעלה ומטה], דאחד המרבה לחדש חדושים בתורה ואחד הממעיט שאין לו הכח לחדש חדושים ובא לשמוע את שיעורי הלימודים, ואחד המרבה ללמוד סוגיות עמוקות בגפ"ת ואחד הממעיט ללמוד רק אגדה וכדומה, הנה מאיר עיני שניהם ה' לפי שהעיקר הוא הלימוד, ומי אשר השי"ת חננו בחכמה בינה ודעת צריך להעמיק חכמתו בינתו ודעתו בסוגיות העמוקות שבתורה, ומי שדעתו אינה יפה כל כך להתעמק בסוגיות עמוקות ואינו יכול ללמוד בעצמו אלא רק שומע מפי הלומד ברבים, או דגם לימוד כזה כבד לפניו ועוסק בלימוד המתאים לו הנה הוא כמו אם הי' עוסק בסוגיות עמוקות, להיות כי התורה היא עגולה מבלי אשר ימצא ראש וסוף, ואור הוי' מקיפה מכל צד ופינה, ואף ההוגה אותיותי' מבלי אשר ידע פירושם מפני קוטן כלי שכלו הנה אור תורה מחייהו.

ד. הדרן עלן לשון סובב והולך דפירושו חזרה. ידוע שעלמא עילאה שהוא עולם השכר והגמול הוא כגוונה דעלמא תתאה דכל מה שיש בעולם זה ישנו בעולם הבא. וכל העוסק בתורה בעולם הזה זוכה הוא לעסוק בתורה בעולם הבא במתיבתא דרקיע. וזהו פירוש הדרן עלן, לשון חזרה, דכל אדם צריך לדעת אשר ירידת נשמתו לעולם היא בשביל תכלית וכוונה מיוחדת, וכל אדם בין יבין אשר ירידת נשמתו לעולם זה אינה בשביל קיום גופו והשגת מזונותיו דהלא מהות האדם ומעלתו נעלה מצומח וחי, ומה חי וצומח שהם גרועים במהותם ומעלתם ממהות מעלת האדם בכל זה הנה הקב"ה מכין להם מזונם והאדם שהוא מעולה מהם צריך לייגע עצמו למצוא מזונותיו, אלא ודאי דכוונת ירידת נשמת האדם לעולם הזה היא בכוונה מיוחדת וכתיב בנים אתם לה' אלקיכם, וכמו עד"מ אב השולח את בניו לנהל את עסקיו ולשפר אותם, כן הוי' אלקינו אבינו מלכנו שולח את נשמות ישראל לעולם הזה, שהננו בניו עמו ונחלתו, להאיר את העולם באור תורה ועבודת קיום המצות והנהגה במדות טובות, וזהו והדרן עלן כי צריכים לזכור תמיד אשר השליח צריך לחזור לשולחו, ולתת דין וחשבון על דבר השליחות, והאי עלמא כבי הילולא דמיא חטוף ואכול, מען בעדארף כאפען תורה ומצות בשמחה ובטוב לבב.

יאיר השי"ת את עינינו בתורתו הק' ויעיר את לבבנו לעבדו ית' בלבב שלם, ונזכה כולנו כאחד למלאות חובת שליחות וירידת

אשר . . מעלה ומטה: **הושלם ע"פ אגרת א'צט הנ"ל, וכנראה נשמט מחמת תיבות הדומות.**

שמו **אגרות־קודש** (ב׳תלד)

נשמותינו לעלמא דין להאיר מחשכי ארץ באור תורה ויקל מעלינו ומעל כל ישראל אחינו יחיו את חבלי משיח ויזכנו בביאת משיח צדקנו בקרוב ממש.

והנני ידידם עוז הדו״ש ומברכם

יוסף יצחק

ב׳תלה

ב״ה י״ג תמוז תש״ד
ברוקלין

אל הנכבד מר ל. אוללמאן שי׳

שלום וברכה!

במענה על מכתבו אודות קרובי הרב שניאורסאהן שי׳ מפאריז, הנה עם מי עמד בקשרי מכתבים אינני יודע, ולדאבון לבבי הנה מאז כבשו האשכנזים את צרפת לא שמעתי ממנו מאומה, וחקרתי ודרשתי עליו ועל משפחתו ואין מגיד לי.

אולי כבודו הוא מגזע משפחת אוללמאן מעיר גראסוואורדען אשר אחדים מהם גרו גם בוויען? ואולי יודע הוא איפה נמצאת כעת משפחת אוללמאן מגראסוואורדען?

הדו״ש ומברכו.

ב׳תלה

נעתקה מהעתק המזכירות [ד׳תתע].

באגרת ד׳ אד״ר תש״ג (שהגיעה לידינו לאחר הדפסת ח״ז):

בבקשה לשאול בטעלעפאן אצל מר שווארץ שי׳ דירקטור לאירופא בדזשאינט אם יודע הוא היכן נמצא כעת הרב שניאורסאהן שי׳ מפאריז שהי׳ משך זמן בווישי ואח״כ במארסעיל ומה נעשה עם הקולוני׳ לילדים שהי׳ מנהלה. כן אולי יודע הוא היכן נמצא מר יצחק שניאורסאהן שי׳, אפשר הם בליסבון או במקום אחר.

גזע משפחת אוללמאן: **ראה גם לעיל ח״ב אגרת תקס. אגרות־קודש אדמו״ר מוהרש״ב ח״ב אגרת תיח.**

שמז

ב׳ תלו

ב״ה ט״ו תמוז תש״ד
ברוקלין

ידידי אי״א מו״ה ... שי׳

שלום וברכה!

במענה על מכתבו; כבר גליתי דעתי ברבים כי אינני אוהב את הצרות-חסידים, כלומר מי שח״ו יש לו איזה צרה, בין בעניני בריאות בין בעניני פרנסה ועניני הבית ובא אלי לגלות את לבבו ומבקש לעורר רחמים עליו ועל ב״ב ולברכם, הם אצלי צרות חסידים, ועכ״פ הנה הצרות חסידים אחרי אשר עזרם השי״ת והוציאם מן המיצר אל המרחב, הנה גם הם צריכים להשתנות ולהיות משמעת חסידים, לקיים מה שאומרים להם בעניני תורה ועבודה ולא לצאת ידי חובת חסידים בסכומי כסף של תמיכה ועושים את הטפל לעיקר ואת עיקר העקרים, את ההוראות בתורה ועבודה, עוזבים.

כבר גליתי דעתי ברבים אשר כל בן תורה צריך להתעסק בהרבצת תורה ביראת שמים והוא לאסוף ילדים קטנים או נערים וללמוד עמהם זמן קבוע בכל יום ע״פ ספרי לימוד הכשרים אשר המרכז לעניני חינוך מוציא לאור ולהשתדל לחנך ולהדריך את התלמידים בחינוך של יראת שמים, והנה מהתנצלותו אשר במחצית השני של היום הוא עסוק בעניני פרנסתו ואין לו הזמן הדרוש לעסוק בעניני תורה נראה וניכר, אז איר האט ניט גענומען ערנסט את ישועת ה׳ שעשה עמו, יתבונן בזה היטב והשי״ת יעזרהו להתעורר בהתעוררות טובה לטובתו בגשמיות וברוחניות.

יחזק השי״ת את בריאותו ואת בריאות זוגתו תחי׳ וישמח את לבבם בזרעא חיא וקימא ויתן להם פרנסה טובה.

את האמור בזה ימסור גם לגיסו שי׳, והשי״ת יעזרהו כי גם הוא יתעורר בהתעוררות הראוי׳, ויחזק השי״ת את בריאותו ואת בריאות זוגתו תחי׳ ויתן להם פרנסה טובה.

בשם כ״ק אדמו״ר שליט״א
מזכיר
ח. ליבערמאן

ב׳ תלו

נדפסה בבטאון חב״ד חוב׳ יח ע׳ 8, והושלמה והוגהה ע״פ צילום האגרת [ד׳תתצז].

ב'תלז

ב"ה ט"ז תמוז תש"ד
ברוקלין

אל חברת מחזיקי בית הרב דמונקאטש
בירושלים תובב"א

שלום וברכה!

היום קבלתי מברקה מירושלים עה"ק תובב"א, כפי ההעתקה המצורפת בזה ולא אפונה אשר יעשו בזה במרץ, והשי"ת יהי' בעזרם ויצליח להם בגשם וברוח.

הנני משתתף עמהם בהמגבית עבור כ"ק אדמו"ר שליט"א ממונקאטש, והנני שולח בזה את תרומתי הפרטית בסך חמשים שקלים.

בשם כ"ק אדמו"ר שליט"א
מזכיר.

ב'תלח

ב"ה י"ט תמוז תש"ד
ברוקלין

שלום וברכה!

קבלתי מברקה מירושלים עה"ק תובב"א והנני ממלא את דבר השליחות להודיעם מזה, כאמור בהעתקת המברקה המצורפת בזה, ולא אפונה אשר יעשו בזה במרץ, והשי"ת יהי' בעזרם ויצליח להם בגשם וברוח.

בשם כ"ק אדמו"ר שליט"א
מזכיר.

ב'תלז

נעתקה מהעתק המזכירות [ד/תתקסח]. לתוכנה ראה אגרת שלאח"ז.

ב'תלח

נעתקה מהעתק המזכירות [ד/תתקסו]. לתוכנה ראה אגרת שלפנ"ז. אגרת דומה נשלחה לכמה מוסדות.

שמט אדמו״ר מוהריי״צ נ״ע

ב׳תלט

ב״ה כ״א תמוז תש״ד
ברוקלין

ידידי עוז הרב הנכבד והכי נעלה וו״ח אי״א
מוה״ר שמואל שי׳

שלום וברכה!

במענה על מכתבו אודות ניחח – ניגוני ישראל חסידי חב״ד – הנני שולח בזה המחאה ע״ס כ״ה שקלים עבור החזן מר ווייזער שי׳, ובדבר הלימוד עם התלמידים שי׳, אם המנהל שי׳ מסר להרב גארדאן שי׳ טוב, וידידי יבקרם בתור מנהל ניחח, והנני מחכה על התכנית.

בשם כ״ק אדמו״ר שליט״א
מזכיר.

ב׳תמ

[כ״ב תמוז תש״ד]

JULY 13, 1944

CHIEF RABBI ISAAC HERZOG
JERUSALEM (Palestine)

CHIEF RABBI JOSEPH HERZ
LONDON (England)

HAVE LEARNT FROM PRESS REPORT OF SUCCESSFUL INTERCESSION ON BEHALF EXCHANGE INTERNEES CAMP BERGENBELSEN. PLEASE INTERCEDE ALSO IN BEHALF INTERNEES CAMP VITTEL FRANCE AMONG WHOM PROMINENT RABBI SHABSAI RAPOPORT WITH CHILDREN INLAWS AND FAMILIES, REGARDS –

RABBI JOSEPH SCHNEERSOHN

ב׳תלט

נעתקה מהעתק המזכירות [ד׳תתקפח]. לתוכנה ראה לעיל אגרת ב׳תלא.

מוה״ר שמואל: זלמנוב. אגרות נוספות אליו — לעיל שם, ובהנסמן בהערות שם.

ב׳תמ

נעתקה מהעתק המזכירות. ראה גם לקמן אגרת ב׳תס.

[תרגום חפשי]

יולי 13 1944

א) לרב הראשי יוסף הערץ, לונדון
ב) לרב הראשי אייזיק הרצוג, ירושלים

נודע לי מדיווחי העיתונות, ע״ד ההשתדלות המוצלחת לטובת החלפת עצירי מחנה ברגן־בלזן. בבקשה להשתדל גם עבור עצירי מחנה וויטאל צרפת, שבתוכם הרב הנכבד שבתי רפופורט בניו מחותניו ומשפחותיהם.

הדו״ש

רבי יוסף שניאורסאהן

ב׳תמא

ב״ה כ״ז תמוז תש״ב
ברוקלין

ידידי עוז הרה״ג הנכבד והנעלה, וו״ח אי״א
מוה״ר שלמה זלמן שי׳

שלום וברכה!

במענה על התלגרמה שלו אודות חלישות בריאות מר חיים צבי שי׳, בטח הוא תחת השגחת רופאים מומחים, והשי״ת ישלח לו רפואה, ועל דבר הוספת שם, אם ברצונם ואפשר להם – שאין להם קרובים הנקראים בשם זה – יבחרו בשם הנוסף רפאל. המכתב עוד טרם נתקבל.

בשם כ״ק אדמו״ר שליט״א
מזכיר.

עצירי מחנה ברגן־בלזן: **שהי׳ באותה שעה מחנה מעבר, כשהחליט משרד החוץ הגרמני להחליף אזרחי מדינות הברית שנעצרו בגרמניה תמורת גרמנים שהיו בחו״ל.**

ב׳תמא

נעתקה מהעתק המזכירות [ה׳קא].

מוה״ר שלמה זלמן: **העכט. אגרות נוספות אליו — לעיל ב׳רד, ובהנסמן בהערות שם.**

ב'תמב

ב"ה כ"ח תמוז תש"ד
ברוקלין

אל מרכז ישיבות תת"ל

שלום וברכה!

כעת הנני מבקר את החומר לקובץ ליובאוויטש חוברת שלישית, הנני מבקש לתת את חומר המאורעות במרכז ישיבות תת"ל וסניפיו וחדרי תורה וכדומה ונסיעת הרב המנהל שי' לשיקאגא, כמובן הכל בקיצור כפי המתאים למטרת הקובץ.

בשם כ"ק אדמו"ר שליט"א
מזכיר.

ב'תמג

ב"ה כ"ט תמוז תש"ד
ברוקלין

כבוד ידידי הרה"ג הנכבד וו"ח אי"א מוה"ר ... שי'

שלום וברכה!

במענה על מכתבו אודות שאלת השמות של המדוברת ואם החתן, הדבר נתבאר למדי בספרי הליקוטים של ספר חסידים בשתי הדיעות המחמירים והמקילים וטעמיהם והבוחר יבחר.

ב'תמב

נעתקה מהעתק המזכירות [ה'סא].
חומר המאורעות: נדפס שם ע' 41.
נסיעת . . לשיקאגא: כנ"ל אגרות ב'תכא-ד.

ב'תמג

נעתקה מהעתק המזכירות [ה'עז].
הדבר נתבאר: ראה גם לעיל ח"ה אגרת א'רפו. יגדיל תורה (נ.י.) חכ"ה סי' קנז, ובהנסמן בהערות שם.

יחזק השי״ת את בריאותו ואת בריאות ב״ב יחיו ויתן לו פרנסה טובה ויעזרהו בעבודתו הק׳ בהנהגת עדתו הט׳ בגשמיות וברוחניות.

בשם כ״ק אדמו״ר שליט״א
מזכיר.

ב׳תמד

ב״ה ג׳ מנחם אב תש״ד
ברוקלין

אל התלמיד מר ... שי׳

שלום וברכה!

במענה על מכתבו המפורט, כתיב זה ספר תולדות אדם, תולדתו של אדם, איך שהשגחה פרטית מסבבת סיבות ועילות אשר מי שהוא חפץ ומשתוקק להיות יהודי כשר בקיום מצות מעשיות ולהיות בן תורה, הנה סוף סוף השי״ת בעזרו, אבל עם זה מנסים אותו בנסיונות גדולים, שנדמה לו שהוא חומת אבנים ובאמת אינה אלא חומת קש אשר גץ אחד של יראת שמים שורף את החומה כולה.

הנה כל ענייני ספיקות שכותב, וכן מה שאמר לו הבן בלי דעת בענין התורה אין זה אלא פיתוי היצר הרע והסתתו מה שמפתה ומסיתו בכוונה להדיח את המפותה ולהפילו לומר לו אחרי כן שהוא בעל ספק באמונה, אשר כך הוא דרכו של יצה״ר ותחבולותיו לפתות את האדם ואחרי כן להתגעש עליו להורידו ולהשפילו עד שנופל בעצבות ואינו יכול ללמוד ולהתפלל מטרדות המחשבות זרות, וזוהי כל כוונת היצה״ר.

אבל מי שהוא בעל דעת חזק או גם רק בר דעת והוא יודע ומבין אשר ענייני הספיקות שייכים רק במי שלמד הרבה בענין האמונה, הן ע״פ הלכות ודיני התורה והן ע״פ המחקר והקבלה, ומתעמק בידיעת הענינים על בורים, שייך שנופלים לו איזה ספיקות באיזה ענינים

ב׳תמד

נעתקה מהעתק המזכירות [ה׳קלו].

שאינו יכול לעמוד על בורים, אבל מי שלא למד ענינים אלו אינו שייך בו ענין הספיקות כ״א פיתוי היצר.

וכן בענין התורה שכותב מה שאמר לו האומר את דעתו, הרי צריך לדון בעצמו שטותו של איש כזה שבטח אינו בר דעת כאביי ורבא וגם לא כרש״י והרמב״ם וכל הגאונים והפוסקים שהיו מאז ועד עתה והם מאמינים בתורה והאמינו בכל אות ואות שבתורתינו הק׳, ושוטה זה אשר כל תורתו קבל בא׳ התלמוד תורה״ס, וקרא שנים שלשה ספרי אפיקורסים מחוַה דעתו בענין התורה, היש לך שוטה וחסר דעת גדול מזה?

ואתה תסיח דעתך מכל זה ותתן דעתך ללמוד התורה הנגלית בשקידה גדולה ותזהר לשמור את בריאותך, ושעות קבועות בשבוע תלמוד חסידות, ותתפלל מתוך הסידור בעמידה, ונכון הדבר שתלמוד משניות בעל פה, פרק קטן לשבוע, ופרק בינוני בב׳ שבועות ופרק גדול בג׳ שבועות והעיקר לדייק בהחזרה ולחזור בכל זמן פנוי, והשי״ת יחזק את בריאותך ותצליח בלימוד וביראת שמים ותהי׳ ירא״ש חסיד ולמדן.

בשם כ״ק אדמו״ר שליט״א
מזכיר.

ב׳תמה

ב״ה ח׳ מנחם אב תש״ד
ברוקלין

ידידי וו״ח אי״א הרב מוה״ר אלעזר פנחס שי׳

שלום וברכה!

במענה על מכתבו אודות ההשתדלות בדבר השבת, בודאי ובודאי שצריכים להשתדל בזה בכל כח ועוז בדברי התעוררות עד תחנונים, אבל ליזהר במאד מאד שלא לבא לידי קטטות ומריבות, ומאד הי׳ לי צער על התוצאות הרעות בהכאות ועל להבא יזהר בזה.

ב׳תמה

נעתקה מהעתק המזכירות [ה׳רב].

מוה״ר אלעזר פנחס: **וויילער. אגרות נוספות אליו — לעיל ב׳קעא, ובהנסמן בהערות שם.**

על אדות הבקשות ליסד ישיבות קטנות אחי תמימים ליובאוויטש כבר הגדתי לו אשר בהצעות אלו צריך לפנות לחתני הרב רש״ג שליט״א ולעשות רק כהוראתו.

יחזק השי״ת את בריאותו ויצליח לו בעבודתו הק׳ לטובת מרכז תת״ל.

בשם כ״ק אדמו״ר שליט״א
מזכיר.

ב׳תמו

ב״ה י״א מנחם אב תשי״ד
ברוקלין

אל המורה מרת קאניקאוו תחי׳

ברכה ושלום!

ענטפער אויף דעם אויספירליכען בעריכט פון דער גוטער חינוך ארבעט, עס איז מיר געפעלן, והשי״ת זאל מצליח זיין מער און מער אויף טאן אין דער חינוך הכשר, מען בעדארף לייגען שטארקע אויפמערקזאמקייט אויף דער הנהגה פון די קינדער בהנוגע צו מדות, ממאס זיין שקר, רכילות, לשון הרע וכדומה און ליעבען די מדות ווי אהבת רעים, טוב עין, כבוד הורים ומורים, אהבת מלאכת הבית ולהדר בנקיון הגוף והבגדים.

איינע פון די וויכטיגסטע ארבעט איז ארגאניזירן גרופן פון עלטערע קינדער וואס חוץ דעם לערנען בעדארפען מען זיי פאראינטערעסירען מיט חינוך הכשר ארבעט, ברייננען קינדער און מיטהעלפן אין דער הדרכה אויף וויפיעל זיי קענען.

די מסיבות שבת זיינען זייער וויכטיג אז עס זאלן זיין וואס מער מענשען, דאס מיינט אז א חוץ די קינדער יחיו זאל מען שטארק ארבעטן צוזאמען קלייבן די יוגענט און די עלטערן.

ליסד ישיבות קטנות: **ראה לעיל שם.**

ב׳תמו

נעתקה מהעתק המזכירות [ה׳רכז].

די רייד בא די מסיבות שבת בעדארף זיין דער עיקר פאר די קינדער, אבער דרך אגב בעדארף מען ריידן אויך צו דער יוגנט און צו די עלטערן פון די קינדער.

השי״ת זאל אייך בעגליקען אין דער הייליגער ארבעט בגשמיות וברוחניות.

בשם כ״ק אדמו״ר שליט״א
מזכיר.

ב׳תמז

ב״ה י״א מנחם אב תשי״ד
ברוקלין

ידידי הנכבד והכי נעלה, משכיל על דבר טוב, אוהב מישרים, מר יוליוס שי׳ ורעיתו הכבודה תחי׳

שלום וברכה!

היערמיט שיק איך אייך, מיין ליעבער הארצען-פריינד, און אייער ווערטע פרוי תחי׳, מיין טיעף הערצליכע פריינדליכע ברכה, ברכת מזל טוב צו דער ערעפענונג פון אייער צדקה-אינסטיטוט „סטולמאן׳ס פאנדיישאן״, למזל טוב. איר און אייער ווערטע פרוי און אייערע ליעבע קינדער יחיו זאלט אלע זיי[ן] געזונט און געבענטשט מיט אלעס גוטעס, א נחת-רוח׳דיקען לעבן און פיעל נחת פון די קינדער, יחיו.

איך ווינש אייך אז דער סטולמאן פאנדיישאן זאל זיך גיך גוט אנטוויקלען מיט גאר גרויסע גליקליכע סוממען, צו קענען בעזארגען די פיינע וויכטיגע צדקה און תורה א[י]נסטיטושאנס אזוי ווי אייער שיינע הארץ געפיהלען זיינען, און די ברכות פון די אלע גוטע תורה און צדקה אינסטיטושאנס וואס דער סטולמאן פאנדיישאן וועט שטיצען וועלן און זאלן בעגליקען אייך, אייער ווערטע פרוי און ליעבע קינדער יחיו אין אלעס.

ווען מיר אידן האבען געהאט דעם בית המקדש און מען פלעגט

ב׳תמז

נעתקה מהעתק המזכירות [הרלב]. ונשלחה בצירוף תרגום לאנגלית.

מר יוליוס: סטולמאן. אגרות נוספות אליו — לעיל ב׳שג, ובהנסמן בהערות שם.

מקיים זיין די מצוה פון בכורים – די ערשטע גוט אויסגעוואקסענע פרוכט ברייגנען אין בית המקדש מיט א קרבן – מיט דעם ריכטיגען תורה סדר ווי מען דארף ברייגנען די בכורים, איז דער בכורים ברייגנען אין בית המקדש געווען זייער באליעבט בא די אידן, און זיי פלעגן די הערנער באדעקן מיט גאלד – די גאלד פלעגן זיי אוועק געבען אין דעם בית המקדש קאססע – דער עיקר איז געווען דער קרבן און ניט די גאלד, קרבן הייסט די דערנעהענטערונג פון דעם מענשען צו געטליכקייט, און ווייל אט די דערנעהענטערונג איז געווען זייער ליעב, האבען זיי אויסגעדריקט די ליעבע אין באדעקן די הערנער פון דעם קרבן מיט גאלד פאר דער בית המקדש קאססע, אבער דער עיקר איז דער קרבן, די דערנעהענטערונג פון דעם מענשען צו געטליכקייט.

ידידו הדו״ש ומברכו.

ב׳תמח

ב״ה י״א מנחם אב תש״ד
ברוקלין

אל „מחנה ישראל״

שלום וברכה!

בזה הנני להציע לסדר על יד „מחנה ישראל״ מערכה מיוחדת בשם „בקור חולים״ במטרה לבקר את החולים ר״ל חברי אגו״ח חב״ד ואנ״ש יחיו, ופלוגה מיוחדת מצעירים – המדברים בשפת המדינה – לבקר את הפצועים והחולים בין אנשי הצבא ולהמציא להם מאמרים לקריאה ולעודדם ואלו שאינם מקומיים לעזור להם להתדבר עם קרוביהם, ובזה הנני מבקש את הרב המנהל של „מחנה ישראל״ להרציא לי בכתב תכנית עבודה עם תקציב הדרוש ושם המתאים למוסד כזה.

בשם כ״ק אדמו״ר שליט״א
מזכיר

ח. ליבערמאן

הערנער . . גאלד: **בכורים פ״ג מ״ג.**

ב׳תמח

נעתקה מהאגרת שבאוסף המכתבים [הרמו].

להציע . . בקור חולים: **ראה לקמן אגרת ב׳תעא. ב׳תקכח. ב׳תרחצ.**

ב'תמט

ב"ה י"ב מנחם אב תש"ד
ברוקלין

ידידי עוז התלמיד החשוב הרב וו"ח אי"א
מוה"ר יוסף מענדיל שי'

שלום וברכה!

במענה על כתבו, נהניתי לקרא, והנני מבקש אותו ואת ידידי תלמידי היקר הרב גראנער שי' להניח עצמכם על העבודה הקדושה של הישיבה, הן בהנוגע אל הלימוד והנהגה דיר"ש והן בהנוגע להנהגה דדרך ארץ ע"פ התורה לנטוע בתלמידים שיחיו, והשי"ת יצליחם בגשם וברוח.

בשם כ"ק אדמו"ר שליט"א
מזכיר.

ב'תנ

ב"ה י"ב מנחם אב תש"ד
ברוקלין

אל הנהלת ישיבת תומכי תמימים ליובאוויטש
בעי"ת מאנטרעאל יע"א

שלום וברכה!

במענה על מכתבם אודות הפאראקעיל סקול וההאי סקול בדבר

ב'תמט

נעתקה מהעתק המזכירות [ה/ריא].

מו"ה יוסף מענדיל: טננבוים. אגרות נוספות אליו — לעיל ב'רסח, ובהנסמן בהערות שם.
של הישיבה: בפילאדעלפיא, ששנים הנ"ל נתמנו לנהל את הלימודים בה. ראה לעיל אגרת ב'שצג, ובהנסמן בהערות שם.

ב'תנ

נעתקה מצילום האגרת [ה/שכד].

הפראגראם איך ומה ללמוד, הנה אין אני בקי בזה ואין מעניני לתת מזמני על זה, בכל הענינים הללו וכן באיזה ספרים להשתמש עליהם לשאול את ידי״ע הרב חאדאקאוו שי׳ שהוא מומחה בזה ויר״א ועליו הנני סומך, ובלעדו לא תחליטו בענינים הללו מאומה...

את אשר שלחתם לי בהנוגע לפראגראם מסרתי לידי״ע הרב חאדאקאוו שי׳ ובהנוגע לסדרי הישיבה עליהם לפנות לחתני הרב רש״ג שליט״א מנהל הישיבות.

בשם כ״ק אדמו״ר שליט״א
מזכיר

ח. ליבערמאן

ב׳תנא

ב״ה י״ג מנחם אב תש״ד
ברוקלין

לחתני הרממ״ש שליט״א

שלום וברכה!

בבקשה לסדר כפי האפשרי ע״ד חברה תהלים ולהציע את מי למנות בתור מזכיר בענין התעמולה ע״ד תהלים, ובודאי יענה להם לחזקם.

את המכתב להחזיר.

בשם כ״ק אדמו״ר שליט״א
מזכיר.

ב׳תנא

נעתקה מהעתק המזכירות [ה׳רצ].

לחתני הרמ״ש שליט״א: **אגרות נוספות אליו — לעיל ב׳קעד, ובהנסמן בהערות שם.**

מזכיר . . התהלים: **ראה לעיל ח״ו אגרת א׳תשפה. לקמן ב׳תנט.**

ב'תנב

ב"ה י"ד מנחם אב תש"ד
ברוקלין

ידידי עוז הכי נעלים, וו"ח אי"א ש"ב מוה"ר עזריאל זעליג שי' ומוה"ר חנוך הענדיל שי', ומוה"ר משה שי' דובינסקי, מוה"ר דוד שי' גאלדבערג ומוה"ר אפרים שי' וואלף

שלום וברכה!

זה עתה קבלתי מכתבו של ידידי עוז הנעלה והכי נכבד וו"ח אי"א מוה"ר אפרים שי' וואלף מהתעוררותם הטובה בחוהמ"פ ליסד חדר, – בודאי ברוחה של תומכי תמימים – ואשר ידידי עוז הנעלה והכי נכבד מוה"ר ברוך שי' פריז הוא המלמד, נהניתי מאד מזה ויישר כחם, והשי"ת יהי' בעזרם בגשמיות וברוחניות.

ידידם הדו"ש ומברכם.

ב'תנב

נעתקה מהעתק המזכירות [ה'רעו].

מוה"ר עזריאל זעליג: סלונים. **אגרות נוספות אליו — לעיל ח"ו א'תתמו, ובהנסמן בהערות שם.**

מוה"ר חנוך הענדיל: **האוולין. אגרות נוספות אליו — לעיל ב'רנא, ובהנסמן בהערות שם.**

מוה"ר . . גאלדבערג: **אגרות נוספות אליו — לעיל ב'רלז, ובהנסמן בהערות שם.**

מוה"ר . . וואלף: **אגרת נוספת אליו — לעיל ח"ז ב'קמא.**

ליסד חדר: **ראה גם לקמן אגרת ב'תסו.**

ב׳תנג

ב״ה י״ד מנחם אב תש״ד
ברוקלין

אל חברי ועד הנהלת ישיבת אחי תמימים
וחדר בני תמימים בעי״ת תל־אביב יע״א,
ה׳ עליהם יחיו

שלום וברכה!

במענה על מכתבם מי״ג סיון, טוב הדבר אשר החליטו וסדרו למנות משגיח על נגלה ואשר ידבר עם התלמידים שי׳ בלימוד, הנקרא ריידען אין לערנען כי זה נחוץ ומביא תועלת מרובה וטוב לשניהם הוא, אשר הסכימו שהדבר יהי׳ בתור נסיון, אשר כך הוא דרכו של מי שעושה ענין רציני ואיש רציני, ובטח הנה הרב הרד״ח שי׳ מניח כחותיו בזה, והשי״ת יהי׳ בעזרו ויצליח לו בגשם וברוח, ובמשך הזמן יראו אם הענין מתאים לפניו ואם הוא מתאים להענין.

דאגתם למיעוט התלמידים מדאגת אותי, והנני מבקשם לכתוב לי בהקדם האפשרי באיזה אמצעים אפשר להרבות בעזה״י תלמידים בעלי כשרונות.

בבקשה להודיעני חוות דעתם אם ישנה כבר קבוצת תלמידים מישיבת אחי תמימים שאפשר לעשות מהם בעזה״י מחלקה גבוה בשם ישיבת תומכי תמימים ליובאוויטש בארצנו הקדושה תובב״א, ובבקשה לכתוב לי בפרטיות מזה.

הנני מבקש את הנהלת ישיבת אחי תמימים בתל־אביב לערוך רשימת התלמידים דישיבת אחי תמימים וחדר בני תמימים מאז נוסדו עד היום הזה כל אחד בשמו וכנויו ושנותיו בזמן שנכנס לישיבה או לחדר, וכמה שנים למד והזמן שיצא מהישיבה ומה נעשה עמדו כהיום.

חברי ועד הכספי, ה׳ עליהם יחיו, התאזרו כח ואספו סכומים גדולים כפי הדרוש להוצאות הישיבה והשי״ת יהי׳ בעזרם בגו״ר.

ב׳תנג

נעתקה מהעתק המזכירות [ה׳רצז]. בהמשך אלי׳ — לקמן ב׳תפז.

חברי ועד הנהלת: ראה לעיל אגרת ב׳רצד.

הרד״ח: ה״ר דוד חנזין.

חברי ועד הכספי: ראה לעיל אגרת ב׳צה.

ימים אלו אשלח בעזה״י איזה סכום להישיבה, וברכות יחולו על ראשי המתעסקים ותומכים בה ויתברכו בגשמיות וברוחניות.

והנני ידי״ע הדו״ש ומברכם.

ב'תנד

ב״ה י״ד מנחם אב תש״ד
ברוקלין

אל אגודת חסידי חב״ד באה״ק ת״ו תל־אביב יע״א

שלום וברכה!

אתפלא על אשר עוד טרם קבלתי אישור על מכתבי מי׳ אייר העבר על דבר הסתדרות אגודת חסידי חב״ד באה״ק תובב״א, ע״פ הסדר שכתבתי שם, ואשר יתחילו תיכף בהסתדרות המרכז, כלומר הנשיא וסגניו, גזבר ורואה חשבון והמזכיר, ויבאו בכתובים עם כל הערים ומושבות ע״פ התכנית הכללית אשר סדרתי בי״ז סעיפים, ומהם סעיפים שצריכים להתפרט לכמה וכמה סעיפים לפי דרישת הענין. כן הנני מחכה להצעת תקציב הדרוש לפי העבודה, ועדיין לא קבלתי מאומה, והנני מחכה מיום ליום לקבל מכתב מפורט, ולא אפונה אשר ידידי המזכיר רפ״א שי׳ אשר כל המלאכה – כמו בכל מוסד אשר המזכיר הוא העיקר ובמרצו תלוי גורל המוסד – עליו עובד בזריזות ובמרץ הדרוש.

ובזה הנני לפקוד אשר אגודת חסידי חב״ד הכללית באה״ק ת״ו תסדר בכל עיר ומושב בתי קריאה בספרי חב״ד, נדפסים וכתבים, וכל הנדפס בספרות חב״ד.

והסדר בזה:

אגודת חסידי חב״ד הכללית באה״ק ת״ו תבא בכתובים עם כל גבאי בתי הכנסיות נוסח האריז״ל שיקבעו מקום מיוחד בארונות

ב'תנד

נעתקה מהעתק המזכירות [ה׳רצט].

מכתבי מי׳ אייר: דלעיל ב׳שפג־ז.

רפ״א: ר׳ פנחס אלטהויז.

הספרים של בהכנ״ס בשביל ספרי חב״ד וכו׳ ואשר ימנו משגיח מיוחד, אחד מחשובי המתפללים אשר ישגיח על זה, אשר כל מי שיחפוץ ללמוד באיזה ספר או כתב יותן לו ויורשם בגליון או ספר העשוי לכך. וכל בתי הכנסיות נוסח האריז״ל שבעיר יסדרו דבר זה.

בערים הגדולות אפשר שיסדרו בעוד איזהו מקומן במחוז שרבים נמצאים שם.

בפרטיות הסדר בזה, באופן מסירת הספרים לבתי הקריאה בחשבון כן הגליונות הדרושים לרשימת הקוראים זהו דבר ידוע ובטח יסדר המזכיר שי׳ את הדבר כראוי.

למטרה זו שלחו להם במשך שבועות האחרונים הרב[ה] דברי דפוס מהוצאת „אוצר החסידים״, מהמרכז לעניני חינוך, ממחנה ישראל, ממרכז ישיבות תת״ל ומערכת הקריאה והקדושה וקובץ ליובאוויטש, הכל במספר מרובה של שלשים ושל שבעים עקזעמפלארים, ונוסף על זה שלחו להם שלשים עקזעמפלארים מכל המאה וארבעים מאמרים שנאמרו במשך שנות תש־תש״ד, והכל בכוונה בשביל בתי הקריאה, וכל זה עולה לסכום גדול אשר אגודת חסידי חב״ד העולמית נותנת במתנה לאגודת חסידי חב״ד הכללית באה״ק ת״ו בשביל לסדר בתי לימוד וקריאה.

אגודת חב״ד הכללית באה״ק ת״ו תקנה מספר ספרי „תניא״ כפי הדרוש בכל בית לימוד וקריאה שיסדרו.

אם תעלה איזה הוצאה בסדור בתי הקריאה והלימוד – חוץ מהוצאות הדואר – לא תהי׳ מניעה מזה.

ראוי הדבר אשר אגו״ח הכללית באה״ק ת״ו תכריז – ע״י העתונות – מגבית של ספרי חב״ד, אשר כל מי שיש לו ספרים כפולים וכדומה ינדבם לאגו״ח בשביל בתי הלימוד והמקרא שהיא מיסדת.

ידידי, מנהלי אגודת חסידי חב״ד הכללית באה״ק ת״ו! עיניכם הרואות אשר מבלי התחשב עם דוחק המצב שהנני דחוק במאד הנני לוה גמ״ח – בבטחון גמור אשר בזכות אבות קדושים זצוקללה״ה נבג״ם זי״ע, יעזרני השי״ת לפרוע – והנני נותן מכחי לסדר בעזה״י אגו״ח הכללית באה״ק ת״ו לטובת אנ״ש וב״ב יחיו ועתה אין הדבר תלוי אלא בכם למלאות את אשר העמסתי עליכם, אנא, בכל לשון של בקשה, עבדו במרץ הראוי, והשי״ת יעזר לכם בגו״ר.

ימים אלו הנני שולח שתי מאות שקלים לקופת אגו״ח הכללית באה״ק ת״ו וכשאקבל מאתם דו״ח מהעבר עם תקציב, אשלח אי״ה כפי הדרוש.

ועם זה אני שולח שלוחים פרטים ברשימה מיוחדת להגזבר של אגו״ח הכללית ידי״ע הרמ״ג שי׳, ובכדי לחזק את אגו״ח הכללית הנני שולח את הסכומים על ידם, ולכל סכום וסכום יצרפו מכתב – על ניר של אגו״ח הכללית – בנוסח כזה: הננו שולחים לו בזה סך כך וכך לאגו״ח הכללית באה״ק ת״ו בכדי להמציא לכבודו, ויואיל לחתום את קבלתו – שתי קבלות שהן אחת – בברכה, ויחתום היו״ר או אחד מסגניו – הגזבר והמזכיר.

הנני מקוה אשר הכל נעשה כדבעי ובמרץ הראוי, והשי״ת יהי׳ בעזרם בגשמיות וברוחניות.

ב׳תנה

ב״ה י״ז מנ״א תש״ד
ברוקלין

כבוד ש״ב ידידי עוז הרה״ג גזע תרשישים
הרה״ח אי״א מוהרשיל״א שליט״א

שלום וברכה!

במענה על כל הענינים הכלליים, הנני עונה על כל ענין לבדו, ובזה הנני כותב לידי״ע ביחוד, ובקשה גדולה לי אליו, הנה בטח אשר במרבית השנים שהי׳ בליובאוויטש ונשלחו כמה מכתבים מאת הוד כ״ק אאמו״ר הרה״ק זצוקללה״ה נבג״ם זי״ע לכמה מקומות בעניני הכלל, הן להועד בחו״ל והן להכולל וליחידים, ובטח יש אצלו הרבה

הרמ״ג: **הר׳ משה גוראריי׳.**

ב׳תנה

נעתקה מהעתק המזכירות [ה׳רפב].

מוהרשיל״א: **אגרות נוספות אליו — לעיל ב׳שנח, ובהנסמן בהערות שם.**

הכלליים . . לבדו: **לקמן אגרות ב׳תנו. ב׳תנח.**

בקשה גדולה: **בקשה דומה — לעיל ח״ד אגרת תתקכג, ובהנסמן בהערות שם.**

מכתבים כתי״ק שנכתבו לידי״ע ביחוד, הנה בקשתי לעשות פאטאגראפיא מכל הכי״ק, כן משארי ההעתקות בעניינים הנ״ל הנמצאים אצל ידידי עוז, וכן אולי נמצאים אצל אחרים – כמובן הכל על הוצאותי – ואסיר תודה אהי׳ לידי״ע עבור זה, ואכפול את בקשתי בזה, והשי״ת יחזק את בריאותו ויאריך ימיו ושנותיו בטוב ובנעימים בגשמיות וברוחניות.

ידידו ש״ב הדו״ש.

ב׳תנו

ב״ה י״ז מנ״א תש״ד
ברוקלין

כבוד ש״ב ידי״ע הרה״ג גזע תרשישים
הרה״ח אי״א מוה״ר שיל״א שליט״א

שלום וברכה!

מכתב ידי״ע מט׳ סיון הגיעני במועדו על אודות העברת ישיבת תו״א לבהכנ״ס חב״ד במאה שערים ותומ״י פניתי בבקשה תלגרפית לגבאי ומתפלל[י] בהכנ״ס חב״ד הזה, וכבר קבלתי מאתם מענה תלגרפית אשר קיימו את בקשתי, ובאשר הנני עמוס עבודה עוד לא כתבתי להם, והנני מקוה לכתוב אליהם את תודתי וברכתי.

אמנם בגוף הענין אשר ישיבת תו״א צריכה לבקשת רחמים ממוסדות אחרים ואין לה בנין משל עצמה שיהי׳ מתאים בכל הפרטים למצב הישיבה בכל הדרוש לה בגשם וברוח הוא דבר פלא המראה על העזובה הגדולה בכל עניני הישיבה שהרי מוסדות קטנים כבר רכשו להם בניינים גדולים ורק ישיבת תו״א צריכה להתגורר בגלגולים שונים

ב׳תנו

נעתקה מצילום האגרת [הרפג].

מוה״ר שיל״א: **אגרות נוספות אליו — לעיל ב׳שנח, ובהנסמן בהערות שם.**

לכתוב אליהם: **באגרת שלאח׳ז.**

ובא מועד לחשוב בסיבת דבר המניעה ולדחותה ולחשוב מחשבות דבר בנין המתאים אל צרכי הישיבה, והשי״ת יהי׳ בעזרם בגו״ר.

ש״ב ידידו הדו״ש ומברכו

יוסף יצחק

ב׳תנז

ב״ה י״ז מנחם אב תש״ד
ברוקלין

אל ידידינו אנ״ש מתפללי בהכנ״ס חב״ד ב„מאה שערים״
וידידי נשיאם וסגניו בראשם,
ה׳ עליהם יחיו,

שלום וברכה!

בנועם קבלתי את המברקה שבה מודיעים לי על אדות מילוי בקשתי להכניס את ישיבת „תורת אמת״ יצ״ו לבהכנ״ס, כן את ברכתם, ברכת אוהבים וידידים מקושרים בקשרי אהבה, בברכה משולשת לימי שמחת בני תורה, י״ב וי״ג תמוז קבלתי ועניתי אמן כן יהי רצון, ובזה הנני לברך אותם ואת בני ביתם יחיו כי ישפיע להם השי״ת שפעת חיים וברכה מרובה בכל מילי דמיטב מנפש ועד בשר.

והנני ידידם הדו״ש ומברכם ברוחניות ובגשמיות

יוסף יצחק

ב׳תנז

נדפסה (מימיוגראף) בשעתה בגליון בפ״ע — על ניר המכתבים של תורת אמת, ובראשה „העתק . . שנתקבל ביום ד׳ תשרי תש״ה״. והוגהה ע״פ העתק המזכירות [ה׳רפד]. לתוכנה ראה אגרת שלפנ״ז.

ב׳תנח

ב״ה י״ז מנ״א תשי״ד
ברוקלין

אל המוסד הק׳ כולל חב״ד יצ״ו ובראשו נשיאו ש״ב ידי״ע הרה״ג גזע תרשישים הרה״ח אי״א מוהרשיל״א שליט״א וסגניו הנכבדים יחיו
ה׳ עליהם יחיו!

שלום וברכה!

שני מכתביהם מיום א׳ כ׳ סיון ומיום ג׳ כ״ט בו הגיעו כאחד, והנני עונה עליהם כסדרם.

מכתב כ׳ סיון:

אודות פרסום דבר אמירת מזמור כ׳, תודה וברכה עבור זה. המודעה הנדפסה לא נתקבלה.

בדבר ההוספה להרבנים תלמידי ישיבת צ״צ, ה׳ עליהם יחיו, בודאי טוב ונכון הוא, וכן ההוספות לתמיכות החדשיות בודאי נחוצות הן, אמנם צריכים להשתדל בהוספת ההכנסה, אשר בזה לא נעשה כמעט מאומה וכפי שכתבתי במכתבי הקודמים שצריכים להכניס איש אשר רוח בו אשר יסדר עניני ההכנסה במרץ הדרוש, ואני הנני עוסק בזה כמה שאפשר, וכתבתי להם שצריכים להתחשב בזה אשר עלי לדאוג בעזה״י גם עבור עוד ענינים ישיבות תת״ל וסניפי׳ שתקציבן עולה יותר על שתי מאות אלף שקלים לשנה כהיום ות״ל מיום ליום נתוספות בשעטומ״צ עוד ישיבות. וכן המרכז לעניני חינוך דורש כחמשים אלף שקלים לשנה, ומחנה ישראל ואגודת חב״ד בפה ובשאר מקומות דורשים סכומים גדולים, ע״כ כתבתי להם והנני חוזר וכותב כי הכולל וכן חברת תהלים צריכים גם הם בעצמם לעבוד במרץ הראוי והשי״ת יהי׳ בעזרם בגו״ר.

ב׳תנח

נעתקה מצילום האגרת [הרפה].

מוהרשיל״א: **אגרות נוספות אליו — לעיל ב׳שנח, ובהנסמן בהערות שם.**

אמירת מזמור כ׳: **בימים שאין אומרים תחנון אומרים אחר התפלה פרק כ׳, שהיא תקנה התחל מיום א׳ ב׳ ניסן תש״ד (ראה תהלים אהל יוסף יצחק — מעבר לשער. קובץ ליובאוויטש גליון 2 ע׳ 19).**

מכתב כ"ט סיון:

בדבר אמירת מזמורי תהלים בשביל הצלחת צבאות מדינות הברית, תודה וברכה, והשי"ת יקבל את תפלותינו ותפלותיכם וימלא משאלות לבבינו לטוב ולברכה לטובת אחב"י שי' בגו"ר.

בדבר חלוקת הסך $125 מעזבון הרה"ח הרד"מ ז"ל הנה כוונו יפה אשר ביחוד להרה"ג שליט"א כוונתי לידי"ע ש"ב הרה"ג מוהרשי"ל"א שליט"א.

והנני ידי"ע הדו"ש ומברכם

יוסף יצחק

ב'תנט

ב"ה י"ז מנ"א תש"ד
ברוקלין

אל חברת תהלים העולמית יצ"ו ירושלים תובב"א

שלום וברכה!

במענה על מכתבם מט"ז בסיון אודות החגיגה דחג השבועות בהלולא רבא דדוד מלכא, נהניתי במאד וברור הדבר כי זכותם של המשתתפים רבה היא במאד, ותודה וברכה עבור תפלת המי שברך, והשומע תפלות, יתברך ויתעלה, יקבל את תפלותינו ותפלותיהם וימלא משאלות לבבינו שירום קרנם של ישראל בגאולה שלמה ע"י משיח צדקנו בקרוב ממש.

את מכתבם מכ"ט שבט לא קבלתי וראיתי רק את העתקתו ששלחו למחנה ישראל והנני מסכים עליו וככתוב במכתבי העבר שצריכים לעבוד במרץ.

הדו"ש ומברכם

יוסף יצחק

———

ב'תנט

נעתקה מצילום האגרת [ה'רפט]. ראה לעיל אגרת ב'תנא.

ב׳תס

ב״ה י״ז מנחם אב תש״ד
ברוקלין

כבוד ידידי עוז, הגאון האדיר, הנודע לשם תהלה ותפארת בתוככי גאוני יעקב עה״י פטה״ח, משכיל על דבר טוב, כש״ת מוה״ר יצחק אייזיק שליט״א הלוי

שלום וברכה!

נכון הגיעני מכתבו מי״ג סיון אודות השתדלותו דבר עניני אחב״י שי׳ ברוסיא בהנוגע לסדור עניני הדת, והשי״ת יהי׳ בעזרו להצליחו.

זה כשלשה חדשים ויותר אשר שלחתי מלאכות – בתור יו״ר אגודת חב״ד [ה]עולמית – את חתני הרב ר״ש גורארי׳ שליט״א, את הרב יאלעס שי׳, את הרב פרעדמעסקי שי׳ ואת מר מעקלער שי׳ – עורך העתון מארגען זשורנאל – אל הגברת מרת רוזוועלט, אל שר החוץ ואל ב״כ ארצה״ב ברוסיא – שבא לזמן קצר לכאן, בבקשה לפעול רשיון לשלוח מלאכות ב״כ היהודים החרדים לבקר את אחיהם היהודים ברוסיא לעודדם ולהיות בעזרתם בתמיכה לסדור עניני הדת. הנזכרים קבלו את המלאכות בסבר פנים יפות והבטיחו לעשות בזה מה שאפשר, כשלשה חדשים עברו בחליפות מכתבים הלוך ושוב, ולפני איזה ימים נתקבלה ידיעה מהנזכרים אשר המלאכות תתראה עם ב״כ רוסיא בארצה״ב. למועד המוגבל קבלם בסבר פנים והבטיח אשר במשך חדש וחצי או שני חדשים יקבל מענה מאת הממשלה. את התוצאות אודיע לכת״ר.

בינתים בקשתי את כת״ר בשתי מברקות על אדות הפליטים שהיו בוויטאל ותקותי חזקה אשר בודאי יעשה כל האפשרות לעשות בזה, והשי״ת יחוס וירחם על עמו ונחלתו להצילם ולשמרם.

ידידו הדו״ש מוקירו מכבדו ומברכו

יוסף יצחק

ב׳תס

נעתקה מצילום האגרת [הרצא].

מוה״ר יצחק אייזיק: **הרצוג. אגרות נוספות אליו — לעיל ב׳רז, ובהנסמן בהערות שם.**

השתדלותו . . ברוסיא: **ראה לעיל אגרת ב׳של, ובהנסמן בהערות שם.**

זה כשלשה חדשים: **ראה לעיל אגרת ב׳שעג, ובהנסמן בהערות שם.**

למועד המוגבל קבלם: **תיאור הביקור בקובץ ליובאוויטש גליון 4 ע׳ 55.**

מברקות . . בוויטאל: **לעיל סי׳ ב׳תמ.**

ב׳תסא

ב״ה י״ז מנ״א תש״ד
ברוקלין

כבוד ידידי הרה״ג, גזע היחס, וו״ח אי״א
מוה״ר שמואל שי׳

שלום וברכה!

נכון הגיעני תשורתו ספר „בית הבחירה״ על מסכת אבות. תודה, והשי״ת יצליח לו בעבודתו הקדושה להדפיס ספרים של רבותינו הראשונים זי״ע.

יחזק השי״ת את בריאותו ואת בריאות ב״ב יחיו ויתן לו את פרנסתו בהרחבה.

מצורפת בזה המחאה ע״ס עשרים שקלים לצרכיו הפרטיים.

הדו״ש ומברכם בגשמיות וברוחניות

יוסף יצחק

ב׳תסב

ב״ה י״ט מנ״א תש״ד
ברוקלין

ידידי וו״ח אי״א מוה״ר מרדכי שי׳ גינזבורג

שלום וברכה!

מכתבו מי״א אייר קבלתי, ותודה וברכה על אשר הוא מזכיר אותנו

ב׳תסא

צילום האגרת נדפס בתחלת הס׳ ילקוט שמואל ע״מ אבות.
מוה״ר שמואל: וואקסמאן.

. . .

בי״ז מנ״א נסע רבנו למוסד אורורה במוריסטאון, ושהה שם עד יום א׳ ט״ו אלול. בכותרות האגרות הבאות נכתב ברוקלין — כיון שנכתבו ע״י המזכיר בברוקלין. ראה לקמן אגרת ב׳תפא.

ב׳תסב

נעתקה מהעתק המזכירות [הרעז].

במקומות הקדושים, והשי"ת יקבל את תפלותינו ותפלותיכם בתוך תפלות כלל אחב"י שי' להושע בגאולה שלמה בקרוב ממש.

בשם כ"ק אדמו"ר שליט"א
מזכיר.

ב'תסג

ב"ה י"ט מנ"א תש"ד
ברוקלין

אל הנהלת ישיבת „תורת-אמת" יצ"ו

שלום וברכה!

בזה הנני מבקש את הנהלת ישיבת תו"א לערוך: 1) רשימת מנהלי ישיבת תו"א, הרמי"ם המשפיעים והעובדים במשרד הישיבה והמשמשים מאז נוסדה הישיבה עד היום דלמטה, כל אחד בשמו וכנויו ושנות עבודתו על משמרתו. 2) רשימת תלמידי ישיבת תו"א יצ"ו מאז נוסדה הישיבה עד היום דלמטה, כל אחד בשמו וכנויו וגילו בזמן שנכנס אל הישיבה וזמן למודו וזמ[ן] שיצא מהישיבה, מתי נשא אשה ומצבו – כהיום – בפרנסתו והנהגתו, ומצב ב"ב והדרכתם ומקום מגורם. 3) הנעדרים ר"ל משתי הרשימות יורשם זמן פטירתם, שמות בני ביתם גילם עסקם פרנסתם ומצבם הגשמי והמוסרי.

הנני מבקש להעריך את הרשימות הללו בהקדם כי נחוצות הן במאד.

בשם כ"ק אדמו"ר שליט"א
מזכיר.

ב'תסג

נעתקה מהעתק המזכירות [ה'רצד].

ב׳תסד

ב״ה י״ט מנ״א תש״ד
ברוקלין

ידי״ע וו״ח אי״א מוה״ר משה שי׳ גורארי׳

שלום וברכה!

(מכתב זה הוא לו לבדו ולא להראותו)

דבר ידוע אשר כל מוסד תלוי בהמזכיר באופן עבודתו זריזותו ומרצו ובכדי שהמזכיר יתן כל כחו בעבודתו צריך להיות חפשי מדאגת פרנסה, ואני ידעתיך – ידי״ע רמ״ג שי׳ – לאיש רציני והנני חפץ שתדע עומק לבבי אשר ענין אגו״ח הכללית באה״ק ת״ו יסתדר בסדר טוב בכל פרטי ענייניו, והנני חפץ אשר ידי״ע ר׳ פנחס שי׳ אלטהויז אשר בו בחרתי למזכיר באגו״ח חב״ד תהי׳ לו פרנסה בכדי שיוכל בעזה״י למסור עצמו לעבודה זו והנני קובע את משכורתו בסך עשרים לירא לחדש בכדי שיתן את כל זמנו ושימת לבבו על זה, אם שכירות כזו אינה מספקת עבור עבודה זו אפשר אי״ה להוסיף לו עוד חמשה לא״י ויהי׳ כ״ה לא״י לחדש, רק שתהי׳ העבודה בכתיבה, וכן אם יודרשו נסיעות, וכל שארי אופני התעסקות בהנוגע לאגו״ח הכללית באה״ק ת״ו, שבודאי תתרחב בעזה״י ותתגדל גם בענינים הנוגעים לפרנסה, כאמור בסעיפי התכנית אשר כתבתי במכתבי הכללי מיום י׳ אייר, ובכן הנה המזכיר צריך להיות מסור ונתון לעבודתו הרוחנית וגם הגשמית להתענין במצב הכלכלי של כל אחד ואחד מאנ״ש שי׳ להתבונן ולהציע מה שאפשר לעשות ולהועיל בעזה״י להטיב מצבם.

מהשאלות הפרטיות שהנני מקבל מאנ״ש שי׳ מאה״ק תובב״א נראה שיש אפשרות להסתדר בעניני פרנסה בעבודה במלאכת יד – קוסטאר – ואין ברור לי הדבר על בוריו באיזה אופן הוא, אם כמו שהי׳ בשעתו ברוסיא בכמה מקצועות שונים, ובזה הנני לבקשו כי יואיל להשיב לי תומ״י בפרטי׳ בענין זה. 1) לפרט כל מיני עבודות במלאכת יד כהיום – או שאפשר לעשותם בעתיד – שמביאים ויביאו

ב׳תסד

נעתקה מהעתק המזכירות [ה׳שא].

ידי״ע . . גוראר׳: **אגרות נוספות אליו — לעיל ב׳רלז, ובהנסמן בהערות שם.**

בו בחרתי למזכיר: **כנ״ל אגרת ב׳שפג.**

בעזה״י פרנסה ודאית. 2) המכונות שצריכים לכל עבודה ביחוד. א) שם המכונה. ב) מחירה. ג) אם אפשר להשיגה באה״ק ת״ו גופא או שצריכים להביאה ממדינות אחרות ומאיזה. 3) החומר הדרוש להעבודה אם נמצא על אתר או שצריכים להביאו ממדינות אחרות ומאיזה. 4) כמה פועלים צריכה כל מכונה, אם די איש אחד, היינו ראש המשפחה או גם בני הבית. 5) כמה שעות ביום צריכים לעבוד. 6) כמה ריוח לשבוע מביאה. 7) מי מאנ״ש מתאים לעבודה כזו או אחרת – לפרט איזה עבודה. 8) איזה תמיכה תודרש בכדי לאפשר לאחד להיות בעל מלאכה – קוסטאר –. 9) אם בתור מתנה או בתור הלואה לפרוע במשך הזמן. ואם ישנם עוד איזה שאלות בענין זה הצריכות פתרון יבאר לי את הכל בפרטיות למען אדע דבר ברור ולא חצי דבר.

עוד אני חפץ לדעת מה היא עבודתה של חברת „ארט״ הלומדת עבודה ומלאכה באה״ק ת״ו, איזה מלאכות חברה זו מלמדת, מהות המורים והמורות והנהגתם ביהדות ואם יש עוד מוסדות בדומה לה מטעם החרדים מעשיהם והנהגתם.

מכתבי זה הוא פרטי אליו לבד בתור סוד, ואם לרגלי החקירות בענינים הנ״ל יודרש לו, יוכל להראות – באזהרה סודית – לידי״ע המזכיר הרפ״א שי׳.

בשם כ״ק אדמו״ר שליט״א
מזכיר.

ב׳תסה

ב״ה י״ט מנ״א תש״ד
ברוקלין

אל כולל חב״ד יצ״ו ירושלים עה״ק תובב״א

שלום וברכה!

בטח קראו את מכתבי הכללי לאנ״ש שי׳ מיום י׳ אייר העבר, דבר

ב׳תסה

נעתקה מצילום האגרת [ה׳שב].

אל כולל חב״ד: **טופס דומה „אל הנהלת ישיבת „תורת אמת״ יצ״ו״.**

מכתבי . . י׳ אייר: **דלעיל ב׳שפד. ב׳שפו.**

התחזקות אגודת חסידי׳ חב[״ד] הכללית באה״ק תובב״א, בבחירתי את ידי״ע הרה״ג ר׳ שאול דוב שי׳ זיסלין לנשיא, ואת ידי״ע הרה״ג מוהר״מ מענדיל שי׳ קופערשטאך וידי״ע הרה״ג מוה״[ר] יעקב שי׳ לנדא לסגנים וידי״ע ר׳ משה שי׳ גורארי׳ גזבר וידי״ע ר׳ חיים יוסף שי׳ רוזנבלום עורך החשבונות וידי״ע ר׳ פנחס שי׳ אלטהויז מזכיר. וקבעתי את שם המוסד „אגודת חסידי חב״ד הכללית באה״ק ת״ו״ מושב המוסד הוא בתל אביב, ומלאתי את ידם לסדר סניפי אגודת חב״ד בכל הערים ומוש[בות] ופניתי לידידינו אנ״ש שי׳ במכתב כללי על אדות כניסתם לאגודת חסידי חב״ד כאו״א במקום מושבו ולקיים את תקנות המוסד, ועוררתים על המשמעת לועד הנכבד של אגודת חסידי חב״ד הכללית באה״ק ת״ו שבחרתי כנ״ל.

ובזה הנני להודיעם אשר כולל חב״ד וישיבת צמח צדק, מנהליהם ופקידיהם יחיו, ימלאו את כל פקודותי לאנ״ש שי׳ על ידי אגודת חסידי חב״ד הכללית באה״ק ת״ו ויהיו נשמעים להוראות אגודת חסידי חב״ד הכללית באה״ק ת״ו ובכל תוקף עוז כחם יעזרו ויתמכו להביא אל הפועל את הורא[ות] אגודת חסידי חב״ד הכללית באה״ק ת״ו.

הנני מקוה אשר פקודתי זאת תתמלא בדי[וק] בזריזות ובמרץ הראוי.

הדו״ש ומברכם

יוסף יצחק

ב׳תסו

ב״ה י״ט מנ״א תש״ד
ברוקלין

ידידי התלמיד החשוב וו״ח אי״א מוה״ר ברוך שי׳ פריז

שלום וברכה!

שני מכתביו מז׳ ומכ״ד אייר באו כאחד באיחור גדול...

ב׳תסו

נעתקה מהעתק המזכירות.

ידידי . . פריז: אגרת נוספת אליו — לעיל ב׳ש.

נהניתי במאד מזה שעוסק בלימוד עם תשב״ר ובטח לומד עמהם כדבעי וגם מדריכם בהנהגה טובה, הן בזהירות לברך על כל דבר והן בעניני דרך ארץ ונקיון ע״פ התורה ובכבוד הורים. קראתי את רשימת שמות תלמידיו יחיו וברכתים כי יצליחו בלימודם ובהנהגה טובה, והשי״ת יעזר לו ויצליח בעבודתו הק׳ בגשמיות וברוחניות.

בשם כ״ק אדמו״ר שליט״א
מזכיר

ח. ליבערמאן

ב׳תסז

ב״ה כ״א מנ״א תש״ד
ברוקלין

לחתני הרממ״ש שליט״א

שלום וברכה!

בבקשה לסדר שתי תלגרמות הללו באנגלית, במקום שאפשר לקצר יקצרו ובמקום שצריכים לבאר יותר יבארו. אחת להפרעזיד׳ של הקעמפ (כמו שנדפס במ״ז ביום ג) והשני׳ להרב צכענוואל (ע״י האפיס של הקעמפ) כל תלגרם יעשה בשלש העתקות וימסור לרח״ל.

על יסוד התלגרמות יעריך מל״ח תלגרם להפרעזידענט של הקעמפ, כן מחנה ישראל (שתי תלגרמות, בכל אחת יהי׳ האדרעס 7[7]0 איסטערן פארקוועי) בבקשת רשיון לשלוח בא כח כאמור בהתלגרמות, וכן ישלחו שתי תלגרמות להרב צכענוואל (על אדרעס האפיס של הקעמפ) מתאים להאמור בהתלגרמה שלי אליו.

בלימוד עם תשב״ר: **כנ״ל אגרת ב׳תנב.**

ב׳תסז

ארבע האגרות ומברקים שלפנינו, והנספחים, נעתקו מהעתק המזכירות [ה׳שצה־ז].

בהמשך למכתבים ומברקים אלו נשלחה למחנה זה משלחת המל״ח שכללה את הרבנים קזרנובסקי חדקוב ומינדעל, ע״מ לסדר בו עזרה רוחנית, בשדה החנוך והחזקת היהדות. תיאור כל זאת בקובץ ליובאוויטש גליון 4 ע׳ 58. בשליחות נוספת, מטעם מרכז הישיבות, נסע הריי״צ פאגלמאן, כדלקמן אגרת ב׳תפד.

לחתני הרממ״ש שליט״א: **אגרות נוספות אליו — לעיל ב׳קעד, ובהנסמן בהערות שם.**

במ״ז: **— בעתון מארגען זשורנאל.**

לשלוח להרב צכעננואל 5 סעט הקוה״ק מנו׳ 1 עד האחרון, 5 סעט שמועסן באידיש ובאנגלית, 3 ומעין, 3 קונטרס ח״י אלול וכו׳ מכל הנדפס.

חוץ מהתלגרמות שישלחו ישלחו גם מכתבים ממל״ח וממחנה ושם יעתיקו את נוסח התלגרמות ששלחו באידיש.

אחרי שיסדרו את הנוסח של התלג׳ שלי שישלחו יעתיקו[ם] לאידיש וימסרו שתי העתקות לרח״ל שי׳.

בשם כ״ק אדמו״ר שליט״א
מזכיר.

[אגרת כ״ק אדמו״ר שליט״א בהמשך להנ״ל]

כ״א מנ״א, תש״ד

כבוד הרב ר׳ משה יהודא נ״י צעכאוואל,
מחנה הפליטים, אסוועגא, נ.י.

שלום וברכה:

בטח קבל כת״ר המברקה של נשיאנו כ״ק מו״ח אדמו״ר שליט״א מליובאוויטש, והעתקתה באידית מוסג״פ.

בתור יו״ר ועד הפועל של המרכז לעניני חנוך ושל מחנה ישראל הנני בזה לכפול ברכתנו, ברכת שלום עליכם וברוכים הבאים, בשם כל חברינו.

ע״פ פקודת נשיאנו כ״ק מו״ח אדמו״ר שליט״א שלחנו לכת״ר ע״ש משרד המחנה חבילה של ספרי לימוד וקריאה והירחון „הקריאה והקדושה״ אשר ישמשו יסוד הגון בעד ספרי׳ ע״י ביהכנ״ס של המחנה. גודל ערכם ותועלתם של עניני דפוס אלה הן יראה כת״ר ויווכח.

כאמור במברקה של כ״ק מו״ח אדמו״ר שליט״א לכת״ר וכן במברקה לראש המחנה, וגם במברקות שיצאו ממשרדי המרכז לעניני חנוך ומחנה ישראל, רוצים אנו לשגר ב״כ ממוסדות אלה לבקר את כת״ר ואחב״י הפליטים, ולהוודע על אתר כיצד נוכל להושיט יד עזר וסיוע לאחב״י הפליטים במחנה בשדה החנוך והחזקת היהדות בכלל.

מוסדות מרכזיים הנ״ל העומדים תחת נשיאות כ״ק מו״ח אדמו״ר שליט״א כבר הצליחו בעזהשי״ת לפעול גדולות ונצורות באה״ב וקנדה ביסוד מוסדות

שעו אגרות־קודש (ב׳תסז)

חנוך כשרים ובהוצאת ספרי למוד וקריאה ברוחה של תורה בלה״ק, באידיש ובשפת המדינה, ובטחוננו גדול אשר גם במחנם נוכל בעזהשי״ת לפעול בזה עצהיו״ט.

ובאשר ראש המחנה, מר סמארט, אשר פנינו אליו באופן רשמי לאפשר ביקורנו בהקדם, בטח טרוד בעניינים שונים, מן הראוי אשר כת״ר מצדו יפנה אליו בשם כל הפליטים לעוררו להחיש לנו רשיון הביקור במחנה, כדי שנוכל לדבר את כת״ר ארוכות וקצרות בכל העניינים הנ״ל הנוגעים לטובת אחב״י הפליטים.

מקוים אנו לשמוע מכת״ר בהקדם. בפ״ש לו ולכל אחב״י במחנה, וברגשי ברכה וחיבה,

הרב מנחם שניאורסאן,
יו״ר ועד הפועל של
מרכז לעניני חנוך ומחנה ישראל

[אגרת המזכירות בהמשך להנ״ל]

ב״ה כ״ג מנ״א תש״ד
ברוקלין

כבוד הרה״ג הנכבד והנעלה, הנודע לשם תהלה כו׳ וכו׳
מוהרמ״י שי׳ צעכוואל

שלום וברכה!

מצורפות בזה העתקות של שתי התלגרמות ששלח כ״ק אדמו״ר שליט״א, האחת לכבודו, והאחת למנהל הקעמפ.

כ״ק אדמו״ר שליט״א מחכה למכתב מפורט מכת״ר בהצעה איך לסדר עניני החינוך הכשר עבור ילדי הפליטים, ואולי יש בינ'הם הצריכים לישיבה כן על אדות שאלת מקוה כשרה ושארי עניני היהדות.

בברכה

בשם כ״ק אדמו״ר שליט״א
המזכיר.

ב'תסח

[כ"א מנ"א תש"ד]

ה' דזשאזעף ה. סמארט,
פליכטלינג־קעמפ
פארט אנטאריא,
אסוועגא, נ.י.

ביטע נעמט אן מיין אנערקענונג פאר אייער נאבעלע ארבעט לטובת די פליטים און מיינע בעסטע וואונשן פאר איר ערפאלג. איך האב אויפגעפאדערט מיינע צענטראלע ארגאניזאציעס פאר חנוך, נעמלאך, ישיבות תומכי־תמימים ליובאוויטש, אינק. און מרכז לעניני חנוך אינק. אויך מיין ארגאניזאציע פאר רעליגיעזע הילף מחנה ישראל צו ווענדן זיך צו אייך פאר אן ערלויבעניש צו באזוכן דעם קעמפ מיטן צוועק צו עפענען א היברו פאראקיעל סקול פאר אינגלעך און א סקול פאר מיידלעך ווי אויך צו באזארגן לערן ביכער און ליטעראטור און אלע רעליגיעזע באדערפענישן פון די פליכטלינגע. איך [האב] פארארדנט ארויסצושיקן אויפן אדרעס פון אייער אפיס די אויסגאבען פון מיינע אויבנדערמאנטע אראגאניזאציעס פאר די פליטים, וועלכע איך בעט אייך שטעלן צו דער פארפיגונג פון רבי צעכאוואל. איך ערווארט אייער העפל. אנטווארט מיט דער ערלויבעניש פאר א פריהען באזוך פון די פארשטייער פון די דערמאנטע ארגאניזאציעס –

רבי יוסף יצחק שניאורסאהן, פרעזידענט
ישיבות תומכי־תמימים ליובאוויטש, אינק.
מרכז לעניני חנוך, אינק.
מחנה ישראל, אינק.
770 איסטערן פארקוויי,
ברוקלין, 13, נ.י.

ב'תסח

ראה בהערה לאגרת שלפנ"ז, וזהי ההעתקה לאידיש המוזכרת שם, שבראשה נכתב „טעלעגראמע צום דירעקטאר פון פליטים־קעמפ, דעם 10'טן אוגוסט 1944".

ב'תסט

[כ"א מנ"א תש"ד]

הרב משה י. צעכאוואל
פליטים קעמפ פארט אנטאריא אסוועגא, נ.י.

איך שיק אייך און אלע פליטים מיין ברכת שלום עליכם. איך טייל אייך מיט אז מיינע דריי צענטראלע ארגאניזאציעס אונטן־גענאנט ווילן פארלייגן יעדע מעגליכע הילף פאר די פליטים, נעמלאך, ישיבות תומכי־תמימים ליובאוויטש אינק. וועלכע האבן מיט ג־ט'ס הילף געגרינדעט פילע ישיבות און חדרי תורה אין אמעריקע און קענעדע זיינען גרייט צו עפענען אין אייער קעמפ א חדר־תורה און ישיבה פאראקיעל סקול לויטן געזעץ פאר די פליטים; צווייטנס, דער מרכז לעניני חנוך אינק. וועלכער ספעציאליזירט זיך אין חנוך הבנות און האט געגרינדעט פילע מיידל־שולן אין אמעריקע, איז גרייט צו עפענען א מיידל־שול; דריטנס, מחנה ישראל אינק. איז גרייט צו באזארגן רעליגיעזע זאכן, ווי צ.ב. תפלין, מזוזות, ציצית, סדורים, א.א.וו.

איך האב טעלעגראפירט צום דירעקטאר פון קעמפ, ה' דזשאזעף סמארט מיין בקשה צו ערלויבן א פארשטייער פון די דערמאנטע דריי ארגאניזאציעס צו באזוכן אייך כדי דורכצוריידן זיך וועגן דער דורכפירונג פון די אויבנדערמאנטע פראיעקטן. איך בין זיכער אז איר וועט גערן אויפנעמען מיין פארשטייער און מיטהעלפן אין דער לייזונג פון אלע פראבלעמען וועלכע רירן אן תורה און אידישקייט אין אייער קעמפ. איך בעט אייך ווענדן זיך צום קעמפ־דירעקטאר וועגן א פריהע ערלויבניש פאר דעם באזוך. דורך אייער קעמפ אפיס וועט איר ערהאלטן מערערע עקזעמפלארן פון די אויסגאבען פון מיינע ארגאניזאציעס, איינשליסנדיק דעם מאנאטליכן זשורנאל הקריאה והקדושה צו העלפן אייך איינארדענען א ביבליאטעק לעבן אייער שול. ביטע שרייבט אויספירליך וועגן אייער באדערפנישן –

בברכת התורה ואהבת ישראל –

יוסף יצחק שניאורסאהן ליובאוויטשער

770 איסטערן פארקוויי, ברוקלין 13 נ.י.

ב'תסט

ראה אגרת ב'תסז דלעיל. וזוהי ההעתקה לאידיש המוזכרת שם. שבראשה: „טעלעגראמע צו הרב **צעכאוואל**, דעם 10'טן אוגוסט 1944". אגרות נוספות אליו — לקמן ב'תפד. ב'תקסו. ב'תרכט. ב'תרנב.

ב׳תע

ב״ה כ״ב מנ״א תש״ד
ברוקלין

שלום וברכה!

מתאים להעתקות שתי התלגרמות המצורפות בזה ששלחתי להרב צכענוואל וליו״ר הקעמפ של הפליטים, הנה לדעתי צריך לשלוח תלגרם ליו״ר של הקעמפ בבקשת רשיון לשלוח ציר ממרכז ישיבות תת״ל לראות על אתר אודות התיסדות פאראקיעל סקול עם למודי קדש, ותלגרמה שני׳ להרב צכענוואל (ע״י האפיס של הקעמפ) בענין סדור חדר וישיבה.

ב׳תעא

ב״ה כ״ג מנ״א תש״ד
ברוקלין

אל „מחנה ישראל״

שלום וברכה!

במענה על הצעתם אדות מחלקת בקור חולים על יד „מחנה ישראל״, הנני מאשר את התקנות ואת התקציב וישתדלו לסדר הדבר מהכח אל הפועל הטוב.

בשם כ״ק אדמו״ר שליט״א
מזכיר.

ב׳תע

ראה בהערה לאגרת ב׳תסז דלעיל.

ציר . . תת״ל: **ראה לקמן אגרת ב׳תפד.**

ב׳תעא

נעתקה מהעתק המזכירות.

הצעתם . . בקור חולים: **כבקשת רבנו לעיל אגרת ב׳תמח.**

ב׳תעב

ב״ה כ״ד מנ״א תש״ד
ברוקלין

ידידי וו״ח אי״א מוה״ר ... שי׳ שו״ב

שלום וברכה!

במענה על מכתבו;

מה שכותב מר ... בענין אמונה, גן עדן וגיהנם הוא שקר ושטות, אם הוא – מר... – שומר מצוה ככל היהודים מקיימי מצות מעשיות אזי מה שמדבר בענין אמונה גן עדן וגיהנם בא ממעין של עמי הארצות, ואם הוא מזלזל במצות מעשיות כהני קלי הדעת הנה דבריו בענין אמונה גן עדן וגיהנם באים ממעין של מינות ואפיקורסות, ונפקא מינה לדינא, אם עם הארץ הוא הנה אפשר שהלכות שחיטה הוא יודע ובכל אופן אין כוונתו להאכיל טריפות, ואם אפיקורוס הוא הנה שחיטתו טריפה כי בודאי הוא מזלזל בדיני שחיטה – אם יודע אותם – ומאכיל טריפות.

שלשה ענינים אלו, אמונה גן עדן וגיהנם הם שלשה עמודי התוך מיסודי דתנו, וממתן תורה עד עתה הנה אלפי אלפים גליונות כתובים בענינים אלו והדומה להם ואי אפשר לבארם במאמר קצר רק פירוש המלות בלבד.

אמונה, דער ווארט גלויבן מיינט אין א זאך וואס קען בשום אופן ניט דערקלערט ווערן אין פארשטאנד און קען ניט אויפגעוויזען ווערן דורך א בעווייז – מופת – דאס איז א גייסטיקער געפיהל וועלכער שטארקט די הארץ מיט דער שטארקסטער איבערגעגעבענקייט צו השי״ת.

דאס וואס א מענשליכער שכל קען בעגרייפען איז ניט אמונה דאס איז פארשטאנד, אמונה איז נאכדעם אז [עס] ענדיקט זיך דער מענשליכער פארשטאנד, וואס דעם גרונט וואו עס ענדיגט זיך דער מענשליכער פארשטאנד בעגריף און עס הויבט זיך אן אמונה, קען מען ויסען דורך חכמת האמונה דאס הייסט דער מקצוע אין תורה וואס פארנעמט זיך מיט געטליכער ויסענשאפט – מדע אלקי –.

ב׳תעב

נעתקה מהעתק המזכירות.

אמונת ה׳ איז די ערשטע מצוה, וואס איז דער כלל פון אלע מצות, און עס ברייגנגט דעם מאמין צו אהבת ה׳ און צו יראת ה׳, גלייך ווי די אמונה ברייגנגט דעם קיום בפועל ממש פון אלע מצות.

די ערקלערונג וועגן די צווייערליי אמונות, אמונה מצד אהבה און אמונה מצד יראה איז פאלש און עם הארצות, אהבה און יראה זיינען מצות פרטיות ווי אלע אנדערע מצות.

דער טייטש אין די ווערטער ותן בלבנו בינה להבין וכו׳ באהבה אז דאס גייט אויף דעם פארשטאנד פון אמונה, און דאס אלץ זאל זיין באהבה איז פשוט עם הארצות.

דער גאנצער זאץ איז א בקשה להשי״ת אז מיר זאלן פארשטיין די תורה, אט אזוי ווי השי״ת האט געהאלפן אונזערע אבות הקדושים ותלמדם חוקי כו׳ ותלמדנו, זאלסט אונז אויך העלפן להבין – באהבה, עס איז דאך זייער שווער, דאך זאלען מיר זוכה זיין דאס טאן באהבה.

וואס ער שרייבט וועגן גיהנם און גן עדן איז פשוטע פלוידעריי, און עס בעווייזט אז ניט נאר ער ווייסט ניט קיין מארז״ל אור של גיהנם נברא בערב שבת במעשה בראשית, נאר ער ווייס אפילו ניט קיין פסוק חומש וואו עס ווערט געזאגט איבער דעם גן עדן.

בשם כ״ק אדמו״ר שליט״א
מזכיר.

ב׳תעג

ב״ה כ״ד מנחם אב תש״ד
ברוקלין

ידידי הרה״ג וו״ח אי״א מוה״ר אברהם שיחי׳ שו״ב

שלום וברכה!

במועדו קיבלתי את ספרו „עדות בישראל״. ותודה עבור תשורתו,

ב׳תעג

נדפסה בספר קבוצת כתבי אגדה (מונטריאל תש״ז) ע׳ 6.

מוה״ר אברהם: **שטערן, מח״ס הנ״ל, וס׳ עדות בישראל דלקמן.**

שפב   אגרות־קודש (ב׳ תשג)

יחזק השי״ת את בריאותו ואת בריאות ב״ב יחיו, ויתן לו פרנסה טובה בהרחבה, שיוכל לשקוד בתורה, ולעסוק בעבודת השי״ת כחפצו הטוב,

הדו״ש ומברכו

יוסף יצחק

ב׳ תעד

ב״ה כ״ה מנ״א תש״ד
ברוקלין

ידידי הנכבד והכי נעלה, אוהב מישרים,
גזע היחס, אי״א מוה״ר מיכאל שי׳

שלום וברכה!

מורי, ר׳ ניסן ז״ל סקאבלא, שלמדתי אצלו כחמשים ושתים שנה מלפנים, הי׳ בעל כשרון מצוין בתפיסה וזכרון, והי׳ מתעניין מאד בספרים והי׳ בקי בסדר הדורות, ושפתי ישנים ורשימת רד״א ושם הגדולים ועוד. והוא סיפר לי שראה אוצר ספרים גדול אצל אחד השובי״ם בדינאבורג – את שמו לא הגיד לי – שהי׳ אחד מגדולי מאספי ספרים הפרטים, ואשר באוצר ספרים זה היו הרבה ספרים עתיקים ששם בעליהם חתום עליהם "משה חלפן" בחותם עגול. הספרים האלו באו אל השו״ב הנ״ל בירושה.

באוצר הספרים דליובאוויטש, אשר היעוסעקציא גזלה ממני, היו ג״כ הרבה ספרים בחותם עגול כזה

ספר משה חלפן
חידושי הלכות

ב׳ תעד

נעתקה מהעתק המזכירות.
מוה״ר מיכאל: ווילנסקי. אגרות נוספות אליו — לעיל ח״ב תקכ. תקלג. לקמן ב׳ תצו.
רד״א: ר׳ דוד אופנהיים.
חותם עגול כזה: **הצילום הניתן בזה הוא מס׳ חידושי הלכות מהר״א ברודא למס׳ גיטין** (וואנזבעק תצ״א):
אך הכריכה היא פשוטה.

באותיות מרובעות בקו שחור, רובם ככלם מכורכים עור בכריכות מצוי[ר]ות בציורי הדוכסים מפוזנא ופולין, ושם הדוכס תחת כל תמונה.

ובזה הנני לבקשו: א) לכתוב לי אם בין מאספי ספרים ידוע שמו של ר׳ משה חלפן. עד כמה שידוע לי משמועות שונות המתיחסות אל שלשלת יחוסו של הרב ר׳ ברוך, אביו של הוד כ״ק אדמו״ר הזקן נ״ע, הנה ר׳ משה זה הי׳ מפוזנא והעתיק מושבו לעיר מינסק בשנת ת״פ והביא עמו אוצר ספרים גדול מספרים עתיקים וכת״י, והי׳ עשיר ומסחרו בדברים עתיקים מכלי זהב וכסף ושלחני, ויכנה עצמו בשם משה חלפן והכל קראוהו בשם ר׳ משה מפוזנא. ב) אם בהביליותיקה שכבודו עובד שם ישנם ספרים שיש עליהם חותם „משה חלפן״ לצלם עבורי את תמונת החותם, ותודתי אמורה מראש.

הדו״ש ומברכו.

ב׳תעה

ב״ה כ״ט מנ״א תש״ד
ברוקלין

אל „מחנה ישראל״

שלום וברכה!

קבלתי את החוברת „תפילין״ ואת הקובץ ליובאוויטש, ותודה.

ר׳ משה . . מפוזנא: ראה בכ״ז ליובאוויטשער רבינ׳ס זכרונות ח״ב פרק קל. ושם לא נזכר אם ר׳ משה מפוזנא הוא ר׳ משה חלפן, כנראה, כיון שנתברר לרבנו, ע״פ השאלה שבאגרת שלפנינו, שהם שני אנשים נפרדים.

שאלתי על כך את הרח״ל שי׳, והשיב שכמדומה לו ראה ספר של מחבר מדור מאוחר יותר, ובו נאמר שהספר נתחבר באוצר הספרים של משה חלפן.

וז״ל שער הספר מילין דרבנן (פפד״א תקמ״א, וההקדמה נכתבה בשנת תקל״ח): „אשר אסף . . מוהר״ר ישראל מ״ש מנ״ש, שהיה יושב . . בבהמ״ד של המנוח הקצין מפורסם כהר״ר משה חלפן ז״ל בק״ק בערלין״. מהתואר „המנוח״ נראה שנפטר בסמיכות זמן לפני תקמ״א, וא״כ אינו ר׳ משה מפוזנא, שהי׳ ראש הקהל כשבעים שנים לפנ״ז.

ב׳תעה

נעתקה מהאגרת שבאוסף המכתבים.

החוברת „תפילין״: באנגלית, שנערכה ע״י ר״א קאוועו (כהן), ויצא לאור ע״י המל״ח, ובה דיני ותמונות הנחת תפילין. תיאורה בקובץ ליובאוויטש גליון 4 ע׳ 57. וראה לקמן אגרת ב׳תפא.

צריכים למסור להמשלח שלא יפזר בתוי דואר, במקום שלש אגורות כנהוג שלח במעטפה סגורה ומהיר.

בשם כ"ק אדמו"ר שליט"א
מזכיר
ח. ליבערמאן

ב'תעו

נהניתי לשמוע משלומם והנני מברך אותם ואת כל קרובי שי' ובני ביתם יחיו בבריאות הנכונה ופרנסה טובה ונחת מילידיהם יחיו והנני מברך את כולם בכתיבה וחתימה טובה בגשמיות וברוחניות.

ב'תעז

ב"ה בדר"ח אלול תש"ד
ברוקלין

כבוד הרב הנכבד וו"ח אי"א מוה"ר ... שי'

שלום וברכה!

במענה על מכתבו על אודות קונטרסי חדושיו, הנה אנכי אינני מהנותנים הסכמות, והשי"ת יעזר לו לשקוד בתורה ובעבודת השי"ת מתוך בריאות הנכונה ופרנסה טובה.

בשם כ"ק אדמו"ר שליט"א
מזכיר.

ב'תעו

נעתקה מהעתק המזכירות [ה'שצא], שבראשה נרשם שהיא "לרוסיא". ומהמספר, וכן מברכת הכוח"ט, נראה, שנכתבה בשלהי מנ"א.

ב'תעז

נעתקה מהעתק המזכירות [ה'תמא].

אדמו"ר מוהריי"צ נ"ע שפה

ב'תעח

ב"ה בדר"ח אלול תש"ד
ברוקלין

ידידי וו"ח אי"א מוה"ר משה שי'

שלום וברכה!

במענה על מכתבו:

תודה וברכה על אשר מילא את בקשתי לרשום את זכרונותיו מעיר מולדתו זעמבין, ואם לא יכבד עליו הנני מבקשו לכתוב אודות נמוסי הבע"ב, חנונים ואנשים פשוטים, לקראם בשם, את אלו שהוא זוכר ולתאר מהותם והנהגתם, דער אמאליגער פשוטער קרעמער אגאראדניק און בעל עגלה, האט זיך אין זיי אויך אפגעשפיגעלט דער הדרת ישראל.

יחזק השי"ת את בריאותו ואת בריאות ב"ב יחיו ויתן להם פרנסה טובה בהרחבה בגשמיות וברוחניות.

בשם כ"ק אדמו"ר שליט"א
מזכיר.

———

ב'תעח

נעתקה מהעתק המזכירות [ה'תס].
מוה"ר משה: פרידמאן. אגרות נוספות אליו — לעיל ב'תיט. ב'תכה.
מילא את בקשתי: לעיל אגרת ב'תכה.

ב׳תעט

ב״ה בדר״ח אלול תשי״ד
ברוקלין

ידידי הרב הנכבד גזע היחס וו״ח אי״א מוה״ר שלמה שי׳

שלום וברכה!

במענה על מכתבו המבשר שקבל עטרת הרבנות בבהכנ״ס בני ישראל בעי״ת דעמאין למז״ט ואשר בעדתו נמצאים לומדי תורה וקבעו שעורי למודים, הנני בזה לברכו בברכת מז״ט, יעזרהו השי״ת לפעול ולעשות בהרבצת התורה וחיזוק היהדות.

יחזק השי״ת את בריאותו ואת בריאות ב״ב יחיו ויתן לו פרנסה טובה ולרגליו תתברך עדתו בגשמיות וברוחניות.

הדו״ש ומברכם.

ב׳תפ

ב״ה בדר״ח אלול תשי״ד
ברוקלין

שלום וברכה!

במענה על כתבו אדות התלמיד מר ... הנה קראתי מה שכותב, ואני דברתי עם ידי״ע שצריכים להניח כחות לגרש מן התלמידים שי׳ די ווילדקייט און די שטותים, ואמרתי לו אשר מאד הנני בצער מזה שאין המשפיעים והרמי״ם מניחים את כחותיהם על התלמידים יחיו באמת ובאמונה אין איבערגעבענקייט ... ואין איש דואג להשיג תלמידים, עוד יותר, התלמידים הלומדים באחי תמימים הנה כשרוצים

ב׳תעט

נעתקה מהעתק המזכירות [ה׳תסא].

מוה״ר שלמה: באגין. אגרת נוספת אליו — לעיל ח״ו א׳תתיד.

ב׳תפ

נדפסה בס׳ תומכי תמימים ע׳ שמב. והוגהה ע״פ העתק המזכירות [ה׳תסד].

לנסוע לישיבה אינם באים לישיבת תו״ת ומפני מה אין איש מתענין בזה, עס איז בא אלעמען רעכט צו מאכען ישיבות אחי תמימים בערי השדה בשביל להעמיד תלמידים לכל הישיבות שבנויארק חוץ מישיבות תו״ת. חרפה היא לכל אשר יש לו יחס עבודה בהישיבה, אשר בגלל העדר שימת לבם נעשה העזובה הנוראה ותמורת זה שהישיבה היתה צריכה להתגדל ולהתרחב הנה הוא ההיפך ועד מתי יהי׳ כזאת, הנני מוכרח להגיד שהנהגה כזו נוגע לבריאותי, והשי״ת יחוס וירחם בגו״ר.

בשם כ״ק אדמו״ר שליט״א
מזכיר.

ב׳תפא

ב״ה בדר״ח אלול תש״ד
ברוקלין

ידידי הנכבד אי״א מו״ה אלחנן שי׳ כהן

שלום וברכה!

אויף מיין לעצטען שרייבען צו אייך האב איך פון אייך קיין ענטפער ניט באקומען. איך האב ערהאלטען דעם ספר „תפילין" און האב זייער הנאה געהאט, עס איז א גרויסער זכות צו שרייבען אזא ספר וועלכער וועט זיכער ערוועקען פיעל אידען צו לייגען תפילין, מען בעדארף דעם בוך גוט פארשפרייטען, השי״ת זאל אייך און אייער פאמיליע יחיו בעגליקען אין אלעס. עס איז זיך צו פארטראכטען אז איר ידידי היקר זאלט עפעס שרייבען וועגען נאך א וויכטיגע מצות טעמע.

איך האב די טעג ערהאלטען א בריעף פון מיינעם א גוטען פריינד אין ארץ ישראל – א פליכטלינג פון רוסלאנד – איז געוועזען א פארמעגליכער מענש, זייער א פיינע פאמיליע, לעבט יעצט זייער שווער

ב׳תפא

נעתקה מהעתק המזכירות [ה׳תפג].

מוה״ר אלחנן שי׳ כהן: **אגרות נוספות אליו — לעיל ב׳קפו, ובהנסמן בהערות שם.**

ספר תפילין: **ראה לעיל אגרת ב׳תעה.**

אין תל־אביב און פארדינט ווייניג, יעצט האט ער געטאן א שידוך פאר זייער איינציגער גערעטענער טאכטער און איז זייער אין א שווערען צושטאנד, אין געכען בעדארף זיין די חתונה און עס איז ניטא מיט וואס, ער אליין שרייבט מיר ניט וועגן זיין עקאנאמישען צושטאנד, ער שרייבט מיר נאר ווי גליקליך זיי זיינען מיט דעם שידוך און בעט נאר אז השי״ת זאל זיי העלפען צו ערפילען דאס וואס זיי האבען צוגעזאגט דעם חתן, נאר מיינער א גוטער פריינד פון תל־אביב שרייבט מיר וועגען דער פאמיליע, אז קיינער ווייס ניט זייער צושטאנד, איך וואלט זייער וועלען העלפן דער נאבעלער פאמיליע צו חתונה מאכען זייער טאכטער מיט א ערך 200 פונט – דאס איז בערך $900, און איך וואלט זייער זיין צופרידען ווען אונזער טייערער פריינד מר. סטולמאן שי׳ וואלט געגעבען פון דעם סטולמאן פונדיישאן א געוויסע סוממע פאר דער אמת וויכטיגער הכנסת כלה.

וואס מאכט אונזער פריינד מר יוסף שי׳ בעער, ווי גייט דאס אים, אזוי גוט זיין איבערגעבען אים מיין גרוס און ברכה.

איך און מיין פרוי תחי׳ זיינען שוין די צווייטע וואך אין „אאוראראר״ מאריסטאן, נ. דזש.

איך ווינש אייך און אייער ווערטע פרוי און פאמיליע יחיו אלעס בעסטע בגשמיות וברוחניות.

הדו״ש ומברכו.

ב׳תפב

ב״ה בדר״ח אלול תש״ד
ברוקלין

ידידי עוז הרה״ג וו״ח אי״א מוה״ר אברהם אלי׳ שי׳

שלום וברכה!

במענה על מכתבו אודות ביקורו בשיקאגא מילוואקי ושעבאגען,

ב׳תפב

נעתקה מהעתק המזכירות [ה׳תצט].

מוה״ר אברהם אלי׳: **אקסלרוד. אגרות נוספות אליו — לעיל ב׳ריד, ובהנסמן בהערות שם.**

אודות ביקורו: **תיאור הביקור בקובץ ליובאוויטש גליון 4 ע׳ 55. וראה גם לקמן אגרות ב׳תפג. ב׳תפט.**

נהניתי במאד, ובזה מילא ידי״ע את חפצי מאז בואי הנה לסדר נסיעות של ידידינו רבני אנ״ש, תלמידי התמימים הקשישים, תלמידי הוד כ״ק אאמו״ר הרה״ק זצוקללה״ה נבג״ם זי״ע אשר ספגו בתוכם את הבושם הטוב גם בעבודה שבלב ומיוחדים עם האמת גם בארחות חייהם היום יומיים, לבקר את אנ״ש בלי שום מטרה גשמית איזה שתהי׳ רק לשם אמיתת הכוונה של חסידות ודרכי החסידים ונסיעת ידי״ע הלזו היא הראשונה והתחלה טובה.

בדבר הנסיעה למאנטרעאל הנה לפי״ד אם אפשר לו יסע על ש״ק פרשה תצא, וצריכים להתדבר עמהם תחלה וגם הם צריכים לדעת את כוונת הנסיעה שהיא אך ורק רוחנית.

תודה וברכה לידי״ע עבור נסיעתו זאת וחפצי לדעת אם לא היתה כבדה לבריאותו ישלח לו השי״ת רפואה ויאמצהו שיוכל להמשיך את עבודתו בתורה ועבודה מתוך בריאות הנכונה ומתוך נחת מב״ב יחיו בגשמיות וברוחניות.

ידידו הדו״ש ומברכו בכוח״ט.

ב׳תפג

ב״ה בדר״ח אלול תש״ד
ברוקלין

ידידי עוז הרה״ג וו״ח אי״א מוה״ר שמואל שי׳ הלוי

שלום וברכה!

ע״פ בקשתי ביקר ידי״ע הרב רא״א שי׳ אקסעלראד בעיר שיקאגא ומילוואקע ושעבאגען ביחוד בשביל עניני חסידות ודרכי החסידים בלי שום מטרה גשמית ובקשתיו לנסוע גם למאנטרעאל על ימים אחדים, ולדעתי הזמן המוכשר לזה הוא שיבא אליהם על ש״ק פ׳ תצא הבע״ל, והנני מבקש את ידי״ע לכתוב אליהם שיזמינוהו לבא אליהם והכוונה

ב׳תפג

נעתקה מהעתק המזכירות [ה׳תק]. לתוכנה ראה אגרת שלפנ״ז.

מוה״ר שמואל: לויטין. אגרות נוספות אליו — לעיל ב׳ריט, ובהנסמן בהערות שם.

היא להתראות עם אנ"ש שי' ויסדרו קבלת פנים מהודר, א חסידישן פנימיותדיקן פארברייינגען, ואשר יודיעו במכ"ע בדבר ביקורו שהוא לשם אנ"ש בלי שום מטרה גשמית.

בשם כ"ק אדמו"ר שליט"א
מזכיר.

ב'תפד

ב"ה בדר"ח אלול תש"ד
ברוקלין

כבוד ידידי הרה"ג הנכבד והנעלה, הנודע לשם תהלה ותפארת בתוככי מרביצי תורה ביראת שמים, גזע היחס וו"ח אי"א מוה"ר משה יוסף שי'

שלום וברכה!

ברוך בואו עם ב"ב יחיו צלחה, וברוכים יהיו כל הבאים, הם ובני ביתם יחיו.

בנועם שמעתי את הרצאותיהם של שלוחי המוסדות שלי, מרכז ישיבות תומכי תמימים ליובאוויטש, ע"י ידידי הרב פאגעלמאן, הר"מ דישיבת אחי תמימים ליובאוויטש בעי"ת באפאלא יע"א, אשר שלחו כבוד חתני הרב ר' שמרי' שליט"א גוראריי מנהל כל הישיבות דמרכז ישיבות תומכי תמימים ליובאוויטש ברוקלין, ישיבות אחי תמימים בערי השדה, חדרי תורה בנויארק ישיבת תומכי תמימים ליובאוויטש וישיבות אחי תמימים ליובאוויטש בקאנאדא, למען דעת באיזה אופן אפשר בעזה"י לסדר את הנערים השייכים ללמוד בחדר, בישיבה קטנה וישיבה גדולה, ונהניתי לשמוע את תוצאות נסיעתו של תלמידי הרב פאגעלמאן שי', וכפי הידיעה שקבלתי מחתני הרש"ג שליט"א – כי אני

ב'תפד

נעתקה מהעתק המזכירות [ה/תקג].

מוה"ר משה יוסף: צעכאוואל. מברק נוסף אליו — לעיל ב'תסט. וראה לעיל אגרת תסז, ובהנסמן בהערות שם.

שלוחי המוסדות שלי מרכז ישיבות: כהוראת רבנו לעיל אגרת ב'תע.

עתה יושב בנאות דשא להנפש – הנה כבר אחז באמצעים הדרושים כחק, והשי״ת יהי׳ בעזרו להצליחו להביא הדבר מהכח אל הפועל טוב לטובה ולברכה בגשמיות וברוחניות.

שלוחי המוסדות „מרכז לעניני חינוך", „מחנה ישראל" הרב חאדקוב שי׳ – מי שהי׳ מנהל כל עניני בתי הספר היהודים אצל שר ההשכלה בלטביא ופדגוג מומחה, – הרב קאזרנובסקי והרב מינדעל יחיו אשר שלחם כבוד חתני הרב ר׳ מנחם מענדל שליט״א שניאורסאן, מנהל המוסדות הנ״ל.

נהניתי לשמוע את תוצאות נסיעתם אשר ת״ל עלה בידם, בעזרת ידידי ובעזרת רעיתו הרבנית תחי׳ לסדר ועד של נערות לסדר לימוד לילדות קטנות, ולסדר מסבות שבת ולהתדבר על אדות כמה עניני חנוך, השייכים למוסד מרכז לעניני חנוך, והתיסדות חברה תהלים וחברה משניות ובית מקרא מספרי חנוך הכשר ושאר צרכי הדת השייכים למוסד מחנה ישראל, נהניתי במאד, יתן השי״ת שיהי׳ להצלחה.

חתני הרב ר׳ מנחם מענדל שליט״א מתועד עם הרבנים הצירים הנ״ל לעבד תכנית עבודה מסודרת במחנם במה ששייך למוסדות מרכז לעניני חנוך ומחנה ישראל.

כאשר יסתדרו הענינים הנה בעזה״י אכתוב מכתבי ברכה לועד החרדי, לחברה תהלים ולחברה משניות, לועד הנשים רעיתו הרבנית והבחורות יחיו שקבלו בעזה״י על עצמן להתענין בדבר החנוך הכשר ע״פ הוראת המרכז לעניני חנוך.

הנני מקוה אשר בקרוב יעזור השי״ת לידידי להסתדר בישיבה גדולה בתור ראש ישיבה כאשר בתחלה, ובעזה״י בכל אשר לי אשתדל בזה, והשי״ת יצליח.

ובזה הנני לברך את כבוד ידידי ורעיתו הרבנית תחי׳ וכל אחינו ואחיותינו ובני ביתם יחיו בברכת כל טוב ובכתיבה וחתימה טובה בגשמיות וברוחניות.

הדו״ש ומברכם.

שלוחי המוסדות . . ישראל: **כהוראת רבנו לעיל אגרת ב׳תסז.**
שר ההשכלה בלטביא: **הרב מרדכי דובין.**

ב'תפה

ב"ה בדר"ח אלול תשי"ד
ברוקלין

ידי"ע הרב וו"ח אי"א מוה"ר ... שי'

שלום וברכה!

במענה על מכתבו, נהניתי לקרא מכל אשר עשו ... מה היתה התועלת בהדבור עם ... הוד כ"ק אאזמו"ר הרה"ק צמח צדק זצוקללה"ה נבג"ם זי"ע העלה בגאונותו ע"פ תורה אשר מתנה רוחנית כמו בקשת רחמים בתפלה ותחנונים על מי שהוא או ברכה שמברכים את מי שהוא, הנה על יסוד הענין אי לאו דעביד נייחא לנפשי' לא הוה יהיב לי', הנה אם במשך הזמן מי שמתפללים עבורו ומברכים אותו קלקל הנייחא לנפשי' יש מקום לומר שמתבטלות הבקשת רחמים והברכה, והשי"ת יחזק את בריאותו ויצליחו בלימוד וביר"ש ובחיזוק הדעת, ווערן קליגער, א חסיד מוז זיין א קלוגער, צו א שוטה קלעפט זיך קיין חסידות ניט, חכמה ושמחה הן שתי מדות טובות ממדות החסידים שהם משתמשים בהם בעבודת השי"ת.

בשם כ"ק אדמו"ר שליט"א
מזכיר.

ב'תפו

ב"ה ג' אלול תשי"ד
ברוקלין

ידידי וו"ח אי"א הרב מוה"ר דוד שי' גולדברג

שלום וברכה!

במענה על מכתבו מג' מנ"א, סדר היום שלו טוב הוא אם מיעוט

ב'תפה

נעתקה מהעתק המזכירות [ה'תקה].

ב'תפו

נעתקה מהעתק המזכירות [ה'תקלו].

ידידי . . גולדבערג: **אגרות נוספות אליו — לעיל ב'רלז, ובהנסמן בהערות שם.**

זמן השינה אין מכביד עליו, א סאלדאט בעדארף היטען זיין געזונט, ווייל דער געזונט זיינער געהערט צו קאזנא. חסיד הוא עבד ה׳ וצריך לשמור את בריאותו, כי בריאותו שייך לממשלת הקב״ה.

חסיד אחד מחסידי הוד כ״ק אדמו״ר האמצעי זצוקללה״ה נבג״ם זי״ע בקרעמענטשוג – ר׳ חיים משה הי׳ שמו – במהותו הי׳ מן הבינונים, מן המתפללים בצבור, כלומר כפי הוראת כ״ק אדמו״ר הזקן נ״ע תפלה במתינות, ובש״ק הי׳ מאריך מעט בתפלתו אבל לא הרבה. כי ידע את מצבו שאינו מאלו שביכלתם להאריך בתפלה, כי בימים ההם הי׳ כל אחד משגיח על עצמו בעינא פקיחא שלא לשקר לא לו ולא לאחרים, מלאכתו היתה חנוני ופרנסתו בריוח.

בימים ההם היתה עדת חסידי חב״ד בקרעמענטשוג עשירה באנ״ש בעלי צורה העוסקים בעבודה שבלב שעות אחדות בכל יום. מספרים על הני תרי גיסי, ר׳ ברוך טאמארעס ור׳ שמואל טאמארעס – שניהם היו עוד מקושרים לכ״ק אדמו״ר הזקן כשהיו צעירים והתחנכו אצל אדמו״ר האמצעי נ״ע כשהי׳ מדריך את הצעירים – שהיו מתחילים בהכנות לתפלה אחרי תקון חצות ודרכם היתה להתעמק בענין של דא״ח כארבע חמש שעות, ובקיץ התחלת תפלתם היתה בשעה ששית בקר ומסיימים בשעה רביעית אחרי הצהרים, וכן היו הרבה מאנ״ש שהיו עוסקים בעבודה שבלב איזה שעות בכל יום, מתחילים להתפלל בזמן האפשר – מצד הדין – וגומרים תפלתם ולמודם אחר התפלה כחצות היום לערך.

עבודתו של החסיד רח״מ הנ״ל היתה להביא – על חשבונו – להמתפללים לכל אחד שני רקיקים – קיכלעך – מזונות עם כוס חלב או מעט משקה כרצון איש ואיש באמרו אשר כשהי׳ יושב בליאזנא – עוד טרם התיסדות החדרים, כי הוא הי׳ יליד דאבראמיסליא ונתיתם והי׳ מתחנך בבית דודו בליאזנא וכשהי׳ בן ט״ו הי׳ בין התלמידים הראשונים של ישיבת אדמו״ר הזקן, ועד היותו בן כ״ה הי׳ כל הזמן בליאזנא אשר שם השתדך, וכשיסד כ״ק אדמו״ר הזקן את החדרים צוה אשר אחרי תקון חצות – בחורף – ואחרי תפלת ותיקין – בקיץ – יסעדו את לבם באיזה דבר, באמרו איש צבא של הקב״ה צריך להיות בריא כי בריאות של אנשי הצבא העוסקים בתורה ועבודה נוגע להכלל כולו.

צו קאזנא: לממשלה.

הנני מברכם בברכת מז״ט עבור הבת שנולדה להם, יגדלוה לתורה חופה ומעש״ט עם שאר ילדיהם יחיו מתוך פרנסה בהרחבה באהלה של תורה.

בדבר הצעת ההשגחה על לימוד דא״ח בישיבת תו״א, יקבל את ההצעה ויתן וימסור עצמו על זה, ועיקר יסודי הוא לחנך ולהדריך את כל אחד מהתלמידים שי׳ בפרט בחינוך והדרכה ברוח העבודה של דא״ח, ואחד העיקרים הוא להדריך את כל אחד לפי ערכו, תקון המדות והנהגה פנימית און ניט לאזען נארען זיך וללכת בגדולות ונפלאות, א ביסעל אבער אמת פנימית והשי״ת יצליחו בגשמיות וברוחניות.

יחזק השי״ת את בריאותו ואת בריאות זוגתו וילדיהם יחיו והנני מברכם בברכת כוח״ט בגו״ר.

בשם כ״ק אדמו״ר שליט״א
מזכיר.

ב׳תפז

ב״ה ג׳ אלול תשי״ד
ברוקלין

אל הנהלת ישיבת אחי תמימים וחדר בני תמימים
בעי״ת תל־אביב יע״א,
ה׳ עליהם יחיו!

שלום וברכה!

במענה על מכתב ידי״ע הרב הו״ח אי״א מוה״ר אליעזר שי׳ מנהל ישיבת אחי תמימים וחדר בני תמימים בעי״ת תל־אביב יע״א, מיום כ״ט תמוז, בצרוף רשימת התלמידים יחיו,

נהניתי לקרא את שמות התלמידים שי׳, מהות כשרונותיהם ואופן התמדתם, והשי״ת יעזר לכל אחד ואחד מהם במה שחסר לו, בהתפתחות הכשרונות ובהתגלות החושים, בהוספת התמדה ושקידה, הצלחה בלימוד, בהנהגה דיראת שמים ובדרך ארץ עפ״י התורה.

ב׳תפז

נעתקה מהעתק המזכירות [ה׳תקמו].
רשימת התלמידים: כבקשת רבנו לעיל ב׳תנג.

הגיע המועד לסדר את ישיבת אחי תמימים וחדר בני תמימים בשלש מערכות מיוחדות; א) ישיבת תומכי-תמימים ליובאוויטש בתל אביב יע"א, ב) ישיבת אחי תמימים ליובאוויטש אשר על יד ישיבת תומכי תמימים ליובאוויטש בתל אביב יע"א, ג) חדר בני תמימים על יד ישיבת תומכי תמימים ליובאוויטש בתל אביב יע"א, ובזה הנני מבקש את ועד ההנהלה להציע לי הצעה באופן חלוקת הכתות, לפי שלשת המערכות האמורות, ואז אודיעם אי"ה את החלטתי...

והנני ידי"ע הדו"ש ומברכם בכוח"ט.

ב'תפח

ב"ה ה' אלול תש"ד
ברוקלין

שלום וברכה!

במענה על מכתב ידי"ע . . . מורי הרשב"ץ נ"ע הי' אומר, אז ווען דער גענעראל מאכט א טעות אויף איין האר, איז ער גורם אז די סאלדאטען [זאלן] שיסען אין זיך אנשטאט צו שיסען אין דעם שונא.

מטבע האנשים בכלל וצעירים בפרט שהם עלולים לקבל את הבלתי טוב יותר מלקבל את הטוב. כל תנועה שרואים ושומעים מהמחנכים והמדריכים שאינם טוב גמור או תערובות מדה רעה של פאליטיק בלתי אמת, אבק שנאה, קנאה, מקום לרכילות וכו' עושה עליהם רושם גדול, ומרובה מדה טובה כשרואים אשר המחנכים ומדריכים הם - ערנסט - מהדרים בכבוד איש לרעהו ומתנהגים במדות טובות וישרות, שומרים את הזמן כו' וכו' אז עושה עליהם רושם אדיר.

עיקרא ושרשא דכולא מה שהנני תובע מאת המשפיעים, הרמ"ים כולם, ה' עליהם יחיו, הוא להיות מסורים ונתונים לעבודתם הק' בדרך

לסדר . . תומכי תמימים: ראה לעיל שם.

ב'תפח
נעתקה מהעתק המזכירות [ה'תקסד].

פרט כלומר לכל תלמיד ותלמיד ביחוד, ואשר ידע כי בנפשו הוא אם יעשה מלאכתו בלימוד, בחינוך ובהדרכה באמונת אומן, אז הנה וצדקה תרומם גוי כפי׳ רבינו נ״ע שנעשה מוחו ולבו זכים אלף פעמים ככה בגשמיות וברוחניות, ומכלל הן כו׳ כי אחריות נר״ן של התלמיד הוא על הר״מ והמשפיע מחנך ומדריך.

המשפיעים והרמי״ם שי׳ של המתיבתא חוץ מזה שכל אחד מהם עושה את מלאכתו המיוחדת לו צריכים להתאסף יחד פעם בשתי שבועות לשוחח ביניהם על אדות מצבו של כאו״א מהתלמידים, הן בנגלה והן בדא״ח והן בהנהגה דיר״ש ובמדות, ואודות השינוים שנעשים בו מזמן לזמן ולכתוב בספר את מצבו הפרטי, מה שצריך לתקן ומה שמתקן.

אספות כאלו צריכה ההנהלה לסדר גם באחי תמימים אשר על יד הישיבה המרכזית, והועידות יהיו מסודרות בפרטי כל מסודר.

המשפיעים והרמי״ם בכל המחלקות צריכים לשום לב אל מדות דרך ארץ של התלמידים ונקיון גופם וריח הפה ונקיון שינים פעמים בכל יום ונקיון צפרנים שחוצץ לנט״י וכו׳ וכו׳.

ידידי עוז המשפיעים והרמי״ם, ה׳ עליהם יחיו, הושלבו כולכם כאחד בעבודת הק׳ כפי הוראתי במסירה ונתינה אמיתית לכל תלמיד ביחוד ועמדו הכן לקבל את ברכתו של הוד כ״ק אאמו״ר הרה״ק זצוקללה״ה נבג״ם זי״ע ואת ברכתי אני בגשמיות וברוחניות, והנני מברכם בכחו״ט.

בשם כ״ק אדמו״ר שליט״א
מזכיר.

כפי׳ רבנו: תו״א א, ב.

ב'תפט

ב"ה ה' אלול תש"ד
ברוקלין

ידיד עוז הרה"ג וו"ח אי"א מוה"ר אברהם אלי' שי'

שלום וברכה!

במענה על מכתבו מיום ב' לחדש"ז הנני מקוה אשר נסיעת ידי"ע תסודר באופן כזה אשר לא תכבד עליו, והשי"ת יחזק את בריאותו ואת בריאות ב"ב יחיו ויצליח לו בעבודתו בהרבצת תורה ביראת שמים ובהתעוררות לעבודה שבלב בדרכי החסידות ולעורר את אנ"ש ויוצאי גזע אנ"ש יחיו להתחזק בדרכי החסידים ולזכור את צור מחצבתם, והשי"ת יהי' בעזרו בגו"ר.

והנני ידי"ע הדו"ש ומברכו בכוח"ט.

ב'תצ

ב"ה ה' אלול תש"ד
ברוקלין

ידידי עוז הרב וו"ח אי"א מוה"ר יצחק שי' הכהן

שלום וברכה!

במענה על מכתבו נדון הספר „אות אמת" ישלחנו אלי, ותודה רבה, ובבקשה על להבא אם יזדמנו לו ספרים ישנים לשלחם אלי.

בשם כ"ק אדמו"ר שליט"א
מזכיר.

ב'תפט

נעתקה מהעתק המזכירות [ה'תקסח].

מוה"ר אברהם אלי': **אקסלרוד. אגרות נוספות אליו — לעיל ב'ריד, ובהנסמן בהערות שם.**

נסיעת ידי"ע: **הנ"ל אגרת ב'תפב.**

ב'תצ

נעתקה מהעתק המזכירות [ה'תקסט].

מוה"ר יצחק: **הענדל. אגרת נוספת אליו — לעיל ח"ו א'תרב.**

ב׳תצא

י״ג אלול תש״ד

תוכן המכתב למרס. רוזוועלט.

באשר הראיון של צירינו אצל המזכיר הראשון של האמבאסאדע הסאוויעטית (היות שהאמבאסאדאר בעצמו לא הי׳ אז בוואשינגט[א]ן) עדין לא הביא שום תוצאות, רוצים אנו להביא את ענין השתדלותנו לקבל רשיו[ן] למשלוח ציר לרוסי׳ לתשומת לבו של האמבאסאדאר בעצמו, והגם שהוא עסוק עכשו בקאנפערענץ בדובערטאן אוקס, אכיר לה טובה אם תוכל ליעץ לנו כיצד אפשר לסדר ראיון אצל האמבאסאדאר בהקדם.

שנית, הנני רוצה להביע חפצנו הגדול לשלוח ציר לבקר במחוזות שנ[ש]תחררו במערב אירופה, כדי לעזור בהחיאת המצב הרוחני של אחינו. ובאשר בעיקר הוא תלוי בדעת הממשלה שלנו, הנני חושב כי הענין יכול להסתדר בנקל יותר. ותודה מראש אם תחוה לנו דעתה ועצתה בענין הזה.

ב׳תצב

ב״ה ט״ו אלול תש״ד
ברוקלין

אל התלמיד החשוב מר ... שי׳

שלום וברכה!

במענה על מכתבו, הנה מאחר אשר הוריו יחיו מונעים אותו מללמוד בישיבת תת״ל, יבחר לו ללמוד בישיבת ר״ח ברלין וישקוד בתורה בהתמדה, וילמוד שעה אחת ביום דא״ח ובש״ק שתי שעות ולא יותר, והשי״ת יצליח לו בלימוד וביר״ש, ויזהר באכו״ש ושינה כפי הדרוש, והנני מברכו בברכת כוח״ט בגו״ר.

בשם כ״ק אדמו״ר שליט״א
מזכיר.

ב׳תצא

נעתקה מהעתק המזכירות [ה׳תרנג], שבראשה, בגוכתי״ק „י״ג אלול תש״ד״, והוא הנוסח שרשם רבנו ע״מ לתרגמו ולשלחו למרס. רוזוועלט, אשת נשיא ארה״ב, בהמשך לביקור משלחת חב״ד אצלה — כנ״ל אגרת ב׳שעג, ובהנסמן בהערות שם.

ב׳תצב

נעתקה מהעתק המזכירות [ה׳תקצה].

ב'תצג

ב"ה ט"ו אלול תש"ד
ברוקלין

ידי"ע הנכבד וו"ח אי"א הרב מוה"ר שלמה זלמן שי'

שלום וברכה!

מכתבו מג' לחדש זה קבלתי במועדו במשך הזמן שהייתי במאריסטאון חפצתי להנפש מעט וגם זה לא עלה בידי ולענות על המכתבים כבד לי עתה ואענה אי"ה,

הנני מברכם בברכת כוח"ט בגו"ר.

בשם כ"ק אדמו"ר שליט"א
מזכיר.

ב'תצד

ב"ה ט"ז אלול תש"ד
ברוקלין

אל התלמיד החשוב מו"ה ... שי'

שלום וברכה!

שני מכתביו אודות החדרי תורה קבלתי, ובודאי טוב הדבר מה שלוקחים דירה ומשתדלים בדבר השגת תלמידים, אבל בפועל הנה נעשה מעט מאד, כבר הי' ראוי להיות איזה מאות תלמידים ולמה יגרע מהת"ת שיש בהם ת"ק ויותר תלמידים, זאת אומרת אז מען רעט און מען שטורעמט יותר וויפיעל מען טוט, ואם היו מרבים לעשות במרץ הראוי ולתת את הזמן על הפועל ולא על הדבור והתפארות הי' המוסד מתגדל בעזה"י ומתרחב. החוש בעבודה ישן אצליכם בתרדמה של

ב'תצג

נעתקה מהעתק המזכירות [ה'תשו].

מוה"ר שלמה זלמן: העכט. אגרות נוספות אליו — לעיל ב'רד, ובהנסמן בהערות שם.

ב'תצד

נדפסה בס' תומכי תמימים ע' שמב, והושלמה והוגהה ע"פ העתק המזכירות [ה'תשלו-ז].

שטות. אין אתם – תלמידי תת"ל – מכירים את האמת אשר עליכם הי' להכיר למה נבראתם ובשביל מה ירדה נשמתכם להתלבש בגוף ומה ההשגחה העליונה מסרה על ידכם לפעול ולעשות, הלא תלמידי ישיבת תת"ל שאין על עפר משלה מכל הישיבות שבעולם ומלואה שיהיו לה מנהיגים כמו ישיבת תת"ל אשר מייסדה ונשיאה הקדוש עומד בשמים ונושא רנה ותפלה בעד תלמידי הישיבה הק' ובעד כל העוסקים לטובתה ברוחניות ובגשמיות אשר אלקי מרום ישפיע להם שפעת חיים וברכה מרובה להצליח בעבודתם הק' בעצמם ולהשפיע מרוחם אל בני גילם, ולו הכירו תלמידי תת"ל את האמת האמור ואת אותו הכח האדיר שיש להם בהעלם נפשם – שצריכים רק לעוררו – לפעול ולעשות בהרבצת תורה ויראת שמים הי' כל אחד ואחד מהתלמידים שי' פועל נשגבות, וכבר היו מעמידים מחנות מחנות תלמידים בחינוך הכשר, והנני קורא אליהם בקריאה של חיבה הקיצו מתרדמתכם השליכו מעליכם את אלילי אמעריקא ועמדו כולכם כאחד ללמוד בעצמכם וללמד לאחרים, ופועל ידכם ירצה השי"ת כאשר תמלאו את חובתכם המוסרית אשר ההשגחה העליונה העמיסה עליכם תלמידי תת"ל להאיר את אמעריקא וכל תלמידי הישיבות באור תורה ומצות מעשיות בחיבת הקדש,

הנני מברכם בברכות כוח"ט.

בשם כ"ק אדמו"ר שליט"א
מזכיר.

ב'תצה

ב"ה ט"ז אלול תש"ד
ברוקלין

ידי"ע הרה"ג וו"ח אי"א מוה"ר ישראל שי'

שלום וברכה!

במענה על מכתבו אודות הבית רבקה במחוז בראנזוויל ואיסט נויארק נהניתי במאד וברוכים יהיו כל העוסקים בזה, ונחוץ להשיג את

ב'תצה

נעתקה מהעתק המזכירות [ה'תשסה].

מוה"ר ישראל: **דזייקאבסאן. אגרות נוספות אליו — לעיל ח"ז ב'עח, ובהנסמן בהערות שם.**

הראוי להיות עומד בראש שיהי' גביר ירא אלקים אשר יהי' נשמע לידי"ע בכל עניני החינוך, ולהשיג מנהל טוב בשכר ידוע ואז בעזה"י הי' אפשר להיות בטוחים בהכנסה של ג' אלפים לשנה, כי למוסד העובד באמונה ובמרץ אין חסר אמצעים ויתן עצמו על זה להשיג שני האנשים הנ"ל, והשי"ת יצליח לו בגו"ר, והנני מברכו בברכת כוח"ט.

בשם כ"ק אדמו"ר שליט"א
מזכיר.

ב'תצו

ב"ה י"ז אלול תש"ד
ברוקלין

ידידי הנכבד והכי נעלה, גזע היחס, אי"א מוה"ר מיכאל שי' ד"ר וילנסקי

שלום וברכה!

במענה על מכתבו מח' לחד"ז, הנני בתודה לכבודו, ואתפלא על אשר באוצר הספרים לא ימצא ספר מספרי משה חלפן, ואם יזדמן לידו בטח יודיעני.

אודות הפרעות בפוזנא, רשומים אצלי ספורים המקובלים במשפחתנו אשר הרב ר' משה מפוזנא (מגזע מהר"ל, בן אחר בן, ואביו זקנו של הוד כ"ק אדמו"ר הזקן נ"ע) הי' נשיא הקהלה בפוזנא עד שנת תע"ו, אשר משפחתו עברה אז לפראג והוא נסע לרגלי עסקו לאיטליא ומשם לאנגליא, ובאלול תע"ז קבל את הבשורה הרעה ממה שהי' בפוזנא.

אתענין לדעת אם עוסק הוא בכתבי־יד ובאיזה ואם יוציא לאור מה שהוא מהם.

יעזרהו השי"ת בגשמיות וברוחניות והנני מברכו בברכת כוח"ט,

ידידו הדו"ש ומברכו.

ב'תצו

נעתקה מהעתק המזכירות [ה'תשנד].

ידידי . . וילנסקי: **אגרות נוספות אליו — לעיל ב'תעד, ובהנסמן בהערות שם. וראה שם לתוכן האגרת שלפנינו.**

ב׳תצז

ב״ה י״ז אלול תש״ד
ברוקלין

אל התלמיד החשוב מר ... שי׳

שלום וברכה!

במענה ע[ל] כתבך, המתינות והסדר המה דברים עקריים בלמוד ובעבודה. תשקוד בלימודך אבל בשמירת הסדר בנוגע לבריאות ותלמוד שעה אחת דא״ח בכל יום ובש״ק שתי שעות, וטוב אשר תתרגל לחזור מאמר בעל פה מאמר אחד לחזור איזה פעמים ולא יותר ממאמר אחד בששה שבועות, והשי״ת יעזרך לשקוד בלמוד וביר״ש ותהי׳ יר״ש חסיד ולמדן. הוריך שי׳ יגדלוך לתורה חופה ומעש״ט מתוך הרחבת הדעת, והנני מברכך בברכת כוח״ט.

בשם כ״ק אדמו״ר שליט״א
מזכיר.

ב׳תצח

ב״ה י״ח אלול תש״ד
ברוקלין

אל התלמיד מר אלי׳ ארי׳ ליב שי׳

שלום וברכה!

במענה על שאלתך, תסע להישיבה אחי תמימים ליובאוויטש בשיקאגא, והנני נהנה מזה, ובטח תשתדל למלאות את הסדר בדיוק

ב׳תצז

נעתקה מהעתק המזכירות [ה׳תשצד].

ב׳תצח

נעתקה מהעתק המזכירות [ה׳תת].

אלי׳ ארי׳ ליב: **גראס.**

חסע . . בשיקאגא: **לשם נסעו כמה תלמידים מישיבה המרכזית לפתיחת הישיבה, בהנהלת הר״י וויינבערג. לפני נסיעתם נכנסו לרבנו לקבל ברכתו וסדר בהנהגה, כמסופר כ״ז בקובץ ליובאוויטש גליון 5 ע׳ 84.**

על ההחלטה לפתיחת ישיבה זו ראה לעיל אגרות ב׳תכא. ב׳תלב־ג. וראה גם לקמן ב׳תקטו. ב׳תקטז. ב׳תקיח־כד. ב׳תרלב, ובהנסמן בהערות שם.

אדמו״ר מוהריי״צ נ״ע תג

ותשפיע גם על בני גילך התלמידים יחיו ותשקוד ותצליח בלימוד ובהנהגה דיר״ש, והנני מברכך בברכת כתיבה וחתימה טובה בגשמיות וברוחניות.

בשם כ״ק אדמו״ר שליט״א
מזכיר.

ב׳תצט

ב״ה י״ט אלול תש״ד
ברוקלין

ידי״ע וו״ח אי״א הרב מוה״ר שמואל שי׳

שלום וברכה!

במענה על מכתבו, צריכים לחפש אחרי קאליגראף שיעלה בזול יותר...

התכנית טובה היא, ובטח עוד יבא בכתובים עם ר׳ מיכאל דווארקין שי׳ אשר הוא ינגן לפני מר גשורי שי׳ שהוא רושם ניגונים ויש לו הרבה ניגוני חב״ד רשומים.

מצורפת בזה המחאה ע״ס חמשים שקלים בעד החזן שי׳.

בשם כ״ק אדמו״ר שליט״א
מזכיר.

ב׳תצט

נעתקה מהעתק המזכירות [ה׳תתיז].

מוה״ר שמואל: זלמנוב. אגרות נוספות אליו — לעיל ב׳תלא, ובהנסמן בהערות שם. וראה שם לתוכן האגרת שלפנינו.

מר גשורי . . רשומים: ראה לעיל ח״ד אגרת תתקנח. לקמן ב׳תרכ.

תד אגרות־קודש (ב׳תק)

ב׳תק

ב״ה כ״ג אלול תש״ד
ברוקלין

אל הנכבד אי״א מו״ה...

שלום וברכה!

אייער בריעף וועגען אייער זון ... שי׳ האב איך ערהאלטען, עס וואונדערט מיר זייער אויף אייך, אויף פרנסה זאכען און געזונט זאכען שרייבט איר מיר אפטע בריעף און פרעגט אויף יעדער קלייניגקייט, און ווען אייער בן יחיד שי׳ בעדארף פארען לערנען אין א ישיבה איז דאס פרעגט איר בא מיר ניט וואוהין ער זאל פארען און איר האט זיך פארלאזען אויף דעם וואס מען האט אייך געזאגט אז אייער זון שי׳ וועט זיך ניט ארייננפאסען אין די ליובאוויטשער ישיבות, איר האט געטאן זייער ניט ריכטיג.

בשם כ״ק אדמו״ר שליט״א
מזכיר.

ב׳תקא

ב״ה כ״ג אלול תש״ד
ברוקלין

כבוד הרה״ג כו׳ וכו׳ מוה״ר ... שי׳

שלום וברכה!

אתפלא במאד, מדוע הוא מוציא שם רע על ישיבות ליובאוויטש, לאמר למי שרצה לשלוח את בנו להישיבות שלי „אייער זון וועט זיך ניט ארייננפאסען אין די ליובאוויטשער ישיבות״, ושני דרכים בהוצאת שם רע, א) בדרך ספור בגנות, ב) בדרך ספור בשבח והפלאה, וכוונה

ב׳תק

נעתקה מהעתק המזכירות [ה׳תשפג]. לתוכנה ראה אגרת שלאח״ז.

ב׳תקא

נעתקה מהעתק המזכירות [ה׳תשפד]. לתוכנה ראה אגרת שלפנ״ז.

אחת לשתיהם והוא למנוע. במעשהו זה הנני רואה התנגדות לא אל החסידים ודרכי החסידות אלא אל היושר והאמת, הנני מקוה אשר סוף סוף יודה על האמת ויתחרט בתשובת המשקל, הנני מברכו בברכת כתיבה וחתימה טובה.

בשם כ״ק אדמו״ר שליט״א
מזכיר.

ב׳תקב

ב״ה כ״ד אלול תש״ד
ברוקלין

ידידי הרה״ג הנכבד והנעלה וו״ח אי״א מוה״ר שלמה יוסף שי׳ זעווין

שלום וברכה!

במענה על מכתבו על אדות ידי״ע ... שי׳, תודה וברכה על אשר ידידי וידי״ע ... שי׳ כתבו לי מזה. את מכתבם לא פרסמתי, והנני מקוה בעה״י לתוצאות טובות ע״פ דרך אחר, והשי״ת יהי׳ בעזרו בגו״ר.

את האדרעסן ששלח לי ידידי שי׳ קבלתי ושלחתי חבילות, ובעזה״י הנה בכל חדש יושלח להם חבילות, ובבקשה לכתוב להם כאשר יקבלו את החבילות מטעהעראן ידעו כי אני שלחתים מפה, ויכתבו לידידי מה הי׳ בהחבילות וידידי יודיעני מזה תומ״י, כן ישתדל להשיג עוד אדרעסן מתלמידי התמימים, מאנ״ש מרבנים ויר״א בלי הבדל מפלגה, כי ידידי הלא יודע דעתי שבענין העזר אין לעשות ח״ו שום הבדל חסידים לאשכנזים, בהאדרעסן בטח לא יפלו טעויות ויהיו נכתבים בדיוק (גם מבקשים אשר שם הראשון של המקבלים יהי׳ נכתב מלא לא בר״ת).

ובזה הנני לברך את ידידי וב״ב יחיו בברכת כתיבה וחתימה טובה לשנה טובה ומתוקה בגשמיות וברוחניות.

ידידו הדו״ש ומברכו

יוסף יצחק

ב׳תקב

נעתקה מצילום האגרת.

ידידי . . זעווין: **אגרות נוספות אליו — לעיל ב׳שלא, ובהנסמן בהערות שם.**

ב׳תקג

ב״ה כ״ה אלול תש״ד
ברוקלין

ידידי עוז ש״ב הרה״ג הנכבד והנעלה, משכיל על דבר טוב, גזע תרשישים, וו״ח אי״א מוהרשיל״א שליט״א

שלום וברכה!

במענה על מכתבו מי״ב תמוז בקבלה על הסך שני אלפים לכולל חב״ד, האתרוג נתקבל ותודה וברכה עבור זה. הסכומים שלי הנמצאים בחברת גמ״ח של הכולל יואיל נא למסור להרב הבלין שי׳ מנהל ישיבת תורת אמת על חשבוני, והנני מברכם בברכת כוח״ט.

בשם כ״ק אדמו״ר שליט״א
מזכיר

ח. ליבערמאן

ב׳תקד

ב״ה כ״ו אלול תש״ד
ברוקלין

ידידי וו״ח אי״א הרב מוה״ר חנוך הענדיל שי׳

שלום וברכה!

במענה על מכתבו מכ״ב תמוז על אודות מינוי התלמיד הנעלה

ב׳תקג

נעתקה מצילום האגרת.

מוהרשיל״א: **אגרות נוספות אליו — לעיל ב׳שנח, ובהנסמן בהערות שם.**

שני אלפים לכולל חב״ד: **ראה לעיל שם.**

האתרוג נתקבל: **ראה לקמן אגרת ב׳תקח.**

ב׳תקד

נעתקה מהעתק המזכירות.

מוה״ר חנוך הענדיל: **האוולין. אגרות נוספות אליו — לעיל ב׳רנא, ובהנסמן בהערות שם.**

הרב וו״ח אי״א מוהר״ד שי׳ גולדברג ל[מ]שמרת משגיח ומשפיע בישיבת תו״א, טוב ונכון הוא במאד, והשי״ת יצליחו בגו״ר.

בדבר יסוד, בעזה״י, בית מדרש לרבנים בישיבת תו״א נחוץ הוא במאד.

ב׳תקה

ב״ה כ״ו אלול תש״ד
ברוקלין

ידידי וו״ח אי״א מו״ה...

שלום וברכה!

במענה על מכתבו מל״ג בעומר ומכתבו מה׳ מנחם אב שקבלתים בזמן אחד, טוב הדבר אשר הוא קורא בספרי מוסר ועוד יותר בספרי אמונה, אבל הכל צריך להיות במדה מוגבלת.

בגשמיות מי שאוכל יותר מכדי צרכו, ובפרט מאכלי עידון, הנה לא זו בלבד שאינו מחזק את התקשרות הגוף עם הנפש והתפתחות כחות נפשו בגופו אלא עוד זאת הוא נחלש, כי העיקר הם מ[א]כלים מבריאים ולא העידון שצריך להיות במדה מוגבלת כפי דרישת הגוף.

וכן הוא גם במזון רוחני בפרד״ס שבתורה שעיקר המזון הוא פשוט ללמוד גמרא עם פרש״י ותוספות – מלוקטים עכ״פ – וסימן שו״ע בהנוגע להלכה למעשה ולימוד אגדה עם פירושי הראשונים ולימוד דברי חסידות, והרמז דרוש וסוד שבתורה הם מאכלי עידון, אשר המזון הזה מחי׳ ממש בגודל ההתעוררות וההתחזקות ואף גם מרומם לגובה רום, אבל עם זה צריכים לדעת כי הוא מאכל עידון הבא רק אחרי הסעודה במזון המבריא.

ת״ל אשר מצב בריאותו הוטבה, וצריך לקיים ולעשות כפי עצת הרופאים, והשי״ת ישלח לו רפואה ויחזק את בריאות ב״ב יחיו וימלא משאלות לבבו לטובה ולברכה, והנני מברכם בברכת כתיבה וחתימה טובה לשנה טובה ומתוקה בגשמיות וברוחניות.

הדו״ש ומברכם.

ב׳תקה

נעתקה מהעתק המזכירות.

ב׳תקו

ב״ה כ״ז אלול תש״ד
ברוקלין

ידידי התלמיד החשוב הרב וו״ח אי״א מוה״ר יוסף
מענדיל שי׳

שלום וברכה!

במענה על מכתבו אודות הישיבה וביה״ס, יצליח להם השי״ת בעבודתם הק׳ ויתרבו התלמידים וישקדו ויצליחו בלימוד וביר״ש, והנני מברכו בברכת כתיבה וחתימה טובה לשנה טובה ומתוקה בגשמיות וברוחניות.

בשם כ״ק אדמו״ר שליט״א
מזכיר.

ב׳תקז

ב״ה כ״ז אלול תש״ד
ברוקלין

ידידי הרה״ג וו״ח אי״א מוה״ר שלום צבי שי׳

שלום וברכה!

במענה על מכתבו;

יעזור להם השי״ת בעבודתם הק׳ ויתרבו התלמידים וישקדו

ב׳תקו

נעתקה מהעתק המזכירות [ו׳קלז].

מוה״ר יוסף מענדיל: **טננבוים. אגרות נוספות אליו — לעיל ב׳רסח, ובהנסמן בהערות שם.**

אודות הישיבה: **בפהילאדעלפיא. ראה לעיל אגרת ב׳שצג, ובהנסמן בהערות שם.**

ב׳תקז

נעתקה מהעתק המזכירות [ו׳קמ].

מוה״ר שלום צבי: **שניידערמאן, מנהל וראש ישיבת „אהל משה״ בפהילאדעלפיא, שבמשך הקיץ עברה לרשות מרכז הישיבות תות״ל, ושעלי׳ מדבר באגרת זו. תיאור הדברים בחוב׳ תות״ל (ח״י אלול תש״ד) ע׳ 20. קובץ ליובאוויטש גליון 4 ע׳ 56. אגרות נוספות אליו — לקמן ב׳תקלב. ב׳תרמד.**

ויצליחו בלימוד וביר״ש והנני מברך את כולם בברכת כתיבה וחתימה טובה לשנה טובה ומתוקה בגשמיות וברוחניות.

בשם כ״ק אדמו״ר שליט״א
מזכיר.

ב׳תקח

By the Grace of G-d
Elul 27, 5704
Sept. 15, 1944
Brooklyn, N.Y.

The Department of War
Washington, D.C.

Dear Sirs!

While realizing that the conduct of the war occupies your fullest attention, I trust that your Department may find it possible to extend to me the courtesy and favor of my request — a gesture which would be deeply appreciated not merely by myself, but also by the hundreds of thousands of American citizens whose spiritual leader I am privileged to be.

For several generations it has been the sacred custom of my ancestors, who have been the heads of the Chabad Hierarchy and the recognized leaders of world orthodox Jewry, to get the kind of citrus fruit known as 'Ethrog', which is needed for the ritual of our festival of Succoth (Tabernacles), from

---

ב׳תקח

נעתקה מהעתק המזכירות. צילום מענה הצבא האמריקני נדפס ביגדיל תורה (נ.י.) חמ״ב ע׳ ערה (וראה שם (ע׳ ערב־ג) על גודל השתדלות רבותינו נשיאינו לברך על אתרוג קאלאבריע, גם בעת מלחמה):

21 September 1944

Rabbi I. Schneersohn of Lubawitz,
770 Eastern Parkway,
Brooklyn 13, New York.

Dear Sir:

This is in reply to your letter of 15 September 1944, wherein you request assistance from the War Department in obtaining a citrus fruit known as "Ethrog" from Calabria, Italy, for the ritual of the Festival of Succoth.

It is regretted that the War Department is unable to be of assistance in the matter

Calabria — the peninsula in the southeast of Italy. Even during the last war, facilities were granted to my saintly father to have a special emissary bring a number of those citrus fruits from Calabria to Stockholm and thence to Russia, so that my late father and I and some of our Hierarchy members could perform the sacred precept of our religion in accordance with the custom of our ancestors.

Now that Calabria is liberated, thank G-d, I would deem it a great privilege to once again be able to observe this sacred and cherished precept of my faith on Calabria-grown 'Ethrogs,' and at the same time offer a special prayer for the speedy and complete victory of the Allies over fruit grown on liberated soil.

I therefore venture to ask you for the great favor of cabling to the competent authorities in that particular district to send out per *Air Mail* some ten 'Ethrogs' grown in *Calabria*, so that I may get them before our Succoth Festival which takes place from October 2nd to October 10th.

Needless to say that all expenses incurred in this connection will be gratefully reimbursed by me.

Thanking you in anticipation of your kind reply,

Very truly yours,

RIS:nm

P.S. I understand that the botanical term for the 'Ethrog' tree is "Citrus Medica" and for the fruit "Malum Medica" or "Malum Persica."

---

since the air mail service from Italy to the United States is limited to essential war requirements. While the War Department is sympathetic to your request, you can appreciate that any deviation from the rule would establish a precedent which would lead to many similar requests from various religious and other groups in the United States.

I regret that a more favorable reply cannot be given.
Sincerely yours,
J.A. ULIO,
Major General,
The Adjutant General.

[תרגום חפשי]

ב״ה כ״ז אלול תש״ד
ברוקלין נ.י.

מחלקת המלחמה, וואשינגטאן ד.ק.

אדון נכבד!

למרות היותי מודע, אשר ניהול המלחמה מעסיקה את מלוא תשומת לבכם, מאמין אני אשר המחלקה שלכם תוכל למצוא האפשריות להאריך את אדיבותכם לטובת בקשתי, מחוה שתביא להוקרה עמוקה – לא רק מצדי, אלא גם מצד מאות אלפי אזרחי אמריקה, שיש לי הזכות להיות מנהיגם הרוחני.

במשך דורות הי׳ זה מנהג קדוש של אבותי, שהיו ראשי עדת חב״ד ומנהיגים מוכרים של היהדות החרדית העולמית, להשיג את סוג פרי־הדר הידוע בשם „אתרוג״, הדרוש לעבודת הקודש של חג הסוכות, מקלברי׳ – חצי־האי שבדרום מזרח איטלי׳. גם בשעת המלחמה האחרונה, נמסרו האמצעים לאבי הקדוש להביא ע״י שליח מיוחד מספר אתרוגים מקלברי׳ לשטוקהולם ומשם לרוסיא, כדי שאבי המנוח ואני ומספר אנשי עדתינו יוכלו לקיים את המנהג הקדוש של דתינו בהתאם למנהג אבותינו.

עתה שקלברי׳ שוחררה, ת״ל, הייתי רואה זאת כזכות גדולה שתהי׳ לי האפשריות לקיים שוב את המצוה הקדושה והחשובה של דתינו על אתרוג שגדל בקלברי׳, ובאותה שעה לומר תפלה מיוחדת לנצחון המהיר והסופי של בעלות הברית, ע״ג הפרי הגדל על השטח הכבוש.

לכן מוצא אני את העוז לבקש לעשות עבורי טובה גדולה זו להבריק לרשות המוסמכת באיזור מיוחד זה לשלוח בדואר אויר כעשר אתרוגים שגדלו בקלברי׳, כדי שאוכל לקבלם לפני חג הסוכות שלנו שתחול בין השני לעשירי באקטובר.

לאבי . . שליח . . מקלברי׳ לשטוקהולם: **באגרת הר״ר סימון יעקבסון אל רבנו מספר על ביקורו בלוצערן בתשרי תש״י:**

סיפר לי ר׳ רפאל שי׳ ערלאנגער, וביקש שאגיד לכ״ק אד״ש, אשר אביו ר׳ אברהם ערלאנגער ע״ה הי׳ מחסידי אדמו״ר נבג״מ זי״ע זצוקללה״ה, והראה לי את דרתו של אביו עם הבהמ״ד בחצר. וגם מקוה מהמעין בחצר. בשנת תרע״ד התחלת המלחמה הא׳ אביו ר׳ אברהם ע״ה קבל טעלעגראמע מאדמו״ר נבג״מ זי״ע זצוקללה״ה מליובאוויטש, אשר ישתדל להשיג אתרוגי׳ מקאלא[ב]רי׳ וישלח ע״י א״י לעיר שטאקהאלם (שוועדין) ושם ממתין השליח הב׳ ג״כ א״י. והוא השתדל בכל כוחותיו למלאות בקשת אדמו״ר נבג״מ זי״ע זצוקללה״ה, והשי״ת הי׳ בעזרו והשיג ושלח כאמור. ואשר האתרוגים נתקבלו בליובאוויטש עיו״ט. והי׳ שמחה גדולה.

למותר להגיד שכל ההוצאות בקשר לזה יוחזרו על ידי באדיבות.

אביע את תודתי בציפי׳ לתשובתכם האדיבה.

בכנות.

נ.ב. אני מניח שהמונח הבוטני של עץ האתרוג הוא „Citrus Medica" ושל הפרי „Malum Medica" או „Malum Persica".

ב׳תקט

ב״ה ערב ראש השנה תש״ה
ברוקלין

אל החברים והחברות הנכבדים והנכבדות והמאד נכבדים ונכבדות מחזיקי מרכז ישיבת תומכי תמימים ליובאוויטש
ה׳ עליהם יחיו

שלום וברכה!

עיניכם ועיני כל ישראל אחינו ואחיותינו רואות את החסד האלקי בהצלחת מרכז ישיבת תומכי תמימים ליובאוויטש וסניפי׳ אחי תמימים ליובאוויטש וחדרי תורה תמימה ליובאוויטש להגדיל תורה ולהאדירה בהצלחה מופלגה אשר כל הרואה את התלמידים היקרים יחיו מכל המערכות יכירום כי הם זרע ברך ד׳ מטעי הישיבה המפוארה בהדרת רוחה בגאון יעקב, כה לא יסור צור חסדו לימים יבואו, ובעזרתו יתברך עלה נעלה להרחיב חוג מפעלות מרכז ישיבת תומכי תמימים ליובאוויטש להעמיד עוד ועוד ישיבות בכל מרחבי המדינה ולהשפיע מרוחה על כל הישיבות הכשרות ד׳ עליהם יחיו לעשות בעזרתו יתברך אמעריקא למקום תורה תמימה.

ובעמדינו היום על סף השנה החדשה הנה הזכות הגדול אשר זכיתם להחזיק את הישיבה הקדושה מרכז ישיבת תומכי תמימים ליובאוויטש והקבלה טובה שתקבלו על עצמיכם להחזיקה על להבא בתוספת אומץ הנה הם יהי׳ מליצי יושר לפני אל רם ונשא אשר תתברכו אתם וכל אשר לכם בשנה טובה.

ב׳תקט

נעתקה מהעתק המזכירות.

אדמו"ר מוהריי"צ נ"ע   תיג

ואני הנני שולח לכם את ברכתי ברכת השנה אשר אתם ביתכם ובניכם ובנותיכם תתברכו בשנה טובה ומתוקה בגשמיות וברוחניות ובניכם בעליכם וחתניכם ד' עליהם יחיו אשר בצבא השי"ת יצליחום בעבודתם וישמרם ויחזירם לבתיהם בריאים ושלמים.

והנני ידידם הדו"ש ומברכם בגו"ר

יוסף יצחק

ב'תקי

לשנה טובה נכתב ונחתם!

יברך השם את כל עמו בית ישראל בכל מקומות מושבותיהם הקרובים והרחוקים, בשנת חיים וכלכלה, בריאת הגוף והנפש, וכל טוב לישראל, איש איש וביתו, איש לפי צרכו ויזכו כל אחב"י לראות במהרה בימינו פני משיח צדקנו, ויקויים בנו ששון ושמחה ישיגום ונסו יגון ואנחה אמן וכן יהי רצון!

יוסף יצחק

ב'תקיא

ב"ה ח' תשרי תש"ה
ברוקלין

אל מרת ...

ברכה ושלום!

ענטפער אויף אייער שרייבען איר בעדארפט וויסען אז געזונט און לעבען איז גיט השי"ת און א איד בעדארף זיין שטארק אין האפנונג צו

———

ב'תקי
נדפסה בהקריאה והקדושה (תשרי תש"ה) גליון 50 ע' ג.

ב'תקיא
נעתקה מהעתק המזכירות [רכג — מספר האגרות באגרות תש"ה)].

השי״ת אז ער וועט געבען יאהרען. דער געזונטסטער מענש איז ניט זיכער מיט דעם מארגען און דער שוואכסטער מענש דארף זיין זיכער אין האפנונג אויף אריכות ימים.

השי״ת זאל אייך שטארקען דעם געזונט, והנני מברך אותה ואת בעלה שי׳ בברכת חתימה וגמר חתימה טובה.

בשם כ״ק אדמו״ר שליט״א
מזכיר.

ב׳תקיב

ב״ה י״א תשרי תש״ה
ברוקלין

ידידי התלמיד הנכבד והכי נעלה
וו״ח אי״א...

שלום וברכה!

במענה על מכתבו. הלימוד עם נערים דורש מסירה ונתינה לא רק בשעת הלימוד כ״א גם בזמן שאין לומדים צריכים להשגיח על הילדים והנערים איך הם משחקים, ווי זיי שפילען זיך, שלא יתקוטטו ולא יריבו זה עם זה ובפרט שלא לדבר דברי העזה וחוצפא, גראבע רייד, ולהסביר להם כי גם בשעת השחוק צריכים להתנהג בדרך ארץ ולהזהירם על כיבוד הורים ועל נט״י שחרית ולסעודה ולהשגיח על הנקיות, הן בגופם והן במלבושיהם, שכל זה היא עבודה גדולה נוסף על עבודת הלימוד עמהם ולהשגיח על תפלתם...

יצל[י]ח לו השי״ת בעבודתו הק׳ ובעבודתו הפרטית בגו״ר.

בברכת גמח״ט

בשם כ״ק אדמו״ר שליט״א
מזכיר.

ב׳תקיב

נדפסה בס׳ התולדות ח״ד ע׳ 266, והוגהה ע״פ העתק המזכירות [שלב].

ב'תקיג

ב"ה כ"ח תשרי תש"ה
ברוקלין

ידידי עוז הנכבד והכי נעלה, בעל מדות תרומיות
וו"ח אי"א מוה"ר...

שלום וברכה!

במענה על כתבו השי"ת ישלח רפואה לזוגתו תי' ויחזק את בריאותו ויתן לו שפע ברכה בפרנסה טובה בהרחבה גדולה ובמנוחה שיוכל לעסוק בלימוד השיעורים בנגלה ובחסידות ולעסוק בהחזקת המוסדות שלי של תורה ועבודה ויצליח בזה בגשם וברוח.

ובדבר ענייני הלימוד וסדרם, הנה לימוד המשניות וגמרא ילמוד על הסדר כפי הנהגתו עד עתה, את לימוד של"ה הקדוש ילמוד שלשה פעמים בשבוע, ושלשה פעמים בשבוע ילמוד שולחן ערוך כ"ק אדמו"ר הזקן זצוקללה"ה נבג"מ זי"ע כשנים שלשה סעיפים בכל פעם במתינות בערך חצי שעה ופעם בשבוע ילמוד מאמר חסידות ויתחיל מהקונטרס ומעין מבית ה' הנדפס וילמוד כשעה במתינות וכל פרק ופרק ילמוד שלשה פעמים, ובדבר הנוסח יתפלל נוסח האריז"ל מתוך הסידור שלא יטעה מפני הרגילות בהנוסח, ובשבת קדש ילמוד את ההקדמה וההלכות ציצית ותפילין נט"י וברכת הנהנין וישתדל לקנות סידור תורה אור עם שער הכולל ודרך החיים ובמשך הזמן ילמוד בשבת קדש את שער הכולל ודרך החיים.

והשי"ת יעזור לו אשר כל מה שילמוד בנגלה ובדברי חסידות יוקלטו בו העניינים בכי טוב ויפעלו פעולתם הטובה בהנהגה דיראת שמים ומדות טובות וישתדל בענין אהבת ישראל לקרב את כל מי שהוא לעוררו בהנחת תפילין, מבלי התחשב שאינו שומר שבת, ולעורר על אודות החזקת לומדי תורה, והשי"ת יצליח לו בגשמיות וברוחניות.

ידידו הדו"ש ומברכם

יוסף יצחק

ב'תקיג

נעתקה מהעתק המזכירות [תנו].

ב׳תקיד

ב״ה כ״ח תשרי תש״ה
ברוקלין

ידידי הנכבד והכי נעלה, משכיל על דבר טוב,
אוהב מישרים, מר יוליוס שי׳ סטולמאן

שלום וברכה.

איך האף אז די ימים טובים זיינען דורכגעגאנגען גוט, איהר, אייער ווערטהע פרוי און קינדער יחיו זיינען פאלקאם געזונד, דער גוטער אנקומענדער יאהר וועט ברייגגען אייך מיט אייער ווערטהער פרוי און קינדער יחיו פיל גליק אין אלעס.

איך וואלט וועלין זעהען אייך און אונזער טייערען פריינד מר קאוועו שי׳ בא מיר צו א זיצונג מיט מיין ליבען שוויגערזאהן הרב שניאורסאהן, הרב חאדאקאוו און הרב ד״ר מינדעל יחיו קאנפערירען וועגען אונזערע ארבעט אין מרכז לעניני חינוך און מחנה ישראל אין איינע פון די פאר אייך פאסענדע אווענטען ענדע די וואך, אדער אנפאנג די צווייטע וואך.

איך ערווארטע אייער אנטווארט, מיט די בעסטע וואונשען און גרוסען.

הדו״ש ומברכם.

ב׳תקיד

נעתקה מהעתק המזכירות [תק]. לתוכנה ראה אגרת שלאח״ז.

ידידי . . סטולמאן: אגרות נוספות אליו — לעיל ב׳שג, ובהנסמן בהערות שם.

ב׳תקטו

ב״ה כ״ח תשרי תש״ה
ברוקלין

ידידי הנכבד אי״א מוה״ר אלכסנדר שי׳

שלום וברכה.

עס איז א לייגגערע צייט אז איך האב פון אייך ידידי היקר ניט געהערט, איך האב געהאפט אז איהר און אונזער טייערער פריינד מר סטולמאן שי׳ וועט אונז מאכען דעם פארגעניגען און אונז באזוכען אין אווראַרא – מאריסטאן – ווי איהר ידידי הנכבד האט געזאגט בא דעם לעצטען אונזער קאנפערענץ בא מיר, אויף וואס איך האב געוואַרט.

בא א מאנאט צייט האבען מיר פארבראכט אין אווראַרא, דעם 15־טען אלול זיינען מיר געקומען אין שטאט.

דעם 18־טען אלול האבען מיר געהאט אונזער חסידות׳ן פארזאמלונג – אהן קיינע גשמיותדיגע אפילס, נור א רוחניות׳דיקען אפיל צו זיך אליין און צו אנדערע אז מי זאהל ווערין גייסטיגער בעסער ווי בא א חסידות׳ן פארברייינגען. –

עס איז געווען ריהרענד צו הערען פון די געסט וואס זיינען געקומען – צו דער פארזאמלונג – פון די שטעט וואו עס איז געגרינדעט געוואהרען אפטיילונגען פון ישיבת תומכי תמימים, מיט וואס פאר א בעגייסטערונג זיי האבן גערעדט וועגען די ישיבות און די פאקטישע גוטע ווירקונג אויף די תלמידים און זייערע עלטערין, געלויבט השי״ת דער פאר און ער זאהל אונז געבען די מעגליכקייט בגשמיות וברוחניות אויף אויסהאלטען די ישיבות און קאנען גרינדען נאך ישיבות מיט גליק.

דעם חדש פון פאר ראש השנה ביז היינט האב איך זייער שווער געארבעט ניט נאך מיינע כחות גשמיים, דריי וואכען צייט האב איך זיך

ב׳תקטו

נעתקה מהעתק המזכירות [תקא]. לתוכנה ראה אגרת שלפנ״ז.

מוה״ר אלכסנדר: קאווען. אגרות נוספות אליו — לעיל ב׳קפו, ובהנסמן בהערות שם.

פארזאמלונג . . אפטיילונגען: כנ״ל אגרת ב׳תו, ובהנסמן בהערות שם.

געפילט צו ערליידין, שבת חול המועד סוכות אין דער פריה האב איך – ניט איצט געדאכט – געפילט שוואך און א שטארקען הארץ ווייטאג, באלד האט מען גערופען דעם ד״ר שווארץ – ער לעבט נעבען אונז – און אין אווענט איז געווען מיין בעשטענדיקער ד״ר פון וויען ד״רווילדער – איינער פון די גרעסטע קאפיציטעטן אין וויען – איך האב אויסגערוהט און גענומען מעדיצין, און ברוך השם פארבראכט שמיני עצרת און שמחת תורה ווי געווײנלעך בא חסידי חב״ד.

בעזרת השי״ת האבען מיר געגרינדעט א תומכי תמימים ישיבה אין טשיגאגא, זיינען אויף יום טוב געקומען עטליכע לייטע פון דארטען צו קאנפערירען וועגען דעם, א פאר זיינען אוועק געפארען און עטליכע זיינען נאך געבליבען וואס מיר בעדארפען נאך אפהאלטען עטליכע קאנפערענצען וועגען דעם.

די ארבעט פון מרכז לעניני חינוך און מחנה ישראל און דער פארלאג קה״ת גייט אן מיט גרויס גליק רוחני, עס איז זייער נויטיג מאכען א זיצונג איבערריידן וועגען די אלע שאלות וואס עס איז נוגע צו דער ארבעט, איך בעט אייך ידידי הנעלה צוזאמען ריידין זיך מיט אונזער ליבען פריינד מר סטולמאן שי׳ איבער דער צייט ווען מיר קאנען זיך טרעפין בא מיר, אין דער השתתפות פון מיין טייערען איידים הרב שניאורסאהן הרב חאדאקאוו און הרב ד״ר מינדעל און איך, אין איינע פון די אווענטען ענדע די וואך אדער אנפאנג די קומענדע וואך.

לידידינו היקר מר סטולמאן שי׳ האב איך גישריבען. איהר ידידי הנעלה וועט זיך זיכער צוזאמענריידין און מיר לאזען וויסען.

מיט די בעסטע גריסע און וואונשין אייך און אייער ווערטהע פאמיליע יחיו.

ידידו הדו״ש ומברכו.

געגרינדעט . . טשיגאגא . . קאנפערירען: **ראה לעיל אגרת ב׳תצח, ובהנסמן בהערות שם.**

ב'תקטז

ב"ה אדר"ח מ"ח תש"ה
ברוקלין

אל ידידנו הנכבד וו"ח אי"א
מוה"ר זאב שי' שו"[ב] קאזינעץ

שלום וברכה.

במענה על כתבו השי"ת יחזק בריאותו ובריאות זוגתו תי' ובריאות בנם ובתם יחיו ויגדלום לתורה חופה ומעש"ט מתוך פרנסה טובה בהרחבה.

חתני הרב רממ"ש שליט"א הגיד לי על אודות התעסקותו לרשום המראה מקומות בהמאמרים שלי שמתכוננים להדפיס הנאני במאד והשי"ת יהי' בעזרו בגשמיות וברוחניות.

10 ד. נתקבל.

בשם כ"ק אדמו"ר שליט"א
מזכיר

ח. ל.

ב'תקטז

נעתקה מצילום האגרת [תרלט].

מוה"ר . קאזינעץ: **אגרת נוספת אליו — לעיל ח"ד תתקכט.**

לרשום המראה מקומות: **ראה גם לקמן אגרת ב'תקכז.**

ב'תקטז*

ב"ה ר"ח מרחשון תש"ה
ברוקלין

ידידי עוז הרב הנכבד והכי נעלה, תלמידי יקירי וחביבי, בעל פעולות כבירות בהרבצת תורה ביראת שמים עסקן חרוץ בחינוך והדרכה וו"ח אי"א מוה"ר יוסף שי' וויינבערג מנהל ישיבת אחי תמימים ליובאוויטש בעי"ת שיקאגא יע"א.

שלום וברכה!

בזה הנני להודיעו כי מלאתי את ידי חתני הרב רש"ג שליט"א גורארי', יו"ר ועד הפועל דמרכז ישיבות תומכי תמימים ליובאוויטש וכל סניפיו, ישיבות אחי תמימים ליובאוויטש וחדרי תורה ליובאוויטש במרחבי ארצות הברית וקאנאדא, לבחור בו, למזל טוב, להיות מנהל ישיבת אחי תמימים ליובאוויטש בעי"ת שיקאגא יע"א.

ובזה הנני לברכו בברכת מזל טוב, יתן השי"ת שיהי' בשעה טובה ומוצלחת בגשמיות וברוחניות והישיבה אחי תמימים ליובאוויטש בעי"ת שיקאגא יע"א תקנה לה שם טוב בכתרה של תורה ביראת שמים ובהנהגה טובה ונפלאה באהבת ישראל, ובעתיד הקרוב תהי' לתל תלפיות למאות תלמידים בעלי כשרונות ועוסקים בתורה ועבודה שבלב ובתקון המדות, והשי"ת יצליח לו בעבודתו הקדושה ופועל ידיו ירצה השי"ת ויגדיל תורה ויאדיר.

ידידו הדו"ש ומברכו.

ב'תקטז*

נעתקה מהעתק המזכירות [תשצז].

ידידי . . וויינבערג: **אגרות נוספות אליו — לעיל ב'שב, ובהנסמן בהערות שם.**

מנהל . . שיקאגא: **ראה לעיל אגרת ב'תצה, ובהנסמן בהערות שם.**

ב'תקיז

ב"ה ד' מרחשון תש"ה
ברוקלין

במענה על כתבו מג' לחדש זה טוב הדבר במאד מה ששוקד בעבודת הקודש בלימוד השיעורים ברבים וביחוד בזה שלומד עם ארבעה תלמידים שיחי' והוא זריעה מוצלחת אשר בעזרתו ית' הנה בקרב הימים יוצא מאה שערים, וביחוד נהנתי במאד אשר זוגתו הרבנית תחי' עוסקת בלימוד הנערות יחיו וכפי אשר כתבתי לידידי תלמידי חביבי אשר בעזה"י תצליחו בעבודתכם להעמיד פנס אור תורה, אז עס וועט לייכטען און באלייכטען אין די אידישע הערצער.

הוד כ"ק אאמו"ר הרה"ק בשיחותיו הק' בשנת תרנ"א הואיל לבאר ענין ויהי ערב ויהי בקר יום אחד, ותוכנו דכל ענין העבודה בדרכי החסידות אשר דרכי החיים בהחיים היומיים אין דעם טאג טעגליכען לעבין אז עס זאל זיין יום אחד, אין דעם יום זאל מען דערהערען דעם אחד, דעם אחדות הפשוט בתכלית הפשיטות וואס דער ענין פון פשיטות העצמי איז נאר אין געפיל וואס איז העכער פון השגה, און צו דעם געפיהל קומט מען דורך עבודה פון ערב האבין א געשמאק אין ק"ש שעה"מ און יעמאלט איז דער בקר א אמת ליכטיקער אז וואו מען שטייט און וואו מען גייט פילט מען דעם אחד האמיתי און צו דעם ציט מען זיך.

השי"ת יחזק את בריאותכם ובריאות בנכם שי' ותגדלוהו לתורה לחופה ולמעש"ט מתוך נחת והרחבה בגו"ר.

ידידו המברכו ומברכם בגו"ר.

ב'תקיז

נדפסה בס' התולדות ח"ד ע' 266.

ב׳תקיח

ב״ה ה׳ מ״ח תש״ה

כבוד ידידי הנכבד והכי נעלה, הרה״ג וו״ח אי״א בעל מדות תרומיות, מוהר״ר שלמה העכט שי׳, רב דביהכ״נ ליובאוויטש בשיקאגא איל.

שלום וברכה.

כבר מלתי אמורה באחת ההתועדות, אשר הישיבות תומכי תמימים הן חלק חשוב מחיי וכל העוסקים בטובת הצלחת המוסדות הק׳ האלו הם צמודי לבבי ממש.

והנני בזה להביע לכבוד ידידי כת״ר שי׳ את תודתי הרבה בעד התעסקותו והשתדלותו הט׳ לטובת הישיבות תומכי תמימים בעבר והנני מבקש אותו גם על [ל]הבא להשתדל בכל עוז לטובת החזקת הישיבות תו״ת יצ״ו וכאשר עתה מתחיל המגבית במחנם הט׳ בשביל מרכז ישיבות תומכי תמימים ליובאוויטש יעזור בכל היכולת במסירה ונתינה ממש להמגבית, הן בעצמו והן ע״י השפעתו על בני עדתו שיעזרו ויסייעו בהצלחת המגבית לטובת הישיבות הק׳ וישתדלו אשר סכום נכון והגון, לפי ערך גודל הוצאת המוסד, יתאסף במחנם למען נוכל בעזרתו ית׳ להמשיך בעבודתנו הק׳ בהרבצת תורה ולעשות מדינת אמעריקא למקום תורה תמימה.

כן אבקשו לשום לבו וכל מעינו בטובת התפתחות הישיבה אחי תמימים שבמחנם הט׳ ולהעמידה בעזרתו ית׳ על בסיס נאמן בכמות ובאיכות.

ובזכות החזקת המוסדות תו״ת יצ״ו יתברך הוא וביתו יחיו בכל טוב גשמי ורוחני.

ידידו הדו״ש ומברכו.

ב׳תקיח

נעתקה מהעתק המזכירות. לתוכנה ראה גם לקמן אגרות ב׳תקיט־ב׳תקכד.

מוהר״ר שלמה העכט: **אגרות נוספות אליו — לעיל ב׳רד, ובהנסמן בהערות שם.**

הישיבה אחי תמימים שבמחנם: **ראה לעיל אגרת ב׳תצח, ובהנסמן בהערות שם.**

ב'תקיט

ב"ה ה' מ"ח תש"ה

כבוד ידידי הנכבד והנעלה, וו"ח אי"א בעל מדות תרומיות, מוהר"ר יעקב הכהן כץ שי', שיקאגא איל.

שלום וברכה.

בטח הדברים והשיחות שזכה לראות ולשמוע בהיותו פה במשך חגה"ס העבר מתלוננים ומאירים במוחו ולבבו להביאם לידי פועל טוב בלימוד ובמעשה ובהתעסקות בעניני החזקת לומדי תורה תמימה.

ובזה הנני פונה לכבוד ידידי שי', אשר יואיל בטובו לעזור בכל היכולת במסירה ונתינה ממש להצלחת המגבית שמתחלת במחנם הט' לטובת מרכז הישיבות תומכי תמימים ליובאוויטש יצ"ו ולהשתדל בכל עוז, כאדם העושה בתוך שלו, אשר סכום נכון והגון, לפי ערך גודל הוצאת המוסד, יתאסף במחנם, אשר יתן לנו היכולת בעזרתו ית' להמשיך עבודתנו הק' ולהגדיל תורה ולהאדירה.

כן אבקשו, שישים לבו וכל מעינו בטובת התפתחות הישיבה אחי תמימים שבמחנם הט', ולהעמידה על בסיס נאמן בעזרתו ית'.

וזכות החזקת לומדי תורה תמימה יאהיל עליו ועל ב"ב שי' להתברך בכל מילי דמיטב בגשמיות וברוחניות.

הדו"ש ומברכם.

ב'תקיט

נעתקה מהעתק המזכירות. לתוכנה ראה לעיל אגרת שלפנ"ז, ובהנסמן בהערות שם.

מוהר"ר יעקב הכהן כץ: **אגרות נוספות אליו — לעיל ב'קעה, ובהנסמן בהערות שם.**

ב׳תקכ

ב״ה ה׳ מ״ח תש״ה

כבוד ידידי הנכבד והנעלה, וו״ח אי״א, בעל מדות תרומיות מוהר״ר בנימין דיסין שי׳, שו״ב, שיקאגא איל.

שלום וברכה.

כבר מלתי אמורה באחת ההתועדות, אשר הישיבות תומכי תמימים הן חלק חשוב מחיי וכל מה שנוגע לטובת הצלחת המוסדות הק׳ האלו נוגע לנפשי ממש.

ת״ל ובזכות אבותי רבותינו הק׳ הישיבות תומכי תמימים הולכות ומתפתחות, הולכות ומצליחות ומקוה הנני בעזה״י לייסד עוד ועוד ישיבות תומכי תמימים בכל מרחבי המדינה ולעשות בעזרתו ית׳ מדינת אמעריקא למקום תורה תמימה.

אמנם לדאבון [לבנו] למרות הצלחת המוסדות תומכי תמימים במצבם הרוחני, הנה מצבם החומרי רחוק מלהיות טוב וכשל כח הסבל לשאת העול הכבד לכלכל המוסד הענקי הלזה, אשר תקציבו עולה לרבע מיליון דולר לשנה.

פונה הנני בזה לכבוד ידידי שי׳, אשר יואיל בטובו לעזור בכל היכולת במסירה ונתינה ממש להמגבית במחנם הט׳ לטובת מרכז הישיבות תומכי תמימים ולהשתדל בכל עוז, כאדם העושה בתוך שלו, אשר סכום נכון והגון יתאסף במחנם, אשר יתן לנו היכולת בעזרתו ית׳ להרחיב חוג פעולתנו ביסוד ישיבות תומכי תמימים ולהגדיל תורה ולהאדירה.

כן בקשתי שטוחה לכבוד ידידי שי׳, אשר ישים לבו וכל מעינו לטובת התפתחות הישיבות אחי תמימים שבמחנם הט׳ וזכות גדול הוא לכל העוזרים ומסייעים בהצלחת מוסד הזה להגדילו ולהאדירו בעזרתו ית׳.

והשי״ת יחזק בריאותו ויתן לו אריכות ימים ושנים טובות ומאירות בגשמיות וברוחניות.

ידידו הדו״ש ומברכם.

ב׳תקכ

נעתקה מהעתק המזכירות. לתוכנה ראה לעיל אגרת ב׳תקיח, ובהנסמן בהערות שם.

מוהר״ר בנימין דיסין: **אגרות נוספות אליו — לעיל ח״ז ב׳יב, ובהנסמן בהערות שם.**

ב׳תקכא

ב״ה ה׳ מ״ח תש״ה

כבוד ידידי הנכבד והנעלה, וו״ח אי״א, עסקן נמרץ, בעל מדות תרומיות, מוהר״ר יעקב ריסמאן שי׳, שיקאגא, אילל.

שלום וברכה.

עס טוהט מיר לייד, וואס איך האב ניט געהאט די געלעגינהייט אייך צו זעהן דא בעת דער קאנפערענץ מיט ידידי אנ״ש שי׳, די פיהרער פון אגודת חב״ד אין שיקאגא.

ווי איהר ווייסט זיינען דא לעצטענס געווען אייער ברודער, ידידי ר׳ פנחס שי׳, ידידי ר׳ יחזקאל ליסנער וזוג׳ יחיו, ידידי עוז הרה״ג ראדשטיין שי׳, ידידי הנעלה מר שאיעוויטש, ידידי היקר ר׳ יעקב כץ שי׳ ידידי הנעלה מר פלייער שי׳ און ידידי ר׳ שלמה פאלמער שי׳. עס איז ברייט ארומגערעדט געווארען וועגען דעם פארשטעהענדען קאמפיין אין שיקאגא פאר׳ן מרכז הישיבות תומכי תמימים.

איך בין זעהר צופרידען וואס איהר ידידי שי׳ זענט דער טרעזשערער פון קאמפיין און איך וויל אייך בעהטען, אז איהר און אייער ווערטהע פרוי תי׳ זאלט איהר נעהמען א אקטיווען אנטייל אין די ארבעט פון קאמפיין און זעהן, אז דער קאמפיין זאל בריינגען א צופרידענשטעלענדען רעזולטאט.

איך האף, אז איהר ידידי שי׳ וועט ערפילען מיין בקשה לטובת די ישיבות תומכי תמימים יצ״ו, וועלכע געפינען זיך צום בעדויערן אין א קריטישען פינאנציעלען מצב און איך בעהט אייך זעהר מיר צו שרייבען וועגען גאנג פון קאמפיין בהצלחה.

השי״ת זאל אייך און אייער ווערטהע פרוי תי׳ שטארקען און בעגליקען אין אלעם.

ידידו הדו״ש ומברכם.

ב׳תקכא

נעתקה מהעתק המזכירות. לתוכנה ראה לעיל אגרת ב׳תקיח, ובהנסמן בהערות שם.

מוהר״ר יעקב ריסמאן: **אגרת נוספת אליו — לקמן ב׳תקנ.**

קאנפערענץ . . שיקאגא: **כנ״ל אגרת ב׳תקטז.**

ב'תקכב

ב"ה ה' מ"ח תש"ה

כבוד ידידי הנכבד והנעלה, וו"ח אי"א אוהב תורה ורודף צדקה וחסד, מוהר"ר נפתלי הערץ באלאטין שי', יו"ר ועד ביהכ"נ ליובאוויטש בשיקאגא, אילל.

שלום וברכה.

איך דענק אז ידידי שי' ווייס אויף וויפיעל די ישיבות תומכי תמימים זיינען מיר נוגע בנפשי ממש און די אלע וועלכע העלפען מיר אין די הרבצת תורה ביראת שמים ארבעט זיינען מיר איינגעבאקען אין הארצען, השי"ת זאל זיי און זייערע פאמיליעס העלפען בגשמיות וברוחניות.

איך וויל אייך בעהטען ידידי שי', אז איהר זאלט מיטהעלפען בכל האפשרי אין דעם קאמפיין וואס פאנגט זיך אן במחנ[ס] הט' לטובת דעם מרכז הישיבות תומכי תמימים ליובאוויטש און זעהן, אז דער קאמפיין זאל ברייננען א גרויסע הכנסה, אזוי אז מיר זאלען קענען בעזרתו ית' אנגעהן מיט די הייליגע הרבצת תורה ארבעט און זי נאך מעהר פארגרעסערען דורך עפענען נאך און נאך ישיבות תומכי תמימים און מאכען אמעריקע פאר א מקום תורה ביראת שמים.

אויך בעהט איך אייך מיטהעלפען אין די ענטוויקלונג פון די ניי געגרינדעטע ישיבה אחי תמימים אין שיקאגא. עס איז א גרויסער זכות פאר די אלע וועלכע וועלן מיטהעלפען צו פארגרעסערען די ישיבה אין כמות און אין איכות.

ובזכות החזקת והרבצת לומדי תורה תמימה זאל אייך השי"ת געבען אריכות ימים ושנים בטוב ובנעימים בגשמיות וברוחניות.

גיט איבער מיין בקשה און ברכה אלע מתפללי ביהכ"נ, ד' עליהם יחיו.

הדו"ש ומברכם.

ב'תקכב

נעתקה מהעתק המזכירות. לתוכנה ראה לעיל אגרת ב'תקיח, ובהנסמן בהערות שם.

מוהר"ר נפתלי הערץ באלאטין: **אגרות נוספות אליו — לעיל ח"ז ב'ט. ב'לד. לקמן ב'תרצ.**

ב׳תקכג

ב״ה ה׳ מ״ח תש״ה

כבוד ידידי הנכבד והנעלה, וו״ח אי״א העסקן המהולל, בעל מדות תרומיות, מוהר״ר יוסף ראבינסאן שי׳, שיקאגא איլל.

שלום וברכה.

יעדערער וואס קוקט מיט אפענע אויגען זעהט ב״ה די ג-טליכע הצלחה פון מרכז הישיבות תומכי תמימים און חדרי תורה תמימה ליובאוויטש, וועלכע האבען במשך א פערהעלטניסמעסיג קורצער צייט אויפגעשטעלט א רייה פון ישיבות און חדרי תורה תמימה דא אין לאנד, וואו עס ווערן ערצויגען הונדערטער תלמידים אין גייסט פון ישראל סבא במסורת אבות, וועלכע זיינען א שטאלץ פאר׳ן אידישען פאלק און, בעזרתו ית׳, וועלען זיי מאכען אמעריקע פאר א מקום תורה.

אבער טראץ דעם גייסטיגען ערפאלג פון די ישיבות תומכי תמימים איז זייער מאטעריעלער מצב א העכסט קריטישער און זיי נויטיגען זיך אין באלדיגער פינאנציעלער הילף. – דער יעהרליכער בודזשעט פון מרכז הישיבות תומכי תמימים דערגרייכט צו א פערטיל מיליאן דאלאר.

איך ווענדע זיך דעריבער צו אייך ידידי שי׳, אז איהר זאלט נעהמען א אקטיווען אנטייל אין דעם קאמפיין וואס פאנגט זיך איצט אן אין שיקאגא פאר דעם מרכז הישיבות תומכי תמימים און מיטהעלפען, אז דער קאמפיין זאל ברייגען די געוואונשענע רעזולטאטען, לויט די קאלאסאלע הוצאה פון די ישיבות הק׳.

איך וויל אייך אויך בעהטען צו אויסנוצען אייער השפעה, אז די תלמידים פון פאראקיעל סקוהל וועלכע ענדיגען דעם מוסד זאלען פארטזעצען זייערע לימודים אין די איצט געגרינדעטע ישיבה אחי

ב׳תקכג

נעתקה מהעתק המזכירות. לתוכנה ראה לעיל אגרת ב׳תקיח, ובהנסמן בהערות שם.

מוהר״ר יוסף ראבינסאן: **אגרות נוספות אליו — לקמן ב׳תשטז. ב׳תשלב.**

תמימים אין שיקאגא, וועלכע וועט בעזה״י אויסוואקסען אין איינע פון די גרעסטע ישיבות אין לאנד.

איך האף אז איהר ידידי שי׳ וועט ערפילען מיינע בקשות צו אייך לטובת החזקת און הרבצת לומדי תורה תמימה און בזכות זה זאל אייך השי״ת בעגליקען בגשמיות וברוחניות.

הדו״ש ומברכם.

ב׳תקכד

ב״ה ה׳ מ״ח תש״ה

כבוד ידידי הנכבד והנעלה אי״א בעל מדות תרומיות מו״ה גרשון ראובן שי׳ קאפלאן. שיקאגא איל.

שלום וברכה.

איך בין זיכער, אז איהר ווייסט די גרויסע תורה־טעטיגקייט ארבעט וואס דער מרכז ישיבות תומכי תמימים ליובאוויטש האט מיט ג־ט ב״ה הילף אויפגעטאן אין דעם לאנד. אויסער די פיעלע ישיבות און חדרי תורה וואס עס איז געגרינדעט געווארען מיט גרויס הצלחה האט דער מרכז ישיבות תומכי תמימים ליובאוויטש אויך געווירקט צו ערמוטיגען אלע גרויסע ישיבות וווא[ס] זיינען דא אין לאנד.

איצט ווערט געעפענט דער קאמפיין פאר מרכז ישיבות תומכי תמימים ליובאוויטש אין שיקאגא, בעהט איך אייך, אז איהר זאלט נעהמען א אקטיווען אנטייל אין דער ארבעט פון קאמפיין און זעהן טאן אלעס מעגליכע, אז דער קאמפיין זאל ברייננען א צופרידענשטעלענדען רעזולטאט.

איך האף, אז איהר וועט מיין בקשה ערפילען אין דעם, אויך אין דער ענטוויקלונג פון דער ישיבה וואס מיט ג־טס הילף, האב איך געעפענט אין שיקאגא...

הדו״ש ומברכם.

ב׳תקכד

נעתקה מהעתק המזכירות. לתוכנה ראה לעיל אגרת ב׳תקיח, ובהנסמן בהערות שם.

ב׳תקכה

ב״ה י״ד מרחשון תש״ה
ברוקלין

אל הרבנית הכבודה מרת מינדל תחי׳

ברכה ושלום!

במענה על מכתבה אודות פתיחת „בית־שרה״ בעי״ת נוארק יע״א, נהניתי במאד יזמין השי״ת מורה טובה ותצליח בעבודתה והמוסד הקדוש יתרחב ויתגדל, וכל העוסקים בזה יתברכו ברוב טוב גשמי ורוחני.

ישמח השי״ת את לבבה ואת לבב ידידי בעלה הרב שי׳ בזרעא חיא וקימא ובפרנסה טובה בהרחבה בגשמיות וברוחניות.

הסך 9 דאלאר נתקבל.

בשם כ״ק אדמו״ר שליט״א
מזכיר.

ב׳תקכו

ב״ה י״ד מרחשון תש״ה
ברוקלין

ידידי עוז הרב הנכבד והכי נעלה, וו״ח אי״א מוה״ר יהודה צבי שי׳ מנהל ור״מ ישיבת אחי תמימים בעי״ת באפאלא יע״א

שלום וברכה!

במענה על מכתבו מיום ג׳ לחד״ז, סדרי הישיבה והפאראקעיל [סקול] טובים המה, והשי״ת יהי׳ בעזרם בגשמיות וברוחניות.

ב׳תקכה

נעתקה מהעתק המזכירות [תשלט].

מרת מינדל: **כז.**

ב׳תקכו

נעתקה מהעתק המזכירות [תת].

מוה״ר יהודה צבי: **פאגלמאן. אגרות נוספות אליו — לעיל ב׳קנט, ובהנסמן בהערות שם.**

סדר המנין טוב הוא ויחזקו.

ההתחדשות הטובה, מה שהתלמידים שי׳ מדברים בכל ש״ק באיזה ענין של תורה ויהדות הנאני במאד, הן הענין בעצמו והן הענינים במה שמדברים, ולדעתי יורה להם אשר כל אחד יכתוב אחר השבת את מה שדיבר ובשפה האנגלית.

בדבר העתון יאמר להם שאין צריכים להדפיס כ״א בכל חדש או פעם בשני חדשים, ועל מכונת מימיוגראף, ובטח אשר תחלה יבקר בקי את כל מה שיכתבו.

בדבר השכונה החדשה, הנה כבר אמרתי לו וגם כתבתי לו אשר בכל עניני הישיבה צריכים לפנות לחתני הרש״ג שליט״א, ורק בתור דעתי הפרטית הנני מחוה אשר אני הייתי בין אלו האומרים על הן, והשי״ת יהי׳ בעזרו בגשמיות וברוחניות.

בשם כ״ק אדמו״ר שליט״א
מזכיר.

ב׳תקכז

ב״ה י״ד מרחשון תש״ה
ברוקלין

ידי״ע הרב וו״ח אי״א מוה״ר
יצחק דובער שי׳

שלום וברכה!

במענה על מכתבו אודות הדירה יקחנה, והשי״ת יזמין להם דירה מוכשרת לפניהם בגשמיות וברוחניות.

ובזה הנני להודות לו ולברכו עבור התעסקותו בכתיב ובמראה מקומות בדרושי תש״ד, והשי״ת יחזק את בריאותו ואת בריאות זוגתו תחי׳ וישמח את לבבם בזרעא חיא וקיימא.

הדו״ש ומברכם.

ב׳תקכז

נעתקה מהעתק המזכירות [תתעד].

מוה״ר יצחק דובער: **אושפאל. אגרת נוספת אליו — לעיל ח״ה א׳תצו.**

ובמראה מקומות בדרושי תש״ד: **ראה גם לעיל אגרת ב׳תקטז.**

ב' תקכח

ב"ה י"ד מרחשון תש"ה
ברוקלין

ידידי עוז וו"ח אי"א מוה"ר יוחנן שי' שו"ב, יושב ראש
בקור חולים אשר על יד אגודת חב"ד בעי"ת ברוקלין
יע"א

שלום וברכה!

במענה על מכתבו אדות ביקורו את ידידנו ר' ישראל דוב שי'
פאדנאס, יחוס השי"ת וירחם וישלח לו רפואה.

אינני יודע את תקנות חברת ביקור חולים אשר יסדו לטובה
ולברכה, ובודאי כי ביקור פרטי טוב הוא אבל אין זה מספיק מה
שמבקרים פעם א', ודעתי אשר החברים, חברי בקור חולים, הדרים
בקירוב מקום להחולה צריכים לבקר לעתים קרובות, וישנם זמנים
אשר כשמבקרים ושוהים כשעה מעודדים בזה את רוח החולה.

מוסד בקו"ח צריך לעשות תעמולה להרבות חברים שיכנסו בחברה
זו, וההנהלה צריכה לסדר את דבר הבקורים שיהיו בסדר מסודר.

ישלח השי"ת רפואה להחולים ויחזקם ויאמצם בגשמיות
וברוחניות וישפיע שפעת חיים וברכה מרובה לכל חברי המוסד בקו"ח,
ה' עליהם יחיו.

ידידו הדו"ש ומברכם.

ב׳ תקכח

נעתקה מהעתק המזכירות [תתפג].
מוה"ר יוחנן: גורדון. אגרות נוספות אליו — לעיל ח"ז א'תתפה. לקמן ב'תרלא. ב'תרחצ.
יושב ראש בקור חולים: שנתיסד בשלהי תש"ד. ראה לעיל אגרות ב'תמח. ב'תעא. לקמן ב'תרחצ.

ב'תקכט

ב"ה ט"ז מרחשון תש"ה
ברוקלין

אל חברי ועד הסתדרות לימוד חסידות
והתועדות חסידים,
ה' עליהם יחיו

שלום וברכה!

במענה על הרצאתם מהחלטות האספה שנתקיימה ביום י"ג לחד"ז, נהניתי לקרא את כל האמור בהרצאתם בדבר התחייבות החברים למלאות את חובתם כפי הוראת הועד ואשר על ש"ק ומוצש"ק הבע"ל סדרו אשר יתועדו בעזה"י בחמשה מקומות, והנני מברכם כי פועל ידם ירצה השי"ת [ו]יתברכו עם ב"ב יחיו ברוב טוב בגשמיות וברוחניות.

אמנם יסוד מוסד בהסתדרות זו שיהי' מזכיר בעל מרץ קבוע ומיוחד לעבודה זו שיתעסק בזה בכתב ובדבור בכל משך ימי השבוע ובשכירות קבועה. יציעו לי הראוי לזה.

ידידם עוז הדו"ש ומברכם

יוסף יצחק

ב'תקכט

נעתקה מצילום האגרת [תתקי"א].
ועד . . והתועדות חסידים: ראה גם לקמן אגרות ב'תקלו. ב'תקמא. ב'תקעו.
על התיסדות הועד ופעולותיו ראה קובץ ליובאוויטש גליון 5 ע' 86. גליון 6 ע' 9.

ב׳תקל

ב״ה י״ט מרחשון תש״ה
ברוקלין

ידידי עוז וו״ח אי״א מוה״ר ... שי׳

שלום וברכה!

... אמת הַדבר כי להיות מודה על האמת כבד יותר מלהיות ירא־שמים, ואחד מגדולי חסידי חב״ד, משכיל בידיעת תורת החסידות בעמקות ועוסק בעבודה שבלב באריכות ובהתפעלות הנפש, הנה כשהי׳ בן שבעים וחמש אמר זה לי כארבעים שנה שהנני עוסק בעבודת תקון המדות ועדיין לא זכיתי להיות מודה על האמת. אמנם בדבר הנראה לעינים בנקל להיות מודה על האמת, ואולי הפעם יעלה בידי להוכיח ויודה.

ת״ל בעד הטבת בריאותו, והשי״ת ישלח לו רפואת הגוף וגם רפוה״נ להיות מודה ועוזב וטוב יהי׳ לו וממנו ברוח ובגשם, ויחזק השי״ת את בריאות זוגתו ואת בריאות ילדיהם וב״ב יחיו.

הדו״ש ומברכם.

ב׳תקלא

ב״ה כ׳ מרחשון תש״ה
ברוקלין

ידידי התלמיד היקר וו״ח אי״א
מו״ה יצחק שי׳

שלום וברכה!

בנועם שמעתי מהתעסקותו הטובה בישיבת אחי תמימים

ב׳תקל

נעתקה מהעתק המזכירות [תתקכו].

ב׳תקלא

נעתקה מצילום האגרת.

מו״ה יצחק: גראנער. אגרות נוספות אליו — לעיל ב׳שסו, ובהנסמן בהערות שם.

בישיבת אחי תמימים: פילאדעלפיא, שנפתחה והתנהלה ע״י הרימ״מ טננבוים ור״י גראנער. ראה לעיל אגרת ב׳תמט. לקמן שתי האגרות שלאח״ז.

תלד **אגרות־קודש** (ב׳תקלא)

ליובאוויטש בבהכנ״ס תפארת ישראל, ואשר עוסק עם שתי כתות, והנני מתענין לשמוע מאתו בפרטיות על אדות עבודתו בקדש עם התלמידים שי׳, וינעם לי לשמוע מאותה התועלת, הן בלימוד והן בהנהגה דיראת שמים ודרך ארץ אשר ע״פ התורה, שנראה בהתלמידים שי׳ במשך הזמן שמתעסק עמהם, כן אם שם לבו לעשות קיבוץ צעירים גם מבעלי עסקים ולקבוע אתם עמם איזה לימוד פעם או פעמים בשבוע ולבאר להם, בשפה שהם מבינים.

יהא השי״ת בעזרו ויצליח בעבודתו הק׳ ויתרחב גבולו בתלמידים בעלי כשרונות ויראי אלקים שישקדו ויצליחו בלימוד ובהנהגה דיראת שמים.

בשם כ״ק אדמו״ר שליט״א
מזכיר

ח. ליבערמאן

ב׳תקלב

ב״ה כ׳ מרחשון תש״ה
ברוקלין

ידי״ע הרה״ג הנודע לשם תהלה וו״ח אי״א
מוה״ר שלום צבי שי׳

שלום וברכה!

במענה על מכתבו בדבר סדר הלמודים בישיבת אהל משה אחי תמימים ליובאוויטש הנה עניתי בפרטיות לידי״ע תלמידי יקירי וחביבי הרב וו״ח אי״א מוה״ר יוסף מענדיל שי׳ טענענבוים, ובודאי ישתדלו שניהם כאחד לסדר את החסר, והשי״ת יעזרם ויצליחו בעבודתם הק׳ ויתרחב גבולם בתלמידים בעלי כשרונות ויראי אלקים.

כבר הספיק הזמן לראות בעזה״י את פרי ההדרכה והחינוך והנני

ב׳תקלב

נעתקה מהעתק המזכירות [תתקמג]. ראה אגרת שלאח״ז.

מוה״ר שלום צבי: **שניידערמאן. אגרות נוספות אליו — לעיל ב׳תקז, ובהנסמן בהערות שם.**

ישיבת אהל משה אחי תמימים: **בפילדלפיה. ראה לעיל אגרת ב׳תקז.**

אדמו״ר מוהריי״צ נ״ע תלה

מבקש את ידי״ע וידי״ע תלמידי הרב טענענבוים שי׳ לכתוב לי בפרטיות מהתועלת בלימוד בהנהגה דיר״ש ובהנהגה דדרך ארץ הנראה בהתלמידים שי׳ ויפרטו לשמותיהם.

בשם כ״ק אדמו״ר שליט״א
מזכיר.

ב׳תקלג

ב״ה כ׳ מרחשון תש״ה
ברוקלין

ידי״ע התלמיד היקר וו״ח אי״א הרב מוה״ר
יוסף מענדיל שי׳

שלום וברכה!

במענה על מכתבו ומכתב ידי״ע הרה״ג וו״ח אי״א מוה״ר שלום צבי שי׳ שניידערמאן אודות סדר הלימוד בישיבת אהל משה אחי תמימים ליובאוויטש בעי״ת פהילאדעלפיא.

א) לכתחלה יש להשתמש בתכנית הלמודים המעובדה ע״י ה„מרכז לעניני חנוך״ עבור „חדרי התורה״, ובאם מוכרחים בשביל איזה סבות למעט במספר שעות הלמוד, צריכים עכ״פ לקחתן בפרופורציא לשעות שבתכנית הנ״ל, ובאם נוטים מהתכנית הנ״ל כדאי לדעת הטעמים והנמוקים בזה.

ב) במחלקות א׳ וב׳ קבעו בפהילאדעלפיא מקצוע „בה״נ״ ובאם כולל רק את ברה״נ צריכים להשלימו בהוספות דינים מסוג אחר (כגון הלכות שבת).

ג) בשאר המחלקות (חוץ מחלקה ב׳ דישיבה) איני מוצא כלל לימוד הדינים, וזה עיקר חסר מן התכנית.

ב׳תקלג

נעתקה מהעתק המזכירות [תתקמד]. בהמשך אליה — לקמן ב׳תקצו.

מוהר״ר יוסף מענדיל: טננבוים. **אגרות נוספות אליו — לעיל ב׳רסח, ובהנסמן בהערות שם.**

שניידערמאן . . אהל משה אחי תמימים: **ראה לעיל אגרת שלפנ״ז.**

ד) קבעו זמן יותר מדאי ללמוד בשפה אידיש. מענין לדעת באיזה חומר הם משתמשים בזמן רב כזה.

ה) ברוב המחלקות חסר מקצוע חשוב, שיחות מוסריות עם התלמידים, ודרוש להכניס מקצוע זה בלי עכוב ובסדר מסודר ולא רק בדרך אגב, והנני מבקש אתכם להשגיח על אופן הדבור של המורים ותוכנם.

ו) לשעורי קריאה במחלקות ג״א וג״ב קבעו זמן יותר מהראוי, באם זקוקים התלמידים להטבה בקריאה יש להרגילם בזה בשעת לימוד החומש וכדומה, ועי״ז יוכלו להגדיל את מספר השעורים של חומש.

ז) לא מצאתי בתכניתם את הלימוד של קריאה בטעמים (העברת הסדרה) ונחוץ מאד להנהיגו, התחל ממחלקה ג׳ (שנת הלמודים השלישית).

ח) באשר בתכנית אינם נראים זמנים קבועים לתפלה, מענין לדעת אם התלמידים מתפללים בישיבה – ואם כך הוא – איזה תפלות (שחרית, מנחה או ערבית) ובאם לאו, האם ישנה השגחה הדרושה שהתלמידים יתפללו בכל יום, ואלה שהגיעו לבר מצוה שיניחו תפילין.

ט) אי אפשר להסכים אפילו באופן ארעי ומכש״כ כשהארעי הוא לזמן בלתי מוגבל שילמדו בישיבה תערובת ילדים וילדות, ויואילו נא להודיע באיזה אופן בדעתם לתקן זה.

י) בודאי טוב הדבר מה שלומד עם תלמיד א׳ שעה ורבע גמרא אבל עם זה צריכים להתחשב עם זמנו אם לא שיש תקוה לעשות כתה ובא״ל צריכים להשתדל להשפיע על התלמיד לנסוע לאחת המחלקות של הישיבה המרכזית המתאמת לפניו.

אתענין לדעת מה פעלו ועשו ידי״ע ותלמידי היקר הרב וו״ח אי״א מוה״ר יצחק שי׳ גראנער – נוסף על עבודתו של ידי״ע הרה״ג שניידערמאן שי׳ – בהנוגע למעמד ומצב אנ״ש שי׳ העזוב במאד, ותקותי היתה חזקה להשי״ת אשר כשתשבו בפהילא. תשימו לב לזה לעשות – מזמן לזמן – התועדות אנ״ש שי׳ ולעוררם על אדות קביעות שיעורי לימוד דא״ח ולהשפיע כי אנ״ש שי׳ יזמינו גם את בניהם וחתניהם הצעירים שי׳ לבא אל ההתועדות ולדבר אתם בלשון אשר יבינו גם המה, מה שתלמידי החביב מר גראנער שי׳ הי׳ יכול למלאות,

וכמובן שאין צריכים לדרוש מאתם מה שאין בכוחם בעניני למוד חסידות, וראשית כל צריכים לעוררם על שמירת מצות מעשיות והכל בקירוב הדעת, אז יענער זאל וועלן קומען נאך א מאל ולאט לאט, צעד אחר צעד, יקרבום אל הטוב והמועיל בעזה״י.

יעזרהו השי״ת ויצליח בעבודתו הק׳ ויסתדר בסדר טוב בגשמיות וברוחניות.

בשם כ״ק אדמו״ר שליט״א
מזכיר.

ב׳תקלד

ב״ה כ׳ מרחשון תש״ה
ברוקלין

ידידי התלמיד היקר והכי נעלה
וו״ח אי״א מו״ה אהרן שי׳

שלום וברכה!

אתענין לדעת מאופן עבודתו בישיבת אחי תמימים ליובאוויטש בעי״ת ברידזשפארט, וביחוד במה שנוגע לשעה של למוד הדת ביום ב׳ וה׳ איך סדרו זאת, ובודאי שצריכים לסדר, הן לילדים והן לילדות וראוי הי׳ לסדרם בשתי מחנות, מחנה ילדים ומחנה ילדות, ובודאי אשר במשך זמן זה הנה כבר יש להם היכרות עם איזה צעירים בעיר. ובדבר השתתפות ידידי התלמידים מר שילדק[ר]ויט ומר שעכטער יחיו, אם המניעה היא רק מנסיעתם, הי׳ צריך לדרוש אצל מי שהוא מהבע״ב במחנו או בניוהייוון שישאילו על איזה שעות אויטא לעבודת הקדש הצלת ילדי ישראל יחיו.

ב׳תקלד

נעתקה מהעתק המזכירות [תתקנו].

מו״ה אהרן: פאפאק. אגרות נוספות אליו — לעיל ב׳קסא, ובהנסמן בהערות שם.

עבודתו . . ברידזשפארט: הישיבה שם נפתחה בקיץ תש״ד בהנהלת ר״ד איידלמאן (ראה לעיל אגרת ב׳תכח). בשלהי קיץ תש״ד נסע לשם ר״א פאפאק שלפנינו, שעד אז ניהל (יחד עם ר״י פלדמן) את ועד מגיני ומרחיבי החינוך הכשר.

ודבר זה לבאר ולהסביר להבעה"ב את חובתם הרוחנית – זייער גייסטיגע פליכט – של כל איש ואשה בישראל בהנוגע להחזקת הרבצת התורה ביראת שמים וחינוך הכשר, הנה באמת לאמיתו צריכים להרחיב הדבור בזה בדבורים ארוכים שיבינו גם המון האנשים והנשים וצריכים לדרוש זאת מאתם – מאנען און פאדערן – ולא רק בבקשות כי אם בדרישה אשר הם מחוייבים לעשות זאת, כמובן אשר גוף ועצם הדבור צריך להיות בנימוס הכי נעלה ובקירוב הדעת באהבת ישראל.

יחזק השי"ת את בריאותם ויצליחם בעבודתם הק' ויתרבה גבולם בתלמידים בעלי כשרון ויראי אלקים, ויקויים בהם מאמר וברכת חז"ל ע"פ מאיר עיני שניהם ה' בגשמיות וברוחניות.

בשם כ"ק אדמו"ר שליט"א
מזכיר.

ב' תקלה

ב"ה כ"א מרחשון תש"ה

שלום וברכה!

ע"פ הוראת הרופאים עלי לנוח מקבלת אנשים ואפשר רק בכתיבה.

ב' תקלה

נעתקה מהעתק המזכירות [תתקפד].

• • •

ימים אחדים לאח"ז נחלה רבנו, ונשללה ממנו גם אפשריות הכתיבה, כך שמשלהי מ"ח עד י"ט כסלו לא הגיעו לידינו אגרות רבנו. ועל הדואר שנתקבל במשך שלשה שבועות אלה השיב לאט, במשך החדשים שלאח"ז, כדלקמן אגרת ב/תרלו.

ב׳תקלו

ב״ה כ״ד מר״ח תש״ה
ברוקלין

ידידי הרה״ג וו״ח אי״א מוה״ר אלי׳ שי׳

שלום וברכה!

יקבל בזה טשעק על סך $50 (חמשים שקלים) זהו בשביל הועד המסדר לימוד חסידות והתועדות חסידים, בשביל הוצאות קטנות שהיו ושיהיו לו.

בשם כ״ק אדמו״ר שליט״א
מזכיר.

ב׳תקלז

ב״ה כ״ד מרחשון תש״ה
ברוקלין

ידידי וו״ח אי״א הרב מוה״ר יהודה צבי שי׳

שלום וברכה!

במענה על מכתבו מי״ז לחד״ז, בבשורה טובה על אדות התיסדות בית ספר לילדות, נהניתי במאד, ובטח יעמדו בקשר עם ה„מרכז לעניני חינוך״, והשי״ת יהי׳ בעזרם בגשמיות וברוחניות.

נהניתי במאד מה שפרחי מחנה ישראל לקחו עצמם לסדר מסבות

ב׳תקלו

נעתקה מהעתק המזכירות.

מוה״ר אלי׳: **סימפסאן. אגרות נוספות אליו — לעיל ח״ו א׳תשסח, ובהנסמן בהערות שם.**

הועד . . חסידים: **הנ״ל אגרת ב׳תקכט, ובהנסמן בהערות שם.**

ב׳תקלז

נעתקה מצילום האגרת. לתוכנה ראה לקמן אגרת ב׳תרסא.

מוה״ר יהודה צבי: **פאגלמאן. אגרות נוספות אליו — לעיל ב׳קנט, ובהנסמן בהערות שם.**

תמ אגרות־קודש (ב׳תקלז)

שבת, ובטח מתחזקים גם בעניני תעמולה להרבות תלמידים להישיבה ותלמידות לבית הספר לילדות, והשי״ת יהי׳ בעזרם כי ישקדו בלימוד ובהנהגה דיראת שמים ולרגלם יתברכו הוריהם יחיו בגשמיות וברוחניות.

יהא השי״ת בעזרם שיצליחו בעבודה ויתגדל ויתרחב גבולם בתלמידים בעלי כשרונות ומקבלי הנהגה דיר״ש.

בשם כ״ק אדמו״ר שליט״א
מזכיר

ח. ליבערמאן

ב׳תקלח

ב״ה כ״ו מרחשון תש״ה
ברוקלין

אל הנכבד אי״א מו״ה אלי׳ ארי׳ שי׳

שלום וברכה!

במענה על מכתבו, נהניתי לקרא את מכתבו בפעולותיו הטובות בחיזוק היהדות, והנני נהנה לשמוע אשר מוכן הנהו, בעזה״י, לתת ולמסור עצמו לעבודת חיזוק היהדות, ועבודה זו היא היא מצות צדקה ברוחניות, הגדולה יותר מצדקה במעות, ובמצות צדקה הנה עניי עירך קודמין וכהיום עלינו למסור נפשינו בעבודה גדולה בחינוך הכשר, כי מפי עוללים ויונקים יסדת עוז כתיב, כי כל עניני היהדות בשמירת השבת, טהרת המשפחה וכשרות תלויים אך ורק בחינוך הכשר כי הילדים והילדות אשר יתחנכו, בעזה״י, בחינוך הכשר, הן המה יפעלו בעזה״י גם בבתי הוריהם בהטבת המצב הדתי. מובן הדבר אשר בודאי צריכים להשתתף בכל החברות העוסקות בעניני טהרת המשפחה ובעניני שמירת שבת ועוד ועוד, אבל עבודה יסודית היא העבודה בתעמולה דבר החינוך הכשר, ובכל מצוה יש עשה ול״ת וגם בחינוך

ב׳תקלח

נעתקה מהעתק המזכירות [א׳יג].

מו״ה אלי׳ ארי׳: וויינבערגער.

אדמו"ר מוהריי"צ נ"ע | תמא

הכשר יש עשה ול"ת, הל"ת היא להציל את הילדים מבתי הספר הטריפה אשר המורים והמורות שם הם מחללי שבת ישראל, והעשה היא להכניסם להת"ת הכשרות, והשי"ת יהי' בעזרו בגשמיות וברוחניות.

בשם כ"ק אדמו"ר שליט"א
מזכיר.

ב'תקלט

ב"ה כ"ו מרחשון תש"ה
ברוקלין

אל ועד מגיני ומרחיבי החינוך הכשר
ונשיאו וסגניו בראשם
ה' עליהם יחיו

שלום וברכה!

בנועם קראתי את ההרצאה אדות העבודה הקדושה והכבירה של חברי הועד מגיני ומרחיבי החנוך הכשר, המדריכים הנכבדים והמדריכות הנכבדות, ה' עליהם יחיו.

לא אפונה אשר בני ובנות ישראל סבא, המדריכים הנכבדים והמדריכות הנכבדות יחיו יודעים להעריך את עוצם גודל עבודתם הכי גדולה ונעלית להחיות אביוני ילדים וילדות אשר ממעי יהודה יצאו ואינם יודעים את תורת עמם ודברי ימי הורי הוריהם אשר כמה אלפים ורבבות ילדי וילדות עמנו מסרו את נפשם בעד אלקינו דתינו ותורתינו, ואתם המדריכים הנכבדים והמדריכות הנכבדות לקחתם על שכמכם העבודה הקדושה להחיות את העולות תמימות באש זרה בטל של תחי' ב"של"ה" – שעה למוד הדת – פעם בשבוע.

תלא כל עט סופר לתאר את עוצם גודל מעלת העבודה הקדושה הלזו, אתם בעבודתכם זו מעוררים בלבות הילדים התמימים והילדות

ב'תקלט
נעתקה מהעתק המזכירות [אלז].

א ג ר ו ת ־ ק ו ד ש (ב׳תקלט)

התמימות את נקודת היהדות, אתם בעבודתכם הקדושה הלזו גוללים מעליהם את חרפת שקוצי מצרים ומגלים בהם רגשי דת, וכל עט סופר תלאה מלתאר אותה הנחת־רוח של נשמת הורי הוריהם של הילדים והילדות אשר בשמותם יקראו בהודע להם כי בני בניהם מתעוררים ברגש דתי, וה"של"ה" – שעה למודי הדת – היא הזכרת נשמות הכי יקרה להורי הוריהם, זכרונם לברכה, של – יבדלו לחיים – הילדים והילדות המחונכים ב"של"ה".

ובזה הנני בברכתי לידידי עוז התלמיד הנכבד והכי נעלה העסקן החרוץ ובעל פעולות כבירות בחנוך הכשר וו"ח אי"א מוה"ר יצחק צבי שי' הכהן פעלדמאן נשיא ועד מגיני ומרחיבי החנוך הכשר ולסגניו הנכבדים יחיו, ובבקשתי למסור את ברכתי לחברי וחברות הועד, אל המדריכים הנכבדים ואל המדריכות הנכבדות יחיו, כי ישפיע להם השי"ת שפעת חיים וברכה מרובה מנפש ועד בשר.

פועל ידם ירצה השי"ת ויצליחם בכל אשר יפנו לטובה ולברכה בהרחבת החנוך הכשר, וכל אחד מהמדריכים הנכבדים וכל אחת מהמדריכות הנכבדות יעשו תעמולה נמרצה בין מכריהם ומכרותיהן להתאחד בועד מגיני ומרחיבי החנוך הכשר לעבוד עבודה בצבא אלקי ישראל להחיות ילדי וילדות ישראל בטל של תחי' ברגשי דת, וברוכים יהיו בגשם וברוח.

ידידם הדורש שלומם ומברכם.

ב׳תקמ

ב"ה כ"ו מרחשון תש"ה
ברוקלין

אל "מרכז לעניני חנוך"

שלום וברכה!

בזה הנני מצרף את מכתבי ל"ועד מגיני ומרחיבי החנוך הכשר"

מוה"ר . . פעלדמאן נשיא ועד: ראה לעיל אגרות ב׳דש. ב׳תקלד, ובהנסמן בהערות שם.

ב׳תקמ

נעתקה מהעתק המזכירות [א׳לח].
מכתבי: שלפנ"ז.

אשר על יד ה„מרכז לעניני חנוך״, במענה על הרצאת ידידי עוז נשיא הועד.

אתענין לדעת שמות בתי הספר שמשם לוקחים את הילדים והילדות יחיו, של המדריך, המדריכה יחיו ובאיזה מקום הם לומדים בשעה של למודי הדת.

בשם כ״ק אדמו״ר שליט״א
מזכיר.

ב׳תקמא

ב״ה כ״ו מרחשון תש״ה
ברוקלין

אל ועד המסדר לימוד חסידות והתועדות החסידים על
יד אגודת חסידי חב״ד בארצה״ב וקאנאדא
ה׳ עליהם יחיו

שלום וברכה!

במענה על שאלתם אדות סידור סעודת י״ט כסלו בבתי כנסיות נוסח האריז״ל בודאי נכון הדבר לסדר בכל בתי הכנסיות בנויארק וכן בערי השדה לבא עמהם בכתובים וכן להודיע ע״י מכה״ע לכל בתי הכנסיות נוסח האריז״ל בנדון זה, ובמאמר מיוחד לבאר גודל הענין ולעורר גם את היחידים מגזע אנ״ש המתפללים בבתי כנסיות אחרים אשר יואילו לבא להשתתף בסעודת מצוה וזכרון אבותינו רבותינו הקדושים זצוקללה״ה נבג״ם זי״ע.

הנני שולח המחאה ע״ס חמשים שקל לצרכי הוצאות קטנות לועד המסדר לימוד חסידות והתועדות חסידים.

בשם כ״ק אדמו״ר שליט״א
מזכיר.

ב׳תקמא

נעתקה מהעתק המזכירות [א׳מא].

ועד המסדר: **ראה לעיל אגרת ב׳תקכט.**

לבא עמהם בכתובים: **על המכתב ששלחו והתוצאות — ראה קובץ ליובאוויטש גליון 6 ע׳ 9.**

ב׳תקמב

צו חסידי חב״ד און גזע חב״ד אין דער גאנצער וועלט:

צו דיזען י״ט כסלו, 146־טער חג הגאולה, ראש השנה פון חסידות חב״ד, ווינש איך אייך, אייערע קינדער און פאמיליעס, און דעם גאנצען כלל ישראל, א כתיבה וחתימה טובה אין חסידות־לערנען און אפהיטען די חסידישע מדות פון אהבת ישראל און די פארשטארקונג פון תורה און אידישקייט, מיט גוטע פרנסה בגשמיות וברוחניות.

לאלתר לתשובה לאלתר לגאולה,

יוסף יצחק

ב׳תקמג

ב״ה י״ט כסלו תש״ה
ברוקלין

ידידי עוז הרה״ג וו״ח אי״א
מוה״ר מנחם מענדיל שי׳ הכהן

שלום וברכה!

במענה על כתבו, נהניתי לשמוע אשר השי״ת הזמין להם דירה טובה ומרווחת, והנני שולח להם את ברכתי אשר הדירה החדשה תהי׳ למזל טוב ולהצלחה לו ולזוגתו ולבנם יחיו בכל הפרטים והעניינים בגשמיות וברוחניות.

שמחתי לשמוע מעבודתו הק׳ בלימוד החסידות כפי אשר מסרתי על ידו, והנני מבקשו לכתוב לי בפרטיות יותר במהות הלומדים יחיו, זמני הלימוד ומה לומדים.

ב׳תקמב

נדפסה בקובץ ליובאוויטש גליון 6 ע׳ 2, ובכמה עתונים, גם בתרגום אנגלי.

ב׳תקמג

נדפסה בס׳ התולדות ח״ד ע׳ 310, והושלמה והוגהה ע״פ צילום האגרת.

מוה״ר . . הכהן: פלדמן. אגרות נוספות אליו — לעיל ח״ז א׳תתקכו, ובהנסמן בהערות שם. לקמן ב׳תקסז. ב׳תרי. ב׳תרצא.

בטח זוכר ידידי עוז יקירי את אשר דברתי אתו עמו כי הנני מוצא לנחוץ וגם למוכרח לסדר התועדות מגזע אנ״ש אלו המכירים רק את השפה האנגלית ולשוחח עמהם בעניני חסידי חב״ד, פארטראגען אויף דעם יסוד וואס איז חסידות בכלל און חסידות חב״ד בפרט, און די ערקלערונגען זאלען זיין צו גענגליך זיי זאלען דאס בעגרייפען, ואז דברנו בזה אשר יתבונן בזה ויציע לי הצעה איך לסדר הדבר ובינתים – ל״ע ול״ע – נחליתי, ועתה כאשר השי״ת בחסדו חסד חנם שמע את תפלותיהם של ידידי עוז, ה׳ עליהם יחיו, וימלא את ברכותיהם להקימני בשעה טובה ומוצלחת בשביל מילוי עבודתי בהרבצת תורה ביראת שמים, גליא ודא״ח, והתעוררות טובה בתקון המדות ע״פ התורה באהבת ישראל, ובפרט ע״פ תורת החסידות, הנה צריכים לייקר את הזמן ולהתיישב איך לסדר – בעזה״י – דבר זה.

בדבר פרנסתו אל ידאג כלל כי השי״ת יזמין לו את הדרוש לו במילואו ובהצלחה בגשמיות וברוחניות.

ידידו הדו״ש ומברכם

יוסף יצחק

ב׳תקמד

ב״ה י״ט כסלו תש״ה
ברוקלין

ידידי הנכבד והנעלה וו״ח אי״א
מו״ה אברהם אבא שי׳ הכהן

שלום וברכה!

אייער טיעף הארציגע ברכת רפואה שלמה, דורך מיין איידים הרה״ג הרה״ח מוה״ר מנחם מענדיל שליט״א האב איך מיט גרויס

לסדר התועדות . . האנגלית: **ראה גם לקמן אגרות ב׳תקסז. ב׳תקעו. ב׳תרצא.**

ב׳תקמד

נעתקה מהעתק המזכירות [א׳ע].

מו״ה אברהם אבא: **העלדערמאן.**

תמו אגרות־קודש (ב׳תקמד)

שמחה ערהאלטען, אז איין איד בענטשט דעם צווייטען אידען איז השי״ת כביכול זייער צופרידען פון דער מצוה אהבת ישראל, ווי א טאטע איז צופרידען און האט גרויס נחת ווען די קינדער לעבען באהבה ובאחווה, דער יתרון המעלה פון א כהן איז וואס השי״ת גיט זיי דעם הייליגען כח אז זייער ברכה איז בדרך ציווי.

כהנים מאכען א ברכה אשר קדשנו במצותיו וצונו לברך את עמו ישראל באהבה, השי״ת האט די כהנים געהייליגט אז זיי זאלען בענטשען די געטליכע קינדער – דעם עם ישראל – מיט ליעבשאפט, א דאפלטע ליעבשאפט, די ברכה פון די כהנים איז מיט א ברכה און אז צווישן די געבענטשטע זאל זיין אהבה ואחוה.

כהנים מיט דעם געטליכען כח זאגען יברכך, יאר, ישא, מיט א טאן פון ציווי, ווייל אזוי הייסט זיי השי״ת און דערפאר זאגט השי״ת ואני אברכם, ער ב״ה אליין בענטשט די כהנים.

השי״ת זאל אייך אויפריכטען אייער הארץ, איר זאלט זיי[ן] געזונט און האבען נחת אין אייער זון שי׳, האבען גוטע פרנסה, קענען טאן פאר תורה און אידישקייט, וואס דאס איז די אמת׳ע עלי׳ פאר דער נשמה פון אייער זון.

הדו״ש ומברכו.

ב׳תקמד*

ב״ה י״ט כסלו תשי״ה
ברוקלין

ידידי הנכבד והנעלה, משכיל על דבר טוב, אוהב מישרים
מר יוליוס שי׳ סטולמאן

שלום וברכה!

אייער שרייבען האב איך ערהאלטען, איך לויב השי״ת וואס איר

ב׳תקמד*

נעתקה מהעתק המזכירות [א׳עט].

ידידי . . סטולמאן: אגרות נוספות אליו — לעיל ב׳שג, ובהנסמן בהערות שם.

האט געפיהלט דאס וואס איך האב געפיהלט, וואס א פאראייניגטער געפיהל – התאחדות ההרגש – איז נאר רוחניות וואס איז אומבעשרייבליך אין ווערטער און אומבעגרעניצט אין די באגריפען פון ארט און צייט. השי״ת זאל אונז בעגליקען צו ערפיעלען אונזער נשמה־שליחות צו שטארקען תורה־וויסענשאפט און אידישקייט אויף דער וועלט. איך בין זיכער אין אייער נשמה־געפיהל אז איר בעגרייפט דאס וואס איז העכער פון רעגעלען פארשטאנד – שכל אנושי –, אלעס וואס מיר פארמאגען – און מיר פארמאגען געלויבט השם יתברך גאר פיעל – בעדארפען מיר אויסנוצען נאר צוליעב אונזער הייליגען תורה און אידישקייט צוועק.

איך ווינש אייך, ליעב[ע]ר פריינד און אייער ווערטע פרוי און קינדער יחיו, געזונט און אלעס גוטעס מיט פיעל גליק.

ידידו הדורש שלומם ומברכם.

ב׳תקמה

ב״ה י״ט כסלו תש״ה
ברוקלין

ידידי הנכבד והכי נעלה מר . . .

שלום וברכה!

יעדער מענש האט א געטליכע נשמה־אויפגאבע וועלכע ער בעדארף דורכפירען אין לעבען. אמאל איז די דאזיגע געטליכע נשמה אויפגאבע אין קערפערליך איינגענאמע בעדינגונגען, און אמאל איז די געטליכע נשמה אויפגאבע גראדע אין זייער שווערע קערפערליכע בעדינגונגען.

אייך, ליעבער פריינד מר . . . איז נעבעך אויסגעקומען דורכצופירען די אייך איבערגעגעבענע געטליכע נשמה־שליחות פון הייליגען ג־ט ברוך הוא׳ס נאמען, לייגען תפילין און רייזען ווענגן אידישקייט, אין

ב׳תקמה
נעתקה מהעתק המזכירות [א׳פ]. לתוכנה ראה לעיל אגרת ב׳קפו. לקמן ב׳תרב.

גאר גאר שווערע קערפערליכע באדינגונגען און אין א אפגעפרעמדטער אידישער געזעלשאפט, וואס עס האט פארשאפט פיעל צער, אבער געלויבט השי״ת איר, טייערער פריינד מר . . . האט – מיט ג־ט׳ס הילף, דורכגעפירט אייער געטליכע נשמה־אויפגאבע זייער זייער גוט.

אונזער האכגעשעצער ליעבער פריינד, מר. אלכסנדר שי׳ קאוועץ האט מיך – דורך מיין האכגעשעצטען איידים רבי שניאורסאן שי׳ – דערפרייט מיט דער בשורה טובה אז השי״ת האט אנגענומען אונזערע תפלות און איר זייט בעפרייט. איך האב געלויבט ג־ט ברוך הוא פאר דעם, אבער לײדער בין איך דאן – ניט איצטער געדאכט – געוועזן צו שוואך אין געזונט צו ריידען.

איך שיק אייך, ליעבער פריינד, מר . . . און אייער ווערטע פרוי תחי׳ מיין מזל טוב פאר אייער בעפרייאונג און מיין ברכה אז איר ליעבער פריינד און אייער ווערטע פרוי זאלט זיין בעגליקט אין אלעס.

איך בין העכסט גליקליך פון אייער ביידינס בעשלוס צו פירען א אידישע הויז. השם יתברך זאל אייך ביידען געבען ברכה והצלחה בגשמיות וברוחניות.

הדורש שלומם ומברכם.

ב׳תקמו

ב״ה י״ט כסלו תש״ה
ברוקלין

ידידי הנכבד אי״א מו״ה אלכסנדר שי׳

שלום וברכה!

ברוך השם וואס ער ב״ה האט מיך מיט זיין גרויס חסד – דורך די תפלות און בקשות פון די גוטע פריינד, ה׳ עליהם יחיו – אויפגעהויבען, אין א גוטער גליקליכער תורה ועבודה שעה, פון קראנקען־בעט, וואו

ב׳תקמו

נעתקה מהעתק המזכירות [א׳פא].

מו״ה אלכסנדר: כהן. אגרות נוספות אליו — לעיל ב׳קפו, ובהנסמן בהערות שם.

איך בין – ניט איצט געדאכט – געלעגען ארום דריי וואכן אין יסורים גדולים, השי״ת זאל ממלא זיין די בקשות פון די גוטע פריינד און שיקען מיר א רפואה שלמה און געבען מיר כח און הצלחה אין מיין תורה ועבודה אהבת ישראל נשמה שליחות ארבעט.

אייערע ברכות און גרוסען, טייערער פריינד מר. קאוועז, דורך מיין איידים הרה״ג והחסיד רבי שניאורסאהן שליט״א, האב איך מיט גרויס באגער ערהאלטען, אויף יעדע ברכה און רפואה וואונש וואס מען האט מיר איבערגעגעבען פון מיינע פריינד האב איך געענטפערט אמן, ווארום עס איז באמת א גרויסער שאד אידישער געזונט און צייט אויף זיין ניט געזונט. אידען האבען גרויסע געטליכע נשמה שליחות׳ן וואס זיי בעדארפען ברייפען און בעלייכטען די וועלט מיט תורה ביראת שמים און מדות טובות על פי התורה באהבת ישראל.

איך ווינש אייך און אייער ווערטע פרוי תחי׳ און אייערע ליעבע קינדער מיט זייערע פאמיליעס יחיו אלעס בעסטע בגשמיות וברוחניות.

הדו״ש ומברכם.

ב׳תקמז

ב״ה כ״ד כסלו תש״ה
ברוקלין

אל ה„מרכז לעניני חנוך״

שלום וברכה!

נהניתי מהדו״ח של ידידי עוז רנ״מ שי׳ אודות הפגישה עם ב״כ המדינות ואדות ההתראות הפרטית עם ב״כ קאלאמביא ובמדה האפשרית צריכים להביא אל הפועל כל מה שאפשר וביחוד להתדבר עם ב״כ קאלאמביא ולעשות כל מה שאפשר במרץ הראוי, והשי״ת יהי׳ בעזרם בגשמיות וברוחניות.

בשם כ״ק אדמו״ר שליט״א
מזכיר.

ב׳תקמז

נעתקה מהעתק המזכירות [א׳קמז].

רנ״מ: ר׳ ניסן מינדל.

ב'תקמח

ב"ה כ"ד כסלו תש"ה
ברוקלין

אל ידידינו אנ"ש ומחבבי הרבצת תורה ביראת שמים
והחזקת היהדות, די בכל אתר ואתר
ה' עליהם יחיו

שלום וברכה!

בזה הנני להודות ולהלל לאל הטוב על חסדו הגדול אשר עשה עמדי, בזכות הוד כ"ק אבותי רבותינו הק' זצוקללה"ה נבג"ם זי"ע, לקבל את תפלות ידידיי אנ"ש ולמלאות את בקשותיהם ואת ברכותיהם בברכות רפואה, להקימני – בשעה טובה ומוצלחת – מחליי אשר חליתי ביסורים גדולים ר"ל במשך כשלשה שבועות, הוא ית' יחוס וירחם ויחזקני ויאמצני ויזכני לשוב לעבודתי הק' בהרבצת תורה, נגלה ודא"ח, ולהתעסק בהחזקת היהדות באהבת ישראל ובדרכי החסידות. ולזכות להיות מן המועילים ומשפיעים רב טוב בגשם וברוח לכל אחב"י, ה' עליהם יחיו.

בימי חליי – ל"ע ול"ע – קראתי אל ה' ממעמקי לבבי הנשבר, כי יאיר פניו אל ידידיי אנ"ש ומחבבי הרבצת תורה ביראת שמים וחנוך הכשר, לעורר את לבבם בהתעוררות לעבודה ופועל בהחזקת מרכז ישיבות תומכי-תמימים ליובאוויטש, המאור הגדול באור תורה ויראת שמים, אשר בזכות מייסד הישיבה ונשיאה הקדוש, הגאון האלקי צדיק יסוד עולם הוד כ"ק אאמו"ר הרה"ק, הנושא רנה ותפלה לאלקי מרום תמיד יומם ולילה לא ינוח ולא ישקוט מלעורר רחמי שמים, כי המוסד הקדוש הזה, פועל ידי קדשו בעלמא דין ואורו וזיוו מגיע עד רום שמי שמים בהיכלי אבות קדושים נשיאי חב"ד במתיבתא דרקיע, יצליח בפעולותיו הכבירות לחרות על לוח לב אלפי תלמידיו תורה ביראת שמים והנהגה במדות טובות ואשר מחזיקיו יתברכו בברכה משולשת בבני חיי ומזוני רויחא.

ב'תקמח

נדפסה בשעתה בגליון בפ"ע. תומכי תמימים ע' שמג. והוגהה ע"פ העתק המזכירות [א'קץ]. וראה גם לקמן אגרות ב'תקנח-ט. ב'תקעה.

בעת אשר – ל״ע – גברו מכאובי, הרגעתי ונחמתי עצמי כי בחסדו ית׳ הנה בעזרת ידידיי אנ״ש ומחבבי תורה ביראת שמים אוכל להרחיב את חוג פעולת מרכז ישיבות תומכי תמימים ליובאוויטש ולמלאות בעזרתו ית׳ אותן הדרישות הצודקות לפתוח ישיבות אחי תמימים ליובאוויטש בערים שונות להחיות את ילדיהם באור תורה תמימה משיבת נפש ישראל סבא.

ועתה, אף כי עדיין חלוש הנני – יחזקני השי״ת בתוך שאר חעב״י שי׳ הצריכים רפואה בגשמיות וברוחניות – אבל ת״ל הטוב ירדתי ממטת החולי, הנני שב – בשעה טובה ומוצלחת – למשמרת עבודתי בהרבצת תורה ביראת שמים, והנני פונה אל ידידינו אנ״ש ומחבבי תורה ומצות ולכל קהל ישראל לאמר:

לא לבד אחינו ואחיותינו, בניכם ובנותיכם הנמצאים במערכות המלחמה, באויר בים וביבשה, צריכים רחמי שמים לשמירה ולהצלחה, אלא אנחנו כולנו עם בני ביתינו, עוללינו וטפינו, צריכים רחמים גדולים בשמירה מעולה מאויבינו פלילים האורבים לנפשותיהם גויותיהם ורכושם של ישראל גם במדינה זו וההגנה וההצלה היא אך ורק בשמירת התורה.

ובכן, הנני פונה בזה בדרישתי הכי חזקה להשתתף אתי עמי בהחזקת מרכז ישיבות תומכי־תמימים ליובאוויטש, לעורר רחמי שמים להגן על אחינו ואחיותינו במערכות המלחמה, ובעדינו ובני ביתינו בכל מקומות מושבותינו.

כל החי בקהל עדת ישראל, בין איש ובין אשה, בלי הבדל מעמד ושאיפה יתן ידו למרכז ישיבות תומכי תמימים ליובאוויטש שהוא כוס של ברכה בגשמיות וברוחניות.

ואני תפלתי כי יעיר השי״ת את לבבם לשמוע לדרישתי האמורה לחזק את מרכז ישיבות תומכי תמימים ליובאוויטש להנצל מכל פגע רע ולהתברך בכל טוב בגשמיות וברוחניות.

והנני ידידם עוז הדו״ש ומברכם

יוסף יצחק

ב'תקמט

ב"ה א' דחנוכה תש"ה
ברוקלין

שלום וברכה!

הנני נותן שבח והודי' להשי"ת בעד חסדו הטוב, אשר, בזכות אבותי הק' זצוקללה"ה נבג"ם זי"ע, קבל את תפלות ידידי עוז ומילא את בקשותיהם ואת ברכותיהם להקימני מחליי, ואף כי עדיין חלוש הנני – יחזקני השי"ת בתוך כל חולי עמב"י שי' הצריכים רפואה בגשמיות וברוחניות – הנני יכול ת"ל לאחוז בעטי לבא בכתובים עם ידידי עוז צמודי לבבי לעורר ולהתחנן אליהם שיהי' נא מטובם וחסדם האמיתי לתת לי את האפשרות, בעזרתו ית', לקיים את מטרת שליחות נשמתי להרביץ תורה ביראת שמים, לעורר על לימוד דא"ח ולהתחזקות ללכת בדרכי החסידות והחסידים ולהיות מן המועילים והמשפיעים רוב טוב באהבת ישראל בגשמיות וברוחניות לכל ישראל אחינו בכל מקום שהם.

נהניתי לשמוע אשר עלה בידם לשלוח חמשת אלפים שקלים למרכז ישיבות תומכי תמימים ליובאוויטש, אשר היו למחי' – אם רק לפי שעה – להספקת כלכלת הישיבות אשר הוצאתן עולה כבר לשבעת אלפים שקלים לשבוע.

ובקשתי הנמרצה ודרישתי הכי חזקה מידידיי עוז ומכל חברי ומנהיגי המגבית להמשיך את הקאמפעין בכל תוקף עוז, להוציאו מחוג המצומצם ולפרסם את המגבית בתור מגבית עירונית בתבנית רחבה, לא פחות מסך שבעים וחמשה אלפים שקלים, בכדי להביא ברכה מרובה להצלחת המוסדות הק' תומכי תמימים יצ"ו אשר לעומת הפרחתם והצלחתם ברוחניות, הנה מצבם הגשמי דחוק מאד מאד, וזה גורם לי עגמ"נ רבה.

כן אבקשו להשתדל שיקנו הבנין עבור ישיבת אחי תמימים ליובאוויטש בשיקאגא בהקדם האפשרי, ואקוה שבעזה"י עי"ז יתרבו התלמידים ויתגדל ויתרחב המוסד הזה לגאון ולתפארת בגשמיות וברוחניות.

ב'תקמט

נעתקה מהעתק המזכירות. אגרות דומות נשלחו לכמה מראשי עדת חב"ד בשיקגו.

בטוח אני בידידותו של ידידי עוז וידידיי אנ״ש דמחנם הט׳ שישתדלו בכל האפשרות להמשיך את המגבית בכל תקפה ולהביאה לידי תוצאות רצויות בעזה״י למען הצלת והחזקת הישיבות הק׳ תומכי תמימים יצ״ו.

בטח ידידי עוז קרא את מכתבי הגלוי על שם ידידי עוז אהוב נפשי, תלמידי יקירי בעל כשרון מצוין ובעל פעולות כבירות בהרבצת תורה ויראת שמים מחנך ומדריך נפלא, בעל מדות טובות, וו״ח אי״א הרב מוה״ר יוסף שי׳ וויינבערג, אשר מלאתי את ידו בתור מנהל ישיבת אחי תמימים ליובאוויטש בעי״ת שיקאגא יע״א והנני מבקש את ידידי עוז לחזקו ולאמצו בגשם וברוח, אשר יוכל, בעזרתו ית׳, למלאות את חובתו כפי שהעמסתי עליו.

יחזק השי״ת את בריאותו ויצליח לו בעניניו בגשמיות וברוחניות.

ידידו הדו״ש ומברכו

יוסף יצחק

ב׳תקנ

ב״ה א׳ דחנוכה תש״ה
ברוקלין

שלום וברכה!

א דאנק השי״ת פאר זיין חסד, וואס בזכות פון מיינע הייליגע עלטערן האט מיך השי״ת אויפגעהויבן פון קראנקען בעט, און איך קען זיך ווייטער צוביסלעך אפגעבן מיט מיין הייליגער ארבעט אין הרבצת תורה תמימה, וועלכע איז מיין לעבנס אויפגאבע.

עס האט מיך זעהר געפרייט צו הערן אז עס איז אייך געלונגען אפצושיקן, אויפן חשבון פון קאמפעין אין אייער שטאט, 5000 דאללאר צום מרכז הישיבות תומכי תמימים ליובאוויטש, וועלכער נויטיגט זיך לעצטענס זייער שטארק אין פינאנציעלער הילף, און איך דאנק אייך זייער דערפאר.

ב׳תקנ

נעתקה מהעתק המזכירות. אגרות דומות נשלחו לכמה מראשי עדת חב״ד בשיקגו.

איך ווענדע זיך צו אייך, כבוד ידידי שי', און צו אייער ווערטער פרוי תחי', ווי אויך צו אלע אנפיהרער פון דעם קאמפעין אז איר זאלט פארטזעצען אייער וויכטיגע החזקת התורה ארבעט און זעהען צו ענטוויקלען דעם קאמפעין אלס א שטאטישן ברייט פארצווייגטען דרייוו ווי מיר האבן גערעט וועגן א קוואטא פון 75 טויזנט דאללאר.

איך בין זיכער אין ג־ט'ס ב"ה הילף אז ווען איר אלע וועט זיך איבערגעבן צו דער הייליקער קאמפעין ארבעט וועט עס זיין מיט גרויס ערפאלג, ידידי היקר, טוט לטובת די רעטונג און אויסהאלטונג פון מיינע הייליגע ישיבות וועלכע געפינען זיך איין א עמוירדזשענסי לאגע.

איך בעט אויך אייך און אייער ווערטער פרוי משתדל צו זיין זיך אז מען זאל קויפן דעם נייעם בילדונג פאר דער ישיבה אחי תמימים ליובאוויטש אין שיקאגא וואס פריער, ווייל איך האף אז דורך דעם וועט זיך פיעל פארגרעסערן די צאל תלמידים, כ"י, און דער מוסד וועט זיך ענטוויקלען לגאון ולתפארת בגשמיות וברוחניות.

איך האף אז איר וועט אלעס טאן לטובת מיינע הייליגע ישיבות און איך ווינש אייךביידען פיעל נחת פון אייער קינדער יחיו. אייערע קינדער יחיו זאלן זיין געהיט און געשיצט און קומען געזונטע א היים.

זיכער האט איר גלעייענט מיין בריעף לידידי עוז אהוב נפשי, תלמידי יקירי, בעל כשרון מצוין ובעל פעולות כבירות בהרבצת תורה ויראת שמים, מחנך ומדריך נפלא, בעל מדות טובות, וו"ח אי"א הרב מוה"ר יוסף שי' וויינבערג, אשר מלאתי את ידו בתור מנהל ישיבת אחי תמימים ליובאוויטש בעי"ת שיקאגא יע"א, איך בעט אייך ידידי היקר צו מקרב זיין אים און שטארקען אז ער זאל קענען דערפילען די אויפגאבע וואס איך האב אויף אים ארויפגעלייגט, איך בין זיכער אין אייער חכמה און טאקט אז איר וועט טאן אלעס מעגליכע צו דערפילן מיינע בקשות.

ידידו הדו"ש.

ב׳תקנא

ב״ה א׳ דחנוכה תש״ה
ברוקלין

ידידי עוז הרב הנכבד, אהוב נפשי, בעל כשרון מצוין ובעל פעולות כבירות בהרבצת תורה ביראת שמים מחנך ומדריך נפלא, בעל מדות טובות וו״ח אי״א מוה״ר יוסף שי׳ וויינבערג

שלום וברכה!

כתבתי לידידנו היקרים והכי נעלים, ה׳ עליהם יחיו, ודרשתי כי יתנו וימסרו עצמם לעבודת הקדש בהמגבית לטובת מרכז תת״ל, כפי הקוואטא אשר בקשתי מאתם בהיותם פה בסך 75 אלפים שקלים, ובזה הנני לבקשו כי יכניס עצמו לעורר את העסקנים וחברי הועד, ובכחו הגדול אשר חננו השי״ת בכשרון ההטפה ידבר ברבים לעוררם על אודות המגבית ועל אודות הישיבה אחי תמימים ליובאוויטש בעי״ת שיקאגא יע״א, והשי״ת יהי׳ בעזרו ויצליחו בעבודתו הקדושה בגשמיות וברוחניות.

ידידו הדו״ש ומברכו.

ב׳תקנב

ב״ה נר ב׳ דחנוכה תש״ה

צו דער התועדות פון דעם **ועד מגיני ומרחיבי החנוך הכשר** אשר על ידי „מרכז לעניני חינוך״

ועידה נכבדה:

איר חברים און חברות פון ועד מגיני ומרחיבי חנוך הכשר, איר

ב׳תקנא

נעתקה מהעתק המזכירות [א׳שנג].

ידידי . . וויינבערג: אגרות נוספות אליו — לעיל ב׳שב, ובהנסמן בהערות שם.

בהיותם פה: ראה לעיל אגרות ב׳תקיח־כד.

ב׳תקנב

חלקה נדפסה בקובץ ליובאוויטש גליון 6 ע׳ 2, והושלמה והוגהה ע״פ הנדפס בשעתה [מימיוגראף] בגליון בפ״ע. וראה לעיל אגרת ב׳דש, ובהנסמן בהערות שם.

התועדות . . הכשר: על ההתוועדות — שם ע׳ 9.

מדריכים ומדריכות, תורה ומצות יוגנט, אונזער שטאלץ, קענט זיכער בעגרייפן דעם ציור רוחני – דאס גייסטיקע בילד – פון אייער הייליגער ארבעט אין דעם ועד מגיני ומרחיבי החנוך הכשר.

אייער אידיש־מענשליכער חוב איז, אז איר בעדארפט זיך טיף פערטראכטן מיט אייער פערשטאנד, ווי אזוי צו ערפילן די געטליכע נשמה־שליחות וואס די השגחה העליונה האט אויף אייך ארויפגעלעגט: צו ראטעווען אייערע קליינע ברידערלעך און שוועסטערלעך וואס ווערן נעבעך אומשולדיג אפגעשטויסן פון דעם אידישן פאלק און ווערן איינגעשלונגען אין פרעמדע פעלקער.

קול ברמה נשמע – א שטים ווערט געהערט אין אלע הימלען – וואס פאר א שטים איז דאס? נהי בכי תמרורים – די שטים וואס ווערט געהערט אין אלע הימלען איז א פארביטערטער יאמער־קלאג, רחל מבכה על בני׳ – די מוטער רחל באקלאגט אירע קינדער וועלכע זיינען פארוואגלט אין פרעמדע לאגערן, מאנה להנחם על בני׳ – די מוטער רחל וויל זיך ניט טרייסטן מיט די אלע עקאנאמישע און קולטור אויפטואונגען און דערגרייכונגען, כי איננו – ווייל זיי ווערן אפגעפרעמדט פון דעם אידישן תורה־קוואל.

עס איז שווער אין א קורצע פאר ווערטער צו געבן די ברייטע ערקלערונג אויף דעם רחל מבכה; איך בין זיכער אז איר, חברים און חברות פון ועד מגיני ומרחיבי החנוך הכשר, זעהענדיג דעם גרויסן חורבן פון אידישן חנוך בעגרייפט זיכער דעם ביטערן יאמער־קלאג פון אונזער מוטער רחל, נאר איך וויל אויפמערקזאם מאכן אז עס איז דא א גרויסער אונטערשייד צווישן א קערפערליכן גלות און א נפש־גייסטיגן גלות.

א קערפערליכער גלות, ווי ביטער שווער עס זאל ניט זיין, פארטונקלט ער ניט די הייליגע געפילן אין דעם מענטשן, אדרבא, אפטמאל ווערן ערוואכט די אינערליכע הייליגע נשמה־געפילן; אבער דער גייסטיגער גלות פארשוועכט די נשמה געפילן און פארגרעבט די הייליג־אידישע געפילן ביז ער ברענגט דעם אידישן קינד אין א פרעמדן לאגער.

אין דעם טרייסט־ווארט וואס ג־ט ב״ה טרייסט אונזער מוטער רחל זיינען פאראן צוויי אויסשפראכן: ושבו מארץ אויב, ושבו בנים לגבולם. עס מיינט צו זאגן, אז עס זיינען פאראן צוויי פרעמדע לאגערן וואו די גלות קינדער געפינען זיך:

איין לאגער איז „ארץ אויב״ – די טריפה תלמוד־תורה׳ס און טריפה חנוך אנשטאלטן; דער צווייטער לאגער איז וואס איז מחוץ לגבול ישראל, די אלגעמיינע פאבליק סקולס און קאלעדזשעס, וואס דאס איז ניט קיין „ארץ אויב״ פון די שונאי וצוררי דת ישראל. זיי – די מחוץ לגבול ישראל – האבן קיין אינטערעס אפצורייסן די קינדער פון אידישן פאלק, נאר דער אלגעמיינער פאסיווער אינטערעס צו רעליגיע ווירקט שלעכט אויף די שילער און שילערינס.

אייער – חברים און חברות פון ועד מגיני ומרחיבי החנוך הכשר – געטליכע נשמה־שליחות אויף דער ערדישער וועלט איז צו ראטעווען די גלות־קינדער פון די „ארץ אויב׳ס״ לאגערן, און צו באלעבן מיט א רעליגיעזן געפיל אט די קינדער וועלכע זיינען מחוץ לגבול ישראל לאגער.

אין ספרים שטייט, אז פון יעדן תורה־ווארט ווי אויך פון א ברכה־ווארט, ווערט באשאפן א מלאך.

אין פארלויף פון דער צייט וואס איך האב געגרינדעט – מיט ג־ט׳ס הילף – דעם ועד מגיני ומרחיבי החנוך הכשר, האבן די חברים און חברות פון דעם ועד געלערנט בערך מיט א געזאמעלטער צאל פון 75־80 טויזנט אידישע קינדער. שטעלט אייך פאר די גרויסע דערגרייכונגען פון אייער הייליגער ארבעט!

איר, חברים און חברות פון ועד מגיני ומרחיבי החנוך הכשר בעדארפט: א) ברענגען אייער חברים און חברות אין די רייען פון דער הייליגער ארבעט וואס דער ועד מגיני ומרחיבי החנוך הכשר טוט, און ב) אריינווארפן זיך אין דער הייליגער ארבעט און נעמען – מיט ג־ט׳ס הילף, אויף דער ערשטער צייט, א קוואטע פון 5000 קינדער א וואך.

חברים וחברות!

איך ווענדע זיך צו אייך, און דורך אייך צו דער אידישער יוגנט:

די אידישע תורה ומצות יוגנט פון ביידע געשלעכטן איז דער שטאלץ פון אונזער פאלק, דער אמת׳ער גאון יעקב.

יוגנט ערוואכט! ערפילט אייער גרויסע אויפגאבע, אייער געטליכע נשמה־שליחות אויף דעם חנוך הכשר געביט!

יוגנט! גייט אן ווייטער מיט אייער הייליגער חנוך־הכשר ארבעט,

מיט׳ן לאזונג – „ערוואכט פרומע יוגנט, און ארבעט אלע ווי איינער, מיט דער גרעסטער ענערגיע אויף דעם חנוך הכשר פראנט!״

איך בענטש אייך מיט הצלחה אין דער הייליגער ארבעט און מיט אלעס גוטעס בגשמיות ורוחניות אין אייער פריוואט לעבן.

א ספעציעלע הצלחה און שמירה ברכה צו אייערע און אונזערע ברידער און שוועסטער וועלכע זיינען אויף די שלאכט פעלדער, באויר בים וביבשה.

לאלתר לתשובה, לאלתר לגאולה

יוסף יצחק

ב׳תקנג

ב״ה ב׳ דחנוכה תש״ה
ברוקלין

אל ידידינו אנ״ש בעי״ת נוארק יע״א
ה׳ עליהם יחיו

שלום וברכה!

במענה על כתבם אשר ברכוני בברכת רפואה בשעת התועדותם בחג החגים י״ט כסלו, הנה ברכתם יקרה לי במאד ועניתי אמן, והשי״ת ימלא את ברכתם בתוך ברכת ידידי אנ״ש, ה׳ עליהם יחיו, וישיבני לאיתני שאוכל, בעזרתו ית׳, להמשיך את עבודתי בהרבצת תורה, נגלה ודא״ח, והחזקת היהדות בחינוך הכשר, ולהיות מן המועילים והמשפיעים רב טוב בגשמיות וברוחניות באהבת ישראל לכל ישראל אחינו, ה׳ עליהם יחיו, בכל מקום.

ואתם, ביתכם וזרעכם יחיו, תתברכו בכל טוב בגשמיות וברוחניות.

והנני ידידם עוז הדו״ש ומברכם.

ב׳תקנג

נעתקה מהעתק המזכירות [א׳רז].

ב׳תקנד

ב״ה כ״ו כסלו תש״ה
ברוקלין

כבוד ידידי הרב הנכבד והנעלה, המפורסם לשם תהלה,
בנשק״ע, עסקן מהולל, וו״ח אי״א מוה״ר נחום צבי שי׳

שלום וברכה!

הנני נותן שבח והודי׳ להשי״ת בעד חסדו הטוב אשר, בזכות אבותי הק׳ זצוקללה״ה נבג״ם זי״ע, קבל את תפלות ידידיי עוז, ה׳ עליהם יחיו, וימלא את בקשותיהם וברכותיהם להקימני מחליי ל״ע, ויזכני השי״ת להמשיך את עבודתי בהרבצת תורה תמימה שזהו כל מגמתי ומשאת נפשי.

הישיבות הק׳ תומכי תמימים ליובאוויטש, אשר זיכני השי״ת להעמיד במדינה זו, הן חלק מחיי ואקוה לה׳ הטוב לייסד עוד ישיבות תומכי תמימים וחדרי תורה תמימה בכל מרחבי המדינה ולעשות את מדינת אמעריקא למקום תורה ביראת שמים.

אחינו בני ישראל שבמדינה זו צריכים לדעת כי לא רק אחינו ואחיותינו בנינו ובנותינו שבמערכות המלחמה זקוקים לרחמי שמים, אלא גם אנחנו כולנו פה עם בני ביתינו עוללינו וטפינו צריכים לרחמי שמים מרובים להשמר ולהנצל בשמירה מעולה מאויבינו פלילים האורבים לנפשינו גויותינו ורכושינו ואין לנו מחסה ומגן אלא בשמירת והחזקת התורה.

ובזה הנני פונה אליו בכל לשון של בקשה ודרישה, כי יקיים הבטחתו לתת ולמסור עצמו להנהלת המגבית בעירו לטובת הצלת והחזקת הישיבות תומכי תמימים ליובאוויטש, הנמצאות כעת במצב כספי חמור למאד וזה מפריע הרבה להתפתחותן הטובה ומונע אותנו להמשיך את עבודתינו ביסוד עוד ישיבות כאלה בערים שונות הפונות אלינו בבקשה ותחנון לייסד בעריהם סניפים מישיבותינו הק׳ ולהעמיד את חנוך בניהם על בסיס נאמן ברוח ישראל סבא.

ב׳תקנד

נעתקה מהעתק המזכירות [א׳שנט]. ראה גם אגרת שלאח״ז.
מוה״ר נחום צבי: **אייכנשטיין**.

הנני מקוה אשר ימסור עצמו לעבודה הק׳ במרץ רב וישתדל בכל עוז שהמגבית בעירו תוכתר בנזר הצלחה ותביא ברכה מרובה בעזה״י בתמיכה ממשית בסכומים הגונים למרכז הישיבות תומכי תמימים ליובאוויטש.

יחזק השי״ת את בריאותו ואת בריאות ב״ב יחיו ויתן לו פרנסה טובה בהרחבה ולרגליו יתברכו קהל עדתו, ה׳ עליהם יחיו, בגשמיות וברוחניות.

הדו״ש ומברכו.

ב׳תקנה

ב״ה כ״ו כסלו תש״ה
ברוקלין

כבוד ידידי ש״ב הרה״צ, גזע תרשישים, הנודע לשם תהלה, בעל מדות תרומיות, וו״ח אי״א מוה״ר יוסף בנציון שליט״א

שלום וברכה!

הנני נותן שבח והודי׳ להשי״ת בעד חסדו הטוב אשר, בזכות אבותי הק׳ זצוקללה״ה נבג״ם זי״ע, קבל את תפלות ידידיי עוז, ה׳ עליהם יחיו, וימלא את בקשותיהם וברכותיהם להקימני מחליי ל״ע, ויזכני השי״ת להמשיך את עבודתי בהרבצת תורה תמימה שזוהי כל מגמתי ומשאת נפשי.

הישיבות הק׳ תומכי תמימים ליובאוויטש אשר זיכני השי״ת להעמיד בערים שונות באמעריקא וקאנאדא – שמספרן כבר עולה לעשרים וחמש, כ״י – הן פנסי אור תורה ויראת שמים המאירים את ערפלי חושך של עם הארצות ויאוש השוררים לדאבוננו בין שדרות עמנו בפה, ואקוה להשי״ת, כי הישיבות תומכי תמימים וחדרי תורה תמימה עם תלמידיהם היקרים אשר כל רואיהם יכירום לזרע ברך ה׳,

---

ב׳תקנה

נעתקה מהעתק המזכירות [א׳שס]. ראה גם אגרת שלפנ״ז.

מוה״ר יוסף בנציון: **רבינוביץ**.

יזהירו באור תורתם ויראתם ויעשו מדינת אמעריקא למקום תורה תמימה.

אמנם לדאבונינו ההוצאות הגדולות הכרוכות בכלכלת המוסדות הק׳ האלו העמידו את מרכז הישיבות תומכי תמימים ליובאוויטש במצב רעוע ומאד דחוק, וזה גורם הפסד רב להתפתחותן הטובה והרצוי׳ של הישיבות תומכי תמימים הקיימות כבר ומונע אותנו מלהמשיך את עבודתינו הק׳ והנשגבה ביסוד ישיבות חדשות כמו אלה בערים שונות המתחננות אלינו ומפצירות בנו לייסד בעריהם סניפים מישיבתינו הק׳, ולהעמיד את חנוך בניהם על יסוד נאמן ברוח ישראל סבא.

והנה כאשר נוסע כעת ידידי ש״ב הרה״ג והרה״ח בנשק״ע מוה״ר ישראל יוסף שליט״א שניאורסאהן מאה״ק ת״ו למחנו הט׳ לעשות מגבית כספים עבור הצלת והחזקת הישיבות הק׳ תומכי תמימים יצ״ו לזאת גודל בקשתי מכת״ר ש״ב שליט״א שיואיל בטובו לקבל את ש״ב הרה״ח הנ״ל בספ״י ולהיות לו לעזר ולעמוד לימינו ככל האפשרי, להכירו עם הנדיבים הנכבדים שבעירו וכדומה, בכדי אשר המגבית תוכתר בנזר הצלחה בסכומים הגונים כפי גודל דרישת המוסדות הק׳ תומכי תמימים ליובאוויטש.

ובגלל הדבר הזה יחזק השי״ת את בריאות ש״ב כת״ר שליט״א ובריאות ב״ב יחיו ויצליח לקהל עדת מקושריו בתוך כאחב״י שי׳ בכל הדרוש להם בגשמיות וברוחניות.

ש״ב ידידו הדו״ש ומברכם.

ב׳תקנו

ב״ה ג׳ דחנוכה תש״ה
ברוקלין

שלום וברכה!

ראשית כל אל יתרגש, ניט אויפרעגען זיך. הוד כ״ק אאמו״ר הרה״ק

ב׳תקנו

נעתקה מהעתק המזכירות [א׳רי].

זצוקללה״ה נבג״ם זי״ע אמר לי בשם הוד כ״ק אאזמו״ר האמצעי זצוקללה״ה נבג״ם זי״ע אז נערוועז אויפרעגונג איז א הארץ ווילדקייט וואס אין עבודת השם איז דאס אויך א חסרון וואס מען מוז כובש זיין און שולל זיין לגמרי, ומכש״כ סתם נערוועז התרגשות איז דאס פשוטע ווילדקייט וואס ביים מין המדבר טאר דאס ניט זיין.

הנני בטוח אשר לא יתרגש ויעמוד על עצמו בדרך עבודה להעביר את ההתרגשות הנערווין והשי״ת ישלח לו רפואה בגשם וברוח.

ועתה הנני בא אל הענין שהנני חפץ לומר לו.

קמצנות ופזרנות הם במשקל שוה בחסרונם. נתינותיו בשנה זו למעמד הן החדשי והן הזמני הנה בפזרנות ויתר על המדה הראוי׳, כשיעזרהו השי״ת להתעשר – יתן השי״ת בקרוב להצלחה בגו״ר – אז [ב]עזה״י יוסיף לברכה . . .

בשם כ״ק אדמו״ר שליט״א
מזכיר.

ב׳תקנז

[אדר״ח טבת תש״ה]

16 De 1944

RABBI HAVLIN POB 5024 JERUSALEM

REGARDING MY PROPERTY IN HEBRON SALE SHOULD BE MADE ONLY TO BENBRIS

RABBI SCHNEERSOHN

[תרגום חפשי]

16 דצמבר 1944

הרב הבלין, ירושלים

בקשר למכירת נחלתי בחברון, שתהי׳ רק לבן־ברית.

רבי שניאורסאהן

ב׳תקנז

מהעתקה. לתוכנה ראה לעיל אגרת ב׳קסח, ובהנסמן בהערות שם.

הרב הבלין: אגרות נוספות אליו — לעיל ב׳רנא, ובהנסמן בהערות שם.

ב׳ תקנח

ב״ה נר השביעי תש״ה
ברוקלין

חתני הרב רש״ג שליט״א

שלום וברכה!

בזה הנני ממלא את ידו לקרא מועצה מאת ידידינו אנ״ש שי׳, להתיישב איך לסדר בעזה״י אספת רבנים ובע״ב עסקנים שיכניסו עצמם לטובת החזקת מרכז ישיבת תומכי תמימים ליובאוויטש כפי האמור במכתבי הכללי מיום כ״ד כסלו, ולמסור דברי אלה להועידה כי דורש הנני מכל אחד ואחד עבודה בפועל בתור מעשה, ולידידי עוז הרה״ח הרש״ל שליט״א הנני כותב ביחוד כי יבאר ויסביר את מכתבי הכללי הנ״ל ואת דרישתי התקיפה מכל אחד ואחד מאנ״ש שי׳, והשי״ת יהי׳ בעזרם לתת ולמסור עצמם לעבודת הק׳ ויזכור להתברך בברכות מאליפות מרום קדש הקדשים בבני חיי ומזוני רויחי.

הדו״ש ומברכם.

ב׳ תקנט

ב״ה נר השביעי תש״ה
ברוקלין

ידידי עוז הרה״ח מוה״ר שמואל שליט״א הלוי

שלום וברכה!

הנה ביום כ״ד כסלו באתי בכתובים במכתב כללי לידידינו אנ״ש

ב׳ תקנח
נעתקה מהעתק המזכירות [א׳שעד].
חתני הרב רש״ג: אגרות נוספות אליו — לעיל ב׳שיט, ובהנסמן בהערות שם.
לקרא מועצה: נקראה לה׳ טבת. תיאורה בקובץ ליובאוויטש גליון 6 ע׳ 10.
במכתבי הכללי: לעיל ב׳תקמח.
הרש״ל: ה״ר שמואל לויטין.
כותב ביחוד: באגרת שלאח״ז.

ב׳ תקנט
נדפסה בתומכי תמימים ע׳ שמה, והוגהה ע״פ העתק המזכירות [א׳שעה]. לתוכנה ראה אגרת שלפנ״ז.
מוה״ר שמואל: לויטין. אגרות נוספות אליו — לעיל ב׳ריט, ובהנסמן בהערות שם.

תסד אגרות־קודש (ב׳תקנט)

ומחבבי תורה ביראת שמים, ה׳ עליהם יחיו, בתודה להשי״ת על אשר בחסדו הגדול הקימני מחליי, ובבקשה נפשית אל׳כל אחד ואחד מאנ״ש שי׳ להכניס עצמם בעבודת הק׳ להחזקת מרכז ישיבות תומכי־תמימים ליובאוויטש.

והנה ידידינו אנ״ש שי׳ לבם ער לכל דבר טוב ומועיל בכלל ובפרט מה שנוגע לישיבת תומכי־תמימים ליובאוויטש, אבל מעט הוא הפועל הנעשה בזה, וכשמקבלים מכתב מעורר אזי מתעוררים לשעה, והנני בזה לבאר להם הענין ביסודו אף כי כבד לי במאד לדבר בזה בארוכה, אבל מוכרח הנני להודיע כי בנפשי הוא.

ובבקשה לבאר ולהסביר לידידי עוז צמודי לבבי ידידינו אנ״ש שי׳ את תוכן עומק מכתבי הכללי הנ״ל כי נכתב בקצור מאד ולמסור להם את דרישתי הכי נמרצה ולהגיד להם כי החפץ בחיי – לא ע״ד מליצה וסגנון לשון כי אם פשוטו כמשמעו, בשפה ברורה, דער וואס וויל איך זאל לעבן – ורוצה בחיזוק בריאותי יכניס עצמו בעבודת הקדש בהחזקת ישיבת תומכי־תמימים ליובאוויטש בתור מעשה, ויהי׳ דבר עבודה זו קבועה בנפש כל אחד ואחד מאנ״ש שי׳, יזכור וידע כאו״א מאנ״ש שי׳ אשר גורל חיי ובריאותי בידו הוא, ויתן השי״ת ויתעוררו בהתעוררות אמיתית ויזכו להברכות – בגשמיות וברוחניות – אשר הוד כ״ק אאמו״ר הרה״ק זצוקללה״ה נבג״ם זי״ע נושא רנה ותפלה בעדם וב״ב יחיו, ויזכני השי״ת להיות מן המועילים והמשפיעים רב טוב בגשמיות וברוחניות לבית ישראל בכל מקום שהם.

הנני ממלא את ידי חתני הרב רש״ג שליט״א לקרא מועצה מידידינו אנ״ש שי׳ לסדר את אופן עבודת התעמולה עבור החזקת ישיבת תומכי־תמימים ליובאוויטש והנני מבקש את ידידי עוז ואת כל ידידינו הרבנים שי׳ להכניס עצמם בזה בלב ונפש, והשי״ת יהי׳ בעזרם בגשמיות וברוחניות.

ידידם הדו״ש ומברכם

יוסף יצחק

אדמו"ר מוהריי"צ נ"ע

ב'תקס

ב"ה נר השביעי תש"ה
ברוקלין

אל הנהלת ועד מגיני ומרחיבי החנוך הכשר
ה' עליהם יחיו

שלום וברכה!

במענה על מכתב ההזמנה אל ועידת חברי וחברות ועד מגיני ומרחיבי החנוך הכשר, הנני שולח להם את מאמרי בכתב יחד עם ברכתי כי פועל ידם ירצה ה' ויצליחו בעבודתם הק' ויעזרם השי"ת בהדרוש להם בגשם וברוח.

הדו"ש ומברכם.

ב'תקסא

ב"ה נר השמיני תש"ה
ברוקלין

ידידי עוז הרב הנכבד וו"ח אי"א
מוה"ר מרדכי שי'

שלום וברכה!

במענה על מכתבו, יחזק השי"ת את בריאות זוגתו ואת בריאותו ואת בריאות בתם תחי' ויגדלוה לתורה חופה ומעש"ט מתוך פרנסה טובה בהרחבה.

ב'תקס
נעתקה מהעתק המזכירות [א'שעו].
מאמרי בכתב: היא אגרת ב'תקנב דלעיל.

ב'תקסא
נעתקה מהעתק המזכירות.
מו"ה מרדכי: אלטיין. אגרות נוספות אליו — לעיל ח"ז א'תתקכו, ובהנסמן בהערות שם. לקמן ב'תקצד.

יציע לחתני הרש״ג שליט״א איך אפשר לסדר ישיבת אחי תמימים או חדרי תורה במחוז בראנקס שהוא מכיר שיהי׳ תחת הנהלתו.

בשם כ״ק אדמו״ר שליט״א
מזכיר.

הסך חמשה שקלים נתקבל.

ב׳תקסב

ב״ה נר השמיני תש״ה
ברוקלין

ידידי וו״ח אי״א הרב מוה״ר אברהם דוב שי׳

שלום וברכה!

במענה על מכתבו, ת״ל שישנם כשמונים תלמידים יחיו, אבל לפי ערך התעמולה מעט הוא, והשי״ת יעזר כי יתרבו תלמידים בעלי כשרונות, והעיקר הוא לתת עצמו על החינוך וההדרכה שיהי׳ באמת טוב כפול, טוב למקום וטוב לבריות, שיתנהגו ע״פ תורה [וב]מדות טובות בנימוס ובדרך ארץ.

בדבר הסידור הנה ע״פ הכרח גמור צריכים להשתמש באותם הסדורים שקריאת האותי׳ בנקל יותר, אבל במדה האפשרית הי׳ טוב נוסח האריז״ל.

בשם כ״ק אדמו״ר שליט״א
מזכיר.

ישיבת . . בראנקס: **ראה גם לקמן אגרת ב׳תקצד.**
הלימודים התחילו בח״י שבט (קובץ ליובאוויטש גליון 6 ע׳ 11).

ב׳תקסב

נעתקה מהעתק המזכירות [א׳תיז].

מוה״ר אברהם דוב: **העכט. אגרות נוספות אליו — לעיל ב׳רסב, ובהנסמן בהערות שם.**

כשמונים תלמידים: **בישיבת אחי תמימים בבוסטון (אזור דארטשעסטער).**

בדבר הסידור: **בהמשך לזה הותחל בעריכת הסידור תהלת ה׳, עליו מסופר בקובץ ליובאוויטש גליון 6 ע׳ 11 שהוא ע״פ בקשת המוסדות, שחסר להם סידור בנוסח האריז״ל שיתאים לבתי חינוך ולנוער. הסידור הופיע בתחלת הקיץ. מודעה על כך — שם גליון 7 ע׳ 31.**

ב׳תקסג

ב״ה נר השמיני תש״ה
ברוקלין

ידידי וו״ח אי״א מוה״ר . . .

שלום וברכה!

קראתי את מכתבו שהוא כותב לידידי הרב וו״ח אי״א מוה״ר אלי׳ נחום שי׳ מנהל ענייני כולל חב״ד אודות צדקת רמבעה״נ, יגיד לידידנו . . . כי גודל צדקה זו להחזיק ת״ח אלמנות ויתומים יחיו באה״ק ת״ו הוא גדול מאד מאד, והוד כ״ק אדמו״ר הזקן בעל התניא והשו״ע יסד את הכולל חב״ד וברך את כל המנדבים למוסד זה, ואחריו החזיקו כל נשיאי חב״ד כ״ק רבותינו הק׳ זצוקללה״ה וכולם כאחד העריצו את המפעל הקדוש הזה וברכו בברכות מאליפות את כל העוסקים בזה, יתן וימסור עצמו לזה ויתברך הוא וב״ב יחיו ברוב טוב בגשמיות וברוחניות.

בשם כ״ק אדמו״ר שליט״א
מזכיר.

ב׳תקסד

ב״ה נר השמיני תש״ה
ברוקלין

ידידי עוז הרב הנכבד והכי נעלה, עסקן חרוץ בהחזקת היהדות, וו״ח אי״א מוה״ר משה פנחס שי׳ הכהן

שלום וברכה!

במענה על מכתבו מכ״ד מר״ח העבר בדבר בהכנ״ס ליובאוויטש

ב׳תקסג

נעתקה מהעתק המזכירות [א׳תכג].

מוה״ר אלי׳ נחום שי׳: **שקליאר.**

ב׳תקסד

נעתקה מהעתק המזכירות [א׳תנט].

מוה״ר משה פנחס: **כ״ץ. אגרות נוספות אליו — לעיל ח״ז א׳תרמב. א׳תתנט.**

תסח אגרות־קודש (ב׳תקסד)

החדשה שצריכה תקון בענין העמדת הבימה באמצע בהכנ״ס ולעשות מחיצה בין עזרת ישראל לעזרת נשים, נהניתי לשמוע אשר המתפללים לבבם ער לשמוע בקול דיני התורה לתקן כל זה רק שעדיין לא בא אל הפועל, הנני בזה לבקשו כי יואיל למסור להנהלת בהכנ״ס ולידידינו המתפללים שי׳ כי יזדרזו לעשות את התקונים הדרושים מבלי לעכב את קבלת תפלותיהם בתוך תפלותיהם של אחב״י שי׳ ויתברכו ברוב טוב בגשמיות וברוחניות.

ידידו הדו״ש ומברכו.

ב׳תקסה

ב״ה ד׳ טבת תש״ה
ברוקלין

ידידי התלמיד החשוב והכי נעלה
הרב וו״ח אי״א מוה״ר אהרן שי׳

שלום וברכה!

במענה על מכתבו אודות עניני הישיבה הנה נהניתי במאד, והשי״ת יצליח להם בעבודתם הק׳ וירחיב גבולם בתלמידים בעלי כשרונות שישקדו בלימוד ובהנהגה דיר״ש.

בטח הם עוסקים ב„של״ה״ – שעה לימוד הדת – בבתי הספר, ויכתבו דו״ח מזה למרכז ועד מגיני ומרחיבי החנוך הכשר, והשי״ת יהי׳ בעזרם בגשמיות וברוחניות.

ובדבר הבנין, הנה בכל עניני הישיבה יפנה לחתני הרש״ג שליט״א מנהל מרכז ישיבות תת״ל, ובטח הנה בעזה״י יסדר הכל לטובה ולברכה.

בשם כ״ק אדמו״ר שליט״א
מזכיר.

ב׳תקסה

נעתקה מהעתק המזכירות [א׳תכא].

מוה״ר אהרן: **פאפאק. אגרות נוספות אליו — לעיל ב׳קסא, ובהנסמן בהערות שם.**

עניני הישיבה: **בברידזשפארט. ראה לעיל אגרת ב׳תכח, ובהנסמן בהערות שם.**

ב׳תקסו

ב״ה ד׳ טבת תש״ה
ברוקלין

כבוד ידידי הרה״ג הנכבד והנעלה, הנודע לשם תהלה ותפארת בתוכֵכי מרביצי תורה ביראת שמים, גזע היחס, וו״ח אי״א מוה״ר משה יוסף שי׳

שלום וברכה!

מכתבו מכ״ז מר״ח העבר הגיעני בעת חליי – ל״ע ול״ע – שהייתי חולה איזה שבועות, ועתה, בזכות הוד כ״ק אבותי הקדושים זצוקללה״ה נבג״ם זי״ע, קבל השי״ת את תפלות ידידיי צמודי לבבי אנ״ש שי׳ וימלא את בקשותיהם ואת ברכותיהם, בברכות רפואה, ובחסדיו המרובים הקימני מחליי, והוא ית׳ יחזקני ויאמצני לשוב לעבודתו בהרבצת תורה ביראת שמים ובחיזוק החינוך הכשר באהבת ישראל, ולהיות מן המועילים ומשפיעים רוב טוב בגשם וברוח לכל ישראל אחינו, ה׳ עליהם יחיו, בכל מקום שהם.

אתענין לדעת משלומו ושלום ב״ב יחיו וממצב הפליטים יחיו ואם נסתדרו עניני הלימודים, ויואיל נא למסור להם את ברכתי כי יהי׳ השי״ת בעזרם בכל הדרוש להם בגשמיות וברוחניות.

הדו״ש ומברכו.

ב׳תקסו

נעתקה מהעתק המזכירות [א׳תע].

מוה״ר משה יוסף: צעכוואל. אגרות נוספות אליו — לעיל ב׳תסט, ובהנסמן בהערות שם.

הפליטים: במחנה באסוועגא, שהרמ״י צעכוואל הי׳ רבו של המחנה.

ב׳תקסז

ב״ה ד׳ טבת תש״ה
ברוקלין

ידידי עוז, תלמידי יקירי, הרה״ג הנכבד והכי נעלה, וו״ח
אי״א מוה״ר מנחם מענדיל שי׳ הכהן

שלום וברכה!

מכתבו בהצעות אופני עבודה קבלתי, וממנו הנני רואה אשר עדיין אין ברור לידידי עוז כללות עניני העבודה אשר הנני נותן ומוסר על ידו לעבוד ולסדר בעזה״י באופן הטוב והמועיל.

שתי עבודות עקריות יסודיות וכלליות הנה:

א. 1) להתענין בטובתם האמיתית של הצעירים מגזע החסידים הלומדים ומחוּנכים בשארי ישיבות שמחוץ לישיבות תת״ל, לשוחח עמהם בעניני חסידות ולקרבם לצור מחצבתם, ללמוד עמהם מאמר חסידות מזמן לזמן, לעוררם לקרא את השיחות ועוד מה שהם בעצמם יכולים להבין בלי עזרת מורה ומלמד, ולחבב עליהם עניני החסידות ולקרבם בקירוב פנימי.

2) להתענין לבחור קבוצת צעירים מתלמידי הישיבות הראוים להיות – במשך הזמן – מורים ומדריכים בחדרי תורה תמימה ליובאוויטש ובישיבות אחי תמימים ליובאוויטש, להפיח בהם רוח חיים מעניני החסידות ודרכי החסידות, לשוחח עמהם ולקרבם בקירוב פנימי, ביז זיי זאלן ווערן באמת נאהענט צום רוח פון תומכי תמימים שאפשר יהי׳ בעזה״י למסור על ידיהם את החינוך וההדרכה בחדרי תורה וכן באחי תמימים, כי מאד מאד דרושים לנו צעירים בני תורה יראי אלקים שיתעסקו – כמובן בשכר – באהלה של הרבצת תורה ביראת שמים ברוחה של תת״ל.

ב. ההתענינות בטובתן הפנימית והנפשית של גזע חסידי חב״ד שנתרחקו ממחנה החסידים ונשטפו בזרם החיים החולניים, ואינם

ב׳תקסז

נדפסה בס׳ התולדות ח״ד ע׳ 268, והושלמה והוגהה ע״פ צילום האגרת [א׳תצה].

מוה״ר מנחם מענדל: **פלדמן. אגרות נוספות אליו — לעיל ב׳תקמג, ובהנסמן בהערות שם.**

הצעות אופני עבודה: **בקשר להוראת רבנו לעיל שם. וראה גם לקמן אגרת ב׳תקעו.**

יודעים ומדברים אפילו בשפת יהודית המדוברת אלא בשפת המדינה, ובהם טפוסים שונים וסבות שונות שגרמו לריחוקם – אין זייער אפגעפרעמדקייט – מצור מחצבתם, יש ביניהם תמימים וכעין תנוקות שנשבו, ויש שמוריהם נתקום מדרכי אבותיהם, מהם בכוונת זדון ומהם שלא בכוונה להרע. מהם השומרים איזה מהמצות המעשיות ומהם שהתרחקו לגמרי ועזבו את המצות לגמרי.

אופני העבודה הם ע"י התייסדות ועד מיוחד בשם אנגלי סטודיום פון חסידות חב"ד פון אריגינעלע קוועלן – הרב מנחם מענדיל שניאורסאהן נשיא ועה"פ, הרב מנחם מענדיל פעלדמאן מנהל פועל ומזכיר.

מקומות ההתועדות, א) במעונות פרטים. ב) בהאטעל.

החברים פטורים מכל מס כספי.

החברים מתחלקים לשני סוגים:

א) אלו שישתתפו בחיפוש האנשים ויבחרו במקומות הועידה ובסידור הקרואים, כמו ... והדומה. ב) צעירים מתלמידינו המדברים צחות בשפת המדינה שישתתפו גם הם בשיחות כפי אשר יסדר להם בתור מנהל פועל.

תכן השיחות:

א) לבאר איזה ענין של תורת החסידות אשר יבינו גם הם. ב) לבאר ענין החסידות שהיא השכלה המעוררת את הרגש הנשמתי באלקות – דעם נשמה געפיהל אין געטליכקייט –. ג) איזה ספור של חסידות ולבאר תכנו. ד) דרכי החסידות באהבת ישראל. ה) אחדות החסידים.

הדבור רק בשפת אנגלית קלה וברורה.

ההכנה הדרושה לזה היא לחפש ולמצא אחרי חברים מתאימים הן מגזע החסידים והן מאלו שאינם מגזע החסידים ולהתבונן היטב איך לעוררם שיכנסו בחברה.

עתה הנה ברור לידי"ע שתי העבודות שהנני מעמיס עליו לעבדו ולשכללן, והשי"ת יהי' בעזרו ויצליח לו בעבודתו הק' בהרבצת תורה ביראת שמים ויעמיד תלמידים בעלי כשרון ויראי אלקים ויצליח בשתי העבודות האמורות בזה.

הנני מקוה כי בימים הקרובים אשמע מידי״ע הצעות מפורטות בסדור שני ענינים אלו.

ידידו הדו״ש ומברכם

יוסף יצחק

ב׳תקסח

ב״ה ד׳ טבת תש״ה
ברוקלין

ידידי עוז הנכבד והכי נעלה
וו״ח אי״א מו״ה ניסן שי׳

שלום וברכה!

במענה על מכתבו נהניתי במאד מאד מזה אשר רעיתו תחי׳ מסכמת לתרגם את הזכרונות לאנגלית, וצריכים לזרז את מר מעקלער שי׳ בדבר שלוח העתונים, וצריכים לשלחם קמעא קמעא, והשי״ת יעזר לרעיתו תחי׳ בהדרוש לה בגשם וברוח.

בדבר בקשתו אודות עוד ענינים מחיי הוד כ״ק אדמו״ר הזקן, בודאי נמצאו עוד רשימות אבל מפוזרות המה ואי אפשר לי כעת לאספן ובעזה״י יבאו בכתבי הזכרונות כאשר אגמור אי״ה את התקופה של הרה״ק ר׳ ברוך וחותנו הרב ר׳ אברהם מליאזנא, משפחתו ומשפחת אשתו ומחיי גיסו הרה״ג ר׳ יוסף יצחק נ״ע עד ח״י אלול תק״ה אשר בזה הנני מקוה לסיים חלק שני מהזכרונות – שלפי השערתי יכ[ל]ול ספר שלם כמו חלק הראשון – ואז בעזה״י אסדר חלק שלישי מחיי הוד כ״ק אדמו״ר הזקן, ילדותו בחרותו נשואיו והליכתו למעזריטש וכו׳.

ובכן לדעתי הנה עבודתו הכי נשגבה בתולדות הוד כ״ק אדמו״ר הזקן נ״ע ימשיך באופן שעוסק עתה ולכשיגמור להצלחה יכתוב אשר זהו רק קיצור ובמשך הזמן הנה בעזרתו ית׳ יעשה מילואים, והשי״ת יצליח לו בכל מה שהוא עושה.

ידידו הדו״ש ומברכו.

ב׳תקסח

נעתקה מהעתק המזכירות [א׳תצט].

מוה״ר ניסן: מינדל. אגרות נוספות אליו — לעיל ב׳קצג, ובהנסמן בהערות שם.

אדמו"ר מוהריי"צ נ"ע

תעג

ב'תקסט

ב"ה ד' טבת תש"ה
ברוקלין

ידידי וו"ח אי"א מוה"ר ... שי'

שלום וברכה!

במענה על מכתבו, ת"ל עבור הטבת בריאותו, והשי"ת ישלח לו רפואה ויחזק את בריאות ב"ב יחיו, ות"ל אשר בניהם יחיו עוסקים בהעסק שלו ומתפרנסים בכבוד, והשי"ת יצליח לכולם בפרנסה טובה בהרחבה ובמנוחה שיוכלו לקבוע עתים לתורה שעה קבועה בכל יום, כי זה כל האדם למלאות את חובת שליחות נשמתו לעלמא דין, לעסוק בתורה ומצות ומדות טובות באהבת ישראל על פי תורה. אין אני מכיר במהות בניו שי' בענין ידיעתם בתורה אם יודעים ללמוד דף גמרא בעיון, אבל בכל אופן הנה להשתתף בלימוד גמרא בודאי יכולים לקבל, ומה טוב ומה נעים הי' אשר בניו יחיו – הבעלי עסקים – היו מסדרים קיבוץ בני גילם בעלי עסקים להשתתף בלימוד קבוע, אם לא אפשר בכל יום ויום הנה לכה"פ שלשה ארבעה פעמים בשבוע, ובודאי אשר בהשתדלות הראוי' היו מביאים דבר זה מהכח אל הפועל, ואף כי בעת הראשונה יהי' מספר מועט הנה במשך הזמן יתרחב בעזה"י, וזכות הרבים תלוי בהם ויהנו ויתענגו מפעולתם הטובה, והשי"ת יצליח להם בגשמיות וברוחניות.

הדו"ש ומברכם.

ב'תקסט

נעתקה מהעתק המזכירות [א'תקיב].

תעד אגרות־קודש (ב׳תקע)

ב׳תקע

ב״ה ה׳ טבת תש״ה
ברוקלין

אל ידידיי מייסדי בית ספר לנערות „בית יעקב״ ברחוב
מארסי 592, בעי״ת ברוקלין יע״א
ה׳ עליהם יחיו

שלום וברכה!

במענה על מכתבם המודיע מהתעוררותם הטובה לחינוך הכשר לייסד בית ספר עבור ילדות ונערות יחיו, נהניתי במאד מזה, ובטח יודעים המה מהמוסד „מרכז לעניני חינוך״ אשר יסדתי בעזה״י ביחוד בשביל החינוך הכשר בכלל וחינוך הבנות בפרט, ות״ל המוסד הקדוש הזה מצליח, וטוב הדבר אשר היו״ר וסגניו יחיו יבקרו את ידידי עוז הרב הפדגוג המומחה, עסקן חרוץ בחינוך הכשר, יראת ה׳ אוצרו מוהרחמ״א שליט״א חדקוב, ואז בעזה״י יהיו בטוחים כי יצליחו, והשי״ת יהי׳ בעזרם ויצליחו בעבודתם וכל העוזרים ומשתתפים בחינוך הכשר יתברכו בבריאות הנכונה ובפרנסה טובה.

בשם כ״ק אדמו״ר שליט״א
מזכיר.

ב׳תקע

נעתקה מהעתק המזכירות [א׳תצג].

ב'תקעא

ב"ה ו' טבת תש"ה
ברוקלין

ידידי עוז הרב הנכבד והכי נעלה, עסקן חרוץ בהרבצת תורה ביראת שמים בעל מדות טובות וו"ח אי"א מוה"ר ישעי' בינוש שי' תרשיש, מנהל ישיבת אחי תמימים ליובאוויטש בעי"ת נוארק יע"א

שלום וברכה!

בזה הנני לברכו בברכת מז"ט עבור התמנותו בתור מנהל ישיבת אחי תמימים ליובאוויטש בעי"ת נוארק יע"א. הנני מקוה אשר יכניס עצמו בעבודת הקדש במסירה ונתינה הראוי', והשי"ת יצליח לו ולכל העומדים על ידו ויתברכו ברוב טוב בגשמיות וברוחניות.

יחזק השי"ת את בריאותו ואת בריאות זוגתו וילידיהם יחיו ויגדלום לתורה חופה ומעשים טובים מתוך פרנסה טובה באהלה של תורה.

ידידו הדו"ש ומברכו.

ב'תקעב

ב"ה ח' טבת תש"ה
ברוקלין

אל הנכבד אי"א מו"ה...

שלום וברכה!

איר פרעגט פארוואס זיינען חסידים קעגן חזנים, ד. ה. אז אין א חסידישער קלויז מאכט מען זעלטען א טאראראם פון א חזן.

ב'תקעא
נעתקה מהעתק המזכירות [א'תקנט].
התמנותו בתור מנהל . . נוארק: למלאות מקום הרשד"ב שי' גורדון, שנתמנה לנהל את הישיבה בספרינגפילד, כדלקמן אגרת ב'תרנא.

ב'תקעב
נעתקה מהעתק המזכירות [א'תקסו].

ענטפער: חסידים מאכען בכלל ניט קיין טאראראם פון וואס עס זאל ניט זיין, ווייל א טאראראם איז א אויסדרוק פון אויסערליכער התפעלות, אבער חסידישע התפעלות איז א אויסדרוק פון אינערליכען געפיהל, וואס דאס איז דביקות, כלות הנפש, דער היפך פון דרויסענדיקן טאראראם.

חסידים זיינען פאר נגינה.

דער אויסדרוק פון חסידישער אהבת ישראל, אין ריעים אהובים ידידות, אין דער תנועה פון ליעבשאפט צום צווייטען, די השתתפות אין דעם צווייטענס שמחה אדער ח״ו אין דעם צווייטענס צער, קומט נאר אין נגינה, ווי א שמחה ניגון אדער א מרירות ניגון.

דער חסידישער דביקות דאוונען איז א מעין טהור – א קוואל – פון השתפכות הנפש, ניט נאר אוועק גיין לשעה פון דער ערדישער וועלט נאר אויך א שאיפה – שטרעבונג – צו דער אמת אײדעלער גייסטיגער געטליכער וועלט, וואס זעט אין יעדער זאך נאר די נשמה און לעבען פון דער זאך.

חסידים זיינען פאר א בעל תפלה, פאר דעם וואס די קאפ ווייס פאר ווערמען מען שטייט, דע לפני מי אתה עומד, דאס מיינט אז דער שכל בעגרייפט דעם גרויסן הדרת הכבוד וואס מען בעדארף האבען פאר דעם בורא עולם ב״ה, און די הארץ דערפילט מיט געפיהל דאס וואס די קאפ בעגרייפט.

חסידים אכטען יענע חזנים וועלכע מעגען על פי תורה זיין שליחי צבור אבער חסידים – און אלע ערלעכע אידען – זיינען קעגען די זינגער וועלכע טארען על פי תורה ניט זיין קיין שליחי צבור און זיי שטייען ביים עמוד נגד דיני התורה.

בשם כ״ק אדמו״ר שליט״א
מזכיר.

ב'תקעג

ב"ה ח' טבת תש"ה
ברוקלין

כבוד ידידי החכם הנכבד והכי נעלה אוהב מישרים בעל מדות טובות אי"א מו"ה מנחם מענדיל שי' המכונה ד"ר גאסטער

שלום וברכה!

בזה הנני לתת את תודתי וברכתי לכבודו על אשר הואיל להתענין בהטבת מצב בריאותי בשעת חליי, ל"ע ול"ע, לעשות משמרת לילה להשגיח עלי, יחזק השי"ת את בריאות כבודו ואת בריאות בני ביתו יחיו ויתן לו פרנסה טובה ויצליחו בעבודתו לרפאות חולים.

הדו"ש מכבדו ומברכו.

ב'תקעד

ב"ה ח' טבת תש"ה
ברוקלין

ידידי הנעלה והכי נכבד, אוהב מישרים, עסקן חרוץ בהרבצת תורה ביראת שמים וו"ח אי"א מוה"ר יהודה ליב שי' גאטליעב, יו"ר ישיבת אחי תמימים ליובאוויטש בעי"ת פיטסבורג יע"א

שלום וברכה!

נהניתי לשמוע מאת חתני הרב ר"ש שליט"א גורארי', מנהל פועל ישיבת תומכי-תמימים ליובאוויטש וכל סניפי ישיבות אחי תמימים

ב'תקעג

נעתקה מהעתק המזכירות [א'תקעד].

ב'תקעד

נעתקה מהעתק המזכירות [א'תקעה].

ליובאוויטש וחדרי תורה תמימה, מגודל התמסרות ידידי לעניני ישיבת אחי תמימים ליובאוויטש בעי״ת פיטסבורג יע״א, והנני בזה לתת לו את תודתי וברכתי, כי ישפיע השי״ת לו ולב״ב יחיו שפעת חיים וברכה מרובה בגשמיות וברוחניות.

בטח מתענין ידידי שי׳ להרחיב את חוג הישיבה בתלמידים, ובלי ספק אשר בהשפעתו והשפעת ידידיי בני גילו הנכבדים, ה׳ עליהם יחיו, יוכלו לעשות הרבה בעד התרחבות הישיבה בתלמידים טובים ובהכנסה מרובה לטובת החזקתה בהרחבה, ופועל ידם ירצה השי״ת ויגדיל תורה ויאדיר, ובגלל זאת יתברך ידידי וכל העוזרים על ידו בכל מילי דמיטב מנפש ועד בשר.

הדו״ש ומברכו.

ב׳תקעה

ב״ה ח׳ טבת תש״ה
ברוקלין

ידי״ע הרה״ג וו״ח אי״א מוה״ר שמואל שי׳ הלוי

שלום וברכה!

במענה על כתבו אשר קיים בקשתי ודרישתי כפי אשר כתבתי במכתבי הכללי, ואשר קרא ברבים את מכתבי הפרטי והנפשי בענין זה, תודה וברכה, וכאשר הננו כולנו – גם אלו שבאו זה מזמן קרוב – סובלים ממחלת המדינה, מתלהבים ומתקררים, וחוזרים חלילה, הנני בזה לבקש את ידי״ע לתת את מכתבי הנפשי הנ״ל לידי״ע הר״א שי׳ פאריז להעתיקו על בלאנקען שלי להיות נמצא בכל עת אצל כל אחד ואחד מידידיי אנ״ש ומחבבי תורה ביראת שמים, ה׳ עליהם יחיו, והשי״ת יהי׳ בעזרם בגשמיות וברוחניות.

בשם כ״ק אדמו״ר שליט״א
מזכיר.

ב׳תקעה

נעתקה מהעתק המזכירות [א׳תקעז].

מוה״ר שמואל: לויטין. **אגרות נוספות אליו — לעיל ב׳ריט, ובהנסמן בהערות שם.**

מכתבי הכללי: **דלעיל ב׳תקמח.**

מכתבי הפרטי: **דלעיל ב׳תקנט.**

ב'תקעו

ב״ה ח' טבת תש״ה
ברוקלין

אל ועד המסדר לימוד החסידות והתועדות חסידים,
על יד אגודת חב״ד יצ״ו

שלום וברכה!

במענה על הדו״ח הקצר מהנעשה לטובה ולברכה במשך שבועות אלו נהניתי לשמוע אשר ת״ל התעמולה עלתה בטוב ופעלה התעוררות טובה, ואשר כמעט בכל בתי הכנסיות שערכו מלוה מלכה מטעם ועד המסדר קבעו ת״ל לימוד דא״ח.

בטח יתענין ועד המסדר לבקר גם שאר בתי הכנסיות נוסח האר״י ז״ל אשר לסבות שונות לא היו שם עדיין, ויסדרו שמה בעזה״י מה שאפשר לסדר בענין הקביעות זמן ללימוד דא״ח ולהתחזק בדרכי החסידות.

ועד המסדר צריך לסדר בכל בית כנסת אוצר של ספרי חסידות שימצאו שם כל מה שנדפס מספרי החסידות, השיחות, הקריאה והקדושה, השמועסן ועוד, ומודעה תלוי' במקום הנראה וניכר אשר בבהכנ״ס נמצא ללימוד ולקריאה כל הספרים הנ״ל הן בלה״ק, והן באידיש והן באנגלית.

ועד המסדר צריך להתענין בדבר ערי השדה, ובאספה הכי קרובה צריך הועד להעמיד שאלה זו על סדר היום, וצריכים לעשות סדר מיוחד עם תקציב הדרוש על זה, וכמובן אשר קודם הנסיעה לאיזה עיר צריכים לבא בכתובים עמהם.

בדבר ההצעות דג' טבת. א) התוצאות והפועל של ההתועדות יטילו [על] החברים שערכו את ההתועדות. ב) אשר ההתועדות של המלוה מלכה תהי' פעם בשני חדשים, הצעות אלו נכונות הנה.

בדבר גזע אנ״ש שי', הנה הם צריכים סדר אחר והעבודה בזה

ב'תקעו

נעתקה מהעתק המזכירות [א'תקעח]. לתוכנה ראה לעיל אגרות ב'תקכט. ב'תקמא.

צריכה להעשות ע״י ידידיי עוז התלמידים התמימים יחיו המדברים בשפת המדינה, וכבר סדרתי בזה הצעת עבודה ומלאתי את ידי חתני הרב רממ״ש שליט״א בתור נשיא החברה הזאת ואת ידידי עוז התלמיד החשוב הרב רמ״מ שי׳ הכהן פעלדמאן בתור מנהל פועל ומזכיר, ואת ידידיי התלמידים האהובים יחיו בתור חברים מסייעים, ולשעה הנה על הנהלת ועד המסדר להשיג – על ידי בתי הכנסיות – את השמות והכתובות של הצעירים בני וחתני אנ״ש שי׳ ולמסור להרב פעלדמאן שי׳ הנ״ל.

הנני פורש בשלום כל החברים שי׳ ומברכם כי פ[וע]ל ידם ירצה השי״ת וברכות יחולו על ראשם ועל ראשי אנ״ש בתוככי כלל אחב״י שי׳ בגשמיות וברוחניות.

הנני מצרף בזה המחאה ע״ס חמשים שקלים לצרכי הוצאות ועד המסדר.

בשם כ״ק אדמו״ר שליט״א
מזכיר.

ב׳תקעז

ב״ה ט׳ טבת תש״ה
ברוקלין

ידידיי הנכבדים והכי נעלים, וו״ח אי״א מוה״ר בנציון שי׳ פישמאן, מוה״ר קויפמאן שי׳ ניסמאן ומוה״ר ראובן שי׳ הכהן מיללער, גבאי חברה תהלים בעי״ת באסטאן יע״א

שלום וברכה!

בנועם שמעתי מאת ידידי עוז הרה״ג הנודע לשם תהלה ותפארת בתוככי כבוד רבני אנ״ש, עסקן חרוץ ובעל פעולות כבירות בהרבצת

מלאתי . . פעלדמאן: **לעיל אגרות ב׳תקמג. ב׳תקסז.**

ב׳תקעז

נעתקה מהעתק המזכירות [א׳תמח].

דרכי החסידים והחסידות בעל מדות טובות וו״ח אי״א מוה״ר ישראל שליט״א דזייקאבסאהן, מההתעוררות הטובה להחזיק בהתקנה דאמירת תהלים אחר התפלה כמו שנחלק לימי החדש, ובשבת מברכין לגמור את כל התהלים ולהתועד במסיבת ריעים, והנני בזה לברך אותם ואת כל המשתתפים בהפועל הכי נשגב הלזה, כי ישפיע להם השי״ת שפעת חיים וברכה מרובה בגשמיות וברוחניות, ומצוה וחובה לעורר להחזיק תקנה זו באמירת תהלים ברבים בכל בתי הכנסיות כי אין דבר זה תלוי בנוסח, וברכות יחולו על ראשי העושים והמעשים.

ידידם הדו״ש ומברכם.

ב׳תקעח

ב״ה ט׳ טבת תש״ה
ברוקלין

ידידי עוז מחותני הנכבד והכי נעלה בן ידידי,
וו״ח אי״א מוה״ר שניאור זלמן שי׳

שלום וברכה!

במענה על מכתב ידידי עוז, ת״ל בעד החסד אשר עשה ה׳ עמדי, בזכות הוד כ״ק אבותי רבותינו הק׳ זצוקללה״ה נבג״מ זי״ע, לקבל את תפלותיהם של ידידיי עוז ולמלא את בקשותיהם וברכותיהם ברכות רפואה, והוא ית׳ ישיבני לאיתני שאוכל למלאות את חובת שליחות־נשמתי בהרבצת תורה ביראת שמים ובהחזקת היהדות באהבת ישראל ולהיות מן המועילים והמשפיעים טוב בגשמיות וברוחניות לאחב״י שי׳ בכל מקום שהם.

יחזק השי״ת את בריאות ידי״ע ואת בריאות ש״ב רעיתו הכבודה תחי׳ ואת בריאות בנו וב״ב יחיו, והנני מברכם בברכת מז״ט בעד העסק החדש שעשו, יתן להם השי״ת את פרנסתם בהרחבה גדולה ובמנוחה שיוכל להתעסק עם אנ״ש שי׳ בהחזקת הרבצת תורה ביראת שמים ובחינוך הכשר.

ב׳תקעח

נעתקה מהעתק המזכירות [א׳תקפה].

מוה״ר שניאור זלמן: **בעזפאלאוו. אגרת נוספת אליו — לעיל ח״ה א׳תקיז.**

ביום ה׳ העבר הי׳ אצלי קאנסיליום של הרופאים והביעו את דעתם כי עוד שנים שלשה שבועות עלי להזהר מעבודה, והעיקר שלא להתרגש, והתירו לי להתראות עם ידידי המקורבים ביותר, בתנאי אשר אנכי לא אדבר כלל ורק הם ידברו אלי ובענינים שלא יגרמו התרגשות.

ביום ד׳ הבע״ל בערב בשעה 8 אוכל בעזה״י לקבלו לראיון כאמור.

ידידו מחות׳ הדו״ש ומברכם.

ב׳תקעט

ב״ה ט׳ טבת תש״ה
ברוקלין

אל ה„מרכז לעניני חנוך״

שלום וברכה!

הנני שולח להם את הדו״ח שקבלתי מאת ידידי הרב פעלדמאן שי׳ מנהל הועד מגיני החנוך הכשר, ובטח ישתדלו לפרסם מאמר מפורט בעתונים מהועידה, ואם ימצאו לתועלת להעתיק קטעים ממכתבי או את כולו הנני נותן להם רשות על זה.

כן הנני שולח על ידם שני מכתבים א) להנהלת ועד מגיני ומרחיבי

ביום ה׳ העבר . . להזהר מעבודה: **ראה לקמן אגרות ב׳תקפה־ו.**

ובאגרת כ״ק אדמו״ר שליט״א (לקוטי שיחות חכ״א ע׳ 364):

ב״ה, יום ה׳ כ״ו טבת תש״ה
ברוקלין

כבוד הנהלת כולל חב״ד בירו״ת ובראשם הרה״ג הרה״ח הנודע לתהלה, משכיל על דבר טוב וו״ח אי״א וכו׳ ש״ב מוהר״ר . . . שליט״א

שלום וברכה!

מכתבם מיום ג׳ כסלו הגיעני, ות״ל אשר מצב בריאות כ״ק מו״ח אדמו״ר שליט״א הולך וטוב, עתה הרשו הרופאים אשר שעות אחדות ביום יחזור לעבודתו בקדש, אבל איסור קבלת אנשים ל„יחידות״ עדיין במקומו עומד, ובכלל — הזהירות בריחוק כל ענין של עגמ״נ והתרגשות וכיו״ב, ומקוים הם אשר מיום ליום יוטב המצב.

ב׳תקעט

נעתקה מהעתק המזכירות [א׳תקצה].

מאמר מפורט: **ראה קובץ ליובאוויטש גליון 6 ע׳ 9.**

מהועידה: **הנ״ל אגרת ב׳תקנב.**

שולח על ידם: **שתי האגרות שלאח״ז.**

החנוך הכשר. ב) להאחיות המדריכות ביסטריצקי יחיו על ידי ועד מגיני ומרחיבי החנוך הכשר.

בשם כ״ק אדמו״ר שליט״א
מזכיר.

ב'תקפ

ב״ה ט׳ טבת תש״ה
ברוקלין

אל הנהלת הועד מגיני ומרחיבי החנוך הכשר

שלום וברכה!

בנועם קראתי את הדו״ח מועידת חברי וחברות ועד מגיני ומרחיבי החנוך הכשר שהתקיימה ביום כ״ו כסלו העבר, ההרצאות וההצעות עשו עלי רושם טוב והנני מקוה אשר החברים והחברות של ועד מגיני ומרחיבי החנוך הכשר ימלאו את חובתם כפי הבטחתם, והנני שולח להם את ברכתי.

מצורף לזה הנני שולח מכתב פרטי להאחיות ביסטריצקי יחיו, בתודה וברכה עבור חריצות עבודתן בועד מגיני ומרחיבי החנוך הכשר.

בשם כ״ק אדמו״ר שליט״א
מזכיר.

ב'תקפ

נעתקה מהעתק המזכירות [א'תקצו]. לתוכנה ראה לעיל אגרת שלפנ״ז, ובהנסמן בהערות שם.

ב׳תקפ*

ב״ה ט׳ טבת תש״ה
ברוקלין

אל האחיות הנכבדות מרת רבקה תחי׳ ומרת בלומא תחי׳ למשפחת ביסטריצקי, חברות ועד מגיני ומרחיבי החנוך הכשר

ברכה ושלום!

הנהלת ה„מרכז לעניני חנוך״ הודיעה לי – על יסוד הרצאת הנהלת ועד מגיני ומרחיבי החנוך הכשר – מפעולותיהן הכבירות, בתור חברות חרוצות בועד מגיני ומרחיבי החנוך הכשר, בכל ענפי העבודה הקדושה, ונהניתי במאד מזה, והנני בזה לתת להן את תודתי וברכתי כי יצליחו בעבודתן הכי נשגבה ויהיו למופת לבנות־גילן שיכנסו גם הן בעול עבודת הקדש בועד מגיני ומרחיבי החנוך הכשר, יתחזקו בעבודתן ובגלל זאת יתברכו בברכות מאליפות בעניניהן הפרטיים, וידידי הוריהן יחיו יראו בהן ובשאר ילדיהם יחיו רוב נחת וגיל בגשמיות וברוחניות.

המברכן.

ב׳תקפא

ב״ה ט׳ טבת תש״ה
ברוקלין

ידידי הגביר הנכבד והכי נעלה, אוהב מישרים מחזיק לומדי תורה ביראת שמים, בעל מדות טובות, וו״ח אי״א מוה״ר חיים מרדכי שי׳ וועקסלער ורעיתו הכבודה תחי׳

שלום וברכה!

געוויס האט איר און אייער פרוי תחי׳ געלייענט מיינע אינערליכע

ב׳תקפ*

נעתקה מהעתק המזכירות [א׳תקצז]. לתוכנה ראה שתי האגרות שלפנ״ז.

ב׳תקפא

נעתקה מהעתק המזכירות [א׳תקצח].
ידידי . . וועקסלער: אגרת נוספת אליו — לעיל ב׳רפב.

בקשות בריעף, אז מען זאל מיר העלפען אין מיין גרויסע הרבצת תורה ביראת שמים ארבעט דא אין לאנד, וואס ווערט געפירט דורך מיין – העכסט געשעצטען אונערמידליכער הרבצת תורה ביראת שמים ארבעט – איידעם הרב ר"ש שליט"א גורארי'.

אין מיינע בריעף זאג איך זיך ארויס וועגען דער אמת גרויסער אחריות וואס אלע אידען דא אין לאנד יחיו טראגען פאר דעם תורה ביראת שמים אויפבוי אין אמעריקא.

מיין נשמה שליחות פון דער השגחה העליונה צו קומען אהער אין לאנד, איז צו מאכען – בעזה"י – אמעריקא פאר א מקום תורה ביראת שמים. אין משך פון די פיר און א האלב יאר איז בעזה"י מיט דער הילף פון די איבערגעגעבענע אנ"ש שי' איז פיהל אויפגעטאן געווארען אויף אלע געביטען פון הרבצת תורה ביראת שמים און חינוך הכשר, אבער דאס איז מער ניט ווי גאר א קליינער טייל פון דעם וואס קען געטאן ווערן און מוז געטאן ווערן.

אמעריקאנער אידענטום, ה' עליהם יחיו, מוז אנערקענען זיין נשמה חוב אויפצובויען אין אמעריקא דעם תורה ביראת שמים וועזן ווי אין דער אלטער היים, און אלע אן אויסנאם מוזן געבען זייער באשטייערונג, ניט נאר אין געלט אליין, נאר צו די געלט בעשטייערונגען אין גרעסערע סוממען מוז מען אויך געבען ארבעט בעשטייערונגען.

תורה ביראת שמים איז אונזער שוץ. זיכער בעגרייפען אלע דעם איצטיקען געפערליכען צושטאנד, און די הימעל רחמים וואס ניט נאר די קינדער יחיו אויף די פראנטען בעדארפן האבן, נאר אויך דא אין לאנד.

אלע בעגרייפען אז די מענשהייט בכלל און מיר, דער כלל ישראל, בפרט בעדארפען האבן שוץ, און א לעבענס שוץ, וואס דער שוץ איז נאר דורך תורה ביראת שמים.

ידידי הנכבד, איך ווענדע זיך צו אייך אלס טשערמאן פון דעם קאמפעין פאר מרכז ישיבות תומכי תמימים ליובאוויטש און די ישיבות אחי תמימים ליובאוויטש און חדרי תורה תמימה ליובאוויטש איבערצוגעבען מיין אהבת ישראל הארציקן רוף צום לאס אנדזשעלעסער אידענטום.

אידן! מענער און פרויען אן אונטערשייד פון עלטער און קלאס און

אפשטאמונג, דער מאמענט איז ערנסט, אייערע קינדער אויף די פראנטען, מיר און איר, און אונזערע איינגעארדענטע היימען און ביזנעס זיינען אויסגעשטעלט ח״ו רחמנא ליצלן צו די גרעסטע לעבענסגעפארען, אלע מוזען האבען א געטלעכע הימלשע שוץ, וואס די שוץ איז נאר דורך תורה ביראת שמים, בעשטייערט זיך מיט געלט און ארבעט פאר דעם קאמפעין פאר דעם מרכז ישיבות תומכי תמימים ליובאוויטש, און ג־ט ברוך הוא זאל היטען און שיצען אייערע קינדער יחיו, אייך און אונז אלעמען.

ידידי הנכבד, די הוצאות פון דער ישיבה זיינען קאלאסאל גרויס, די קוואטע פון דעם קאמפעין פאר די ישיבות אין לאס אנדזשעלעס בעדארף דעם יאר זיין צען טויזנט דאללאר.

השי״ת זאל שטארקען אייער געזונט, דעם געזונט פון אייער פרוי תחי׳ און זאל היטען און שיצען אייערע קינדער יחיו וואו זיי זיינען און בריינגען א היים געזונטע.

הדו״ש ומברכם.

ב'תקפב

ב״ה ט׳ טבת תש״ה

כבוד ידידי הנכבדים הרבנים הגאונים והמפורסמים חברי ועד הרבנים בעיר באלטימאר, מד.

שלום וברכה:

עינינו ועיני כל ישראל הרואות ההצלחה האלקית במפעלותיו הנשגבות של מרכז ישיבות תומכי תמימים ליובאוויטש על שדה הרבצת התורה והיראה במדינתנו פה.

העשרים וחמשה מוסדי התורה שנהיסדו ע״י מרכז ישיבות תומכי תמימים במרחבי המדינות אמעריקא וקנדה הם פנסי אור המאירים את ערפלי החשך השורר במקצוע החנוך הדתי בין שדרות עמנו במדינה זו. ובטחוני חזק בחסדי השי״ת, אשר התלמידים היקרים

ב'תקפב

נעתקה מהעתק המזכירות — מוגה בכתי״ק. וראה גם אגרת שלאח״ז.

המתחנכים בישיבותינו הק׳, שכל רואיהם יכירום לזרע ברך ה׳, יעמידו גם מדינה זו בקרן אורה זו תורה.

מובן מאליו אשר כלכלת המוסדות הק׳ עולה לסכום עצום של שלש מאות אלפים שקלים לשנה. לדאבון שורר דוחק גדול ונורא בקופת מוסדינו הק׳ וזה מפריע הרבה להתפתחות ישיבותינו הק׳ הקיימות כבר, ובפרט ביסוד ישיבות תומכי תמימים וחדרי תורה תמימה בערים ומקומות חדשים בכל מרחבי המדינה.

ובכן הנני פונה בזה אליכם, ראשי ומנהיגי עדת ישראל בעיר באלטימאר, שתאצילו כל השפעתכם הטובה על בני עדתכם, נדיבי בני ישראל, ותעזרו בכל היכולת להמגבית המתנהלת כעת במחנכם לטובת החזקת ישיבותינו הק׳, ולהשתדל בכל עוז, אשר המגבית הזאת תביא תוצאות רצויות כפי גודל דרישת הוצאות המוסדות הק׳.

רבנים יקרים! עליכם לדעת כי הישיבות תומכי תמימים הן תקותנו ונחמתנו היחידה בשעה האיומה הלזו בעולמנו והישיבות הק׳ האלה הן מבצרי מגן בעדנו להנצל משונאינו מנדינו האורבים לנפשינו, גויתנו ורכושנו גם במדינה זו.

ובזכות החזקת לומדי תורה תמימה נזכה להרמת קרן התורה וקרן ישראל וגאולה שלמה ע״י משיח צדקנו בב״א.

והנני ידידם עוז הדו״ש ומברכם.

ב׳תקפג

ב״ה ט׳ טבת תש״ה

כבוד ידידנו הנכבד והנעלה אוהב תורה ורודף צדקה עסקן מהולל המכונה ד״ר שניאור זלמן קאטצאוו, שי׳, באלטימאר, מד.

שלום וברכה:

עס איז אייך זיכער בעקאנט די גרויסע אויפטוהונגען פון מרכז ישיבות תומכי תמימים וועלכער האט במשך פון א קורצער צייט

ב׳תקפג

נעתקה מהעתק המזכירות — מוגה בכתי״ק. וראה גם אגרת שלפנ״ז.

אויפגעשטעלט צענדליגער ישיבות און חדרי תורה תמימה אין פילע שטעט אין אמעריקא און קאנאדא און מיט ג־ט׳ס הילף וועלען זיי מאכען אמעריקא פאר א צענטער פון תורה און יראת שמים.

די אויפגאבע און ציעל פון מרכז ישיבות תומכי תמימים איז צו ארגאניזירען א נעץ פון ישיבות און חדרי תורה תמימה איבערן גאנצען לאנד, וואו עס איז נאר דא די מעגליכקייט דערצו. מיר בעקומען פיעלע בקשות פון פארשידענע שטעט אין אמעריקא און קאנאדא וועלכע בעטען אונז צו גרינדען אין זייערע שטעט אפטיילונגען פון אונזער ישיבה.

ליידער קענען מיר ניט נאכקומען די דאזיגע בקשות צוליב דער גרויסען מאנגעל אין פינאנציעלע מיטלען, וואס האט אויך גורם געוועזען צו א קאלאסאלען דעפיציט אין אונזער גרויסען בודזעט פון קרוב צו 300.000 יעהרליך און אונזערע עקזעסטירענדע ישיבות געפינען זיך ביי היינטיגען טאג אין זעהר א קריטישע פינאנציעלע לאגע.

איך ווענדע זיך דעריבער צו אייך, אלס טשערמאן פון איצטיגען קאמפיין אין אייער שטאט לטובת די ישיבות תומכי תמימים, אז איהר זאלט פארזעצען די אנפיהרונג פון קאמפיין און זיך באמיהען אז גרעסערע סומען זאלען געשאפען ווערען פאר דיזען צוועק בכדי דער קאמפיין זאל געקרוינט ווערען מיט דעם געוו[א]ונשענעם ערפאלג.

עס איז איצט צייט, ווען ניט נאר די וועלכע געפינען זיך אין די ארמ[עי] – באויר בים וביבשה – דארפען רחמי שמים פאר זייער שמירה און הצלחה נאר אויך מיר אלע דא מיט אונזערע פאמיליעס, קינדער און אייניקלעך דארפען רחמים גדולים און א שמירה מעולה פון אונזערע פיינד וועלכע לויערען אויף אונזער לעבען און פארמעגען אויך אין די מדינה, און די איינציגע בעשיצונג און הצלה איז דורך שמירת והחזקת התורה.

איך האף אז איהר וועט ערפילען מיין בקשה און טאהן אלעס מעגליכע אז דער קאמפיין זאל זיין מיט הצלחה אום צו בריינגען א גרויסע מאטעריעלע הילף מיינע הייליגע ישיבות תומכי תמימים.

ובגלל הדבר הזה ישפיע השי״ת לכבודו ולכל העוזרים על ידו ולכל המנדבים יחיו וב״ב יחיו שפעת חיים וברכה מרובה בגשמיות וברוחניות.

והנני ידידו הדו״ש ומברכו.

ב'תקפד

ב"ה ט' טבת תש"ה
ברוקלין

ידידיי הנכבדים והכי נעלים, וו"ח אי"א מוה"ר יהודה ליב שי' הלוי הורוויט[ץ], מוה"ר משה ראובן שי' טארעץ ומוה"ר יהושע שי' ענים

שלום וברכה!

ידידי עוז הרה"ג הנודע לשם תהלה ותפארת בתוככי כבוד רבני אנ"ש, עסקן חרוץ ובעל פעולות כבירות בהרבצת דרכי החסידים והחסידות, בעל מדות טובות וו"ח אי"א מוה"ר ישראל שליט"א דזייקאבסאהן, מסר לי מההתעוררות הטובה להתעסק בדרכי החסידים בהנוגע אל המעמד, הנני בזה לברכם כי ישפיע השי"ת להם ולכל המשתתפים בזה שפעת חיים וברכה מרובה בגשמיות וברוחניות, ובגלל זאת יזכם השי"ת להוסיף אומץ ולהצליח בעבודתם הק' בהחזקת מרכז ישיבות תומכי תמימים ליובאוויטש אשר ממנה בעזה"י תצא אורה בתורה ועבודה לכל ישראל מחבבי תורה ומצוה, וברוכים יהיו כל המשתתפים בהחזקתה.

ידידם הדו"ש ומברכם

יוסף יצחק

ב'תקפד

נעתקה מהאגרת שבאוסף המכתבים.

מוה"ר . . הורוויטץ: אגרות נוספות אליו — לעיל ב'קצט, ובהנסמן בהערות שם.

ב׳תקפה

ב״ה עשרה בטבת תש״ה
ברוקלין

ידידי הנכבד אי״א מו״ה אלחנן שי׳

שלום וברכה!

מיין ד״ר מיט די 2 פראפעסארען וואס האבען מיך עקזאמינירט די טעג האבען מיר פארזאגט צו רוהען נאך צוויי־דריי וואכען און ניט אויפנעמען קיין מענשען אבער זיי האבען מיר ערלויבט אויפצונעמען מיינע גאר נאהענטע פריינד וואס מיין זעהען זיך מיט זיי וועט מיר שאפען פערגעניגען בתנאי אז איך זאל זיך ניט אנשטרענגען צו ריידען, איך וואלט זעהער זיין צופרידען צו זעהען ידידנו היקר מר סטולמאן און אייך ידידי יחיו אויף א קורצע צייט, אויב מעגליך אי״ה קומענדיגען דאנערשטאג אום 8 אוהר אווענד.

ידידו הדו״ש ומברכו.

ב׳תקפו

ב״ה י״א טבת תש״ה
ברוקלין

ידידי עוז הרב וו״ח אי״א מוה״ר מרדכי שי׳

שלום וברכה!

במענה על כתבו. הרשימה נחוצה לי מטעמים עקריים. הייתי חפץ

ב׳תקפה

נעתקה מהעתק המזכירות [א׳תרכב].

מו״ה אלחנן: כהן. אגרות נוספות אליו — לעיל ב׳קפו, ובהנסמן בהערות שם.

פארזאגט צו רוהען: ראה לעיל אגרת ב׳תקעה, ובהנעתק בהערות שם.

ב׳תקפו

נעתקה מהעתק המזכירות [א׳תריד].

מוה״ר מרדכי: מענטליק. אגרות נוספות אליו — לעיל ב׳שמג, ובהנסמן בהערות שם.

הרשימה: ראה לקמן אגרת ב׳תקצא, ובהנסמן בהערות שם.

לסדר בעזה״י התועדות הרמי״ם והתלמידים לשוחח בעניני תורה כפי אשר דברנו, והייתי חפץ לדבר עם ידי״ע בזה אבל מפני אזהרת הרופאים למעט בדבור במשך איזה שבועות, הנני מוכרח לכתוב; א) רשימת המתועדים. ב) אם יש לחשוב בין המתועדים את ידי״ע הרב זלמנוב, הרב כץ – גיסו – והרב טענענבוים. ג) איך יהי׳ הסדר אם כולם ישוחחו בענין אחד אשר יבחר בו ויודיע את הענין כשבועות שתים מקודם באופן אשר כל אחד יוכל לעיין בענין ההוא מקודם ולהכין את חדושיו, או אשר כל אחד מהמתועדים ירציא באיזה ענין שיחפוץ, יקשה או יתרץ איזה צ״ע מהגאונים. ד) אם יספיק הזמן אשר ההתועדות הראשונה תתקיים ביום כ״ד טבת הבע״ל. הנני מחכה לתשובתו.

הנני מבקשו אשר כללות ההצעה תהי׳ בסוד גמור עד יום פרסומה.

בשם כ״ק אדמו״ר שליט״א
מזכיר.

ב'תקפז

ב״ה י״ב טבת תש״ה
ברוקלין

ידי״ע הרה״ג וו״ח אי״א מוה״ר שמואל שליט״א הלוי

שלום וברכה!

במענה על כתבו אודות העתקת מכתבי השני, נכון הוא.

בדבר אבידת ידידי . . . שי׳, ע״פ דין א״צ להתייאש ויתן אל לבו סבת דבר האבידה ויתעורר בהתעוררות הראוי׳, והשי״ת יעזר לו בכפלי כפלים ויתן לו פרנסה טובה בהרחבה . . .

עובדא הוה באחד החסידים ממקושרי הוד כ״ק אדמו״ר צמח צדק

אזהרת הרופאים למעט בדבור: **ראה לעיל אגרת ב'תקפה, ובהנעתק בהערות שם.**

ב'תקפז

נדפסה בס' התולדות ח״ד ע' 269, והושלמה והוגהה ע״פ העתק המזכירות [א'תרל].

מוה״ר שמואל: **לויטין. אגרות נוספות אליו — לעיל ב'ריט, ובהנסמן בהערות שם.**

זצוקללה״ה נבג״ם זי״ע, הגביר החסיד ר׳ שמואל פנחס נ״ע לעווין מהאמליא שהי׳ אחד מחשובי הגבירים מאנ״ש בהאמליא ומסחרו הי׳ במרגליות ובהלואות לבעלי האחוזות, בנוהג שבעולם בזמן ההוא שהמלוים הישרים היו נותנים את שטרותיהם בלתי כתובים על זמן ידוע ועל שם האיש, בכדי שיוכלו להשתמש בשטרות אלו לכמה הלואות.

פעם אירע אסון נורא להגביר החסיד רש״פ הנ״ל שגנבו אצלו תכריך שטרות על סכום מסוים, וירץ אל הרה״ג ר׳ אייזיק מהאמליא נ״ע להגיד לו את צערו, ולפי החק אסור להחזיק שטרות בלתי כתובים וחתומים – מפני שזהו הברחת מס שעל השטרות – ולכן לא הי׳ יכול להודיע אל הבולשת שיחקרו ויחפשו אחרי הגנבים. יחד עם השטרות גנבו גם מחרוזת מרגליות, וייעץ לו הרי״א נ״ע שיסע תומ״י להוד כ״ק אאזמו״ר צמח צדק ויזדרז בנסיעתו ככל האפשרי.

הגביר החסיד רש״פ שכר עגלה מהירה ויסע במהירות גדולה ויבא לליובאוויטש בהשכמה, וכמנהג יחידי סגולה מהגבירים היתה האכסניא שלו אצל החסיד הגבאי ר׳ חיים בער ז״ל. כשראה רח״ב את האורח שבא בהשכמה – כי על דרך הרגיל היו נוסעים בהפסקות מנוחה במקומות קבועים – ומראהו רע, התעצב במאד.

אצל הוד כ״ק אדמו״ר צמח צדק היו זמנים קבועים אשר בהשכמה הי׳ אומר שיעור קבוע תהלים – פעם אמר להוד כ״ק בנו אדמו״ר מהר״ש זצוקללה״ה נבג״ם זי״ע, זמנים קבועים זאג איך תהלים בהשכמה בכדי משתתף צו זיין זיך מיט די מארק אידען, דארפס הענדלער, חברה פ״צ – פועלי צדק – שוסטער, שניידער, און קצבים וואס זאגען תהלים בהשכמה, ואמר הוד כ״ק אאזמו״ר מוהר״ש לכ״ק אאמו״ר הרה״ק זצוקללה״ה נבג״ם זי״ע, אזא הרגש פנימי ועצמי אין מעלת ישראל א איד ווילע ער איז א איד קען נאר א רבי וואס גייט ארום אין היכלות שלמעלה ווי בא זיך אין דער היים, רשימת תרנ״ו –.

החסיד רח״ב הציע להאורח רש״פ שילך עמו והוא יכניסו לחדרו – שהי׳ סמוך לחדר הוד כ״ק אדמו״ר צמח צדק – ויוכל לשמוע את אמירת התהלים של הוד כ״ק אאזמו״ר צמח צדק. החסיד רש״פ הודה להרח״ב עבור זה וילך עמו ובשמעו את אמירת מזמורי תהלים של הוד כ״ק אאזמו״ר בדביקות גדולה ובהשתפכות הנפש בכה במר נפשו, ואחרי טבלו במקוה התפלל כדרכו במתינות.

כשנכנס הרש״פ ליחידות סיפר להוד כ״ק אאזמו״ר את דבר

הגניבה של מחרוזת המרגליות ששוי׳ סכום הגון והעיקר השטרות העולים לסכום מסוים שיוכל ח״ו להרוס את כל מצבו לגמרי וישאר עני ממש, ויבך במר נפשו.

הוד כ״ק אאזמו״ר הואיל לומר לו.

אתה מצטער ובוכה על אשר גנבו אצלך מחרוזת מרגליות ששוי׳ סכום נכון, ושטרות בסכום מסוים, ואין אתה מצטער ובוכה על הסבה שגרמה את הגניבה, הגניבה היא רק מסובב מסיבה שהוא עונש, ותמורת עונש גופני מחליפים בעונש ממון, וע״פ תורה אינו צריך להתייאש, ויתן אל לבו סבת הדבר ויפשפש וימצא מה לתקן. יסע בו ביום חזרה דרך באברויסק וישתדל בכל אופני זריזות לשבות במלון האחרון שלפני באברויסק ומשם יסע לבאברויסק ויתעכב שמה כמעת לעת והשי״ת יצליח לו.

כשיצא הרש״פ מהיחידות לא התעכב אפילו שעה ויזדרז בנסיעתו יומם ולילה עד כי בא בעש״ק כשעה קודם הדלקת הנרות של שבת אל המלון האחרון שלפני באברויסק, ויסר אל אחד משתי האכסניות שהיו שם, ולהיותו עיף מאד הנה כשבא מביהכנ״ס קידש ויאכל את סעודת השבת וישכב לנוח, אבל שנתו הופרעה ממנגינות להקת שכורים בחדר השני שנגנו ורקדו ובעה״ב לא יכול להשקיטם, וכה שתו לשכרה כל יום השבת ומוצאי שבת עד יום הראשון לעת צאת עגלת הפאסט לבאברויסק.

אחד השיכורים הכיר בהגביר הרש״פ שמראהו כאחד הסוחרים הגדולים ויאמר לו אשר הוא וחבריו המה ילידי מאסקווא וסוחרים באב״ט ומרגליות והם נוסעים עכשו לבאברויסק לרגלי מסחרם כי נזדמן להם לקנות חבילת סחורה על סכום מסויים, אבל אין להם כסף מזומן רק שטרות של קונים שלהם, רובם בעלי אחוזות מפורסמים ורוצים המה למכור את השטרות בניכוי אחוז ידוע, ואם יודע הוא איש עשיר שיקנה את השטרות יוכל להרויח יפה.

כשמוע הרש״פ את דברי השכור הנה תיכף עלה בדעתו אשר אלו הם שטרותיו, אבל התאפק להיות במנוחה, ויען כי בעיר באברויסק אפשר למצא רק שני אנשים עשירים גדולים שיוכלו לקנות את השטרות והם ממכריו שעושה עמהם סחורה, וכמובן שצריך לדעת תחלה את פרטי המכירה, כמה עולה סכום השטרות ואיזה אחוז הם רוצים לנכות, ואז ידע איך להציע הדבר אל הגבירים.

נימוסו ודבורו של רש"פ עשו רושם על האיש ויאמר אשר אף כי העיקר במסחרם הוא חברו – ששכב שכור – והשטרות הם אצלו וגם מעט סחורה, אבל בטח הוא כי יסכים על השתדלותו בזה, וטוב לענין המסחר אשר הם יסורו בבאברויסק באכסניא שלו שהיא בטח אכסניא טובה, ושמה יראו לו את השטרות ואת הסחורה ובטח יגמרו את המסחר והוא – הרש"פ ירויח בטוב.

רש"פ שהי' מכיר את באברויסק בחר באכסניא טובה, וכשנחו מעמל הדרך הביא האיש את תכריך השטרות ויספור וימנה, וירא הרש"פ כי לא חסר אף שטר אחד, ואח"כ הראה האיש לרש"פ איזה מחרוזות מרגליות – וביניהן גם זו שנגנבה אצלו – ותכריך אבנים טובות, ויתבונן רש"פ במה שלפניו, ויאמר שטרות אלו הם חריפים למכירה ולדעתו אין צריכים לנכות הרבה ויבטיח להם כי בעוד איזה שעות יביא את אחד הסוחרים הגדולים לגמור את העסק.

הרש"פ שהכיר יפה את בעל האכסניא – להיותו גם הוא ממקושרי הוד כ"ק אאזמו"ר צמח צדק ומכירו לדעתן – סיפר לו על אודות הגניבה ועל אדות נסיעתו להוד כ"ק אאזמו"ר לליובאוויטש ועצתו ויגלה לו על אודות האנשים השיכורים אשר בטח הם חברי גנבים.

הבעל אכסניא ר' משה מעשיל הי' שמו חוה דעתו כי תחלה צריכים לקחת מהם את השטרות ואת המרגליות של רש"פ ואח"כ יתיישב מה לעשות עמהם כי יש לו יד בהמשטרה, ואיך לסדר הדבר יתיישב עם בניו ובן אחיו אשר עמו בבית, וכעבור שעה קלה והצעירים התועדו על אודות הדבר הזה ויחר אפם מאד ויכנסו אל חדר האורחים ויכסו את ראשיהם בשקים ויקשרו את ידיהם ורגליהם באופן שלא יכלו לזוז ולא להשמיע קול, ויבדקו בכליהם וימצאו את השטרות ואת מחרוזת המרגליות של רש"פ וימסרו לו, וימצאו עוד מחרוזת מרגליות ואב"ט ובאחת התיבות מצאו סכינים גדולים, מפתחות ושאר כלי גנבים ותעודות מזויפות ויאמרו למסור להמשטרה, אמנם להיות היום הראשון ופקיד המשטרה שובת ביום הראשון הניחו את הדבר ליום המחרת.

הבעל אכסניא אמר לרש"פ שיסע לביתו, אבל הרש"פ אמר לו שיתעכב בעיר עד מחר בקר כי כה הגיד לו הוד כ"ק אאזמו"ר להתעכב בבאברויסק כמעל"ע.

בערב פגש אחד מפקידי המשטרה באחד מבני הר"מ מעשיל ויספר

לו כי מהומה בהמשטרה כי בא רץ מיוחד מהמשטרה דעיר מינסק בהודעה כי לפני שני ימים גנבה חברת גנבים מביתו של אחד מבע״ב האחוזות אבנים טובות על סכום גדול ועקבותיהם לא נודעו ורבים נשלחו לכל העירות הסמוכות לחפש אחריהם.

הבעל אכסניא ר״מ מעשיל הלך אל פקיד המשטרה ויספר לו כי בבקר באו אליו שני אדונים עם חבילות רבות, אחד מהם הי׳ שכור מאד והשני שתה לשכרה, והטיל חשד עליהם, וכשישנו את שינת הצהרים בדק את אחת החבילות וימצא שם סכינים גדולים מפתחות ותעודות מסע על שמות שונים ויאמר להודיע לו אמנם מפני שלא חפץ להפריע את מנוחתו ביום הראשון דחה הדבר ליום המחרת ובכדי שלא ימלטו אסרם בחבלים ועתה בא להודיע לו, ובטח יקחם אל המשטרה בחשאי בכדי שלא יתפרסם בעיר כי באכסניא שלו נמצאו גנבים.

פקיד המשטרה הודה לר״מ מעשיל על אשר עשה וילך עם להקת שוטרים ויאסר את האנשים וביום השני בקר הוליכו את הגנבים אסורים בכבלי ברזל למינסק, ואז נסע רש״פ לביתו להאמליא – רשימת תרנ״ח –

בשם כ״ק אדמו״ר שליט״א
מזכיר.

ב׳תקפז*

ב״ה י״ג טבת תש״ה
ברוקלין

אל ידידינו מתפללי בית הכנסת שערי תפלה בני ראובן וידידי עוז הנכבד והכי נעלה, עסקן חרוץ, וו״ח אי״א מוה״ר פנחס שי׳ היו״ר, וסגניו ידידיי הנכבדים בראשם, ה׳ עליהם יחיו

שלום וברכה!

במענה על מכתבם המבשר דבר חגיגת הכתרת ידידי עוז הרב

ב׳תקפז*

נעתקה מהעתק המזכירות [א׳תרנה].

מוה״ר פנחס: **האפמאן.**

הכתרת . . הערשבערג: **ראה לעיל אגרת ב׳שעא, ובהנסמן בהערות שם. שתי האגרות שלאח״ז.**

תצו אגרות־קודש (ב׳תקפז*)

הגאון המפורסם והנודע לשם תהלה ותפארת בתוככי גאוני יעקב, בעל מדות תרומיות, גזע היחס וו״ח אי״א מוה״ר אברהם מרדכי שליט״א הערשבערג לרב ומנהיג רוחני בבית הכנסת שערי תפלה בני ראובן למזל טוב, הנני בזה לברכם בברכת מזל טוב, מזל טוב! ואשר כולם כאחד יושלבו לשמוע להוראת מורם ורבם הרה״ג הנ״ל, ואשר לרגליו יתברכו הם ובני ביתם יחיו בכל מילי דמיטב מנפש ועד בשר.

והנני ידידם עוז הדו״ש ומברכם.

ב׳תקפז**

ב״ה י״ג טבת תש״ה
ברוקלין

ידידי עוז הרב הגאון המפורסם והנודע לשם תהלה ותפארת בתוככי גאוני יעקב בעל מדות תרומיות, גזע היחס, וו״ח אי״א מוה״ר אברהם מרדכי שליט״א הערשבערג

שלום וברכה!

בזה הנני לברך את ידידי עוז בברכת מזל טוב לרגלי קבלתו את כתר הרבנות וההנהגה הרוחנית בבית־הכנסת שערי תפלה בני ראובן למזל טוב, יתן השי״ת אשר תהי׳ בשעה טובה ומוצלחת וינהל את ידידיי עוז, עדתו הק׳, על מבועי דחוכמתא, ויחזק השי״ת את בריאותו ואת בריאות ב״ב יחיו ויצליח לו בעבודתו הק׳ ולרגליו יתברכו ידידיי עוז קהל עדתו בתוך כאחב״י שי׳ ברוב טוב בגשמיות וברוחניות.

והנני ידידו הדו״ש ומברכו.

ב׳תקפז****

נעתקה מהעתק המזכירות [א׳תרנו]. ראה אגרת שלפנ״ז, ובהנסמן בהערות שם.

ב׳תקפז***

ב״ה י״ג טבת תש״ה
ברוקלין

ידידי עוז הרב הנכבד והכי נעלה, בעל פעולות כבירות בהרבצת תורה ביראת שמים, בעל מדות תרומיות, וו״ח אי״א מוה״ר משה ליב שי׳ ראדשטיין, מנהל אגודת חסידי חב״ד בעי״ת שיקאגא והגליל יע״א

שלום וברכה!

בזה הנני ממלא את ידו להיות בא כחי ובא כח אגודת חסידי חב״ד להשתתף בחגיגת הכתרת ידידי עוז הרב הגאון הנודע לשם תהלה ותפארת בתוככי גאוני יעקב גזע היחס בעל מדות תרומיות וו״ח אי״א מוה״ר אברהם מרדכי שי׳ הערשבערג לרב ומנהל רוחני בבית הכנסת שערי תפלה בני ראובן בעי״ת שיקאגא יע״א ויתן השי״ת שיהי׳ בשעה טובה ומוצלחת בגשמיות וברוחניות.

ידידו הדו״ש ומברכו.

ב׳תקפח

ב״ה ט״ו טבת תש״ה
ברוקלין

אל ידידי עוז, צמודי לבבי אהובי נפשי, הרמי״ם בישיבות תומכי תמימים־ליובאוויטש, אחי־תמימים ליובאוויטש, וחדרי תורה־תמימה־ליובאוויטש
ה׳ עליהם יחיו

שלום וברכה!

בהמשך לשיחותי בעניני חינוך והדרכה מימי המועדים, הנה מן

ב׳תקפז*

נעתקה מהעתק המזכירות. ראה לעיל שתי האגרות שלפנ״ז.

ב׳תקפח

חלקה נדפסה בקובץ ליובאוויטש גליון 6 ע׳ 3. ובשלימות שם גליון 15 ע׳ 39. ס׳ השיחות תש״ה ע׳ 135. תומכי תמימים ע׳ שמו.

המכתבים שהנני מקבל מתלמידי היקרים הרבנים הנעלים, המורים והמנהלים ישיבות אחי תמימים-ליובאוויטש, נוכחתי לדעת אשר עוד טרם יודעים המה את האחריות הגדולה העמוסה עליהם לרגלי עבודתם הקדושה בחינוך והדרכה, ולכן חפצתי לבוא עליהם בכתובים. אמנם לרגלי חלישות בריאותי לא יכולתי למלאות את חפצי זה, ואחרי-כך הנה – ל"ע ול"ע – נחליתי, והשי"ת ברוב חסדיו הקימני מחליי, וגם עתה הנני חלוש עדיין לבוא בארוכה כראוי לענין חשוב כזה אשר שליחות נשמות ישראל תלוי בו.

אמנם לגודל חשיבות ענין ההתעסקות בחינוך והדרכה ע"פ תורה בכלל וע"פ אהבת ישראל ותורת החסידות בפרט, הנני מזדרז לכתוב לכה"פ בקיצור, בתקוה טובה להשי"ת לתועלת מרובה.

ועוד תגדל שמחת נפשי לשוחח עם פרי עץ הגן האלקי, כרם חמד תלמידי ישיבת תומכי תמימים-ליובאוויטש, אהובי ידידי צמודי לבבי, יברכם השי"ת בכל מכל כל בגשמיות וברוחניות, ובכל יום ויום הנני מתחנן לאלקי מרום יתברך כי יאהיל עליהם זכותו הק' של הוד כ"ק אאמו"ר הרה"ק זצוקללה"ה נבג"ם זי"ע מייסד ישיבת תומכי תמימים ונשיאה הנצחי, אשר תלמידי תומכי תמימים ליובאוויטש בכל המדינות וכל סניפי' בכל העיירות, מהתלמידים היותר גדולים היושבים בבתי המדרש של הישיבות עד התלמידים היותר קטנים המתחנכים בישיבות אחי-תמימים וחדרי תורה, ה' עליהם יחיו, וכל התלמידים הרבנים העוסקים בלימוד חינוך והדרכת התלמידים יחיו בישיבות אחי-תמימים וחדרי-תורה תמימה יצליחו בלימודם ובעבודתם הקדושה, ויתרבה גבולם מתלמידים בעלי כשרונות ומקבלי עול מלכות שמים, שוקדים בלימוד ובהנהגה טובה ופעולות הרמי"ם יהיו נכרות לא רק בתלמידיהם יחיו כי אם גם בכללות העיר בהרמת קרן תורה תמימה במדות טובות באהבת ישראל ודרכי החסידות והחסידים, ובגלל זאת יתברכו הרמי"ם בכל טוב גשמי ורוחני ויסתדרו בסדר חיים מאושרים בגשמיות וברוחניות.

אביר הגאונים הרב החסיד ר' יצחק אייזיק נ"ע מהאמליע סיפר למורי ורבי הרב החסיד הרשב"ץ נ"ע, אשר בעת שהוד כ"ק אדמו"ר הזקן אמר לו לקבל משרת רבנות אמר לו ביחידות ההיא:

אתה הולך להעשות רב בישראל ולקבל עליך כהונת הרבנות, הנה חוץ מזה שעליך לקבל ולהשגיח ולהורות בכל הדינים וההנהגות בכל מקצועות החיים של אנשי הקהילה בהנוגע להלכות ודינים

שבארבעה חלקי השו״ע, הנה עליך עוד לדעת כי זכותי הקהילה וחטאי׳, במדות טובות ורעות ובהנהגות טובות ורעות תלוים ברב העיר, כי עליו יביטו בשבע עינים, וממנו יתלמדו אנשי הקהילה להיטיב ולהרע, וזכויותיהם וחטאיהם תלוים בו.

החסיד ר׳ נחמי׳ זלמן משוינצאן הי׳ תלמידו וחניכו של החסיד הידוע ר׳ מיכעלע מאפאצק – אחד מגדולי חסידי אדמו״ר הזקן נ״ע – והי׳ בעל כשרון נפלא בהעמקה וכל ענין בין בנגלה ובין בדא״ח הי׳ מחדש בו ענינים עמוקים, אבל הי׳ מתבודד בטבעו.

החסיד רנ״ז הי׳ מסודר נפלא ושומר הזמן לרגעים ממש. ודרכו הי׳ להתפלל שחרית – בחול ובש״ק וביו״ט – בשעה תשיעית בקר, אחרי הכנה של התבוננות כשש שעות כשטליתו על כתיפו, ומתפלל כשש שעות. בקיץ, הי׳ הולך לביתו לאכול סעודת היום ולנוח כשעתיים, ובחורף הי׳ מתפלל מנחה ומעריב ג״כ באריכות כדרכו, ואח״כ הי׳ הולך לבית לאכול ולנוח מעט. וככה התנהג שנים הרבה.

החסיד רנ״ז הי׳ נוסע לליובאוויטש להוד כ״ק אאזמו״ר בעל צמח־צדק זצוקללה״ה נבג״ם זי״ע, ועל דרך הרגיל הי׳ מתעכב בליובאוויטש כחמשה ששה שבועות וחג השבועות באמצע, והי׳ מהיושבים ראשונה בשלחן התורה שהיו מזמינים את הרבנים האורחים הבאים על חג השבועות לליובאוויטש לסעודת יו״ט ביום הראשון דחג השבועות, ביום ההילולא של מורנו הבעש״ט נ״ע.

בסעודה זו הנה מלבד המאמר חסידות שהי׳ הוד כ״ק אאזמו״ר הרה״ק בעל צמח צדק אומר, ומלבד איזה סיפורים שהי׳ מספר ממה ששמע מהוד כ״ק זקנו אדמו״ר הזקן נ״ע אודות מורנו הבעש״ט נ״ע ואודות מורנו הרב המגיד ממעזריטש נ״ע, הנה מלבד זאת הי׳ הוד כ״ק אאזמו״ר הרה״ק צמח צדק משתעשע עם הרבנים הגאונים בדברי תורה בנגלה והי׳ מפליאם בחידושיו הגאוניים.

בקצה העיר ליובאוויטש ברחוב זארעטשיע, כשלש מאות צעדים בדרך העולה להאחוזה האנאראווע, בהר משמאל הדרך, הי׳ יער קטן מאילני סאסנע, באורך כרבע פרסה וברוחב כשמינית פרסה, ושם סוכה קלועה מענפי אילנות ומתחת ההר עובר נחל קצר כארבע אמות ועמוק כחצי קומת איש ומימיו מפכים במרץ, וביער הזה קנה לו שביתה החסיד רנ״ז בכל משך היום – בימי החול – משעה השני׳ אחרי חצות הלילה עד כשעה או שעתיים קודם תפלת ערבית.

הזמן הקבוע לקבלת חסידים ליחידות הי׳ בקיץ כארבע חמש שעות קודם תפלת ערבית, ובחורף בערך זה אחר תפלת ערבית. וכידוע אשר עד שנת תרי״ג-תרי״ד – שהתחילו המלשינות הגדולות מצד המשכילים – הי׳ נוהג המנהג הקדום של יחידות-מחול – דער יחידות טאנץ – אשר כל חסיד וחסיד אשר זכה להתקבל לראיון ליחידות הנה בצאתו את פני הקדש הי׳ משתתף בהריקוד, וריקוד זה הי׳ יקר וחביב מאד לכל החסידים ועבודתם היתה לעמוד בעיגול סביב המרקדים – שהיו רק אלו שנכנסו ליחידות – לנגן ולהכות כף אל כף לפי טעם הניגון. וגם החסיד רנ״ז המתבודד הי׳ תאב וכוסף להתענג על המחזה הכי-נשגב של התגברות הצורה על החומר.

אחר שסידר הרנ״ז תיקון-חצות הי׳ הולך אל היער הנ״ל וטובל בנחל ויושב לו להתבונן בעניני תורת החסידות קודם התפלה ומתפלל לו כדרכו, ואחר התפלה הי׳ נוטל ידיו ממימי הנחל ואוכל סעודתו פת במלח ומים קרים ונח כשעה ועוסק בלימוד ואח״כ התפלל מנחה וחוזר העירה.

ככה נהג כל ימות החול מיום הראשון עד יום החמישי.

כארבעים שנה ישב הרנ״ז על שלחן חותנו החסיד ר׳ גבריאל שלמה חנוני בעיר גריווא פרור עיר דענענבורג, אחד מחסידי הוד כ״ק רבנו הזקן נ״ע, איש אמיד ומושפע בפרנסה, בינוני בידיעת התורה בנגלה ובדא״ח, אבל הי׳ מבעלי עובדין טבין, בהכנסת אורחים ובצדקה ברוח נדיבה ובעין-יפה, ואח״כ הי׳ הרנ״ז מתפרנס מעסק אשתו באופן אשר מעולם לא עסק בשום ענין של פרנסה אלא עסק רק בתורה ועבודה ביגיעת בשר ויגיעת נפש והי׳ אחד מגדולי הגאונים בנגלה ומשכיל נפלא בידיעת תורת החסידות, ובעל-מדריגה גדולה בעבודה שבלב.

הוד כ״ק אאזמו״ר הרה״ק מוהר״ש זצוקללה״ה נבג״ם זי״ע, שהי׳ מכיר את הרנ״ז הי׳ מפליג מאד בשבחו, ויספר להוד כ״ק אאמו״ר הרה״ק זצוקללה״ה נבג״ם זי״ע כי כמה פעמים הי׳ הולך בהחבא אל היער אשר הרנ״ז הי׳ יושב שמה להסתכל – מבין חרכי הסוכה – בפניו של הרנ״ז בשעה שהי׳ מתעמק בענין של חסידות, עיניו היו עצומות ופניו לוהטים וכולו מרחף בשמי מרום, מופשט מכל עניני עולם והרגש גופני.

ובזה הנני נותן לפניכם יקיריי קטע משיחה קדושה שזכיתי לשמוע מהוד כ״ק אאמו״ר הרה״ק זצוקללה״ה נבג״ם זי״ע באחד הטיולים בקיץ תר״ס בנאות דשא סערעברינקע.

וזה דבר השיחה:

באחד היחידות דשנת תרל״ח של הוד כ״ק אאמו״ר הרה״ק אצל הוד כ״ק אביו אאזמו״ר הרה״ק מוהר״ש, הואיל הוד כ״ק אאזמו״ר הרה״ק לבאר אשר כללות ענין ירידת הנשמה בגוף הוא לא רק מצד העבודה לעצמו בתורה ועבודה במס״נ בפועל שהוא – העובד – עוסק רק בתורה ועבודה במדריגת צדיק גמור, הנה עדיין אינו ממלא בזה את חובת שליחות נשמתו לעלמא דין, והשליחות היא בדרך סכנה ממש ובפרט ההלבשה בנפש הטבעית וביותר ההלבשה בנפש הבהמית, ובכל זה הנה אב הרחמן שולח את הנשמה לרדת להתלבש בגוף לא רק גשמי אלא גם חומרי ובהתלבשות דנה״ט ונה״ב בשביל לזכך את חומריות העולם ולעשות את גשמי׳ העולם כלי לאלקות, והוא ע״י ההתעסקות בעבודת הבירורים בעצמו וגם לעורר את זולתו להתחזק בעבודה זו.

ביחידות ההיא הואיל כ״ק אאזמו״ר הרה״ק לספר להוד כ״ק אאמו״ר הרה״ק על אודות החסיד רנ״ז הנ״ל והפליג בשבחו במאד מאד ויסיים לאמר:

דאס איז אלץ א עבודה פרטית, גוט פון א יחיד וואס דורך זיין גרויסע עבודה אין תורה ומצות בכל הכוונות ביגיעת נפש ויגיעת בשר איז ער עולה בעילוי אחר עילוי, אבער דאס איז מער ניט ווי א עבודה פון א יחיד, וואס ניט **נאר** דאס איז די כוונה פון ירידת הנשמה בגוף. דער בעש״ט נ״ע האט מגלה געווען אז די כונה פון ירידת הנשמה בגוף איז אויף ליכטיג מאכן די וועלט דורך עבודת הרבים דוקא, יעדער איינער באדארף טאן אויך בהנוגע דעם צווייטן, און דאן איז זכות הרבים תלוי בו, ובפרט א רב, מ״ץ ומלמד וואס זיי זיינען די רועי ופרנסי ישראל זיי דארפן האבין מסירות-נפש אויף לזכות את הרבים, לבד זאת וואס זיי באדארפן זיין בעלי עבודה לעצמם – לטובת עצמם – באדארפן זיי זיין בעלי עבודה ובעלי מדות טובות אז מען זאל זיך אפ-לערנען פון זיי דעם ענין העבודה בכלל און מדות טובות בפרט. החסיד רנ״ז וסייעתו ובני-גילו זיינען גרויסע חסידים, למדנים, משכילים און עובדים. אבער ניט נאר דאס איז די כוונה העליונה אין ירידת הנשמה בגוף, די כונה העליונה אין ירידת הנשמה בגוף איז די עבודה פון החסיד ר׳ יוסף הלל דער דרויער דרדקי מלמד און החסיד ר׳ שמואל חיים דער לוצינער רב וסייעתם ובני-גילם.

המלמד ר׳ יוסף הלל מדרויע הי׳ מחונך ומודרך מאת זקני החסידים בדרויע אשר קבלו את חנוכם והדרכתם מאת חסידי הוד

כ״ק אדמו״ר הזקן, אשר תכלית ועיקר הכל הוא להשפיע מרוחו הטוב בעבודה ותקון המדות ואהבת־ישראל גם לזולתו.

החינוך הזה וההדרכה הזאת פעלה על המחונך והמודרך יוסף הלל אשר אף כי הוא בעל כשרון ולמדן גדול, בכל זה בחר להיות רק מלמד דרדקי – אף שהי׳ מתפרנס בטוב יותר אם הי׳ לומד עם תלמידים גדולים – בכדי לקבוע בלבותיהם של התינוקות חיבת התורה ויראת־שמים. וזה כחמישים שנה שהוא עוסק במלמדות והעמיד גדודים גדודים תלמידים יראי־אלקים.

דאס וואס יוסף הלל דער מלמד דרדקי האט נוטע געווען אין די קינדערשע הערצער, וועלן כל הרוחות שבעולם ניט נאר ניט אויסרייסן נאר אפילו ניט אפשוואכן, און דאס איז די כוונה פון ירידת הנשמה בגוף, מאכן אידן פאר אידן ווי השי״ת וויל.

די שטעטיל לוצין, ניט גיקוקט אויף דעם וואס דארט זיינען געווען גרויסע חסידים משכילים און בעלי־עבודה, זיינען דאס רוב בעלי־בתים און בפרט דער המון געווען זייער פארגרעבט, בעלי־מחלוקת, בעלי־רכילות, בעלי־קנאה ומדות רעות, איינער דעם אנדערין האט מלשין געווען און יורד לחייו געווען.

אין יאהר תרכ״ז האבן חסידי לוצין געבעטן איך זאל זיי שיקן א רב, האב איך זיי געשיקט את החסיד ר׳ שמואל חיים המלמד מטשאריי וואס האט געהאט סמיכה פון גדולי הוראה.

החסיד רש״ח איז א מופלא במדות טובות און גאר א גרויסער אוהב את הבריות, זייענדיק אין טשעריי האט ער זיך עוסק געווען אין חינוך והדרכה פון די חסידישע יונגע־לייט און האט שטארק מצליח געווען.

קומענדיק אין לוצין איז ער גיווארן שטארק פאר עגמת־נפש׳ט און זייער צוטראגן פון דעם שפלות המצב פון די בעלי־בתים און דעם המון, דאך האט ער זיך ניט פארלארן און זיך גענומען צום חינוך והדרכה ארבעט, אויסצוראמען דעם רע און אריינברייננען אור, און אין משך פון פינף זעקס יאהר מס״נ ארבעט מיט די גרעסטע סבלנות האט הרש״ח איבער־געמאכט די בע״ב און דעם המון פון לוצין.

די מסירות־נפש עבודות פון דעם לוצינער רב און דער דרויער מלמד ובני־גילם, דאס איז די אמת׳ע כוונה פון ירידת הנשמה בגוף און די עובדות מאכן אידל ליכטיג די וועלט.

הוד כ״ק אאמו״ר הרה״ק הואיל להסביר לי בביאור ארוך ומסודר את תוכן ההבדל בין עבודת היחיד דעבודת החסיד רנ״ז ובני גילו, ובין עבודת הרבים, בעבודתם של הרב רש״ח והמלמד רי״ה ובני גילם, דעם היות דעבודת שניהם היא במס״נ, הנה לבד ההבדל הכללי בין עבודת עלוי היחיד לעבודת עלוי הרבים, הנה הם חלוקים גם בענין המס״נ שלהם, דמס״נ דעבודת היחיד היא מס״נ לטובת עצמו ותענוג נפשו והמס״נ דעבודת הרבים הוא מס״נ לטובת הרבים והנחת עצמו.

הוד כ״ק אאמו״ר הרה״ק דיבר בארוכה במעלותיו של ר׳ עקיבא ואברהם אבינו, שניהם בעלי השכלה בהשגת אלקות, אברהם אבינו התחלת שני אלפים תורה, ור׳ עקיבא נכנס בשלום ויצא בשלום, ושניהם מסרו נפשם על קידוש השם, אמנם הבדל רב בין המס״נ דר׳ עקיבא למס״נ דאברהם אבינו. מס״נ דר׳ עקיבא הי׳ לטובת עצמו ותענוג נפשו אשר כל ימיו השתוקק לעילוי זה של מס״נ על קידוש השם, ואברהם אבינו מסר נפשו לטובת עילוי הרבים.

איך לייג – הואיל כ״ק אאמו״ר הרה״ק לאמר – כחות גשמיים און כחות רוחניים, און וועל לייגן נאך מער כחות צו מאכן פון תלמידי התמימים יוסף הלל׳ס און שמואל חיים׳ס, מסירות־נפש אידן לטובת עילוי הרבים, וואס דאס האט מגלה געווען מורנו הבעש״ט נ״ע, און דער רבי אדמו״ר הזקן – האט מיט זיין מס״נ אויף תורת החסידות, מדות חסידות, ודרכי החסידים, געמאכט א דרך סלולה אין מס״נ לטובת עילוי הרבים, און בין זיכער אין חסדי השי״ת אז די תמימים׳דיקע יוסף הלל׳ס און שמואל חיים׳ס וועלן זיין די מאורי אור תורה ומצות כי החושך יכסה ארץ און ועליהם ועל ידם יזרח ה׳ בכל המדינות.

דער רבי – הוד כ״ק אדמו״ר הזקן – האט געבענטשט חסידים אז בכל עת ובכל מקום זאלן זיי מצליח זיין אין זייערע עבודות הרוחני׳ בתורה ועבודה און די ברכה ווערט געשטארקט מזמן לזמן און מדור לדור, ווייל דער רבי און כ״ק אבותנו רבותנו הקדושים זיינען תמיד נושא רנה ותפלה פאר חסידים אז זיי זאלן מצליח זיין אין זייער עבודה הרוחנית וואס איך האף אז די תלמידי התמימים וועלן זיין די ערשטע אז אין זיי זאל מקויים ווערן די ברכה אויף הצלחה אין עבודה.

אבער א כלי צו דער ברכה איז מסירות נפש, וואס דאס איז דער אמת׳ר מיין פון חסיד, אוועקגעבן דעם אייגענעם **איך** רוחני צוליב דער טובה פון דעם צווייטן בכלל און לטובת עילוי הרבים בפרט, און אין

דעם באדארף זיין דער חינוך און הדרכה פון תומכי תמימים, מאכן די תלמידים פאר מס״נ אידן צוליב עילוי הרבים.

ווען מען האט דעם רבי׳ן באפרייט פון פעטראפאוולאווסקער פעסטונג־תפיסה – י״ט כסלו תקנ״ט – פארנאכט, האט מען ביי אים געפרעגט וואוהין זאל מען אים אפ־פירן, האט ער גיזאגט מען זאל איהם פירן צו דער וואהנונג פון החסיד ר׳ מרדכי מליעפליא. אין דער זעלבער הויז איז געווען די דירה פון דעם צורר החסידים ראש המתנגדים ר׳ נטע נאטקין. און אנשטאט אריין צופירן דעם רבין אין דער דירה פון החסיד ר׳ מרדכי ליעפליער, האט מען אים בטעות אריין געפירט אין דער דירה פון ר׳ נטע נאטקין.

איינע פון די תביעות וואס דער ראש המתנגדים נאטקין האט געמאנט ביים רבין איז געווען פאר וואס חסידים האבין זיך גענומען אזא הויכן נאמען: חסידים.

האט איהם דער רבי גיענטפערט, אז ניט חסידים האבן אליין גענומען דעם נאמען חסידים, חסידים בכלל נעמען ניט אליין קיין זאך, ווייל חסידים גלויבן בהשגחה פרטית כשיטת הבעש״ט נ״ע. דעם נאמען חסידים האט די השגחה עליונה געגעבן חסידים דורך זייערע מנגדים. די מנגדים האבן דאך גידארפט א נאמען געבן חסידים מתנגדים, אבער די השגחה עליונה האט מזכה גיווען די מנגדים מיט א אור אמת אז זיי אליין האבן געגעבן חסידים זייער כשר פארדינטן נאמען חסידים, און זיך אליין האבן זיי גיגעבן דעם נאמען מתנגדים.

חסידים האבען זוכה גיווען צום נאמען חסידים ווייל די שיטת החסידות איז, אז מען באדארף זיך אוועק לייגן בשביל טובת הזולת, כמאמר הידוע: שורפן – חסיד. הגם איהם קען דאס שאדן וואס מען פארברענט די נעגל, אבער אז ער פארברענט זיי איז ער זיכער אז דעם צווייטן וועט דאס ניט שאדן, דערפאר זאגט רש״י „חסיד עדיף מצדיק״.

ועתה, אתה יקירי וחביבי – הנני מדבר לכל אחד ואחד ביחוד – שים לבך לכל האמור, קרא מלה במלה ושים דעתך והטה אזנך לכל דיבור ודיבור היוצא מפיות הוד כ״ק אבותינו רבותינו הקדושים, וכל האומר דבר בשם אומרו יהיו בעיניך כאילו בעל השמועה עומד לפניך וקורא לך את הקריאה האמורה בזה.

הוד כ״ק אדמו״ר הזקן נ״ע אומר, כי רב ומנהיג, הנה לבד זאת אשר עליו להורות ולהשגיח על קיום כל דיני התורה בקהילתו כחוק, אלא

עוד זאת כי זכויותיהם של אנשי קהילתו וחטאיהם תלויים בו, בהנהגתו הבלתי טובה גורם הוא אשר רבים יחטאו במדות רעות וכדומה, ובהנהגתו הישרה במדות טובות באהבת ישראל הנה זכות הרבים תלוי בו.

הוד כ״ק אאזמו״ר הרה״ק מוהר״ש נ״ע אומר, אם כי גדולה רמה ונשאה היא עבודת היחיד ומגיעה למדרי׳ נעלות ונפלאות, בכל זה הנה העבודה לטובת עילוי הרבים בעבודתם של המלמדים המוסרים נפשם לקבוע יראת־השם, חיבת התורה והמצות ומדות טובות בלבות התינוקות, ועבודתם של הרבנים המוסרים נפשם להדריך את אנשי עדתם במעגלי צדק לשרש את המדות רעות ולהקנות את המדות טובות ואהבת ישראל נשגבה יותר מעבודת היחיד ועלייתו הכי גבוהה.

הוד כ״ק אאמו״ר הרה״ק נ״ע אומר: שיטת החסידות ודרכי החסידים היא העבודה במס״נ לטובת עילוי הרבים כמדריגתו של אברהם אבינו שלמעלה במדריגה מהעבודה במס״נ של ר׳ עקיבא. הוד כ״ק אדמו״ר הזקן נ״ע מברך את החסידים בהצלחה בעבודה, והוד כ״ק אבותינו רבותינו הק׳ זצוקללה״ה נבג״ם זי״ע נושאים רנה ותפלה בעד החסידים כי תקויים בהם הברכה האמורה בתוספות מרובה ברוב טוב גשמי, בוטח בה׳ וחזק בבטחונו אשר תלמידי התמימים יהיו המאורי־אור תורה תמימה בכל המדינות, ישקדו בעבודתם הקדושה במס״נ ויצליחו להעמיד תלמידים יראי אלקים ובעלי מדות טובות, ולרגלם יתברכו ברוחניות ובגשמיות כל העוזרים על־ידם.

המורם מכל האמור, אשר מלבד חובת הלימוד עם התלמידים, כל אחד ואחד מראשי הישיבות לפי המחלקה המסורה על ידו, הנה חובתו של כל אחד ואחד מראשי הישיבות היא לחנך ולהדריך את תלמידיו בהנהגה דיראת־שמים, במדות טובות ובדרך־ארץ, גורל התלמידים והאחריותם – עליו, ותלוי בהנהגתו הפרטית ובמדותיו אם המורים מתקוטטים ומעליבים זה את זה, הנה חוץ משפלותם בעצמם הם גורמים רעה רבה לתלמידיהם, ואם הם מכבדים זה את זה ומתנהגים במדות טובות, הנה גם התלמידים הולכים בעקבותיהם ועולים בעילוי אחר עילוי.

ואני תפלה, כי יהי׳ השי״ת בעזרתם ויאיר עיני שכלם ויאיר את לבבם להכניס עצמם במסירה ונתינה בעבודתם הק׳, ויאיר ה׳ פניו אליהם להצליחם בגשמיות וברוחניות.

תמימים! רבנים! בעלי־בתים! ראשי־ישיבות! תלמידים פון אלע ישיבות תומכי־תמימים ליובאוויטש און אחי תמימים ליובאוויטש אין אלע לענדער! תורת אמת! צום באפעל:

ערפילט דעם וואונטש פון אונזער הייליגן נשיא! – זייט יוסף הלל׳ס און שמואל חיים׳ס מיט דעם גרעסטן מסירות־נפש ארבעט אויף דעם הרבצת־תורה ביראת־שמים און חנוך הכשר געביט!!!

והנני ידידם עוז הדו״ש ומברכם

יוסף יצחק

ב׳תקפט

ב״ה ט״ו טבת תש״ה
ברוקלין

ידידי עוז הרב וו״ח אי״א מוה״ר מרדכי שי׳

שלום וברכה!

במענה על כתבו אודות סידור החברותא לשוחח בדברי תורה, כן הדבר אשר צ״ל שני סוגים, א) סוג המדברים. ב) סוג הנוכחים, ובין המשוחחים בדברי תורה יהיו גם מקשישי התלמידים יחיו, ובבקשה לערוך רשימה מפורטת מהמשוחחים, לדעתי צריכים לבא גם מערי השׂדה כמו פאפאק וגראנער יחיו, ובבקשה להזדרז בעריכת הרשימה ובסוד גמור.

בשם כ״ק אדמו״ר שליט״א
מזכיר.

ב׳תקפט

נעתקה מהעתק המזכירות [א׳תשכט]. לתוכנה ראה לקמן אגרת ב׳תקצא, ובהנסמן בהערות שם.

מוה״ר מרדכי: מענטליק. אגרות נוספות אליו — לעיל ב׳שמג, ובהנסמן בהערות שם.

פאפאק: ר״מ אחי תמימים ברידזשפארט.

גראנער: ר״מ אחי תמימים פילדלפיה.

ב׳תקצ

ב״ה ט״ו טבת תש״ה
ברוקלין

ידידי עוז התלמיד החשוב והכי נעלה
וו״ח אי״א מוה״ר אהרן שי׳

שלום וברכה!

במענה על כתבו אשר הבנין כבר נמכר, יזמין להם השי״ת בקרוב בנין המתאים עבור ישיבת אחי תמימים ליובאוויטש בברידזשפארט, וידי״ע ומשנהו ידידי התלמיד הנכבד שי׳ יצליחו בעבודתם הק׳.

צריכים להשתדל להגביה את רוח התורה וחנוך הכשר גם מחוץ להישיבה, והשי״ת יהי׳ בעזרם בגשמיות וברוחניות.

בשם כ״ק אדמו״ר שליט״א
מזכיר.

ב׳תקצא

ב״ה ט״ו טבת תש״ה
ברוקלין

כבוד ידידי עוז, אהובי נפשי, האברכים המצוינים ותלמידי הישיבות העוסקים ועמלים בתורה
ה׳ עליהם יחיו

שלום וברכה!

בזה הנני להודיע ברבים לכל האברכים ותלמידי הישיבות

ב׳תקצ

נעתקה מהעתק המזכירות [א׳תשצח].

מוה״ר אהרן: פאפאק. אגרות נוספות אליו — לעיל ב׳קסא, ובהנסמן בהערות שם.

בנין המתאים: ראה לקמן אגרת ב׳תשכו.

ב׳תקצא

נעתקה מהעתק המזכירות [א׳תתנא].

העוסקים בתורה במסירה ונתינה, אשר הנני מייסד, בעזה"י, חברה בשם "עדינו" – מו"ק דט"ז ע"ב – במטרה מיוחדת בשביל אברכים ותלמידי הישיבות העוסקים בתורה, להזדמן ולהפגש מזמן לזמן, בכינוס של תלמידי חכמים, לשוחח בחדושי תורה ולהתועד בסעודת מצוה ויומא טבא לרבנן.

את חדושי התורה, אשר כל אחד ואחד מהמשתתפים בהפגישה והשיחות יעריך בכתב, יבקר ועד למדנים אשר תבחר הנהלת חברת "עדינו", ויודפסו בחוברות מיוחדות שיצאו לאור מטעם הנהלת חברת "עדינו".

לחברים בחברת "עדינו" מתקבלים בני תורה המתנהגים בהנהגה המקובלת לת"ח, בלי הבדל גזע ונוסח.

החברים חפשים מכל מס כספי.

ההתועדות יתקיימו מזמן לזמן, במועד אשר תבחר ותגביל הנהלת חברת "עדינו".

מקום ההתועדות בביהכנ"ס ליובאוויטש, 770 איסטערן פארקוועי, ברוקלין, נ. י.

אחד ממכרי המיוחד בחובבי תורה ביראת שמים והחפץ בעלום שמו, מסר על ידי סך חמש מאות שקל למסור לרשות ועד הנהלת חברת "עדינו" בכדי לחלק פרסים – לקניית ספרים או במזומן – למצטיינים, אחרי שיתקיימו שלש ועידות.

והנני ידיד בני תורה מוקירם מכבדם ומברכם.

חברה בשם "עדינו": בקשר לזה נכתבו אגרות ב'תקפו, ב'תקפט — דלעיל. ובהמשך אלי' — לקמן אגרות ב'תקצב. ב'תר. ב'תרט. ב'תרמב. ב'תשט. ב'תשיא.

ב׳תקצב

ב״ה ט״ו טבת תש״ה
ברוקלין

כבוד ידידי עוז הרה״ג הנעלה והכי נכבד, הנודע לשם תהלה ותפארת בתוככי מרביצי תורה ברבים, בעל מדות תרומיות, וו״ח אי״א מוה״ר מרדכי שליט״א

שלום וברכה!

בזה הנני להודיעו כי בו בחרתי להיות יושב ראש ועד הנהלת חברת „עדינו״ אשר יסדתי בעזה״י בשעה טובה ומוצלחת בגשמיות וברוחניות, לטובת הרמת קרן התורה וקרנם של בני תורה, כאמור במכתבי הכללי, והנני בזה למלאות את ידי ידידי עוז להזמין את הרב מאיר שי׳ גרינבערג, את הרב מנחם מענדל שי׳ הכהן פעלדמאן ואת הרב שניאור זלמן שי׳ גורארי׳ בתור סגנים, את הרב שמואל שי׳ זלמנוב בתור סדרן, את הרב משה פנחס שי׳ כץ לגזבר, את הרב יצחק דובער שי׳ אושפאל למזכיר.

ידידו הדו״ש ומברכו.

ב׳תקצג

ב״ה ט״ז טבת תש״ה
ברוקלין

ידי״ע וו״ח אי״א הרב מוהר״ש זלמן שי׳

שלום וברכה!

במענה על מכתבו, העבודה בהפצת דברי דפוס לא רק המאמרים

ב׳תקצב

נעתקה מהעתק המזכירות [א׳תתנב]. לתוכנה ראה אגרת שלפנ״ז, ובהנסמן בהערות שם.

מוה״ר מרדכי: מענטליק. אגרות נוספות אליו — לעיל ב׳שמג, ובהנסמן בהערות שם.

ב׳תקצג

נעתקה מצילום האגרת [א׳תשכח].

מוהר״ש זלמן: גורארי׳. אגרות נוספות אליו — לעיל ב׳רעו, ובהנסמן בהערות שם.

והשיחות אלא גם ספרי הלימוד והסיפורים וכו' בשפת המדינה הם באמת לאמיתו דבר גדול ונשגב מאד, והיא הצדקה נפשית האמיתית שעל כגון דא אומר רבינו נ"ע שנעשים מוחו ולבו זכים אלף פעמים ככה, וברור לי שכאשר יכניס עצמו – מובן אך ורק בזמן הפנוי מהישיבה – הנה יפעול בעזה"י גדולות ויצליח בעבודה זו ויהי' לו בזה עונג גדול, ויתן אל לבו את הזכות הגדול ויעזר השי"ת לו ולב"ב יחיו בהדרוש להם בגשמיות וברוחניות.

בשם כ"ק אדמו"ר שליט"א
מזכיר

ח. ליבערמאן

ב'תקצד

ב"ה ט"ז טבת תש"ה
ברוקלין

ידידי עוז וו"ח אי"א הרב מוה"ר מרדכי דוב שי'

שלום וברכה!

במענה על מכתבו אודות התייסדות ישיבת אחי תמימים ליובאוויטש במחוז בראנקס, יעזרהו השי"ת להשיג תלמידים בעלי כשרונות ומקבלי עול מלכות שמים ויצליח בעבודתו בגשמיות וברוחניות וישלח השי"ת רפואה לזוגתו תחי' ויחזק את בריאותו ואת בריאות בתם תחי' ויגדלוה לתורה חופה ומעש"ט מתוך פרנסה טובה באהלה של תורה והתעסקות בחינוך הכשר ומתוך התעסקות בתורה ועבודה ודרכי החסידות והחסידים.

בשם כ"ק אדמו"ר שליט"א
מזכיר.

ב'תקצד

נעתקה מהעתק המזכירות [א'תשצג].

מוה"ר מרדכי דוב: **אלטיין. אגרות נוספות אליו — לעיל ב'תקסא, ובהנסמן בהערות שם.**

ב'תקצה

ב"ה י"ח טבת תש"ה
ברוקלין

אל התלמיד מר ... שי'

שלום וברכה!

במענה על כתבו:

מצות הצדקה מעלתה בשתים: א) מה שנותן לזולתו זה שהוא יכול להשתמש בו לצרכיו. ב) מה שנותן דבר שהרויח ביגיעתו, והכל חייבים במצות צדקה ועניינה ברוחניות הוא להתענין בטובת חברו בגשמיות ומכש"כ ברוחניות כמאמר מורנו הבעש"ט נ"ע, א נשמה קומט אראפ אויף דער וועלט לעבט 70־80 יאר בכדי צו טאן א אידען א טובה אין גשמיות ובפרט אין רוחניות. כל החפץ בחיים אמתיים ישרים ע"פ התורה מחוייב להתענין בטובת חברו ברוחניות במה שראוי ואפשר לו, וכל תלמיד ותלמיד עליו לתת צדקה – הרוחנית – האמורה כמה שאפשר לו וליזהר שלא לבטל ח"ו מזמן לימודו, וצדקה זו תוסיף ברכה בלימודו ובהנהגה דיר"ש, ובשמירת התנאי האמור יכול הוא לקבל את ההצעה להיות עוזר בהפצת ספרי דפוס של קה"ת ומל"ח.

בשם כ"ק אדמו"ר שליט"א
מזכיר.

ב'תקצה

נעתקה מהעתק המזכירות [א'תשסא]. לתוכנה ראה גם לעיל אגרת ב'תקצג.

תקיב אגרות־קודש (ב׳תקצו)

ב׳תקצו

ב״ה י״ח טבת תשט״ה
ברוקלין

ידי״ע התלמיד היקר הרב וו״ח אי״א
מוה״ר יוסף מענדיל שי׳

שלום וברכה!

במענה על מכתבו:

א) ההערה ע״ד ריבוי הזמן לשפת אידיש היתה בהנוגע למשך השנים שלומדים אותה, לא למשך הזמן בכל יום, ואם אין להם טעמים מיוחדים אזי יספיק לימוד אידיש בשתים או בשלש מחלקות.

ב) „דאס אידיש קינד״ נמנה בין הספרים הבלתי כשרים אשר אין להשהותו בישיבתם אפילו יום אחד, וישתמשו במקומו בהשמועסן בשפת אידיש.

ג) בדבר התפלה יש להרגיל את התלמידים כלם שלא ידלגו אף יום אחד על ברכות השחר.

ד) טוב הדבר שהוא מתענין ע״ד יסוד בי״ס לנערות, אבל יבא בענין זה בקשור עם המרכז לעניני חנוך כי בתי הספר לנערות הם ברשותם ותחת הנהלתם.

ה) בדבר הצעירים הי׳ כדאי שיתענינו באלה שהם בגיל 13־18 שנה אשר עליהם אינה חלה עבודת הצבא.

ו) טוב שיעמדו על המשמר לדעת ע״ד כל אחד שמגיע לבר מצוה וחודל אח״כ ללמוד בת״ת אשר למד שם מקודם ולהשתדל לרכשו תחת חוג השפעתם.

בשם כ״ק אדמו״ר שליט״א
מזכיר.

ב׳תקצו

נעתקה מהעתק המזכירות [א׳תשסד].

מוה״ר יוסף מענדיל: **טננבוים. אגרות נוספות אליו — לעיל ב׳רסח, ובהנסמן בהערות שם.**

ההערה . . אידיש: **באגרת ב׳תקלג דלעיל.**

ב'תקצז

ב"ה י"ח טבת תש"ה
ברוקלין

ידידי הנכבד והנעלה, אוהב מישרים מר אלחנן שי'

שלום וברכה!

ענטפער אויף אייער שרייבען געלויבט השי"ת וואס איר זייט בעסער אין געזונט, השי"ת זאל אייך געבען א רפואה איר זאלט זיין געזונט.

דעם טשעק פאר 1500$ אויף צו דרוקען דעם הייליגען ספר צמח צדק האב איך ערהאלטען, זיכער האט איר ערהאלטען מיין שרייבען צו אייך און איר וועט זיכער טאן אלעס מעגליכע אז די הייליגע ספרים זאלען וואס פריער דערשיינען.

השי"ת זאל אייך געבען גרויס הצלחה אין אייערע געשעפטען, איר זאלט האבען די מעגליכקייט צו טאן צדקה, ווי אייער גוטע הארץ געלוסט.

השי"ת זאל שטארקען דעם געזונט פון אייערע עלטערן און פאמיליע און זאל זיי העלפען אין דעם וואס זיי האבן נויטיק.

זייט בעגליקט.

הדו"ש ומברכם.

[ר"ד שדברו לגלאזער – כ"ג טבת תש"ה]

א הארץ פילט. השי"ת זאל אייך בעגליקען צו פיהלען גוטע זאכן.

איך בין צופרידען צו זעהען אז אייער הארץ איז געבליבן ווי זי איז געוועזן

ב'תקצז

נעתקה מהעתק המזכירות [א'תשפג].

מר אלחנן: **גלאזער. אגרות נוספות אליו — לעיל ב'רי, ובהנסמן בהערות שם.**

דער טשעק . . צמח צדק: **כנ"ל שם.**

ר"ד . . תש"ה: **נעתקה מהעתק המזכירות, שבראשה „ר"ד שדברו לגלאזער, א'תתקה": ועי"פ המספר נראה שהיא מכ"ג טבת, והיא רשימת דברים מהנאמר לו ביחידות. יחידות זו היא הוראה לרבים, ונזכרה מספר פעמים בשיחות כ"ק אדמו"ר שליט"א.**

מיט פערצען יאר צוריק. דאן האט איר געגארט צו טאן גוטע זאכן, און איר האט דאס געטאן מיט אייער טרחא, גוטע בענעמונגען און גוטע רייד, יעצט ברוך השם האט אייך השי״ת געהאלפען אז צו גוטע בענעמונגען און גוטע רייד קענט איר אויך העלפן מיט גרעסערע סוממען געלד אויף אמת וויכטיגע זאכן.

עס איז מיר א פרייד און איך לויב השי״ת וואס מיין ברכה צו אייך אויף דעם פיער בעפאר מיין אפרייזען פון דער לאנד מיט 14 יאר צוריק איז מקויים געווארען, מיט גליק.

דער אלטער רבי, דער גרינדער פון חסידות חב״ד און מחבר פון דעם „תניא״ האט געזאגט: ווען א איד טראכט צו געבען א סכום אויף צדקה, למשל, ווען מען קומט צו א אידן ווענגען א דבר שבצדקה און ער טראכט „ווען השי״ת העלפט מיר וואלט איך אויף דער זאך געגעבען כך וכך״ דארף ער וויסען אז מלמעלה גיט מען אים גלייך וויפיעל ער וואלט וועלען געבען.

און וואס איז די עצה ער זאל קענען געבען וויפיעל ער וויל און ניט נאר וויפיעל ער קען איצט, איז די עצה צו דעם ער זאל גלייך געבען, פועל׳ט ער דורך דעם א נתינת מקום, ער זאל טאקע באמת קענען געבען וויפיעל ער וויל.

די מעלה פון צדקה איז צו געבען ווען עס איז ניט לייכט.

אייער וואונש אז מען זאל קענען זאגען אויף אייך אז איר זייט דער גרעסטער מנדב (קאנטריביוטער) אויף מיינע טעטיקייטן – זאל השי״ת אייער באגער ערפילען – אבער צו דעם מוז [מען] מאכען א געוויסען מסירת נפש טריט.

זיכער געדענקט איר וואס איך האב מיט אייך גערעט מיט 14 יאר צוריק פארענדיג שפאצירען, ווען עס איז גאר ניט געווען בערך צו ריידען ווענגען אזוינע סוממען ווי מען רעדט איצט, און דער אויבערשטער וועט העלפען אז איבער א יאהר זאלט איר קענען געבען סכומים ווענגען וועלכע עס איז איצטער ניט בערך צו ריידען.

ברכת הפרידה

השי״ת זאל צושיקען א רפואה אייער פאטער שי׳ און שטארקען דעם געזונט פון אייער מוטער תחי׳ און געבען זיי אריכות ימים ושנים, השי״ת זאל אייך צושיקען א רפואה און געבען אייך די פינאנסיעלע מעגליכקייטען איר זאלט קענען ברייננגען אין לעבען אייערע גוטע באגערן און איר זאלט ווירקליך זיין דער גרעסטער מנדב פאר מיינע טעטיקייטן.

ב׳תקצח

ב״ה י״ט טבת תש״ה
ברוקלין

כבוד ידידי הרב הגאון האדיר, הנודע לשם תהלה ותפארת בתוככי גאוני יעקב ובקרב עסקני הכלל, גזע היחס, משכיל על דבר טוב אי״א מוה״ר יוסף דובער שליט״א הלוי

שלום וברכה!

מצוה לתת תודה וברכה לאומר דבר אמת ודובר צדק.

ליובאוויטש יש לה שטה מסודרת וסלולה בהרבצת תורה, ואת שטתה הואיל כ״ק אאמו״ר הרה״ק זצוקללה״ה נבג״ם זי״ע לבאר בקונטרס „עץ החיים״ שנכתב ביחוד לתלמידי ישיבת תומכי־תמימים להורותם את דרכי הלימוד בגפ״ת ובתורת החסידות.

הדבר הי׳ לפני כארבעים ושלש שנים.

בשנת תרס״ג, כחמש שנים לקיומה של ישיבת תומכי־תמימים בליובאוויטש וסניפי׳ בעירות זעמבין, פלך מינסק, קובליטש, פלך ויטבסק, האראדישטש, פלך מאהליב, ראמען, פלך פאלטאווא, קנתה לה שם טוב בעולם הישיבות ועשרות עשרות מופלגי תורה מהישיבות הגדולות והמפורסמות בעת ההיא בליטא ופולין היו באים להתקבל לישיבת תומכי־תמימים.

חק הוא בישיבת תומכי תמימים אשר אחרי הבחינה בידיעת הלימודים, ע״פ ועד הבוחן מגדולי תורה – שהיו מזמינים ביחוד בכל חצי שנה שני למדנים מפורסמים נוסף על הר״מ הקבוע – הנה התלמיד מתקבל רק לבחינה לשני חדשים אם ימלא את חובות הלמודים בנגלה ובחסידות ובהנהגה דיראת שמים לפי הסדר המסודר בישיבת תומכי־תמימים.

ב׳תקצח

נעתקה מהעתק המזכירות.

מוה״ר יוסף דובער: סולבייצ׳יק. **אגרות נוספות אליו — לעיל ב׳שכה, ובהנסמן בהערות שם.**

בליובאוויטש וסניפיה: **ראה מבוא לס׳ אגרות־קודש אדמו״ר מוהרש״ב נ״ע ע׳ 21 ואילך.**

ע״פ רוב הנה התלמידים שהיו באים מהישיבות המפורסמות בליטא, אף שהיו נהנים במאד מסדר לימוד הנגלה ומייקרים אותו, אבל לא יכלו למלאות את הסדר בלימוד חסידות וסוף סוף הנה הרוב מהם עזבו את הישיבה, ורק שנים עשר תלמידים מישיבות קריניק, סלאבאדקא, לאמזא, שאוועל, באברויסק, מינסק וסלוצק נשארו ללמוד בתומכי תמימים.

שנים עשר התלמידים האמורים ונוסף עליהם עשרה תלמידים מישיבת פאטשעפ ושלשה תלמידים מווארשא ולוקאוו כולם בעלי כשרון נפלא ומתמידים ובתחלת הזמן שמרו את זמני לימוד החסידות ולמדו בעיון רב וגם הצליחו, אך לאט לאט התחילו להתרשל בלימוד החסידות, ובהרצאתי – בתור מנהל פועל ישיבת תומכי תמימים – המפורטת בחדש מנ״א תרס״ד לפני הוד כ״ק אאמו״ר הרה״ק זצוקללה״ה נבג״ם זי״ע אדות כל תלמיד ביחוד וגם בכללות מצב הלמודים בנגלה וחסידות ובעבודת התלמידים בתפלה – כדרכי החסידות והחסידים – ובתקון המדות, הואיל כ״ק אאמו״ר הרה״ק לתת לי הוראות פרטיות בתקון מעמדם הרוחני של התלמידים יחיו.

והרצאתי האמורה היא היסוד לקונטרס עץ החיים אשר הואיל הוד כ״ק אאמו״ר הרה״ק לבאר בשלשים ושלשה פרקים שבעה ענינים כוללים: א) אשר התורה היא רפואה וסם חיים לברר חומריות העולם. ב) סם חיים וסם מות שבתורה. ג) מעלת תורת החסידות שהיא פנימיות התורה. ד) למוד החסידות מועיל ללמוד הנגלה. ה) הכרח למוד תורת החסידות. ו) סדר הלמוד בשכל בריא. ז) להזהר מה[טע]אה עצמית – נארען זיך – בין בלמוד הנגלה ובין בלמוד החסידות.

הקונטרס עץ חיים נהי׳ למורה דרך להנהלת הישיבה תומכי תמימים ולתלמידי׳ באולם הגדול וחדריו ובכל סניפי הישיבה בעיירות הנזכרות ורוח ישראל סבא בהדרת קדש התחיל להופיע בבית המדרש תומכי תמימים ובכל הסניפים והתלמידים שוקדים על למודם ומצליחים חמש ידות מאשר לפנים, ושם ישיבת תומכי תמימים מתפרסם לתהלה, והישיבה תופסת מקום חשוב בין הישיבות הכי מפורסמות.

עברו שתי שנים והנה – בשנת תרס״ז – עברה רוח סערה בעולם הישיבות לרגלי קונטרס עץ החיים בכלל ובפרט לרגלי האמור שם בפרק עשרים ושנים.

וזה לשון קדשו:

ועתה עלי להודיע לכם מטרת התייסדות אגודתינו.

תדעו אשר מטרת יסוד אגודתינו אינה רק להחזיק בחורים שיעסקו בתורה, במלות אחרות, יסוד אגודתינו אינו להגדיל ולהרחיב עסק התורה הנגלית, כ״א זאת היא תכלית יסוד אגודתינו אשר הבחורים העוסקים בתורה הנגלית יהיו יהודים (אידען) יראים ושלמים עם ה׳ ותורתו, וכבר פרשנו שיחתינו במ״א (במכתב המתחיל נודה לה׳ על כל הטוב) הדבר אשר הביאנו לייסד אגודתינו באשר ראה ראינו אשר התורה חוגרת שק עב [מאד] ועוסקי׳ שלא לשמה כלל, והרבה מהצעירים הלומדים תורה אין בהם יראה שמים כלל והמה ותורתם משוקעים באתר דמותא ממש ר״ל.

ולא די להם ברעה הזאת עוד מרעה אל רעה יוצאים ונעשים מורי הוראות בישראל ורבים חללים יפילו ר״ל, ה׳ ישמרנו מהם.

ולתכלית [זה] נתעוררנו לייסד אגודה להחזיק בחורים העוסקים בתורה לשמרם מהדברים המזיקים ולהשתדל בכל האפשרי – בעזרתו ית׳ – לנטוע בהם איזה הרגש פנימי ביראת ה׳ ואהבת ה׳ וידעו במה הם עוסקים, מה הם לומדים (היינו חכמתו ית׳) ובשביל מה הם לומדים, ויחיו בלמוד תורתם, ובאשר דרך החיים המביאה לזה היא למוד פנימיות התורה כמשנת״ל, לזאת שמנו יסוד ועיקר אשר כל אחד ואחד ילמוד דא״ח זמן נכון ביום, ועם היות שיותר זמן יתנו על עסק התורה הנגלית אשר כן צריך להיות כנ״ל, וע״ז אנו משגיחים שילמדו הרבה בגפ״ת ובלימוד הנרצה שית׳ לקמן, מ״מ עיקר ויסוד הדבר הוא הלימוד בדא״ח שידעו את ה׳ ומתוך כך יבאו ליראת ה׳ ואהבת ה׳ כו׳ וכמשנת״ל באורך, והגבלנו ע״ז זמן שכאו״א ילמוד לא פחות מארבע שעות ביום דא״ח (שזה ערך שליש מהשעות שעוסקים בתורה ביום, ועמ״ש בלקו״ת בהביאור דולא תשבית פ״ה, וכן שמעתי מפורש מכ״ק אאמו״ר זצוקללה״ה נ״ע זי״ע אשר בחול צריכים ללמוד שליש חסידות ושני שלישים נגלה) . . . עכ״ל.

ראשי הישיבות בליטא התרגשו כל כך עד כי נתכנסו לאספות בכמה מקומות, הקיצונים דרשו לצאת במחאה גלוי׳ נגד הקונטרס עץ חיים, והמתונים הציעו אשר כל הישיבות יבחרו מלאכות נכבדה

במכתב המתחיל נודה: **נדפס שם אגרת פח.**

ויבקרו את הגאונים האדירים ארזי הלבנון, הגאון ר׳ חיים מבריסק, הגאון חפץ חיים והגאון ר׳ חיים עוזר מווילנא, זכר צדיקים לברכה, ולדרוש מאתם כי המה יתבעו עלבון התורה.

המתונים נצחו את הקיצונים ומלאכות נכבדה מטעם הישיבות יצאה ראשונה להגאון חפץ חיים זקן מרביצי תורה ביראת שמים ויראו לו את הקונטרס ויתאוננו לפניו על העלבון הגדול לכל הישיבות, הגאון חפץ חיים השיב להם, כלנו יודעים את הרבי מליובאוויטש לאוהב ישראל ומכבד תורה ואיש אמת, וידידי הגאון ר׳ נפתלי סיפר לי בהתפעלות גדולה אשר בהיותו בליובאוויטש – לרגלי השליחות בעניני הכלל ששלחתיו – הנה באזניו שמע ובעיניו ראה את מעלת תלמידי ישיבת תומכי תמימים שרובם מופלגי תורה ויראי אלקים באמת, וברכות יחולו על ראש הרבי מליובאוויטש ומחזיקיו בהרבצת תורה, ויגדיל תורה ויאדיר.

משם יצאה המלאכות להגאון ר׳ חיים עוזר ויתאוננו לפניו כאמור, הגרח"ע אמר להם לנסוע לבריסק להגאון ר׳ חיים אשר בחוות דעתו בודאי יתחשב הרבי מליובאוויטש, שבכל עניני הכלל הנה דעותיהם מתאימות.

המלאכות באה להגרח"ס זצ"ל ויתאוננו לפניו על אדות הקונטרס עץ חיים, ויען להם כי לא ראה את הקונטרס הזה ואינו יכול להגיד מאומה בזה ויתנו לו את הקונטרס שהי׳ בידם ויאמר להם לבא אליו לעת ערב אחרי אשר יקרא בעצמו את הקונטרס.

המלאכות באה לעת ערב, הגרח"ס קבלם בסבר פנים, ויאמר, הנני נותן לכם תודה רבה על הבושם של תורה, קונטרס עץ החיים מהרבי מליובאוויטש, אשר הבאתם לי, דבריו אמת וצדק, אין הרבי מליובאוויטש קורא איזה ישיבה בשם אשר תלמידי׳ אין בהם יראת שמים כלל וכשיהיו לרבנים הנה חללים יפילו, וראשי הישיבות הנה בטח יפקחו עיניהם ויתקנו את הדרוש תקון, והרבי מליובאוויטש הוא בכלל מזכי הרבים.

מצאתי לנחוץ להעתיק את כל המסופר בזה – שהוא קטע מספר היום שלי – אדות הקונטרס עץ החיים, לברר שיטת ליובאוויטש בהנהלת ישיבות, ולשים קץ וסוף להדלטוריות והעלילות המאוסות של המפריעים, בגשם וברוח, להתפתחות הישיבות מטעם מרכז ישיבות תומכי תמימים ליובאוויטש.

שמעתי אשר באספת המזרחי הואיל ידידי הרה"ג שליט"א לדבר בשבח שטת ליובאוויטש בהנהלת ישיבות בדרך סלולה ומסודרת, והנני נותן לו את תודתי וברכתי עבור זה כאמור, מצוה לתת תודה וברכה לאומר דבר אמת ודובר צדק.

אמנם שמעתי כי ידידי הרה"ג שליט"א אמר בנאומו אשר לו ידע אשר פדיון האותיות של הספר תורה – שהנני כותב לקבלת פני משיח צדקנו – נכנס לקופת הישיבה תומכי תמימים הי' הוא בעצמו קונה חמש אותיות.

הנני רוצה להודיעו כי את הספר תורה הנני כותב על חשבוני הפרטי ואינו ענין של הכנסה לאיזה מוסד שיהי', אלא שנהגתי בזה טוב עין אשר מי שרצה להשתתף בזה השתתף והנדבות שנדבו עבור זה מסרתי לקופת המרכז לעניני חנוך וקופת מחנה ישראל, וכל ההוצאה בקנין הקלף ושכר הסופר הכל הוא על חשבוני הפרטי.

ידידו הדו"ש.

ב'תקצט

ב"ה כ"ב טבת תש"ה
ברוקלין

ידי"ע הרב וו"ח אי"א מוה"ר ... שי'

שלום וברכה!

במענה על כתבו, הנה כמה דברתי ברבים ועמו ביחידות כי כללות ענין השפלת עצמו והתאוננות על עצמו ובטוים גסים על עצמו הם היפך דרכי החסידות ע"פ הוראת תורת החסידות, והחסידים הראשונים היו קורים לזה בשם פטפוטי נשים תגרניות, כי מ[ע]ולם לא הביאו דברים אלו ולא יביאו שום תועלת בהעבודה בתקון המדות ובזיכוך הטבעיות, צו ווערן איידעלער, ובתוכן פנימי' הענין הוא מפתויי היצר ויש בזה אריכות גדולה כמבואר בדא"ח, והחסיד החפץ

ב'תקצט

נעתקה מהעתק המזכירות [א'תשצ].

בחיים של עבודה ע״פ תורת החסידות – און ניט קיין באלטער־מאנצער האלבנאכטיקער מוסרניק – צריך להתרחק מדרך זה ולמאוס בה ולסדר לעצמו תכנית התעסקות בסדר מסודר בלימוד חסידות בעניינים המובנים לו ולא להכביד על עצמו לא בכובד העניינים ולא בריבוי הזמן, ולסדר לעצמו עבודה בשעבוד המחשבה חצי שעה ביום לחשוב ענין של חסידות ולהשגיח על עצמו – כמו על הזולת – בדבור ובמעשה, וכה יתמיד זמן רב במתינות עד שיתרגל בזה וטוב יהי׳ לו בגו״ר . . .

בשם כ״ק אדמו״ר שליט״א
מזכיר.

ב׳תר

ב״ה כ״ב טבת תש״ה
ברוקלין

כבוד ידידי עוז הרב הגאון הנודע לשם תהלה ותפארת בתוככי גאוני יעקב, משכיל על דבר טוב, בעל מדות תרומיות וו״ח אי״א מוה״ר ניסן שליט״א טעלושקין

שלום וברכה!

בעזה״י יסדתי חברה בשם „חברי עדינו״ ביחוד עבור אברכים ותלמידי הישיבות בני תורה, במטרה להפגש פעם בחדש לשוחח בחדושי תורה ולהתועד בסעודת מצוה ביומא טבא לרבנן השומרים הנהגת מסורת אבות, בלי שום הבדל גזע ונוסח, כאמור בהעתקת מכתבי הכללי המצורפת בזה.

ובזה הנני מתכבד להזמין את ידידי כת״ר שליט״א להיות חבר ועד מועצת התורה בחברת „חברי עדינו״, יחד עם ידידי הרבנים הגאונים

ב׳תר

נדפסה בס׳ התולדות ח״ד ע׳ 273, והושלמה והוגהה ע״פ העתק המזכירות. לתוכנה ראה לעיל אגרת ב׳תקצא, ובהנסמן בהערות שם.

כבוד . . טעלושקין: אגרת דומה לר״א סילווער ור״י דושאוויץ הנזכרים לקמן. אגרות נוספות אליו — לעיל ב׳רעט, ובהנסמן בהערות שם.

הנודעים לשם תהלה ותפארת הרב הגאון ר' אליעזר שליט"א סילווער והרה"ג ר' ישראל שליט"א דושאוויטש.

הנני מקוה אשר ידידי כת"ר שליט"א יואיל למלאות את בקשתי האמורה לכבוד התורה ובני תורה, והנני לברך את ידידי כת"ר שליט"א בכל מילי דמיטב מנפש ועד בשר.

הנני מחכה לתשובתו הרמתה בהקדם האפשרי.

והנני ידידו הדו"ש מוקירו מכבדו ומברכו.

ב'תרא

ב"ה כ"ב טבת תש"ה
ברוקלין

ידידי עוז וו"ח אי"א הרב
מוה"ר [מנחם זאב] שי' הלוי

שלום וברכה!

במענה על מכתבו, נהניתי לשמוע מכל הנעשה ת"ל לטובה ולברכה. ביום ח"י טבת הי' אצלי ידי"ע התלמיד היקר הר"י שי' ודברתי אליו דברים אחדים מה שאתם, ידידיי עוז, כולכם צריכים לדעת זאת וביותר מפורט במכתב הכללי מט"ו לחדש זה, והשי"ת יהי' בעזר כלכם בגשם וברוח.

בדבר החמש מאות בשביל ידידיי עוז אחיכם היקרים יחיו תכניסו על חשבוני לבאנק ואנכי אסדר זאת אי"ה.

בענין כולל חב"ד צריכים להגדיל את השכירות באופן אשר ימצא

ב'תרא

נעתקה מצילום האגרת.

מוה"ר מנחם זאב: **גרינגלאס. אגרות נוספות אליו — לעיל ב'ריב, ובהנסמן בהערות שם.**

התלמיד היקר הר"י: **הענדל, שבא ממונטריאל, יחד עם הרא"ל קרעמער, להסתופף בצל רבנו, כמסופר בקובץ ליובאוויטש גליון 6 ע' 15.**

מכתבי הכללי מט"ו לחדש זה: **הנ"ל ב'תקפה.**

איש אמונים ובעל מרץ, והשי״ת יעזר בגו״ר... וירחיב השי״ת את גבולם בתלמידים טובים בעלי כשרון ומקבלי עומ״ש.

הסך 5 דאללאר נתקבל.

בשם כ״ק אדמו״ר שליט״א
מזכיר

ח. ליבערמאן

ב׳תרב

ב״ה כ״ה טבת תש״ה
ברוקלין

ידידי הנכבד אי״א מו״ה אלכסנדר שי׳

שלום וברכה!

מיין האכגעשעצטער איידים רבי שניאורסאהן שליט״א האט פאר מיר פארגעלייענט אייער זייער געלונגענע פארצייכענונג פון אונזער קאנפערענץ, עס איז אבער דארטן דורכגעלאזן געווארן צוויי וויכטיגע זאכן.

א. אז איר, ידידי היקר, האט דערציילט וועגן דער כשרות באוועגונג בא ידידינו מר ... שי׳ אין הויז, און וועגן דער הדלקת נרות שבת בעוועגונג בא ידידנו מר ... שי׳ אין הויז, האב איך אויפמערקזאם געמאכט אז די כשרות און הדלקת נרות שבת קדש באוועגונגען זיינען די־ פרוכט פון אייער, ידידי הנעלה, פלאנצונגען. עס איז פאראן א גרויסער אונטערשיידע צווישען זריעה און נטיעה, זריעה גיט נאר איינמאליקע פרוכט און נטיעה איז א לאנגיאריקע פרוכט, געלויבט השי״ת איר זעהט גוטע פרוכט פון אייער ארבעט, השי״ת זאל אייך און אייערע ליעבע תלמידים מיט זייערע פאמיליעס בעגליקען בגשמיות וברוחניות.

ב׳תרב

נעתקה מהעתק המזכירות [א׳תתנ]. רובה גם לקמן אגרת ב׳תריא.

מו״ה אלכסנר: כהן. אגרות נוספות אליו — לעיל ב׳קפו, ובהנסמן בהערות שם.

אונזער קאנפערענץ: הנ״ל באגרת ב׳תקפה.

כשרות.. פלאנצונג: ראה לעיל אגרת ב׳תקמה, ובהנסמן בהערות שם.

ב. אז ידידנו היקר מר. סטולמאן האט געזאגט אז געלט איז גארנישט, האב איך אויפמערקזאם געמאכט, אז מען פארברויכט די געלט אויף גוטע און וויכטיגע צוועקן איז דאס גאר, דאס איז דער אמת׳ר תכלית פון געלט.

איך געפין פאר זייער נויטיג ערקלערן דייטלעכער דעם ווארט מיט א ביישפיעל ווי גאר גאר א נידעריגע זאך ווירקט די פארבעסערונג אין דער פרוכט ארויסגעבונג פון דער גרעסטער בעסטער וויכטיגער זאך.

די ערד איז טראצדעם וואס השי״ת האט געמאכט די ערד פאר דעם אוצר לאגער פון א גרויסן טייל וויכטיגע מינעראלען, און א געוויסן פילטער קראפט פאר מים חיים, האט השי״ת געגעבען דער ערד די גאר גאר וויכטיגע קראפט פון כח הצמיחה, אלעס וויכטיגסטע אין תבואות, אלעס בעסטע אין פרוכט, אלעס שענסטע אין געוויקסען קומט אלעס פון דעם כח הצמיחה וואס השי״ת האט אריינגעגעבען אין דער ערד.

איינע פון די נידעריגסטע זאכן איז די בהמה זבל, און דוקא דער זבל הבהמה איז דער גרעסטער פאקטאר אויף ארויסצוברייינגען דעם כח הצומח אז עס גיט בעסערע און מער פרוכט.

געלד איז זבל, אבער ווען מען פארברויכט דאס אויף וויכטיגע צוועקן איז ווירקט דער געלד־זבל זייער גוט אויף דעם אז דער וויכטיגער צוועק זאל געבן מער און בעסערע פרוכט.

אין מיין ארבעט איז פאראן א מאנגעל אין געלט זבל, און דער געלט זבל מאנגעל איז אויף אלע מיינע – קיין עין הרע – ארבעטס געביטען.

די רעליגיע שטונדע בעארבעט – פארלויפיג – 3000 קינדער – כן ירבו – א וואך, ווען איך האב געלט מיטלען וואלט געוועזן 10 אדער 12 טויזנט קינדער אויך.

די מיידעל שולען – בית רבקה און בית שרה – איצטער 20־23 שוהלען, ווען איך האב געלט מיטלען וואלט בא היינטיגען טאג געקענט זיין איינגעארדענט בעזה״י 50 מיידעל שולען און אייניגע מיידעל האי סקוהלס און לערער שולען.

די דרוק זאכען זיינען זייער וויכטיג, עס ליגען אנגעגרייט פערשידענע זייער וויכטיגע לערן ביכער, ערציילונגס ביכער, היסטארישע ביכער, אלעס פאר דער יוגענד, און עס איז פון דער

גרעסטער וויכטיגסטער ערציהונגס וויכטיקייט, וואס איז פקוח נפש ממש.

און אזוי איז אויך אויף די אנדערע געביטען איז די גאנצע ארבעט נאר לויט די געלט מיטלען, און דאס איז אז געלט פאר זיך איז גאר נישט, ווי ידידנו מר. סטולמאן שי׳ זאגט, אבער ווען מען פארברויכט דאס אויף וויכטיגע צוועקן איז דאס גאר גאר, וואס מער געלט־זבל אלץ בעסערע גייסטיגע פרוכט.

ידידו הדו״ש ומברכו.

ב׳תרג

ב״ה כ״ה טבת תש״ה
ברוקלין

ידידי עוז הרה״ח מוה״ר שמואל שי׳ הלוי

שלום וברכה!

במענה על הפ״נ הכללי בשם כל אנ״ש, ה׳ עליהם יחיו, ביום ההילולא של הוד כ״ק אדמו״ר הזקן זצוקללה״ה נבג״ם זי״ע, הנה בעניני קריאת פ״נ מקירות הלב אין ההפסק והריחוק דשטח מקום חוצץ כלל, והשי״ת ימלא את משאלות לבבם של ידידינו אנ״ש שי׳ בדברים הטובים בגשמיות וברוחניות שהם מבקשים מהשי״ת לטובה ולברכה.

בשם כ״ק אדמו״ר שליט״א
מזכיר

ח. ליבערמאן

ב׳תרג

נעתקה מהעתק המזכירות [א׳תתקכא].

מוה״ר שמואל: לויטין. **אגרות נוספות אליו — לעיל ב׳ריט, ובהנסמן בהערות שם.**

ב'תרד

ב"ה כ"ה טבת תש"ה
ברוקלין

אל ידידי הנכבדים והכי נעלים אנ"ש, חובבי תורה ומצוה, קהל עדת ישראל בעי"ת מאנטרעאל יע"א
ה' עליהם יחיו

שלום וברכה!

ידידי עוז תלמידי הנעלה אהוב נפשי הרב הנכבד הנודע לשם תהלה בכביר פעולותיו בהרבצת תורה ביראת שמים, משכיל על דבר טוב, וו"ח אי"א מוה"ר ארי' ליב שליט"א קראמער, מנהל ישיבת תומכי תמימים ליובאוויטש וסניפי' הישיבות קטנות אחי תמימים ליובאוויטש ובית הספר פארקעיל סקוהל בעי"ת מאנטרעאל יע"א, הרציא לפני בפרטיות – נוסף על ההרצאות המסודרות בעתן ובזמנן – מעניני ישיבת תומכי תמימים ליובאוויטש וסניפי', במצבם הרוחני ובמצבם הכלכלי, ומסר על ידי את רשימת העוסקים בטובת הישיבה, התמידיים והזמניים, שמותיהם ושמות בני ביתם יחיו ומשאלות כל אחד וכל אחת מהם, קראתי בשם כל אחד וכל אחת בתפלה לה' אשר בגלל עבודתם לטובת הישיבה בהוה ובעתיד ימלא השי"ת את משאלותיהם לטובה ולברכה, והנני מברכם בבריאות הנכונה ובפרנסה טובה בהרחבה, ואשר ישמור השי"ת את ילידיהם יחיו העובדים בצבא, ביבשה בים ובאויר, ויצליחם בעבודתם ויחזירם לבתיהם בריאים ושלמים.

ועתה ידידי היקרים, אנא חוסו על עצמכם, על בתיכם ועל בניכם ועל בנותיכם יחיו והתחזקו להשתדל בהחזקת ישיבת תומכי תמימים ליובאוויטש בעי"ת מאנטרעאל יע"א, אשר ממנה תוצאות חיים וטוב גשמי ורוחני לכל המחזיקים בה, והיא היא כוס של ברכה ישועה ונחמה להעוסקים בטובתה.

אחינו בית ישראל! דעו כי לרחמים אנו צריכים כלנו, כלנו כאחד,

ב'תרד

נעתקה מצילום האגרת. וראה גם אגרת שלאח"ז.

לא רק צעירינו ילידיכם יחיו הנמצאים במערכות המלחמה – ישמרם השי"ת ויברכם בהצלחה – כי אם גם אנחנו יושבי המדינה, נשינו טפינו נערינו וזקנינו עומדים בסכנה גדולה, למעשים טובים אנו צריכים ולמליצי יושר אנו זקוקים, וה' אלקינו אמר כי תורה מגינא ומצלא, שמעו בקולי הושלבו כולכם הושלבו והתחזקו לטובת ישיבת תומכי תמימים ליובאוויטש וירחמנו, אותנו כלנו, השי"ת ויקל מעלינו חבלי משיח ויאר פניו אלינו כלנו בישועה וברחמים ויזכנו בביאת משיח צדקנו בקרוב.

והנני ידידכם עוז הדו"ש ומברכם

יוסף יצחק

ב'תרה

ב"ה כ"ה טבת תש"ה
ברוקלין

אל הכבודה מרת...

שלום וברכה!

מיינע ליבע תלמידים ובראשם הרב קראמער האבען מיר איבערגעגעבען וועגען אייערע גרויסע איבערגעגעבענקייט צו דער הייליגע ישיבה תומכי תמימים ליובאוויטש אין מאנטרעאל, אין די גוטע ארבעט וואס איי[ע]רע קינדער, זאלען לעבען און באזונדערס אייער ליבע טאכטער מרת ... טוען פאר די ישיבה, דאס האט מיר זעהר גיפרייט, דאס איז א גרויסער זכות פאר אייך און פאר אייערע קינדער יחיו, און צו לאנגע געזונטע יאהרען אייך אלעמען איז דאס אויך א זכות פאר אייערע עלטערען די חסידי שצעדרין נ"ע.

השי"ת זאל אייך שטארקען דעם געזונט און זאל געבען אריכות ימים ושנים און איר זאלט האבען אידישען נחת פון אייערע קינדער און קינדס קינדער יחיו זיי זאלען אלע געדענקען אז זיי שטאמען פון

ב'תרה

מהעתקה. וראה גם אגרת שלפנ"ז.

שצעדרין די שטאט וואס מיין עלטער זיידע דער רבי דער צמח צדק זצוקללה״ה נבג״ם זי״ע האט געבויט און האט געבענטשט די שצעדרינער אידען לדורותיהם.

המברכם.

ב׳תרו

ב״ה כ״ה טבת תש״ה
ברוקלין

שלום וברכה!

נהניתי לשמוע משלומו ומעבודתו בצבא בתור משגיח על החיילים, בטח שומר בעצמו להניח תפילין ולהתפלל שלש פעמים ביום. המאמין בה׳ יודע כי מה׳ מצעדי גבר כוננו, וכאשר ידידי שי׳ בא לאיזה מקום ומדינה הוא בשביל כוונה רוחנית. אשר על כן הנה עליו להשתדל בין החיילים היהודים לעוררם אשר ישמרו להניח תפילין ולהתפלל בכל יום. ובזה ימלא חובת שליחותו אל המקום אשר הוא שם. והשי״ת יחזירו לביתו בריא ושלום.

הדו״ש ומברכו.

ב׳תרז

ב״ה כ״ו טבת תש״ה

שלום וברכה!

לפני שנה לערך היתה הצעה או גם החלטה לייסד חברה – עם

שצעדרין . . געבויט: ראה ס׳ השיחות תש״ב ע׳ 53. אדמו״ר הצ״צ ותנועת ההשכלה ע׳ 4.

ב׳תרו

נדפסה בס׳ התולדות ח״ד ע׳ 273.

ב׳תרז

נעתקה מהעתק המזכירות [א׳תתקמט].

טשארטער מאושר – בשם אירגון הדת במדינת הכבוש אתענין לדעת אם בא אל הפועל, ובטח סידר אז תכנית עבודה שהנני חפץ לראותה והנני חושב כי עתה בעזה״י הזמן המסוגל לייסד את המוסד הזה.

ב׳תרח

ב״ה כ״ו טבת תש״ה
ברוקלין

אל ידידינו אנ״ש מתפללי בית הכנסת צמח צדק
דברוקלין, והיו״ר וסגניו הנכבדים בראשם
ה׳ עליהם יחיו

שלום וברכה!

ידידי עוז הרה״ח בעל מדות תרומיות, אוהב את הבריות ומקרבן בעין יפה, עסקן חרוץ בהרבצת תורה ביראת שמים, הנודע לשם תהלה בכביר פעולותיו הטובות וו״ח אי״א מוה״ר חיים צבי שליט״א מורם ורבם הגיד לי בכל עת ממעלת קהל עדת ידידינו אנ״ש מתפללי בית הכנסת צמח צדק דברוקלין בכל הענינים, לטובת ביהכנ״ס ולטובת הרמת קרן התורה, ובטח יודעים המה ממעלת מורם ורבם הכי נעלה, ובזה הנה מלאתי את ידי ידידי עוז הרה״ג הנודע לשם תהלה ותפארת משכיל על דבר טוב וו״ח אי״א מוה״ר שלמה אהרן שליט״א קאזארנאווסקי להשתתף עמהם באספתם אודות ידי״ע מורם ורבם הרה״ג שליט״א איך להחזיקו על להבא בעזה״י בכבוד ויקר תפארת הראוי לו לגודל עוצם מעלתו הנשאה, ובגלל זאת ישפיע השי״ת לקהל עדת ידידינו אנ״ש מתפללי בהכנ״ס צמח צדק דברוקלין להם ולב״ב יחיו שפעת חיים וברכה מרובה בגשמיות וברוחניות.

והנני ידידם הדו״ש ומברכם.

ב׳תרח

נעתקה מהעתק המזכירות [א׳תתקנד].

מוה״ר חיים צבי: **קאניקאוו.**

ב׳תרט

ב״ה כ״ט טבת תש״ה
ברוקלין

ידידי עוז הרה״ק וו״ח אי״א מוה״ר מרדכי שי׳

שלום וברכה!

הזמנתי את הרה״ג ר׳ ישראל שליט״א דושאוויץ, הרה״ג ר׳ אליעזר שליט״א סילווער ואת הרה״ג ר׳ ניסן שליט״א טעלושקין להיות חברי מועצת התורה בחברת „עדינו״ וקבלו את הצעתי.

היום יזמין את חברי ההנהלה דחברת „עדינו״, כמבואר במכתבי מט״ו לחדש זה. א) ויפרש להם הכל באר היטב מטרת חברת „עדינו״ בהתועדות גדולי התורה לשוחח פעם בחדש. ב) להודיעם את ענין התמנותם. ג) להעתיק את מכתבי הכללי באיזה עשרות טופסים – כפי הדרוש להם לפרסום הענין –. ד) להדפיס נייר ומעטפות כנוסח המצורף. ה) להגביל את הועידה הראשונה ליום חמשה עשר בשבט הבע״ל. ו) לעשות רשימה את מי מבני התורה להזמין לועידה זו. ז) נוסח מכתב ההזמנה. ח) סדר היום דיום הועידה. להזדרז בכל האמור ולהגיש לי לאישור.

סדר היום של ועידת חברת „עדינו״ ביום ב׳ חמשה עשר בשבט תש״ה שעה אחת עשרה בקר.

הרה״ג ר״נ טעלושקין שליט״א חבר מועצת התורה פותח את הועידה בנאום קצר ומבאר מטרת חברת „עדינו״ ומזמין את הרה״ג ר״י שליט״א דושאוויץ חבר מועצת התורה ליו״ר ועידה ראשונה. היו״ר הרה״ג ר״י שליט״א דושאוויטץ מודה על גודל הכבודה שרוחשים לו ומזמין את הרה״ג הר״א שליט״א סילווער להיות ראשון בחתני התורה לאמר חדוש תורה.
היו״ר של הועידה מזמין את הרב זלמנוב לקרא את רשימת החברים והיו״ר מזמינם להגיד את חדושיהם.

ב׳תרט

נעתקה מהעתק המזכירות [ב׳לד]. לתוכנה ראה לעיל אגרת ב׳תקצא, ובהנסמן בהערות שם.
מוה״ר מרדכי: מענטליק. אגרות נוספות אליו — לעיל ב׳שמג, ובהנסמן בהערות שם.

בשעה השני' הפסקה.
תפלת מנחה.
סעודת מצוה.
שעה חמישית ועידה שני'.
היו"ר הרב מענטליק.
שיחת החברים עד שעה תשיעית.
שתיית חמין ופרפראות, ניגונים.
שעה אחת עשרה נעילה.
תפלת ערבית.

בשם כ"ק אדמו"ר שליט"א
מזכיר.

חברת „עדינו"
התועדות למדנים

"ADINU"
770 Eastern Parkway
Brooklyn 13, N. Y.
President 4-0507

כ"ק אדמו"ר שליט"א
מליובאוויטש
נשיא

מועצת התורה:
הרה"ג א. סילוועה
הרה"ג י. דושאוויץ
הרה"ג נ. טעלושקין

ועד ההנהלה:
הרב מ. מענטליק, יו"ר
הרב מ. גרינבערג
הרב מ"מ פעלדמאן
הרב ש. ז. גורארי'
סגנים:
הרב ש. ז. זלמנוב, סדרן
הרב מ. פ. כץ, גזבר
הרב י. ד. אושפאל, מזכיר

ב'תרי

ב"ה כ"ט טבת תש"ה
ברוקלין

ידידי עוז, תלמידי יקירי, הרב הנכבד והכי נעלה,
וו"ח אי"א מוה"ר מנחם מענדל שי' הכהן

שלום וברכה!

מכתביו מי"א וי"ז לחדש זה במועדם קבלתי, ואתענין לדעת: א) תוצאות ועד בני הישיבה. ב) באיזה ישיבות ביקר לשוחח עם התלמידים שי' בתורה. ג) מהתועדות התלמידים שי' בביתו. ד) מהתועדות התלמידים דישיבת רי"א ע"י התלמיד מר ... שי'. ה) מהנעשה עם התלמיד מר ..., כי עליו צריך ידי"ע להניח כחות גדולים לקרבו. כפי שאומרים הוא בחור יר"ש ומחזיק עצמו ללמדן גדול וצריכים לקנות את לבבו ולעשותו לכלי טוב לקבל אור כי טוב.

שמעתי מדברים בשבחם של תלמידים אלו בישיבת תו"ד ... ובטח ידי"ע יודע מהם ובודאי ישום דעתו ולבו איך לקרבם, והשי"ת יהי' בעזרו ויצליח בעבודתו בגו"ר.

בשם כ"ק אדמו"ר שליט"א
מזכיר
ח. ליבערמאן

ב'תריא

ב"ה כ"ט טבת תש"ה
ברוקלין

שלום וברכה!

במענה על מכתבו מכ"ד לחד"ז, נהניתי לשמוע משלומו, והשי"ת

ב'תרי

נעתקה מצילום האגרת [ב'עג-ד]. לתוכנה ראה לקמן אגרת ב'תרצא.

מוה"ר מנחם מענדל: פעלדמן. אגרות נוספות אליו — לעיל ב'תקמג, ובהנסמן בהערות שם.

ב'תריא

נדפסה בס' התולדות ח"ד ע' 273, והוגהה ע"פ העתקה. — רובה גם לעיל אגרת ב'תרב.

תקלב אגרות־קודש (ב'תריא)

יחזק את בריאותו ואת בריאות ב"ב יחיו ויתן לו פרנסה בהרחבה שיוכל להחזיק את המוסדות שלי מתוך הרחבה.

עדיין הנני חלוש בבריאותי וכל השבוע הרגשתי עצמי שלא בטוב, ישלח לי השי"ת רפואה בתוך כלל חולי אחב"י שי' הצריכים רפואה בגשמיות וברוחניות.

ידידי כותב במכתבו כי מר . . . שולח טשעק על סך $18 להקופה על דעתי לצדקה או למעמד.

הנה צדקה ומעמד שני ענינים המה אשר אין לערבב אותם, כי הכספים שנותנים בשביל צדקה אין לתת אותם למעמד. חיוב נפשי וזכות לידידינו אנ"ש שי' להחזיק את קופת המעמד ולהגדילה, הן בקבלת סכומים מאנ"ש והן גם מגזע אנ"ש שי', אבל לא מהכספים שנותנים בשביל צדקה.

געלט איז א זאך וואס מען דארף זיך מיט דעם אן פון דעם זיין זייער געהיט, ווייל געלט אז מען גיט דאס אויס אויף א גוטען צוועק זיינען זיי מעלה דעם מענשען און ברייגנען אים צו דער העכסטער דרגא, ווי דער רבי – דער בעל התניא והשו"ע – זאגט שעל ידי הצדקה נעשים מוחו ולבו זכים אלף פעמים ככה, און צוריק ווען מען איז מחשב די עצם געלט פאר אזאך און ווער רעט ח"ו ווען מען נוצט די געלט אויף ניט קיין גוטע זאכען זיינען די געלט מוריד דעם מענשען.

דאס מיינט צו זאגען אז דער עיקר איז דער תועלת פון די געלט, ניט די געלט אליין, אבער דער תועלת וואס געלט קען ברייגנען איז זייער א גרויסער.

איך געפין פאר זייער נויטיג צו ערקלערן דייטלעכער דעם ווארט מיט אביישפיעל ווי גאר גאר א נידעריגע זאך ווירקט די פארבעסערונג אין דעם פרוכט ארויסגעבונג פון דער גרעסטער בעסטער וויכטיגער זאך.

די ערד איז טראצדעם וואס השי"ת האט געמאכט די ערד פאר דעם אוצר לאגער פון א גרויסן טייל וויכטיגע מינעראלן, און פאר אגעוויסן פילטער קראפט פאר מים חיים, האט השי"ת געגעבען די ערד די גאר גאר וויכטיגע קראפט פון כח הצמיחה, אלעס וויכטיגסטע אין תבואה

עחב"י: עם חלושי בני ישראל.

דער רבי . . זאגט: תו"א א, ב.

אדמו״ר מוהריי״צ נ״ע תקלג

אלעס בעסטע אין פרוכט, אלעס שענסטע אין געוויקסען קומט אלעס פון דעם כח הצמיחה וואס השי״ת האט אריינגעגעבען אין דער ערד.

איינע פון די נידעריגסטע זאכן איז די בהמה זבל, און דוקא דער זבל הבהמה איז דער גרעסטער פאקטאר אויף ארויסצוברייינגען דעם כח הצומח אז עס גיט בעסערע און מער פרוכט.

געלד איז זבל, אבער ווען מען פארברויכט דאס אויף וויכטיגע צוועקן איז ווירקט דער געלד־זבל זייער גוט אויף דעם אז דער וויכטיגער צוועק זאל געבען מער און בעסערע פרוכט.

אין מיין ארבעט איז פאראן א מאנגעל אין געלט־זבל און אט דער געלט־זבל מאנגעל איז אויף אלע מיינע – קיין עין הרע – ארבעטס געביטען.

די רעליגיע שטונדע בעארבעט־פארלויפיג – 3000 קינדער – כן ירבו – אוואך, ווען איך האב געלט מיטלען וואלט געווען 10 אדער 12 טויזנט קינדער אויך.

די מיידל שולן – בית רבקה און בית שרה – איצטער 20־30 שולן, ווען איך האב געלט מיטלען וואלט בא היינטיגען טאג געקענט זיין איינגעארדענט בעזה״י 50 מיידעל שולן און אייניגע מיידל האיי סקוהלס און לערער שולן.

די דרוק זאכן זיינען זייער וויכטיג, עס ליגען אנגעגרייט פערשידענע זייער וויכטיגע לערן ביכער, ערצלונגס ביכער, היסטארישע ביכער, אלעס פאר דעם יוגענד, און עס איז פון דער גרעסטער וויכטיגסטער ערציהונגס וויכטיקייט, וואס איז פקוח נפש ממש.

און אזוי איז אויך די אנדערע תורה און חיזוק היהדות געביטען איז די גאנצע ארבעט לויט די געלט מיטלען.

ווי איר זעט ידידי הנעלה איז געלט אליין מער ניט ווי זבל, אבער אז מען נוצט דאס אויף וואס מען בעדארף ברייינגט דאס דעם גרעסטן תועלת.

ידידו הדו״ש ומברכם.

ב׳תריב

ב״ה ר״ח שבט תש״ה
ברוקלין

ידידי וו״ח אי״א מו״ה . . .

שלום וברכה!

במענה על מכתבו . . . בדבר התספורת של בנם שי׳ הנה אם המנהג באה״ק ת״ו להסתפר רק בל״ג בעומר הנה בודאי יש גם מנהג ידוע לאלו שנגמלים לשלש שנים במשך השנה קודם ל״ג בעומר ואחריו.

בשם כ״ק אדמו״ר שליט״א
מזכיר

ח. ליבערמאן

ב׳תריג

ב״ה ר״ח שבט תש״ה
ברוקלין

ידידי עוז הרה״ג וו״ח אי״א מוה״ר מנחם מענדיל שי׳
קופערשטאך

שלום וברכה!

במענה על מכתב ידידי מכ״ה אלול, בטח קבל ידידי שי׳ את מכתבי בברכת השנה בגו״ר, מכתב ידידי זה נתקבל בימי תשרי ומאד יקרים לי ברכותיה[ם] של אנ״ש לי ולב״ב יחיו, ומאחרי החג עד עתה הנני מרגיש

ב׳תריב

נעתקה מצילום האגרת.

המנהג . . בל״ג בעומר: **ראה תשובות וביאורים מכ״ק אדמו״ר שליט״א ע׳ 165.**

ב׳תריג

נעתקה מהעתק המזכירות [א׳תתקעה].

ידידי . . קופערשטאך: **אגרות נוספות אליו — לעיל ב׳רלד, ובהנסמן בהערות שם.**

א״ע שלא בקו הבריא[ות] והנני עמוס עבודה שלא לפי״ע כחותי הגשמי׳...

התייסדות אגודת חסידי חב״ד באה״ק ת״ו והנהלתה המסודרת, הן בהנוגע ברוחני׳ והן בהנוגע בגשמי׳ נוגע לי ולאנ״ש וב״ב יחיו בנפשותינו ממש – לא ע״ד הגזמה ולא ע״ד סגנון מליצי – ובכל אשר לי אשתדל בעזה״י לסדר את אגודת חסידי חב״ד באה״ק ת״ו מבלי להתחשב עם העכובים והמניעות ובימים אלו הנני עסוק בענין הסידור ... והנני מקוה להשי״ת כי יזכני לסדר בסדר טוב בגו״ר...

ידידו הדו״ש ומברכו.

ב'תריד

ב״ה ר״ח שבט תש״ה
ברוקלין

כ״ק ש״ב הרה״צ, ידיד עליון וידידי עוז, גזע תרשישים, יראת ה׳ אוצרו בנשק״ע הרה״ג כקש״ת מוה״ר אהרן שליט״א

שלום וברכה!

בנועם קבלתי את מכתב ש״ב כ״ק שליט״א בברכת השנה, ויתן השי״ת ויתקיימו ברכותיו של כ״ק ש״ב שליט״א לי ולב״ב שליט״א בתוך כלל אחב״י שי׳ בשנה טובה ומתוקה בגשמיות וברוחניות ובגאולה שלמה על ידי משיח צדקנו ויוליכנו קוממיות לארצנו הק׳ תובב״א.

אתענין לדעת משלום ש״ב כ״ק שליט״א, והשי״ת ימלא את משאלות לבבו ויקיים את ברכות ש״ב כ״ק שליט״א לאלפי ורבבות מקושריו ולכלל אחב״י, ה׳ עליהם יחיו.

והנני ידידו ש״ב הדו״ש כ״ק שליט״א מוקירו ומכבדו ומתברך מאתו.

התייסדות . . באה״ק: **ראה בזה לעיל אגרת ב׳שפג, ובהנסמן בהערות שם.**

ב'תריד

נעתקה מהעתק המזכירות [א׳תתקפ]. וראה גם אגרת שלאח״ז.

מוה״ר אהרן: **רוקח, האדמו״ר מבעלז. אגרות נוספות אליו — לעיל ב׳רצג, ובהנסמן בהערות שם.**

ב׳תרטו

ב״ה ר״ח שבט תש״ה
ברוקלין

כבוד ידידי ש״ב הרה״ג הנודע לשם תהלה ותפארת
בתוככי גאוני יעקב, גזע תרשישים, משכיל על דבר טוב,
בנשק״ע הרה״ח מוה״ר מרדכי שליט״א

שלום וברכה!

במענה על מכתב כת״ר בברכת השנה הנה כל המתברך יתברך ברוב טוב, והנני בזה לברך את כת״ר וב״ב יחיו כי ישפיע להם השי״ת שפעת חיים וברכה מרובה בגשמיות וברוחניות.

ש״ב ידידו הדו״ש מכבדו ומברכו.

ב׳תרטז

ב״ה ר״ח שבט תש״ה
ברוקלין

ידידי התלמיד החשוב הרב מו״ה יהודה צבי שי׳

שלום וברכה!

במענה על מכתבו אודות ענייני ישיבת אחי תמימים ליובאוויטש בבאפאלא קראתי ונהניתי, והשי״ת יחזק את לב התלמידים יחיו שישקדו ויצליחו בלימוד ובהנהגה דיראת שמים, ויחזק השי״ת את

ב׳תרטו

נעתקה מהעתק המזכירות [א׳תתקפא].

מוה״ר מרדכי: **רוקח מבילגוריי, אחי האדמו״ר מבעלז שבאגרת שלפנ״ז.**

ב׳תרטז

נעתקה מהעתק המזכירות [ב׳לג].

מו״ה יהודה צבי: **פאגלמאן. אגרות נוספות אליו — לעיל ב׳קנט, ובהנסמן בהערות שם.**

ידידי תלמידי היקר, את הרב ליפשיץ שי׳ ואת הרב שאמבאן שי׳ ויצליחו בעבודתם הק׳ ויתרבה גבולם בתלמידים בעלי כשרונות ומקבלי עומ״ש והדרכה טובה.

בשם כ״ק אדמו״ר שליט״א
מזכיר.

ב׳תריז

ב״ה ד׳ שבט תש״ה
ברוקלין

כבוד ידידי הרה״ג הנודע לשם תהלה ותפארת בתוככי גאוני יעקב כו׳ וכו׳ אי״א מוה״ר יעקב שי׳

שלום וברכה!

בתודה קבלתי את תשורתו ספרו „אבן יעקב״, יחזק השי״ת את בריאותו ואת בריאות ב״ב יחיו ויתן לו פרנסה בהרחבה שיוכל לשקוד בתורה מתוך הרחבת הדעת ולרגליו יתברכו קהל עדתו, ה׳ עליהם יחיו, בשפעת חיים וברכה מרובה בגשמיות וברוחניות.

הדו״ש ומברכו.

ב׳תריז

נעתקה מהעתק המזכירות [ב׳קיב]. ראה גם אגרת שלאח״ז. ונדפסו שתי אגרות אלו בתור דוגמא לאגרות מרובות שבהן אישור קבלת ספרים מהמחבר.

מוה״ר יעקב: מעסקין.

ב׳תריח

ב״ה ד׳ שבט תש״ה
ברוקלין

כבוד ידידי הרה״ג הנודע לשם תהלה ותפארת בתוככי גאוני יעקב כו׳ וכו׳ אי״א מוה״ר זאב וואלף שי׳

שלום וברכה!

בתודה קבלתי את תשורתו, ספרו „בית דוד״, יחזק השי״ת את בריאותו ואת בריאות ב״ב יחיו ויתן לו פרנסה טובה בהרחבה שיוכל לשקוד בתורה בהרחבת הדעת ולרגליו יתברכו קהל עדתו, ה׳ עליהם יחיו, בשפעת חיים וברכה מרובה בגשמיות וברוחניות.

הדו״ש ומברכו.

ב׳תריט

ב״ה ז׳ שבט תש״ה
ברוקלין

אל הנכבד והכי נעלה מר...

שלום וברכה!

במענה על מכתב ידידי עוז וו״ח אי״א דודם מוה״ר ... שי׳ בשם אמם תחי׳, הנה בטח הוא שומֵר בעצמו להניח תפילין ולהתפלל שלש פעמים ביום. המאמין בה׳ יודע כי מה׳ מצעדי גבר כוננו וכשיהודי בא לאיזה מקום ומדינה הוא בשביל כוונה רוחנית, אשר על כן הנה עליו

ב׳תריח

נעתקה מהעתק המזכירות [ב׳קיג]. ראה גם אגרת שלפנ״ז.
מוה״ר זאב וואלף: **לייטער.**

ב׳תריט

נעתקה מהעתק המזכירות [ב׳א]. רובה גם לעיל אגרת ב׳תרו, ועוד הגיעו לידינו אגרות מרובות בתוכן דומה, ונדפסו כמה מהם (בחלק זה ובשלפניו) בתור דוגמא. ראה לעיל ח״ז אגרת א׳תתעג, ובהנסמן בהערות שם. וראה גם לקמן אגרת ב׳תרעה.

להשתדל לעורר את אנשי הצבא היהודים להניח תפילין ולהתפלל בכל יום ובזה ימלא את חובת שליחותו אל המקום אשר הוא שם, והשי״ת ישמרנו בכל מקום שיהי׳ ויחזירנו לביתו בריא ושלם.

הדו״ש ומברכו.

ב׳תרכ

ב״ה ח׳ שבט תש״ה
ברוקלין

אל הנהלת „ניח״ח" יצ״ו

שלום וברכה!

במענה על מכתבם אדות סדור הניגונים, הנה בטח חשבו בזה בעיון ובאו לידי החלטה לסדר כן, הנני מסכים על הסדר המוחלט אצלם.

בדבר המעתיק מר זינגער שי׳ הנני מסכים על המחיר, אמנם לדעתי טוב יותר שידפיסוהו בתבנית גודל קונטרס „ומעין".

בהנוגע לרשימת חשיבת הנגינה באהלי חב״ד הנה חוץ מה שנמצא מפוזר בכמה שיחות – גם הראשונות – שצריכים ללקטם ולאספם את הראוי לסדור, ישנם עוד שתי רשימות בהיומן שלי. א) ספור המשכיל המסתתר שמעון ליליענטהאל אדות ניגוני חב״ד, ב) רשימת ניסן ת״ש, ושתי הרשימות יוכל לראות – על איזה שעות – אצל חתני הרה״ג הרממ״ש שליט״א.

באה״ק ת״ו יש אחד מר גשורי שמו שעוסק בקיבוץ ניגונים וכתב לי שיש אצלו מאות ניגוני חב״ד, נכון הי׳ לדעת מה יש אצלו, ואפשר אשר במשך הזמן יוכלו להתדבר אתו.

ב׳תרכ

נעתקה מהעתק המזכירות [ב׳קיח].

הנהלת „ניח״ח": **ראה גם לעיל אגרות ב׳תלא, ובהנסמן בהערות שם.**

שתי רשימות: **נדפסו במבוא לס׳ הניגונים ע׳ כח וע׳ מב.**

מר גשורי: **ראה לעיל אגרת ב׳תצט.**

צריכים להדפיס ניר ומעטפות של ניחח ויואיל להראות לי את הנוסח טרם שידפיס.

מצורף לזה יקבל המחאה ע״ס חמשים שקלים בשביל החזן ווייזער שי׳ כמו שכותב. והמחאה שני׳ ע״ס $10 להוצ״ק.

בשם כ״ק אדמו״ר שליט״א
מזכיר.

ב׳תרכא

ב״ה ט׳ שבט תש״ה
ברוקלין

ידידי עוז הרה״ג הנכבד והכי נעלה, גזע תרשישים,
וו״ח אי״א מוה״ר אפרים אליעזר הכהן שליט״א

שלום וברכה!

בנועם קראתי את מכתבו שכותב אדות ישיבת אחי תמימים ליובאוויטש בעי״ת פהילאדעלפיא יע״א מאשר הצליחו ת״ל בלמודם ומהנהגתם הישרה ואשר השפיעו לטוב על כל רואיהם, ובכי׳ תקיעא בלבאי מסטרא דא על הקרח הנורא השורר במחנם הט׳ מבלי לעזור לי להרחבת הישיבה, לא בהשגת תלמידים בעלי כשרונות ולא בעזר השגת כספים לכלכלת המוסד אשר מרכז ישיבת תת״ל כבר השקיע סכום גדול במאד בהוצאות ישיבת אחי תמימים ליובאוויטש במחנם הט׳ ואין איש פונה לזה, חרפה גדולה היא לפהילאדעלפיא שצריכה עזר מבחוץ . . .

הדו״ש ומברכו.

ב׳תרכא

נעתקה מהעתק המזכירות [ב׳קנ].

מוה״ר אפרים אליעזר: יאלעס. אגרות נוספות אליו — לעיל ח״ז א׳תשלב, ובהנסמן בהערות שם.

ב'תרכב

ב"ה י' שבט תש"ה
ברוקלין

אל הנכבד והנעלה הנודע לשם תהלה בתוככי עדת החזנים, גזע חסידי חב"ד מר ... שי'

שלום וברכה!

במענה על הפרישת שלום ע"י משרד מרכז ישיבות תומכי תמימים, נהניתי לשמוע מיחוסו החסידי אשר אביו החסיד ר' ... הי' הולך רגלי להוד כ"ק אבותי רבותינו הק' זצוקללה"ה נבג"ם זי"ע לליובאוויטש, ודודו החסיד ר' ... הי' מהחסידים הידועים באה"ק ת"ו, וברור הדבר אשר החסידים מנחילים לבניהם ירושה טובה רוחנית לבניהם ולבני בניהם אשר מצד ירושה רוחנית זו עלולים הם יותר להתעורר לעניני הנהגה ביראת שמים.

המצב הרוחני הכללי במדינה זו לקוי מאד, ומה גם במקצוע החזנות, אשר ישנם כאלו שבהנהגתם הפרוצה עוברים כל גבול לא רק של יראת שמים אלא גם של האנושיות, וכמה מן החציפות הוא אשר אנשים כאלו עוברים לפני התיבה והם שלוחי צבור לעורר קטרוגים ח"ו על שולחיהם, ירחמם השי"ת ומה מאד נחוץ אשר החזנים יראי אלקי' הבאים מגזע היחס יבערו את הרע מקרבם, והשי"ת יעזר להם בגשמיות וברוחניות.

בשם כ"ק אדמו"ר שליט"א.

ב'תרכב

נעתקה מהעתק המזכירות [ב'קנט].

ב'תרכג

ב"ה י"ד שבט תש"ה
ברוקלין

כבוד מחותני הרה"צ גזע תרשישים
כו' וכו' מוהר"מ שליט"א

שלום וברכה!

במענה על מכתבו אודות הגבלת זמן לקבלו לראיון, הנה בריאותי ת"ל הוטבה שאוכל בעזה"י להמשיך את עבודתי בהרבצת תורה ויראת שמים, אבל מצות הרופאים חזקה עלי שלא לקבל אנשים רק לענות בכתב.

יחזק השי"ת את בריאותו וימלא את משאלות לבבו לטובה ולברכה בגשמיות וברוחניות.

הדו"ש ומברכו.

ב'תרכד

ב"ה ח"י שבט תש"ה

שלום וברכה!

הנהלת מרכז ישיבות תת"ל מתאוננת עליו אשר איננו שומר את הזמן ואינו מסור לעבודתו כראוי להיות, ותלמידיו אינם מתעלים לא בלימוד ולא בהנהגה טובה, כי אין משגיחים עליהם כראוי.

ידידי בטח יודע אשר מלאכתו היא מלאכת שמים, ויודע את האחריות הגדולה המוטלת על העוסקים במלאכת ה', השכר והיפוכו הכרוכים בזה.

ב'תרכג
נעתקה מהעתק המזכירות [ברנח].
מוהר"מ: שפירא.

ב'תרכד
נדפסה בס' תומכי תמימים ע' שנג, והוגהה ע"פ העתק המזכירות [ברפג].

אם עבודתו והתעסקותו באיזה ענין שיהי׳ גורם היזק, הן בזמן והן בהתענינו בעבודתו בעניני הישיבה, אזי הנני אוסר עליו בכל מיני איסור את ההתעסקות באיזה דבר שיהי׳ חוץ מעניני הישיבה, והנני דורש מאתו בכל תוקף עוז למלאות את המחסור, וזאת למודעי כי כל מיני התנצלות לא אקבל.

בשם כ״ק אדמו״ר שליט״א
מזכיר.

ב׳תרכה

ב״ה ח״י שבט תש״ה
ברוקלין

אל התלמיד מר ... שי׳

שלום וברכה!

במענה על כתבך, הנה השקידה בלימוד הוא דבר התלוי ברצון הבא על פי השכל, ואשר על כן הנה העצה היעוצה היא אך ורק להסביר לעצמו, גוט אריינטראכטען אין דעם אמת׳ן גוט ווען מען לערנט בשקידה ובהתמדה און מען קען לערנען, און ווי עס איז ניט גוט אז מען קען ניט, ורחם על עצמך ותשקוד בלימוד ובהנהגה דיראת שמים, והשי״ת יצליח לך בגשמיות וברוחניות.

בשם כ״ק אדמו״ר שליט״א
מזכיר

ח. ליבערמאן

ב׳תרכה

נעתקה מצילום האגרת [ב״ש].

ב'תרכו

ב"ה י"ח שבט תש"ה
ברוקלין

אל חברת גמילות חסדים שומרי שבת

שלום וברכה!

במענה על מכתבם, נהניתי לשמוע מטיב עבודתם בשנת תש"ד, להלוות גמ"ח למאה ושלשה אנשים בס"ה תשעה אלפים תשע מאות ושמונים שקלים.

בשמחה קראתי את הזמנתם להשתתף בחגיגת שנת השלשים וחמש לקיומה של החברה „גמילות חסדים שומרי שבת" והנני שולח להם את ברכתי כי ישפיע השי"ת שפעת חיים וברכה מרובה לכל חברי חברת „גמילות חסדים שומרי שבת" ולבני ביתם יחיו וישמור את ילדיהם יחיו העובדים בצבא, ביבשה בים ובאויר, בכל מקום שהם ויחזירם לבתיהם בריאים ושלמים.

הנני מצרף בזה המחאה על סך עשרים וחמשה שקלים תשורתי לחברת „גמילות חסדים שומרי שבת" בלוית ברכתי אשר כספי הגמ"ח שלהם יהיו להצלחה לכל הלוים בגשם וברוח.

ידידם הדו"ש ומברכם.

ב'תרכו

נעתקה מהעתק המזכירות [ב'שיא]. ראה גם לעיל אגרת ב'רסא.

ב׳תרכז

ב״ה י״ח שבט תש״ה
ברוקלין

ידידי עוז תלמידי יקירי, הרב בעל כשרונות מצוינים ובעל פעולות כבירות בהרבצת תורה ביראת שמים, וו״ח אי״א מוה״ר אהרן שי׳, מנהל ישיבת אחי תמימים ליובאוויטש בעי״ת ברידזשפארט יע״א

שלום וברכה!

במענה על מכתבו המבשרני מהתעניינות הרבנים הגאונים והבע״ב החשובים, ה׳ עליהם יחיו, בטובת הישיבה הק׳ אחי תמימים ליובאוויטש בעי״ת ברידזשפארט יע״א, נהניתי במאד, והנני מקוה אשר המגבית יצליח והנני שולח את ברכתי לכל המתעסקים בטובת הישיבה ולכל המנדבים יחיו כי ישפיע להם השי״ת שפעת חיים וברכה מרובה בגשמיות וברוחניות.

יעזור השי״ת כי הישיבה אחי תמימים ליובאוויטש בעי״ת ברידזשפארט יע״א תתגדל ותתרחב בגשמיות וברוחניות בתלמידים בעלי כשרונות ומקבלי חינוך והדרכה טובה ותביא הצלחה בגשם וברוח לכל המתעסקים, לכל ההורים ולכל המנדבים יחיו.

ידידם הדו״ש ומברכם.

ב׳תרכז

נעתקה מהעתק המזכירות [ב׳שטו].

מוה״ר אהרן: **פאפאק. אגרות נוספות אליו — לעיל ב׳קסא, ובהנסמן בהערות שם.**

ב׳תרכח

ב״ה י״ט שבט תש״ה
ברוקלין

אל ידידינו אנ״ש מתפללי בית הכנסת צמח צדק, וידידי היו״ר וסגניו הנכבדים בראשם, בעי״ת באלטימאר יע״א
ה׳ עליהם יחיו

שלום וברכה!

בנועם נתבשרתי מאת ידידי עוז עסקן חרוץ ובעל פעולות כבירות בהתעוררות להחזקת היהדות והרבצת תורה ביראת שמים וחינוך הכשר, משכיל על דבר טוב, בעל מדות טובות וו״ח אי״א הרב מוה״ר אלעזר פנחס שי׳ וויילער, על אודות החלטתם הטובה לפועל לייסד קביעות זמן ללמוד דא״ח בכל שבוע בבית הכנסת צמח צדק עם כבוד ידידי עוז הרה״ג הרה״ח יראת ה׳ אוצרו המופלא במדותיו התרומיות באהבת ישראל ובעל פעולות כבירות בהחזקת היהדות וו״ח אי״א מוה״ר אברהם אלי׳ שליט״א אקסעלראד. ישתדלו לשמור את זמני הלימוד והשי״ת ישפיע להם ולב״ב יחיו שפעת חיים וברכה מרובה בגשמיות וברוחניות.

והנני ידידם עוז הדורש שלומם טובם והצלחתם והמברכם בגשמיות וברוחניות.

ב׳תרכח

נעתקה מהעתק המזכירות [ב׳שלח].

מוה״ר . . וויילער: **שהי׳ נוסע בערי השדה ליסד ישיבות ושיעורי לימוד. ראה לעיל אגרת ב׳קעא, ובהנסמן בהערות שם.**

ב׳תרכט

ב״ה כ״א שבט תש״ה
ברוקלין

כבוד ידידי הרה״ג הנכבד והנעלה, הנודע לשם תהלה ותפארת בתוככי מרביצי תורה ביראת שמים, גזע היחס, וו״ח אי״א מוהר״ר משה יוסף שליט״א

שלום וברכה!

במענה על מכתב ידידי מי״ז לחד״ז, נהניתי לשמוע משלומו, והשי״ת יעזור לו ולב״ב יחיו בהדרוש להם בגשמיות וברוחניות.

בדבר ידידי ש״ב הרב . . . שי׳ יחוס השי״ת וירחם וישמרם מכל צו״צ ויוציאם מאפילה לאור גדולה ויסתדרו בסדר טוב בגשמיות וברוחניות.

ת״ל אשר הת״ת מתנהגת כשורה, והשי״ת יעזור שיעלה בידינו לקבלם לתלמידים בישיבת תומכי תמימים, ובקרב הימים אי״ה אתחיל להצלחה בהנוגע לידידי שי׳ בדבר רבנות, והשי״ת יעזור בגשמיות וברוחניות.

הדו״ש ומברכו.

ב׳תרכט

נעתקה מהעתק המזכירות [ב׳שעז].
מוהר״ר משה יוסף: צעכוואל. אגרות נוספות אליו — לעיל ב׳תסט, ובהנסמן בהערות שם.
הת״ת: במחנה פליטים באסוועגא. ראה לעיל שם.

ב'תרל

ב"ה כ"ג שבט תש"ה
ברוקלין

אל יתמי ידידי החסיד ר'...

שלום וברכה!

נצטערתי לשמוע מהאסון אשר קרה להם בפטירת ידידי אביהם החסיד ר'... תנצב"ה, המקום ינחם אותם בתוך אבלי ציון וירושלים.

איר קינדער בעדארפט שטאלצירען מיט אזא פיינעם אידישען חסידישען מענש ווי אייער פאטער ע"ה איז געווען. עס איז זיכער אז אזא פאטער לאזט איבער אין דער בלוט און הארץ פון זיינע קינדער די בעסטע אינערליכע געפיהלען צו אידישקייט.

קינדער! אייער מענשליך-מאראלישער פליכט איז נאכקומען די מאראלישע ירושה פון אייער פאטער ע"ה, דורך אפהיטען אידישקייט, וואס מיט דעם וועט איר פארשאפען דעם גרעסטען קורת רוח צו דער נשמה פון אייער פאטער ע"ה, און דורך אפהיטען אידישקייט וועט איר זוכה זיין אז אייער פאטער ע"ה זאל זיין א מליץ יושר פאר אייך און אייערע פאמיליעס אז איר זאלט זיין בעגליקט בגשמיות וברוחניות.

יחזק השי"ת את בריאותם ואת בריאות בני ביתם יחיו ויתן להם דיעה ישרה וטובה לשמור לקיים מצות מעשיות ויתן להם פרנסה טובה.

המברכם.

ב'תרל

נעתקה מהעתק המזכירות [ב'תז]. וראה גם אגרת שלאח"ז.
הגיעו לידינו עוד אגרות בסגנון דומה, בתאריכים אחרים ולאנשים אחרים, ונדפסה זו בתור דוגמה.

ב׳תרלא

ב״ה כ״ה שבט תש״ה
ברוקלין

ידידי עוז וו״ח אי״א מוה״ר יוחנן שי׳

שלום וברכה!

במענה על מכתבו אודות ידידי החסיד ר׳ ... ע״ה, הנני כותב מכתב תנחומין לבנו ובתו יחיו, ונכון הדבר לקרבם אשר מזמן לזמן יזמינם אליו לשוחח עמהם ולבאר ולהסביר להם את חובות הבנים ובנות לעשות קורת רוח לנשמת הוריהם ואשר בעד זה הנשמות ממליצות טוב בעד בניהם ובנותיהם ובני ביתם ושיחות אלו פעולתן בעזה״י בטוחה, והיא הטובה האמיתית שעושים לנשמת המנוח, תנצב״ה ...

בשם כ״ק אדמו״ר שליט״א
מזכיר.

ב׳תרלב

כ״ו שבט תש״ה

לויט דער אינפארמאציע וואס איך האב ערהאלטען פון דער קאמיטע פון מיין ישיבה אחי תמימים ליובאוויטש בין איך איבערראשט פון דער סקאנדאליעזער נגד התורה מאראליש-עקאנאמיש רויבעריי פון דעם ועד החינוך צונעמען דעם בילדונג וואס

ב׳תרלא

נעתקה מהעתק המזכירות [ב׳תו].

מוה״ר יוחנן: **גורדון. אגרות נוספות אליו — לעיל ב׳תקכח, ובהנסמן בהערות שם.**

הנני כותב מכתב: **שלפנ״ז.**

ב׳תרלב

נעתקה מהעתק המזכירות [ב׳תע].

מיין ישיבה: **בשיקגו. ראה לעיל אגרת ב׳תצה, ובהנסמן בהערות שם.**

צונעמען דעם בילדינג: **ראה בזה לקמן אגרות ב׳תרפז. ב׳תרצב. ב׳תשכט-ל.**

ישיבת אחי תמימים ליובאוויטש האט אויסגעזוכט און געהאנדעלט. איך גלויב אז איר רבי . . . און די ערענטליכע חברים פון דעם ועד החינוך וועלן ניט וועלן טראגען אויף זיך דעם שאנד נאמען וואס די חז״ל רופען די וואס טוען אזוי.

מיט דער גרעסטער שטארקסטער תורה און יושר קראפט פארלאנג איך פון אייך רבי . . . און פון ועד החינוך גלייך איבערצוגעבען דעם בילדונג צו דער ישיבה אחי תמימים ליובאוויטש, איך מאך אייך אויפמערקזאם און פאראנטווארטליך פאר דעם חילול השם און כבוד תורה תמימה, איך ערווארט באלדיקן אנטווארט.

ב׳תרלג

ב״ה כ״ח שבט תש״ה
ברוקלין

אל הנכבד אי״א מו״ה . . .

שלום וברכה!

במענה על כתבו אודות חלישות בריאותו, הנה רוח איש יכלכל מחלהו כתיב והמאמין בה׳ צריך להיות בטוח בחסדי השי״ת.

יחזק עצמו בכל מיני חיזוק בבטחון גמור בה׳, והשי״ת ישלח לו רפואה ויחזקהו ויאמצהו בגשמיות וברוחניות.

בשם כ״ק אדמו״ר שליט״א
מזכיר.

ב׳תרלג

נעתקה מהעתק המזכירות [ב׳תקא].

ב׳תרלד

ב״ה ר״ח אדר תש״ה
ברוקלין

אל ועד העזרה התאחדות רבנים
פליטי רוסיא, ושאר ארצות

שלום וברכה!

בשמחה קבלתי את מכתבם מי״ט טבת העבר ובטח הנה יש אצלם רשימת הרבנים, שמותיהם, גילם ומקום כהונתם מלפנים, שמות ב״ב יחיו, גילם ובמה הם עוסקים, ואותם הלומדים – באיזה ישיבה או בית ספר הם לומדים, והנני מבקש להעתיק רשימה זו עבורי. אינני מבטיח מאומה אבל יש מקום לחשוב אשר בעזה״י לכשתהי׳ לי רשימה מפורטת אפשר תהי׳ איזה תועלת מזה.

יקבלו בעזה״י ע״י אגודת חסידי חב״ד באה״ק ת״ו – ע״י ידי״ע הר״מ שי׳ גורארי׳ – סך מאה שקלים לטובת המוסד ועוד חמשה ועשרים שקלים ביחוד למי שיסדר לכתוב – על מכונת כתיבה – את הרשימה הנ״ל.

הנני מברכם ומתברך מהם בחג כשר ושמח.

ידידם הדו״ש ומברכם.

ב׳תרלד

נעתקה מהעתק המזכירות [ב׳תקכ]. ראה גם אגרת שלאח״ז.

ועד העזרה . . רוסיא: **אגרת נוספת אליהם — לעיל ב׳קסז.**

ב׳תרלה

ב״ה ר״ח אדר תש״ה
ברוקלין

אל חברת החזקת רבנים לחיזוק הדת
בעיה״[ק] ירושלים תובב״א

שלום וברכה!

במענה על מכתבם מג׳ שבט העבר, נצטערתי לשמוע מהאסון אשר קרה בפטירת הגאון ר״צ ז״ל תנצב״ה, המקום ינחם את אבליו בתוך אבלי ציון וירושלים.

בטח יש להם רשימת הרבנים, שמותיהם שנותיהם ומקום כהונתם מלפנים, ושמות ב״ב יחיו שנותיהם ובמה הם עוסקים, ואותם הלומדים – באיזה ישיבה או בית ספר הם לומדים, והנני מבקש להעתיק עבורי רשימה זו. אינני מבטיח מאומה אבל יש מקום לחשוב אשר בעזה״י לכשתהי׳ לי רשימה מפורטת אפשר תהי׳ איזה תועלת מזה.

יקבלו בעזה״[י] סך שבעים וחמשה שקלים – ע״י אגו[ד]ת חב״ד באה״ק ת״ו – לטובת המוסד ועוד עשרה שקלים למי שיסדר לכתוב – על מכונת כתיבה – את הרשימה הנ״ל.

הנני מברכם ומתברך מהם בברכת חג כשר ושמח.

ידידם הדו״ש ומברכם.

ב׳תרלה

נעתקה מהעתק המזכירות [ב׳תקכא]. ראה גם אגרת שלפנ״ז.

ב׳תרלו

ב״ה ר״ח אדר תש״ה
ברוקלין

אל הנהלת כולל חב״ד יצ״ו

שלום וברכה!

ת״ל בריאותי הוטבה לעומת מה שהיתה אבל עדיין הנני חלוש ביותר ותחת השגחת רופאים מומחים שמצותם חזקה עלי להשמר מעבודה קשה ושלא להתרגש ולהיות במנוחה, וכמובן אשר במצבי בכלל ועכשו בצוק העתים בפרט הוא דבר הנמנע, והשי״ת יחוס וירחם בגשמיות וברוחניות.

כפי הבטחתי בהתלגרם אשר אענה לאט לאט על המכתבים שנתקבלו בימי חליי – ל״ע ול״ע – הנני מקיים את הבטחתי וכבר השבתי כמה עשרות מכתבים וביני לביני עלי לענות על כל המכתבים שנתקבלו ומתקבלים יום יום במספר מרובה ואין בידי לשמור את הסדר כ״א מהבא לידי, ולא יתפלאו אם אענה על המאוחר קודם מעל המוקדם.

תודה וברכה עבור התפלות במקומות הקדש והברכות לרפואה היקרות לי במאד מאד וברכות יחולו על ראשם.

בדבר העתקת פירוש רבינו דוד הנגיד על אבות, בטח נעשה הדבר ע״י מביני השפות ויראי שמים ואני איני יודע בזה.

במענה על מכתבם מכ״ז טבת:

מצב הכולל מצערני במאד והנני מחפש עצות איך להטיבו בעזה״י אבל עדיין לא עלה בידי, העתירו בעדי כי יחוס וירחם השי״ת ויוציא את מחשבותי הטובות, אדות החזקת כל מוסדות התורה בפה המדינה אשר תחת הנהלתי וכל מוסדות התורה והצדקה באה״ק תובב״א, מהכח אל הפועל בסכומים גדולים, כי רובץ הנני תחת משא כלכלת

ב׳תרלו

נעתקה מהעתק המזכירות [ב׳תקלב].

אענה לאט . . בימי חליי: **ראה לעיל אגרת ב׳תקלה, ובהערות שם.**

פירוש רבנו דוד הנגיד: **מדרש דוד (ירושלים תשי״ד). תורגם מערבית ע״י ה״ר בן ציון קריפניס.**

המוסדות, והנני בע״ח גדול מה שלויתי סכומים גדולים לצרכי המוסדות בבטחון גמור על השי״ת בזכות אבותי הק׳ נבג״מ זצוקללה״ה זי״ע אשר יעזרני לכלכל את כל המוסדות הק׳ בהרחבה.

אנא ה׳ הושיעה נא.

והנני ידי״ע הדו״ש ומברכם.

ב׳תרלז

ב״ה ר״ח אדר תש״ה
ברוקלין

אל הנהלת ישיבת אחי תמימים
וחדר בני תמימים יצ״ו

שלום וברכה!

במענה על מכתבם מא׳ טבת העבר, הנה לסבת חליי – ל״ע ול״ע – לא עניתי על מכתבם מכ״ג תשרי וכ״ב מרחשון ואי״ה עוד אענה עליהם, כי מצד חלישות בריאותי א״א לי להתעסק בקריאת מכתבים, והנני מקוה להשי״ת כי יחזקני ויאמצני להמשיך את עבודתי הק׳ בהחזקת והרבצת תורה ועבודה.

נהניתי לשמוע כי מצב הרוחני בישיבה טוב הוא ת״ל, יעזור השי״ת ותתגדל ותתרחב מזמן לזמן בעילוי אחר עילוי בגשמיות וברוחניות . . .

בהרגישי את מצבם הכלכלי הדחוק לויתי ת״ק שקלים ושלחתי להם, בטח קבלו.

אודות הצעת בנין בית עבור הישיבה אתיישב בזה ואודיע להם אי״ה את חו״ד במכתב הבא.

בשם כ״ק אדמו״ר שליט״א
מזכיר.

ב׳תרלז

נעתקה מהעתק המזכירות [ב׳תקלו].
הנהלת . . תמימים: **בתל־אביב.**

ב׳תרלח

ב״ה ר״ח אדר תש״ה
ברוקלין

ש״ב ידידי וו״ח אי״א מוה״ר יצחק אביגדור שי׳

שלום וברכה!

הנני בזה לבקשו לשלוח לי את שמות הלומדים בישיבה „מדרש שמואל״, גילם ומהותם בלימוד ובהנהגה, ויפרט שמות בני ביתם וגילם והיכן הם לומדים.

בשם כ״ק אדמו״ר שליט״א
מזכיר.

ב׳תרלט

ב״ה בדר״ח אדר תש״ה
ברוקלין

אל חתני הרש״ג שי׳

שלום וברכה!

מצורפת בזה תלגרם שנתקבלה מהרב סילוועל שי׳ ובבקשה לסדר אשר הרמ״ים והתלמידים יחיו ישתתפו בהמחאה ויסעו בסדר ויותן להם דמי נסיעה וחזרה.

ב׳תרלח

נעתקה מהעתק המזכירות [ב׳תקלח].

מוה״ר יצחק אביגדור: **אורינשטיין.**

ישיבה „מדרש שמואל״: **בקובץ ליובאוויטש גליון 5 ע׳ 82: „פון ירושלים איז אנגעקומען א ידיעה אז דארט איז געגרינדעט געווארען א ליובאוויטשער ישיבה מיט׳ן נאמען „מדרש שמואל״ אויפן נאמען פון כ״ק אדמו״ר מוהר״ש נ״ע. די לימודים האבען זיך אנגעהויבען בשעטומר״צ דינסטאג טו״ב אלול תש״ד״. הישיבה היתה בביהכ״נ צמח צדק בעיר העתיקה, רק לכמה שעות ביום, ובזה גם החזיקו את ביהכ״נ הנ״ל — ראה לעיל אגרות ב׳שעה. ב׳שפד*. ב׳שפז. לקמן ב׳תרצז.**

ב׳תרלט

נעתקה מהעתק המזכירות [ב׳תריא].

חתני הרש״ג: **אגרות נוספות אליו — לעיל ב׳שיט, ובהנסמן בהערות שם.**

בהמחאה: **ראה לקמן אגרת ב׳תרמא.**

ב׳תרם

ב״ה בדר״ח אדר תש״ה
ברוקלין

אל „מרכז לעניני חנוך״

[שלום וברכה]!

בבקשה להודיעני אם ספרי לימוד אלו כשרים המה ובאם לאו מה יכולים לתת תמורתם.

בשם כ״ק אדמו״ר שליט״א
מזכיר.

ב׳תרמא

ב״ה בדר״ח אדר תש״ה
ברוקלין

כבוד הרב הנכבד, עסקן חרוץ אי״א
מוה״ר יצחק שי׳ לעווין

שלום וברכה!

במענה על מכתבו בהזמנה להשתתף באספת מחאה נגד כת הכופרים מעבירי ילדי ישראל על דת ישראל, הנה מצוה וחובה על כל איש ואשה בישראל, בלי הבדל מפלגה ושאיפה, להשתתף באספת מחאה זו ולדרוש להכריז עליהם נידוי וחרם ולהבדילם מכלל ישראל

ב׳תרם

נעתקה מהעתק המזכירות [ב׳תרטז].

ספרי . . כשרים: **ראה לקמן אגרת ב׳תרמו.**

ב׳תרמא

נדפסה בס׳ התולדות ח״ד ע׳ 275, והושלמה והוגהה ע״פ צילום האגרת [ב׳תריט].

אספת מחאה: **ראה גם אגרת ב׳תרלט דלעיל.**

מעבירי ילדי ישראל: **ראה לעיל ח״ז אגרת א׳תתקפז, ובהנסמן בהערות שם. לקמן ב׳תרפב.**

עד אשר יעזבו את דרכם הרעה להעביר ילדי ישראל על דת ישראל, ולולא מצות הרופאים החזקה עלי לבלי לצאת החוצה בימי הקור הייתי בודאי משתתף בעצמי.

יחוס השי״ת וירחם עלינו כלנו ויתן לב טוב לכת הנ״ל אשר יעזבו את מעשיהם הרעים וימסרו את ילדי ישראל לחנוך הכשר באמת, ויקל השי״ת מעלינו את חבלי משיח וישלח לנו את משיח צדקנו במהרה ממש.

הדו״ש ומברכו

יוסף יצחק

ב'תרמב

ב״ה ג' אדר תש״ה
ברוקלין

ידי״ע הרב ר' מרדכי שי'

שלום וברכה!

לפי השתלשלות הענינים צריכים לדחות עד אחר חגה״פ ואי״ה בשבוע הבע״ל נדבר איך ומה לעשות במשך זמן ההכנה.

בשם כ״ק אדמו״ר שליט״א
מזכיר.

ב'תרמב

נעתקה מהעתק המזכירות [ב'תרלב].

הרב ר' מרדכי: **מענטליק. אגרות נוספות אליו — לעיל ב'שמג, ובהנסמן בהערות שם.**

לדחות: **את הועידה הראשונה של „עדינו" (ראה לעיל אגרת ב'תקצא), שהועדה לז' אדר, אך כיון שנתברר שביום זה לא יוכלו חברי מועצת התורה להשתתף בועידה, שאלו חברי ההנהלה אצל רבנו אם לדחותה לאחר חה״פ, כדי שיוכלו הגאונים הנ״ל להשתתף בה. וראה בזה לקמן אגרת ב'תשיא.**

תקנח אגרות־קודש (ב׳תרמג)

ב׳תרמג

ב״ה ז׳ אדר תש״ה
ברוקלין

ידידי וו״ח אי״א הרב מו״ה דוד נתן שי׳

שלום וברכה!

במענה על כתבו, אדות הצעת העסק צריך להשתדל והשי״ת יהי׳ בעזרו בגו״ר.

הסדר בענין גזיזת השערות והנחת פאות הראש שהוא ראשית החינוך הכשר לשמור אשר ישן ביארמאלקע ולשאת ציצית, והשי״ת ישלח לו רפואה והוריו יחיו יגדלוהו לתורה חופה ומעש״ט מתוך פרנסה טובה, וישלח השי״ת רפואה לזוגתו תחי׳ ובתם מרת חנה גאלדא תצליח בעבודתה בחינוך הכשר בבית רבקה.

הסך שלשה שקלים נתקבל.

בשם כ״ק אדמו״ר שליט״א
מזכיר.

ב׳תרמד

ב״ה ז׳ אדר תש״ה
ברוקלין

ידידי הרה״ג וו״ח אי״א מוה״ר שלום צבי שי׳

שלום וברכה!

במענה על מכתבו אודות בית ספר לנערות בית רבקה, נהניתי מזה

ב׳תרמג

נעתקה מהעתק המזכירות [ב׳תרפז].

מו״ה דוד נתן: **לעסער. אגרת נוספת אליו — לעיל ח״ז א׳תתקיז.**

ב׳תרמד

נעתקה מהעתק המזכירות [ב׳תשא].

מוה״ר שלום צבי: **שניידערמאן. אגרות נוספות אליו — לעיל ב׳תקז, ובהנסמן בהערות שם.**

בית ספר לנערות: **בפילדלפיה — לאחר הפרדת הילדים והילדות, כאשר עברה הישיבה להיות תחת הנהלת חב״ד — כנ״ל אגרת ב׳תקלג. וראה גם לעיל אגרת ב׳תקצו.**

אדמו״ר מוהריי״צ נ״ע תקנט

מאד והדבר נחוץ במאד מאד וצריכים להניח כחות על זה לייסד בעזה״י את הבית רבקה, אבל אך ורק שתהי׳ אשה מורה, ובשום אופן אינני מסכים אשר מורה איש ילמוד עם הילדות וצריכים להשתדל להשיג מורה אשה וכשיתנו דעתם על זה במסירה הראוי׳ ימצאו.

בשם כ״ק אדמו״ר שליט״א
מזכיר.

ב׳תרמה

ב״ה ט׳ אדר תש״ה
ברוקלין

אל „ניח״ח״

שלום וברכה!

לדעתי נכון הי׳ לעשות איזה ניגונים על טבלאות – פלאסטינקעס – ובבקשה להתיישב באיזה ניגונים לבחור להתחלה, ולדעתי אשר הניגונים יהיו במקהלה – כאר – בבקשה לברר הדבר איך לסדר זאת ואיך להבטיח בתור „קאאפערייט״ וכמה יעלה כל ניגון, וגם כנ״ל איזה ניגונים לבחור.

בשם כ״ק אדמו״ר שליט״א
מזכיר.

ב׳תרמה

נעתקה מהעתק המזכירות [ב׳תשנח].
ניח״ח: ראה לעיל אגרת ב׳תלא, ובהנסמן בהערות שם.

ב׳תרמו

ב״ה ט׳ אדר תש״ה
ברוקלין

ידי״ע הרב מוהרחמ״א שי׳

שלום וברכה!

אתענין לדעת אם יש האפשרות לידידי – ע״י מי שאפשר לסמוך עליו – לבחור ספרי קריאה – לגדולים – מספרות האנגלית כן מספרות אידיש שיהיו כשרים.

כן הנני מתענין ברשימה של ספרי קדש בתרגום אנגלי, כגון תנ״ך, שו״ע מדרש, משניות, עין יעקב והדומה.

בשם כ״ק אדמו״ר שליט״א
מזכיר.

ב׳תרמז

ב״ה י״ב אדר תש״ה
ברוקלין

ידידי הנכבד אי״א מר יצחק שמעון שי׳ עדינבערג

שלום וברכה!

ידידי עוז הרב הנכבד והנעלה וו״ח אי״א מוה״ר משה יצחק שי׳ העכט, ר״מ ומנהל דישיבת אחי תמימים ליובאוויטש בעיר וואוסטער סיפר לי על אודות עבודתו הכי נעלית לעודד את הכלואים בבתי

ב׳תרמו

נעתקה מהעתק המזכירות [ב׳תשנט].

מוהרחמ״א: **חדקוב. אגרות נוספות אליו — לעיל ב׳קצד, ובהנסמן בהערות שם.**

ספרי . . כשרים: **ראה לעיל אגרת ב׳תרם.**

ב׳תרמז

נעתקה מהעתק המזכירות [ב׳תשמד].

הסהר ולעוררם על שמירת היהדות, והנני אומר לו יישר חילו ויוסיף אומץ בעבודתו והשי״ת יעזור לו בגשמיות וברוחניות.

בשם כ״ק אדמו״ר שליט״א
מזכיר.

ב׳תרמח

ב״ה י״ב אדר תש״ה
ברוקלין

ידי״ע וו״ח אי״א הרב מוה״ר משה יצחק שי׳

שלום וברכה!

בדבר התיסדות בית רבקה או בית שרה, הנה ידידי שי׳ צריך להיות כולו מסור להנהלת ישיבת אחי תמימים ליובאוויטש אבל צריך לסדר ועד אשר יתענין בזה והעיקר אגודת נשים ויחפשו אחר דירה טובה ואחרי מורה טובה ובעזה״י ימצאו, וידידי צריך להיות רוח החי׳ בהעבודה, והשי״ת יהי׳ בעזרו בגשמיות וברוחניות.

בשם כ״ק אדמו״ר שליט״א
מזכיר.

ב׳תרמח

נעתקה מהעתק המזכירות [ב׳תשמה].

מוה״ר משה יצחק: **העכט. אגרות נוספות אליו — לעיל ב׳שכט, ובהנסמן בהערות שם.**

התיסדות בית רבקה: **בוואוסטער.**

ב׳תרמט

ב״ה י״ב אדר תש״ה
ברוקלין

אל מרת ח. ד. תחי׳ גולדשמיד

ברכה ושלום!

במענה על כתבה מכ״ו טבת, טוב מאד שלקחה על עצמה עבודת יסוד המוסד החדש סמינריום למלאכה, אבל ידידי בעלה שי׳ אי אפשר לו להתערב בזה, כי הוא בעזה״י צריך למלאות את תפקידו באגודת חב״ד והדומה בחנוך הכשר לנערים.

אתענין לדעת בפרטיות יותר מהות המורות והתלמידות של ביה״ס וגן ילדים בית יעקב שתחת הנהלתה, פרטיות ההוצאה על שכירות המורות, שעות עבודתן ואיזה אחריות מוטלת עליהן. אם יש דברי דפוס ותמונות – בבקשה לצרף.

בדבר ההצעה ליסד באה״ק ת״ו „בית רבקה״ או „בית שרה״, הנה בשעה זו עדיין אי אפשר לי לענות ע״ז, אבל הייתי חפץ לקרא הצעה מפורטת בענין הזה, כמה ילדות יכולות להתחנך בגן ילדות אחד, כמה מדריכות ומחנכות צריכות להיות בגן ילדות אחד, כמה תעלה ההסתדרות ומשכורת המדריכות, ובאיזה שפה מדברים אם רק עברית או גם אידיש, כן בהנוגע להסתדרות בית רבקה ובית שרה.

יחזק השי״ת את בריאות ידידי בעלה שי׳ ואת בריאותה ואת בריאות ב״ב יחיו ויגדלון לתורה חופה ומעש״ט מתוך פרנסה בהרחבה, מתוך הרבצת תורה ביראת שמים ובהתעסקות בחנוך הכשר.

בשם כ״ק אדמו״ר שליט״א
מזכיר

ח. ליבערמאן

ב׳תרמט

נעתקה מצילום האגרת [ב׳תשעא]. ראה לקמן אגרת ב׳תשמג.

ב׳תרנ

ב״ה י״ב אדר תש״ה
ברוקלין

אל הנכבד אי״א מו״ה . . . שי׳

שלום וברכה!

במענה על כתבו:

יחזק השי״ת את בריאותו ואת בריאות זוגתו תחי׳ ויתן להם פרנסה טובה, ובדבר בתם תחי׳ צריכים להגיד לה אשר הסוף יהי׳ שהנכרי יכה אותה ותסבול צרות רבות, ותרחם על עצמה ותבחר להנשא ליהודי, והשי״ת יחוס וירחם ויתן לה דיעה ישרה לבחור בטוב.

בשם כ״ק אדמו״ר שליט״א
מזכיר.

ב׳תרנא

ב״ה י״ב אדר תש״ה
ברוקלין

ידי״ע וו״ח אי״א מוה״ר שלום דובער שי׳, מנהל ישיבת אחי תמימים ליובאוויטש בעי״ת ספרינגפיעלד יע״א

שלום וברכה!

במענה על מכתבו, שמחתי לקרא ככל האמור במכתבו אדות

ב׳תרנ

נעתקה מהעתק המזכירות [ב׳תשפט].

ב׳תרנא

נעתקה מהעתק המזכירות [ב׳תשצא].

מוה״ר שלום דובער: **גורדון. אגרות נוספות אליו — לקמן ב׳תרנו. ב׳תרסח. ב׳תרפט.**

מנהל . . ספרינגפילד: **ועד עתה הי׳ מנהל ישיבת אחי תמימים בנוארק (כנ״ל אגרת ב׳תקעא). הלימודים בספרינגפילד התחילו בט״ז אדר (קובץ ליובאוויטש גליון 7 ע׳ 28) וראה גם לקמן אגרות ב׳תרנו־ח.**

ההתעוררות על דבר התייסדות ישיבת אחי תמימים ליובאוויטש ועל אשר הזמין להם השי"ת בנין המוכשר להישיבה, ובטח שאלו עצת מבינים אשר שוה המחיר שמבקשים ויגמרו הקנין בכי טוב.

בטח כתב להרב המנהל שליט"א ושאל את הוראתו בדבר קנין הבנין כפי שהזהרתיו אשר כל עניני הישיבות נחתכים על־ פיו, ואם דרוש להם איזה סכום בהלואה ע[ל] הסכום ט"ו מאות – עד ה' מאות – הנני ללות להם בתור גמ"ח על משך ששה או תשעה חדשים והשי"ת יהי' בעזרם בגו"ר.

בשם כ"ק אדמו"ר שליט"א
מזכיר.

ב'תרנב

ב"ה ט"ז אדר תש"ה
ברוקלין

כבוד ידידי הרה"ג הנכבד והנעלה, הנודע לשם תהלה ותפארת בתוככי מרביצי תורה ביראת שמים, גזע היחס וו"ח אי"א מוה"ר משה יוסף שליט"א

שלום וברכה!

במענה על מכתב ידידי, נהניתי לשמוע משלומו, והנני שולח בזה את תשורתי בסך מאה שקלים לצרכי הפסח לקופת המחנה והנני לברכם בברכת חג כשר ושמח.

אי"ה לכשיאפו את המצות שמורה עבורינו אשלח חבילה מצות שמורות לידידי שי'.

הדו"ש ומברכם.

ב'תרנב

נעתקה מהעתק המזכירות [ב'תתפז].

מוה"ר משה יוסף: צעכוואל. אגרות נוספות אליו — לעיל ב'תסט, ובהנסמן בהערות שם. המחנה: פליטים באסוועגא.

ב׳תרנג

ב״ה י״ט אדר תש״ה
ברוקלין

ידי״ע וו״ח אי״א הרב מוהר״ש זלמן שי׳

שלום וברכה!

מכתבו במועדו קבלתי, אבל כל השבוע הרגשתי – ל״ע – לא בטוב ולא יכולתי להשיב עליו ומסרתי למזכירי – בע״פ – לכתוב לידידי והיום נסע ידי״נ הרה״ח הרש״ל שי׳ הלוי למחנם הט׳, יצליח השי״ת את דרכו בכלל ובפרט . . .

בשם כ״ק אדמו״ר שליט״א
מזכיר.

ב׳תרנד

ב״ה י״ט אדר תש״ה
ברוקלין

אל ישיבת אחי תמימים ליובאוויטש
בעי״ת נוארק יע״א

שלום וברכה!

ועידה כבודה!

בנועם מיוחד, מוקדש לשמחה וזכרון נשמות אבות קדושים, זכותם

ב׳תרנג

נעתקה מהעתק המזכירות [ב׳תתקנא].

מוהר״ש זלמן: **העכט. אגרות נוספות אליו — לעיל ב׳רד, ובהנסמן בהערות שם.**

הרש״ל: **ה״ר שמואל לויטין.**

למחנם: **שיקגו. ראה לקמן אגרת ב׳תרצ.**

ב׳תרנד

נעתקה מהעתק המזכירות [ב׳תתקנג].

יגן עלינו, הנני משתתף בשמחתם, שמחת חנוכת הבית של ישיבת אחי תמימים ליובאוויטש בעי״ת נוארק יע״א מזל טוב לעדת ישראל בעי״ת נוארק יע״א, אשר בחסד עליון זכתה להקים בית ה׳, בית תורה תמימה ליובאוויטש במחנם הטובה, להצלחה בגשם וברוח.

ועתה הנה קהל עדת ישראל בעי״ת נוארק יע״א, יושלבו כולם כאיש אחד להחזיק בכוס של ברכה, היא ישיבת אחי תמימים ליובאוויטש, להוסיף אומץ בעבודת הקדש, להכניס תלמידים ולהרבות בהכנסת אמצעים לכלכלם בגשם וברוח, ובגלל זאת ישמור השי״ת את בניהם ובנותיהם, בעליהם וחתניהם אשר בצבא ויחזירם לבתיהם בריאים ושלמים, וישפיע להם ולבני ביתם שפעת חיים וברכה מרובה בגשמיות וברוחניות.

ברוכים תהיו אתם ובני ביתכם!

הדו״ש ומברכם.

ב׳תרנה

ב״ה כ׳ אדר תש״ה
ברוקלין

ידידי הנכבד והנעלה, וו״ח אי״א מוה״ר יעקב שי׳

שלום וברכה!

במענה על המשלוח מנות, יחזק השי״ת את בריאותו ואת בריאות רעיתו תחי׳ וילידיהם יחיו ויתן להם פרנסה טובה במנוחה שיוכל לתת ולמסור עצמו לעבודה של מרץ בעד טובת הישיבה הק׳ תומכי תמימים ליובאוויטש ובעד טובת החינוך הכשר הנעשה ע״י המרכז לעניני חינוך. יום בהיר יהי׳ אותו היום אשר ידידי ובני גילו הגבירים היראים יכירו את האמת הגמור הנראה בעזה״י לעינים בהצלחת המוסדות שלי בהרבצת תורה וחינוך הכשר אשר מהם תוצאות חיים בגשם וברוח

חנוכת הבית: **בי״ט אדר. תיאור החגיגה בקובץ ליובאוויטש גליון 7 ע׳ 29.**

ב׳תרנה

נעתקה מהעתק המזכירות [ב׳תתקנט].

מוה״ר יעקב: **קעסטנבוים, מראשי תומכי הישיבה תות״ל. אגרות נוספות אליו — לעיל ב׳רכח, ובהנסמן בהערות שם.**

לאלפים ולרבבות, ואשר עליהם לעמוד בראש התמיכה לכלכל את המוסדות הנ״ל בהרחבה וברוכים תהיו בגשמיות וברוחניות.

הדו״ש ומברכם.

ב׳תרנו

ב״ה כ״ב אדר תש״ה
ברוקלין

ידי״ע וו״ח אי״א הרב מוה״ר שלום דוב שי׳

שלום וברכה!

במענה על מכתבו על אדות התחלת הלימוד בישיבת א״ת ליובאוויטש בעי״ת ספרינגפיעלד יע״א, מז״ט יקירי, מז״ט, יתן השי״ת שיהי׳ בשעטומ״צ בגו״ר, ויתרבה גבולו בתלמידים טובים בעלי כשרון ומקבלי הנהגה דיראת שמים, ומדות טובות.

אנא ידידי חביב]ב[י מסור עצמך בכל כחך ללמד ולחנך ולהדריך את התלמידים שי׳ והשי״ת יהי׳ בעזרך ויצליחך בגו״ר.

נהניתי מביקורך את הרה״ג שיינקאפ שי׳, בטח שוחחו בדברי תורה ואתענין לדעת באיזה ענין, ותבקרהו מזמן לזמן ובכל פעם תדבר בד״ת. יודיעני אם יש שם רבנים או בע״ב יודעי תורה.

בטח סדרת סדר לימוד וחזרת דא״ח לפני אנ״ש שי׳, תשתדל לקרבם לעורר את הניצוץ הנמצא בקרבם והרוחש בדמיהם בירושה מאבותיהם ואבות אבותיהם. ישקוד במרץ ויצליח בגשם וברוח.

נחוץ במאד לסדר בעזה״י ועד בע״ב חשובים שישתדלו דבר השגת תלמידים להישיבה ויכתוב לי למי מהבע״ב החשובים לכתוב בזה ואכתוב.

בשם כ״ק אדמו״ר שליט״א
מזכיר.

ב׳תרנו

נעתקה מהעתק המזכירות [ב׳תתקסה].

מוה״ר שלום דוב: גורדון. **אגרות נוספות אליו — לעיל ב׳תרנא, ובהנסמן בהערות שם.**

החחלת הלימוד: **ראה בהערות לעיל שם. שתי האגרות שלאח״ז.**

ב'תרנז

ב"ה כ"ב אדר תש"ה
ברוקלין

ידידי הנכבד אוהב מישרים עושה צדקה,
אי"א מוה"ר צדוק שי' רעזניק

שלום וברכה!

קול עשרת הצאן קדשים, אשר עלו לשלחן התורה על ידי טרחתו הכי יקרה ונעימה באהבת ישראל ובחיבת התורה תמימה, נשמע במרום בשמחה גדולה כמארז"ל, ואין לך דבר הגורם נחת רוח לאלקינו שבשמים יתברך ויתעלה כמו הבל תינוקות של בית רבן, ואשריו אשר זכה להניח אבן הפינה ביסוד מוסד לישיבת אחי תמימים ליובאוויטש בעי"ת ספרינגפיעלד יע"א יהי שם ה' מבורך. ועתה ידידי יואיל נא להמשיך את עבודתו הק' ברכישת תלמידים ובהחזקת הישיבה הק' אחי תמימים ליובאוויטש בעי"ת ספרינגפיעלד יע"א, וברכות יחולו על ראשו להצליחו בגשמיות וברוחניות.

הדו"ש ומברכו.

ב'תרנח

ב"ה כ"ב אדר תש"ה
ברוקלין

אל קהל עדת ישראל וידידינו אנ"ש
בעי"ת ספרינגפיעלד יע"א
ה' עליהם יחיו

שלום וברכה!

ידידי עוז הרב הנכבד והכי נעלה, תלמידי יקירי וחביבי בעל

ב'תרנז

נעתקה מהעתק המזכירות [ב'תתקסו]. לתוכנה ראה אגרת שלפנ"ז.

ב'תרנח

נעתקה מהעתק המזכירות [ב'תתקסז]. לתוכנה ראה שתי האגרות שלפנ"ז.

פעולות כבירות בהרבצת תורה ביראת שמים, עסקן חרוץ בחינוך והדרכה, וו״ח אי״א מוה״ר שלום דוב שי׳ גארדאן, אשר מלאתי את ידו לסדר בעזה״י ישיבה אחי תמימים ליובאוויטש בעי״ת ספרינגפיעלד יע״א, שמחני בבשורתו הכי נעימה והכי יקרה לי, כי בחסדו ית׳ היתה התחלה טובה, אשר ידידי עוז תלמידי חביבי הרב הנ״ל התחיל ללמוד עם עשרה תלמידים יחיו, והנני בזה לברכם בברכת מזל-טוב. מזל טוב, מזל טוב, יתן השי״ת שתהי׳ בשעה טובה ומוצלחת בגשמיות וברוחניות ויתרבה גבולם בתלמידים בעלי כשרון ומקבלי הדרכה בהנהגה דיראת שמים, ומדות טובות.

קהל עדת ישראל וידידינו אנ״ש שי׳, הושלבו כולכם כאיש אחד להשתדל לטובת החזקת והרחבת ישיבת אחי תמימים ליובאוויטש בעי״ת ספרינגפיעלד יע״א וברכות יחולו על ראשיכם בגשמיות וברוחניות.

הדו״ש ומברכם.

ב׳תרנט

ב״ה כ״ג אדר תש״ה
ברוקלין

ידידי וו״ח אי״א הרב מוה״ר אברהם דוב שי׳

שלום וברכה!

במענה על מכתבו, טוב עשה אשר סידר לנאום לפני הנשים, אבל שתי שעות הוא זמן רב עבורן ותספיק שעה אחת או גם שלשה רבעי שעה.

טוב שיעשה כן לנאום לפני האנשים והנוער, והשי״ת יצליח לו בגשם וברוח.

ובדבר הבית רבקה הנה בטח זוכר את אשר הגדתי לו כי צריכים

ב׳תרנט

נעתקה מהעתק המזכירות [ב׳תתקס].

מוה״ר אברהם דוב: **העכט. אגרות נוספות אליו — לעיל ב׳רסב, ובהנסמן בהערות שם.**

לעשות במועצות דעת, און דורכפירען בעזה"י להצלחה, כי חוץ מטובת הענין כשהוא לעצמו זהו ג"כ טובת הישיבה, והשי"ת יהי' בעזרו ויצליח לו בגו"ר.

הנני כותב לידידי עוז רי"ל ש"י הורוויץ, ולידידי ר"מ ש"י שפיטץ ולידידי הר"ז ש"י גאלאוו ולידי"ע השו"ב ש"י קרינסקי בדבר השתדלות אודות הישיבה הק', ויתן השי"ת שיפעלו לטוב בגשם וברוח.

בשם כ"ק אדמו"ר שליט"א
מזכיר.

ב'תרס

ב"ה כ"ג אדר תש"ה
ברוקלין

ידידי עוז וו"ח אי"א מוה"ר יהודה ליב ש"י הלוי

שלום וברכה!

בטח זוכר ידידי ש"י את פני הקדש הוד כ"ק אאמו"ר הרה"ק זצוקללה"ה נבג"ם זי"ע, אצילות נשמת הפנים מאירות ומסבירות אשר כהיום בגן אלקים דובר במחזה אל ידידי לאמר, תן אל לבך לזכור אותם הדברים אשר שמעת בהתעוררות לעבודה ופועל טוב, ובכחך זה מסור עצמך לעבודת הק' לטובת הישיבה הק' ותתברך אתה וב"ב בגשמיות וברוחניות.

ידידי! התורה צריכה חיזוק בעבודה ופועל. ידעתי כי מסור ונתון הוא לעבודת הק' בשביל ישיבת אחי תמימים ליובאוויטש במחנם הט', אבל עדיין מעט הוא מה שנעשה ברכישת תלמידים וברכישת חברים נכבדים להחזיק את הישיבה, ובזה הנני פונה לידידי בבקשה כי יואיל להמשיך את עבודתו הק' לטובת הישיבה הק', עם ידידי עוז אהוב נפשי

הנני כותב: נדפסה בזה רק אחת מהן — אגרת של*אח"ז*.

ב'תרס

נעתקה מהאגרת שבאוסף המכתבים [ב'תתקסא]. לתוכנה ראה אגרת של*פנ"ז*.
מוה"ר יהודה ליב: הורוויץ. אגרות נוספות אליו — לעיל ב'קצט, ובהנסמן בהערות שם.

אדמו"ר מוהריי"צ נ"ע

העסקן החרוץ בהרבצת תורה ביראת שמים ובחינוך הכשר, הרב ר' אברהם דוב שי' העכט, לרכוש תלמידים להישיבה הק' ותלמידות להבית רבקה, ויחדו יטכסו עצות איך ובמה להטיב מצב ומעמד התלמידים שי' בהנהגתם ויעזור להרב רא"ד שי' בדבר סידור התלמידים שי' להתפלל בש"ק בבהכנ"ס, והשי"ת יהי' בעזרו ויצליח לו בגשמיות וברוחניות.

בשם כ"ק אדמו"ר שליט"א
מזכיר
ח. ליבערמאן

ב'תרסא

ב"ה כ"ג אדר תש"ה
ברוקלין

אל פרחי מחנה ישראל בעי"ת באפפאלא יע"א
ה' עליהם יחיו

שלום וברכה!

במענה על מכתבם אודות עבודתם הטובה והכי נעלית בסידור מסבות שבת, נהניתי מאד, ויתחזקו בעבודתם זו במרץ רב אבל עליכם לדעת כי אתם יקירי הנכם תלמידי ישיבת אחי תמימים ליובאוויטש, ועליכם לתת עצמכם לשקידת הלימודים והנהגה דיראת שמים ודרך ארץ, על פי הוראת התורה הק', ולהיות ראוים לשאת את הדגל הקדוש של ישיבת אחי תמימים ליובאוויטש בגאון יעקב סלה. שקדו ותצליחו בלמוד ובהנהגה דיראת שמים והשתדלו להרבות תלמידים טובים לישיבת אחי תמימים ליובאוויטש, ולרגליכם יתברכו הוריכם יחיו בבריאות הנכונה ובפרנסה טובה וברוכים תהיו בגשמיות וברוחניות.

בשם כ"ק אדמו"ר שליט"א
מזכיר.

ב'תרסא
נעתקה מהעתק המזכירות [ג'כ]. לתוכנה ראה לעיל אגרת ב'תקלז.

תקעב אגרות־קודש (ב׳תרסב)

ב׳תרסב

ב״ה כ״ו אדר תש״ה
ברוקלין

אל המשתתפים בחגיגה של מרכז
ישיבת תומכי תמימים ליובאוויטש
ה׳ עליהם יחיו

שלום וברכה!

איך האב געהאפט צו זעהען זיך מיט אייך פערזענליך און זאגען אייך „ברוכים הבאים״, בעדאנקען פאר דעם עבר און בעטען אייך אויף להבא, אבער – צו מיין גרויסען צער – פיהל איך היינט ניט גוט און מיין דאקטאר האט מיר פארבאטען ארויס צו גיין פון הויז, מוז איך זיך בענוגענען מיט דער שריפט וואס איך האב גערעכענט פארעפענטליכען נאך מיין ריידען.

איך ווענדע זיך צו אייך געערטע פארזאמלונג אז איר אלע זאלט זיך אנשטריינגען מיט אלע מעגליכקייטן און דעקען דעם 55 טויזנט דאלארדיקן דעפיציט.

געערטע פארזאמלונג, אמעריקאנער אידענטום! איך האף אז איר וועט אונז ארויסווייזען די ריכטיקע – פון אונז פארדינטע – הילף אויף אנצוגיין, בעזרת השם יתברך, מיט דער הייליגער ארבעט בהרחבה.

ברוכים תהיו!

המברכם.

ב׳תרסב

נעתקה מהעתק המזכירות [ג׳פא].

חגיגה: תיאור החגיגה בקובץ ליובאוויטש גליון 7 ע׳ 29.

שריפט: נדפס בס׳ השיחות תש״ה ע׳ 74.

ב׳תרסג

ב״ה כ״ח אדר תש״ה
ברוקלין

ידידי הנכבד אי״א מו״ה אלכסנדר שי׳ כהן

שלום וברכה!

דעם פאריגען מאהל, ווען איר ליעבער פריינד מיט אונזער טייערען פריינד מר. סטולמאן זייט בא מיר געווען, האט דאס בא מיר געשאפען א גרויסען נחת רוח, אבער ליידער האב איך ניט געקענט ריידען צו אייך ליעבער פריינד און צו אונזער טייערען פריינד מר. סטולמאן וויפיעל איך האב געוואלט, איך האב זיך ארויסגעזאגט אין קורצען וועגען מיין גרויס צופרידענהייט פון דעם – ג־ט צו דאנקען – שטייגען פון אונזער טייערען דזוליוס אין דער ריכטיגער ריכטונג, איך בין זיכער אז אונזער טייערער דזשוליוס האט מיט זיין גרויסען געפיהל טיעף פארשטאנען וואס איך מיין און זיכער האט איר דאס אים נאך מער דערקלערט.

איך שרייב היינט א בריעף צו אונזער טייערען פריינד מר. דזשוליוס, זיכער וועט ער אייך, ליעבער פריינד מר. קאווען, ווייזען מיין בריעף צו אים און געוויס וועט איר, ליעבער פריינד, ערקלערען אים ריכטיג ערנסט ווי ער איז, מיין האפנונג להשי״ת איז אז ער יתברך וועט מיך מזכה זיין דורכצופירען מיין נשמה שליחות מיט גליק בגשם וברוח.

וואס מאכט אייער שוועסטער מרת לאה תחי׳, ישלח לה השי״ת רפואה.

איך ווינש אייך און אייער פאמיליע יחיו אלעס בעסטע בגשמיות וברוחניות.

הדו״ש ומברכם.

ב׳תרסג

נעתקה מהעתק המזכירות [ג׳פג].

ידידי . . כהן: **אגרות נוספות אליו — לעיל ב׳קפו, ובהנסמן בהערות שם.**

זייט בא מיר געווען: **ראה לעיל אגרת ב׳תקפה.**

שרייב היינט: **אגרת שלאח״ז.**

ב׳תרסד

ב״ה כ״ח אדר תש״ה
ברוקלין

ידידי הנכבד והנעלה, משכיל על דבר טוב, אוהב מישרים,
מר יוליוס שי׳ סטולמאן

שלום וברכה!

אייער זיין בא מיר, ליעבער פריינד, צוזאמען מיט אונזער טייערען פריינד מר. קאווען שי׳, האט מיר פארשאפט דעם בעסטען, מיר זייער טייערען, פארגעניגען, זעהענדיג, ג־ט צו דאנקען, אז איר ליעבער פריינד שטייגט אין דער ריכטיגער ריכטונג. איך האב זיך ניט געקענט צוריק האלטען און האב מיין צופרידענקייט ארויס געזאגט אין א פאר קורצע ווערטער. איך בין זיכער אז איר טייערער פריינד מר. דזוליוס וואס איר פאסט אלעס אויף מיט טיעפען הערליכען געפיהל ווייסט וואס איך האב געמיינט מיט מיינע קורצע ווערטער וועלכע איך האב אייך געזאגט, און איך בין זיכער אז איר פיהלט וואס איך שרייב. טראכט זיך גוט אריין און, מיט גליק, זאלט איר אלעס דורכפירען צו גונסטען דער וויכטיגער ארבעט וואס איך טו דא אין לאנד, און צו דער זייער וויכטיגער כלל ארבעט וואס איך גרייט זיך צו טאן אין ארץ ישראל.

אייער נשמה אויפגאבע איז מיט גיין מיט מיר פוס בא פוס אין מיין נשמה שליחות גרויסע ארבעט. איר, ליעבער פריינד, דארפט וויסען אז 25 יאר האב איך, געלויבט ג־ט ב״ה געארבעט אין תורה אידישקייט ארבעט און כלל ארבעט מיט מיין זעליגען פאטער נ״ע, און 25 יאר, ד. ה. אז אי״ה דעם קומענדיגען י״ב תמוז ווערט 50 יאר ווי איך בין אין דער ארבעט, ווי איך ארבעט בכח פון מיין זעליגען פאטער און די הייליגע עלטערן נ״ע, מיין ערנסטע מסירות נפש ארבעט האט צובראכען מיין קערפער אבער ניט וועגען דעם שרייב איך אייך, איך שרייב וועגען דעם אז איך האב א גרויסע ארבעט פליכט אויף זיך. א ארבעט אין תורה אידישקייט און כלל ישראל ארבעט וואס איך קען

ב׳תרסד

נעתקה מהעתק המזכירות. ראה אגרת שלפנ״ז.

ידידי . . סטולמאן: **אגרות נוספות אליו — לעיל ב׳שג, ובהנסמן בהערות שם.**

זיך ניט רעכענען מיט מיין קערפערליכען שוואכען געזונט צושטאנד, איך דארף זיך רעכענען און רעכען זיך מיט מיין נשמה געזונטען און שטארקען צושטאנד. מיין נשמה שליחות מוז – מיט ג־ט ב"ה'ס הילף – דורכגעפיהרט ווערן ווי דער געטליכער רצון איז און ווי דער רצון פון מיין זעליגען פאטער און די הייליגע עלטערן איז, ניט רעכענענדיג זיך מיט קיין זאך.

מיין טייערער איידים הרב שניאורסאהן שליט"א האט מיר דערציילט פון דעם וואס איר, ליעבער פריינד, האט אים געזאגט אז איר דארפט דורכגעדרונגען ווערן מיט דעם גייסט פון מיין ארבעט און דאן וועט מיין ארבעט האבן אי"ה די נויטיגע הילף וואס זי מוז האבען. איך מוז אייך, ליעבער פריינד, זאגען אז עס איז זייער נויטיג איר זאלט זיך וואס גיכער דורכדרינגען מיטן גייסט פון מיין ארבעט, איר זאלט – מיט ג־ט'ס הילף – מאכן א ספעציעלען געשעפט וואס דער פארדינסט זאל גיין אויף אונזער פארטנערשער ארבעט און איינער פון די דירעקטארען פון דעם געשעפט זאל זיין אונזער טייערער פריינד מר. קאווען.

פארטיעפט זיך אין דעם פארשלאג און בריינגט דאס אין לעבען מיט גליק.

מיין טייערער איידים הרב גוראריי' שליט"א האט מיר דערציילט פון אייער נדבה צו דער ישיבה $1500, איך בין זייער צופרידען, השי"ת זאל אייך באגליקען.

איך ווינש אייך און אייער ווערטע פרוי און ליעבע קינדער אלעס בעסטע, איר ביידע זאלט זיין גליקליך און ערציהען אייערע קינדער פאר גוטע איבערגעגעבענע אידען און זעהען אין זיי פיעל נחת.

הדו"ש ומברכם.

ב'תרסה

ב"ה כ"ט אדר תש"ה
ברוקלין

אל ידידינו אנ"ש שי'
ה' עליהם יחיו!

שלום וברכה!

במענה על שאלתם אודות קבלת ההצעה בדבר חדש המעשר עבור הצלת אחינו יחיו, בודאי הכל צריכים להשתתף בזה – כמובן בלי נדר וקבלה בלב – אבל צריכים למסור כסף המעשר ביחוד עבור הצלה ולא בשביל הספקה ועזרה, כי הא לחוד והא לחוד, והשי"ת יחוס וירחם על אחינו בית ישראל יחיו ועלינו ויקל מעלינו את חבלי משיח וישלח לנו משיח צדקנו בקרוב ממש ויוליכנו קוממיות לארצנו הק'.

את ההמחאות יעשו על שם אגודת חסידי חב"ד.

ידידם עוז הדו"ש ומברכם
יוסף יצחק

ב'תרסו

ב"ה ר"ח ניסן תש"ה
ברוקלין

ידי"ע וו"ח אי"א הרב מוה"ר שלום שי'

שלום וברכה!

במענה על מכתבו אודות מר דאן שי', טוב עשה שכתב לי אודות[ו],

ב'תרסה
נדפסה (מימיוגראף) בשעתה בגליון בפ"ע.

ב'תרסו
נעתקה מהעתק המזכירות [ג'קסד].
מוה"ר שלום: פויזנער. אגרות נוספות אליו – לעיל ב'ריח, ובהנסמן בהערות שם.

וקבלתיו לראיון, הוד[י]תי לו על השתדלותו לטובת הישיבה ועוררתיו על להבא להרבות בעבודה ופועל לטובת הישיבה, ובטח יספר לו, ובבקשה להודיעני מה שיספר לו מענין שיחתנו, והשי״ת יעזר שיתקבלו הדברים אל הפועל הטוב.

בשם כ״ק אדמו״ר שליט״א
מזכיר.

ב׳תרסז

ב״ה ר״ח ניסן תש״ה
ברוקלין

אל הנכבד אי״א מו״ה שמחה שי׳

שלום וברכה!

במענה על מכתבו בשאלה אם צריכים ללמוד גמרא ושארי לימודים או לאמר תהלים על משברנו הגדול – יחוס השי״ת וירחם על עמו ונחלתו בגאולה שלמה על ידי משיח צדקנו – הנה תפלה ותורה שתיהם ערבים לבורא עולם ב״ה, וישראל עם קדש צריכים להתעסק בשתיהם, בלימוד התורה וגם להרבות בתחנונים, והא לחוד והא לחוד וזה מסייע לזה.

יחזק השי״ת את בריאותו ויתן לו את פרנסתו וישמור את ב״ב יחיו בכל מקום שהם ויזמין להם את פרנסתם.

בשם כ״ק אדמו״ר שליט״א
מזכיר.

הישיבה: **בפיטסבורג.**

ב׳תרסז

נעתקה מהעתק המזכירות [ג׳קסט].

מו״ה שמחה: **טננבוים.**

ב׳תרסח

ב״ה ר״ח ניסן תש״ה
ברוקלין

ידי״ע התלמיד החשוב מר שלום דובער שי׳

שלום וברכה!

במענה על מכתבו מכ״ח אדר, נהניתי מכל האמור במכתבו, וצריך לסדר ללמוד פעם בחדש דא״ח עם אנ״ש שי׳. בדבר הקביעות ללמוד פעמים בשבוע עם האברכים טוב הוא. ידידי עוז הרב ר׳ משה יצחק שי׳ העכט בוואוסטער קבע לימוד פעם בשבוע עם גזע אנ״ש שי׳ דוברי אנגלית ות״ל הצליח, ישאל אצלו בפרטיות ויעשה כמוהו, והשי״ת יצליח לו בגו״ר.

בשם כ״ק אדמו״ר שליט״א
מזכיר.

ב׳תרסט

ב״ה ד׳ ניסן תש״ה
ברוקלין

אל המשתתפים בועידה של
חדרי תורה תמימה ליובאוויטש,
ה׳ עליהם יחיו!

שלום וברכה!

ועידה נכבדה!

בזה הנני לברך את ידידי עוז, תלמידי יקירי וחביבי, העסקן החרוץ

ב׳תרסח

נעתקה מהעתק המזכירות [ג׳רו].

שלום דובער: **גורדון. אגרות נוספות אליו — לעיל ב׳תרנא, ובהנסמן בהערות שם.**

ב׳תרסט

נעתקה מהעתק המזכירות [ג׳רלא].

ועידה . . ליובאוויטש: **בי״ט אדר. תיאור החגיגה — קובץ ליובאוויטש גליון 7 ע׳ 29.**

ובעל פעולות כבירות בעבודת החינוך הכשר, וו״ח אי״א הרב מוה״ר יעקב יהודה שי׳ העכט, מנהל חדר תורה תמימה ליובאוויטש בשכונת קראון הייטס, ואת המורים ואת התלמידים והוריהם יחיו ואת כל המשתתפים בהועידה, כי יתעוררו בהתעוררות הראוי׳ להרחיב את חוג חדר תורה תמימה ליובאוויטש בשכונתם ולהוסיף אומץ בעבודת הקדש להכניס תלמידים ולאסוף הסכומים הדרושים לכלכלת המוסד, ופועל ידם ירצה השי״ת, ויתברכו בברכות מאליפות בגשמיות וברוחניות.

ידידם הדו״ש ומברכם.

ב׳עתר

ב״ה ד׳ ניסן תש״ה
ברוקלין

ידי״ע וו״ח אי״א הרב מוה״ר שמואל שי׳

שלום וברכה!

קראתי את מאמרו אדות מורה שיעור וערוך בהפלאה ועושה רושם הראוי, ובטח יתקן באיזה מקומות את השפה, וראוי׳ הי׳ לסיים בכעין זה – כמובן בסגנונו ולא בלשוני –

כלל ידוע בדרז״ל להעמיד דבר על חזקתו והנסיון היום יומי מראה לדעת בכמה עניינים שבתחלה התנגדו להם וגינו אותם ובמשך זמן קצר לא לבד שהודו אלא עוד גם הם עושים כן, כגון תעמולה לשמירת שבת ועניני חינוך והרבצת תורה, התקוה נותנת אשר גם בענין זה יהי׳ כן וגם הם ילמדו כהוראת המורה שיעור.

בשם כ״ק אדמו״ר שליט״א
מזכיר.

ב׳עתר

נעתקה מהעתק המזכירות [ג׳רמט].

מוה״ר שמואל: **זלמנוב. אגרות נוספות אליו — לעיל ב׳תלא, ובהנסמן בהערות שם.**

מאמרו אדות מורה שיעור: **הנדפס בקובץ ליובאוויטש גליון 5 ע׳ 88.**

ב׳תרעא

ב״ה ה׳ ניסן תש״ה
ברוקלין

ידידי עוז הרב הגדול הנודע לשם תהלה בתוככי מרביצי תורה ביראת שמים משכיל על דבר טוב בעל מדות טובות וו״ח אי״א מוה״ר שמואל אלטער שליט״א

שלום וברכה!

בשמחה שמעתי, כי ידידי מדפיס את דרשותיו, על סדר פרשיות התורה, ובידעי ארחו, להחזיק מעמד, בתעמולה של מסירת נפש, בהחזקת היהדות וחינוך הכשר, הנה בטח דרשותיו מיוסדות ברוח טהרה והתעוררות, לחזוק היהדות, בכל ענפי החיים, על פי התורה ויישר חילו.

יחזק השי״ת את בריאותו, ואת בריאות ב״ב יחיו, ולרגליו יתברכו קהל עדתו, בכל מילי דמיטב, מנפש ועד בשר.

ידידו הדו״ש ומברכם

יוסף יצחק

ב׳תערב

ב״ה ו׳ ניסן תש״ה
ברוקלין

כבוד ידידי הנכבד והכי נעלה, עסקן חרוץ, בעל פעולות כבירות בהרבצת התורה והחזקת היהדות, משכיל על דבר טוב, אוהב מישרים, וו״ח אי״א מוה״ר יעקב שי׳ קעסטענבוים

שלום וברכה!

בזה הנני להודות לידידי ולברכו על אשר קבל על עצמו להיות

ב׳תרעא

נדפסה בספרו לקוטי בתר לקוטי (בראשית) ע׳ רפא.

ב׳תערב

נעתקה מהעתק המזכירות [ג׳שנט].

כבוד . . קעסטענבוים: **אגרות נוספות אליו — לעיל ב׳רכח, ובהנסמן בהערות שם.**

יושב־ראש ועד הבנין של מרכז ישיבות תומכי־תמימים ליובאוויטש. תודה בעד העבר ובקשה להיות מטובו להזדרז ולזרז את ידידיי חברי הועד לגמור תקון הבנין וסדרו ביפה שעה אחת קודם, ובגלל זאת ישפיע השי״ת לידידי ובני ביתו יחיו ולידידיי חברי הועד והמנדבים ובני ביתם יחיו שפעת חיים וברכה מרובה בגשמיות וברוחניות.

ידידו הדו״ש ומברכם בברכת חג כשר ושמח.

ב'תרעג

ב״ה ו׳ ניסן תש״ה
ברוקלין

כבוד ידידי הנכבד והכי נעלה, עסקן חרוץ, בעל פעולות כבירות בהרבצת התורה והחזקת היהדות, משכיל על דבר טוב, אוהב מישרים, אי״א מו״ה אליעזר שי׳ יודעל

שלום וברכה!

בזה הנני להודות לידידי ולברכו על אשר קבל על עצמו להיות יושב־ראש ועד החגיגה של יובל חמש שנות עבודה של מרכז ישיבות תומכי תמימים ליובאוויטש, תודה בעד העבר ובקשה על להבא להיות מטובו וחסדו – בעד הרבצת תורה ביראת שמים – לעמוד בראש מחזיקי מרכז ישיבות תומכי תמימים ליובאוויטש, לתת לנו את היכולת, בעזרתו ית׳, לכלכל את כל הישיבות ובתי הספר אשר נוסדו עד כה, ולאפשר לנו להוסיף עליהן ליסד עוד ישיבות, כי מעלין בקדש, ובזה יזכה לזכות את הרבים בתורה תמימה, ואין לשער גודל הזכות הזאת, וכאשר ידידי יעשה בזה עם ידידיו ומכריו יצליח בעזה״י להכניס סכומים גדולים להחזקת מרכז ישיבות תומכי תמימים ליובאוויטש, ובגלל זאת ישפיע השי״ת לידידי ובני ביתו יחיו ולכל מכריו ומיודעיו,

---

ועד הבנין: **עבור ישיבת תות״ל המרכזית, שנקנה בתחלת תש״ד, נתפנה בסופה, שופץ במשך תש״ה, ונכנסו בו התלמידים בקיץ תש״ה (ראה לעיל אגרת ב׳קעה, ובהנסמן בהערות שם. קובץ ליובאוויטש גליון 5 ע׳ 86. גליון 8 ע׳ 38. שם ע׳ 41). חנוכת הבית בשנת תש״ו.**

בתרעג

נעתקה מהעתק המזכירות [ג׳שס]. ראה גם אגרת שלאח״ז.

אשר ישתתפו בתרומתם למרכז ישיבות תומכי תמימים ליובאוויטש, ובני ביתם יחיו שפעת חיים וברכה מרובה בגשמיות וברוחניות.

ידידו הדו״ש ומברכם בברכת חג כשר ושמח.

ב׳עדרת

ב״ה ו׳ ניסן תש״ה
ברוקלין

כבוד ידידי הנכבד והכי נעלה, עסקן חרוץ, בעל פעולות כבירות בהרבצת התורה והחזקת היהדות, משכיל על דבר טוב, אוהב מישרים, אי״א מו״ה ישראל שי׳ ראזענצווייג

שלום וברכה!

בזה הנני להודות לידידי ולברכו על אשר קבל על עצמו להיות יושב־ראש הזשורנאל לטובת מרכז ישיבות תומכי תמימים ליובאוויטש. תודה בעד העבר ובקשה על להבא להיות מטובו וחסדו – בעד הרבצת תורה ביראת שמים – לעמוד בראש מחזיקי מרכז ישיבות תומכי תמימים ליובאוויטש, לתת לנו את היכולת, בעזרתו ית׳, לכלכל את כל הישיבות ובתי הספר אשר נוסדו עד כה, ולאפשר לנו להוסיף עליהן עוד ישיבות, כי מעלין בקדש, ובזה יזכה לזכות את הרבים בתורה תמימה, ואין לשער גודל הזכות הזאת, וכאשר ידידי יעשה בזה עם ידידיו ומכריו יצליח בעזה״י להכניס סכומים גדולים להחזקת מרכז ישיבות תומכי תמימים ליובאוויטש, ובגלל זאת ישפיע השי״ת לידידי ובני ביתו יחיו ולכל מכריו ומיודעיו, אשר ישתתפו בתרומתם למרכז ישיבות תומכי־תמימים ליובאוויטש, ובני ביתם יחיו שפעת חיים וברכה מרובה בגשמיות וברוחניות.

ידידו הדו״ש ומברכם בברכת חג כשר ושמח.

ב׳עדרת

נעתקה מהעתק המזכירות [ג׳שסא]. ראה גם אגרת שלפנ״ז.

כבוד . . ראזנצווייג: **אגרת נוספת אליו — לעיל ב׳שנז.**

ב׳תרעה

ב״ה ט׳ ניסן תש״ה
ברוקלין

ידידי וו״ח אי״א מוה״ר ... שי׳

שלום וברכה!

במענה על מכתבו, שמחתי לשמוע מהנאתם המרובה בהתועדותם עם משולחי ידי״נ הרה״ג הרה״ח ר׳ שמואל שליט״א הלוי בועידת חסידים באהבת ריעים כנהוג מאז ומקדם בתוככי אנ״ש יחיו להתועד בכל עת מצוא באהבת ישראל לשם התחזקות בדרכי החסידים והחסידות, ובכל עת ומועד אשר אנ״ש שי׳ מתועדים בהתועדות כאלו הנני משתתף עמהם מרחוק, כי זה חלקי בחיים וא׳ מסמי הרפואות המרפאים את לבבי הנשבר והנדכא מצרות אחב״י ותחלואיו בגשם וברוח, יחוס השי״ת וירחם ויעזרנו בגשמיות וברוחניות.

נהניתי לשמוע כי המשחה הקלה את הבייסונג, יחוס השי״ת וירחם וישלח לה רפואה. שמעתי אשר הפראפעסאר אויערבאך מעיר וויען הוא גאון מפורסם למחלות אלו והוא נמצא עכשו בפהילאדעלפיא וכשהי׳ בווין היו באים אליו במחלות כאלו גם ממדינות רחוקות.

בשם כ״ק אדמו״ר שליט״א
מזכיר.

ב׳תרעה

נעתקה מהעתק המזכירות [ג׳שסג].

ב'תרעו

ב"ה י"א ניסן תש"ה
ברוקלין

ידידי הנכבד והנעלה וו"ח אי"א מו"ה ... שי'

שלום וברכה!

במענה על כתבו על ידי ידידי כבוד אביו שי', הנה אם בקשתו בהפ"נ הוא כדרך החסידים המקושרים, הנה ההתקשרות עמי אינה בדמי פ"נ כ"א ע"י קביעת שעה – ממש – בכל יום ויום ללמוד גמרא ושו"ע והשי"ת יתן לו דיעה ישרה לשמוע בעצתי ללמוד בכל יום ויום אשר בזה יעשה טובה גדולה לעצמו ולב"ב יחיו, והשי"ת יחזק את בריאותו ואת בריאות זוגתו ואת בריאות בנותיהם יחיו ויגדלון לתורה חופה ומעש"ט מתוך פרנסה טובה בהרחבה ומתוך קביעות עתים לתורה.

הדו"ש ומברכם בברכת חג כשר ושמח.

ב'תרעז

ב"ה י"א ניסן תש"ה
ברוקלין

ידידי עוז וו"ח אי"א מוה"ר משה שי' הכהן

שלום וברכה!

במענה על מכתבו אודות כהונתו בתור סגן יו"ר בבהכנ"ס בני ראובן, לא יעזוב, ואדרבא בכל עת ובכל זמן עליו לדבר מהבימה לעורר

ב'תרעו

נעתקה מהעתק המזכירות [ג'תד].

ב'תרעז

נעתקה מצילום האגרת.

מוה"ר משה: שאייעוויטש. אגרות נוספות אליו — לעיל ב'קצו, ובהנסמן בהערות שם.

על קביעות עתים לתורה ברבים ואודת החזקת בני תורה תמימה והחזקת החינוך הכשר, והשי״ת ישלח רפואה לזוגתו תחי׳ ויחזק את בריאותו ויתן לו פרנסה טובה במנוחה בגשמיות וברוחניות.

ידידו הדו״ש ומברכם בברכת חג כשר ושמח

יוסף יצחק

ב׳תרעח

ב״ה כ״ה ניסן תש״ה
ברוקלין

אל ידידי התלמיד החשוב מר...

שלום וברכה!

בנועם מיוחד קראתי את מכתבו ונהניתי לשמוע כי בעזה״י שומר הוא לקיים את המצות מה שאפשר לו לקיים לפי מעמדו ומצבו כהיום והשי״ת ישמרהו בכל מקום שיהי׳ ויחזירהו לביתו בריא ושלם.

כל אחד מישראל צריך לדעת אשר בירידת נשמתו למטה בשביל להתלבש בגוף מוסרים לה שליחות מיוחדת בעבודת הבורא ב״ה, ומה׳ מצעדי גבר כוננו אשר על כן בכל מדינה ומדינה אשר ההשגחה העליונה מובילה את האדם, הנה חוץ מזה שמקיים בעצמו תורה ומצות עליו לפעול גם על זולתו לקרבו באהבת ישראל ולעוררו ולחזקו בקיום המצות, אשר בזה הוא מקיים את שליחותו שנמסרה לנשמתו.

צויתי לשלוח לו מה שאפשר לשלוח מהספרים וחוברות שהנני מדפיס כאן, ויכתוב לי בפרטיות אם יש לו חברים יהודים שומרי מצוה ויגיד להם את ברכתי כי ישמרם השי״ת ויצליחם ויחזירם לבתיהם בריאים ושלמים.

הדו״ש ומברכם.

ב׳תרעח

נעתקה מהעתק המזכירות. לתוכנה ראה לעיל אגרת ב׳תריט, ובהנסמן בהערות שם.

ב׳תרעט

ב״ה כ״ה ניסן תש״ה
ברוקלין

ידידי עוז וו״ח אי״א מוה״ר יעקב שי׳

שלום וברכה!

בקשתי את ידידי עוז הרה״ג וו״ח אי״א מוה״ר שלמה אהרן שליט״א קאזארנאווסקי לנסוע להתראות עם ידידי עוז ולמסור לו בעל פה ענין נכבד ביחס על קופת הצדקה אשר ידידי עוז הרה״ג הנ״ל השתדל בזה והצליח, והנני מזכה את ידידי עוז להשתתף בזה – לא בתרומת כסף – כפי אשר יציע לו ידי״ע הרה״ג הנ״ל וכפי אשר יחליטו לטובת הענין, וחתני הרה״ג הרמ״מ שליט״א ידבר אתם מחר לילה להתוודע איך הסתדר הענין בעזה״י להצלחה בגשמיות וברוחניות, ובטח יהי׳ הדבר בסוד כדרוש.

ידידו הדו״ש ומברכם.

ב׳תרפ

ב״ה כ״ז ניסן תש״ה
ברוקלין

אל ידידיי קהל עדת ישראל חובבי תורה ומצוה ועושי צדקה וחסד, ואל ידידינו אנ״ש,
ה׳ עליהם יחיו

שלום וברכה:

הנני בזה להודיע ברבים אשר בעזה״י הנני מייסד קרן גמילות

ב׳תרעט

נעתקה מהעתק המזכירות [ג׳תקצז]. לתוכנה ראה לקמן אגרת ב׳תרפא, ובהנסמן בהערות שם.

מוה״ר יעקב: כץ. אגרות נוספות אליו — לעיל ב׳קעח, ובהנסמן בהערות שם.

ב׳תרפ

נדפסה (מימיוגראף) בשעתה בגליון בפ״ע [ג׳תרנו].

חסדים בשביל מרכז ישיבות תומכי תמימים ליובאוויטש בשם „קרן ג״ח תת״ל", על ערבותי הפרטית שהנני ערב לכל מי שילוה ל„קרן ג״ח תת״ל" לפרוע לו את סכום הלואתו למועד המוגבל.

תנאי ההלואה הם: ההלואה היא על שתי שנים, מועדי הפרעון המה, מחצית הסכום לפרוע בכלות שנה ראשונה – בשלשה או ארבעה פעמים –, ומחצית השני׳ לפרוע ככלות שנה שני׳ – בשלשה או ארבעה פעמים –.

המלוה לקרן ג״ח תת״ל יקבל שטר הלואה חתום מאת ידידי עוז וו״ח אי״א מוה״ר דובער שי׳ חאסקינד, אשר מלאתי את ידו ביחוד לחתום בשמי על שטרי ההלואה לקרן ג״ח תת״ל, קבלה על סכום ההלואה והתחייבותי הפרטית לשמור את מועדי התשלומין כאמור.

ובזה הנני פונה לידידיי חובבי תורה ומצות עושי צדקה וחסד וידידיי אנ״ש, ה׳ עליהם יחיו, לעשות חסד משולש, לקיים מצות גמילות חסדים וגדולה גמילות חסדים מן הצדקה, לעשות חסד עם הישיבות הק׳ של מרכז ישיבות תומכי תמימים ליובאוויטש היחידות במינן, ולעשות חסד עם עצמו וב״ב יחיו ליהנות, בעזרתו ית׳, מאור כי טוב, ובגלל זאת לזכות לברכה משולשת בבני חייא ומזוני רויחא.

והנני ידידם עוז הדורש שלומם טובם והצלחתם בגשמיות וברוחניות ומברכם

יוסף יצחק

ב׳תרפא

ב״ה אדר״ח אייר תש״ה
ברוקלין

ידידי הנכבד והכי נעלה, בעל מדות טובות
מר אלחנן שי׳ גלאזער

שלום וברכה!

דורך מיין בעסטען פריינד, רבי קאזארנאווסקי שי׳, האב איך מיט

ב׳תרפא

נעתקה מהעתק המזכירות [ג׳תשז]. לתוכנה ראה לעיל אגרות ב׳תרעט. לקמן ב׳תרפה.

ידידי . . גלאזער: **אגרות נוספות אליו — לעיל ב׳רי, ובהנסמן בהערות שם.**

פרייד ערהאלטען אייער הארציגען ליעבען גרוסס. איך שיק אייך מיין מזל טוב פאר דעם וואס איר האט מיט גליק דורכגעפירט, און מיין ברכה אז עס זאל גיין א גוטער גליקליכער אנהויב, אז דער ליעבער ג־ט ב״ה זאל אייך בעגליקען אין אלעס און איר זאלט דורכפירען די אלע אייערע גוטע פלענער מיט גליק.

איך בין זייער געריהרט פון אייער העכסט ערנסטען אינטערעס אין מיין ארבעט און איך בין זיכער אין ג־ט ב״ה הילף אז איר וועט האבען דעם גרויסען זכות צו זיין א שותף אין מיין הייליגער ארבעט.

השי״ת זאל שטארקען דעם געזונט פון אייערע עלטערן, אייער געזונט און דעם געזונט פון אלע אייערע און זאל אייך אלעמען געבען פרנסה טובה בהרחבה.

זייט בעגליקט.

המברכו.

ב׳תרפב

ב״ה ר״ח אייר תש״ה
ברוקלין

כבוד ידידי עוז הרה״ח גזע תרשישים,
בעל פעולות כבירות לטובת כלל ישראל,
אי״א מוה״ר יצחק מאיר שליט״א

שלום וברכה!

במענה על מכתב ידידי מה׳ תשרי העבר, שקבלתיו ימים אלו, בדבר המפעל למען ילדי ישראל הנה בטח ידוע לידידי מכל אשר השתדלתי בזה, ובענין מגבית כספים עבור המפעל הנה בטח עוסקת בזה אגודת ישראל, והשי״ת יהי׳ בעזרם בגו״ר.

ב׳תרפב

נעתקה מהעתק המזכירות.

מוה״ר יצחק מאיר: **לוין.**

המפעל . . ישראל: **הפליטים.**

השתדלתי בזה: **ראה לעיל אגרת ב׳תרמא, ובהנסמן בהערות שם.**

אתענין לדעת משלום ידי״ע הוד כ״ק חותנו אדמו״ר שליט״א, ובבקשה להגיש לכ״ק את ברכתי, ברכת רפואה ואריכות ימים ושנים ולקבל נחת מכלל ישראל ויואיל נא לברכני, אותי ואת ב״ב יחיו, בגשמיות וברוחניות.

יחזק השי״ת את בריאות ידידי וב״ב יחיו ויעזרם בגשם וברוח ויצליח בעבודתו לטובת כלל ישראל.

ידידו הדו״ש ומברכו.

ב'תרפג

ב״ה ר״ח אייר תש״ה
ברוקלין

ידידי עוז ש״ב הרה״ג הנכבד והכי נעלה, הנודע לשם תהלה, גזע תרשישים וו״ח אי״א מוהר״ר שיל״א שליט״א

שלום וברכה!

במענה על התלגרם מי״א ניסן העבר בדרישה לשלוח בשביל הכולל ובשביל חברה תהלים הנה את התלרגם קבלתי לאחר שכבר שלחתי בעזה״י וביגיעה גדולה סך שלשת אלפים שקלים בשביל הכולל ועוד סכומים כפי התלגרם ששלחתי אז מפורט ע״י ידי״ע ש״ב שי׳. מישיבת תו״א כבר קבלתי אישור על השילוח על חג הפסח ומאתם עדיין לא קבלתי שום ידיעה מזה...

ש״ב ידידו הדו״ש מוקירו ומברכו

יוסף יצחק

כ״ק חותנו אדמו״ר: **רבי אברהם מרדכי אלטער מגור.**

ב'תרפג

נעתקה מצילום האגרת.

מוה״ר שיל״א: **אגרות נוספות אליו — לעיל ב'שנח, ובהנסמן בהערות שם.**

ב׳תרפד

ב״ה ג׳ אייר תש״ה
ברוקלין

אל הנכבד אי״א מו״ה יעקב דוב שי׳

שלום וברכה!

במענה על מכתבו;

הנה בסידורי התפלה ישנן כמה שגיאות הצריכות תיקון ומי שיש בידו לעורר את המדפיסים על זה מצוה קא עביד ולא אפונה אשר המדפיסים היו מתקנים אותן. והשי״ת יהי׳ בעזרו בגשמיות וברוחניות.

בשם כ״ק אדמו״ר שליט״א
מזכיר.

ב׳תרפה

ב״ה י׳ אייר תש״ה
ברוקלין

אל הנכבד אי״א מו״ה ש. שי׳ האלצער

שלום וברכה!

מכתבו קראתי בשימת לב ובהנאה מיוחדת מהתוקף עוז של החנוך הכשר והקדוש אשר קבל אצל מוריו ומדריכיו, באמונה טהורה וחיבת התורה והמצות, אשר גם בהלכו בארץ צי׳ עמד ועומד בעזה״י על דעתו, דעה ישרה, להיות חזק בשמירת קיום המצות בהידור מבלי התחשב עם המקום והזמן, כי האמת הגמור הוא אשר תורה ומצות הם

ב׳תרפד

נעתקה מהעתק המזכירות [ג׳תשיט].
מוה״ר יעקב דוב: **ווערלין.**

ב׳תרפה

נעתקה מהעתק המזכירות.

בכל מקום ובכל זמן בשוה. מה׳ מצעדי גבר כוננו, יעדער איד מוז וויסען אז יעדער טריט וואס ער מאכט איז דאס על פי דעם סדר פון דער השגחה פרטית, וואס זיין נשמה האט א שליחות אין תורה ומצות וואס די נשמה מוז דורכפירען אין דער מדינה אין וועלכער ער איז געקומען. והשי״ת יחזק את דעתו גם על להבא וישמחהו בבשורות טובות מאת בני ביתו יחיו ויתן לו פרנסה טובה בהרחבה.

הנני פורש בשלום מר ראזעמאן שי׳ ובשלום תלמיד ידידי הרב הגאון הר״ר אלחנן וואסערמאן ושאר החברים השומרי שבת, ה׳ עליהם יחיו, והנני שולח להם ולב״ב שי׳ את ברכתי שיברכם השי״ת בבריאות הנכונה ובפרנסה טובה בהרחבה ובתוקף הדעת להיות חזקים בשמירת קיום מצות מעשיות ואשר יעזור להם השי״ת לייסד קהלת חרדים ויצליחם בגשמיות וברוחניות.

הדו״ש ומברכם.

ב׳תרפו

ב״ה י״ב אייר תש״ה
ברוקלין

אל מרת ... תחי׳

ברכה ושלום!

במענה על כתבה אודות חפצה לאמן תינוק פליט מהילדים שבאו לארץ ישראל ת״ו, הנה אם ברצונה שאכתוב מזה למכירי בארץ ישראל ת״ו שיתענינו בזה צריך אני לדעת מראש את הנהגתם בעניני שמירת מצות מעשיות, שבת, כשרות וכו׳.

בשם כ״ק אדמו״ר שליט״א
מזכיר.

ב׳תרפו

נעתקה מהעתק המזכירות [ג׳תתלו].

ב'תרפז

ב"ה י"ג אייר תש"ה
ברוקלין

כבוד ידידי הרב הגאון הישיש, הנודע לשם תהלה ותפארת בתוככי גאוני יעקב, משכיל על דבר טוב, אי"א מוהר"ר דוב ארי' הכהן שליט"א

שלום וברכה!

בנועם מיוחד קראתי את מכתב ידידי כת"ר שליט"א המבשר כי בחסד השי"ת הנה ביום הבהיר ח"י לחדש זה נתמלאו לידידי כת"ר שליט"א שמונים שנה – לאריכות ימים ושנים – והנני בזה לברך את ידידי כת"ר שליט"א כי השי"ת יתן לידידי כת"ר שליט"א אריכות ימים ושנים בבריאות הנכונה שיוכל להמשיך את עבודתו הכבירה לטובת הרבצת תורה וחיזוק היהדות וטובת כלל ישראל בהצלחה בגשם וברוח.

תודה וברכה מיוחדת לידידי כת"ר שליט"א עבור ברכתו הטובה והיקרה לי במאד בברכת רפואה והצלחה בעבודתי בהרבצת תורה ביראת שמים וחזוק היהדות.

ומדי דברי עם ידידי כת"ר שליט"א לא אוכל להתאפק מבלי לגלות את מרירות לבי וצערי הגדול בצערה של תורה תמימה.

בטח ידוע לידידי כת"ר שליט"א מהחסד הגדול, בזכות הוד כ"ק אבותי רבותינו הק' זצוקללה"ה נבג"ם זי"ע, אשר עשה השי"ת עמדי להצליח את עבודתי ועבודת ידידיי אנ"ש יחיו ולכל לראש עבודתו הכבירה של חתני הרב רש"ג שליט"א במרכז ישיבות תומכי תמימים ליובאוויטש והסניפים אחי תמימים ליובאוויטש בכמה ערים גדולות וסידור חדרי תורה תמימה, כן ת"ל הצליחה עבודת המרכז לעניני חנוך המייסד בתי ספר לנערות ומוציא לאור חוברות לנוער באלפי אכזמפלארים וכן המוסד מחנה ישראל העובד בחיזוק היהדות, ושניהם תחת הנהלת חתני הרב רמ"מ שליט"א שניאורסאהן, והודו

ב'תרפז

נעתקה מהעתק המזכירות [ג'תתקמח].

מוהר"ר דוב ארי': **לעווענטאל. אגרת נוספת אליו — לעיל ח"ז א'תרצז.**

לה׳ כי טוב אשר המוסדות הללו מצליחים, ואף שהתקציבים גדולים מאד וההכנסה היא בקושי גדול אך לא אודות זה הנני דואג ומצטער, כי בטח ירחם השי״ת ויעזרני.

אלא עיקר דאגתי ועגמת נפשי היא על העדר שימת לבם של כבוד הרבנים הגאונים שליט״א והעדר השתתפותם בהמפעלים הכי גדולים בהרבצת התורה ביראת שמים וחיזוק היהדות, ובמשך חמשת השנים אשר עבדתי בעמל רב וביגיעה עצומה לא באו לעזרתי זולת רשיונות והתעוררות למגבית בשביל מרכז ישיבות תומכי תמימים ליובאוויטש בנוסח הניתן לכל עני בן טובים ברשיון לחזור על הפתחים, אבל גם על יחס צונן – או קר זה הבלגתי.

אמנם אירע דבר עולה נוראה העוברת כל גבול, לא רק של תורה אלא גם גבול אנושי, ודבר זה גרם וגורם לי יסורים בגשם וברוח, ולעולם לא אסלח להמורדים באור תורה תמימה, וברור לי כי לא יאבה ה׳ סלוח להם לעד ולעולמי עולמים.

וזה הדבר:

זה כשמונה חדשים אשר בעזרתו ית׳ יסדתי סניף למרכז ישיבות תומכי תמימים ליובאוויטש – לעת עתה עד אשר בעזה״י תתגדל ותתרחב הישיבה – בשם ישיבת אחי תמימים ליובאוויטש בעי״ת שיקאגא יע״א, ונתמנה ועד מיוחד עבורה מחובבי תורה תמימה.

התיסדות ישיבה זו והנהגת התלמידים עוררה קנאתם של אנשים ידועים מחברי מרכז הרבנים והעומדים בראש בעניני החנוך, ומכיון שנתרבו ת״ל תלמידים יחיו ובבתי כנסיות פה ושם נראו ילדים ונערים באים להתפלל במועד ושבת ותפלתם שגורה בפיהם, עונים אמן ואיש״ר ואומרים ברכו וקדושה ושומעים את הקריאה כדינה, והתלמידים מכתת הגמרא התאגדו באירגון מיוחד מסודר „מסיבות שבת״ מה שעשה התעוררות גדולה בין הנוער והפליא את ההורים, הנה עוד התגברה ההתנגדות ביתר שאת ויתר עז, ופתגם כרוזי הוציאו לאמר „ישיבה כזו מקומה כחמשים שנה מלפנים באיישישאק אבל לא בשיקאגא ואשר בכל אשר להם ישתדלו לגרש את ישיבת ליובאוויטש משיקאגא״.

ידידי הרב הגאון הר׳ אברהם מרדכי שליט״א הערשבערג, הר״מ

יסדתי . . שיקאגא: **ראה לעיל אגרת ב׳תרלב, ובהנסמן בהערות שם.**

דישיבת אחי תמימים ליובאוויטש בעי״ת שיקאגא חפש ומצא בנין המתאים להישיבה, חברי ועד הנהלת הישיבה הסכימו פה אחד לקנות את הבנין הזה עבור ישיבת אחי תמימים ליובאוויטש בעי״ת שיקאגא יע״א במחיר ובתנאים אשר בקשו והתנו המוכרים וגם נתנו דמי קדימה, וילך ... בשם ועד החנוך והוסיף כמה אלפים על המקח ... ועל תביעתם של חברי ועד הנהלת ישיבת אחי תמימים ליובאוויטש ענה ... כי מסכים הוא על דין תורה בשני תנאים: א) רק בי״ד ולא בזבל״א, ב) אשר בין חברי הבי״ד לא יהי׳ ידידי עוז הרה״ג ר׳ אליעזר סילווער שליט״א ... הכאב גדול מאד, ואם זקני הרבנים לא יכריחו את ... להשיב את הגזילה אז האשמה תהי׳ על שכם כולם.

ובזכות הוד כ״ק אבותי רבותינו הק׳ זצוקללה״ה נבג״ם זי״ע הנני בטוח בחסדי השי״ת אשר האלקי׳ ... יצליחנו בעבודתינו הק׳ להאיר, בעזרתו ית׳, את המדינה באור תורה ומצות ובמדות טובות במשבצות אהבת ישראל.

ידידו הדו״ש מכבדו ומברכו.

ב׳תרפח

ב״ה י״ד אייר תש״ה
ברוקלין

ידידי הנכבד והכי נעלה, בעל מדות טובות,
מר אלחנן שי׳ גלאזער

שלום וברכה!

אייער שרייבען האב איך מיט פרייד ערהאלטען יעדע פראזע פון אייער ליעבען בריעף האט מיר פערשאפט א בעזונדער פערגעניגען, פיהלענדיג אייער איבערגעגעבענקייט צו מיין ארבעט און אייער טיעפען באגער מיט ג־טס הילף צו ערמעגליכען מיר פינאנסיעל אז איך זאל קענען, בעזרת השם יתברך, פיהרען מיין ארבעט. עס איז זיכער אז אזא גוטער ווילען און איבערגעגעבענקייט ווי איר, ליעבער פריינד מר.

ב׳תרפח

נעתקה מהעתק המזכירות [ג׳תתקמט]. לתוכנה ראה לעיל אגרת ב׳תרפא, ובהנסמן בהערות שם.

ידידי . . גלאזער: **אגרות נוספות אליו — לעיל ב׳רי**, ובהנסמן בהערות שם.

גלאזער, האט צו העלפען מיין ארבעט, פארדינט די געטלעכע ברכה און הצלחה און איך בין זיכער אין אייער גרויסען ערפאלג.

פאריגען דינסטאג האב איך ניט גוט געפיהלט איך האב איינגעלאדען מיינע דאקטוירים אויף א קאנסיליום, אייער שרייבען, ליבער פריינד מר גלאזער, האט מיר פערשאפט דעם גרעסטען פערגעניגען מעדיצין, געבענטשט זאלט איר, און אלע אייערע, זיין אין אלעס.

פראפעסאר דרעסלער איז געווען זייער צופרידען צו הערען פון מיר אז ידידי אייער פאטער שי׳ פיהלט גוט, השי״ת זאל אים צושיקען א רפואה און געבען איהם און אייער מוטער תחי׳ אריכות ימים ושנים.

עס האט מיך זייער געפרייט דער טעלעפאן געשפרעך וואס איר מיין פריינד האט געהאט פריער מיט מיין טייערען איידים הרב שניאורסאהן שליט״א און נאכדעם מיט מיין בעסטען פריינד הרב קאזארנאווסקי שליט״א, איך האב אייך דורך זיי איבערגעגעבען מיין ברכה אז השם יתברך זאל אייך בעגליקען אין אלעס וואס איר טוט מיט דער גרעסטער הצלחה.

השם יתברך זאל אייך צושיקען א רפואה.

זייט בעגליקט,

הדו״ש ומברכו.

ב׳תרפט

ב״ה ט״ז אייר תש״ה
ברוקלין

ידידי עוז התלמיד החשוב הרב מר שלום דוב שי׳

שלום וברכה!

במענה על מכתבו;

יעזור להם השי״ת בקנין הבית עבור הישיבה ויצליחו בעבודתו

ב׳תרפט

נעתקה מהעתק המזכירות [ג׳תתקסא].

שלום דוב: **גורדון. אגרות נוספות אליו — לעיל ב׳תרנא, ובהנסמן בהערות שם.**

עבור הישיבה: **בספרינגפעלד. ראה לעיל שם. על קנית הבנין ראה קובץ ליובאוויטש גליון 8 ע׳ 41.**

תקצו **אגרות־קודש** (ב׳תרפט)

הק׳ להעמיד תלמידים בעלי כשרונות ומקבלי עול תורה והדרכה דיר״ש, ויזמין לו דירה מוכשרת בגשמיות וברוחניות.

בשם כ״ק אדמו״ר שליט״א
מזכיר.

ב׳תרצ

ב״ה ט״ז אייר תש״ה
ברוקלין

אל ידידי אנ״ש מתפללי בית הכנסת אנשי ליובאוויטש
בעי״ת שיקאגא יע״א, ידידי הנכבדים היו״ר רנ״ה שי׳
באלאטין וסגנו ר״י שי׳ קליבאנאוו וידי״ע הרה״ג מורם
ורבם הררש״ז שליט״א העכט בראשם,
ה׳ עליהם יחיו

שלום וברכה!

בנועם מיוחד קראתי את מכתבם מהתועדותם בועידת חברים טובים בבית ידידי רנ״ה שי׳ באלאטין לכבודו של ידי״ע הרה״ג הרה״ח הר״ש שליט״א לעוויטין ושולחים את תודתם על אשר ביקר אותם לעודדם בדרכי החסידות והחסידים, הנני בזה לברכם כי יתן השי״ת אשר ההתעוררות שנתעוררו לקביעות עתים לתורה באהבת ישראל ובקירוב הצעירים ללכת גם המה בדרכי החסידים והחסידות יהי׳ בקיום, וטוב יהי׳ להם ולבני ביתם יחיו בגשמיות וברוחניות.

והנני ידידם עוז הדורש שלומם טובם והצלחתם בגשמיות וברוחניות.

ב׳תרצ

נעתקה מהעתק המזכירות [ג׳תתקצד].

רנ״ה שי׳ באלאטין: **אגרות נוספות אליו — לעיל ב׳תקכב, ובהנסמן בהערות שם.**

הררש״ז שליט״א העכט: **אגרות נוספות אליו — לעיל ב׳רד, ובהנסמן בהערות שם.**

מהתועדותם . . לעוויטין: **שנסע לשיקגו לעורר את אנ״ש לעניני חסידות. תיאור הביקור בקובץ ליובאוויטש גליון 7 ע׳ 29. וראה לעיל אגרת ב׳תרנג.**

ב'תרצא

ב"ה ט"ז אייר תש"ה
ברוקלין

ידי"ע וו"ח אי"א הרב מוה"ר מנחם מענדיל שי' הכהן

שלום וברכה!

במענה על מכתבו מיום י' אייר אודות הרצאתו בענין אשל התורה בפועל ובכח הקרוב אל הפועל, בודאי טוב הדבר וצריכים להוסיף אומץ בענף זה להרחיב את חוג הפעולות בכל מה דאפשר, תחלה בבתי כנסיות דאנ"ש שי' אשר במקום שאין שיעור קבוע ללמוד יקבעו שיעור לימוד המתאים לפי החברים, ואם אין מי שיגיד השיעור הנה הנהלת אשל התורה צריכה לדאוג למלאות את המחסור.

אבל כ"ז הוא רק ענף אחד מאשל התורה כי אשל התורה צריך להתענין:

א) לעשות תעמולה רחבה בין הבע"ב והגבירים בעלי עסקים לקבוע שיעורי לימוד בחברותא להשתתף בשיעורים הקבועים בבתי כנסיות שהם מתפללים שם או לקבוע זמני לימוד לעצמם, והתעמולה צ"ל בכתב ובדבור ברבים, וועקן דעם דעת הבע"ב וגבירים, מאנען פארוואס ווערט מען אזוי אפגעפרעמדט פון א בלאט גמרא, פון א מאמר חז"ל, פון א אגדה. א) לחבר מכתבים באידיש ובאנגלית, ב) לבקר בבתי הבע"ב, ג) לעשות אספות – ולהודיע שאינן בשביל ממון – ולהעמיד מטיפים – מהצעירים – באידיש ובאנגלית.

ב) לעשות תעמולה רחבה בין הצעירים דוברי אנגלית לקבוע עבורם שעורי למוד והתועדות, ובענין זה אדבר אי"ה עם ידידי בע"פ. והשי"ת יהי' בעזרו בגו"ר.

בשם כ"ק אדמו"ר שליט"א
מזכיר.

ב'תרצא

נעתקה מהעתק המזכירות [ד'ד].

מוה"ר מנחם מענדיל: **פלדמן. אגרות נוספות אליו — לעיל ב'תקמג, ובהנסמן בהערות שם.**

אשל התורה: — **אגודת שיעורי לימוד התורה, שע"י מחנה ישראל. תיאורה בקובץ ליבאוויטש גליון 7 ע' 28. וראה גם לעיל שם. לקמן ב'תשיב.**

ב׳תרצב

ב״ה ט״ז אייר תש״ה
ברוקלין

ידידי עוז הנכבד והכי נעלה, עסקן חרוץ, וו״ח אי״א
מוה״ר פנחס שי׳ ריססמאן, יו״ר אגודת חסידי חב״ד
בעי״ת שיקאגא והגליל יע״א

ת״ל עבור הטבת בריאותו, והשי״ת ישלח לו רפואה ויחזקו ויצליח בעבודתו הק׳ בהרבצת תורה ביראת שמים, חנוך הכשר והתחזקות בדרכי החסידות והחסידים ולהיות מהמועילים ומשפיעים טוב בגשם וברוח לבית ישראל בכלל ולאנ״ש בפרט, אמן.

בטח קבל ידידי עוז את התלגרמה שלי אודות הדין תורה בדבר גזילת הבנין של הישיבה, צערי ועגמת נפשי גדלו במאד מאד על אשר עדת החסידים היתה למרמס, וכל הרוצה להתנפל עליהם עושה מה שלבו חפץ מבלי התחשב גם עם האנושיות, ועדת החסידים מרכנת ראשה ומקבלת את היסורים במדת חסידים, אבל לכל עת וקץ שם לחשך כתיב, מרוב צערי וכעסי על כבודם של חסידים המתחלל ממורדי אור תורה תמימה לא אוכל להאריך כראוי, ומצות הרופאים עלי חזקה שלא לכתוב מכתבים המצערים ולכן אקצר, והנני פונה לידידי עוז אשר יקח בידיו את הצלת עניני אנ״ש שי׳ והגנת קניניהם המוסריים וכבודם, כי בעזה״י חכמתו מרובה, ות״ל ידיו רב לו להציל ולהגן, ולא אפונה אשר דעת הקהל גם בענין גזילת הבנין תהי׳ על צדו . . . והנני פונה לידידי עוז יושב ראש אגודת חסידי חב״ד ועל ידו לכל ידידינו אנ״ש יחיו לאמר: בכל אשר לכם הגינו – על פי התורה והמצות – על התורה תמימה ועל כבוד החסידות והחסידים, והשי״ת יהי׳ בעזרכם בגשמיות וברוחניות.

והנני ידידו הדו״ש ומברכם.

ב׳תרצב

נעתקה מהעתק המזכירות [ד׳ח]. לתוכנה ראה לעיל אגרת ב׳תרלב, ובהנסמן בהערות שם.

ב׳תרצג

ב״ה י״ז אייר תש״ה
ברוקלין

ידידי וו״ח אי״א הרב מו״ה . . . שי׳

שלום וברכה!

במענה על כתבו;

פקידי תת״ל הם ברשותו של חתני הרש״ג שליט״א מנהל תת״ל, וכל עבודה אשר הוא מוסר להם עליהם לקיים, מצדו יכול לבקש אשר במדה האפשרית יסדרו בלימוד עם כתה אבל אם צריכים אותו להשגחה צריך לעשות בנתינה ומסירה, והשי״ת יהי׳ בעזרו בגו״ר.

בשם כ״ק אדמו״ר שליט״א
מזכיר.

ב׳תרצד

ב״ה י״ז אייר תש״ה
ברוקלין

ידידי עוז הרה״ג הנכבד והנעלה הנודע לשם תהלה וו״ח אי״א מוה״ר דוד שליט״א

שלום וברכה!

בתודה מיוחדת להשי״ת ובנועם מיוחד קראתי מכתב ידידי בכתב ידו, בתודה וברכה להשי״ת עבור הטבת בריאותו, והשי״ת ישלח לידידי שי׳ רפואה שלמה וחזוק הכחות שישוב לאיתנו ביתר שאת ויתר עז

ב׳תרצג

נדפסה בס׳ תומכי תמימים ע׳ שנד, והושלמה והוגהה ע״פ העתק המזכירות [ד״ל].

ב׳תרצד

נעתקה מהעתק המזכירות.

מוה״ר דוד: פרענקל. אגרות נוספות אליו — לעיל ב׳רנא, ובהנסמן בהערות שם.

שיוכל לעסוק בתורה ועבודה וימשיך את עבודתו הק' בעניני תורה ויתן לו פרנסה טובה בהרחבה ונחת מילידיו וב"ב יחיו.

אם לא יהי' הדבר לטרחא יתרה לידידי ולא יכביד עליו בענין בריאותו הנני מבקשו לעשות רשימה מאלו כתבי היד שכדאי לצלמם עבורי. כפי שהגיד לי ידידי יעלה צלום כל עמוד לשלשה סענט והייתי חפץ לצלם חמשה ועשרים אלף עמודים, ביחוד מענין אותי הספר אור יקר להרמ"ק ז"ל וספרי קבלה שיבאו ראשונה ואח"כ שאר ספרי מחקר ושאר כת"י עתיקים.

ידידו הדו"ש מכבדו ומברכו.

ב'תרצה

ב"ה י"ז אייר תש"ה
ברוקלין

ידי"ע וו"ח אי"א הרב מוה"ר שלמה זלמן שי' העכט

שלום וברכה!

מכתבו מי' לחדש זה קבלתי במועדו, אמנם כל השבוע הייתי מרגיש עצמי ל"ע שלא בטוב וקראתי קאנסיליום מהרופאים, ישלח לי השי"ת רפואה, ולכן אכתוב בקצרה . . .

בנועם מיוחד קראתי בדבר הקביעות ללמוד עם הצעירים יחיו והנקובים במכתבו ללמוד בכל לילה עמהם, אינני יודע כמה זמן יהי' הלימוד אבל לדעתי נכון אשר יהי' ג' רבעי שעה לערך ואשר יחזרו בעצמם – מה שלמדו – לערך חצי שעה ואחר כל לימוד ילמדם ניגוני חסידים כעשרה רגעים או עשרים, ובזמן הראשון הי' טוב אשר יסדר כי לילה א' ילמוד עמהם ולילה השני' ילמדו בעצמם, היינו שאחד מהם ילמוד והשאר ישמעו ובפעם הב' – היינו לילה רביעית – ילמוד אחר

כתבי־היד שכדאי לצלמם: **ראה גם לעיל אגרת ב'שכ.**

ב'תרצה

נעתקה מהעתק המזכירות [ג'תתקעד].

ידי"ע . . העכט: **אגרות נוספות אליו — לעיל ב'רד, ובהנסמן בהערות שם.**

וכו׳ בכדי להרגילם איך שצריכים ללמוד ברבים, ובלילה הב׳ – היינו בפעם שלומדים בעצמם – הנה ידי״ע לא ילמוד עמהם אלא יספר להם ספור אגדה או מדרש או ספור חסידי, והיינו דליל א.ג.ה. ילמוד ידי״ע עמהם ולילה ד׳ ילמדו בעצמם וידידי ישוחח עמהם ענין המסופר כנ״ל.

נכון אשר יעוררם: א) לעשות תעמולה בין מכריהם לבא אל שיעורי הלימוד. ב) לעורר את אחיותיהם ובנות משפחתם להשתתף בהקביעות הנועדה לנערות. ג) לעוררם לכתוב לעצמם – באנגלית – את השיעורים בכלל והספורים בפרט, ושיביאו את כתביהם לידי״ע שיבקרם מן הטעויות.

לכשיודיעני מהתיסדות הקביעות למז״ט ויכתוב לי את שמות החברים אכתוב לידי״ע ולהם מכתב ברכה.

מחכה אני להתבשר מהתיסדות הקביעות של האחיות יחיו ובטח יואיל ידידי להודיעני שמותיהן וגילן ובמה הן עוסקות וידיעותיהן לערך.

בשם כ״ק אדמו״ר שליט״א
מזכיר.

ב׳תרצו

ב״ה י״ז אייר תש״ה
ברוקלין

ידי״ע וו״ח אי״א הרב מוה״ר יוסף שי׳ הלוי

שלום וברכה!

מכתבו מה׳ לחדש זה קבלתי במועדו ונהניתי לשמוע משקידת התלמידים יחיו בלימודים ומהנהגתם הטובה, יעזור השי״ת ויתגדל ויתרחב המוסד הק׳ ויתברכו כל העושים והמעשים לטובת הישיבה בכל הדרוש להם בגשמיות וברוחניות.

ב׳תרצו

נעתקה מהעתק המזכירות [ד׳ יו״ד].

מוה״ר יוסף: **ווייבנערג. אגרות נוספות אליו — לעיל ב׳שב, ובהנסמן בהערות שם.**

משקידת התלמידים: **בישיבת אחי תמימים בשיקגו.**

זוגתו ובנם יחיו יבאו אליו בשעטומ"צ ויסתדרו בסדר טוב ויצליח בעבודתו הק' בגו"ר.

בשם כ"ק אדמו"ר שליט"א
מזכיר.

ב'תרצז

ב"ה י"ז אייר תש"ה
ברוקלין

ידידי וו"ח אי"א הרב מוה"ר
אלכסנדר סענדער שי' יודאסין

שלום וברכה!

במענה על מכתבו מב' אדר העבר אודות התעוררות ידידי דבר התיסדות ישיבה בבהכנ"ס חב"ד בעיר העתיקה, כתב לי ידידי מחות' הרה"ג וו"ח אי"א מוהרי"א שי' אורינשטיין, ובמכתבי הכללי לאנ"ש שי' ולידי"ע מחות' הרה"ג הרי"א שי' הנ"ל אשרתי דבר התיסדות הישיבה בעיר העתיקה וקראתי שמה "מדרש שמואל" על שמו הקדוש של הוד כ"ק אאזמו"ר הרה"ק מרנא ורבנא שמואל – מוהר"ש – זצוקללה"ה נבג"ם זי"ע, ושתהי' תחת הנהלת ידיע מחות' הרה"ג הרי"א שי' אורינשטיין הנ"ל, ולידידי שי' יש זכות גדולה בהתיסדות ישיבה זו ואשרי חלקו בגשם וברוח.

ועל חג הפסח שלחתי עזר לישיבת מדרש שמואל הנ"ל סך חמשים שקלים, והנני מחכה לידיעות מפורטות ורשימת חברי הישיבה הלזו.

יחזק השי"ת את בריאותו ואת בריאות זוגתו וילידיהם יחיו ויגדלום לתורה חופה ומעש"ט מתוך פרנסה בהרחבה ובהתחזקות בהרבצת תורה ביראת שמים וחינוך הכשר ודרכי החסידות והחסידים...

הדו"ש ומברכם.

ב'תרצז

נעתקה מהעתק המזכירות [ד'נד].
ידידי . . יודאסין: אגרת נוספת אליו — לעיל ח"ה א'שמז.
ובמכתבי . . מדרש שמואל: לעיל ב'תרלח.

אדמו״ר מוהריי״צ נ״ע

ב׳תרחצ

ב״ה י״ז אייר תש״ה
ברוקלין

ידידי עוז וו״ח אי״א מוה״ר יוחנן שי׳ שו״ב, יו״ר ועד
בקור חולים ליובאוויטש אשר על יד „מחנה ישראל"

שלום וברכה!

בזה הנני להודיע ליו״ר ועד בקור חולים ליובאוויטש אשר על יד
מחנה ישראל אשר נדיב החפץ בעלום שמו שלח לי – לעת עתה, כן
הוא כותב – סך שלש מאות עשרים וארבעה שקלים בשביל חברת
בקור חולים ליובאוויטש אשר על יד מחנה ישראל, ומביע את חפצו
אשר ועד הבקור חולים ליובאוויטש יסדר אשר זקן אחד או שנים,
נאמני רוח, יבקרו תמידים כסדרם בבתי החולים העברים וידרשו
בשלום החולים – ל״ע – העברים, לחולה שאפשר לו לקרא בעצמו יתנו
איזה ספר או שיחה או עתון הקריאה והקדושה או השמועסן, ולחולה
שאינו יכול לקרוא בעצמו יקראו לפניו כרבע שעה, והעיקר לעודדם
ולנחמם, ועיקר העיקרים לעזור להחולים להניח תפילין ולהתפלל את
כל התפלה או תפלה קצרה כדין, והבקור חולים ליובאוויטש ישלם
לשלוחים אלו חמשה או שמונה שקלים לשבוע, ויסדרו את הדבר בסדר
הראוי.

והנני מסגיר בזה המחאה – של הנדיב החפץ בעלום שמו – על סך
שלש מאות עשרים וארבעה שקלים, על שם בקור חולים ליובאוויטש.

הנני נהנה במאד מאד מהצעת הנדיב הנ״ל והנני מברכו בגשם
וברוח ומברך את חברת בקור חולים ליובאוויטש כי יצליחו בעבודתם
הק׳ לעודד נשברי לב ולחזקם בבטחון בה׳ הרופא לכל בשר ורוח.

ידידו הדו״ש ומברכם.

ב׳תרחצ

נעתקה מהעתק המזכירות [ד׳קכג].

מוה״ר יוחנן: גורדון. אגרות נוספות אליו – לעיל ב׳תקכח, ובהנסמן בהערות שם.
בקור חולים: ראה לעיל שם.

ב׳תרצט

ב״ה י״ט אייר תש״ה
ברוקלין

ידי״ע ח״ד הנכבד והנעלה וו״ח אי״א מו״ה פנחס ליב שי׳
ורעיתו הכבודה ב״ד מרת רחל תחי׳ ובנם מר דוד שי׳

שלום וברכה!

במענה על מכתב ידידי מכ״ג ניסן העבר שקבלתיו זה עתה ונהניתי לשמוע משלומם הטוב. במשך העת כתבתי להם פעמים או שלש ומסתמא נאבדו בדרך הילוכם. ת״ל עבור הטבת בריאותי לעומת שהי׳ בתחלת החורף, אשר כשני חדשים הייתי כלוא בחדר המטות ורוב היום והלילה הוכרחתי לשכוב, וגם עתה הנני תחת השגחת רופאים מומחים כי הנני מרגיש חלישות ועיפות, אבל ת״ל הנני עוסק כמעט כל היום בעבודתי, הכי מרובה, בכמה ענינים ומהם גם המצערים ביותר, ובטח ירחם השי״ת ויהי׳ הכל טוב. מפולין אין לנו שום ידיעות, יחוס השי״ת וירחם ונתבשר בשו״ט מאתם.

בדבר מכירת הנחלה דעתי כדעתם לחכות, אבל חפצי הי׳ לברר אם יש תקוה לחדש ולחזק את ישוב חברון ת״ו אשר זהו חפצי האמיתי לזכות לזה, ורבות מחשבות בלב איש, ויתן השי״ת אשר עצת ה׳ לטובה ולברכה היא תקום, ובבקשה לכתוב לי מזה.

אתענין לדעת במה עוסק ידי״ע כעת ומצב פרנסתו, יחזק השי״ת את בריאותו ואת בריאות רעיתו ש״ב הכבודה תחי׳ ואת בריאות בְּנם שי׳ ויגדלוהו לתורה חופה ומעש״ט מתוך פרנסה בהרחבה בגשמיות וברוחניות.

והנני ידידם ש״ב הדו״ש מכבדם ומברכם.

ב׳תרצט

נעתקה מהעתק המזכירות.

ידי״ע . . דוד: **לנדא. אגרות נוספות אליו — לעיל ב׳קסח, ובהנסמן בהערות שם.**

מפולין . . ידיעות: **אם נשארו בת וחתן רבנו בחיים. וראה לעיל שם.**

מכירת הנחלה: **ראה לעיל אגרת ב׳קסח, ובהנסמן בהערות שם.**

ב׳תש

ב״ה י״ט אייר תש״ה
ברוקלין

ידידי הנכבד והכי נעלה, הרה״ג הנודע לשם תהלה, וו״ח
אי״א מוה״ר שלמה יוסף שי׳ זוין

שלום וברכה!

מכתב ידידי מכ״א שבט קבלתי סוף אדר ונאבד בתוך המון המכתבים שנתקבלו, ותוכנו בדבר העזר ל . . . זכרתי, וגם קבלתי בענין זה מכתב מידידי עוז ר״מ שי׳ גורארי׳, ובהתעוררות שניהם הכנסתי עצמי בזה, ולא הי׳ לי שום מראה מקום על זה אפי׳ לסכום קטן, אבל כאשר קבלתי התלגרם מש״ב . . . שי׳ שעושים הכנות אל החתונה למז״ט עשיתי כהרגלי זה ארבעים שנה אשר הדבר שצריכים לעשות צריך להעשות תיכף ואם אין האמצעים הדרושים צריכים ללות ולשלות, כפירושו של הוד כ״ק אדמו״ר הזקן זצוקללה״ה נבג״ם זי״ע במאמר כל המלוה לעני בשעת דחקו – בשעת דחקו של המלוה – שאין לו מה להלוות וצריך ללוות שיהי׳ לו מה להלוות ולויתי סך שש מאות שקלים ושלחתי ע״י מברקה ומאז ועד עתה ת״ל נכנס אלי ע״ח זה סך ארבע מאות שקלים.

אגב אורחא הנני כותב לידידי פנינה אחת ממה שנזכרתי ממה ששמעתי מהוד כ״ק אאמו״ר הרה״ק זצוקללה״ה נבג״ם זי״ע ורשום אצלי ביומן דשנת תרנ״ו מעוטר בכמה ספורים ולידידי הנני כותב בזה רק את הנקודה.

וזה הדבר:

הוד כ״ק אדמו״ר הזקן בהדרכתו את עדת החסידים, שהדריכם באהבת ישראל בכלל וחבת אחים בעדת החסידים בפרט, הקפיד במאד אשר כל עזר ותמיכה שנותנים איש לרעהו לא יקראו בשם צדקה אלא בשם הלואה וגמ״ח, וכשהיו מקבלים אגרת הקדש מהוד כ״ק אדמו״ר

ב׳תש

נעתקה מצילום האגרת [ד׳נא].

מוה״ר שלמה יוסף: זוין. **אגרות נוספות אליו — לעיל ב׳שלא, ובהנסמן בהערות שם.**

תרו אגרות-קודש (כ'תחש)

הזקן – ע״י ציר המעמדות לאה״ק ת״ו או נצרך פרטי – בדבר איזה מגבית הי׳ מרגלא בפומי׳ דחסידי רבינו מען דארף מאכען א הלואה, צוזאמענשטעלן א גמילות חסד, ומרגלא בפומי׳ דחסידי רבינו איש לרעהו – גם בלתי מכירו – אין דעם שטיקל ברויט וואס השי״ת האט מיר געגעבן איז פאראן דיין חלק אויך.

ותודה וברכה לידידי על אשר זיכני בזה, כי באמת הנה לבי ער לטובתן של ישראל בכלל ואנ״ש שי׳ בפרט, אבל אין לי כאלו שיוכלו לעזור לי באמצעים הדרושים והנני עמוס חובות בסכומים גדולים, והסכומים הדרושים למוסדותי במדינה זו ובקאנאדא גדולים המה מאד. ת״ל בשעה טובה ומוצלחת המוסדות מרכז ישיבות תת״ל שמתנהל ע״י חתני הרב רש״ג שליט״א, ומרכז לעניני חנוך ומחנה ישראל, אוצר החסידות, הוצאת קה״ת מתנהלים ע״י חתני הרה״ג הרמ״מ שליט״א שניאורסאהן ודורשים סכומים עצומים, וקנאת המתנגדים ושנאתם אין לשער, והשי״ת יהי׳ בעזרי ויצליחני בגשמיות וברוחניות.

אודות העזרה להרה״ח ר׳ ... הנני שולח ע״י אגודת חב״ד – ע״י ידי״ע ר״מ שי׳ גוראריי׳ – ... וכשיקבל ידידי מכתב זה יואיל לכתוב את כתובות שניהם לידי״ע הר״מ שי׳ גוראריי׳.

ובבקשה מידידי לכתוב לי עוד מהנצרכים, כי אפילו אם בשעה זו איני יכול לעזור אבל פן ואולי יהי׳ השי״ת בעזרי אחרי כן, ומובן אשר מי שכותב אודותו אין צריך לדעת מזה.

האדרעסין שהיו במכתב ידידי מסרתי למטרתם, מהדזשאינט מבטיחים ששולחים המה חבילות בגדים או מזונות.

ובמענה על מכתבו מחוהמ״פ העבר, ודאי הדבר מענין אותי במאד ... בכללות הענין הנה לפי מצבו בהוה בפרנסה טובה – יעזרהו השי״ת – ובכבוד מרובה הנה לא יעזוב את המדינה, ואתמהה האם בין כל הרבנים הגאונים שליט״א בעלי שם מפורסם בתורה וביראת שמים לא ימצא הראוי והמתאים למלאות כסא הוראה זו, אין זה אלא התרשלות ואי שימת לב של יראי האלקים באמת והתיכלא המזרחים דשדי גם בהיראי אלקים, האם הרה״ג ר׳ זאב שליט״א רבה של בריסק בנו של גאון הגאונים הר״ח זצ״ל או הרה״ג ר׳ שלמה דוד שליט״א

מרגלא בפומי׳ . . דיין חלק אויך: **ראה גם לעיל ח״ז אגרת א׳תתקעט, ובהנסמן בהערות שם.**

כהנא רבה של ווארשא או הרה״ג ר׳ יעקב שליט״א קלעמעס רבה של מאסקווא והדומה להם בתורה ויראת שמים אינם מתאימים לתת עליהם את כתר רבנות ת״א, מה שהי׳ לכבוד ולתפארת לקהלות המהוללות דבריסק ווארשא ומוסקבה חולין הם לקהלת ת״א, אין זה אלא טפשות ושגעון מרעיל לתת הכל, גם בחירת רב, בידי החפשים הגמורים או למחצה שליש ורביע, ועד מתי יהי׳ כזאת?

דכירנא כד הוינא בן שלש או ארבע והוד כ״ק אאמו״ר הרה״ק זצוקללה״ה נבג״ם זי״ע הי׳ אז בחו״ל, התפאר עלי אחד מבני ביתנו בתפילין שלו, וכי אני אין לי תפילין אמרתי לו בהתפארות, „התפילין עבורי יביא אבא מפאריז״.

הגיעה השעה לבער את הדעות הכוזבות מיפיפותו של יפת (כתיב, חס קרי) באהלי שם והגברת החומר הגס של ההשכלה על הצורה הרוחנית של תורה ויראת שמים, וכדאי הי׳ להו״ל עתון חדשי או שבועי שמטרתו תהי׳ להשמיט את דד החלב טמא מפיותיהם של ישראל המרעיל ומטמטם מוחם ולבם, וכשיהי׳ השי״ת בעזרי להשיג אותן האמצעים הדרושים להוצאת עתון כזה אברך את השי״ת על הזכות הגדול, ומה מאד הייתי חפץ לשמוע מאת ידידי הרצאה בענין זה.

יחזק השי״ת את בריאותו ואת בריאות ב״ב יחיו ויתן לו פרנסה טובה בהרחבה בגשמיות וברוחניות.

ידידו הדו״ש ומברכו

יוסף יצחק

ב'תשא

ב"ה י"ט אייר תש"ה
ברוקלין

ידידי הנכבד והכי נעלה, בעל מדות טובות,
מר אלחנן שי' גלאזער

שלום וברכה!

אייער שרייבען, ליעבער פריינד, האב איך מיט פרייד ערהאלטען.

די חב"ד חסידישע לעהרע ערקלערט די צוויי טיפזיניגע פילאזאפישע אויסשפראכען: איינס, עס איז ניט פאראן קיין גייסטיג העכערע זאך ווי פארגעניגען, צוויי, עס איז ניט פאראן קיין גייסטיג שטארקערע זאך ווי ווילען, אז חוץ דעם וואס פערגעניגען שאפט דעם ווילען און דער ווילען שטארקט דעם פערגעניגען און ביידע צוזאמען שאפען דעם פערשטאנד און די זיטען, ליעבשאפט און גוטמוטיקייט און ד.ג. איז פערגעניגען און ווילען ווירקען אויף דעם נפש אליין אז ער – דער נפש – מיט זיין אומבאשרענקטער קראפט דערוועקט דעם פארשטאנד און די זיטען פייהיגקייט אז זיי זאלן מיט א אימפאזאנטנער ענערגיע ברייגען אין לעבען דעם פערגעניגען און ווילען פארלאנג.

אין אייער שרייבען, ליבער פריינד, פיהל איך אייער הויכען גייסטיגען פערגעניגען און אייער שטארקען גייסטיגען וו[י]הלען מיר צו העלפן אין מיין נשמה־שליחות ארבעט, וואס דאס שאפט מיר דעם גרעסטען פערגעניגען און עס מאכט מיר לייכטער צו טראגען מיין שווערע לאסט, מיט דער אומבאגרענעצטער האפנונג להשם יתברך אז בזכות מיינע הייליגע עלטערען וועט השם יתברך בעגליקן מיך און מיינע טייערע מיטהעלפער בגשמיות וברוחניות.

זייט געזונט און בעגליקט.

הדו"ש ומברכו.

ב'תשא

נעתקה מהעתק המזכירות [ד'ק].

ידידי . . גלאזער: **אגרות נוספות אליו — לעיל ב'רי, ובהנסמן בהערות שם.**

אדמו"ר מוהריי"צ נ"ע תרט

ב'תשב

[כ"ג אייר תש"ה]

6 MAY, 1945

RABBI HAVLIN POB 5024 JERUSALEM

FOR TIME BEING DO NOT UNDERTAKE STEPS REGARDING SALE MY PROPERTY HEBRON

RABBI SCHNEERSOHN

[תרגום חפשי]

6 מאי 1945

הרב הבלין, ירושלים

לעת עתה לא לקחת שום צעדים בקשר למכירת נחלתי בחברון.

רבי שניאורסאהן

ב'תשג

ב"ה כ"ג אייר תש"ה
ברוקלין

אל כבוד הנכבד והנעלה אי"א מוה"ר חנוך שי' קרונז'ק

שלום וברכה!

במענה על מכתבו מכ"ה אלול העבר שנתקבל בשעת חליי – ל"ע –, הנה את מכתבו המפורט – כמו שכותב – אדות חיי היהודים במזרח אפריקא לא קבלתי, וחבל שנאבד כי מענין אותי במאד.

ב'תשב
מהעתקה. לתוכנה ראה לעיל אגרת ב'קסח, ובהנסמן בהערות שם.
הרב הבלין: אגרות נוספות אליו – לעיל ב'רנא, ובהנסמן בהערות שם.

ב'תשג
נעתקה מהעתק המזכירות [ד'קל].

אם החברה „יהדות" שומרת להתנהג ברוח ישראל סבא באמת, בלי כחל ושרק – פוליטיק – מפלגותי איזה שתהי', רק כוונתה לחנך ולהדריך יהודי שלחן ערוך – שולחן ערוך אידן – ומה גם ברוח וטעם חסידותי, כי בדור הזה ענין ודרך החסידות אינו ענין מפלגותי כמו שהי' בדורות הקודמים כי בדור הזה הנה דרכי ועניני החסידות הם כקטרת המגרשת כל מיני סטרא אחרא ומינות נעלמת, אזי הנני נהנה במאד וידי תכון בחברה כזו, ואתענין לדעת בפרטיות מעבודתם, והנני שולח – ע"י אגודת חב"ד באה"ק תובב"א – לחברה „יהדות" סך עשרים שקלים לטובת החברה, אמנם עד אשר אדע בפרטיות מענין החברה כאמור, מקומות הנקודות שמות המחנכים ומהותם משכורתם ולימודם בבקשה שלא להשתמש במכתבי זה בתור הסכמה על חברה זו.

יחזק השי"ת את בריאותו ואת בריאות זוגתו תחי' וישמח את לבבם בזרעא חיא וקימא ויזמין להם פרנסה טובה בהרחבה בגשמיות וברוחניות, והנני שולח לו – ע"י אגודת חב"ד באה"ק תובב"א – סך עשרים שקלים והם לצרכיו הפרטיים.

בשם כ"ק אדמו"ר שליט"א
מזכיר.

ב'תשד

ב"ה כ"ג אייר תש"ה
ברוקלין

כ"ק הרה"צ ש"ב ידיד עליון וידידי עוז, גזע תרשישים, יראת ה' אוצרו, בנשק"ע הרה"ג כקש"ת מוה"ר אהרן שליט"א

שלום וברכה!

בנועם מיוחד קבלתי מכתב כ"ק שליט"א – בלא זמן כתיבתו –

ב'תשד

נעתקה מהעתק המזכירות.

מוה"ר אהרן: **רוקח, האדמו"ר מבעלז. אגרות נוספות אליו — לעיל ב'רצג, ובהנסמן בהערות שם.**

בברכת רפואה ובברכת החג, ואני תפלה כי יקיים השי״ת את ברכות כ״ק שליט״א לי ולכל ישראל, והנני מברך את כ״ק שליט״א אשר ב״ב ובני משפחתו יחיו יבאו בקרוב לאה״ק ת״ו וימלא השי״ת את משאלות לבב כ״ק שליט״א לטובה ולברכה בגשמיות וברוחניות.

ידידו ש״ב הדו״ש כ״ק שליט״א מברכו ומתברך מאת כ״ק שליט״א.

ב'תשה

ב״ה ר״ח סיון תש״ה
ברוקלין

כ״ק ידידי הרה״צ הנכבד והכי נעלה, משכיל על דבר טוב, גזע תרשישים, וו״ח אי״א מוה״ר אברהם יהושע העשיל שליט״א

שלום וברכה!

קראתי את ידידי עוז, חתן ידידי כת״ר, הרש״ז שי׳ להוודע ממנו על אודות מצב בריאות ידידי כת״ר, אם התיישב עם רופא מומחה ואם מקיים כהוראתו, ונודעתי אשר ידידי כת״ר הי׳ אצל רופא ונתן לו סדר דיעט מה שלא לאכול ומה לאכול וידידי כת״ר שומר לקיים בהידור גדול רק מחצה, הדברים שלא לאכול, ומחצה השני׳ מה לאכול ממעט בזה, ויש לי צער גדול מזה אשר ידידי כת״ר מזלזל בבריאותו, ובטובו יסלח לי ידידי כת״ר אם אזכיר לו דברי קדש מורנו הבעש״ט נ״ע שכתב באגרתו הק׳ בענין הסיגופים, ומנקודת לבבי הנני מבקש את ידידי כת״ר בכל לשון של בקשה ותחנון אשר יחוס וירחם על בני ביתו ועל אוהביו ומקושריו ועלי ידידו עוז ויעזוב את דרכי הסיגוף בכל אופן שיהיו, הן בעניני אכו״ש והן בעניני שינה וטיול, ומצות פקוח נפשות היא לכל הנ״ל, יעשה ידידי כת״ר סדר מסודר בעניני אכו״ש שיכינו עבורו את הדברים שהוא צריך לאכול, ובכלל זה מאכלי בשר בכל יום

ב'תשה

נעתקה מצילום האגרת [ד'רכד].

כ״ק . . העשיל: האדמו״ר מקופיטשניץ. אגרות נוספות אליו — לעיל ח״ה א'קנח, ובהנסמן בהערות שם. לקמן ב'תשיג.

ויום, וכן לסדר עצמו בשינה בזמנה ולטייל הרבה והשי"ת ישלח לו רפואה ויחזק את בריאות בני ביתם יחיו וימלא משאלות לבבו לטובה ולברכה בגשמיות וברוחניות.

והנני ידידו הדו"ש מוקירו מכבדו ומברכו

יוסף יצחק

ב'תשו

ב"ה ערב חה"ש תש"ה
ברוקלין

ידי"ע וו"ח אי"א הרב מוה"ר מנחם זאב שי' הלוי

שלום וברכה!

במענה על מכתבו, נהניתי לשמוע מכל אשר כותב, והשי"ת יצליחם בחיים טובים ונעימים בגשמיות וברוחניות ויזמין להם דירה המוכשרת להם להצלחה בגו"ר.

את ר' ברוך שמעון ז"ל הנני זוכר היטב ובנו ר' משה בנימין ז"ל הי' שומע בכל יום את חזירתי משניות בע"פ שעה קבועה במשך שלש שנים – תרן-תרנג – עד הבר מצוה שלי נוסף על הזמן שהייתי לומד עם מלמדי החסיד ר"נ ז"ל סקאבלא.

בשם כ"ק אדמו"ר שליט"א
מזכיר
ח. ליבערמאן

ב'תשו

נעתקה מצילום האגרת [ד'שלו].
מוה"ר מנחם זאב: גרינגלאס. אגרות נוספות אליו — לעיל ב'ריב, ובהנסמן בהערות שם.
משה בנימין: אודותיו סה"מ תשי"א ע' 296.

ב׳תשז

ב״ה ערב חה״ש תש״ה
ברוקלין

אל הנכבד אי״א מוה״ר משה הירש שי׳

שלום וברכה!

נהניתי לשמוע זכרונות ימי קדם. אצל ר׳ יקותיאל ז״ל מלמד למדתי עד חדש מנ״א תרמ״ו ואז נסעתי עם הורי זצוקללה״ה נבג״ם זי״ע ליאלטא, קרים, וכשחזרתי בסיון תרמ״ז נכנסתי להמלמד ר׳ שמשון ז״ל.

יחזק השי״ת את בריאותו ואת בריאות ב״ב יחיו ויתן להם פרנסה טובה.

בשם כ״ק אדמו״ר שליט״א
מזכיר.

ב׳תשח

ב״ה ערב חה״ש תש״ה
ברוקלין

ידידי הנכבד והנעלה, משכיל על דבר טוב, אוהב מישרים,
מר דזשוליוס שי׳ סטולמאן

שלום וברכה!

ליעבער פריינד מר. דזשוליוס! אייער און אונזער פריינד מר.

ב׳תשז

נעתקה מהעתק המזכירות [ד׳שלז].

מוה״ר משה הירש: **מייטין.**

ר׳ יקותיאל: **ראה סה״מ תשי״א ע׳** 146. 168.

נסעתי . . ליאלטא: **ראה אגרות־קודש אדמו״ר** מוהרש״ב **נ״ע אגרת ו ובהערות שם.**

המלמד ר׳ שמשון: **ראה סה״מ שם. אגרות־קודש הנ״ל אגרת טז** (ע׳ לב).

ב׳תשח

נעתקה מהעתק המזכירות [ד׳שצז]. לתוכנה ראה לעיל אגרת ב׳תרסד.

ידידי . . סטולמאן: **אגרות נוספות אליו — לעיל ב׳שג, ובהנסמן בהערות שם.**

קאווען׳ס באזוך האט מיך זעהר געפרייט, פיהלענדיג אז איהר ליעבער פריינד בענעמט ריכטיג אייער אויפגאבע אין מיין גרויסער ארבעט, אז איר האט זיך אויסגעשפראכען אז איר פיהלט זיך שולדיג – מר. קאווען האט איבערזעצט פון דער ענגלישער שפראך מיט דעם אויסדרוק „חוטא״ – וואס צוליעב געלט מיטלען איז ניט געטאן געווארן דאס וואס עס האט געקענט געטאן ווערן. איך האב ניט געוואלט הערן דעם ווארט שולדיג נאר איך האב בעדויערט וואס א געלט מאנגעל שטערט די וויכטיגע ארבעט, איך בין זיכער אין האפנונג להשי״ת אז ער וועט אייך, ליעבער פריינד, בעגליקען, אז איר וועט טאן אלעס מעגליכע ווי איר פיהלט.

איך ווינש אייך און אייער פרוי און קינדער יחיו פיעל גליק אין אלעס.

ידידו הדו״ש ומבָרכו.

ב׳תשט

ב״ה ח׳ סיון תש״ה
ברוקלין

אל הנהלת „עדינו״

שלום וברכה!

בזה הנני מצרף המחאה על סך חמש מאות שקלים, ובטח יחליטו לפתוח קאנטא בבאנק ע״ש עדינו.

בשם כ״ק אדמו״ר שליט״א
מזכיר.

ב׳תשט

נעתקה מהעתק המזכירות [ד׳שצ].

הנהלת „עדינו״: **ראה לעיל אגרת ב׳תקצא, ובהנסמן בהערות שם.**

ב׳תשי

ב״ה אסרו חגה״ש תש״ה
ברוקלין

אל ועידת חברת משניות בעל פה אשר על יד „מחנה ישראל״, ה׳ עליהם יחיו

שלום וברכה!

בזה הנני להביע את השתתפותי אתם עמם בשמחתנו הגדולה לסיים ולהתחיל שיתא סדרי משנה בעל פה, ולעשות, בעזרתו יתברך, הגרלה חדשה לזכות בזכות הקדש להוסיף לשנן שיעור משניות בעל פה ולחזור בכל עת ובכל שעה במקום המותר ע״פ תורה לדבר שם בדברי תורה.

תלא כל עט סופר לספר את גודל הנחת־רוח למעלה מחזרת המשניות בעל פה בכלל ובשעת ההילוך ברחובות, נסיעות בדרכים וישיבה בחנויות ובבתי המסחר בפרט, וגודל התועלת מזה לטהרת הנפש – מאבק ועפר שנדבק בה מדבורים ומשמיעת דברים בטלים שצריכים לנקותם בכף הקלע – ועילוי׳ להרבות להשפיע שפע ברכה בכחותי׳ בשכל ומדות ובלבושי׳ במחשבה דבור ומעשה.

חברי חברת משניות בעל פה! התאזרו בכח התורה והוסיפו אומץ בעבודתכם הקדושה להרבות בחזרת המשניות בעל פה, ובגלל זאת ישפיע השי״ת לכם ולבני ביתכם שפעת חיים וברכה מרובה מנפש ועד בשר, ומאושרים תהיו בגשמיות וברוחניות.

והנני ידי[ד]כם עוז הדו״ש טובכם והצלחתכם והמברככם.

ב׳תשי

נעתקה מהעתק המזכירות [ד׳תיד].

חברת משניות בעל פה: **ראה מבוא לח״ו ע׳ 9.**

ב'תשיא

ב"ה יום ג' י' סיון תש"ה
ברוקלין

אל ועידת חברת "עדינו" ד' עליהם יחיו

שלום וברכה!

ועידה נכבדה.

בזה הנני להלל ולהודות לד' הטוב על חסדו הגדול אשר עשה עמדי בזכות הוד כ"ק אבותי רבותינו הקדושים זצוקללה"ה נבג"ם זי"ע וזיכני להציע ולייסד חברת "עדינו" אשר מטרתה לחזק ידי בני תורה – בלי הבדל נוסח – ולכבדן בכבוד הראוי לגדולי התורה בשביל הרמת קרנה של תורה ויראת שמים.

תקותי תאמצני אשר המוסד הקדוש חברה "עדינו" יהי' בעזה"י יסוד מוסד **להיכל תורה** לחזק ידי לומדי תורה במסירה ונתינה בשקידה ובחיבה עצמית.

תקוה נשקפת אשר בעזרתו ית' הנה בעתיד הקדום ימסר ברשות המוסד הקדוש חברת עדינו סכום נכון אשר יהי' היכולת להנהלת המוסד הקדוש חברת "עדינו" להקציב תקציב מסודר בתמיכה נכונה לאפשר לבני תורה לכנוס בהיכל התורה לשקוד בתורה במנוחה ובכבוד הראוי לגדולי תורה.

ומקרב לבי הנני אומר לכם,

אחי ורעי ברוכים הבאים להכתב על דגל "עדינו" וכולכם כאחד תשלבו במטרה אחת להרים קרנה של תורה ולעשות גם מדינה זו מקום תורה ביראת שמים כמסורת אבות קדושים אשר מסרו נפשם על התורה ויראת שמים.

ברוכים תהיו בגשם וברוח.

ב'תשיא

נדפסה (מימיוגראף) בשעתה בגליון בפ"ע.
ועידת חברת "עדינו": ראה לעיל אגרת ב'תקצא, ובהנסמן בהערות שם. תיאור הועידה ביום שלפנינו בקובץ ליובאוויטש גליון 8 ע' 39. על הועידה השני' — י"ד תמוז — ראה קובץ ליובאוויטש גליון 9 ע' 60.

והנני ידידכם עוז המסור לכל בן תורה ביראת שמים מוקירכם ומכבדכם

יוסף יצחק

ב׳תשיב

ב״ה ט״ו סיון תש״ה
ברוקלין

כבוד ידידי הרב הגאון האדיר, הנודע לשם תהלה ותפארת בתוככי גאוני יעקב, ובקרב עסקני הכלל, גזע היחס, משכיל על דבר טוב, אי״א מוה״ר יוסף דובער שליט״א הלוי

שלום וברכה!

את הפ״ש ואת ברכת ידידי כת״ר אלי, ע״י מרכז ישיבות תומכי תמימים ליובאוויטש, קבלתי ונהניתי במאד, כי יקרים לי פ״ש וברכות גדולי התורה, וכל המברך יתברך ברוב טוב בגשם וברוח.

חשבתי וקויתי – ועוד לא נואשתי – אשר ידידי כת״ר יקח חלק הראוי בעבודתי הכי כבדה בהרבצת תורה ביראת שמים ובחנוך הכשר, כראוי לו להיות מן הראשונים לדרוש ברבים בהתעוררות גדולה אשר הבע״ב הגבירים ובעלי העסקים יקבעו עתים לתורה בלימוד גמרא כמו שנהגו בעה״ב והגבירים בעלי עסקים בפולין וליטא.

זה לא כבר יסדתי בעזה״י חברה „אשל-התורה״ – אירגון שעה לימוד התורה – במטרה לעורר בעלי עסקים, בעלי בתים וגבירים לעשות קבוצות לומדי גמרא בעיון בחברותא ולא אפונה אשר אם היו עושים תעמולה גדולה לבאר ולהסביר ברבים את חובת למוד התורה בכלל ובחברותא בפרט היו מצליחים בעזה״י מאד.

הדו״ש מכבדו ומברכו.

ב׳תשיב

נעתקה מהעתק המזכירות [ד׳תנו].

מוה״ר יוסף דובער: **סולובייציק. אגרות נוספות אליו — לעיל ב׳שכה, ובהנסמן בהערות שם.**

אשל התורה: **ראה לעיל אגרת ב׳תרצא.**

תריח אגרות־קודש (כ׳תשיג)

ב׳תשיג

ב״ה ט״ו סיון תש״ה
ברוקלין

כ״ק ידידי הרה״צ הנכבד והכי נעלה, משכיל על דבר טוב, גזע תרשישים, וו״ח אי״א מוהר״ר אברהם יהושע העשיל שליט״א

שלום וברכה!

מכתב ידידי כת״ר קבלתי, וצערי מהעדר שימת לב ידידי כת״ר בהנוגע לבריאותו במקומו עומד, ואכפול את בקשתי האמורה בכל מיני תחנה אשר יתחשב עם דעת הרופא בהנוגע להטבת בריאותו בעזה״י בהידור ובזהירות והשי״ת ישלח רפואה לידידי כת״ר ויחזקו ויאמצו בגשמיות וברוחניות.

ידידו הדו״ש ומברכו

יוסף יצחק

ב׳תשיד

ב״ה י״ז סיון תש״ה
ברוקלין

ידידי וו״ח אי״א הרב מו״ה צבי הירש שי׳

שלום וברכה!

במענה על מכתבו, בטח כתב הכל אל המרכז כי כבר אמרתי לכל

ב׳תשיג

נעתקה מצילום האגרת [ד׳תקנה].

כ״ק . . העשיל: **האדמו״ר מקופיטשניץ. אגרות נוספות אליו — לעיל ב׳תשה, ובהנסמן בהערות שם.**

בקשתי האמורה: **לעיל שם.**

ב׳תשיד

נעתקה מהעתק המזכירות [ד׳תרג].

מו״ה צבי הירש: **שוסטרמאן. אגרות נוספות אליו — לעיל ב׳קע, ובהנסמן בהערות שם.**

ידידיי הרמי״ם שי׳ אשר בכל ענייני הישיבה צריכים לכתוב להמרכז ולשאול סדר, ומזמן לזמן לכתוב גם לי. בדבר הרשיון שכותב בטח [כתב] להמרכז ויענו לו מה לעשות, והשי״ת יעזור שיהי׳ הכל כשורה ויצליח בעבודתו.

בהנוגע להסכום הדרוש לקנין הבית בשביל הישיבה הנני חפץ בעצמי להשתתף במצוה רמה ונשאה הלזו, והנני מוכן להלוות סך אלף שקל על משך כעשרה חדשים ויותר ויודיעני בהחוזר על שם מי לכתוב את ההמחאה – טשעק – על סך האלף הנ״ל, וימסור את ברכתי להקאמיטע כי יהי׳ השי״ת בעזרם בגשמיות וברוחניות.

בשם כ״ק אדמו״ר שליט״א
מזכיר.

ב׳תשטו

ב״ה ח״י סיון תש״ה
ברוקלין

צו דער התועדות פון דעם ועד מגיני ומרחיבי החנוך הכשר אשר על יד „מרכז לעניני חנוך״ ה׳ עליהם יחיו!

ועידה כבודה!

אין מיין בעגריסונג צו דער התועדות פון דעם ועד מגיני ומרחיבי החנוך הכשר – חנוכה תש״ה – האב איך געצויגן די אופמערקזאמקייט פון די געעהרטע חברים און חברות, מדריכים און מדריכות, צו פארטראכטן זיך טיף ווי אזוי צו דערפילן די געטליכע נשמה שליחות וואס די השגחה העליונה האט אויף זיי ארויפגעלייגט; צו ראטעווען זייערע קליינע ברידערלעך און שוועסטערלעך וועלכע ווערן נעבעך

לקנין הבית בשביל הישיבה: **בראטשעסטער. ראה גם לקמן אגרות ב׳תשכד־ה. סקירה עד״ז — בקובץ ליובאוויטש גליון 9 ע׳ 61.**

ב׳תשטו

נדפסה (מימיוגראף) בשעתה בגליון בפ״ע.

ועד . . הכשר: **ראה לעיל אגרת ב׳דש, ובהנסמן בהערות שם.**

ועידה: **תיאורה בקובץ ליובאוויטש גליון 8 ע׳ 40.**

בעגריסונג . . חנוכה: **הנ״ל — ב׳תקנב.**

אומשולדיג אפגעשטויסן פון דעם אידישן פאלק און ווערן איינגעשלונגען אין פרעמדע פעלקער.

איצט, נאך כמעט זעקס חדשים אויפריכטיגע חנוך הכשר קולטור ארבעט, ווען איר חברים און חברות פון דעם ועד מגיני ומרחיבי החנוך הכשר, מדריכים און מדריכות פון דער אומבעגרעניצט הייליגער „של״ה״ – שעה לימוד הדת –, גייט – מיט ג־ט׳ס הילף – צו ארגאניזירן דעם אבשלוס פון דעם לימודים יאר, וויל איך אייך אויפמערקזאם מאכן צו פארטיפן זיך אין דער גרויסער שעצבארער חינוך הכשר ארבעט וואס איר האט זוכה געווען – מיט ג־ט׳ס הילף – צו טאן.

איר, געעהרטע חברים און חברות פון דער ועד מגיני ומרחיבי החינוך הכשר, מדריכים און מדריכות פון „של״ה״ – שעה לימוד הדת –, מיט אייער הייליגער חינוך הכשר ארבעט, ברייגגט איר די אלע קינדערלעך וואס לערנען אין דער „של״ה״ אז זיי זאלן שאפן דעם גרעסטן קורת רוח צו די נשמות פון זייערע אור עלטערן, נאך ווען זיי זיינען א נאמען.

איר, טייערע חברים און חברות פון דעם ועד מגיני ומרחיבי החינוך הכשר, מדריכים און מדריכות פון דער „של״ה״, זייט די אמת׳ע גבורי בני ובנות ישראל, וואס מיט אייער איבערגעגעבענער חינוך הכשר ארבעט רייסט איר אראפ די שווארצע שאנד לאטע פון די קינדערלעך וואס האבן ניט קיין אידישן חינוך, אויך די קינדערלעך וואס ווערן פארנארט און פארשלעפט אין די שמד הייזער פון דעם טריפה׳ן חינוך.

אייער הייליגע ארבעט אין ועד מגיני ומרחיבי החנוך הכשר, אונטער דער פירערשאפט פון „מרכז לעניני חנוך״, איז א שטאלץ בא אידן, אייערע נעמען ווערן פארשריבן לטובה ולברכה אין אלע ספרי הזכות בגשם וברוח.

איר, חשוב׳ע חברים און חברות, מדריכים און מדריכות, ווערט געבענטש און געאכטעט פון די טויזנטער עלטערן יחיו וואס איר ראטעוועט זייערע קינדערלעך פון דעם אידיש גייסטיגן אונטערגאנג.

איר טייערע וועט געבענטש ווערן פון די פיעל צענדליקער טויזנטער אידישע קינדערלעך, וואס מיט אייער איבערגעגעבענער הייליגער חנוך הכשר ארבעט ברייגגט איר זיי – מיט ג־ט׳ס הילף – צום אידישן פאלק און דאס אליין בעדארף אייך, חברים און חברות מדריכים און מדריכות, געבן דעם אויפריכטיקן געטליכן אייזערנעם

אידישן שטאלץ און מוט צו פארדאפלען פיעל מאל אייער הייליגע חינוך הכשר ארבעט.

ערוואכט פרומע יוגנט! ארבעט אלע ווי איינער, מיט דער גרעסטער ענערגיע, אויף דעם חנוך הכשר פראנט!

איך שיק מיין הארציקע ברכה צו יעדען חבר און חברה, מדריך און מדריכה, אז השם יתברך זאל יעדן און יעדע פון אייך בעגליקן אין אלעם וואס איר און אייערע פאמיליעס יחיו האבן נויטיק בגשמיות וברוחניות.

א ספעציעלע הצלחה און שמירה ברכה צו אייערע און אונזערע ברידער און שוועסטער וועלכע זיינען אויף די שלאכט פעלדער, באויר, בים וביבשה.

לאלתר לתשובה, לאלתר לגאולה,

המברכם

יוסף יצחק

ב'תשט"ז

ב"ה כ"ב סיון תש"ה
ברוקלין

ידידי עוז הנכבד והכי נעלה, עסקן חרוץ בהחזקת הרבצת תורה ביראת שמים וחנוך הכשר ובחזוק היהדות וו"ח אי"א מוה"ר יוסף שי'

שלום וברכה!

חתני הרב רש"ג שליט"א הגיד לי אשר הודעתם בתילפון כי בעזה"י הנה היום באפשרותו, הוא וידי"ע הר"י שי' כץ, לנסוע ע"י האייראפלאן לכאן ולבא בעזה"י מחר בקר להתראות אתי עמי כפי

ב'תשט"ז

נעתקה מהעתק המזכירות [ד/תשה]
מוה"ר יוסף: ראבינסאן. אגרות נוספות אליו — לעיל ב'תקכ"ג, ובהנסמן בהערות שם.

בקשתי, אמנם באשר נתקררתי ל״ע ומצות הרופאים עלי חזקה אשר ארבעה־חמשה ימים לא אקבל אנשים ולהזהר מהדבור, לכן נאלצתי לדחות את ההתראות לטובה ולברכה לשבוע הבע״ל ובעזה״י ביום ב׳ הבע״ל אתדבר אתם עמם באיזה יום יתאים לפני כולנו להתראות צלחה, ובטח לא יקבלו שום החלטה בהנוגע להפאראקיעל סקול עד אשר נתראה אי״ה צלחה.

הדו״ש ומברכו.

ב׳תשיז

ב״ה כ״ב סיון תש״ה
ברוקלין

צו דער לעידיס אוקזילערי פון דער ישיבה אחי־תמימים
ליובאוויטש אין פיטטסבורג

ברכה ושלום!

איך בין געווען זייער צופרידען צו הערען, דורך ידידי עוז, הרב הנכבד והנעלה, עסקן חרוץ בהרבצת תורה ביראת שמים, וו״ח אי״א מוה״ר שלום שי׳ פאזנער, דער מנהל פון ישיבת אחי תמימים ליובאוויטש אין אייער שטאדט, וועגען דער גוטער ארבעט פון אייער אוקזילערי פאר דער ישיבה אחי תמימים ליובאוויטש, און אז לעצטענס זיינען אריינגענומען געווארען נייע מעמבערינס אין אייער אוקזילערי.

איהר דארפט דאנקען און לויבען השי״ת פאר דעם זכות וואס איר האט צו העלפען מיר אין מיין גרויסער און הייליגער ארבעט צו מאכען אמעריקע פאר א מקום תורה וחינוך הכשר. איהר דארפט זיך שטארקען אין אייער ארבעט און אנוועגדען אלע מעגליכקייטען צו פארגרעסערען די הכנסה פאר דער ישיבה און צו פארגרעסערען די צאל תלמידים. רעדט מיט אייערע פריינד און באקאנטע און דערציילט זיי

ב׳תשיז

נעתקה מצילום האגרת.

וועגען דער ישיבה און בעאיינפלוסט זיי, זיי זאלען אריינגעבען זייערע קינדער אין דער ישיבה.

השי״ת זאל בענשען אייך אלעמען, די בעאמטע און מעמבערינס, מיט געזונט גליק און נחת פון קינדער, איהר אלע זאלט אין גיכען זיין פאראייניגט מיט די פון וועלכע איהר זייט יעצט צושיידט און מיר אלע זאלען זוכה זיין צו זעהען בהרמת קרן התורה והדת.

א בעזונדער יישר כח און ברכה דער ווערטער פרעזידענטין מרת ווינטער תחי׳ און מרת מאריאשע תחי׳ פלאטקין פאר זייער איבערגעגעבענער ארבעט לטובת דער ישיבה.

המברכן

יוסף יצחק

ב׳תשיח

ב״ה כ״ה סיון תש״ה
ברוקלין

שלום וברכה!

מיט א בעזונדער פערגעניגען האב איך דערהאלטען דיין קורצען גרוס. פארוואס שרייבסט ניט אויספיהרליך פון דיין פאמיליע און פון די קרובים זאלען לעבען. איך גריס אייך אלעמען און בעט זייער יעדער זאל שרייבען וועגען זיך און וועגען די קינדער יחיו, מיך אינטערעסירט זייער צו וויסען ווי גייט אייך אין פרנסה, יעדערינס באשעפטיגונג, מיט וועמע[ן] די קינדער האבען חתונה געהאט און וואו געפינען זיי זיך וואס טוען זיי, שרייבט מיר מיט וואס קען איך אייך שטיצען. זייט אלע געזונט און בעגליקט אין אלע הינזיכטען.

ב׳תשיח

נעתקה מהעתק המזכירות [ד/תצז]. ובראשה נרשם „גנס, כותאיס׳. לשם ברחו כמה מאנ״ש ברוסיה מעיירות הסמוכות לספר, בעת המלחמה.

ב'תשיט

ב"ה כ"ה סיון תש"ה
ברוקלין

ידידי עוז וידיד נפשי, תלמידי היקר והכי נעלה, וו"ח
אי"א מוה"ר ... שי'

שלום וברכה!

שמעתי שזה איזה שבועות הוא מרגיש עצמו חלוש ולפלא שלא הודיעני מזה, ובזה הנני לבקשו – וידי"ע יודע הוא אשר תרגום של בקשה אצלי הוא פקודה ואזהרה – אשר ראשית כל יעשה סדר לנוח בלילה לא יאוחר משעה האחת עשרה ולישן עד השעה השביעית או חצי השמינית ותיכף בקומו משנתו יאכל פת בחמאה וישתה כוס חמין, כפי הרגלו חלב או קאפע ואח"כ יתפלל ואחרי שעברו קרוב לג' שעות יאכל מה, וינוח ביום שעה ומחצה וכעבור ג' או ד' שעות יאכל, ובד"כ יקיים צווי הרופא בהידור, והשי"ת ישלח לו רפואה ויאמצהו בגשמיות וברוחניות ויחזק את בריאות זוגתו ואת בריאות בנם יחי' ויגדלוהו לתורה חופה ומעש"ט מתוך פרנסה טובה בהרחבה. וכשינוח איזה זמן ויתנהג בסדר מסודר יתחזק בעזה"י בטוב ויוכל לעסוק בתורה ועבודה בשקידה ויצליח ללמוד וללמד מתוך בריאות הנכונה ומתוך נחת רוח בגשמיות וברוחניות.

ידידו הדו"ש ומברכם

יוסף יצחק

ב'תשיט

נעתקה מצילום האגרת.

ב׳תשכ

ב״ה כ״ז סיון תש״ה
ברוקלין

ידידי הנכבד והנעלה, משכיל על דבר טוב, אוהב מישרים,
מר דזשוליוס שי׳ סטולמאן

שלום וברכה!

עס האט מיך זייער געפרייט צו הערען א גרוס פון אייך, מיין ליעבער פריינד, דורך מיינעם איין אלטען באקאנטען דער הויכגעשעצטער מר. לאנדוי, דער גרינדער און פיהרער פון דער „איט״א״ – אידישע טעלעגראפען אגענטור –

מר. לאנדוי האט מיך בעזוכט פאריגע וואך און האט מיר דערציילט וועגען אייער געזעלשאפטליכען פלאן, וואס דאס וואלט באמת געבראכט א ריכטיגען נארמאלען לעבען צווישען פעלקער און לענדער, דאס מוז אופגענומען ווערען פון געוויסע געלט־אויטאריטעטען. ווי איך ווייס האט מר. לאנדוי גרויס בעקאנטשאפט צווישען פערשידענע געזעלשאפטלעכע ווי אויך רעגירונגס אויטאריטעטען. און אויב דער פלאן איז אין אלגעמיין דורכפיהרבאר קען מר. לאנדוי מיט זיין ברייטער בעקאנטשאפט פיעל לייסטען אין דעם.

מר. לאנדוי ווייס אז איך שעץ זייער און זייער די וויכטיגע אידישע ארבייט וואס דער „איט״א״ טוט. איך מוז באצייכענען אז מר. לאנדוי מיט זיינע גוטע איבערגעגעבענע מיטארבייטער האט גאר גרויסע פארדינסטען פאר דעם אומפארטייאישער כלל ישראל ארבעט וואס האט אימער געבראכט די ריכטיגע נוצען פאר דעם גוט פון כלל ישראל. איצט גייען זיי צונויפרופען דעם דריטען תמוז – 6/14 – א גרויסען מיטינג פון פראמינענטע פערזענליכקייטען, האט מיך זייער געפרייט דאס וואס איהר, ליעבער פריינד, וועט זיך אין דעם בעטייליגען מיט אייער זיין און ריידען א פאר ווערטער און געבען א גרויסען דאניישאן

ב׳תשכ

נעתקה מהעתק המזכירות [ד׳תתה]. וראה שתי האגרות שלאח״ז.

ידידי . . סטולמאן: **אגרות נוספות אליו — לעיל ב׳שג, ובהנסמן בהערות שם.**

– אויסצאהלען אין 3 יאהר –. זיכער וועט אויך אונזער ליעבער פריינד מר. קאווען זיין אויף דעם מיטינג.

איך בין זיכער אז איר, ליעבער פריינד, וועט אפשאצען די וויכטיגקייט צו העלפען דער „איט״א״ און וואס באזאנדער אין דער צייט וואס דער כלל ישראל מוז האבען א וואכזאמע אויג און זיין אינפארמירט וועגען אלעס וואס עס קומט פאר מיט אונזער פאלק יחי׳ אין אלע לענדער.

איהר, ליעבער פריינד, מיט אייער אויפריכטיגער געפיהל־הארץ וועט זיכער פיהלען די וויכטיגקייט פון דער גרויסער געשעצטער ארבעט פון דער „איט״א״, און איר מיט אייערע פאר ווארעמע ווערטער און דאניישאן וועט זיין א ריכטיגער גוטער וועג ווייזער פאר אנדערע.

איך ווינש אייך און אייער פרוי און קינדער יחיו פיעל גליק אין אלעס.

ידידו הדו״ש ומברכו.

ב׳תשכא

ב״ה כ״ז סיון תש״ה
ברוקלין

ידידי הנכבד אי״א מו״ה אלכסנדר שי׳ כהן

שלום וברכה!

איך שרייב היינט צו אונזער ליעבען פריינד מר. דזשוליוס שי׳ איבער זייער א וויכטיגער אנגעלעגענהייט, וועגען דער אויפריכטיגער טובת הכלל אינסטיטושאן „איט״א״ – אידישע טעלעגראפען אגענטור –, וואס פאר די העכער פינף און צוואנציג יאר פון דער איטא געשעצטע ארבעט האט זי פיעל געלייסטעט פאר דעם כלל ישראל. דער גרינדער פון דער „איט״א״ מיין פריינד מר. יעקב לאנדוי און זיינע הויך

ב׳תשכא

נעתקה מהעתק המזכירות [ד׳תתו]. וראה אגרת שלפנ״ז ושלאח״ז.

ידידי . . כהן: אגרות נוספות אליו — לעיל ב׳קפו, ובהנסמן בהערות שם.

געשעצטע מיט־ארבעטער פארדינען אנערקענונג און אויפריכטיגע שטיצע, צו געבען זיי, מיט ג־ט׳ס הילף, די מעגליכקייט צו פארברייטערען זייער וויכטיגע, פאר דעם כלל ישראל טובה מאראלישער און מאטעריעלער, ארבעט.

זיכער וועט איר, ליעבער פריינד מר. קאווען, לייענען מיין אויספירליכען שרייבען צו אונזער טייערען פריינד מר. דזשוליוס שי׳ און ערקלערען אי[ם] די וויכטיקייט פון זיין אנטיילנעמען אז דער מיטינג זאל האבען דעם ריכטיגען ערפאלג.

יחזק השי״ת את בריאות ידידי ואת בריאות זוגתו הכבודה ואת בריאות ילדיהם וב״ב יחיו ויתן להם פרנסה טובה בגשמיות וברוחניות.

ידידו הדו״ש ומברכו.

ב׳תשכב

ב״ה כ״ז סיון תש״ה
ברוקלין

ידידי הנכבד, עסקן חרוץ בטובת כלל ישראל, מר יעקב שי׳ לאנדוי מייסד ומנהל „איט״א״

שלום וברכה!

איך דערפיל מיין פארשפרעכונג צו שרייבען מיין ליעבען הויך געשעצטען פריינד מר. סטולמאן שי׳ מיין אויפריכטיגע מיינונג איבער דער גרויסער טובת כלל ישראל לייסטונג וואס די „איט״א״ האט געלייסטעט און לייסטעט בא היינטיגען טאג, און אז זי פארדינט די אלגעמיינע אידישע אומפארטייאישע אנערקענונג און שטיצע צו דערמעגליכען די אויסברייטערונג פון דער וויכטיגער „איט״א״ ארבעט.

אין מיין שרייבען בעט איך מיין ליעבען הויך געשעצטען פריינד מר. סטולמאן שי׳ ער זאל זאגען א פאר ווארעמע ווערטער און געבען א

ב׳תשכב

נעתקה מהעתק המזכירות [ד׳תתז]. וראה שתי האגרות שלפנ״ז.

גרויסע דאניישאן. איך בין זיכער אז עס וועט געגעבען ווערען מיין ליעבען הויך געשעצטען פריינד מר. סטולמאן שי׳ די אים פארדינטע זיץ און אויפנאמע.

זיכער האט מען צום מיטינג אינגעלאדען מיין טייערען הויך געשעצטען פריינד מר. אלכסנדר שי׳ קאווען, דעם בעסטען פרייַנד פון מר. סטולמאן שי׳.

מיט גרוסס און בעסטע וואונשען צו אייך הויך געשעצטער פריינד מר. לאנדוי און צו אייערע הויכגעשעצטע מיטארבייטער.

ב׳תשכג

ב״ה אדר״ח תמוז תש״ה
ברוקלין

ידידי הגביר הנכבד והכי נעלה,
עסקן חרוץ בהחזקת התורה וחנוך הכשר,
אוהב מישרים, אי״א מו״ה יצחק שי׳

שלום וברכה!

במענה על מכתבו מי״ז לחדש העבר בצרוף תכנית עבודה בשדה החנוך בישובי היהודים הספרדים, ה׳ עליהם יחיו,

השאיפה להטיב את מ[צ]ב החנוך בין היהודים הַספרדים טובה היא וישרה ואף גם נחוצה היא במאד, אבל יש להתחשב בזה אשר אף כי הצד השוה בכל המדינות הנזכרות בתכניתו הוא אשר החנוך שם הוא לקוי וזקוק לרפואה וחזוק, הנה הדרכים המביאים לזה שונות הנה ותלוי הרבה במצב הפרטי של החנוך בכל מדינה ומדינה והתנאים החקיים השוררים בהן.

ולכן כשרוצים וצריכים לעבד תכנית עבודה מסודרת במדינות ההם בהנוגע לחנוך בכלל ובהנוגע להכשרת מורים יראי אלקים בפרט

ב׳תשכג

נעתקה מהעתק המזכירות [ד׳תתיב].

מו״ה יצחק: **שלום.**

יש להתועד מקודם מהו מצב החנוך וחקי החנוך שבכל מדינה ומדינה בפני עצמה.

ובכל אופן אין להסתפק בעריכות הצעות כאלו אשר הגשמתן דורשת שנים רבות וצריכים בינתים להושיט עזרה רוחנית וחומרית מיד במדה האפשרית לכל אתר ואתר, כמו שנהגתי בארצה״ב וקאנאדא אשר בעזה״י יסדתי את המרכז לעניני חנוך ות״ל הצליח.

כדאי הדבר במאד אשר לרגלי התענינותו בחנוך הכשר יעמוד בקישור עם ה„מרכז לעניני חנוך" אשר הם עשירים בנסיון במקצוע זה ובטח ימצא הרבה מהמועיל לחנוך עדת הספרדים יחיו גם בעיר זו, והשי״ת יצליח לו.

הנני מאחל לו ולב״ב יחיו רוב טוב בגשם וברוח.

הדו״ש ומברכו.

ב׳תשכד

ב״ה אדר״ח תמוז תש״ה
ברוקלין

אל ועד הבנין של ישיבת אחי־תמימים ליובאוויטש
בעי״ת ראטשעסטער יע״א והיושב ראש וסגניו בראשם,
ה׳ עליהם יחיו

שלום וברכה!

בזה הנני שולח המחאה על סך אלף שקלים, זוהי השתתפותי הפרטית בקרן הגמילות־חסד עבור קנין בנין בשביל ישיבת אחי תמימים ליובאוויטש בעי״ת ראטשעסטער יע״א, והנני שולח להם את תודתי וברכתי עבור השתדלותם הטובה בשביל ישיבת אחי תמימים ליובאוויטש במחנם הט׳, יוסיפו אומץ בעבודתם, ובגלל זאת יתברכו הם ובני ביתם וכל העוזרים על ידם בברכות מאליפות בגשמיות וברוחניות.

הדו״ש ומברכם.

ב׳תשכד

נעתקה מהעתק המזכירות [ד׳תתכ]. לתוכנה ראה לעיל אגרת ב׳תשיד. לקמן אגרת שלאח״ז.

ב׳תשכה

ב״ה אדר״ח תמוז תש״ה
ברוקלין

ידידי וו״ח אי״א הרב מו״ה צבי שי׳

שלום וברכה!

מכתבו קבלתי ונהניתי לקרא מהתעסקותם הטובה לטובת הישיבה, והנני מצרף בזה מכתב לועד הבנין והמחאה הגמ״ח אלף שקל שהבטחתי, ובבקשה לאשר קבלתה. והשי״ת יעזור להם בגו״ר.

בשם כ״ק אדמו״ר שליט״א
מזכיר.

ב׳תשכו

ב״ה אדר״ח תמוז תש״ה
ברוקלין

ידידי עוז התלמיד החשוב וו״ח אי״א
הרב מוה״ר אהרן שי׳

שלום וברכה!

במענה על מכתבו אודות קנין הבית עבור ישיבת אחי תמימים ליובאוויטש בעי״ת ברידזשפארט יע״א, יצליח השי״ת להועד הנכבד ולכל העוזרים על ידו ויתברכו בגשמיות וברוחניות.

בשם כ״ק אדמו״ר שליט״א
מזכיר.

ב׳תשכה

נעתקה מהעתק המזכירות. לתוכנה ראה לעיל אגרות ב׳תשיד. ב׳תשכד.

מו״ה צבי: **שוסטרמאן. אגרות נוספות אליו — לעיל ב׳קע, ובהנסמן בהערות שם.**

ב׳תשכו

נעתקה מהעתק המזכירות [ד׳תתכח].

מוה״ר אהרן: **פאפאק. אגרות נוספות אליו — לעיל ב׳קסא, ובהנסמן בהערות שם.**

קנין הבית . . ברידשזפארט: **ראה קובץ ליובאוויטש גליון 9 ע׳ 63. לעיל אגרת ב׳תקצ.**

ב״ה ר״ח תמוז תש״ה
ברוקלין

אל התלמיד מר...

שלום וברכה!

במענה על מכתבו מכ״א אייר, דעתו הטובה והישרה שלא להתעסק בשום דבר של פרנסה אלא לשקוד בתורה ועבודה ולקוות להשי״ת אשר כשיבא בברית הנשואין למז״ט ולהצלחה יסתדר בעזה״י באהלה של תורה, דעתו זו הטובה והישרה גרמה לי עונג רב וקורת רוח גדול בראותי אשר ת״ל החינוך וההדרכה ברוחה של תו״ת המקורית – כלומר הליובאוויטשית – שהעיקר והתכלית והשאיפה והפועל מתאימים. התמימים דליובאוויטש לא שללו את הטפל בחיים אלא ידעו מה הוא העיקר ומה הוא הטפל ובחרו בהעיקר לעיקר. הם ידעו אשר העיקר הוא התכלית ובמדה האפשרית העלימו עיניהם מן הטפל ויספיקו עצמם בהמיצוע בדרך החיים החילוניים, ובאמת הנה בזה עצמו קדשו את החול על טהרת הקדש, וכל שאיפתם היתה להביא בעזרתו ית׳ את התכלית העקרי אל הפועל בחיים.

תלמידי התמימים במשך כחמשים שנה הקימו בעזה״י דורות של מס״נ על התורה ועבודה ובעבודתם במס״נ האירו כמה מדינות באור תורה ומצות, וזכות הוד כ״ק אאמו״ר הרה״ק חופף עליהם להצליחם בעבודתם הק׳ בגשמיות וברוחניות.

יחזק השי״ת את בריאותך ותשקוד ותצליח בלימוד ובהנהגה דיראת שמים ויזמין לך שידוך המוכשר לפניך בגשם וברוח ותסתדר בחיים מאושרים באהלה של תורה.

בשם כ״ק אדמו״ר שליט״א
מזכיר
ח. ליבערמאן

ב׳תשכז

נעתקה מצילום האגרת [ד׳תתנא].

תרלב אגרות־קודש (ב׳תשכח)

ב׳תשכח

ב״ה ר״ח תמוז תש״ה
ברוקלין

אל אירגון טהרה ובריאות באה״ק תובב״א

שלום וברכה!

במענה על מכתבם מב׳ אייר, הקמת בתי טבילה במושבות אה״ק תובב״א בודאי הוא דבר נחוץ ומוכרחי, ומה ששואלים חו״ד בהנוגע למכתבם לנשיא ארה״ב, הנה ת״ל יש באה״ק ת״ו גופא אדמורי״ם ורבנים גאוני עולם שליט״א שיוכלו לפתור להם את שאלתם בשני הסעיפים האמורים במכתבם, ובגוף ועצם הענין הנה המכיר את הענינים על אתר יאמר שאין בזה שום תועלת, והשי״ת יהי׳ בעזרם בגשמיות וברוחניות.

בשם כ״ק אדמו״ר שליט״א
מזכיר.

ב׳תשכט

ב״ה ר״ח תמוז תש״ה
ברוקלין

ידידי עוז הנכבד והכי נעלה, עסקן חרוץ וו״ח אי״א מוה״ר פנחס שי׳ ריססמאן, יו״ר אגודת חסידי חב״ד בעי״ת שיקאגא והגליל יע״א,

שלום וברכה!

מהולל אקרא ה׳ אשר ידידי עשה רצוני והכניס עצמו בענין הצלת

ב׳תשכח

נעתקה מהעתק המזכירות [ד׳תתסו].

ב׳תשכט

נעתקה מהעתק המזכירות [ד׳תתצב]. ונשלחו כעשרה אגרות בתוכן דומה לכו״כ מאנ״ש בשיקגו. לתוכן העניז ראה לעיל אגרות ב׳תרלב. ב׳תרפז. ב׳תרצב. לקמן אגרת שלאח״ז.

ידידי . . ריססמאן: אגרות נוספות אליו — לעיל ב׳קצד, ובהנסמן בהערות שם.

הבנין של ישיבת אחי תמימים ליובאוויטש מיד עושקינו רודפי תורה תמימה, וברוך שמו יתברך אשר הקים את דברי וברכתי לידידי שכתבתי לו אשר כשיקח את דבר הצלת הגזילה בידו הנה בחכמתו ידע לכלכל דבר ובהשפעתו המרובה הנה בטח יתעוררו נדיבי עם ישרי לב ואוהבי מישרים אשר יכניסו עצמם בזה, וכתבתי לידידי אשר דעת הישרים ודעת הקהל תהי' על צדו.

ובזכות אבות קדושים שמע השי"ת את תפלתי ובאורח נפלא התעוררו בעלי ישרי לבב ואוהבי מישרים שהכירו את האמת ובדעתם הישרה הכריחו להשיב את הבנין לישיבת אחי תמימים ליובאוויטש, ובשעה טובה ומוצלחת נתבשרתי מאת ידידי עוז וידידי הנעלה הר"ח שלמה פאלמער שי' על ידי חתני הרב רש"ג שליט"א בברכת מז"ט עבור הצלת הבנין של ישיבת אחי תמימים ליובאוויטש, והנני מברכם בברכת מזל טוב, ובתור יושב ראש אגודת חסידי חב"ד בעי"ת שיקאגא והגליל יע"א הנני מבקשו למסור את ברכתי, ברכת מז"ט, לכל ידידינו אנ"ש ולכל מחבבי תורה תמימה.

בטח הנה, בעזרתו יתברך, יקבלו ימים אלו את הבנין באופן חוקי כנהוג להצלחה בגשמיות וברוחניות.

ידידו הדו"ש ומברכו.

ב'תשל

ב"ה ר"ח תמוז תש"ה
ברוקלין

אל ידידי עוז הרבנים, הרמי"ם והרב המנהל ישיבת אחי
תמימים ליובאוויטש בעי"ת שיקאגא יע"א,
ה' עליהם יחיו,

שלום וברכה!

בזכות הוד כ"ק אאמו"ר הרה"ק זצוקללה"ה נבג"ם זי"ע מייסד

ב'תשל

נעתקה מהעתק המזכירות [ד'תתצח]. לתוכנה ראה אגרת שלפנ"ז, ובהנסמן בהערות שם.

ונשיא ישיבות תומכי תמימים ליובאוויטש בכל מרחבי תבל, נתעוררו הגבירים הנכבדים והנעלים, ישרי לב, אוהבי מישרים, מר קליבאנאוו שי׳, מר קיסין שי׳, מר קאפלאן שי׳ ומר לאווין שי׳ בהתעוררות ישרה להכניס עצמם בענין גזילת הבנין של ישיבת אחי תמימים ליובאוויטש בעי״ת שיקאגא יע״א אשר גזל ועד החנוך, ומכיון שהכירו את האמת הגמור עמדו על דעתם והכריחו את ועד החנוך להשיב את הגזילה לועד ישיבת אחי תמימים ליובאוויטש.

יהי שם ה׳ מבורך בעד חסדו הגדול להציל את ישיבת אחי תמימים ליובאוויטש מכף מעול וחומץ, על ידי אנשים יקרי רוח וישרי לב ואוהבי מישרים, ובכלל זאת ישפיע השי״ת להם ולכל המשתתפים בהחזקת ישיבת אחי תמימים ליובאוויטש שפעת חיים וברכה מרובה בגשמיות וברוחניות.

אנחנו עובדי עבודת הקדש בהרבצת תורה ביראת שמים וחנוך הכשר ברוחה של תומכי תמימים המקורית – כלומר הליובאוויטשי – כפי שנוסדה ע״י הוד כ״ק אאמו״ר הרה״ק ז[צ]וקללה״ה נבג״ם זי״ע נשיאה הנצחי, עלינו לראות ולהכיר את ישועת ה׳ באורח נפלא להנצל מידי רודפי תורה תמימה שאין זה אלא בזכותו של הוד כ״ק נשיאנו הנצחי נבג״ם.

עלינו להלל ולשבח לאל רם ונשא דר בנהורא על הזכות הגדול אשר זכינו להיות מהעוסקים בהרבצת תורה תמימה וחנוך הכשר כהוראת קדש הקדשים, ודבר זה – התקשרותינו אל נשיאנו הנצחי – צריך בעזרתו ית׳ לתת לנו כח ועצמה ללכת בדרכנו, דרך החנוך וההדרכה, אך ורק באותה המסלה אשר סלל הוד כ״ק נשיאנו הנצחי, ועלינו כלנו לדעת את האחריות הגדולה, בהנוגע אל החנוך וההדרכה, העמוסה על שכמנו, ומה נשיאנו הנצחי דורש מאתנו ועלינו לקיים את דרישותיו במסירה ונתינה אמיתית מבלי התחשב עם כל מאומה ולהיות בטוחים בתפלותיו הק׳ עבורינו להצליח בעבודתינו בהרבצת תורה ביראת שמים וחנוך הכשר, ובגלל זאת נתברך כלנו עם ב״ב יחיו בגשמיות וברוחניות.

והנני ידידם עוז הדו״ש ומברכם.

ב׳תשלא

ב״ה ז׳ תמוז תש״ה
ברוקלין

ידידי התלמיד החשוב מר אברהם שי׳

שלום וברכה!

במענה על כתבו המבשר מהצלת דודתו מרת שרה תחי׳, ת״ל עבור זה, והשי״ת יעזרה בהדרוש לה בגשם וברוח.

שמחתי לשמוע מהצלת חבריו הנכבדים מר שלמה שי׳ מר ברוך שי׳ ומר יעקב שי׳, ואם עלולים ורוצים להתעסק בהרבצת תורה ביראת שמים וחנוך הכשר בודאי צריכים להשתדל להביאם בעזה״י למדינה זו, ואשתתף אי״ה בההשתדלות, אמנם עד בואם למדינה זו היו צריכים לייסד ישיבות במקומם ע״כ יבקש את ידידי מר מינדעל שי׳ שיעריך לו נוסח תלגרם לחבריו הנ״ל בתוכן כזה שיודיעו בתלגרם (בעד התשובה ישלם כאן) אם יש להם האפשרות לייסד שם ישיבה ואיזה תקציב דרוש על זה.

בשם כ״ק אדמו״ר שליט״א
מזכיר.

ב׳תשלא

נעתקה מהעתק המזכירות [ד׳תתקסד].
אברהם: וויינגארטן.

ב'תשלב

ב"ה ז' תמוז תש"ה
ברוקלין

ידידי עוז הנכבד והכי נעלה, עסקן חרוץ בהחזקת הרבצת תורה ביראת שמים, בחנוך הכשר והחזקת היהדות, בעל מדות טובות וו"ח אי"א מו"ה יוסף שי' ראבינסאן

שלום וברכה!

עס האט מיך זייער געפרייט צו הערען פון אייערע גרויסע געזעלשאפטליכע שאפונגען אין החזקת הרבצת תורה ביראת שמים, חינוך הכשר, טהרת המשפחה, שמירת שבת, און אייערע גרויסע בעמיהונגען אויפצושטעלען די אידישע צייטונג, זיכער אין א שטרענג רעליגעזער ריכטונג.

די רז"ל זאגען אין לך דבר העומד בפני הרצון, עס איז ניט פאראן קיין זאך וואס זאל שטערען דעם אויפריכטיגען ווילען, אבער ווען א מענש איז בעשאנקען פון השי"ת מיט דער מרץ – ענערגיע – מתנה קומט יעדער גוטער ווילען צום אויסדרוק מיט דער פולער מאס.

אויף אייך ידידי מר יוסף שי' בעדארף מען זאגען ואין לך דבר העומד בפני הרצון והמרץ.

איך ווינש אייך תחזקנה ידיכם, השי"ת זאל געבען גרויס הצלחה אין אייער טובת הכלל ארבעט, איר מיט אייער פאמיליע און אלע וואס העלפען אייך אין אייער עבודת הקדש ארבעט זאלען זיין געבענטשט בגשמיות וברוחניות.

ידידו הדו"ש ומברכם.

ב'תשלב

נעתקה מהעתק המזכירות [ד'תתקצח].

ידידי . . ראבינסאן: **אגרות נוספות אליו — לעיל ב'תקכג, ובהנסמן בהערות שם.**

ב׳תשלג

ב״ה כ״ד תמוז תש״ה
ברוקלין

ידידי עוז, תלמידי יקירי וחביבי, עוסק בהרבצת תורה
ביראת שמים, הרב וו״ח אי״א מוה״ר יוסף מנחם שי׳,
ר״מ בישיבת אחי תמימים ליובאוויטש בעי״ת
פילאדעלפיא יע״א

שלום וברכה!

במענה על מכתבו בצרוף המודעות בעתונים על אודות ישיבת אחי תמימים ליובאוויטש והפאראקעיל סקול בפילאדעלפיא, הנה במודעות בלבד לא תבנה ישיבת תומכי תמימים ליובאוויטש.

בטח זוכר ידידי אותם הדברים אשר אמרתי בחג מתן תורתנו, ישיבת תומכי תמימים ליובאוויטש וסניפי׳ אחי תמימים ליובאוויטש תבנה ותכונן אך ורק על מסירה ונתינה דמסירת נפש בפועל ולא רק במסירת נפש בכח, כי כן דורש מאתנו כ״ק נשיאה הוד כ״ק אאמו״ר הרה״ק, ורק אז מבטיחנו בהצלחה מופלגת בגשמיות וברוחניות.

ובזה הנני פונה אליך, ידיד נפשי, שתמלא דרישת הוד כ״ק נשיא תומכי תמימים ליובאוויטש הנצחי, נתון ומסור עצמך לעבודת הקדש להרחיב את ישיבת אחי תמימים ליובאוויטש ואת הפאראקעיל סקול בתלמידים בעלי כשרונות ואז תזכה להברכה הפרטית המובטחה נוסף על הברכה הכללית בגשמיות וברוחניות.

הדו״ש ומברכם

יוסף יצחק

ב׳תשלג

נעתקה מצילום האגרת [ה׳שי]
מוה״ר יוסף מנחם: טננבוים. אגרות נוספות אליו — לעיל ב׳רסח, ובהנסמן בהערות שם.
אגרת דומה להרי״ד שי׳ גרונר. וראה גם לקמן אגרת ב׳תשלה.

ב׳תשלד

ב״ה כ״ד תמוז תש״ה
ברוקלין

ידידי עוז, הנודע לשם תהלה בהרבצת תורה ביראת שמים ובחנוך הכשר הרב וו״ח אי״א מוה״ר קדיש שי׳

שלום וברכה!

בזה הנני להודיעו כי מלאתי את ידי חתני הרב רש״ג שליט״א גורארי׳, יו״ד ועד הפועל דמרכז ישיבות תומכי תמימים ליובאוויטש וכל סניפי׳, ישיבות אחי תמימים ליובאוויטש, לבחור בו, למזל טוב, להיות מנהל ישיבת אחי תמימים ליובאוויטש בעי״ת נוארק יע״א.

ובזה הנני לברכו בברכת מזל טוב, יתן השי״ת שיהי׳ בשעה טובה ומוצלחת בגשמיות וברוחניות, וישיבת אחי תמימים ליובאוויטש בעי״ת נוארק יע״א תקנה לה שם טוב בכתרה של תורה ביראת שמים ובהנהגה טובה ונפלאה, ובעתיד הקרוב תהי׳ לתל תלפיות למאות תלמידים בעלי כשרונות ועוסקים בתורה ועבודה שבלב ובתקון המדות, והשי״ת יצליח לו בעבודתו הקדושה ופועל ידיו ירצה השי״ת ויגדיל תורה ויאדיר.

ידידו הדו״ש ומברכו.

ב׳תשלד

נעתקה מהעתק המזכירות [ה׳שיט].

מוה״ר קדיש: **רומנוב. וראה גם אגרת שלאח״ז אליו.**

מנהל . . נוארק: **למלאות מקום הרי״ב תרשיש, דלעיל אגרת ב׳תקעא.**

ב'תשלה

ב"ה כ"ד תמוז תש"ה
ברוקלין

ידידי וו"ח אי"א הרב מוה"ר קדיש שי'

שלום וברכה!

במענה על כתבו, הנה בזה היום שנכנס בהנהלת ישיבת אחי תמימים ליובאוויטש בעי"ת נוארק יע"א, ביום הבהיר הזה הוא מתחיל למלאות אותה השליחות אשר ההשגחה העליונה שלחה אותו למדינה זו לקיים בהצלחה בגשמיות וברוחניות את השליחות שנמסרה לנשמתו בירידתה, לאריכות ימים, לעלמא דין.

בטח זוכר ידידי אותם הדברים אשר אמרתי בחג מתן תורתנו, ישיבת תומכי תמימים ליובאוויטש וסניפי' אחי תמימים ליובאוויטש תבנה ותכונן אך ורק על מסירה ונתינה דמסירת נפש בפועל ולא רק במסירת נפש בכח, כי כן דורש מאתנו כ"ק נשיאה הוד כ"ק אאמו"ר הרה"ק, ורק אז הוא מבטיחנו בהצלחה מופלגת בגשמיות וברוחניות.

ובזה הנני פונה אליך, ידיד נפשי, שתמלא דרישת הוד כ"ק נשיאה הנצחי של תומכי תמימים ליובאוויטש, נתון ומסור עצמך לעבודת הקדש להרחיב את ישיבת אחי תמימים ליובאוויטש בתלמידים בעלי כשרונות ואז תזכה לברכה הפרטית המובטחה נוסף על הברכה הכללית בגשמיות וברוחניות.

ישלח השי"ת רפואה לזוגתו תחי' ויחזק את בריאותו ויצליח לו בעבודתו הק' בהרבצת תורה ביראת שמים ובחנוך הכשר.

ידידו הדו"ש ומברכו.

ב'תשלה

נעתקה מהעתק המזכירות [ה'שכ]. וראה שתי האגרות שלפנ"ז.
מוה"ר קדיש: רומנוב. **וראה אגרת שלפנ"ז — אליו.**

ב׳תשלו

ב״ה כ״ד תמוז תש״ה
ברוקלין

ידידי עוז הרב וו״ח אי״א מוה״ר ארי׳ ליב שי׳

שלום וברכה!

במענה על מכתבו בדבר הויזות להתלמידים שי׳, צריכים בעזה״י לאחוז באמצעים יותר חזקים ובטוחים, וישלח תיכף רשימת התלמידים יחיו לידידנו הרה״ג ר׳ ירחמיאל שי׳ בנימינסאהן, ובעזה״י אכתוב אליו מכאן בענין זה ואבקשו להתענין בזה ולדבר עם אלו שיש להם השפעה בעניינים אלו, והשי״ת יעזור לנו בגו״ר.

בדבר הישיבה בטאראנטא יכתוב הכל לחתני הרב רש״ג שליט״א, וכן בדבר וויניפעג.

בשם כ״ק אדמו״ר שליט״א
מזכיר.

ב׳תשלו

נעתקה מהעתק המזכירות [ה׳של].

מוה״ר ארי׳ ליב: **קרעמער. אגרות נוספות אליו — לעיל ב׳קנח, ובהנסמן בהערות שם.**

הויזות להתלמידים: **מישיבת תות״ל באטוואצק — שנשארו עדיין בשאנגהאי. ראה לעיל במבוא לח״ה ע׳ 39־40. קובץ ליובאוויטש גליון 9 ע׳ 64. לפועל הגיעו בקיץ תש״ו.**

• • •

מהשבועיים שלאח״ז לא הגיעה לידינו שום אגרת. בשבועיים הבאות באות האגרות בלתי ממוספרות — רבנו לא הי׳ אז בקו הבריאות, ואת האגרות לא כתב בעצמו, כ״א מזכירו הרח״ל שי׳ הי׳ כותב מפיו.

בכ״ז מנ״א התחיל רבנו לכתוב בעצמו, ומחמת ההפסק, התחילה סדרה חדשה של מספרי האגרות של שנת תש״ה 676־1.

ב׳תשלז

ב״ה י״ד מנ״א תש״ה
ברוקלין

ידידי וו״ח אי״א הרב מוה״ר משה יצחק שי׳

שלום וברכה!

במענה על מכתבו, נהניתי לשמוע מקנין [ה]בנין עבור הישיבה ומהתחלת עבודת התקונים, יעזור השי״ת שיהי׳ להצלחה בגשם וברוח. וצריכים להשתדל להמשיך בע״ב אשר יתענינו בהישיבה, הן במקום הישן והן במקום החדש במערב העיר, והשי״ת יהי׳ בעזרם בגשמיות וברוחניות.

מאד נהניתי מקביעות הלימוד גמרא בחברותא של המלמדים והבע״ב, יצליח השי״ת לכל המשתתפים בלימוד בבריאות הנכונה ובפרנסה בריוח.

יחזק השי״ת את בריאותו ואת בריאות זוגתו וילידיהם יחיו, ויצליח בעבודתו הק׳.

בשם כ״ק אדמו״ר שליט״א
מזכיר.

ב׳תשלז

נעתקה מהעתק המזכירות.

מוה״ר משה יצחק: **העכט. אגרות נוספות אליו — לעיל ב׳שכט, ובהנסמן בהערות שם.**

עבור הישיבה: **בוואוסטער.**

ב׳תשלח

ב״ה כ״ז מנ״א תש״ה
ברוקלין

אל הנהלת „ניחח״

שלום וברכה!

צריכים להרגיל את התלמידים שי׳ לנגן ניגוני חב״ד, ואפילו אלו שאין להם חוש כ״כ בנגינה יש להרגילם מ״מ לנגן,

בשם כ״ק אדמו״ר שליט״א
מזכיר.

ב׳תשלט

ב״ה כ״ח מנ״א תש״ה
ברוקלין

אל הנכבדים והכי נעלים, ובראשם הנכבד
מוה״ר אהרן שי׳ טויב

שלום וברכה!

במענה על מכתבם מי״ג תמוז העבר, אשר נתעוררו בהתעוררות טובה להתענין לעשות תעמולה שיהי׳ חלב כשר שנחלב בהשגחה מעולה ומסודרת, וכן בנדון בשר בלא סרכות וכו׳, הנה בטח מתענינים בזה ונוטלים חלק בעבודה ק׳ זו הרבנים הגאונים שליט״א, והנני בזה לברכם כי יצליחו בעבודתם ויתרבו החברים, ובגלל זאת יתברכו בעניניהם הפרטיים וישפיע להם השי״ת שפעת חיים וברכה מרובה בגשמיות וברוחניות.

הדו״ש ומברכם.

ב׳תשלח

נעתקה מהעתק המזכירות.

הנהלת „ניח״ח״: ראה לעיל אגרת ב׳תלא, ובהנסמן בהערות שם.

ב׳תשלט

נעתקה מהעתק המזכירות [28 (ראה לעיל בהערה לאגרת ב׳תשלו)].

ב'תשמ

ב"ה כ"ט מנ"א תש"ה
ברוקלין

ידידי עוז וו"ח אי"א מוה"ר משה שי' הכהן

שלום וברכה!

במענה על מכתבו מי"ט לחד"ז, ואני מה יקרו לי ברכותיו, ברכות כהן, המצווה לברך והמובטח אשר ברחמי אל עליון הנה ברכותיו פועלות את פעולתן לטובה ולברכה, ובגללם הוא זוכה להאמור ואני אברכם אשר הכהן מתברך בברכות אל עליון, יחזק השי"ת את בריאותו ואת בריאות זוגתו תחי' ויתן לו פרנסה טובה בהרחבה שיוכל להתעסק בעניני החזקת תורה תמימה.

הדו"ש ומברכו

יוסף יצחק

ב'תשמא

ב"ה כ"ט מנ"א תש"ה
ברוקלין

ידידי עוז וו"ח אי"א מו"ה... שי'

שלום וברכה!

מכתבו בצרוף ההמחאה קבלתי, אבל לסבת חלישות בריאותי לא יכולתי להשיב תומ"י, ונצטערתי צער רב על חלישות בריאות ... שי', יחזק השי"ת את דעתו וישלח לו רפו"ש בקרוב ממש, חפצתי לסדר

ב'תשמ

נעתקה מצילום האגרת.

מוה"ר משה: שאיעוויטש. אגרות נוספות אליו — לעיל ב'קצו, ובהנסמן בהערות שם.

ב'תשמא

מהעתקה.

הדבור עמו ע״י הטעלעפאן אבל נמנעתי מחלישות בריאותי, ישלח לי השי״ת רפואה ויחזקני ויאמצני לעבודתו ית׳ בתורה ותפלה להרים קרנם של ישראל בגשמיות וברוחניות.

אייער שילוח און נאך מער אייער דאגה׳נען וועגן קריגען געלט אויף אונזער הייליגער ארבעט פון החזקת התורה און החזקת ישראל האט [דערפרעהט] מיין צובראכענע הארץ פון צרת ישראל – השי״ת זאל רחמנות האבן אויפן כלל ישראל אומעדום בגשמיות וברוחניות.

עס בלוטיגט די הארץ צו זעהען ווי כל עיר [על] תלה בנוי׳ ועיר אלקים מושפלת עד וכו׳, רבש״ע וואו זיינען דיינע הייליגע טייערע קינדערלעך, וואלגערן זיך נאקעטע דערשלאגענע בגשמיות וברוחניות, נאקעטע הונגעריגע יתומים ואלמנות ר״ל קראנקע, צובראכענע.

אוי רבש״ע למי עוללת כה, אידן זיינען געשטראפט געווארן שבעים ושבעה על כל חטאתיהם, אידן בעלי תורה, שומרי מצוה אידן, אנשים ונשים שומרי תורה ומצוה מיט א חיות און הרגש פנימי, רבנים גדולי התורה, צדיקים גדולי היראה, חסידים עובדי ה׳ זיינען אומגעקומען ר״ל במיתות משונות, אלפים ורבבות שומרי תורה ומצוה נהרגו במיתות משונות, ואלו אשר בחסדי אל עליון נשארו בחיים הנה צפד עורם על עצמם מזלעפות רעב יגון ואנחה, אנא ה׳ הושיעה נא!

די הארץ גייט אפ ר״ל מיט בלוט זעהענדיג דעם חורבן הנורא פון עם ישראל, השי״ת אליין זאל אונז טרייסטען מיט א גאולה שלמה בגשמיות וברוחניות.

ידידינו הנעלה והכי נכבד מר ... שי׳ האט באמת א פילענדע הארץ פאר די אמת׳ע צדקה וחסד וואס ער גיט ב״ה בלב שלם און מיט א געפיהל פון א לב טוב, און דאס וואס ער גיט גיט ער איידעל און שיין, און דאס וואס ער גיט אויף צדקה מאכט אים ניט זאט אדרבא עס רופט בא אים ארויס נאך מער אפעטיט צו געבן נאך און נאך, השי״ת זאל שטארקן זיין געזונט און זאל עם געבען גרויס הצלחה אין אלע זיינע געשעפטען, ער זאל זיין א מצליח בכל ענייניו און זאל האבען דעם זכות צו געבען גרויסע געלטער אויף די עניני תורה און הצלה וואס איך טו, איר ווייסט דאך ידידי יקירי אז איך דארף האבען סכומים עצומים אויף צו פיהרען די ענינים, און עס איז געקומען די צייט וואס איך דארף בעזה״י צאלען חובות וואס איך האב געליהען – בא זיך אליין פון די פקדונות וואס ליגען בא מיר – וואס ביסלעד ווייז מוז איך אנהויבען צאהלען, געוויס וועט השי״ת העלפן, איך האף להשי״ת אז

ער יתׂ וועט בעגליקען אין גשמיות און אין רוחניות אט די אלע וואס העלפען מיר אין דער הייליגער ארבעט.

עס האט מיך באמת געפרעהט צו לייענען דעם טייערען גרוס פון אייער צוזאמענקומען זיך שבת ביים לערנען חסידות און פארברייינגען באהבת ריעים צו שלש סעודות, וואס דאס איז באמת עיקרא ושרשא דכולא, דאס איז אלץ, השי"ת זאל די אלע בעגליקען בגשמיות וברוחניות.

איך האב ב"ה פיעל ידיעות טובות פון כמה וכמה ערטער, כן ירבו, דא אין לאנד, אז ב"ה מען לערנט חסידות און עס איז געווארען ליכטיקער, השי"ת זאל אונז אלעמען און אומעדום דערלייכטען מיט דעם אור תורה ועבודה אז מיר זאלען זוכה זיין לגאולה שלמה בנחת וברחמים.

איך בין זיכער אז דער ענין פון דער פאר[א]קעיל סקול וועט זיך אויסלאזען לטובה, דערווייעלע האב איך גאר גרויס עגמת נפש און עס קאסט מיך גאר פיעל געזונט.

אייער שילוח האט מיר אויף א מאמענט דערלייכטערט, די קומענדע וואך האף איך שיקען אין ארץ ישראל.

אלע אייערע בקשות מהשי"ת פאר זיך מיט דער פאמיליע יחיו און אלע ברכות צו מיר און אלעמען זאל השי"ת ממלא זיין לטובה ולברכה בגשמיות וברוחניות.

הדו"ש ומברכו.

ב׳תשמב

ב"ה ר"ח אלול תש"ה
ברוקלין

אל התלמידים מר . . .

שלום וברכה!

במענה על מכתבם אודות הנסיעה של תלמידי א"ת לפה ללמוד

ב׳תשמב

נעתקה מהעתק המזכירות [180].

התלמידים: **מישיבת אחי תמימים תל־אביב.**

בישיבת תו"ת, הנה גוף הענין מתקבל אצלי, ואבא אי"ה בכתובים עם ידי"ע מנהלי ישיבת א"ת באה"ק תובב"א, לסדר רשימת תלמידים יחיו הראוים לנסוע צלחה ואז יודיעום מזה, והנני מברכם בברכת כוח"ט בגו"ר.

בשם כ"ק אדמו"ר שליט"א
מזכיר.

ב'תשמג

ב"ה ר"ח אלול תש"ה
ברוקלין

אל מרת דבורה תחי' גולדשמיד-גוראריי

ברכה ושלום!

במענה על מכתבה אדות יסוד בתי למוד לנערות בסדר מסודר, מסרתי את הצעתה לחתני הרב רמ"מ שליט"א שניאורסאהן ולידי"נ הרב חדקוב שי', העוסקים ביסוד בתי למוד לנערות, להתענין בשאלה זו, ואני הנני עוסק למצוא את האמצעים הדרושים לזה, והנני בתקוה להשי"ת אשר בעתיד הקרוב יעזרנו גם בזה, והנני מברכה בברכת כתיבה וחתימה טובה.

בשם כ"ק אדמו"ר שליט"א
מזכיר
ח. ליבערמאן

ב'תשמג

נעתקה מצילום האגרת [190].
מרת . . גולדשמיד-גוראריי: אגרת נוספות אלי' — לעיל ב'תרמט. וראה שם לתוכן האגרת שלפנינו.

אדמו"ר מוהריי"צ נ"ע   תרמז

ב'תשדמ

ב"ה ר"ח אלול תש"ה
ברוקלין

אל הנכבד אי"א מו"ה מאיר שי' שצרנסקי

שלום וברכה!

במענה על מכתבו, טוב הדבר אשר כתב לי, והשי"ת יעזר שיהי' הכל כשורה בגשם וברוח,

ואדות ספרו בתולדות החסידות וכ"ק הרבנים מנהיגי החסידות, ודאי הוא דבר נחוץ מאד לא רק לנקותם מכתמי עלילות אשר העלילו עליהם אלא גם להראות את יופי דרכיהם וקדושת שיטתם, אבל עבודה זו היא רבת האחריות במאד וצריכים זהירות גדולה במאד מאד שלא להכשל ח"ו בשקר וגוזמאות, אמנם בכללות נכון ונחוץ הדבר, והשי"ת יהי' בעזרו ויצליח להעמיד תלמידים יראי אלקים ויזמין לו את פרנסתו בהרחבה, והנני מברכו בברכת כתיבה וחתימה טובה בגשמיות וברוחניות.

הנני שולח לו סך חמשים שקלים והם לצרכיו הפרטיים.

בשם כ"ק אדמו"ר שליט"א
מזכיר.

ב'תשדמ

נעתקה מהעתק המזכירות [197].
ספרו בתולדות החסידות: **תולדות החסידות ותורתה**. ת"א תש"י.

ב׳תשמה

ב״ה א׳ אלול תש״ה
ברוקלין

כבוד ידידי וו״ח אי״א וכו׳ ... נ״י

שלום וברכה!

היום הזה נפתחו שערי השמים, ושערי רחמים בהיכל הזכות פתוחים המה לכל ישראל אחינו האנשים והנשים, המתעוררים לעשות חשבון צדק בנפשם על התורה שלמדו בעצמם ולמדוה לילדיהם, ועל העבודה הקדושה אשר עשו במשך השנה לטובת החזקת בתי התורה.

פותחין בברכה להודות לה׳ כי טוב על חסדו הגדול אשר עשה אתי עמי ובזכות הוד כ״ק אבותי רבותינו הקדושים זיכני ליסד מרכז ישיבות **תומכי־תמימים ליובאוויטש** באמעריקא וקאנאדא, ובעזה״י הנה קול התורה ברוחה של תומכי תמימים אשר יסד הוד כ״ק אאמו״ר הרה״ק זצוקללה״ה נבג״ם זי״ע, נשמע בכמה ערים במדינה זו ובקאנאדא, נוסף על הישיבות אשר בארצנו הקדושה בשאנכאי ובפאריז, וברכות מאליפות יחולו על ראש חתני הרב ר״ש שליט״א גורארי׳ ועל כל המנדבים הנכבדים, ה׳ עליהם יחיו, אשר עזרוני ועוזרים לי בעבודת הקדוש להרביץ תורה ביראת שמים ברוחה של ישיבת תומכי־תמימים.

אמנם יחד עם התפתחותם הטובה של המוסדות הק׳ תומכי־תמימים ליובאוויטש נתגדלה ג״כ ההוצאה ביותר, וכהיום מצבם הכלכלי של המוסדות הקדושים דחוק מאד. שקועים אנו בחובות כעת, בחדשי הקיץ, בסך עשרות אלפים דולרים ועזרה ממשית נחוצה בהקדם האפשרי. סכנה גדולה רוחפת על קיומן של מוסדות התורה שלנו ואין לדחות את ההצלה אף לרגע.

ובזה הנני פונה בקריאה של חיבה לידידי הנכבד שי׳ שיואיל נא בטובו בעושה ומעשה לנדב ולהרים תרומה של סכום **מאה דולרים** משלו או לבוא בקשר עם אוהבי תורה ומצוה ולאסוף מהם סכום כזה

ב׳תשמה

הוא מכתב כללי־פרטי, שנדפס (מימיוגראף) בשעתה בגליון בפ״ע, ובכל טופס נוסף, במכונת כתיבה, שם הנמען.

לכהפ״ח, ובאופן זה להקל עול חובותינו ולחזק את מרכז הישיבות תומכי תמימים ליובאוויטש, לסעדו ולאמצו אשר יתרחב בעזה״י חוג פעולתו ברכישת תלמידים חדשים בכל המערכות והסניפים שכבר [יסדו] וליסד סניפים ומכינות חדשים, הן בחלקי עיר ניו יארק והן במרחבי המדינה.

שמע ישראל, ה׳ אלקינו פתח לנו היום שערי רחמים בהיכל הזכות, ובחדש הזה עלינו לתקן את אשר החסרנו בהחזקת מוסדות התורה בשנה החולפת, יביא את נדבתו למרכז הישיבות תומכי־תמימים ליובאוויטש וירשם להיות חבר תמידי במרכז ישיבות תומכי־תמימים ליובאוויטש.

ובגלל הטוב והחסד אשר יעשה עם מרכז ישיבות תומכי־תמימים ליובאוויטש להוציאן ממצבן של סכנה ולהיות עושה ומעשה בסכומים נכונים, יזכה לרחמים בימי הרחמים להפקד ולהזכר בהיכלי הזכות בשפעת חיים וברכה מרובה בבני חיי ומזוני רויחא.

והנני ידידו עוז הדורש שלומו טובו והצלחתו ומברכו בכתיבה וחתימה טובה בגשמיות וברוחניות,

יוסף יצחק

ב׳תשמו

ב״ה ד׳ אלול תש״ה
ברוקלין

ייטיב השי״ת הכתיבה והחתימה ברוח ובגשם לכבוד ידידי הגאון האדיר, הנודע לשם תהלה ותפארת בתוככי גאוני יעקב ובגודל התמסרותו לטובת כלל ישראל ולומדי תורה, יראת ה׳ אוצרו כש״ת מוה״ר אליעזר שליט״א

שלום וברכה!

בנועם מיוחד קראתי את ההתעוררות של הדרת גאונו שליט״א

ב׳תשמו

נעתקה מהעתק המזכירות [131].

מוה״ר אליעזר: סילווער. **אגרות נוספות אליו — לעיל ח״ו א׳תתקכט, ובהנסמן בהערות שם.**

אודות העזרה הנחוצה בשביל שמירת מצות שביעית באה״ק תובב״א כדינה, יברכם השי״ת בכל מילי דמיטב מנפש ועד בשר, והנני שולח בזה את השתתפותי הפרטית לקרן שומרי שביעית באה״ק ת״ו, ולא אפונה אשר כל ישראל אחינו שומרי מצוה ישתתפו במפעל זה ויתקבץ הסכום הדרוש להחזקת מצוה זו, והשי״ת יחיש גאולתנו ופדות נפשנו ע״י גואלנו האמיתי משיח צדקנו ויקבץ נדחנו מארבע כנפות הארץ לארצנו הקדושה בחסד וברחמים.

ידידו עוז הדו״ש הדר״ג שליט״א מברכו ומתברך מאתו בשנה טובה ומתוקה בגשמיות וברוחניות.

ב׳תשמז

ב״ה ה׳ אלול תש״ה
ברוקלין

ידידי הנכבד מר ... שי׳

שלֹום וברכה!

איך וויל זייער וויסען ווי גייט דיר אין דער דינסט, זיכער קענסטו אפהיטען צו דאוונען 3 מאל אין טאג, איך האב געבעטען מען זאָל מיר שיקען דיין אדרעס, איך וויל דיר שיקען אייניגע ספרים, אין די פרייע צייַט זאלסטו זיי לערנען, אויב דו האסט אידישע חברים זעלנער רייד מיט זיי אז זיי זאלען היטען צו לייגען תפילין, השי״ת זאל דיך בעגליקען מיט הצלחה׳דיקע דינסט ארבעט, דער ליעבער ג־ט ברוך הוא זאל דיך היטען און שיצען און ברייגנען אהיים געזונטערהייט צו דיינע, זאלען געזונט און גליקליך זיין בגשמיות וברוחניות.

איך ווינש דיר און אלע אידישע זעלנער יחיו א כתיבה וחתימה טובה לשנה טובה ומתוקה בגשם וברוח.

המברכך.

ב׳תשמז

נעתקה מהעתק המזכירות [139].

ב'תשמח

ב"ה ו' אלול ה'תש"ה
ברוקלין

צו אלע אידן פון אייראפייאישן עמק הבכא, מענער, פרויען און קינדער, ה' עליהם יחיו

שלום וברכה:

איך שרייב צו אייך דעם בריוו מיט געמישטע געפילן: מיט א געפיל פון טיפסטן צער, ווינסדיק ווי ווייניק עס זיינען איבערגעבליבן פון אונזערע שענסטע און בעסטע ברידער און שוועסטער, און ווי ביטער עס איז נאך פארלויפיק דער פיזישער, מאטעריעלער און גייסטיקער מצב פון די איבערגעבליבענע, זיי זאלן מאריך ימים זיין אין אלעס גוטעס בגשמיות וברוחניות; מיט א געפיל פון שמחה, וואס דער אויבערשטער האט ניט געלאזן אונזערע שונאים דורכצופירן זייערע בייזע כוונות פון אויסראטן ח"ו אלעמען, און האט מיט די גרעסטע נסים געראטעוועט אייך.

דער ציל פון מיין היינטיקן שרייבן איז צו שיקן אייך מיינע הארציקסט'ע ברכות צום אנקומענדן נייעם יאר לטובה ולברכה.

עס איז נאך צו רוי די וואונד אויף קענען לייכט צונעמען א טרייסט־ווארט, און צופיל זייט איר נאך עד היום ארומגערינגלט מיט פיין און פארנומען מיט דאגות, אז מען זאל קענען מיט אייניקע ווערטער אריינברייינגען די געהעריקע מאס פון מוט און שטארקייט.

איר דארפט אבער וויסן אז אויך די הייליקע נשמות פון אונזערע קדושים געפינען זייער טרייסט אין דער האפנונג אז די נאך פארבליבענע קרובים און פריינד וועלן מיט דעם אויבערשטנס חסד לעבן און פארזעצן צו בויען דעם אידישן פאלק.

איר דארפט וויסן, אז אבינו שבשמים, אונזער פאטער אין הימל, איז געווען, איז איצט און וועט אלעמאל בלייבן אונזער טאטע, א טאטע

ב'תשמח

נדפסה בקובץ ליובאוויטש גליון 9 ע' 52. ס' התולדות ח"ד ע' 276. והוגהה ע"פ צילום האגרת.

תרנב אגרות־קודש (כ׳תשמח)

וועלכער באשטראפנדיק זיין קינד בלייבט ער אבער אלעמאל א ליבנדער און טרייער טאטע.

פון די ערשטע באדינגונגען פאר צוריקשטעלן זיך אויף די פיס, איז צו זיין פול מיט האפנונג און מוט.

אלע האבען געזען ווי נישטיק עס איז דער ווערט פון מאטעריעלע רייכטימער און; ווי ווייניק זיי ניצן וואו ס׳פעלט דעם אויבערשטנס הילף.

און גלייכצייטיק האט איר געזען דעם אויבערשטנס השגחה און הילף, אפילו ווען קיין נאטירליכע אויסזיכטן אויף רעטונג זיינען ניט געווען.

איר האט געהאט די געלעגנהייט צו איבערצייגן זיך צו וואס פאר א מערדערליכער ווילדקייט ס׳קענען קומען פעלקער וועלכע זיינען ערצויגען געווארן נישט מער ווי אויף וועלטליכער קולטור.

און אין דערזעלבער צייט האט איר נאך מער ווי פריער זיך געקענט איבערצייגן אין דער שיינקייט פון אידישן פאלק וועלכער בויט זיין לעבן אויף די יסודות פון דער תורה.

איר האט געזען ווי א שטארקער פאלק, וועלכער האט אנגעווארפן אויף אלעמען מורא און איז געווען זיכער אז ער וועט פארשקלאפן די גאנצע וועלט, איז באזיגט געווארן.

דאס אלעס וואס אייערע אויגן האבן געזען און וואס אייערע הערצער האבן דורכגעלעבט האט איר די מעגליכקייט צו דערציילן צו אלע אייערע ברידער און שוועסטער אויף דעם זייט ים און איבעראל.

באטראכט זיך אין דער גרויסער ג־טליכער שליחות וועלכע ליגט אויף אייך לטובת דעם גאנצענעם אידישן פאלק, לטובת דער אידישער צוקונפט.

אויף אייער גורל איז געפאלן צו טאן די גייסטיקע אידישע ארבעט, וועלכע וואלט געדארפט דורכגעפירט ווערן אויף פון אונזערע ברידער קדושים.

און דערביי דארפט איר וויסן, אז דער אויבערשטער וועלכער האט אייך מיט אזא גרויסער און שווערער ארבעט אנפארטרויט, וועט זיכער

אויך געבן אייך כחות און מעגליכקייט דורכצופירן די שליחות אין לעבן.

זיין נור געשטארקט, און מיט דעם גרעסטן מוט טרעט זיכער אייערע טריט צום הויכן ציל וואס ליגט פאר אייך.

איר דארפט אויך ניט פילן שווער אויב איר מוזט זיך צייטווייליק ווענדן נאך הילף צו אייערע ברידער.

עס איז זייער הייליקער חוב צו העלפן אייך מיט אלע זייערע מעגליכקייטן, און אלע זייערע מעגליכקייטן צו העלפן אייך זיינען ניט מער ווי א פקדון וואס דער אויבערשטער האט בא זיי איינגעלייגט פאר אייך.

אלע צענטראלע ארגאניזאציעס וועלכע שטייען אונטער מיין נשיאות זיינען פון מיין זייט אויפגעפאדערט געווארן צו ערליידיקן אויף דעם מעגליך בעסטן אופן אלע אייערע בקשות וועגן מאטעריעלער און גייסטיקער הילף.

איך ווינש אייך אלעמען א כתיבה וחתימה טוב, א שנה טובה ומתוקה בגשמיות וברוחניות, א שנת גאולה וישועה בתוך כלל ישראל.

בברכה משולשת בגשמיות וברוחניות

יוסף יצחק

ב׳ תשמ״ט

ב״ה י״א אלול תש״ה
ברוקלין

ידי״ע הרה״ג וו״ח אי״א מוה״ר מרדכי שי׳

שלום וברכה!

במענה על שאלתו דבר העתקת מקומו עם זוגתו הרבנית תחי׳

ב׳ תשמ״ט

נעתקה מהעתק המזכירות [201].

מוה״ר מרדכי: מענטליק. אגרות נוספות אליו — לעיל ב׳שמג, ובהנסמן בהערות שם.

להצלחה לפה, לטובת ענייני הישיבה, ההצעה היא נכונה במאד מאד, ויעתיקו מ[ק]ום מגורם להצלחה בגשמיות וברוחניות . . .

ישמח השי״ת את לבב ידי״נ יקירי וחביבי כאשר שמח את לבבי, הנשבר והנדכה משבר אחינו, ירחמם השי״ת, וירחמנו בשנה טובה ומתוקה בידיעה טובה מתלמידי הישיבה, ה׳ עליהם יחיו, מטיב הנהגת התלמידים בלימוד הנגלה ודא״ח והנהגה ביר״ש ודרך ארץ שנוגע לי בחיי נפשי ממש, משמעו כפשוטו בתכלית הפשיטות, ומצוה רמה ונשאה עשה ידי״נ לשמח לב נשבר ונדכה מצרתן של ישראל בידיעותיו מהתעוררות התלמידים יחיו בשקידת הלמודים וקביעות זמן בכל שבוע לומר דברי תורה ברבים, יהי השי״ת בעזרם ויגדיל תורה ויאדיר ויתברכו בתוך שאר התלמידים וכללות אנ״ש בשנה טובה ומתוקה בגו״ר.

ידידו מוקירו ומברכם.

ב׳תשנ

ב״ה י״ב אלול תש״ה
ברוקלין

צו אלע אידן אין אמעריקא און קאנאדא, ה׳ עליהם יחיו

שלום וברכה!

צום אנקומען פון דעם נייעם יאר לטובה ולברכה ווינש איך אייך אלעמען א כתיבה וחתימה טובה.

אין הייאריקן אלול, דער גרעניץ־חודש צווישן דעם פארגאנגענעם יאר און קומענדיקן, האט דער אויבערשטער געגעבן דער וועלט בכלל און אידן בפרט א מתנה: מיט דעם אויבערשטנס הילף האט זיך פארענדיקט די מלחמה.

פאר יעדער טובה וואס דערגרייכט יעדן פון אונז בפרט און דעם גאנצן פאלק בכלל זיינען מיר מחוייב אפצוגעבן א לויב און דאנק דעם אויבערשטן.

ב׳תשנ

נדפסה בשעתה בגליון בפ״ע. קובץ ליובאוויטש גליון 9 ע׳ 53. ס׳ התולדות ח״ד ע׳ 278.

ווי שטארק דארף זיין דער לויב צום אויבערשטן אז ס'האט אויפגעהערט אזא גרויזאמע מלחמה, וועלכע האט געבראכט יעדן טאג אזוי פיל בלוט-פארגיסונג און פארוויסטונג! און ווי גרויס דארף זיין דער דאנק וואס די מלחמה האט זיך געענדיקט אין אזא אופן!

די אידן אין אמעריקא און קאנאדא דארפן זיך פילן נאך מער פארפליכטעט אפצוגעבן א שבח צום אויבערשטן וואס מיט גרויסע נסים האט ער ניט דערלאזן אז די מלחמה זאל זיך אריבערטראגן אויף דיזן קאנטינענט.

אבער ניט נאר בלויז מיט אפגעבן א מינדליכן דאנק קענען מיר ערפילן אונזער חוב.

מיר מוזן אויך ערפילן פראקטיש די פליכטן וועלכע זיינען ארויפגעלייגט געווארן אויף אונז מיט'ן באקומען די טובה פון דעם אויבערשטן.

א זעלבסטפארשטענדליכקייט איז אז יעדערער פון אונז דארף טאן אלעס מעגליכעס אויף העלפן מאטעריעל און גייסטיק אונזערע פארבליבענע ברידער אין יוראפ וועלכע האבן פון דער מלחמה געליטן אמשטארקסטן.

מיר זאלן אבער אויך ניט פארגעסן די גרויסע אחריות וועלכע ס'ליגט אויף אונז לגבי דעם אויפבוי פון אידישקייט אין אמעריקא גופא.

מיר מוזן דא אויספילן דעם ריס אין אידישקייט וועלכער איז געקומען דורך חורבן יוראפ.

אמעריקא מוז ווערן א צענטער פון תורה און יראת שמים.

דאס איז א הייליקע פליכט פון אלע אידן אין אמעריקע אן אונטערשייד פון ריכטונגען און פארטייען.

נאר מיט דעם קענען מיר אפגעבן אונזער דאנק צום אויבערשטן.

און ניט נאר בלויז מיט געבן געלד-נדבות קענען מיר יוצא זיין דיזן חוב, נאר יעדערער מוז זיך גלייכצייטיק אויך שטעלן אין די רייען פון פראקטישער ארבעט פאר אידישקייט בכלל און חנוך בפרט.

מיר האבן בע"ה דערלעבט די דעמאביליזאציע פון דער ארמיי און פון דער מלחמה-אינדוסטרי.

לאמיר, אין דאנק פאר דעם מאביליזירן זיך און אונזערע קינדער פאר יראת שמים און פאר א כשר׳ן חנוך. לאמיר ארבעטן פאר אנפילן מיט מער נייע תלמידים די שוין עקזיסטירנדע כשר׳ע ישיבות און בע״ה גרינדן נאך נייע כשר׳ע ישיבות.

דער לאזונג פון אלעמען און יעדן זאל ווערן: **א סוף צו דער פינסטערקייט פון עם הארצות! איבעראל זאל שיינען די ליכטיקייט פון תורה ויראת שמים!**

יעדערער דארף געדיינקען אז זיינע קינדער, זאלן געזונט זיין, זיינען בא אים א מתנה פון דעם אויבערשטן אויף ערציען זיי על טהרת הקדש אין כשר׳ע תלמוד־תורה׳ס, ישיבות און מיידלעך־סקולס.

און בזכות אונזערע הייליקע באשלוסן: צו העלפן אונזערע ברידער אין יוראפ, צו געבן אונזערע קינדער א כשר׳ע ערציאונג, און צו ארבעטן פראקטיש פאר אידישקייט, זאל דער אויבערשטער אנשרייבן אלעמען א כתיבה וחתימה טובה, א שנה טובה ומתוקה בגשמיות וברוחניות, א שנת גאולה וישועה בתוך כלל ישראל.

יוסף יצחק

ב׳תשנא

ב״ה י״ב אלול תש״ה

צום „ועד מגיני ומרחיבי החנוך הכשר״

שלום וברכה!

דער „ועד מגיני ומרחיבי החנוך הכשר״ האט בעזה״י מצליח געווען אין זיין ארבעט פון ארגאניזירן און אנפירען מיט דער „שעה למוד הדת״, דורך וועלכער עס איז ארונטערגענומען געווארען פון טויזענטער אידישע קינדער יחיו דער שאנד־פלעק פון גאר נישט וויסען וועגען אידישקייט. הונדערטער קינדער האבען דורך דער ווירקונג פון דער

ב׳תשנא

נעתקה מצילום האגרת.

ועד . . הכשר: ראה לעיל אגרת ב׳דש, ובהנסמן בהערות שם.

„שעה ללמוד הדת״ אנגעהויבן צו לערנען רעגולער אין כשר׳ע חדרים און מיידלעך סקולס.

אויסער דעם וואס עס איז דער פליכט פון די חברי הועד אויפצוהאלטען, מיט דעם אויבערשטענס הילף, די שוין עקזיסטירענדע „שעות ללמוד הדת״ און אויסברייטערן זיי, ליגט אויך אויף זיי דער חוב אנצונעמען אלע מעגליכע מיטלען צו ארגאניזירען נייע פלעצער פאר דער שעה, וואוהין עס זאלען קענען אריינגענומען ווערען נאך צענדליקער טויזענטער אידישע קינדער, וועלכע זיינען פארלויפיק אבסאלוט אפגעפרעמדט פון אידישקייט און פאר וועמען די „שעה ללמוד הדת״ איז ממש א רעטונגס פראגע.

איך פאדער דעריבער אויף יעדן אידען צו וועמען דער „ועד מגיני ומרחיבי החנוך הכשר״ וועט זיך ווענדען נאך הילף, ניט אפצוזאגען זיי אין דעם און העלפען זיי מיט אלע מעגליכקייטען.

און בזכות פון רעטען אידישע קינדער און צופירען זיי צו אידישקייט זאלען אלע וועלכע העלפען מיט אין דעם געבענטשט ווערען פון השי״ת בכתיבה וחתימה טובה לשנה טובה ומתוקה בבני חיי ומזוני בהרחבה בגשמיות וברוחניות.

המברכם

יוסף יצחק

ב׳תשנב

ב״ה י״ב אלול תש״ה
ברוקלין

ידידי וו״ח אי״א הרב מוה״ר ... שי׳

שלום וברכה!

במענה על מכתבו, ידעתי גם ידעתי מצב קושי העבודה של

ב׳תשנב

נעתקה מצילום האגרת [202].

האברכים החפצים בעבודה פנימית ונמיכות רוחם מהמניעות ועכובים על העבודה בתורה ותפלה, וזה מוסיף דאגה על דאגתם ופועל בהם חלישות הדעת, וכידוע המעשה מאחד החסידים בעיר נעזשין, ר׳ מאיר זלמן שמו, חנוני בעל עסק, א חסידישער איד, בכל ימי השבוע הי׳ ע״פ רוב מתפלל בצבור, לומד משניות ברבים, כן מנחה וערבית הי׳ מתפלל בבהכנ״ס ולאחר תפלת ערבית היתה לו קביעות ללמוד שיעור בנגלה ובדא״ח, ובש״ק הי׳ מאריך בתפלה וחוזר דא״ח ברבים כן היתה דרך עבודתו, ובאחד הזמנים נפלה עליו מרה שחורה מאופן עבודתו ונעשה עצוב מאד והי׳ בצער גדול על מצבו הלא טוב, וכשבא להוד כ״ק אאזמו״ר הרה״ק צמח צדק זצוקללה״ה נבג״ם זי״ע ליחידות שפך לפניו את כל לבו ויבך בכי רב מקרב לבו, ויענהו הוד כ״ק אאזמו״ר הרה״ק צמח צדק כי נלכד ברשת הנה״ב אשר הטילה עליו עניני מרה שחורה בכדי לבלבלו מעבודתו, ויתן לו סדר בעבודתו אשר כל ימיו יתנהג כמו שנהג בסדר תפלה בצבור והשיעורים שלמד ובש״ק להאריך בתפלה ולחזור דא״ח ולעורר בעצמו את קו השמחה מזה שעוסק בעבודה.

ויהפך החסיד ר׳ מאיר זלמן לאיש אחר וכשחזר לביתו התנהג באותו הסדר אשר סדר לו הוד כ״ק אאזמו״ר נ״ע ויתעלה בעילוי רב בידיעת החסידות ובעבודה שבלב, אזוי האט זיך מתנהג געווען א חסידישער קרעמער.

מען בעדארף וויסען אז דער נה״ב ניצט אויס אלע מיטלען, הן פון שמחה און הן פון עצבות צו מונע זיין און מבלבל זיין פון עבודה דורך פארשידענע שפיצלעך, השתדל להתנהג בדרכי החסידות כפי יכלתך ולא להכביד על עצמך, והשי״ת יעזרך בגו״ר.

בשם כ״ק אדמו״ר שליט״א
מזכיר

ח. ליבערמאן

ב'תשנג

ב"ה י"ד אלול תש"ה
ברוקלין

כבוד ידידי הרבנים, עסקנים ובע"ב בארצות איראפא,
ה' עליהם יחיו

שלום וברכה!

בזה הנני ממלא את ידי ידידי הנכבד והנעלה וו"ח אי"א מוה"ר ניסן שי' מינדעל, הנוסע אי"ה ימים אלו צלחה לאיראפא לאיזה זמן, לאסוף ידיעות מפורטות אודות המצב הכלכלי והרוחני של אחב"י בארצות איראפא המשוחררות ואודות העזרה הדרושה להם, ולבא בדברים עם כל מי שימצא לנכון כדי לסדר הקשורים הדרושים ביני וועד העזרה המרכזי ליהודי איראפא שיסדתי כאן בעזה"י מצד אחד, ובין היהודים ומנהיגיו באיראפא מצד השני.

רבות הנני מבקש את כל מי אשר מר ניסן שי' מינדעל הנ"ל יפנה אליהם, לעזור לו בין בהשגת הידיעות והקשורים הנ"ל ובין בדבר הושטת סיוע ליהודי איראפא.

והנני מברך את כל המסייעים בזה בברכת כתיבה וחתימה טובה לשנה טובה ומתוקה בגשמיות וברוחניות.

הדו"ש ומברכם.

ב'תשנג

נעתקה מהעתק המזכירות. לתוכנה ראה גם לקמן אגרות ב'תשנד-ו.

ב׳תשנד

ב״ה י״ד אלול תש״ה
ברוקלין

אל ידידינו אנ״ש באנגליא, ה׳ עליהם יחיו

שלום וברכה!

נוסף למכתבי הכללי שמסרתי לידידי הנכבד והנעלה וו״ח אי״א מוה״ר ניסן שי׳ מינדעל בדבר נסיעתו צלחה ימים אלו לאיראפא, הנני לבקש בזה את ידידינו אנ״ש שי׳ בארץ אנגליא לעזור למר מינדעל שי׳ הנ״ל בכל האפשר להם בדבר יסוד לשכה בלונדון אשר תשמש בתור סניף לועד העזרה המרכזי ליהודי איראפא שיסדתי בעה״י בכאן, ובאם אפשר – ליסד סניפים מהלשכה שבלונדון גם בארצות איראפא המשוחררות.

והשי״ת יצליח להם בעבודתם ויתברכו בברכת כתיבה וחתימה טובה לשנה טוב ומתוקה בגשמיות וברוחניות.

הדו״ש ומברכם.

ב׳תשנה

ב״ה ט״ו אלול תש״ה
ברוקלין

שלום וברכה!

בקשור עם רבוי הבקשות המגיעות אלי מארצות איראפא המשוחררות בדבר עזרה גשמית ורוחנית, מלאתי את ידי ידידי הנכבד

ב׳תשנד

נעתקה מהעתק המזכירות.

מכתבי הכללי: שלפנ״ז.

ב׳תשנה

נעתקה מהעתק המזכירות, והוא טופס שנשלח לכמה. לתוכנה ראה לעיל אגרת ב׳תשנג, ובהנסמן בהערות שם.

והנעלה וו״ח אי״א מוה״ר ניסן שי׳ מינדעל, הנוסע אי״ה ימים אלו לאיזה זמן ללונדון, לאסוף ידיעות ע״ד המצב הכלכלי והרוחני של אחב״י בארצות המשוחררות והעזרה הדרושה להם, ולסדר קשורים תדיריים בינם ובין ועד העזרה המרכזי ליהודי איראפא אשר בעזה״י יסדתי כאן.

ובזה הנני לבקש את כת״ר לסייע למר מינדעל שי׳ הנ״ל בכל האפשר, ותודתי נתונה לו למפרע.

הנני מברך את כת״ר בברכת כתיבה וחתימה טובה לשנה טובה ומתוקה.

הדו״ש ומברכו.

ב׳תשנו

ב״ה ט״ו אלול תש״ה
ברוקלין

כבוד ידידי ע[ו]ז ש״ב הנכבד והנעלה וו״ח אי״א הרב שניאור זלמן שי׳

שלום וברכה!

מלאתי את ידי ידידי הנכבד והנעלה אי״א וו״ח מו״ה ניסן שי׳ מינדעל הנוסע אי״ה בימים אלה צלחה לאנגלי׳ לאיזה זמן, לאסוף ידיעות ע״ד המצב הכלכלי והרוחני של אחב״י בארצות איראפא והעזרה הדרושה להם ולסדר קשורים ביניהם ובין ועד העזרה המרכזי ליהודי איראפא שיסדתי כאן בע״ה.

נא לעזר למר מינדעל שי׳ בכל האפשר בסדור השליחות הנ״ל ויוכל לבא אתו בכתובים עפ״י הכתבת דלקמן.

בשים לב כי לא כל הענינים אשר כותב לי אודותם מסתדרים ע״י

ב׳תשנו

נעתקה מצילום האגרת. לתוכנה ראה לעיל אגרת ב׳תשנג, ובהנסמן בהערות שם.

הרב שניאור זלמן: **שניאורסאהן. אגרת נוספת אליו — לעיל ח״ד תתקיח.**

אותו המשרד, יואיל נא להלן לכתב מכתבים (גליונות) מיוחדים אודות כל אחד מהעניינים, כגון ישיבות לבד, בתי ספר לנערות לבד כו'.

זה עכשיו נתקבלה טלגרמה מאתו ובימים אלה יענו לו ע"ז.

מברך אני אותו בכתיבה וחתימה טובה בשנה טובה ומתוקה.

הדו"ש ומברכו

יוסף יצחק

הכתבת של מר מינדעל:

Mr. N. Mindel
5, Moxley Road
Hr. Crumpsall
Manchester 8, ENGLAND

ב'תשנז

ב"ה כ"א אלול תש"ה
ברוקלין

ד"ר א. וויינטרויב
נויארק,

זעהר געעהרטער הערר דאקטאר,

שלום וברכה!

אייער בריעף האב איך ערהאלטען און דאנק הערצליך פאר אייער גוטע וואונשען צו מיין שנעלער ערהאלונג.

איר זייט זעהר גערעכט, הערר דאקטאר, אז די קריגס-ענדע האט אויף אונז אלעמען ארויפגעלגט גרויסע פליכטען.

און ניט נאר אין העלפען אונזערע ברידער און שוועסטער מאטעריעל און מאראליש – וואס דאס איז דאך זעלבסטפערשטענדליך

ב'תשנז

נעתקה מהעתק המזכירות [540].

– נאר אויך אין איבערנעמען, וועהניגסטענס א טייל, די ארבעט און פליכטען וואס אונזערע פארשוואונדענע ברידער און שוועסטער האבען געטאן, און אויספיהרען זי.

איך צייכנע מיט א ברכה שנה טוב וכתיבה וחתימה טובה בגשמיות וברוחניות.

הדו״ש ומברכו.

ב׳תשנח

ב״ה כ״ד אלול תש״ה
ברוקלין

שלום וברכה!

מאשר אני את קבלת ברכתם לי״ב תמוז, וכל המברך יתברך בכט״ס בגו״ר.

ברכתם מעודדת אותי ביותר, בראותי בה את רצונם להשתתף בע״ה בעבודתי בהרבצת תורה ויראת שמים.

והנני לברך אותם בכתיבה וחתימה טובה, בשנה טובה ומתוקה.

הדורש שלומם ומברכם

יצחק

ב׳תשנט

ב״ה כ״ד אלול תש״ה
ברוקלין

ברכה ושלום.

איך באשטעטיק מיט דאנק דעם עמפפאנג פון דער ברכה צו י״ב

ב׳תשנח

נעתקה מצילום האגרת. טופס כזה נשלח לכו״כ. וראה גם אגרת שלאח״ז.

ב׳תשנט

נעתקה מצילום האגרת. טופס דומה נשלח לכו״כ. ראה גם אגרת שלפנ״ז.

תמוז, וואס איהר האט צו מיר געשיקט אין נאמען פון אלע מיטגלידער.

איך בין צופרידען צו זעהען פון אייער שרייבין א הארציגע באציהונג צו מיין ארבעט בעזה"י פאר הרבצת תורה ויראת שמים, און איך האף אז אייער ארגאניזאציע וועט אלעמאל איינטיילנעמען אין אלע ארבעטען ברוח התורה ויראת שמים וואס ווערן אנגעפירט בעזה"י.

איך ווינש אייך אלע מיטגלידער אייער[ע] מענער און קינדער יחיו א כתיבה וחתימה טובה לשנה טובה ומתוקה,

המברכן

יוסף יצחק

ב'תשס

ב"ה כ"ה אלול תש"ה
ברוקלין

ידידי וו"ח אי"א מוה"ר משה דוב שי' גנזבורג

שלום וברכה!

בתודה קבלתי את המתנה טובה אשר שלח לי, תניא בכתב יד, ואינו כ"י של ר' פנחס רייזעס נ"ע אבל הוא דבר יקר וחשוב מאד בהנוגע לתולדות חסידות חב"ד ולסדר הוצאת ספר התניא, תחלה במאמרים קצרים ואח"כ קובץ של ל' פרקים ואח"כ קובץ של מ"ג פרקים ואח"כ כל התניא, וכשנתפרסם באלפי העתקות ונתרבו השגיאות וכו' הסכים כ"ק רבינו נ"ע להדפיסו. יקרה לי המתנה במאד מאד ותודה רבה.

ולקראת השנה החדשה הבאה עלינו ועל כל ישראל לטובה ולברכה, הנני מברך אותו ואת ב"ב יחיו בכתיבה וחתימה טובה לשנה טובה ומתוקה בגשמיות וברוחניות.

הדו"ש ומברכו.

ב'תשס

נעתקה מהעתק המזכירות [318].

תניא בכתב יד: **תיאורו ברשימה קצרה (של כת"י התניא, שבהוספות לס' התניא הוצאת קה"ת) תניא ב.**

ב'תשסא

ב״ה כ״ה אלול תש״ה
ברוקלין

אל התלמיד החשוב מר ... שי׳

שלום וברכה!

במענה על כתבו:

ראשית העבודה בדרכי החסידות היא לשמור את הדרך המסודר ע״פ דרכי החסידות ולא לבחור בדרכים חדשים ע״פ דעת עצמו, ועליך לדעת כי הנה״ב מתנכל בעניני פיתוייו ולפעמים בשביל להערים ולהתכחש הוא מתלבש בלבוש כחש ומרמה להפיל להאדם מחשבות של יראת שמים ומרה שחורה ושפלות ועוד, והכל בכדי להטריד את האדם מעניני עבודה אמיתית, ואתה התחזק בכל מיני חיזוק להיות בשמחה וטוב לבב והתרגל לדבר און ניט זיין קיין פאר זיך דיקער, והשי״ת יהי׳ בעזרך בגשם וברוח, ראה ועשה כמו שהנני מצוה אותך, והנני מברכך בברכת כתיבה וחתימה טובה לשנה טובה ומתוקה בגשמיות וברוחניות, והנני מברך את אביך ידידי שי׳ בברכת כתיבה וחתימה טובה לשנה טובה ומתוקה בגשמיות וברוחניות.

בשם כ״ק אדמו״ר שליט״א
מזכיר.

ב'תשסא

נעתקה מהעתק המזכירות [649].

ב'תשסב

ב"ה כ"ה אלול תש"ה
ברוקלין

אל כבוד הנכבד והנעלה וו"ח אי"א מוה"ר ... שי'

שלום וברכה!

במענה על מכתבו מכ"ח מנ"א, אין הזמן דעכשו – שעומדים אנחנו כולנו הכן בעבודה פנימית לקבל עלינו עול מלכותו ית' ולמסור עצמנו, העצם וההתפשטות, במסירה ונתינה עצמית לו יתברך – העת לבא בביאורו דרכי העבודה האמיתית, והשי"ת יברכו בברכת כתיבה וחתימה טובה לשנה טובה ומתוקה בגשמיות וברוחניות,

בשם כ"ק אדמו"ר שליט"א
מזכיר.

ב'תשסג

ב"ה כ"ה אלול תש"ה
ברוקלין

ידידי הרב הנכבד והנעלה, וו"ח אי"א מוה"ר ...

שלום וברכה!

במענה על מכתבו מר"ח מנ"א, האדם יראה לעינים כי דרכי החסידות מביאים ישועה נפשית להעוסק בהם ופועלים ישועות להאיר את הנפש באור כי טוב בסדר מסודר יום יום, והנני מברך אותו ואת ב"ב יחיו ואת קהל עדתו יחיו בברכת כתיבה וחתימה טובה לשנה טובה ומתוקה בגשמיות וברוחניות.

הדו"ש ומברכם.

ב'תשסב
נעתקה מהעתק המזכירות [661].

ב'תשסג
נעתקה מהעתק המזכירות [676].

מפתח ענינים

אגודת חסידי חב״ד:

נ.י. (או הכללית): רעז. רפ. שנו. שסב. שסו. שסח. תלא. תמג.

ארה״ק: קט. רפ. רפח־רצד. שסא. שעא־ג. תקלה. תקנא־ב. תקסב. תרו. תרי.

שיקגו: סד. סה. קכב. קלב. קנט. קפו. ריב. שכט־שלב. שלט־שמ. שמב. תצז. תקצח. תרלב.

אגודת ישראל: רכח. תקפח.

אגודת נשים; ליידיס אוקזילערי: כו. ל.

אהבת ישראל: קי (עי״ז זכה הבעש״ט לגילוי אליהו ורוה״ק). רכג.

אהבת רעים: צג. קו (שלום אחים).

אוצר החסידים: שסב. תרו.

אחי תמימים:

נ.י. (או כללי): ג. נז. ע. פט. קלה. קסט. קעז. שיב־ד. שכ־שכא. שלח. שנד. שפר־ז. שצ. שצו. תנא. תפה. תצז. תקו. תקצב.

באסטאן: קכח־ט. קלט. קנד. קפד. תסו. תע. תקע. תקעא.

באפלא: י. כה. נח. סח. פט. קנא. קעט. קפב־ג. רז. רכז. רנא־ב. שב. שיא. שצ. תכט. תמ. תקלו. תקעא.

בראנקס: תסו. תקי.

ברידזשפארט: שלו. תלז. תסח. תקו־ז. תקמה. תרל.

הבנה: ע.

וואוסטער: קד. רכח. רלה. תקס. תקסא. תרמא.

טורונטו: תרמ.

מונטריאל: עח. פב־ג. צא. קעג. רטז־ריט. תקכה.

נוארק: שי. שיא. תעה. תקסג. תקסה־ו. תרלח־ט.

ניו־הייווען: שלד.

ספרינגפילד: רנד. תעה. תקסג־ד. תקסז־ט. תקצה.

פיטסבורג: ל. צ. צא. צג. קה. קכד. קפ. רכח. שלד. תעז־ח. תקעז. תרכב.

פילדלפיה: ש. שנז. תח. תלג־ז. תקו. תקיב. תקמ. תקנח. תרלז.

ראטשעסטער: כג. כט. ל. מז. צו־ז. רמז. תריח־ט. תרכט־ל.

שיקגו: שכט. שלב. שמ. שמב. תג. תיח. תכ. תכב־ח. תנב־ה. תקמט־נ. תקצג־ד. תקצח. תרא. תרלג־ד.

תל אביב: קפו. קפט־קצו. ריג. רלט. רמ. רפה. שס. שצד־ה. תקנד. תרמה־ו.

איט״א (סוכנות הטלגרפית היהודית): תרכה־ח.

אימוץ ילדים: תקצא.

אלול: תרמח (נפתחו שערי השמים).

אמונה: רצט (ישנה בכ״א וצריך לגלותה בקיום מצות). שנב־ג (ספיקות). שפ־שפא (מתחיל במקום שמסתיים השכל).

אסיפות: ח (הרבנים במונטריאל). שיב־ג (רא״י א״ת בערי השדה). רכ־רכא (כנ״ל).

ארט, חברת: שעב.

אשה: רס (עקרת הבית).

אשל התורה: תקצז. תריז.

אתרוג: תו. תט־תיב (קלבריה).

אתעדל״ע: יז־ט (ד׳ דרגות).

בטחון: תיג. תקנ.

בית יעקב: ע. רכד (באורגוואי).

בית הכנסת: לח (ליובאוויטש בשיקגו). מ (שערי תפלה — בני ראובן, שיקגו). עז (בדארטשעסטער). צד (רפורמי — אסור להתפלל בו). קכב (אנשי ליובאוויטש שיקגו). קעג (במונטריאל, לפתחם ללימוד הנערים). קפה (בשיקגו). רלג (אנשי ליובאוויטש). רפ (חב״ד בעיר העתיקה). רצב (הנ״ל). רצד. שלט (בני ראובן ואנשי ליובאוויטש בשיקגו). שסד־ה (חב״ד במאה שערים). תסז־ח (בימה באמצע. מחיצה). תצה־ז (שערי תפלה בני ראובן שיקגו). תקכח (צ״צ ברוקלין). תקמו (צ״צ באלטימור). תקפד (בני ראובן שיקגו).

בית הספר: יג (ארגנטינה). תכז (שיקגו). תכט (באפאלא).

תרסז

מפתח ענינים

בית רבקה; בית שרה; בתה״ס לנערות: יד. כה. כו. ע. עה. פג־ז (מונטריאל). צא (פיטסבורג. מונטריאל). צו־ח (ראטשעסטער). קג. קה (פיטסבורג). קפג (בופולו). רלח־ט. רמז (ראטשעסטער). רמח־ט. רסד. שלו. שעח. ת. תכט (נוארק). תלט (בופולו). תעד (בית יעקב). תקיב (פילדלפיה). תקכג (20־23 בתי ספר). תקלג (כנ״ל). תקנח־ט (פילדלפיה). תקסא (וואוסטער). תקסב (באה״ק). תקסט־עא (באסטאן). תקצב. תרמו (באה״ק).

בכורים: שנו (מכסים קרני הקרבן בזהב).

בקור חולים: שנו. שעט. תלא. תרג.

בר מצוה: ריז.

בריאות – עיי״ע גוף.

בריאות רבנו: לא. קעו. תיח. תלח. תמה. תמח־תנג. תנח־תס. תסט. תעז. תפא־ב. תצ. תקלב. תקמב. תקנג־ד. תקנו. תקסה. תקעב. תקצה. תר. תרא. תרט. תרכב. תרמד.

ברכה: קסט־קע (קיומה הלוי בקיום המצות). שי (ברכת רבנו). שצב (אי לא דעביד נייחא לנפשי׳ כו׳). תנח (ב. רפואה לרבנו).

ברכת כהנים: קצז. תמו.

גוף: רפד (צריך לשמרו). רחצ (להזהר מלדבר עליו חסרונות בהגזמה). שצג (שמירת בריאותו. שייך להקב״ה). תריא (שמירת בריאותו). תריח (כנ״ל). תרכד (כנ״ל).

גימטריאות: שכד.

גמ״ח: נט (לא לומר תודה אלא תזכו למצות). קטו־ז (חברת תורה ועבודה וגמ״ח בירושלים). קנג (חברת ג. שומרי שבת). קפו (ג. צדקה). ריד. תקמד (חברת ג. שומרי שבת).

גחש״א: רצד (שע״י כולל חב״ד).

ג״ע וגיהנום: שפ־שפא.

גניבה: תצא־ה.

ג.פ.או; טשעקא: ס־סג.

דזשאינט: רפ. שמו. תרו.

דצח״מ: נא.

הדרן: שמג־ו (ד׳ פירושים).

הסכמות: שפד.

המכל״ב (הספקת מזון כשר לעובדים בצבא): עד.

השגח״פ: שנב. תקד (שיטת הבעש״ט).

השכלה; משכילים: תק. עיי״ע חברת מפיצי השכלה

התאוננונת: קנז.

התאקדות הרבנים פליטי רוסיא ושאר ארצות: כ. תקנא.

התבוננונת: קצט־ר (פרטית. אחר לימוד. קודם התפלה, בתפלה).

התועדות: תלב. תלט. תמג. תמה. תיז (ח״י אלול תש״ה). תיח (שמע״צ ושמח״ת תש״ה). תעט. תקפג. תקצו.

התפעלות: מד־ה (ה. יתירה מקלקלת).

התקשרות: ג. קנה. רכב. תקפד.

התרגשות: חשב.

ועד החינוך בשיקגו: עג. תקמט־נ. תרלד.

ועד הישיבות: קפה. ריב־ג. רלא.

ועד מגיני ומרחיבי חנוך הכשר: רד־ו. רכב. רסד. תלז. תמא־ב. תנה־ח. תסה. תסח. תפב־ד. תריט. תרנו־ז.

ועד הרבנים: ח־ט (מונטריאל). תפו (באלטימור).

זבל: תקכג (מעורר כח הצמיחה. מעות). תקלב־ג (כנ״ל).

זכרון: רחצ.

זכרון ימי קדם: קלג־ד. קנט־קס. רכט. שא. שלג. שפה. תריג.

זריעה: תקכב (ז. ונטיעה).

חברת מפיצי השכלה: קמב־ג. חדרים; ת״ת: לח (שיקגו). ע (חתת״ל). קלה (כנ״ל). קעז. רכב. רכד־ו. רלח־רמ. רמד־ה. שיג־ד. שנא. שנט (בירושלים). שס (בני תמימים בת״א). שץ (חתת״ל). שצג (של אדה״ז). שצד־ה (בני תמימים בת״א). שצט־ת (חתת״ל). תע (חתת״ל). תפה־ח (חתת״ל). תצז (חתת״ל). תקנד (ת״א). תקעח־ט (חתת״ל). תקצב (חתת״ל).

חזן: תעה־ו. תקמא.

ח״י אלול: תיז.

חיל – עיי״ע צבא.

חינוך: כח. קלו. תיד (הילדים בעת המשחק).

חלום: שמב.

מפתח ענינים

חסידות: ג (חב״ד והכללית – איש פשוט וישר אלף). קיג (לא רק השגה אלקית המביא עבודה בפועל אלא גם הבנת מעלת ישראל, אהבת ישראל, קסה-ו (הכרח לימודה). תלב (ועד הסתדרות לימוד ח. והתועדות חסידים. תלט (הנ״ל). תמג (הנ״ל). תעט (הנ״ל). תקטז (לימוד הנגלה וה ח.). תרי (אינו ענין מפלגותי). תרסו (מביאה ישועה נפשית).

חסידים: קי (בני תורה). שמז (איני אוהב הצרות ח.). שצב (צ״ל פיקח). תעו (חזנים ובעלי תפלה אצל ח.). תקד (השם ח. ניתן ע״י המתנגדים).

חשבון הנפש: שיח (רק בזמנים קבועים).

חשך: לב-ח (בריאה או העדר האור. ג׳ סוגי ח.).

טהרת המשפחה: רצט-ש.

טשעקא – עיי״ע ג.פ.א.ו.

י״ב תמוז: שסה. תקעד. תרסג.

יהדות, חברת: תרי.

יהודי רוסיא: קיז (משלוח מכתבים וחבילות אליהם). קפה-ז (מעו״ח). רלז (בית מדרש לרבנים). רסב (כנ״ל). רעז-רף. שסח. שפד. תרכג.

יומן – עיי״ע רשימות.

יחידות: ו. קלב. רפד. רחצ. תצח. תק. תקא (אדנ״ע אצל אביו אדמו״ר מוהר״ש – תרל״ח). תרנח.

י״ט כסלו: קצח. תמג. תמד. תנח. תקד.

ייוו״א (יידישער וויסנשאפטליכער אינסטיטוט): קמ-קמד. קעא-ב. רלב.

ילדי טהרן, הילדים הפליטים: ח. סט. עו. רעז. תקנה-ז. תקפח. תקצא.

יעוסטעקציע: רעח-ט. שפב.

ישיבות: יב (תורה ודעת). יט (באנגליה). עא (קמניץ). קלד-ה (תורת חיים). קמח (וולוז׳ין). קסט (ר׳ חיים ברלין). קפא (קטנה בוואשינגטאן). רז (ר׳ חיים ברלין). רפב-ג (תורה ודעת. תפארת ירושלים. ר״ש קלוגר). רפח (בפאטשעפ). שט (רח״ב). שצח (הנ״ל). תקטז (בליטא: קריניק. סלאבאדקא. לאמזא. באברויסק. מינסק. סלוצק. ישיבות פאטשעפ. וורשא.

תרסט

לוקאו). תקלא (רי״א. תו״ד). תקנה (מדרש שמואל). תרב (הנ״ל).

כ״ד טבת: תקכד.

כוונת המצות: קצז (כללית ופרטית).

כולל חב״ד: עה. פב. צב. קסא-ג. קפו. ריז. רכ. רלג. רסב. רסו-ח. רפ. רצד. שז. שסו. שעב. תו. תסז. תקכא. תקנג. תקפפט.

כשרות: צז. תרמב.

כתבי-יד: רכז. תב. תר. תרסד (תניא).

ל״ג בעומר: תקלד.

ליידיס אוקזיליארי – עיי״ע אגודת נשים.

מאמרים

אדמו״ר הצ״צ: תצט (שהי׳ אומר בחה״ש).

אדמו״ר מוהריי״צ: תיט. תל (תש״ד).

מאסר וגאולה:

אדה״ז: שמא-ב.

אדמו״ר מוהריי״צ: רטו.

מדות: מד-ה (תיקון המ. – לא ע״י התרגשות). תלג (תיקון המנ ומודה על האמת).

מזון: תז (גשמי ורוחני במדה מוגבלת).

מזרחי: רכח. תקיט. תרו.

מחלוקת: א (גם מחאה צ״ל בלי מ.).

מחנה: קלה (הסגר). שמטח-שנ (ברגן בלזן. וויטאל). שעד-ט (פליטים באסוועגא). תסט (הנ״ל). תקמז (הנ״ל). תקסד (הנ״ל).

מחנה ישראל: יד. רכב. רל. רסא. רסז. שכב. שכז-ח. שנו (בקור חולים). שסב. שסו-ז. שעד-ט. שפב. שצא. תלט (פרחי מ. י. בופולו). תטז. תיח. תקיט. תקעא (פרחי מ. י. בופולו). תקצב. תקנד. תרג. תרו. תרסו.

מחנה קיץ: ריז. ריט.

מה׳ מצעדי גבר כוננו: מז. קנב. שכה. תקכד. תקלח. תקפה. תקצא.

מכתבים:

בעש״ט: תריא (בענין הסיגופים).

אדמו״ר מוהרש״ב: שסג-ד.

מלאכים: קל (מבשרים לנשמות הצדיקים כשלומדים ספריהם).

מסיבות שבת: יד. כה. ע. עג. פא-ח. צא. קה. קס. קסא. קעג. קפג. רו. רטז.

מפתח ענינים

עתר
ריז. רמ. רסד. שנד-ה. שצא. תלט. תקצג.
מסיון: רט. רנח.
מס"נ: פד (בפועל). רטו (כנ"ל). תקג-ה (בעבודת עצמו ובעבודת הרבים. של אאע"ה ור"ע).
מעות חטים: קפה (לאחב"י ברוסיא). קפז.
מעמד: לט. צב. קנה-ו. שכז. תקלב.
מעשר: תקעו (חדש הם. להצלת אחינו).
מצות: תקסד.
מקוה: עד. רפז. תרלב.
מרה שחורה: תרנח. תרנח. תרסה.
מרכז לעניני חינוך: ג. יד. כו-ט. עה. פא. פג-ו. צב. צו. צח. קלו. קפא. רד. רכב. רכד. רל. רלח-רמ. רן. רסא. רסד (בארגנטינה). רסז. רפה. שג. שיח. שכד-ח. שלו. שמז. שסב. שסו. שעד-ח. שפג. שצא. תלה. תלט. תמב-ג. תט*. תיח. תממט. תנה. תעד. תפב-ד. תקיב. תקיט. תקנו. תקסו. תקצב. תרו. תריט. תרכ. תרכט.
מרכז הרבנים: ח (שיקגו).
משניות: תריב. תרטו (חברת מ. בע"פ).
משפחה (חיי מ.): קנז.
מתנגדים: רי. רטו. תקצג. תקצח. תרו.
ניגון: דש. שלח (ניח"ח). שמט. תג. תעו. תקלט (ניח"ח). תקנט (ניח"ח). תרמב (ניח"ח).
נסיון: ו (העשירות והעניות).
נרנח"י: יח. מט-נג (ביאורם. כלולים זמ"ז. ניזונים זמ"ז).
נקודות: שכג (לימודן בדרך הישן).
נשואין: קעח (סיבוב הכלה תחת החופה. נתינת הטבעת מהכלה לחתן).
נשואי תערובות: תקסג.
נשמה: תקא (כוונת ירידתה להאיר העולם).
סיגופים: תריא.
סידור – עיי"ע תפלה.
ס"ת: נה (כתיבת ס"ת. ס"ת שאצל הה"מ). תקיט (לקבלת פני משיח).
ספרדים: תרכח.
ספריות: שסא-ב (חב"ד בביהכ"נ חב"ד). שפב (בדינאבורג). תעט (חב"ד בביהכ"נ חב"ד).

ספריית רבנו: קמו. קסח. רלד. רנה. שפב.
ספרים: יד (שיחות לנוער. לוח). טו (שיחות לנוער. עטרת יקותיאל. השנה). יט (סידור של"ה). מג (דעי ביבל אנאטאריידז). ע (ס. חינוך. שיחות לנוער). עא-ד (דעי ביבל אנאטאריזד). צ (הנ"ל). צור-ז (הנ"ל). צח (קצור שו"ע). קב (דעי ביבל אנאטאריידז). קו (קובץ ליובאוויטש). קכו-ז (דעי ביבל אנאטאריזד). קל (הדפסת ס. — כמו גילוי בעל הס. שלומד אתו. שפתותיו דובבות בקבר). קמה (שיעורי תורה. קונ' השיעורים). קמו (ש"ס, מערכת התלמוד והפוסקים). קנב (לוח). קסח (שעה"פ קפא (כנ"ל). קפג (שיחות לנוער. ילקוט יומי). רז-ח (ס. לימוד בביה"ס). רט (דעי ביבל אנאטאריידז). רי (טוש"ע אה"ע). רכב (שיחות לנוער. ילקוט יומי). רכז (קטלוגים). רלד (הפרדס). רלט (שיחות לנוער). רמז (קובץ חדו"ת). רנה (אגרת שפתינו). רנז (של ר"ח העלער. תרגומים לתנ"ך). רסג (קובץ ליובאוויטש). רסד (שיחות לנוער. ילקוט יומי. ס' לימוד. עטרת יקותיאל – ילקוט המועדים). רפ (המועדים בהלכה). רפב-ג (ס' לימוד בביה"ס). רפה (חובת הלבבות). רפו (שע"י המל"ח). רצה (קובץ חדו"ת). שט (לימוד גמ' ושו"ע או"ח). שכד (בעה"ט). שדם (זהר). שמז (של המל"ח). שנא (קובץ ליובאוויטש). שנח (ס. לימוד בביה"ס). שסט (בית הבחירה, ילקוט שמואל). שעה (הקוה"ק. שמועסן). ומעין. ח"י אלול). שפא (קובצת כתבי אגדה. עדות בישראל). שפב (סהד"ר). שפ"י. שה"ג. חדושי הלכות). שפג (מילין דרבנן. חוב' תפילין. קובץ ליובאוויטש). שפז (חוב' תפילין). שצז (אות אמת). שטו (של"ה. שעה"כ). תעט (ס' חסידות. שיחות הקוה"ק. שמועסן). תקיב (דאס אידיש קינד. שמועסן). תקלז (אבן יעקב). תקלח (בית דוד). תקנג (פי' ר' דוד הנגיד לאבות). תקנו (ס' לימוד כשרים). תקס (כנ"ל). תקפ (לקוטי בתר לקוטי). תר

מפתח ענינים

(אור יקר. ס' קבלה ומחקר). תרמז (תולדות החסידות ותורתה).
עיי"ע עתון. הקריאה והקדושה.
אדה"ז: מה (תניא). קמד-ה (הדפסת התניא – ת"א תש"ג). קסג (אגה"ק). קצה (לקו"ת. שו"ע). קצו (שו"ע). שצו (תו"א). תטו (שו"ע). תקיז (לקו"ת). תרסד (תניא כת"י).
אדמו"ר הצ"צ: פ (צ"צ). קכד (הנ"ל). קל. קצה (דרמ"צ). תקיג (צ"צ).
אדמו"ר מוהר"ש: רפב (לקו"ת תורת שמואל – מצה זו; והחרים).
אדמו"ר מוהרש"ב: קסה (עץ החיים). קצט־ר (קונ' התפלה). רכב (קונ' ומעין). שמג (עה"ח). תטו (קונ' ומעין). תקטו־יט (עה"ח). תקלט (קונ' ומעין).
אדמו"ר מוהריי"צ: לט (לקוטי דבורים). קנה (היום יום – מורה שיעור). רכב (מורה שיעור). תאב (זכרונות). תקעט (מורה שיעור).
כ"ק אדמו"ר שליט"א: כב (היום יום).
עדינו: תקח-ט. תקכ. תקכט-ל. תקנז. תריד. תרתז.
עדת ישראל שיקגו: רי. רנט.
עשירות: ר-ז. פ-פא (בכתבי קדש – לא בממון). קלג (עשיר ועני בממון ובתורה).
עתון: נז (מארגען־זשורנאל). צג (הנ"ל). קח (הנ"ל). קלז. קעב. קעה (פארווערטס קורייער). שסח (מארגן זשורנאל). שעד (הנ"ל). תל (מהתלמידים בבופולו). תרז (חדשי או שבועי. להשמיט דד החלב הטמא).
פדיון נפש: תקכד. תקפד.
פדיון שבוים: יד (תלמידים). לט. תרם (ריזות לתל' בשאנגהאי).
עיי"ע מעשר.
פרסים למצטיינים: תקח.
פשיטות: קנ (מעלת אנשים פשוטים).
פתגמים: ז (עולמך תראה בחייך – צדקה בחייו). מב (ברית כרותה לתעמולה כו'). נו (פי' איכה תרע"ה איכה תרביץ – תש"ב – בצהרים. שמשא אכולא עלמא נייחא – תו"ת). סב (צצועו זה – אקדח – עושה רושם כו' עולם אחד הרבה אלים כו'). פה (ברית כרותה לתעמולה

כו'). קט (כל תעמולה כו' קולעת כו'). קיב (טוב שכן כו' – טוב שכן חסידי מאה מתנגד). קיח (אמריקא איז אנדערש). קכא (אין לך דבר העומד בפני התעמולה). קכה (אמריקא איז אנדערש). קלב (הרב – ראש העדה, השו"ב – לב העדה). קסו (עבודה שבלב – עם הלב ובתוך הלב). קפ (על תורת ה' תמימה משיבת נפש). רם (עולמך תראה בחייך – צדקה בחייו). רמט (אין אמעריקא קען מען ניט כו'). שכט (אז מען האט האלט דעם ארעמאן כו' פעקיל). של (כנ"ל). שמז (איני אוהב הצרות חסידים). שצה (כשהגנרל טועה בשערה גורם שהחייל כו'). תרו (חסידי אדה"ז: אין מיין שטיקל ברויט – דיין חלק).
בעש"ט: ק (כשב' מישראל נפגשים – תוצאה בתומ"צ). רח (א איד האט זיך קיינמאל ניט געשמדט כו'). רמו (א נשמה קומט אראפ כו'). תקיא (כנ"ל).
הה"מ: פח (התברך לחבב הס"ת כהבעש"ט לתשב"ר).
אדה"ז: קי (אריז"ל זכה לרוה"ק ע"י שמחה של מצוה והבעש"ט ע"י שמחת אהבת ישראל). ר (אדם כי יקריב עצמו צ"ל מכם). רח (מען בעדארף מקלל זיין את גופות הכופרים כו'). תקג (ברך שהחסידים יצליחו בכ"מ בעבודתם). תקי (ע"י הצדקה – מוחו ולבו זכים כו'). תקיד (כשיהודי רוצה ליתן צדקה ואין לו היכולת נפתחים הצנורות). תקלב (ע"י הצדקה – מוחו ולבו כו'). תרה (כל המולה לעני בשעת דחקו של מלוה).
אדהאמ"צ: תסב (אויפרעגונג איז א הארץ ווילדקייט).
אדמו"ר הצ"צ: קנ (הקונטונייסטים יחזירו פקדונם – בע"ל). שצב (ברכה או בקשת רחמים – אי לאו דעביד נייחא לנפשי' כו').
אדמו"ר מוהר"ש: קנ (על ברכנו אבינו כולנו כאחד כו' תורת חיים). תקיז (לימוד בחול שליש חסידות וב' שליש נגלה).
אדמו"ר מוהרש"ב: לב (יום שאין פועלים כו' ריק). מו (כשם שמחויב

מפתח ענינים

תערב

לדעת חסרונות כו'). קמג (מיט א קולאק קען מען קיין סברא ניט אפשלאגן).
תכא (ויהי ערב – ע"י קשעהמ"ט, ויהי בוקר יום אחד – מאיר האחדות ביום).

צבא; חיל: מח. נד. קא-ב. קנב. רסח. רסט. שנו. תקכז. תרנ.

צדקה: ז (עולמך תראה בחייך – צ. בחייו). קל. קע (אינו פוטר מקיום מצות). קפז (צ. וגמ"ח). רם (עולמך תראה בחייך צ. בחייו). שצו (ע"י צ. מוחו ולבו זכים כו'). תם (בגשמיות וברוחניות). תקי"א (נפשית. מוחו ולבו זכים כו'). תקלב (כנ"ל). תרה (חסידי אדה"ז קוראים לזה גמ"ח).

צוואה: רטו (אדמו"ר מוהרש"ב).

צמח צדק, ישיבת: קפו. ריג. רצ-רצד. שסו. שעג.

קנטוניסטים: קמט. קנ.

הקריאה והקדושה: ה. פה. רכב. ש. שסב. תרג.

קה"ת (קרני הוד תורה): פא. צב. קכג. קכט. רסא. רסז. רפא-ב. תיח. תרו.

רבנות: טז (באליוויען). לט (ראש העדה). מ (בהכ"נ בשיקגו). נד (צבאי). סד-ז (בהכ"נ בשיקגו). רמה (כנ"ל). רעה-ו (כנ"ל). שפו (הר"ש באגין בדעמאין). תז (בימ"ד לרבנים). תצח (אחריותם). תקכח (הרח"צ קאניקאו). תרי-ז (ת"א).

רפואה: פח (ורפא ע"פ ר. ירפא – הרופא האמיתי). רנג.

רצון: תרח (ר. ותענוג). תרלו (אין לך דבר העומד בפני הר.).

רשימות; יומן: ס (תמוז תר"פ). קט-קיג (חורף תרנ"ח). קיט (תרפ"ט-תר"ץ). קל (שיחות י"ט כסלו תרנ"ד). רי (תרנ"ד). ריד. תצב (תרנ"ו). תצה (תרנ"ח). תקיח. תקלט (הגניזה בחב"ד – ניסן ת"ש). תרה (תרנ"ו).

שבועות (חג השבועות): שז-ט.

שביעית: תרמח.

שבת: מב (ועד למען הש. שיקגו). קלו (אגודת שומרי ש.). קמ-קמד (שמירת ש. ביוו"א). קנב. קעא-ב. רלב. רסה. רסט. עדר (ש. וחול עבודה גשמית ורוחנית. שע"ז נאמר לוו עלי כו'). שיט. שכו. שנג.

שואה: תרמד. תרנא.

שו"ב: כו (השתתפותם בעבודת החינוך). קלב (לב העדה). רמב (לימוד הלכות שו"ב). תרמב (תעמולה).

שיחות:

אדמו"ר מוהרש"ב: מה (י"ט כסלו תרס"ג). קל (י"ט כסלו תרנ"ד). תרא (תרנ"א). תק (קיץ תר"ס – סערעברינקא).

אדמו"ר מוהריי"צ: צג (י"ט כסלו). תרלז-ט (חה"ש תש"ה).

של"ה (שיעורי לימוד הדת): יא. יד. רד. רנ. תלז (ברידזשפארט). תמא-ב. תסח (ברידזשפארט). תקגג. תקלג. תרכ. תרנו-ז.

שליחות: קצז (הכהנים בברכת כהנים).

שמות: שלז. שנ (הוספת שם לחולה).

שנא (ש. הכלה וחמותה שוין).

תהלים (אמירת ת.): קיד. רמב-ג (גודל הזכות). רסב (חברת ת.). שיג (בט"ו סיון תש"ד). שנח (חברת ת.). שסו (אמירת פרק כ'). שסז (חברת ת. העולמית). שצא. תפ-א. תצב (אצל הצ"צ). תקפפט (חברת ת.).

תומכי תמימים:

מרכז תו"ת; נ.י.: ג. י. טז. כג. כד. כט. מז. נח. ע. עה. פא. פט. צא-ג. קג-ד. קלה. קס. קף. רכב. רכג. רכה. רלו. רלח. רנד. רסו. רץ-רצה. שג. שז. שי. שכ. שכח. שלד. שלו. שמג. שנא. שסב. שסו. שעד. שעב-ט. שפז. שצ. שצה-ו. שצח. ת. תד-ה. תיז. תע. תצד. תקו. תקטו-יט. תקמא-ג. תקמז. תקצב. תקצט. תרו. תריז-ט. תרלד. תרנד.

תמיכה: לט. נו-ח. קה. קעו-ז. רב. ריח-ט. רלה. רלח. רם. רנט-רס. רצז. שה. שיד-שטו. שיח. שכד-שלג. שלה. שלט. שם. שמב. תיב. תכב-ח. תנ-ה. תנט-תסא. תסג-ד. תפד-ח. תקמ. תקסו. תקעב. תקפא-ב. תקפז (קרן גמ"ח). תקצג. תרמח.

קרן הבנין: לט. עז. רם. שטז-שיז. תקפא.

אטוואצק: פג.

האראדיטש: תקטו.

זעמבין: תקטו.

מפתח ענינים

ליובאוויטש: מה. נו. קצג. תרלא.
מונטריאל: נז. עח־ט. פז (קנין הבנין).
צא. קלה. קסד־ו. קפו. רטז־ריט. רלט.
שנז. שצ. חקכא. תכה־ו.
פאלטאווא: תקטו.
פריז: תרמח.
קובליטש: תקטו.
ראמען: תקטו.
שאנגהאי: ריב־ד. רלט. רם. תרמח.
תל אביב: שס. שצה.
תורה: ב (לימוד משניות). ד־ח (לימוד
בכל יום). צד (כנ״ל). צז (תרגומים אינם
אמיתיים). קז (לימוד בכל יום). קיד
(לימוד ברבים). קל (כשלומד תורה –
המלאך מבשר לנשמת בעל הספר
שמעורר רחמים). קנח (מעלת הלימוד
ברבים). קעג־ה (גדל לימוד תשב״ר).
רכא (כשמזכיר שמות חז״ל שפתותיהם
דובבות). רמג (לימוד הל׳ שו״ב). רמז
(סיום מס׳ גיטין). רסו (לימוד מס.
כתובות מתחילתה לצעירים). רצה (סיום
מס. גיטין). שג־ד (תנ״ך ושו״ע. טעמים.
משניות. חזרת דא״ח וניגינה). שכד
(גימטריאות). תטו (סדר הלימוד). תעג
(קב״ע לת.). תקעז (ת. ותפלה).
תומ״צ: לג־ד (אור).

תורת אמת: עה. קפו. ריג. רלט. רמ.
רסב. רסג. רפ. רצד־רצד. שכד. שסד־ה.
שע. שעב. שצד. שור־ז. תקו. תקפט.
תמונות: ריז. ריט. שיב.
תנחומין: מ־מא. תקמח. תקנב.
תספורת: תקלד. תקנח.
תעמולה: מז (במועצות חכ׳ ולא ברעש
שמקלקל).
תענוג: תרח (ת. ורצון).
תפילין: סז (שמירה). קב (קמיע). קנב
(שמירה). רלו (ביש חשש שישרפו).
תקכז (לחיילים). תקלח־ט (כנ״ל). תרז
(הת. עבורי יביא אבא מפאריז). תרנ
(לחיילים).
עיי״ע צבא.
תפלה: א (מחלל שבת לא יהי׳ ש״ץ). צה
(אסורה בבהכ״נ רפורמי. קדושתה בגיל
הזקנה). קסו (עבודה שבלב – עם הלב
ובתוך הלב). קצד (עבודת הת. לא בצעיר
מוטעה). רכב. שג. תטו (נוסח האריז״ל).
תסו (סדור תהלת ה׳). תעו (חזנים ובעלי
ת.). תקעז (ת. ותורה). תקץ (טעיות
בסידורי ת.).
תקון חצות: שמא.
תרגומים לתנ״ך: רנז.
תשובה: נו. ריא (להורג נפש בשגגה).

מפתח שמות אנשים ומקומות

אברהם אבינו: **תקג (א. ור"ע).**
אברהם, זקנו של אדה"ז: **תעב.**
אברהם דובער: **רי.**
אויערבאך, ד"ר: **תקפג.**
אולמאן, ל.: **שמו.**
אורגוואי: **רכד.**
אורינשטיין, יצחק אביגדור: **תקנה. תרב.**
אושפאל, יצחק דובער: **שג. תל. תקט. תקל.**
אטאווא: **רמ.**
אטוואצק — **ראה מפתח ענינים ערך תומכי תמימים.**
איטליה: **תא. תיא.**
איידלמאן, דוד: **שלו. תלז.**
אייכנשטיין, אברהם (אדמו"ר זידיטשוב בשיקגו): **רמה.**
אייכנשטיין, ברכה גיטל: **ערה.**
אייכנשטיין, נחום צבי: **תנט.**
איינבינדער, אלי' צבי: **רסה.**
אירופה: **רג. שמו. שצח. תרנא (לניצולי עמק הבכא). תרנט־סא.**
אלבערט, האחים: **ריח.**
אלטהויז, פנחס: **קמה. קצ. רפט. רצא־ב. שסא. שעא־ג.**
אלטעין, מרדכי: **צג. קכד. קפב. שלד. תסה. תקי.**
אלטעין, הרבנית: **קה.**
אלטער, אברהם מרדכי (האדמו"ר מגור): **תקפט.**
אלטער, שמואל: **תקפ.**
אלטער: **קצח.**
אליאנסקי, אליעזר: **קמח־ט.**
אליעזרוב, שלמה יהודה ליב (שיל"א): **רסב. רסו. שו. שסג־ז. תו. תקפט.**
רא"ל מבאריסאוו: **קט. קיא. קיב.**
אלשאנסקי, יעקב: **רכג.**
אנגליה: **רעז. רעט. תא. תרס־סב.**
אפריקה: **תרט.**
אקסלרוד, אברהם אלי': **פז. רצו. שפח־ט. שצז. תקמו.**
אקסלרוד, משה: **קצ.**
ארגנטינה: **יג. רסד.**
ארינאוו, א.: **קצח.**
א"י; אה"ק: **כ. לט. סט. עו. צב. קיז. קסג. קפה־ו. ריג. רלא. רעא־ב. רעז. רעט. שכב. שעא־ב. שפז. תסז. תקלד. תקלט. תקמא. תקנג. תרו. תרלב. תרמח. ראה מפתח ענינים ערך אגודת חסידי חב"ד.**
ארה"ב; אמריקה: **כז. כח. מג. נז. קיח־ט. קלה. קמ. רג. ריב. רכה. רנז. רעז. רעט. שח. שיד. שיז. שכט. שלג. ת. תכב. תכד. תפה. תפח. תרכט. תרלב (נשיא). תרנד־ה.**
באברויסק: **תצג.**
באגין, שלמה: **מב. שפו.**
באטשקא, הרב: **כא.**
באלוטין, נפתלי הערץ: **קכב. תכו. תקצו.**
באלטימור: **תפו־ז. תקמו.**
באליוויען: **טז.**
באסטאן: **ל. תפ. ראה מפתח ענינים ערך אחי תמימים.**
באפאלא: **רו. תקעא. ראה מפתח ענינים ערך אחי תמימים.**
בוימגארטן, דובער: **רסט.**
בורשטיין, יוסף: **רנו.**
ביאלאפאליא: **רי.**
ביסטריצקי, האחיות רבקה ובלומא: **תפג־ד.**
בלאך, אברהם יחזקאל: **רו. רנא.**
בנימינסון, ירחמיאל: **יז. קלד. תרמ.**
בעזפאלאוו, שניאור זלמן: **תפא.**
בעקער: **צח.**
בער, יוסף: **שפח.**
בערמאן, הרב: **סא.**
בראנקס — **ראה מפתח ענינים ערך אחי תמימים.**
ברגן־בלזן: **שמט־שנ.**
ברוך: **תרלד.**
ברוך, אבי אדה"ז: **שפג. תעב.**
ברוך שמעון: **תריב.**
ברוק, שאול: **קצ. קצא. קצג. קצו.**
ברידזשפארט — **ראה מפתח ענינים ערך אחי תמימים. של"ה.**
גאלאוו, ז.: **תקע.**

עדרת

מפתח שמות אנשים ומקומות

גאף, זלמן: קד.
גבריאל שלמה מגריווא: תק.
גוטליב, יהודה ליב: תעז.
גולדבערג, אברהם: קטו-ז.
גולדבערג, דוד: קטו-ז. שנט. שצגב. תז.
גולדבערג, שמואל: קסא.
גולדמאן, דוד: כג. כד. צח. רכח.
גולדנבערג, הרב: סא.
גולדשמיד, ח. דבורה: תקסב. תרמו.
גולדשמיד, נחום: תקסב.
גוראריי, משה: קיז. קפפט. קצ. רפט. רצא-ב. שסג. שעא. שעג. תקנא. תרה-ו.
גוראריי, שמרי (חדב"ן): כד. מז. סח. ע. קנא. קפג. רכד. רמו. רנד. רסז. רסט. רעז. רפ. ש-שב. שיא-שטו. שכט-שלב. שלט. שמ. שמב. שנא. שנג. שנה. שסה. שצ. תכ. תל. תסג-ד. תסו. תסח. תעז. תפה. תקנה. תקסד. תקעה. תקצב. תקצט. תקכא. תרלג. תרלח. תרמ. תרמח.
גוראריי, שמרי (ת"א): קץ.
גוראריי, שניאור זלמן: קסט. רז. רפב. תקט. תקל. תריא.
גורדון, יוחנן: שמט. תלא. תקמט. תרג.
גורדון, שלום דובער: תעה. תקסג. תקסז. תקסט. תקעח. תקצה.
גימטריאות: שכד.
גינזבורג, אבא: ה-ז.
גינזבורג, יוזל (ברון): קמח.
גינזבורג, מרדכי: שסט.
גלאזער, אלחנן: עט. פ. תקיג. תקפז. תקצד-ה. תרח.
גלעניצקי, מרח: פג.
גנזבורג, משה דובער: קצ. תרסד.
גנעסין, יהושע נתן (הערשל נטע): רפח.
גסטר, מנחם מענדל: תעז.
גערליצקי, משה אלי': צב. קנה-ו. ריט. רכ.
גראס, אלי' ארי' ליב: תב.
גראסוואדאן: שמו.
גראסמאן, אשר: קמה.
גרובער, שמעון: ריט.
גרודזנסקי, חיים עוזר: תקיח.
גרונר, יצחק דוד: כד. רסט. שנז. תלג. תלו. תקו. תרלז.
גרונר, מנוחה רחל: רנט.
גרין, ב.: קצח.
גרינבערג, מאיר: תקסט. תקל.
גרינבערג, ראו: י. כה.
גרינגלאס, מנחם זאב: פא. פו-ז. צב. קס-קסו. ריט. רכ. תקכא. תריב.
גרינפעלד: פ.
גרמניה: שנ.
גשורי: תג. תקלט.
דאבראמיסל: שצג.
דאלפען, אברהם: קסא.
דאן: צא. קכד. תקעו.
דארטשעסטער: ע.
דובין, מרדכי: קיז. שצא.
דובינסקי, משה: שנט.
דובער, הרב המגיד ממעזריטש: נה. שמב. תצז.
ראה מפתח ענינים ערך פתגמים.
דובער, אדמו"ר האמצעי: רפג. שצג.
ראה מפתח ענינים ערך פתגמים.
דווארקין, מיכאל: קצז. תג.
דוליצקי, נפתלי: קץ.
דושאוויץ, ישראל: תקכ. תקכא. תקכט-ל.
דזייקאבסאן, יוסף הלל: כו. קכח.
דזייקאבסאן, ישראל: רמח. שיט. ת. תפא. תפט.
דזייקאבסאן, הרבנית: רמח.
דינאבורג: שפב.
דזשאפ: עד.
דינאבורג: שפב.
דיסין, בנימין: תכד.
דעטרויט: רלט.
דעמאין: שפו.
דעמיצאוו, פאוועל (גנרל): קמח-ט.
דענבערג, נחום דוב: צד.
דרויע: תקא.
דרעסלער, ד"ר: תקצה.
האוולין, חנוך הענדיל: כא. קיז. קלח. רסט-רעג. שכד. שנט. תו. תסב. תרט.
האל (שר החוץ דארצה"ב): רעח. רפ. שב. שסח.
האלמאן, חיים יעקב: רלד.
האלצער: ש. תקצ.
האמליא: רי. תצב-ה.
האפמאן, פנחס: רמה. רעו. תצה.
האראדיטש — ראה מפתח ענינים ערך תומכי תמימים.
הארענשטיין, משפחת: כא. ס. קלט.
הבנה: סט. ע.

תרעה

מפתח שמות אנשים ומקומות

הוטנער, הרה"ג: רז"ח. רפב.
היוזמאן, מנחם מענדל: שח.
היוזמאן, נ.י. שט.
הורוויץ, זרח: קד.
הורוויץ, יהודה ליב: סט. קכט. קלט. קפד. תפט. תקע.
הורוויץ, יעקב: קי. קיא.
הורוויץ, מנחם מענדל: רפא.
היימאן, שלמה: יב.
הלדרמן, אברהם אבא: תמה.
הלמן, דוד: רצט.
העכט, אברהם דוב: קלט. קנד. קפד. רפז. תסו. תקסט. תקעא.
העכט, יעקב יהודה: רמד. תקעט.
העכט, משה יצחק: קד. רלה. תקס. תקסא. תקעח. תרמא.
העכט, שלמה זלמן: לח. עג. צה. קכב. קכז. רט. ריא. רנח. שנ. שצט. תכב. תקסה. תקצו. תר.
העכט, הרבנית: קכז. רט.
העלער, חיים: קסח. רנז.
הענדל, יצחק: קסו. שצז. תקכא.
הערץ, יוסף: רעז. שמט-שנ.
הערשבערג, אברהם מרדכי: רמה. רעה"ו. תצה-ז. תקצג.
העשל, אברהם יהושע (האדמו"ר מקופיטשניץ): תריא. תריח.
הרצוג, יצחק אייזיק: סט. עו. רלז. רסב. רעז. רעט. שמט-שנ. שסח.
וואוסטער: תקעח.
ראה מפתח ענינים ערך תמימים.
וואלף, אפרים: שנט.
וואסערמאן, אלחנן: תקצא.
וואקסמאן, שמואל: שסט.
וארשא: ו.
ויטאל: שמט-שנ. שסח.
וייזער: שמט. תקמ.
ווילער, אלעזר פנחס: כג. מו. רנד. שלד. שלו. שנג. תקמו.
ווינבערג, יוסף: קפו. רב. רלט. רמ. תב. תכ. תנג-ה. תרא.
ווינבערגער, אלי' ארי': תמ.
ווינגארטן, אברהם: תרלה.
ווינגארט, חיים יצחק: קלד.
ווינטרוב, א.: תרסב.
וויס, אהרן: רלט. רמ.

ווילדער, ד"ר: תיח.
וילה, חיים יעקב: יג. רסג.
ווייגער, יוסף בנימין: שכד.
ווילנסקי, חיים דובער: תצב.
ווילנסקי, מיכאל: שפב. תא.
ווין: קלה. שי. שמו. תיח. תקפג.
ווינטער, הינדא: קה.
ווינטער, חנה: קה.
ווינטער, מרח: תרכב.
ווישי: שמו.
וולקובסקי, אלי' מרדכי: קמו.
וועקסלער, חיים מרדכי: קעו. תפד.
ווערלין, יעקב דוד: תקצ.
זוין, שלמה יוסף: רלז. רעח"ט. תה. תרה.
זיו, זלמן מבריסק: קמח. קנ.
זיו, מאיר: קמח.
זילברמאן: קטו.
זינגער: תקלט.
זיסלין, שאול דובער: קפח. קצ. רפח. רצא. רצג. שעג.
זלמנוב, שמואל (נ.י.): רנו. שלח. שמט. תג. תצא. תקם. תקכט-ל. תקעט.
זלמנוב, שמואל (ח"א): קצ.
זעמבין: שלג. שפה.
ראה מפתח ענינים ערך תומכי תמימים.
חברון: כא (נחלה). רסט-רעג. תסב. תרד (חידוש הישוב). תרט (נחלה).
חדקוב, חיים מרדכי אייזיק: כז. כט. פה. קלו. רד. רסד. רפה. שנד. שעד. שצא. תטז. תיח. תעד. תקס. תרמו.
חיים אברהם מיאנאוויטש: רחצ.
חיים אלי' מסלוצק: קמח. קנ.
חיים משה מקרעמנטשוק: שצג.
חיים צבי: שנ.
חייקין, משה יצחק: רפז.
חיפה: קט.
חלפן, משה: שפב-ג. תא.
חנזין, דוד: שס.
חסקינד, דובער: תקפז.
חסקינד, שלום: רצה.
טאמארעם, ברוך; שמואל: שצג.
טארעץ, משה ראובן: תפט.
טהרן: תה.
ראה מפתח ענינים ערך ילדי טהרן.
טויב, אהרן: תרמב.
טורונטו: קנט. תרם.

מפתח שמות אנשים ומקומות

טייק, מאיר שלום: קמח.
טננבוים, יוסף מנחם מענדיל: פא. קנט-קס.
ריט. ש. שנז. תח. תלג. תלה. תצא. תקיב.
תרלז.
טננבוים, שמחה: תקעז.
טעלושקין, ניסן: קעא. תקכ. תקכט-ל.
טראפ, נפתלי: תקיח.
טשעראי: תקב.
יאלטע: תריג.
יאלעס, אפרים אליעזר: רעז. רפ. שסח. תקמ.
יאנג איזראעל; ישראל הצעיר: רטו-ז.
י.ב.: קא-ב.
יהודה ליווא (מהר"ל) מפראג: תא.
יודאסין, אלכסנדר סנדר: קצ. תרב.
יודעל, אליעזר: תקפא.
יוסף: שלז.
יוסף דוד: קיא.
יוסף הלל דרויער: תקא-ג. תקו.
יוסף יצחק, דוד אדה"ז: תעב.
ימיני, משה: שכג.
יעקב מקאוועל: שא.
יעקב: תרלה.
יעקבסון, סימון: תיא.
יקותיאל המלמד: תריג.
ירושלים: כ. כא. קטו. ער-רעג. רפ (עיר העתיקה). רצב. רצד. תקנה.
ישראל, בעש"ט: יז. יט. פח (עוזר למלמד). קי. שמב. תצט. תקא (גילה כוונת ירידת הנשמה – להאיר העולם). תקג. תקד.
ראה מפתח ענינים ערך מכתבים. פתגמים.
ר"י: לח-ט.
כהן (קאוון), אלחנן (אלכסנדר): מג. מד.
מח. ס. סג. עב-ג. פת. צב. צט. קכו-ז. רג-ד.
רמא-ב. רפה. רצו. שפג. שפז. תטז. תיז.
תמח-ט. תצ. תקכב. תקצו. תקעג (ואחותו). תקעד-ה. תריד. תרכו-ח.
כהן, ישראל מאיר (חפץ חיים): תקיח.
כהן, צבי: רנג.
כהן, רפאל נחמן: קצז.
כהנא, שלמה דוד: תרו.
כהנוביץ, אהרן בן זאב וואלף: קיא.
כהנוביץ, יוסף: קיא. קיב.
כ"ץ, יעקב: לא. קו. קכט. רנג. עדר. שלה.
תכג. תכה. תקפו. תרכא.
כ"ץ, מינדל: תכט.
כ"ץ, משה פנחס: תסז. תצא. תקט. תקל.

לאדי: רפג.
לאזאר, יוסף: קסא.
לאניא: רפג. שמא. שצג.
לאס אנג'לעס: רל. תפו.
לבסקי: יד.
לויטין, שמואל: פג. צא. שפט. תסג. תעח.
תצא. תקכד. תקסה. תקפג. תקצו.
לוין, יצחק: תקנו.
לוין, יצחק מאיר: תקפח.
לוין, שמואל פנחס: תצב-ה.
לוין: תרלד.
לונדון: קלה. תרסא.
לוצין: תקא.
לוצערן: תיא.
לוריא, אריז"ל: קי.
ליבוביץ, ברוך דובער: עא.
ליברמן, חיים: פט. שט. שעה. שפג.
לא נסמנו המקומות בהם חתם בתור מזכיר.
ליברמן, חיים (העיתונאי): קלו-ז.
ליברמן, ראזע: רנט.
ליובאוויטש: ז. קמב-ג. קמח. רי. רפג. שמב.
שסג. תצב. תצט. תקיח. תקמא.
ראה מפתח ענינים ערך תומכי תמימים.
ליווי, דובער: שלד.
ליטא: רכה.
ליטער, זאב וואלף: תקלח.
לילענטהאל, מנחם: קיט.
לילענטהאל, שמעון (הכופר): תקלט.
לילענפעלד, יצחק: עז.
ליסבון: שמו.
ליסנער (ליזנאוו), יחזקאל: שמ-שמב. תכה.
ליסנער, מענדל יצחק: שמא-ב.
ליפשיץ, מ.: י. שב. תקלז.
לנדא, דוד: כא. רעא-ב. תרד.
לנדא, יעקב: רפב. רצא-ב. שעג.
לנדא, פנחס: כא. קלט. רסט-רעג. תרד.
לנדא, רחל: כא. רעא-ב. תרד.
לנדוי, יעקב: תרכה-ח.
לעוויט, אהרן, מוהוס': מג. נד. עא. צ. קכו.
לעוועטאהל, דוב ארי': תקצב.
לעסער, דוד נחן: תקנח.
מאיערס, ברוך: רנג.
מאיר זלמן: תרנח.
מאנהייט, אברהם: מז.
מאסקווא: תצג.
מאקיספארט: קה.

מפתח שמות אנשים ומקומות

תרעח

מאריענבאד: רלט.
מארסעי: שמו.
מוהוס — עיי"ע לעוויט.
מונטריאל: ח. עח. פה. צב. קס. קצב. רטו-ריט. שפט.
ראה מפתח ענינים ערך אחי תמימים. תומכי תמימים.
מונקאטש: שמח (מחזיקי בית הרב. אדמו"ר).
מוריסטאון: שסט. שפח. שצט. תיז.
מייטין, משה הירש: תריג.
מיכאל אפאצקער: תצט.
מילוואקי: שפח-ט.
מילער, ראובן: תפ.
מינדל, ניסן: נט. עב. רד. רמא-ב. שעד. שצא. תטז. תיח. תמט. תעב (ורעיתו). תרלה. תרנט-סב.
מינסק: ו. קיא. שפג. תצה.
מנחם מענדל, הרה"ק מוויטעבסק: רפג.
מענטליק, מרדכי: רמו. רסו. רצה. תצ. תקו. תקט. תקכט-ל. תקנז. תרנג.
מעסקין, יעקב: תקלז.
מעקלער, דוד ליב: קעב. שסח. תעב.
מרדכי מלעפליע: תקג.
משה רבנו: יח-ט.
משה מפוזנא: שפג. תא.
משה בנימין המלמד: תריב.
משה מעשל מבאברויסק: תצד-ה.
נאה, אברהם חיים: קמה.
נאטקין, נטע: תקד.
נוארק: תנח.
ראה מפתח ענינים ערך אחי תמימים.
נחום חוזר: קד.
נחמי' זלמן משוויגציאן: תצט-תקג.
ניגער, ש: קעא.
ניודזשערסי: מג.
ניוהייוועון: תלז.
ראה מפתח ענינים ערך אחי תמימים.
נייהויזן: רצו.
ניסמאן, קויפמאן: תפ.
ניקאלאי הראשון: קמח.
ננס, אליעזר: תרכג.
נעלסאן, דוואשא: רנט.
סאבאט (קאנגרעסמאן): קפו.
סאדאווסקי, שלמה: שא.
סאוויצקי, מרדכי: קכח.
סגל, צבי: קסא.

סולוביייצ'יק, זאב: תרו.
סולוביייצ'יק, חיים מבריסק: תקיח. תרו.
סולוביייצ'יק, יוסף דובער: רלב. תקטו. תריז.
סטאראדאב: שמא.
סטולמאן, יוליוס: עא-ג. צ. רג-ד. רמא-ב. רצז. שנה. שפח. תטז. תיז. תיח. תמו. תצ. תקכג-ד. תקעג-ד. תריג. תרכה-ח.
סטימסאן (שר הבטחון דארצה"ב): רעח. רפ שב.
סטלביץ, מאיר: רעח.
סיגל, אשר: סט.
סיגל, יעקב: קפ. קפב.
סילווער, אליעזר: תקכ. תקכא. תקכט-ל. תקנה. תקצד. תרמט.
סילווער, צבי: שכג.
סימאוויטש, ברוך שמואל: קמח.
סימפסון, אליהו: תלט.
סימפסון, מרה: רלח. רכה.
סלאווקין, מ: רכה.
סלאן, נ: קפו. רלא. שלט.
סלונים, יהודה ליב: כב.
סלונים, עזריאל זעליג: שנט.
סמארט, דזאזעף ה.: שעד-ט.
סענטיס, יצחק: עז.
סערעברינקא: תק.
ספרינגפילד — ראה מפתח ענינים ערך אחי תמימים.
סקאבלא, ניסן: שפב. תריב.
עדינבערג, יצחק שמעון: תקס.
עניס, יהושע: תפט.
עסקין, הרבערט: נד.
עפשטיין, אפרים: עד. ריב-ג.
עפשטיין, יצחק אייזק מהאמיל: רי. תצב. תצח.
ר' עקיבא: תקג (ר"ע וואע"ה).
ערלאנגער, אברהם: תיא.
ערלאנגער, רפאל: תיא.
פאגלמאן, יהודה צבי: י. כה. נח. סח. פח. קנא. קעט. קפב. קפב. רז. רנא-ב. שב. שיא. שעד. שצ. תכת. תלט. תקלו.
פאדנאס, ישראל דוב: תלא.
פאלטאווא — ראה מפתח ענינים ערך תומכי תמימים.
פאסקעס, שאול יחזקאל: שכד.
פאפאק, אהרן: יא. רד. רצה. תלז. תסח. תקו-ז. תקמד. תרל.

מפתח שמות אנשים ומקומות

פאר, אלי׳: קיד.
פונא: שפג. תא.
פוזנער, שלום: צ. צב. קכד. קפ. קפב. תקעו.
תרכב.
פולוצק: רחצ.
פולין: קלט. רכה. שפג.
פולנער, ח.: קצח.
פטרבורג: קמב. קמז-ח.
פיטסבורג: צ.
ראה מפתח ענינים ערך אחי תמימים.
פייגלשטאק, צבי יהודה: רכד.
פילדלפיה: תקפג.
ראה מפתח ענינים ערך אחי תמימים.
פילער, יעקב: רטז.
פישמן, בנציון: תפ.
פלאטקין, מאריאשא: תרכג.
פלדמן, יעקב משה: רנה.
פלדמן, יצחק: יא. רד. תלז. תמב. תפב.
פלדמן, מנחם מענדל: תמד. תע. תפ. תקס.
תקל-א. תקצז.
פלדמן, מרת: רלח.
פליער, יוסף: סו. ריד. תכה.
פלמר, חיים שלמה: סה. סו. קפה-ז. ריב-ד.
רלא. רנד. שלט. תכה. תרלג.
פנחס רייזעס: תרסד.
פנחס: סז.
פנחס לייב מהאראדאק: רפד.
פעוווזנער, ברך: שלא.
פעליג, נתן: קסא.
פערלאוו, יהודה ארי׳: עז.
פראג: תא.
פרדס, שמואל אהרן: רלד.
פרידמאן, יעקב: רמ.
פרידמאן, משה: שכז. שלג. שפה.
פריז: תרז.
ראה מפתח ענינים ערך תומכי תמימים.
פריז, אברהם: תעח.
פריז, ברוך: קצח. שנט. שעג.
פריש, לייב: קסא.
פרעדמעסקי, אליעזר: רעז. רפ. שסח.
פרענקל, דוד: רלח (ובנו). רכז (וחתנו).
תקצט.
פ. מאמינסק: קיב.
צבי: קצח.
צוקער, שלמה: נה.
צוקערמאן, דובער: קנא.

צימבאליסט, יהושע: רעח.
צעכואל, משה יוסף: שעד-ט. שצ. תסט.
תקמז. תקסד.
צרפת: שמט-שנ.
ר״צ: תקנב.
קאטלארסקי, צבי: ריט.
קאטצאוו, שניאור זלמן: תפז.
קאניקאוו, חיים צבי: תקכח.
קאניקאוו, מרת: שנד.
קאסטעל, יוסף דוב: שג.
קובליטש — ראה מפתח ענינים ערך תומכי
תמימים.
קוגל, חנוך העגדל: רפד.
קולומביה: תמט.
קופערשטאק, מנחם מענדל: קט. קפח. רפט.
רצא-ב. שעג. תקלד.
קוציסקי, שלמה יהודה: קמח.
קזיניץ, זאב דוב: טיט.
קזרנובסקי, שלמה אהרן: פב. פג. שעד. שצא.
תקפו-ז. תקצה.
קיוב: סב.
קיסין, שמואל: תרלד.
קיפניס, שמואל: רעח.
קלבריה: תיא.
קליבאנאוו, י.: תקצו. תרלד.
קליין, אהרן משה: פב.
קליין, זאב צבי: טו.
קלינער, שמואל: עז.
קליפורניה: קעו.
קלעמעס, יעקב: רלז. רעח-ט. תרו.
קנדה: כז. כח. נז. ע. עח. קלה. קנו. קסא-ג.
קע. שיד. תפח. תרכט. תרנד-ה.
עיי״ע מונטריאל.
קעסטענבוים, דוד: קד.
קעסטענבוים, יעקב: קג. תקסו. תקפ.
קעסטענבוים, ישראל: קד.
קפלן, גרשון ראובן: תכח. תרלד.
קרונז׳ק, חנוך: תרס.
קרינסקי: תקע.
קרפינס, בנציון: תקנג.
קרסיק, אליעזר: קצ-קצב. קצה-ו. שצד.
קרעמענטשוק: שצג.
קרעמער, ארי׳ לייב: ט. קצב. תקכא. תקכח. תקכה-ו.
תרמ.
קרעמער, יקותיאל: שה. שטז.
ראבינסאן, יוסף: תכז. תרכא. תרלו.

מפתח שמות אנשים ומקומות

ראדאל, יוסף: רטז. ריט. שיב.
ראדאל, מרת: פג.
ראזנצווייג, יוסף: רסא.
ראזנצווייג, ישראל: רסא. תקפב.
ראזעמאן: **תקצא.**
ראטשעסטער: **יב. כד.**
ראה מפתח ענינים ערך אחי תמימים.
ראמען — **ראה מפתח ענינים ערך תומכי תמימים.**
רבינוביץ, דוד מאיר: שסז.
רבינוביץ, יוסף בנציון: תס.
רובינשטיין, חיים צבי: מ-מא. סד. קפפה. ריג.
רוזנעלט, עלענאר: רעז. רפ. שב. שסח. **שצח.**
רוזנבלום, חיים יוסף: רעא-ג. רפת. רצא. **שעג.**
רוטשטיין, משה ליב: סד. סה. קכב. קלב. קנט. קפה. ריב. ריג. שלט. תכה. תצז.
רומנוב, קדיש: **תרלח-ט.**
רוסיא: **נט. שיז. שפז. תיא.**
ראה מפתח ענינים ערך יהודי רוסיא
רוקח, אהרן (האדמו״ר מבעלז): קפז-ט. שו. שכב. תקלה. תרי.
רוקח, מרדכי (האדמו״ר מבילגוריי): **תקלו.**
ריגא: קי.
רייכמאן, משה יהודה: קמז.
ריסמאן, יהודה ליב: **שלב-ג.**
ריסמאן, יעקב: **תכה.**
ריסמאן, פנחס: סד. סו. סז. שלב. תכה. תקצח. **תרלב.**
רעזניק, צדוק: **תקסח.**
רפופורט, שבתי: **שמט-שנ.**
שא״ו: **עא. עג. צ.**
שאוועל: **סא.**
שאול שלום מהאראדאק: רפג-ד.
שאיעוויטש, משה: סו. של. תכה. תקפד. **תרמב.**
שאמבאן, הרב: תקלז.
שאנגהאי — **ראה מפתח ענינים ערך תומכי תמימים.**
שברצמאן, הרב: קצ.
ש.ב. מוויטעבסק: **קט. קיא.**
שוואב, משה: רל.
שווארץ, יוסף: **קטו.**
שווארץ, ד״ר: **תיח.**
שווארץ (נציג הדזאינט באירופה): **שמו.**

שולגאסער: **רנא.**
שוסטאק: **שכז.**
שוסטערמאן, צבי: **כב. כט. צו. קעה. רכח. רמז. תריח. תרל.**
שוסטערמאן, הרבנית: **צו-ח.**
שטאקהאלם, הרב-ד: **שיא.**
שטיימאן, חיים: **רך.**
שטיין, אברהם שמואל: **קנח. רטז.**
שטיינפעלד, יעקב שלמה: **ע.**
שטערן, אברהם: **שפא.**
שיינקאפ, הרב: **תקסז.**
שילדקרויט, זאב: **שלד. תלז.**
שיקגו: **מב. צ. קכב. קפו. שפח-ט. תקסה. ראה מפתח ענינים ערך אגודת חסידי חב״ד. אחי תמימים. ועד החינוך. מרכז הרבנים. עדת ישראל.**
שלום, יצחק: **תרכח.**
שלמה: **תרלה.**
שמאל, יצחק אייזיק: **מב.**
שמואל מונקעס: **רפד.**
שמואל דובער מבאריסאוו (רשד״ם): **קיב.**
שמואל חיים לוצינער: **תקא-ג. תקו.**
שמולאוויטץ: **רסח.**
שמשון המלמד: **תריג.**
שניאור זלמן, אדה״ז: **קי. קסב. רפב. רחצ. שמא. שפג. שצג. תא. תסז. תעב. תצח-תקה. תקקד. תרה.**
ראה מפתח ענינים ערך מאסר וגאולה. ספרים. פתגמים.
שניאורסאהן, בנציון: **קנג.**
שניאורסאהן, ברוך שלום: **רפד.**
שניאורסאהן, חי׳ מושקא (אשת אדמו״ר הצ״צ): **קמח-ט.**
שניאורסאהן, יצחק: **שמו.**
שניאורסאהן, ישראל יוסף: **תסא.**
שניאורסאהן, מנחם מענדל (אדמו״ר הצ״צ): **קד. קמח-קנ. רפג-ד. תצא-ד. תצט. תקכז. תרנח.**
ראה מפתח ענינים ערך מאמרים. ספרים. פתגמים.
שניאורסאהן, מנחם מענדל (כ״ק אדמו״ר שליט״א): **כז. כט. עב-ג. פה-ז. קלו-ז. רג-ד. רמא-ב. רסז. שנח. שעד-ו. שצא. תטז. תיח. תיט. תמה. תמח-ט. תע. תפ. תקכב. תקלט. תקעה. תקפו. תקצב. תקצה. תרו. תרמו.**
ראה מפתח ענינים ערך ספרים.

מפתח שמות אנשים ומקומות

שניאורסאהן, רבקה (אשת אדמו"ר מוהר"ש): **ע.**
שניאורסאהן, שטרנא שרה (אם רבנו): **ע.**
שניאורסאהן, אדמו"ר מוהרש"ב: **נו. ס. קט־ קיג. קמב־ג. קעז. קצג־ד. רי. ריד. שפט. שצו. תיא. תנ. תסא. תסד. תצח. תקג. תרה. תקטז. תקע. תקעד. תרה. תרז. תרלג־ד. תרלז. תרלט. תרמח.**
ראה מפתח עניינים ערך מכתבים. ספרים. פתגמים. צוואה. שיחות.
שניאורסאהן, אדמו"ר מוהר"ש: **ה־ז. סב. קלב. קמז־קנ. תצב. תק. תקה. תקנה. תרב.**
ראה מפתח עניינים ערך ספרים. פתגמים.
שניאורסאהן, שניאור זלמן: **שמו. תרסא.**
שניאורסאהן־טווערסקי, משה: **רכט.**
שניידערמאן, שלום צבי: **תח. תלד־ו. תקנח.**
שעבאגען: **שפח־ט.**

שעכטער, שניאור זלמן: **תלז.**
שפטיל, שמואל בצלאל (רשב"ץ): **שצה. תצח.**
שפיץ, מ.: **תקע.**
שפירא, יהודה זרחי': **נה.**
שפירא, יואל: **שכח.**
שפירא, מ.: **תקמב.**
שצעדרין: **תקכו־ז.**
שצרנסקי, מאיר: **תרמז.**
שקליאר, אלי' נחום: **תסז.**
תומרקין, שלמה: **רפג.**
תל אביב: **קיד. קמד. קפה. רסט־רעג. רפג. רפט. רצא. שעג. שפח.**
ראה מפתח עניינים ערך אחי תמימים. תומכי תמימים.
תרשיש, הרב: **רנד.**
תרשיש, ישעי' בינוש: **תעה.**

הוצאת ספרים
קרני הוד תורה
קה"ת
ליובאוויטש

ISBN 978-0-8266-5438-0

9 780826 654380